U0926120

BAOZHI ZHUANLAN
SHEZHI YU MEIHUA

CB18.201402

报纸专栏设置与美化

忻志伟　周骥　陈飞　著

前　言

报纸专栏，自报纸创办之时就有，是报纸版面不可或缺的重要组成部分。但是，随着报纸的发展演变，专栏慢慢在报纸上少了起来。1999 年起，中国记协开始评选中国新闻名专栏奖，当时两年评一次，共评了三次；第十五届（2004 年度）中国新闻奖首次将专栏列入中国新闻奖评奖项目，且与一等奖并列，每年评一次。在中国记协开始评选名专栏这一过程中，各家报纸也慢慢“觉醒”了，开始重视打造专栏，且重视的程度也随着评奖频率的加快而不断加强。

如今，各类集时效性、可读性、贴近性、服务性于一身的报纸专栏应运而生，令人目不暇接；各省、市的新闻奖中也对应增设了专栏奖。可以毫不夸张地说，是中国新闻奖让报纸专栏重现了勃勃生机。

应该说，近几年国内关于新闻采访写作、版面编辑及新闻传播等方面的新闻学论著出了不少，同时也编译出版了不少国外经典的新闻理论和实践操作方面的教材。但我们发觉，很少有就报纸专栏研究单独成书的，绝大多数新闻论著是将报纸专栏置于一个小章节中，因为其在书中不是重点，故而对报纸专栏的论述、研究也不是很精细。作为长期奋战于报纸版面编辑岗位并有心在版面编辑业务方面进行全方位研究的我们，对此感到有些遗憾，遂斗胆萌发了要加强报纸专栏这方面研究的想法。这就是我们写作《报纸专栏设置与美化》一书的缘由。

在认真研究、翻阅大量报纸专栏及相关著作、论文后，我们对报纸专栏设置及专栏美化的内在规律有了进一步的认识和理解。随着报纸竞争的日趋激烈，一家报纸要想长久地站稳脚跟，并不断发展壮大，必须具备核心竞争力。那么报纸的核心竞争力是什么呢？我们的回答是：报纸亲民的内容和装载这些内容的名专栏，就是报纸的核心竞争力。如果将报纸亲民的内容比作一个“名特优新产品”的话，那么专栏就是其“注册商标”。产品好，其品牌就会越叫越响；品牌响，销路就会越来越好，其竞争力也就越来越强。

由此，我们得出了如下结论：办好了专栏，也就是办好了报纸。

曾有人打过这么一个比方：报纸呈“树状”结构——报纸→专刊→专版→专栏→稿件。报纸作为“树”的“主干”；专刊、专版、专栏是“枝干”；稿件是“树叶”。[①] 作为“枝干”的专栏，只有供应足够的养分（即为稿件提供足以施展才华的舞台），才能保证“树叶”生机勃勃。

人民日报原副总编辑梁衡也有个挺生动的比喻：“好栏目是好稿件的专卖店。”[②]他的意思是说，若要当一名好记者，就要努力写好稿件，使稿件成为“名牌产品”，这样才有摆上“专卖店”（即名专栏）的资格。

我们认为，专栏是报纸版面的重要组成部分，其质量好坏，直接影响着报纸的声誉。报纸专栏的成功设置，对提升报纸的可读性和知名度，有着不可估量的作用；报纸专栏的个性化编排，是吸引读者对版面关注度的有效手段。

本书主要体现了实用性和操作性，除大量地使用见报实例，以凸现直观性外，还在专栏美化章节添加了众多新颖实用的编排手法。目的在于让同行或爱好者拿来即可用，用之即有效。加之，我们在书中大量使用了中国新闻名专栏奖及省级新闻名专栏奖的实例，以及他们经营名专栏的一些做法和体会，这对想提高报纸专栏水平，或欲参与名专栏评比的报纸编辑来说，或许也有一定的帮助。

但愿我们的这两个奢望能够得以实现。

忻志伟　周　骥　陈　飞

2014年12月于宁波

---

① 黄奇杰：《报刊编辑案例评析》，浙江大学出版社2008年版，第32页。

② 董岩、丁洪亮：《跟梁衡学新闻》，同心出版社2007年版，第112页。

目　　录

上篇　报纸专栏的设置

下篇 报纸专栏的美化

上篇 报纸专栏的设置

一个好的专栏，能令版面熠熠生辉，报纸品位升格。

何谓专栏？《现代汉语词典》(第 6 版)的解释是，“报刊上专门登载某类稿件的部分”。业内专家给出的答案是，“专栏就是由若干有共同性的稿件所组成的自成格局的局部版面”[①]；“把若干具有共同性的稿件集中编排，组成相对独立、自成格局的局部版面，称专栏”[②]。

从上述解释中，我们不难看出专栏之两大特征：一是专栏有共性，组合专栏的稿件或图片须有一定的共性，或内容相似，或主题一致，或体裁等同；二是专栏是“局部版面”，专栏是组成版面必不可少的重要元素，承担着为整个版面增光添彩的“重任”。

报纸的专栏都有自己固定的名称和相对固定的版面位置。它既是新闻传播的一种形式，又是强化新闻传播效果的重要手段。[③]

专栏最明显的外部特征，是附带一个标有栏目名称、所占面积不大的美术作品——刊头(如《羊城晚报》的《Q 友互动台》刊头、《洛阳日报》的《帮办新闻》刊头)，用以表明类别和性质。

刊头——《Q 友互动台》(《羊城晚报》)

刊头——《帮办新闻》(《洛阳日报》)

---

① 郑兴东、沈史明、陈仁风、包慧：《报纸编辑学》，中国人民大学出版社 1988 年版，第 114 页。

② 冯健：《中国新闻实用大辞典》，新华出版社 1996 年版，第 232 页。

③ 蒙南生：《媒体策划与营销》，中国传媒大学出版社 2007 年版，第 264 页。

现代报纸的各个版面，都有一些常备栏目和临时性栏目，使版面分工和各版性质得到更充分的体现，并为读者有选择地阅读提供参照物。好的栏目一问世就会成为版面上的“亮点”，久而久之则成为报纸的“名牌”和“拳头产品”。①

报纸是散页的连续出版物，不是一本书，读者是以断续阅读的方式来吸纳信息，与报纸建立联系的。为克服这种“断续”性带来的缺点，就必须在固定版面、固定位置设立固定宗旨的栏目，这样才能使报纸与读者建立起不断线的联系。每天报纸一到，读者就会急着去找那个栏目，就会“上钩”、“成瘾”，成了报纸的俘虏。②

报纸设专栏这种形式，就像百货商场里的专柜，商场设专柜，方便顾客购物，消费者若想购买某种商品，可直奔专柜而去，不必在商场乱逛。③ 读者现在读报的时间是有限的，在读报时间的支配上还是比较“吝啬”的。如何让读者花费较少的时间就能找到自己满意的内容，使读者心里“时有所值”，这是报人必须考虑的。专栏的这种“定时定地”为读者喜爱这个专栏提供了前提条件。那些“固定性”的读者拿起“自己”的报纸时，知道心中的专栏今天是否出现，将会在哪个版面出现，便可以不费多少精力就能找到自己“定读”的内容。④

提起哪份报纸办得好，读者立刻会想到和那份报纸有血肉联系的专栏。其实，一份报纸的好坏很大程度上靠专栏的支撑。可以说，好专栏如同美丽的眼睛，为报纸增添许多喜悦。⑤ 另外，一个品牌专栏就意味着固定的读者群和预期可争取的读者群的形成。利用品牌专栏的这种集聚效应，使新闻资源得以有效整合，从而形成相对固定的信息传递窗口，给读者提供相对固定的阅读平台，最终形成阅读依赖。⑥ 由此可见，办好一个名专栏，是报纸吸引读者、增强竞争力的有效手段。

专栏都有它的名称，用以表明其刊载内容的类别和性质。那些内容精彩、极富个性的专栏，不仅能凸现办报理念、版面宗旨，聚焦社会热点；也能

---

① 王咏斌：《报纸版面学》，人民日报出版社 2006 年版，第 239 页。

② 董岩、丁洪亮：《跟梁衡学新闻》，同心出版社 2007 年版，第 112 页。

③ 孙鸿泰、张延：《报纸专栏要办出特色》，《青年记者》1998 年第 3 期。

④ 胡源春：《媒介竞争与市场需求催化报纸专栏发展》，《价值工程》2010 年第 14 期。

⑤ 于慧彬：《专栏是报纸的“眼睛”》，《记者摇篮》2000 年第 6 期。

⑥ 毛国华、葛志军：《品牌专栏赖于经营》，《新闻战线》2007 年第 1 期。

放大新闻价值，引导读者的注意力，让版面的亮点更加光彩动人；还能引导记者和通讯员定向写稿，在充实专栏内容的同时，实现版面编辑与记者，编辑部与通讯员、读者的互动。为此，版面编辑在经营专栏时，必须要像园丁培育鲜花一样细心浇灌，呵护有加。

【专栏内存】

报纸专栏的生命周期

1. 启动期：栏目开设之初。这个时期读者刚刚开始接触栏目，对栏目了解不多，把握不准，而栏目本身质量也不稳定，特色还不定型。

2. 生长期：经过一段时间的刊登和宣传，读者对栏目的外延和内涵有了一定的认识，栏目特色逐渐凸现，制作者对内容风格的驾驭逐渐熟练，出现精品。

3. 成熟期：这一时期专栏稿件的质量、数量相对稳定，维持在一定水平上，但栏目也有模式化、固定化的倾向，读者的新鲜感随之下降，吸引力减少。

4. 老年期：专栏开设已达到时间上的增长积累，而内容上的积累却支出将尽，好稿难觅。读者开始厌倦，阅读积极性下降，对栏目形式和内容都要求改革。

——李楠：《新时期报纸专栏的价值取向》，《当代传播》1998 年第 1 期

从表现形式上，报纸专栏可分为以下两种：一是集纳性专栏；二是单一性专栏。

所谓集纳性专栏，是指由多篇稿件或图片集合而成的专栏。专栏集纳以稿件的同一性为前提。稿件的同一件表现在众多方面，包括报道的时间、地点、人物、事件、主题以及行业、领域等等。① 专栏的稿件一般都比较短小，少则几十个字，多则几百字，反映的内容也只是事物的一个面。这类稿件，如果单独刊登，势单力薄，难以显示深刻的主题。② 因此，必须集纳起来刊发。绝大多数集纳性专栏的主题是一致的，故而，也可将集纳性专栏比作相关新闻的"集装箱"。如《宁波日报》的《节能新招》专栏，5 篇稿件、3 张图片都是反映"节能"这一主题的。

所谓单一性专栏，是指只有一两篇稿件的独立型专栏。单一性专栏是

① 刘行芳、刘修兵：《新闻编辑原理与实务》，武汉大学出版社 2010 年版，第 150 页。

② 刘汉报：《时事编辑学》，新华出版社 1993 年版，第 154 页。

连续性的，其共同性是在连续中表现出来的。① 由于长期连续刊登，合起来也是稿件的集合，同样可以反映事物的全貌。② 也正是因为其连续性的特征，单一性专栏的设置要做到相对固定，要求有固定版面、固定位置、固定出版周期。只有这样，才能反复刺激读者的眼球，加深读者对专栏的印象。

节能新招

河北　32万支节能灯　节电8000万度

新华社石家庄电（记者马继前）来自河北省发展改革委的消息，目前，河北省DSM照明节电示范项目通过国家发展改革委和中国绿色照明工程促进项目办公室的验收。

今年，河北省已经发放32万支节能灯，据测算，这32万支节能灯在寿期内可节约电费4689万元、折合电量8000多万千瓦时，相当于一个投资8000万至1亿元新建电厂的能力。

据悉，河北省已经制定了初步规划，在“十一五”期间，每年平均推广绿色照明光源100万支，节约用电3亿千瓦时。有关人士表示，他们将继续争取联合国的有关项目，河北省也打算每年拿出400万元资金，按每支节能灯补贴30%的标准推广节能灯。

四川　发展再生能源

新华社成都电（记者陈　凯）四川省峨眉山市净安村农机秸秆气化站2003年5月投入使用。现在，村民每月平均只需花费5元钱便可以用秸秆燃气煮饭，提高了生活质量，而且不用再为处理农作物秸秆和废弃菌包发愁。

从2003年起，国家投入6500多万元国债资金用于四川农村沼气项目建设，这是迄今为止四川最大的农村可再生能源建设项目，计划完成65402个农户沼气建设。截至2004年7月底，四川省已完成32955户，占计划任务的50%。

张掖　井水也不乱用

新华社银川电　甘肃省张掖市节水真是节到了家。该市将河水、井水全部纳入总量控制，在节约用水的基础上调整种植结构，把涓涓清流引向用水省、效益高的经济作物。

太阳灶烧水

丰富的水能、太阳能使青藏高原成了能源“聚宝盆”，在各地能源告急之际，他们却并不用发愁。图为位于西藏拉萨以北的曲桑尼姑寺的尼姑在用太阳灶烧水。（新华社发）

太阳能红绿灯

10月31日，山西太原街头可移动式太阳能红绿灯在“指挥交通”。该灯高2米左右，机箱上安装有两块太阳能电池板，箱内安装有蓄电池，灯座底部装有4个轮子，使红绿灯可移动并全天候“执勤”。（新华社记者　马毅敏　摄）

黑龙江　推广乙醇汽油

新华社哈尔滨电（记者崔　峰）中国石油哈尔滨销售公司日前投资2500万元进口了世界上最先进的付油栈桥，并再建了两个全市最大的、可容纳3600吨乙醇的储存罐。从今年10月1日起，黑龙江省汽车推广使用乙醇汽油。乙醇汽油可以有效地节约能源，而且有利于保护环境。积压在各粮库的陈化粮也可以作为乙醇的原料，实现增值。

沼气照明灯

沼气池在农村用途可大了，图为河北省新河县南冯村一位农民在擦拭沼气照明灯。（新华社记者　杨世尧　摄）

禹城　家里建沼气池　一月省400元

新华社济南电（记者苏万明）在山东一些地方，农村人嫁女以往多是希望男方家有冰箱、彩电、机动三轮车等，现在多了条标准：要有沼气池。

山东省禹城县农民王乐营通过媒人介绍，今年认识了邻县一位姑娘，姑娘家里提出了一个要求，家中要有沼气池。王乐营的父亲王世涛说：“去年家里新建了10立方米的沼气池，人畜粪便产生的沼气，一天三顿饭、烧水、照明绰绰有余，一年省煤钱400多元。”对于女方来说，“有了沼气，过门后烧水做饭就不再受烟熏火燎的罪了。”就这样，家中的沼气池帮王乐营赢得了姑娘的芳心。

“使用沼气除了节煤省钱、净化农村空气、保护农村居民健康外，还可以产生诸多社会效益，如有助于减少山林砍伐，防止荒漠化等。”山东省经贸委资源处工作人员孙清旭说。

集纳性专栏——《节能新招》(《宁波日报》，第16届中国时事报道新闻奖专栏一等奖)

为了强化单一性专栏的可读性，有的报纸在一篇稿件上再为其配上图片或评论，这也好比是为一把锋利的宝剑配上精致的剑鞘和剑穗，既丰富了专栏的内容，又美化了专栏的形式，实为锦上添花之举。如《大众日报》的单

① 郑兴东、沈史明、陈仁风、包慧：《报纸编辑学》，中国人民大学出版社1988年版，第114页。

② 刘汉报：《时事编辑学》，新华出版社1993年版，第154页。

一性专栏《画里有话》，一文一图，相得益彰。读者可以边读文边赏画，越赏越觉得“画里有话”，越读越觉得“话中有画”。这样处理，令人印象深刻，过目难忘。

专栏一般要常设，定期出。常设专栏持续时间长，少则半年左右，多则一年或数年。由于其具有连续性，便于编辑总体规划，每期稿件之间具有连续性、递进性，能多侧面、多层次地展示某一个领域或行业的发展变化进程，可以使读者历史地、全方位地了解情况，也有利于调动读者的阅读兴趣，培养受众的阅读习惯。①

在报纸专栏的设置上，通常采用的方法是按报纸的版块内容、按读者的需求、按特色创新等三个方面的要求来设置。

■ 画里有话

“办不办”才是问题症结

□ 张东阳

漫画/ 唐春成

广东东莞市石排镇将于今年9月实现25年免费教育，将惠及大学生至博士生群体，被东莞人称为“中国最牛教育强镇”。据了解，作为广东省教育强镇的石排，早在2008年就在东莞市率先提出了用3年的时间，实现石排镇户籍人口从幼儿园到博士免费教育。“石排模式”在全国的免费教育中尚属首例。（3月1日《新晚报》）

继陕西省神木县2009年3月1日实施“全民免费医疗”制度后，东莞市一个小小的石排镇又实现了真正意义上的“免费教育”，将免费受教育时间提高到25年，从幼儿园开始一直到读博士全部免费，消息让人感到振奋。

无疑，惠民举措需要一个强有力的支撑，即充裕而长远的资金保障。据了解，广东东莞市石排镇的财力并不算雄厚，但2008年至2009年，石排镇用于幼儿园到高中阶段免费教育的资金高达702万元，这并非一个小数目。该镇委书记程崇碧认为此举“既是关心、关爱民众的善举，也是还利于民、增强老百姓幸福感的重要方式；他近似具先见地表示，这也是石排吸引人才的重大举措。显然，财力算不得雄厚的石排镇之所以敢开国内先河率先实施免费教育，正在于该镇领导层面对于教育、对于人才在现代社会发展中无比重要的意义。可以说石排此举既增加了百姓的幸福感，更能够有力培养、教育、吸纳人才，为经济发展奠定坚实基础，可谓一举多得。

“看病难，住房难，上学难”是公众反应的“三大”民生问题，这些问题的出现确有国家财力不济的原因，但现在我们欣慰地看到，除了国家对于高房价的高压政策及廉租房、经济适用房等对于“住房难”的全国性解决办法之外，不知不觉中，已有地方作出了开拓性的工作创新。

值得注意的是，在2008年全国百强县排名中，神木名列全国县域经济综合实力第92位，位次并不靠前。这说明，如果善用财政资金，很多地方已经具备了向百姓提供更多民生福利的能力。也就是说，能否让公众更大程度地享受发展成果，“能不能”已不是一个问题，“办不办”才是问题的症结。也就是说，执政理念和如何善于财政资金，成为各地必须认真思考的问题。笔者期待，以神木模式、石排模式为样本，各地能够出现更多的“惠民模式”。

单一性专栏——《画里有话》（《大众日报》）

① 刘行芳、刘修兵：《新闻编辑原理与实务》，武汉大学出版社2010年版，第150页。

【专栏内存】

集纳性专栏的五大特点

1. 它是根据一个共同点复合稿件而成的。

2. 每篇文章短小精悍,没有长篇大论,但合起来又能说明一个比较深刻的主题。

3. 变分散为集中,有较大的声势和力量。

4. 包含的稿件比较多,所占版面却不一定很大;是版面的一部分,但又自成格局。

5. 既有同,又有异,同中有异,异中有同。

——郑兴东、沈史明、陈仁风、包慧:《报纸编辑学》,中国人民大学出版社 1982 年版

【专栏内存】

怎样编辑好集纳性专栏

第一,集纳性专栏是由若干篇稿件集合而成的。不同的集合,可以表现不同的思想,这就要求编辑在组织专栏时,要根据稿件的内容和报道的要求,从特定的角度对稿件进行取舍和集合,从中提炼出具有普遍意义的新颖主题。

第二,集纳性专栏可以用较小的版面容纳较多的稿件。这就为一些非中心报道开辟了用武之地,这种专栏有利于扩大报道面。编辑在组织专栏时既要注意中心工作,也要注意非中心工作,以发掘那些有意义但平时又很少报道的题材。

第三,集纳性专栏要求每篇稿子短小精悍而又各有特点,合起来能够表达一个比较深刻的主题。这就要求编辑对稿件进行精心修改,突出特点,避免雷同。这类稿件往往一篇稿件只选取一个角度。

第四,集纳性专栏能变分散为集中,有较大的声势和力量。当报纸缺少头条时,可以把一些反映重要问题而单发又难以充当头条的几篇稿件合成专栏,作为头条发表。

——和家胜:《报纸编辑艺术》,云南大学出版社 2008 年版

第一章　按版块内容设置专栏

版块设置是报纸依照各种内容编排布局的整体表现形式，每张报纸都会有相对固定的版块来承载常规新闻报道的内容。一般来说，报纸的新闻记者采写的各条战线新闻，如政治、经济、文化、法律、教育、科技、卫生、体育等，对应的就有新闻版块来刊发这些新闻；而在新闻版块中又要设置相应的专栏，来突出处理记者的有分量的稿件和图片，形成强烈的视觉效果，体现编辑的编排思想。

按报纸的版块内容分，大致可以把报纸专栏设置成以下 11 种：政治专栏、经济专栏、文化专栏、法律专栏、教育专栏、科技专栏、卫生专栏、体育专栏、军事专栏、国际专栏、图片专栏等。

应该说，按版块内容来设置的专栏，均是常规性的专栏，开设专栏的各家报纸几乎都有类似的专栏。因此，经营这些常规性专栏，要特别重视其内容的质量。专栏的文章尽量要有新意，要有深度，这样才能保证专栏的可读性和思想性，凸现“老瓶装新酒”的不寻常一面。

专栏里的文章或图片，最好还能时常获些新闻奖项，甚至获得各类名专栏奖项，专栏才能扩大影响力，最终成为报纸的一人品牌。

第一节　政治专栏

政治，是指政府、政党、社会团体和个人在内政及国际关系方面的活动。政治是经济的集中表现，它产生于一定的经济基础，并为经济基础服务，同时极大地影响经济的发展。

政治是某一时期某一范围的最大之事，是关系全局影响久远的事。[①] 对于一个国家来说，政治无处不在地影响着国家的发展进程和人民群众的工

① 董岩、丁洪亮：《跟梁衡学新闻》，同心出版社 2007 年版，第 115 页。

作、生活。对于一张报纸来说，政治新闻是新闻报道中的重中之重，总编辑必定要亲自审稿把关。

政治专栏，其内容自然是政治新闻的集合。政治专栏要关注上下两头，即关注党委政府的重大决策和工作重心，关注普通百姓实际生活的难点和热点。这是办报人必须把握好的两个重点。所谓“政治家办报”的理念就是这个意思。

值得注意的是，政治专栏要尽力避免“板起脸来说教”。因为政治新闻的主题是比较严肃的，它要“讲政治”“讲大局”，这是无可厚非的。但在制作标题或行文写作上，则不要“太严肃”，让人有敬而畏之之感，而要强调文风清新、口吻亲切，如拉家常般娓娓道来，将“严肃主题”藏于百姓喜闻乐见的大白话中，让人乐于阅读，乐于接受。

在内容上，政治专栏可分为“时政专栏”“时评专栏”“理论专栏”三大类。

1. 时政专栏

时政是时事政治的简称。时政新闻是对国家政治生活中新近或正在发生的事实的报道，主要包括政党、社会集团、社会势力在处理国家生活和国际关系方面的方针、政策和活动。

从具体选题上来看，时政新闻大致可分为以下 18 种：有关党和国家走向的全局性、趋势性分析报道；党和国家领导人的重要活动、讲话等的报道；人事新闻；治国方略的重大调整；政府重要通知、公告和重要法律、法令、法规、条例、规定的发布；新的政治思想观念、思潮和争论；重大历史问题、历史人物；政治体制改革；重大政治庆典和纪念活动；地方政治新闻；对政坛产生影响的热点事件和突发事件；反腐倡廉和大案要案；外交、外事新闻；军事；依法治国；重要政治会议；各种政治性的活动；港澳台新闻。① 但在办报过程中，并非所有的时政新闻选题都要有相应的专栏，而是有选择地设置专栏。这，恐怕就是时政专栏的特殊性所致。

所谓时政专栏，就是为当时政治或时代需要而设立的新闻专栏，其作用是宣扬政治见解，倡导时代精神，激励人民斗志。

鉴于其特殊的作用，时政专栏又可细分为“高层声音”“激发斗志”“时政观察”“权威发布”等四小类。

---

① 韩松、黄燕：《当代报刊编辑艺术》，复旦大学出版社 2006 年版，第 296—297 页。

(1)高层声音

这里所说的高层，是指党和政府的高级干部或一个领域中的高层次专家。他们对全局的把握和理解，都是在宣扬政治主张，倡导一种方向。他们的“声音”，对于读者来说，无疑具有强大的穿透力，能直达读者的心脑。

2005年1月5日，《人民日报》在政治新闻版推出《声音》专栏。它以省部级以上领导干部在公开场合的讲话为内容，锁定那些见思想、见风采的精彩片段，摒弃空话套话，关注国计民生，力戒穿靴戴帽，体现权威性、可读性和亲和力。该专栏既在统一思想、推动实践方面发挥了独特作用，也满足了广大读者迫切希望及时听到高层观点和权威发言的需求。《人民日报》在2005年4月12日《人民论坛》上刊登文章，评价《声音》“有棱有角，真情真知，听其声，如见人，消疑虑，长精神”。

《经济日报》也有一个类似的《观点声音》专栏，刊发的也是高层的观点和声音。

对于地方报纸来说，省委常委一级领导也称得上是“高层领导”。他们的活动如何报道，成了众多地方报纸挠头的难题。对此，《羊城晚报》作了有益的尝试。他们将省委常委一级干部参加的活动，统统归于《高端传真》专栏，这样既简洁明快，又要点集中，读者反响较好。

通过对某一领域高层人士或专家的采访，帮助读者了解全局、理解政策，是各报常用的手法。《河南日报》的《高端访谈》专栏就是这样应运而生的。

汪洋

传统发展模式之“危”
科学发展模式之“机”

30年前，我们选择了市场经济，享受了市场经济带来的快速发展的快乐，今天我们也要勇敢地面对市场周期性波动带来的痛苦。当前的危机是危中有机，关键看能否抓住机遇。广东应对金融危机投入的每一分钱，都要立足科学发展，坚决不再回到传统发展老路上去

广东经济遇到困难，很多人关心、议论。30年前，我们选择了市场经济，享受了市场经济带来的快速发展的快乐。今天，我们也要勇敢地面对市场周期性波动带来的痛苦。1997年亚洲金融危机以后，广东用一个姿势快跑了十多年，现在放缓了一些速度，调整一下姿势，提高一下长跑动作的技术含量，应当是很正常的事情。

当前的金融危机，给广东上了生动一课。过去利用廉价的土地、人力成本优势，承接国际产业转移而发展起来的劳动密集型产业的低端生产能力，在金融危机冲击下，深层次矛盾暴露无遗；而一批果断转型、狠抓自主创新的企业，面对危机反能脱颖而出。如果没有当前严峻的经济形势，广东实现发展模式之变、实现科学发展的难度或许会更大、时间会更长。

在推进产业结构调整的过程中，“双转移”要坚决，“腾笼换鸟”要坚决，促进传统产业转型升级要坚决。在产业结构调整过程中，政府要发挥社会保障职能，妥善安置下岗失业工人，但决不能贪图去救落后的生产能力。千万不要因为要保增长，不管什么都继续上。广东应对金融危机投入的每一分钱，都要立足于科学发展，坚持摒弃高消耗、高污染项目，坚决不再回到传统发展老路上去，坚决避免把“保持经济平稳较快增长”与“促进提高自主创新能力、促进传统产业转型升级、促进建设现代产业体系”对立起来。那种为了保速度而把本已淘汰的落后产能重扶上马的做法，无异于饮鸩止渴。

对于广东来说，当前的危机，是危中有机，是传统发展模式之“危”、科学发展模式之“机”，机遇大于挑战。广东经济运行虽然出现下滑，但基本面是良好的。我现在最大的担心是能否抓住机遇，实施“三促进”——促进提高自主创新能力、促进传统产业转型升级、促进建设现代产业体系。因为只有培育符合科学发展观要求的经济增长点，才能保持经济平稳较快增长的可持续性，才是应对危机的长久之策、治本之策。最近，广东推出“新十大工程”计划，既是应对危机拉动内需之举，也是加速发展模式转型之举。

困难面前，关键要有信心、沉住气，要善于听取意见，但不要被议论左右，不要自乱阵脚。今天的困难压不垮广东，广东一定能战胜目前的困难！我们的信心，来自于党中央、国务院的正确领导，来自于改革开放30年打下的坚实思想、物质和体制基础，来自于广大企业在市场经济的环境下锻炼出来的拼搏能力和经验，来自于过去应对亚洲金融危机的成功经验，来自于广东学习实践科学发展观的强大动力，来自于中央和省委出台的一系列拉动内需的重大举措。

这些年来，广东经济快速发展，大家好日子过惯了，现在遇到风浪，有些部门、企业缺乏思想准备，手忙脚乱，是可以理解的。但是，越是困难时候，越需要积极改革创新，寻找解决问题的办法。思想解放是改革创新的前提，改革创新是发展转型的基础。要着眼全国大局推进广东的改革、发展、转型，该放权的放权，该松绑的松绑，鼓励先行先试、啃硬骨头。我们要求企业转型升级，前提是政府的服务要转型升级；我们希望企业提高自主创新能力，首先是政府要提高服务企业的创新能力，走科学发展之路，真正实现以人为本、全面协调可持续的发展。这才是应对金融危机的积极态度。

——中共中央政治局委员、广东省委书记汪洋近日谈如何应对金融危机

本报记者 王楚 刘泰山 李刚整理

聲音

特别报道·信心从哪里来

声音——《人民日报》(第18届中国新闻名专栏奖)

工信部副部长刘利华——

加快移动互联网基础设施建设

我国将不断丰富移动互联网应用，着力突破操作系统、应用平台、智能终端等关键环节，提升终端系统以促进业务应用创新

本报北京8月21日讯 记者徐涵、实习生齐志明报道：8月21日至22日，由中国移动通信集团公司主办的2012移动互联网国际研讨会（IMIC）在北京召开。工业和信息化部副部长刘利华在会上表示，今后我国移动互联网产业应加快基础设施建设，推进“宽带中国”战略的实施。同时，加强自主创新，不断丰富移动互联网应用，以移动互联网带动上下游产业链协同发展。

刘利华说，移动互联网已成为信息产业发展最快，竞争最激烈，创新最活跃的领域之一，在新一轮产业竞争中中国已经具备了很好的产业基础，设备制造、网络运营和终端研发能力不断增强，系统、芯片、软件等基础支撑能力明显提升，手机已经超过其他终端成为中国用户第一大上网方式。

刘利华说，我国将不断丰富移动互联网应用，着力突破操作系统、应用平台、智能终端等关键环节，提升终端系统以促进业务应用创新。同时，将着力丰富新型信息服务，大力发展移动支付、文化创意、数字内容，培育壮大特色应用商店、手机阅读、网络音乐等基础应用，培育产业新的增长点。

观点声音——《经济日报》

高端传真

胡泽君：加强新时期党的建设

前天，省委常委、组织部长、省委党校校长胡泽君，参加省委党校学员毕业典礼并作重要讲话。胡泽君强调，深入学习贯彻党的十七届四中全会和中央经济工作会议精神，着力解决突出问题，以党建工作新成效更好地推动广东科学发展。（冯为国 许琛）

梁伟发：打好“粤安10”第一仗

昨天，省委常委、政法委书记、公安厅厅长梁伟发深入广州政法基层，慰问节日坚守岗位的政法干警。梁伟发要求全体政法干警继续坚守岗位，依法履职，全力打好“粤安10”第一仗，确保人民群众度过欢乐祥和的元旦新春佳节。（李志雄 安学）

高端传真——《羊城晚报》

“我听到了河南教育迅跑的脚步”

——中国教育学会常务副会长谈松华点评新十八谈“教育篇”

□本报记者 王晖 惠婷
本报通讯员 陈振松

谈松华站在你的面前，首先让你感到有种特殊的气质。你会从他的眼神中，微笑里捕捉到一种颇为深刻的分量，也许那是一份睿智，也许那是一份淡定。

9月10日，记者在北京专访了这位国家教育咨询委员会委员、中国教育学会常务副会长。

未等记者发问，先后20多次到过河南、对河南教育事业有着一份割舍不断情愫的谈松华便围绕《河南日报》新十八谈“教育篇”《中原崛起 教育为基》娓娓道来。

一个战略性的谋划

谈松华认为，《中原崛起 教育为基》是对河南教育发展的一个战略性谋划。

“这篇文章既是一个誓言，反映了河南教育界在中原崛起和中原经济区建设中的共同心声；又是一个行动指南，描述了今后河南教育发展的总体目标。”他说，文章在谈到河南教育的地位和作用时，体现了传统与现代的贯通，确立了把现代与传统贯通起来实现其战略地位的观点，增强了河南教育界的使命感和责任感。在教育的发展上体现了整体性和协调性的关系，构建了学前教育、义务教育、职业教育、高等教育、特殊教育、继续教育的一个终身学习体系，以此谋划今后十年河南教育的发展。

“这篇文章的可贵之处就在于把改革作为发展的根本动力，提出通过观念、模式、体制的转变增强教育系统的活力，把改革和发展联系起来。如果文章中所提的这些战略性谋划能够实现，河南教育必将实现新的跨越式发展，对中原经济区建设将发挥重要的作用。”

一种思想观念的转变

谈松华说，河南是人口大省，在中原经济区建设中，必须依靠教育。

服务中原经济区建设，教育要转变原有的封闭观念，关注河南的经济社会发展。

服务好中原经济区，职业教育、高等教育和继续教育首先要发挥作用。需要建立起“政、产、学、研、用”结合的体制，使得学校和企业、社会有密切联系，使得学校人才培养符合客观发展规律，适应河南经济社会的发展需要。

“具体地说，就是高等教育和职业教育需要调整学科和专业结构。现在学校设置的学科专业很多与社会脱节，要解决好人才结构和产业、经济结构相适应的问题。还必须加强教育培训和继续教育。学校教育是培养劳动后备军，现实需求更多依靠在职人员，现在我们的教育只重视学校教育，对继续教育重视不够。培训是个非常大的市场，要开展各种培训满足不同人群的继续学习需要，更直接为经济社会发展服务。”谈松华说。

一些发展中的问题

针对河南教育中的一些热点难点问题，谈松华阐述了自己的意见和建议。

在回答优质教育资源不足的问题时，他说，“大班额”、“择校热”等情况在城市表现明显，义务教育阶段当前要做到教育资源均衡配置，扶持薄弱学校，以缩小校际、地区、城乡差距。同时要实现教师资源的合理配置，建立教师流动机制，让优秀教师资源不只为一个学校服务。

谈松华说，河南的高水平大学少，希望探索适合自身发展的教育形式和道路，在人才培养上可借助外力，比如引进国内外知名大学进行合作办学，以此提升河南高等教育整体水平。

“这一系列现实问题都是发展中的问题，都需要靠发展去解决。只要有决心和谋略，只要坚定不移地推进改革和创新，就能找到解决现实问题的路径和方略。未来是光明的，我似乎已经听到了河南教育迅跑的脚步。”谈松华说。③6

高端访谈——《河南日报》

【专栏内存】

《声音》专栏的风格和特色

一、内容关注两个“大”——大局，大众。《声音》紧扣时代热点、关注群众关切，视野开阔、及时发言，话题遍及国计民生，有力配合党和政府的中心工作，及时解答人民群众的思想疑惑。

二、风格力求三个“真”——真话，真情，真知。新闻的生命在于真实，报纸言论栏目也需“求真务实”。《声音》不避锋芒，不说套话，原汁原味，有棱有角。随着真情实话自然流淌的真知灼见像一面镜子，映照出为民、务实、清廉的精神面貌，科学、民主、依法的执政理念。

三、操作突出四个“性”——策划的新闻性，选题的重要性，立论的针对性，论述的思辨性。新闻版的言论栏目既是言论，也是新闻，必须讲究策划，将定位和风格细化为每一个具体的选题。

——摘自《声音》专栏参加第18届中国新闻奖评选的推荐材料

(2)激发斗志

历史是由群众所创造的,也是群众才能推动的。党的各项方针、政策,最终都要依靠群众才能落到实处,进而发挥作用。报纸中的时政专栏,其承担的重任是通过推出富有感召力的专栏,以激发潜藏于群众内心的强大斗志,万众一心朝着共同的目标前进。

为回顾党的历史,永远铭记革命先辈的英名和丰功伟绩,缅怀他们的精神和风范,2005 年 2 月 1 日起,中宣部新闻局组织人民日报、新华社、解放军报、光明日报、经济日报、中央电台、中央电视台、科技日报、中国纪检监察报、工人日报、中国青年报、中国妇女报、农民日报、法制日报、人民网、新华网、央视国际网、光明网、中国广播网等中央主要新闻单位和各省、自治区、直辖市主要新闻单位,共同推出《永远的丰碑》专栏。

《永远的丰碑》专栏通过介绍中国共产党历史上的一大批优秀代表人物、革命先烈、战斗英雄和劳动模范,宣传他们艰苦奋斗、不怕牺牲的感人事迹,宣传他们的高贵品质和革命斗志,宣传他们坚定的理想信念和崇高的革命精神,讴歌他们的牺牲精神、奋斗精神和奉献精神;通过介绍我党我军历史上的重大事件、重要会议和重大战役,回顾中国共产党的辉煌历程和革命军队的光荣历史,介绍中国共产党的纲领、理论、方针、政策的形成发展过程,充分展现中国共产党 80 多年来为了民族的独立和国家的解放、人民的幸福而不懈奋斗的历程,对广大共产党员、社会公民和青少年进行爱国主义教育、革命传统教育、思想道德教育、党的先进性教育和党史知识教育。历时 3 年,《永远的丰碑》专栏共刊出上千篇(期),全国共有 150 多家中央和地方新闻单位参加《永远的丰碑》专栏的宣传,收到了较好的社会效果。①

为教育激励党员弘扬红岩精神,继承革命传统,永葆共产党员的先进性,《重庆日报》于 2005 年推出了《不朽的红岩》专栏。《不朽的红岩》集中宣传当年中共中央南方局在周恩来等老一辈无产阶级革命家的领导下,团结带领广大人民群众同国民党反动势力进行不屈斗争的情况,以及歌乐山革命英烈的感人事迹。该栏目以讲述故事为主要形式,并配以生动的图片,具有很强的可读性和感染力,被誉为“先进性教育活动的一部鲜活教材”。②

---

① 摘自《永远的丰碑》专栏参加第 17 届中国新闻奖评选的推荐材料。

② 《重庆充分运用红岩精神激励广大党员保持先进性》,新华网,2005-08-04。

狼牙山五壮士

抗日战争时期，在河北省易县狼牙山战斗中英勇抗击日伪军的八路军5位英雄，用生命和鲜血谱写出一首气吞山河的壮丽诗篇。他们是八路军晋察冀军区第1军分区第1团第7连第6班班长、共产党员马宝玉，副班长、共产党员葛振林，战士宋学义、胡德林，胡福才。

1941年8月，侵华日军华北方面军调集7万余人的兵力，对晋察冀边区所属的北岳、平西根据地进行毁灭性“大扫荡”。9月25日，日伪军约3500余人围攻易县城西南的狼牙山地区，企图歼灭该地区的八路军和地方党政机关。晋察冀军区第1军分区某部第7连奉命掩护党政机关、部队和群众转移。完成任务撤离时，留下第6班马宝玉等5名战士担负后卫阻击，掩护全连转移。他们坚定沉着，利用有利地形，奋勇还击，打退日伪军多次进攻，毙伤90余人。次日，为了不让日伪军发现连队转移方向，他们边打边撤，将日伪军引向狼牙山棋盘陀峰顶绝路。日伪军误认咬住了八路军主力，遂发起猛攻。5位战士临危不惧，英勇阻击，子弹打光后，用石块还击，一直坚持战斗到日落。面对步步逼近的日伪军，他们宁死不屈，毁掉枪支，义无反顾，纵身跳下数十丈深的悬崖。马宝玉、胡德林、胡福才壮烈殉国；葛振林、宋学义被山腰树枝挂住，幸免于难。

马宝玉等5位战士的壮举，表现了崇高的爱国主义、革命英雄主义精神和坚贞不屈的民族气节，被人民群众誉为“狼牙山五壮士”。晋察冀军区领导机关授予3名烈士“模范荣誉战士”称号，并追认胡德林、胡福才为中国共产党党员；通令嘉奖葛振林、宋学义，并授予“勇敢顽强”奖章，宋学义光荣加入中国共产党。为纪念和表彰5位抗日英雄，当地革命政府在棋盘陀峰顶修建了“狼牙山三烈士碑”。1959年5月重建，更名为“狼牙山五勇士纪念塔”。聂荣臻为纪念塔题词：“视死如归本革命军人应有精神，宁死不屈乃燕赵英雄光荣传统”。中华人民共和国建立后，宋学义转业到地方工作，1978年逝世。葛振林1981年7月离职休养，离休前任湖南省军区衡阳军分区后勤部副部长，2005年3月逝世。

（新华社北京6月16日电）

更多内容见光明网主页

永远的丰碑——《光明日报》〔第17届中国新闻名专栏奖(集体)〕

(3)时政观察

所谓观察，就是观看、查察。其过程就是根据观察中对表象的认识与把握，选择最有典型意义、最有表现力的表象，细致、真实、准确地再现事物的形象。

时政观察，就是对时事政治事件或某一现象进行科学分析、理性思考，进而概括、归纳、提炼出有一定高度的理论成果。当新的时政理论或现象出现后，人们一般较难适应或理解，往往处于“被动等待”状态。这时，报纸尤其是党报的时政观察专栏就要在第一时间组织观察员撰写文章，帮助人们解开“谜团”。

不朽的红岩

"铁脚板"邹进贤

邹进贤，重庆綦江人，綦江党、团组织的主要创建人，綦江第一任党、团特支书记。他因经常风尘仆仆徒步奔波于各地，被称为"铁脚板"。

1922年，邹进贤在省立高等蚕业养成所学习时，努力学习马克思主义理论，探讨救国救民的方法，从事社团活动、开展平民教育、出版宣传刊物等革命工作。1923年6月，加入中国社会主义青年团。1924年夏，在重庆加入中国共产党。

1925年春，邹进贤开始綦江党、团组织的筹建工作，成立了团綦江县特别支部，并任书记。1926年1月，建立了中共綦江县特别支部，邹进贤改任特支书记。在此期间，他领导进行群众宣传、组织工作，建立学生联合会、妇女协会、各行帮工会和一部分基层农民协会，联络社会人士组织"綦江拒毒会"。通过努力工作，一些党、团员掌握了部分民团武装。后在中共綦江县委的组织发动下，安排中共党员担任了团练局长，进一步掌握了大多数的民团，并将民团改编成"农民自卫军"，办起了团练干部学校。1926年10月，受中共重庆地委的派遣，他到莫斯科东方大学学习。1928年奉调回国。1929年4月被派回重庆，任中共四川临时省委巡视员，奔走于川东、川北各地，调查、整顿地方党的组织，培训党的基层干部，指导各地武装暴动。

1930年5月5日，因叛徒出卖，邹进贤在重庆不幸被捕。7日，英勇就义，年仅31岁。（市委先进性教育活动领导小组办公室供稿）

不朽的红岩——《重庆日报》

南方深读 时政南方眼　A08

助学贷款以后改在老家申请？

三年之痒

如何避险

时政南方眼——《南方日报》(2009年度广东新闻奖专栏一等奖)

2009年，《南方日报》推出《时政南方眼》专栏，尝试将政治报道转型升级。所谓"时政南方眼"，是指用"南方"的眼光来观察省内外时政事件和现象，通过"望闻问切"，以独到精辟的分析性报道，帮助读者在"悦读"中实现"深读"。

在题材选择和写作风格上，《时政南方眼》努力改变传统政务报道的古板僵化面貌，去"工作化"、去"宣传化"，善讲故事、讲好故事、讲出故事背后的故事。实践证明，这是纸媒在新的媒体环境下胜出的重要武器。正如南方日报社社长杨兴锋所言，网络媒体的特点是速度、宽度（海量），这些优势都不是纸媒所具有的。纸媒要与之抗衡，必然要依靠深度、信度。而深度报道，恰恰是最适合开展政治报道的体裁。①

《人民日报》的《前沿观察》专栏，也经常就时政热点问题进行剖析和解读。

① 段功伟：《打开党报政治报道增量空间》，《南方传媒研究》2010年第4期。

官员插手干预工程，处分！

本报记者　盛若蔚

前沿观察

不久前，监察部与人力资源和社会保障部联合印发了《违反规定插手干预工程建设领域行为处分规定》。目前，《处分规定》已经付诸实施。这一新规对插手干预工程建设领域行为如何界定？违规的公务员该如何处分？新规的出台能否遏制工程建设领域腐败案件的频发势头？本报记者日前专访了监察部与人力资源和社会保障部有关负责人，详解《处分规定》的幕后台前。

监察部与人力资源和社会保障部规定副科级以上公务员插手房地产可被开除。　杨　威绘（人民图片）

防止“大楼建起来、干部倒下去”

领导干部只要实施了违反规定插手干预行为，就应当受到处分

工程建设领域是腐败案件易发、多发领域。近年来，“大楼建起来、干部倒下去”的现象，在一些地方时有出现。

原广东江门市常务副市长林崇中案便是一起典型的工程建设领域腐败案件。2003年，时任新会区委书记的林崇

作，并将“领导干部违规插手干预工程建设的行为受到严肃查处”作为治理工作的阶段性目标之一。

为配合专项治理，给查处行政机关公务员违反规定插手干预工程建设领域行为提供法规依据，2009年11月，监察部与人力资源和社会保障部决定制定一个全国性的规定，并作为主要和急需的法规，抓紧出台。

此前，中央纪委已印发《党员领导干部违反规定插手干预工程建设领域行为适用〈中国共产党纪律处分条例〉若干问题的解释》。《处分规定》则在此基础上，对行政机关公务员违反规定插手干预工程建设领域行为，作出了明确的行政处分规定，明确领导干部只要实施了违反规定插手干预行为，就应当受到处分。

级或相当于副科级以上人员，如有违反本规定行为的，都将给予处分。”有关负责人表示。

工程建设环节很多，行政机关公务员违规插手干预工程建设领域行为的表现形式也多种多样，《处分规定》不可能涵盖行政机关公务员插手干预工程建设的所有方面和环节。因此，《处分规定》根据《工程建设领域突出问题专项治理工作实施方案》和《规范工程建设项目决策行为和招标投标活动指导意见》等8个指导意见，结合典型案例，抓住关键环节，将行政机关公务员插手干预工程建设领域行为，细化为“插手干预工程建设项目决策”、“招标投标、土地使用权和矿业权审批出让”、“城乡规划管理”、“房地产开发与经营”、“工程建设实施和工程质

如何界定插手干预工程建设领域行为？

公务员违规影响工程建设正常开展或干扰正常监管、执法活动的行为

从词义角度理解，“插手”是指参与某种活动，“干预”是指过问别人的事。而就此次出台的《处分规定》而言，这两个词的内涵则更为丰富。

为增强《处分规定》的可操作性，便于贯彻执行，《处分规定》对“违反规定插手干预工程建设领域行为”进行了界定，即“本规定所

以规定的形式确定下来就一目了然，有利于增强实践中的操作性。

新规能否遏制工程腐败蔓延势头？

以新规为契机，进一步加大查办工程建设领域违纪违法案件的力度

人们注意到，在6月10日中央扩大内需促进经济增长政策落实检查工作领导小组、中央治理工程建设领域突出问题工作领导小组、中央抗震救灾资金物资监

前沿观察——《人民日报》

(4)权威发布

报纸作为传统媒体，之所以能长久地生存和发展，靠的就是“权威性”这一法宝。

权威发布至少要具备以下三点：一是所发布的信息必须是大多数人关心的事；二是必须是权威的数字、结果、决定及新出台的政策；三是必须是权威部门、影响度大的权威人士出面发布。①

一些重大的政策法规出台，尤其是关乎百姓切身利益的新闻，报纸都要及时予以权威发布。《浙江日报》就设有《权威发布》这个专栏。

对于新出台的政策法规，记者无疑是第一眼的观众。《齐鲁晚报》的《山东新闻第一眼》专栏，就是将记者看到的第一眼“如实”地传达给广大读者。

为便于读者更好地理解、消化政策法规，《嘉兴日报》推出了《权威解读》专栏，深受读者好评。

---

① 董岩、丁洪亮：《跟梁衡学新闻》，同心出版社2007年版，第113页。

权威发布

三模三电高考加分有变

加分限定在确定的项目、赛事和名次范围内；从原先加20分降为加10分

本报杭州1月8日讯
记者 张冬素 通讯员 鲍夏超

记者今天从省教育厅和省体育局召开的新闻专题通报会上获悉，从2010年起，我省对高考加分中的"三模三电"（航空航天模型、航海建筑模型、车辆模型、无线电测向、无线电通信和电子制作）和定向比赛实行"三定"，就是进行定项目、定赛事、定名次管理，加分项目限定在由省体育局认定、经省教育考试院确定的赛事和项目范围内。其中国际重大比赛及全国体育大会取个人前6名，全国性重大比赛（不包括全国分区赛）取个人前3名，全省性重要比赛取个人第1名且需同时获二级及以上运动员证书。所有"三模三电"和定向比赛项目高考加分从原先的20分降为10分。

据了解，2009年我省共有4000多名考生获得高考加分，其中体育项目加分为1000人左右，体育项目加分考生中有600人左右是"三模三电"和定向比赛。据初步测算，实行进一步规范管理措施后，最终能获得高考加分的"三模三电"项目获奖考生人数将比以往至少压缩八成。

省教育厅有关负责人介绍说，作为过渡，在1月6日《省教育厅省体育局关于进一步规范管理"三模三电"和定向比赛高考加分项目的通知》文件发出之前，在"三定"范围以外的国家体育总局年度竞赛计划的赛事中获得相应奖励和获得二级及以上运动员证书的考生，仍有申请加分的资格。而在1月6日之后，在"三定"范围以外的获奖获证的考生不再享受加分政策。今后教育部如果出台进一步具体规定，按教育部新规定执行。

权威发布——《浙江日报》

山东省素质教育再出新政

今年起我省自定加分照顾全取消

刚刚出台的国家《教育纲要》提出了诸多革除教育积弊的议题。3日，省教育厅就我省出台的《关于深入贯彻落实科学发展观进一步推进素质教育工作的意见》进行详细解读，其中我省为了促进全省素质教育的顺利实施，将积极稳妥地推进普通高校招生考试制度改革成为广大考生及家长关注的焦点。

□记者　徐洁　王振国

本报济南3月3日讯　3月3日，省教育厅就省委办公厅、省政府办公厅出台的《关于深入贯彻落实科学发展观进一步推进素质教育工作的意见》（简称《意见》）进行了深入细致解读。

省内制定 加分政策将取消

从2010年起，我省全部取消省内制定的加分等照顾性政策，坚持公开公正，做好特殊类型考生的资格审查。2010年起，我省将在总结山东政法学院、临沂师范学院院系录取制度试点基础上，继续探索推进专家参与录取的招生模式，扩大试点院校与专业。同时，我省将组建由专家教授组成的录取委员会，让高校教授参与录取工作。

考生信息 不再提供给各市

2010年起，高考考生信息不再提供给各市。省教育厅解释，取消这种做法，除了保护考生个人隐私的需要，还可以在客观上减轻市、县（市区）教育行政部门、高中学校在高考升学方面的巨大压力。

省属重点高校 试点自主招生

根据《意见》，本科院校的自主招生将积极推进。省教育部门将协调部属高校不断增加在山东省的自主招生名额，同时积极争取在省属重点高校开展自主招生。从2010年起，我省将把规范办学行为作为高中学校参加自主招生的基本资格，凡存在违规办学行为，经省级教育行政部门确认，取消学校参加自主招生的资格。

命题适当增加 选修课内容

我省将在稳定"3+X+1"基本框架的基础上，推进教育招生改革。改革的主要内容：在高考命题范围方面，适当增加选修课内容；在高考题型方面，进一步丰富每年的高考科目题型，引领高中教育走出死记硬背的局面；继续完善"基本能力测试1"科目，加大命题内容和命题形式的改革力度。加强考试内容和命题形式改革，进一步体现跨领域、跨学科、综合性的要求，使考试内容更加注重综合素养、更加注重综合能力的考核。

2012年公办高考 补习学校全部撤销

虽然省教育部门三令五申，但在职教师有偿补习依然屡禁不止，加重了家庭教育的负担，也影响师德形象。《意见》重申，在职教师不得从事各种有偿补习活动，不得动员组织学生接受有偿补习。

今后，对高考补习学校的管理也将加强。《意见》要求："到2012年完成公办高考补习学校撤销计划。"各级教育行政部门，一方面要加强对高考补习学校的监管，另一方面要做好撤销公办高考补习学校的准备工作。同时，要制定关于举办民办高考补习学校的相关政策和监管办法。

解读新政——推进中小学校长职级制

中小学校长任职实行资格制

学校校长行政官员化近来被广为诟病，如何能实现温家宝总理设想的"要让懂教育的人管理教育"？《意见》再次明确了学校的法人地位，学校依法享有管理自主权和办学自主权；明确中小学校长的任职资格，推进中小学校长职级制。

今后将加强学校内部管理体制改革，依法落实校长负责制，而将政府的职责界定为依法进行宏观管理和调控。2010年，我省教育人事体制改革重要任务就是协同有关部门共同推进中小学校长的任职资格制度和职级制度的实施。

在农村任教满20年优先评职称

为鼓励优秀教师到农村中小学任教，《意见》提出，对在县镇以下工作的农村教师，给予适当补贴，奖励性绩效工资的发放向农村一线教师倾斜。对在农村中小学任教满20年的教师，可优先申报评审高一级教师专业技术职称，逐步提高农村中小学教师在表彰奖励中的比例。

针对农村小学教师队伍老化、结构性缺编的问题，《意见》："建立中小学教师补充机制，根据推进素质教育的要求足额配备教师，推动城乡教师编制标准实现统一，并在编制总额内对偏远农村学校、教学点给予倾斜，允许县域内中小学教职工编制互补余缺。"

2011年各校选修课开出率要过50%

《意见》中明确指出，要实施教育行政问责制度，对出现多次严重违规办学行为的县（市、区），除撤销省教育工作示范县（市、区）等称号外，还将追究教育行政部门负责人的责任。

在规范学校办学行为上，省教育厅表示，2010年起，各级教育行政部门要把这些课程的开设纳入规范办学行为管理的重要内容。《意见》要求"普通高中要在开齐开全必修课程的基础上，积极创造条件开设尽可能多的选修课程，大力推进'选课制'、'走班制'，省级规范化学校、市级规范化学校、一般学校的选修模块开出率，到2011年分别达到70%、60%、50%以上。"

山东新闻第一眼——《齐鲁晚报》

企业境内外上市最高可补 1200 万元

——解读《关于进一步推进企业股改上市的若干政策意见》

■记　者　徐佳伟
　通讯员　高家跃

一家符合条件的拟上市企业，从进入上市辅导到最后成功上市，最多可享受高达 1200 万元的补助。这是记者日前从市发改局上市科得到的消息。在鼓励和引导企业做大做强的大好环境下，市政府近日出台了《关于进一步推进企业股改上市的若干政策意见》，加大了对拟上市企业上市前的扶持力度，同时也建立健全了未能上市企业已享受补助和奖励的回收机制。

"一方面分担了企业在上市过程中的资金压力，另一方面也反向促使企业从'要我上市'向'我要上市'转变。"市发改局上市科科长朱进才说，不少企业在上市前就会面临一定的资金困难，在股改过程中也时常遇到历史遗留问题，所以补助力度不单是体现在量上，更要把政策奖励前移到企业上市前。与此同时，为了反向激励企业上市成功率，政策也配套了相应的风险预警与控制，对拟在一定时期内仍上不了市的企业，将回收先期所享受的政府补助和奖励。

围绕这 1200 万元奖励的组成，朱进才说，拟上市企业只要一进入辅导期，市政府就将给予 100 万元一次性补助，如果继续能通过辅导验收，且将上市申报材料报经证监会受理，可以再获得一次性补助 100 万元。在此基础上，假设这是一家 2010 年进入上市辅导期的企业，2009 年为地方创造了 200 万元的税收，而 2010 至 2012 年的税收是递增的，那么，政府将以 2009 年为基数，将企业增税全部返还给企业，每年最多为 300 万元，3 年内补助 900 万元。等到企业成功上市以后，将再补助企业 100 万元。

记者还在这份新的政策文件上发现，相比先前出台的措施，境内、境外上市企业享受奖励已不再"区别对待"，而是有了同等待遇。而对于企业在改制重组过程中的土地出让金，原来以净收益的 80% 返还给企业所在镇（街道），现变为 100% 全额返还镇（街道），再由镇（街道）全额用于支持该企业上市。相反，如果一家拟上市企业在进入辅导期后 5 年内仍未能公开发行股票并上市的，将根据"承诺函"收回先前的补助和奖励，以控制风险。

据了解，截至目前，我市已与中介机构签约并开展上市工作的有晨光电缆、美织华印务、莎普爱思药业、新秀箱包、鸿禧光伏、欧迪恩汽配、美嘉保温、广轮新型建材、荣胜纸业等 9 家企业。

权威解读——《嘉兴日报》

2. 时评专栏

时评，是"因时而评""合时而著"的新闻评论，[①]也即对时事新闻的评论。它是人们针对新近发生的、具有普遍意义的新闻事件和迫切需要解决的问题发议论、讲道理，直接表达意见和主张的文体。[②] 时评还有另一种解释："时"——时间、时新、时尚；"评"——评论、评述、评判、评价。[③]

如果说一篇评论就是媒体的一面旗帜，那么评论专栏就是媒体上的旗帜方阵。[④] 作为编辑部的灵魂和旗帜，时评专栏历来为各家报纸所重视。一份有着卓越品格的报纸也必定有着卓越品格的言论。现代报纸不仅仅是新闻纸、服务纸、娱乐纸，还应当是观点纸。对于读者来说，纷繁复杂的世界，光怪陆离的新闻现象，需要有清醒、准确、透彻的评论来帮助他们认知。[⑤]

尽管近代报纸已经完成了从"以政论为本位"到"以新闻为本位"的转变，但评论仍然是最富有指导作用的，因为它最具有舆论的影响力，它对读者的思想、行动所产生的影响不仅很大，而且很久。[⑥]

大部分情况下，评论可以说是报刊版面上"唯一主观"的东西。当然，所有的新闻应该都是有立场的，但是，新闻报道是用事实来说话的，只有评论，

① 彭军辉：《近十年我国报纸新闻时评专栏（版）发展的特征》，《经济与社会发展》2006 年第 9 期。

② 刘行芳、刘修兵：《新闻编辑原理与实务》，武汉大学出版社 2010 年版，第 70 页。

③ 蒙南生：《媒体策划与营销》，中国传媒大学出版社 2007 年版，第 266 页。

④ 朱金平：《新闻编辑论》，长征出版社 2008 年版，第 293 页。

⑤ 甘险峰：《当代报纸编辑学》，中山大学出版社 2008 年版，第 294 页。

⑥ 邵华泽：《同研究生谈新闻评论》，人民日报出版社 1999 年版，第 4 页。

才可以毫不隐瞒地把编辑部的观点直接地表达出来。[①] 时评也正因为其在直面热点问题时笔法犀利、一针见血的风格，而深为读者喜爱。

时评专栏还有一个特点，那就是互动性。读者可以倾听别人观点以助自己分析判断，也可以发表自己观点以求大家共鸣。一个互动性强的专栏，往往最受读者的关注和欢迎。

在中国新闻奖首次设置名专栏奖的第15届中国新闻奖评选中，4个评上名专栏的《人民论坛》《有话直说》《解放论坛》《燕赵论坛》清一色都是时评专栏，由此可见时评专栏的魅力。

时评专栏的内容虽然比较严肃，但各家报纸还是努力在表现形式上进行创新，形成了“八仙过海，各显神通”的热闹场面。根据专栏的特点及运作方式的不同，时评专栏又可细分为“立意高远”“见微知著”“短小精悍”“关注热点”“针砭时弊”及“同一话题”“不同声音”“整版运作”等八小类。

(1)立意高远

站得高，方能看得远、看得透。作为政治专栏之一，时评专栏必须高瞻远瞩、高屋建瓴，从大局出发，树全局意识。

作为中共中央机关报，《人民日报》十分重视时评专栏。《人民论坛》和《人民时评》就是《人民日报》最为重要的两个时评专栏，影响力极大。

《人民论坛》创办于1985年，原来的栏目名称为《每周论坛》。1988年更名为《人民论坛》。作为《人民日报》社论和评论员文章的补充和延伸，《人民论坛》的办栏宗旨是：宣传党的方针政策，反映民声民情民意；关注热点难点问题，发挥舆论引导作用。

为了在一些重大新闻事件、群众关注的热点问题上表达自己的声音和立场，2005年4月14日，《人民日报》在第5版《视点新闻版》推出新闻时评专栏《人民时评》。如果说，《人民论坛》是关注社会现象、偏重思想性的话，那么，《人民时评》则注重对新事件、新问题进行及时的解读和评论，更加突出新闻性和群众性，围绕“社会关注的新闻事件、群众关心的热点话题”，在选题上，不大而化之地务虚，而是坚持平民视角，关注民生；在风格上，不自上而下地号令，而是努力以理服人，有独家观点。

《人民论坛》和《人民时评》两者相得益彰，被业内誉称为《人民日报》时评专栏的“双子星座”。

---

① 韩松、黄燕：《当代报刊编辑艺术》，复旦大学出版社2006年版，第330页。

【专栏内存】

《人民论坛》的主要特色

一是导向正确，针对性强。凡属党的一个时期的中心工作，凡属涉及改革发展稳定的重大问题，我们都力求在《人民论坛》有所反映。

二是注重新闻性，反应迅速。凡属重要新闻事件和重要纪念日，我们都力求在《人民论坛》有所反映。

三是注重思想性。重视议论和讲道理，力求把道理说透，以理服人。

四是文风朴实，庄重大方。《人民论坛》明确定位是政治性时评，因而要求作品活泼而不失严谨，生动而不失端庄。从选题到行文都讲究言之有理，持之有故，不故作惊人之语，摒弃油滑文风。

五是体现"三贴近"。专栏以采用外来稿为主，作者中既有普通的群众，又有很多专家学者和党政干部，还有一些省部级领导干部。专栏所发作品约三分之二都是群众来稿。

——摘自《人民论坛》专栏参加第15届中国新闻奖评选的推荐材料

《人民时评》专栏的风格特点

1. 突出评论时效。时评是"急诊"，贵在时效。《人民时评》的很多文章，紧扣社会热点，力争在第一时间发言。

2. 突出观点独家。对于一些众说纷纭的热点事件，《人民时评》要求有自己独到的分析，避免同质竞争，以抢占舆论高点。

3. 突出舆论监督。《人民时评》强调在新闻事件发生过程中发言。党中央机关报的独特身份，使得我们把评论重点，放在关注热点事件产生的行政状况、管理弊端、制度成因上，力争通过舆论监督推动和改进政府工作。

——摘自《人民时评》专栏参加第17届中国新闻奖评选的推荐材料

《光明日报》的《光明论坛》专栏，内容虽然涉猎政治、经济、社会、科学、教育等许多领域，但议论的话题都立意高远，紧跟时代发展，抓住热点问题，讲述的道理能让高级知识分子明白的，普通读者也能明白。[①]

① 朱金平：《新闻编辑论》，长征出版社2008年版，第294页。

还有『四怨』也误人

张　轶

发牢骚、讲怪话，推责任、少行动，这样的干部，现实中并不少见。12月23日，“人民论坛”栏目刊发的《“四怨干部”要不得》，为“四怨干部”画像，并指出怨气太盛是“缺乏担当”、“缺少能力”，可谓切中要害。

“四怨干部”，怨上级、怨下属、怨同事、怨前任，是怨人。还有一些领导干部，对人不批评、不指责，可谓“老好人”。但一旦出现问题、面对矛盾，却仍然不从自己身上找原因，怨这怨那。他们的心态，也可总结为“四怨”。

一为怨条件。怨物质条件不好，永远缺乏资金、永远人手不足、永远资源有限。怨精神条件精粗，没有待遇、不给提拔、缺少激励。对条件的要求可以无限上升，一旦有了失误，再好的条件，都说是条件还不够好。“条件”是个筐，失误都往里装。

二为怨环境。你我都没问题，环境才是“不可抗力”。不发展是“环境缺乏”，发展慢是“环境恶劣”，发展由快转慢则是“环境变化”。环境造成决策错误，环境造成执行不力，甚至是环境造成贪污腐败，环境造成违法乱纪。

三为怨制度。一出问题，就往“制度”上推，动辄说“制度不科学”、“体制有缺陷”。有漏洞就说“机制不健全”，有失误就怨“体制有弊端”。失误的原因被扩大、扯远，貌似透彻、犀利，实则空洞、无效，“具体变一般，责任全无关”。

四为怨文化。一个单位、一段时间的工作出了问题，抱怨是几千年的“文化”拖了后腿。工作没开展，是因“地方文化”；政策没落实，是因“书斋文化”。远的怪“传统文化”，近的怪“官场文化”。文化“千变万化”，板子最好打。无关具体人、具体事，板子打文化，谁都不尴尬。

这“四怨”，发作起来，似乎都是高屋建瓴、头头是道，让人觉得“是那么回事”。实际上，与埋怨具体的人和事相比，症状不同，症结一样。同样是逃避责任，同样是缺少能力，同样会使得工作无法开展、问题无法解决。

人民论坛——《人民日报》(第1届、2届、3届、15届、16届中国新闻名专栏奖)

『迪拜风波』给温州人的教训

打牢实体经济的基础，疏通民间资本服务于实体经济的道路，两方面的努力不可或缺

人民时评　—《人民日报》(第17届中国新闻名专栏奖)

作为《解放日报》的重要言论阵地，《解放论坛》专栏首创于1979年党的十一届三中全会召开后的第一个月。《解放论坛》的栏名，不但表明这是《解放日报》独特的言论栏目，更表示党报要坚持十一届三中全会确立的党的思想路线，即“解放思想，实事求是”的思想路线。

继续深入推进西部大开发

华　羽

今年是我国西部大开发战略实施十周年。实施西部大开发战略，加快中西部地区发展，是我国现代化战略的重要组成部分，是党中央高瞻远瞩、总揽全局、面向新世纪作出的重大决策，具有十分重大的经济和政治意义。十年大开发给中国西部带来了巨大变化，有力地促进了西部区域经济协调的发展，同时也为全国经济发展开辟了新的广阔空间。

十年来，西部生产总值从一万七千亿增加到四万八千亿，平均增长了 11.6%，超过全国同期增长水平。固定资产投资增长 22.9%，也高出全国平均水平的 1.9 个百分点，商品进出口贸易从 170 多亿美元，增加到将近 800 亿美元。这些数字，是西部巨变的最好证明。

由于历史和自然的原因，西部地区经济社会发展落后于东部地区。为缩小区域差距，促进经济社会的可持续发展，1999 年，中央提出并实施西部大开发战略。实施西部大开发战略，是实现我国现代化建设战略目标的必然要求，是缩小地区差距，实现共同富裕的社会主义本质的要求。西部地域广大，自然资源丰富，有巨大的发展潜力，也是一个巨大的潜在市场，开发西部是进一步扩大国内需求，保持国民经济持续快速健康发展的重要途径。在西部大开发中尽快遏制生态环境恶化趋势，是全面贯彻实施可持续发展战略的重大举措。西部大开发战略是保持社会稳定、维护民族团结的必然要求。

十年来，西部总体经济发展平稳较快，社会事业明显改善。基础设施建设突飞猛进，青藏铁路、西气东输、西电东送等重大的工程相继建成并投入运营；生态环境建设与保护得到了明显加强，退耕还林、退牧还草、环境治理工程成效显著；西部产业发展呈现了良好的势头，立足本地比较优势，积极调整产业结构，形成了一批特色优势产业。西部与东部地区的经济合作和交流呈现出领域不断拓宽、规模不断扩大、层次不断提高、成效不断显现的新特点。西部人们的思想观念明显转变，改革开放的意识不断增强。

经过十年"西部大开发"战略的实施，西部经济社会发展取得明显进步，但也存在一些问题：基础设施尚薄弱；缺乏高附加值、高竞争力的产业；市场化进程比较慢，缺乏良好的投、融资环境；发展的软环境还不尽如人意；西部建设人才和技术的支撑仍然不够。在未来的发展中，应利用西部地区在能源、矿产资源、装备制造以及农副产品深加工等方面的优势，重点发展特色优势产业。应该更加重视开放，包括对内开放，即与中部、东部地区的互动，以及对外开放，即与世界各国和地区加强贸易往来与合作，互创商机。要以科学发展观为指导，注重统筹发展，要更加以人为本，使西部地区的人民享受更多的、更实惠的西部大开发成果。

西部大开发已经取得的巨大成果，不仅造福了西部人民，而且对全国这 10 年的平稳较快发展和社会和谐作出了功不可没的贡献。让我们共同努力，建设一个经济繁荣、社会进步、生活安定、民族团结、山川秀美、人民富裕的现代化新西部。

本栏电子信箱：gmpinglun@gmail.com

光明论坛——《光明日报》（第 2 届、3 届中国新闻名专栏奖）

解放论坛
中国新闻名专栏

教育也要靠『罚款』？

徐　敏

近日，有关"罚款教育"的新闻频频。重庆一家中专艺术学校，为了让舞蹈专业的学生保持良好的体形，规定长胖了要罚款，而且罚款指标从"长胖一斤罚 5 元"，提升到"长胖一斤罚 20 元"，不少学生不堪经济重负。长春一家初中学校，老师制订班规，"犯小毛病罚款 5 元、和老师顶嘴罚款 10 元……"，足有百余条，每条规定后面都附上罚款金额。此类新闻不一而足，不禁令人思考："罚款教育"为何出现，为何"流行"？

表面看，罚款是因为老师们"没办法"。不是吗？舞蹈专业对学生身材要求很严，老师多次提醒学生要控制体重，但效果不好，于是想出了罚款的招数。一些学校学生众多、且日常行为习惯不佳，老师很难管理，制订了罚款班规后，具有不小的震慑作用。罚了款，老师也没有将钱据为己有，而是作为班费使用，看似煞费苦心、"合情合理"。

但是，稍微细想一下，"罚款教育"的背后，藏着许多隐忧。学生没有经济来源，所以几十元甚至几元的罚款，会让许多学生背上思想负担。如果学生为了"找钱"而走上歧路，那后果不堪设想。当然，也有学生家庭经济条件好，零用钱富余，区区几十元罚款对他们来说算不了什么，那么他们是否就可以仗着有钱无视校纪校规呢？这样的思维方式延续下去，将来这些学生走上社会，是否会仗着有钱无视法纪法规呢？

因为"没办法"，想出罚款这样的"办法"，正是折射了教育的苍白和乏力。一个"钱"字，异化了师生之间的关系，双方成了管理者和被管理者的关系。事实上，教育不只是简单的"我讲你听"，"我考你答"。很多时候，教育工作者需要用心、用情、用艺术化的方式来处理事务。有这样一则经典教育案例：英国著名的解剖学家麦克劳德上小学的时候，为了搞清楚狗的身体结构，竟然偷偷杀死了校长家的宠物狗。这显然是件难以原谅的事情。但麦克劳德遇到一位高明的校长，他对麦克劳德的惩罚是画出两张解剖图，一张是狗的血液循环图，另一张是狗的骨骼结构图。正是这个包含宽容和善待之心的"惩罚"，使小麦克劳德认识到自己的错误，并爱上了生物学，最终因发现胰岛素在治疗糖尿病中的作用而获得诺贝尔奖。教师面对学生的"不听话"或错误，如果本着育人的态度，那就应该思考：学生为什么会犯错？有多少主观因素和客观原因？采用怎样的教育方式让学生从内心深处认识到自己的错误，并且心悦诚服地去改正……而不是用简单的罚款方式来树立教师的权威。

解放论坛——《解放日报》（第 15 届中国新闻名专栏奖）

婚检自愿　更需自觉

[天津]　东剑涛

随着强制婚检制度的取消，我国婴儿出生缺陷率近几年陡然上升，此一问题已引起社会高度重视。《今晚报》近日报道，市妇联、今晚报和市妇儿保健中心举办"出生缺陷干预日"活动的现场调查显示，在到场的 300 位准妈妈中，90%以上没有接受婚检。报道说，取消强制婚检后，目前本市新婚夫妇自愿婚检的积极性不高，比例仅为 1.5%左右。

《生命时报》在 2006 年的我国首个"预防出生缺陷日"期间曾披露，中国每 30 秒便出生一个缺陷儿。而《新民晚报》2007 年的一篇报道称，目前，我国每年因新生儿缺陷造成的直接损失达 8 亿元，用于抚养残疾儿童的医疗费用支出高达 150 亿元。

缺陷儿出生率如此之高，自然有环境污染、孕妇营养不良、怀孕期间滥用药物以及抽烟、酗酒、精神压力过大等因素；但也必须承认，一些新人们不愿婚检也是原因之一。因为婚检是预防出生缺陷的第一道屏障。及早发现，就可免去很多家庭可能要承受的痛苦，包括精神上的和经济上的。

"自愿"并不等于可有可无。对婚检工作来说，从"强制"到"自愿"，是一个以人为本的观念的转变。但在很多新人身上，"自愿"还远远没有转变到"自觉"。毕竟，这可是实实在在的以"人"为本啊。

今晚谈——《今晚报》（第 3 届中国新闻名专栏奖）

解放论坛——《解放日报》（第 15 届中国新闻名专栏奖）

【专栏内存】

《解放论坛》专栏的特色

1. 始终坚决贯彻党的思想路线，解放思想，实事求是，与时俱进，求真务实。

2. 始终坚持发扬民主，以法治国，担当起党领导下的舆论监督“尖兵”的角色。

3. 始终坚持加强社会主义道德建设，严肃抨击社会上的不正之风，体现了新闻性、思想性、战斗性和可读性。

4. 始终坚持开门办栏，形成了一支广泛有力的作者队伍。

——摘自《解放论坛》专栏参加第15届中国新闻奖评选的推荐材料

(2)见微知著

见微知著，是指见到一点苗头就能知道它的发展趋向或问题的实质。应用到时评写作上，就是要以小见大，从平凡之中发现不平凡；从微观入手，反映宏观的问题。

时评要做到见微知著，就要求作者具有敏锐地察觉与把握趋势的能力。对最新的思潮与思想理论，要有足够的敏锐并能及时汲取，在思想上不落伍，保持与时代同步，甚至走在时代的前面。①

时评要做到见微知著，一定要从小处入手，以一件小事情来揭示一个大问题；同时，一定要从百姓的视角出发，报纸的时评要把身段放得低一点，放至等于或低于百姓身高，这样才能说出百姓“听得懂”“爱听”的话。

《今晚报》是天津最老牌的都市类报纸，秉承严肃权威的办报风格，坚持贴近百姓视角，受到津城读者的信任和喜爱。《今晚谈》是天津报纸中最早开设的接受读者来稿的新闻时评专栏，固定在《今晚报》头版的显著位置，长期以来，从百姓的视角出发，刊发了大量反映民生民情的评论文章，架起了编辑记者与读者、读者与读者、政府与读者之间沟通的桥梁。

《大家谈》专栏作为《湖北日报》的时评名专栏，往往就从小处入手，既注重彰显党报庄重大方的气派，内容上不猎奇、不耸人听闻、不偏执一端，文风上不油嘴滑舌、不尖酸刻薄；又注重凸现群众性言论紧贴生活、生动活泼等特点，增强言论的可读性、亲和力。②

---

① 韩松、黄燕：《当代报刊编辑艺术》，复旦大学出版社2006年版，第331—332页。

② 刘章西：《与时俱进引导社会舆论》，《新闻战线》2003年第1期。

彰显执行力重在务实善干

溪流

执行力的力能力就怎么聚合、怎么彰显？笔者以为，归根到底，就在于务实善干。

务实善干是"执行"的内涵要义。执行各项决策的过程，就是一个务实善干的过程。不积极主动地干，不扎扎实实地干，不创造性地干，就什么也执行不到位，什么事业也成就不了。

以往有些地方的某些正确决策，在执行中被打折扣甚或变形走样乃至落空，很大程度上就是因为一些人不务实、不善干。譬如，有的不深入实际、不调查研究、不针对实情，只知以会议贯彻会议，以文件传达文件，以布置代替落实，结果是决心在嘴上，行动在会上，落实在纸上；有的只抓其表，不抓其实，热衷于搞"花架子工程"，做表面文章，看似热热闹闹，实则几无实效；有的作风漂浮，工作懒散，则试想方设法把决策执行到位，就是处理日常事务，也是敷敷衍衍，应付了事。

"空谈误国，实干兴邦"。再好的决策离开实干，也会变成一纸空文。上述那类问题，不仅抑制执行力的提高和彰显，而且直接影响决策落实，影响事业发展，影响党政部门公信度，不能不坚决克服！

省政府领导近日强调，要针对执行力不够、落实不够，作风漂浮、效率低下等问题，在弘扬求真务实精神，转变工作作风，鼓励创新、冒尖、干成事业等方面多下工夫。

的确，要提高执行力，要干成事业，就非务实善干不可。务实善干是什么意思？就是不虚干、不假干、不盲干，而是真干、实干、科学地干，在干中彰显执行力，在干中把各项决策落到实处，在干中推进经济社会又好又快发展。

务实善干，首先要有一个干的高标准，要有一种奋发向上的精神状态。委靡不振，得过且过，满足于做一天和尚撞一天钟，这样的工作标准和精神状态，是出不了执行力、出不了高效能、干不出高质量工作的。我们谋发展、干事业，就应该向巅峰进击，就应该争创一流，就应该体现出高水平。

务实善干，不能不提高干的能力。本领不高，能力不强，导致"有心无力"或者"好心办坏事"，是执行力难以彰显的原因之一。因此，单位应把提高大家的行事能力放在更加突出的位置，有针对性地抓好相关培训；个人更应主动"充电"，并在干中学、学中干，不断积累经验，提升素质，增强本领。

务实善干，得有吃苦耐劳的精神和一干到底的韧劲。怕吃苦、图安逸，遇到困难半途而废等，都不可能把事业干成。我们要把各项决策、部署落到实处，只有"咬定青山不放松"，始终一步一个脚印地干，一年一年地干，才能不断有进展，不断见成效。

务实善干，还应营造鼓励人们干事、支持人们干成事的良好氛围，并且用完善责任制、考核制和分配制度、奖惩制度等机制，来改变"干与不干一个样、干多干少一个样、干好干坏一个样"的现象，让肯干事的有机会、能干事的有平台、干成事的受器重；使不干事的吃不开，没市场，少实惠，进而形成以实干为荣、不实干为耻的风尚。如此，执行力就不难提高、不难彰显；各项事业，也就不难推进。

大家谈——《湖北日报》(第 2 届中国新闻名专栏奖)

(3)短小精悍

随着海量信息的扑面而来，加之报纸数量的剧增，当今读者阅报时间越来越少、阅报节奏越来越快，时评也变得越来越短了。

一篇篇幅较长的重磅评论可能会将某一新闻事件分析得鞭辟入里，发人深省，但除非对这一事件特别关心，否则很少会有读者能耐着性子听你说教。而一则短小、精悍、辛辣、幽默的新闻评论则能一下子拨动读者的心弦，

期盼更多的民生大礼

张启华

"五一"节前夕，市政府决定，取消我市境内所有政府还贷二级公路收费，这是市委、市政府以人为本，让利于民，构建和谐重庆的实际行动，是送给市民的一份民生大礼。

改革开放以来，国家、地方的经济实力得到了极大的增强，让广大人民群众共享发展成果，是各级政府的一项重要任务。市委、市政府顺应民意，在国家没有对西部省区市取消政府还贷二级路收费做出统一要求的情况下，经过充分的调研论证，决定以国家实施成品油价格和税费改革为契机，取消我市政府还贷二级公路的收费。这项政策的实施肯定有利于降低我市公路运输成本，减轻广大群众出行负担，促进区域和城乡之间生产要素的自由流动，有利于尽快把我市建设成为长江上游地区的综合交通枢纽。

从今年"五一"开始，众多的有车一族驾车出行，除了会比以往少缴过路费外，更能真切地感受到党和政府以人为本的执政理念，心情也会无比畅快。我们相信，随着经济社会的进一步发展，还会有更多的民生大礼让百姓共享。

今日谈——《重庆日报》(第 1 届中国新闻名专栏奖)

大地漫话

"井深"理应"绳长"

何方应

时下，常听到一些农村基层干部抱怨，现在的农村工作越来越难做了。类似牢骚，让人感觉有点"绳短"怨"井深"的味道。

随着农村改革发展向纵深推进，各种新情况、新问题、新困难不断出现，新形势下的农民更是见多识广，文化上有新提高，观念上有新变化，生活上有新追求，生产上有新打算。很显然，与以前相比，农村发展的新形势已是"井深"了，与之相匹配，农村基层干部自身素质和工作方法的"绳子"自然需要加长。俗话说得好："绳短莫怨井深"。一丈长的绳子打不到丈二深的井水，这是生活常识。农村基层干部要做好农村工作，就应当加强理论学习，更新知识结构，改进工作作风，提升服务能力，切实增强带领农民建设社会主义新农村的本领，潜心探索推动农村经济社会又好又快发展的新方法、新思路。特别是要深入一线、深入田间地头，与农民交朋友，把握他们的思想脉搏，了解他们的生产生活状况，当好他们创业致富的参谋。

应该说，没有落后的群众，只有落后的工作。从事农村工作，不怕"井深"，也不怕"绳短"，最怕的是望"井"兴叹，无动于衷，束手无策。可以相信，只要我们认真学习领会、深入贯彻落实党的十七大和十七届三中、四中全会精神，善于在自身查找原因、狠下功夫，千方百计让"绳子"加长，就一定能打到"深井"里的水，开创农村工作的新局面。

大地漫话——《盐阜大众报》(2008 年江苏新闻奖专栏三等奖)

给读者留下深刻的印象。[①]

当然，短小精悍的时评也要追求活力，应该“是浓缩的，而不是风干的”[②]。换言之，时评虽短，但也要让读者读起来觉得蛮“入味”的。

《重庆日报》的《今日谈》专栏、《盐阜大众报》的《大地漫话》专栏、《郑州晚报》的《读报短“评”快》专栏等，都只有三五百个文字，短小精悍，言简意赅，点到为止。

煤老板们的豪捐和采煤业一般粗放

陕西省府谷县举行煤炭企业、优秀企业家公益事业捐资大会，57名企业家及所属77家煤矿共捐资约12.8亿元，资助全县教育卫生事业。

（3月1日《京华时报》）

这场豪捐注定会激起无数的猜测。煤老板有钱而且是非常的有钱，县政府气冲云霄，这是捐款所散发出的强烈气息。

钱捐出来了，这无疑是件好事。可是一想到“全国一流、西部一流、省内一流”这三流，就着实让人担忧。根据以往经验，震天响的口号背后往往隐藏着形式主义的狂躁。府谷县的这次捐款数额绝对是大手笔，但其资金管理方式却像采煤业一样相当地粗放。据悉，捐赠资金将全部捐到府谷县财政，由县政府集中管理，全部用于教育卫生事业。相比国外建立基金会严密监管的方式，煤老板们的善举会不会引得硕鼠毕至，这点尤其令人担忧。

雷志华

我们关心的远非具体的房价上涨数据

国家统计局最新发布的《2009年国民经济和社会发展统计公报》显示，去年我国70个大中城市房屋销售价格同比上涨1.5%，这一数据遭到了民众的质疑。**（3月1日中国经济网）**

房价上半年低，下半年才涨，平均下来房价就被拉低了。“房价被平均”，对此，有专家呼吁，是时候建立一个权威的房地产价格指数了。

但是，在总理一遍遍承诺要管好房价的语境下，在人们仅存的幸福感几乎要被蜗居之痛蚕食而尽的时候，最紧要的自然不是建立权威价格指数。必须承认，住房问题在当下不仅是一个纯粹的市场问题、经济问题，而是不由自主地被资本以外的各种权力和利益所捆绑，使一项本应简单的市场交易蒙上了太过沉重的利益博弈阴影。房价回归理性，人人“住有所居”是一个多么沉重的现实转身，恐怕绝不是一个像“权威价格指数”这样的简单计量单位所能描摹的。

邱果果

“抠门”企业自找用工荒

全球知名的家具制造商，东南亚最大的家具制造商之一——东莞大岭山台升家具制造有限公司3条生产线上的数千名员工停工要求涨薪。

（3月1日《广州日报》）

通常情况下，企业应该是“我的工资我做主”，对于工人来说，则是工资越高想进去的人越多；对于用人单位来说，则是工资越高吸引力越大。与其说是企业“加薪等政府”，不如说是在“为恶意低薪找借口”。

较之于发达国家，我国第二产业工人工资，只相当于英国的1/27，只相当于美国的1/21，只相当于日本的1/22。笔者早就认为，并非所有的企业都存在用工荒，大凡高叫“用工荒”的，多是一些“老抠”。“不加班的时候连770元都拿不到”，这样的工资水平只能给人以“蛮横”的感觉。

市场经济环境下，企业有生也有死。“老抠企业”喊用工荒，那是“恶有恶报”，最应该让其“自生自灭”才是。

张轶水

读报短“评”快——《郑州晚报》（2009年度河南新闻名专栏奖）

（4）关注热点

时评，也可以理解为即时评论。关注热点、焦点新闻，紧扣时代脉搏，发出时代最强音，是时评栏目应具有的最大特点。就关注热点新闻来讲，时评完全称得上是“热评”。

《文汇时评》专栏从《文汇报》的定位着眼，紧扣时事，团结和吸引知识分子与读者，营造一个既符合《文汇报》品位格调，又贴近读者、相对宽松的议论空间，形成一种议论风生的氛围。[③]

---

① 甘险峰：《当代报纸编辑学》，中山大学出版社2008年版，第297页。

② 范敬宜：《总编辑手记》，人民日报出版社2010年版，第66页。

③ 《上海年鉴2004·报业、通讯社》，中国上海网，2005-04-22。

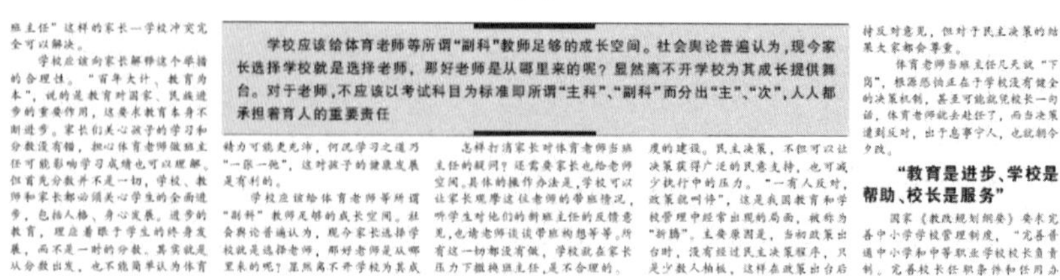

中国新闻名专栏 文汇时评

反思“体育老师当班主任被撤换”

高屹

学校应该给体育老师等所谓“副科”教师足够的成长空间。社会舆论普遍认为，现今家长选择学校就是选择老师，那好老师是从哪里来的呢？显然离不开学校为其成长提供舞台。对于老师，不应该以考试科目为标准即所谓“主科”、“副科”而分出“主”、“次”，人人都承担着育人的重要责任

班主任”这样的家长—学校冲突完全可以解决。

学校应该向家长解释这个举措的合理性。“百年大计，教育为本”，说的是教育对国家、民族进步的重要作用，这要求教育本身不断进步。家长们关心孩子的学习和分数没有错，担心体育老师做班主任可能影响学习成绩也可以理解。但首先分数并不是一切，学校、教师和家长都必须关心学生的全面进步，包括人格、身心发展。进步的教育，理应着眼于学生的终身发展，而不是一时的分数。其实就是从分数出发，也不能简单认为体育精力可能更充沛，何况学习之道乃“一张一弛”，这对孩子的健康发展是有利的。

学校应该给体育老师等所谓“副科”教师足够的成长空间。社会舆论普遍认为，现今家长选择学校就是选择老师，那好老师是从哪里来的呢？显然离不开学校为其成

怎样打消家长对体育老师当班主任的疑问？还需要家长也给老师空间。具体的操作办法是，学校可以让家长观摩这位老师的带班情况，听学生对他们的新班主任的反馈意见，也请老师谈谈带班构想等等。所有这一切都没有做，学校就在家长压力下撤换班主任，是不合理的。

度的建设。民主决策，不但可以让决策获得广泛的民意支持，也可减少执行中的压力。“一有人反对，政策就叫停”，这是我国教育和学校管理中经常出现的局面，被称为“折腾”。主要原因是，当初政策出台时，没有经过民主决策程序，只是少数人拍板，这样在政策出台后持反对意见，但对于民主决策的结果大家都会尊重。

体育老师当班主任几天就“下岗”，根源恐怕正在于学校没有健全的决策机制，甚至可能就凭校长一句话，体育老师就去赴任了，而当决策遭到反对，出于息事宁人，也就朝令夕改。

“教育是进步、学校是帮助、校长是服务”

国家《教改规划纲要》要求完善中小学学校管理制度，“完善普通中小学和中等职业学校校长负责制。完善校长任职条件和任用办

文汇时评——《文汇报》(第 3 届中国新闻名专栏奖)

2005 年创办的《望海楼》是《人民日报海外版》的时事评论专栏。与上述时评专栏不同的是，《望海楼》是针对中外关系为主的世界大事和世界关注的中国大事而作的时评。

中国投资环境“恶化”了吗

望海楼

望海楼——《人民日报海外版》(第 19 届中国新闻名专栏奖)

《望海楼》被人民网翻译成 6 种语言向世界传播。每天平均被包括人民网、新华网、新浪网等各大网站在内的 30 家以上网站转载，大多在首页显著位置。三分之一的《望海楼》评论被美联社、路透社、彭博社等世界大通讯社，以及我国港澳台地区的电视台、报纸、广播引用。①

【专栏内存】

《望海楼》专栏的特色

一、时效性上，更突出一个“抢”字，在国际舆论战中抢占先机。“抢占先机”如何“抢”？基本有三种情形：第一种情形是，在某一种趋势、倾向刚刚露出端倪之时，抢先向世人发出预警。第二种情形是，在已知某种新闻事件(比如重要会议、重要政策发布)将在某一天发生，《望海楼》就早策划、早约稿，让评论与新闻同时见报。第三种情形是，对突然发

① 摘自《望海楼》专栏参加第 19 届中国新闻奖评选的推荐材料。

生的新闻事件，原先毫无察觉，如何去“抢”？如何做到“当天事，当天评，当晚上版，次日见报”？《望海楼》编辑的做法是：每天早晨7时，中午12时，下午6时、7时，都要紧盯电视、电脑、收音机，第一时间掌握世界风云变化。早晨7时，主要看欧美的新闻，中午、晚上主要看亚洲和中国的新闻。在第一时间看到重大新闻事件后，立即策划组织评论，基本上在下午或报社夜班上班前写出评论交给领导审阅，晚上9时前交给编辑部夜班同志。

所以，读者经常可以在人民日报海外版一版同时看到：某一新闻事件的消息和在《望海楼》专栏中对这一新闻事件进行的时事评论。消息和评论同时见报，正是评论的组织者和作者“抢”的结果。

二、在评论的权威性上，更多地约请国际国内名人政要、学者专家写评论。发表在中共中央机关报一版上的评论，因为报纸的权威性，增加了它的权威性，这只是一个方面。另一方面，《望海楼》专栏的作者多是国际国内名人政要，国际国内一流的专家学者、主流媒体的著名评论员。因为这些评论作者身份的显著性、权威性，也增加了《望海楼》评论的权威性。

三、在评论的文风上，我们要求《望海楼》的文章力求做到“有故事，有见解，有文采”，写“好看”的评论。《望海楼》作为外宣评论，作为写给海外看的评论，尽量避开国内沿用的套路，少用文件上的话，少用国内常用的政治术语，少用官话、套话。努力改进评论的文风，具体地说就是：少一些结论和概念，多一些事实和分析；少一些空泛说教，多一些真情实感；少一些抽象道理，多一些具体细节、鲜活事例。

——摘自《望海楼》专栏参加第19届中国新闻奖评选的推荐材料

在构建和谐社会的进程中，如何通过独立见解、独到思考、独特视角，生发“和谐”之音，为“和谐”两字鼓与呼，是党报言论需要密切关注与深切思考的。在这方面，《浙江日报》专栏《钱塘论坛》，始终把“把握时代脉搏，服务工作大局，引导社会生活，宣传思想观念”作为核心理念，作出了可喜的尝试和实践，办出了自己的特点和风格。①

《都市快报》的《快报快评》专栏突出的是一个“快”字，作者事先不知道将要评说什么新闻，通常在晚上八九点钟确定选题后才能开始写作，并要在

① 朱国良、张永贵：《党报言论应为构建和谐社会鼓与呼》，《新闻实践》2005年第9期。

两小时左右的时间内完成，使媒体观点在第二天第一时间与受众见面。①

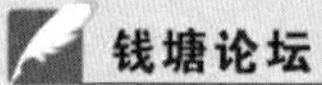

伤害之后不能一笑而过

王玉宝

前段时间，老百姓看魔术般瞪着报纸，眼睁睁看着远在“天之涯”的海口工商部门变换着“翻云覆雨”的把戏。

国内知名饮料厂商农夫山泉和统一，一周之间从砷总量超标(后被演绎为“砒霜门”)，再到“全部合格”。老百姓也从喝“砒霜”，回到了喝“有点甜”的山泉。安全似乎回来了。

说来也有些荒唐。置一个合法企业于某种不义的，恰与本为维护市场秩序、名为企业“守护神”的工商部门脱不了干系——公布相关饮料不合格、合格的都是海口工商。有网站调查显示，即使是检测结果更正后，仍有六成消费者还心有余悸。

实际上，在近期的公共事件中，执法者屡屡“错抓”好人的情形已非首次。前不久，上海浦东、闵行的城市交通执法大队采用“钓鱼”手法查处非法营运，结果“钓”出了好几个守法公民。被冤枉者甚至不惜自断手指，以证清白。

“错抓”好人，在伤害好人的同时，也伤害了执法者自身的公信力。如果说上海的“钓鱼”事件中，执法者陷入对经济利益的偏执追求从而导致了自身角色的异化，不惜染白为黑，指鹿为马，那么，此次“砒霜门”事件中，海口工商又为何错怪了农夫山泉和统一？究竟是简单的失误，还是有着复杂的行业恶意竞争内幕，执法人员其间又是何角色？

但是，百姓需要知道！因为，他们不是旁观者，而是那些饮食产品的最终归宿。作为消费者的公众，容不得如此恶意的行业竞争和这样草率的执法，更容不得有执法人员沦为利益集团工具。因此，公众需要真相，相关方面不能在伤害之后一笑而过。

而真相的核心，则是事件中海口工商的一系列执法程序失当具体是怎样发生的。有人清点了一下，事件中海口工商执法程序不当的起码有4处：初次抽样程序不当、初检结果没有通报企业、发布消费警示程序不当、复检程序不当。海口工商方面接受媒体采访时承认，初检结果未通报企业是一时疏忽。但是，作为一年中经历大小整治“战役”无数的工商部门，竟然在这样一个基本的执法程序上会发生疏忽，这听上去也很匪夷所思。公众静待更为合理的解释。

目前，农夫山泉已向公安部门报案，而海南工商部门也展开了调查。假如有人涉嫌违法，必须追究其法律责任。假如执法者真是工作疏忽，那么在处理相关责任人的同时，也需要认真总结一下教训：执法，不仅要求结果公正，也要求程序公正！

钱塘论坛——《浙江日报》(第1届浙江新闻奖名专栏奖)

浙江新闻名专栏

驻京办 VS 蛀京办 VS 住京办

本报首席评论 徐迅雷

“驻京办”要撤了！这个消息1月24日登上了诸多门户网站的醒目位置。网友评论沸腾一片。

各地各行驻京办，机构个数已过万。有关主管部门刚出台一份红头文件，其中数千家驻京办将在6个月内撤销完毕，主要只保留级别较高的省级、地市级政府驻京办。

不是“一刀切”，但也“切一刀”。驻京办是干吗的？简而言之，就是“联络处”。京城是首都，重要，所以各地都得在那里设立办事处。近年来，驻京办存在的腐败问题和种种违规行为，引起了中央高层的关注。驻京办被戏称为“蛀京办”。2006年，调查整顿驻京机构被中纪委列为重点任务之一。而且机构本身的开销也非常大，“驻京办年耗百亿元”，这显然还不包括“灰色支出”。

看起来这次撤销驻京办，很像“急刹车”，但从长远来看，人们有理由担心仅仅是“点刹车”。隐性存在、死灰复燃，都是完全有可能的。若干年后，“驻京办”的宏大车流，可能在换了“牌照”之后，照样奔涌于京城的康庄大道，依然令人咋舌。

方案中，仍保留“高级别”的驻京办，主要职能要归位公共服务。这构想很好，但知易行难。你不妨随机问问当地百姓，有几人知道当地驻京办在什么位置？一些驻京办已挂上了“群众工作办公室”的牌子，就看你这个“群众工作”怎么做、做什么了。而且职能的变味是很容易的。比如你初衷是要搞成“驻京信访办公室”，很可能很快就变成了“驻京信访拦截办公室”。

已有地方官员发话：“取消驻京办，地方损失大。”各地驻京办，是个竞争性关系，大家都担心没了这个机构，我这里就吃亏。其实统统撤掉了，对大家都一样，不也很好吗？

驻京办的一项重任，就是为“跑部钱进”服务，附带“跑部官上”之类的“潜职能”。由于担负“跑部钱进”“联络感情”之类的责任，说实在的“驻京办主任”也不好当。“会叫的孩子多吃奶”，会叫的地方多得钱，会跑的官员快升官——这问题看起来在下头，本质根源还在上头，在体制制度。

我国在1994年进行分税制改革后，财权上解、事权下移。但中央财政的钱不是只用在“中央”的，有很大一部分经费要转移支付，重新回到地方搞建设、办服务。各地都想多拿到一些项目，多获取一些经费，所以“跑部钱进”成了一道熙熙攘攘的风景。驻京办在这里无非起到牵线搭桥和“润滑剂”的作用。

只要制度不改进，那么“跑部钱进”就不会消失；只要“跑部钱进”不消失，那么各种在平常联络京城京官的机构与行动，就难以绝迹。甚至，我“驻京办”没了，那不“驻”京，改为“住”京——住到宾馆里，时间可长可短，暂住北京去办事，成为“住京办”，那不是也照样“办”么？

快报快评——《都市快报》(第4届浙江新闻名专栏奖)

(5)针砭时弊

时评作为评论的一种，她更多的时候是扮演“仙人掌”和“带刺的玫瑰”的角色，肩负着仗义执言、针砭时弊的重任。

《工人日报》推出的《有话直说》专栏，以批评见长。专栏在第一时间对新闻事件、新闻人物和社会现象进行评说，针砭时弊，褒善讽恶，特别注重从职工群众的立场分析问题，追求强烈的时效性和鲜明的战斗性。

---

① 徐迅雷的博客，2009-12-08。

《今日社评》专栏自2000年创刊以来，一直是由《北京青年报》的几位本报评论员轮值“操刀”，文笔犀利，直击时弊。

有话直说

官员低价购房获刑应成判例

□王 毅

有话直说——《工人日报》(第15届中国新闻名专栏奖)

政府网站不删“骂娘帖”，天塌不下来

本报评论员 潘洪其

今日社评

四川成都市新都区政府官方网站对网上信访工作有两条规定，一是对群众信访有信必复，而且回复要力争让群众满意；二是从不删帖，包括批评的、监督的甚至骂娘的帖子都一律不删。这家名叫香城新都网的政府网站，被网民们尊称为“最务实也最有个性的官方网站”。

当今网络时代，网络舆论对社会生活的影响越来越突出。为了防止一些网络舆论产生负面效应，一些地方安排专门的机构和人员，对网络博文、留言、跟帖等各种形式的网络言论严密监控，一旦发现“不对劲”立即删除，特别是那些非议本地公权机关及有关官员的网络言论，往往刚一露头就被删得无影无踪，或者还在审核阶段即被“就地正法”。一些地方甚至动用政法手段，对发帖者进行追查、处罚以至课以刑责。相较之下，成都新都区政府网站广开网上信访言路，认真听取群众的意见和建议，接受群众的批评和监督，对网络言论给予高度的包容与宽谅，体现出了难能可贵的开明意识和开放眼光。

新都区政府网站从不删网民的帖子，“进来骂娘的这些我们都公开发布出去，比如反映我们计生服务站的服务态度不好，还有反映工商啊、政务中心服务态度不好，有一些人语言还很粗鲁，我们也不回避”，这种做法之所以被称为“最务实”，是因为新都区政府把全面、完整地公开网民的帖子，作为政务公开的有机组成部分，当作一项常态性、规范性的工作来认真完成。从政务公开的角度，通过政府网站扩大与网民的沟通交流，了解群众之所急所想，及时反馈群众的问题，给群众答疑解惑，能够加强政府与群众的互动，增进官民之间的互信，有利于改善官民关系，维护社会和谐与稳定。

一些地方政府对网络言论高度戒备严加防范，主要是担心网民“乱说”、“骂娘”对其他人产生消极影响或误导作用。然而，新都区政府网站推行网上信访的实践证明，对网络舆论进行“开放式治理”，并不会使网络变成乌七八糟的“言论垃圾场”。实际上，现在绝大多数网民都具有基本的网络理性，有些网民虽然在批评不良现象或揭露违法犯罪时措辞比较激烈，有时会令一些公权机关和公务人员脸上难堪，但是，本着维护公民言论自由的原则，这些都是公权机关和公务人员应当容忍的，是他们行使公权、履行公务难免要付出的“代价”。

在建设现代公民社会的过程中，与传统媒体一样，新兴网络媒体也需要承担“社会排气阀”的功能，为不同阶层、不同群体特别是普通公众提供一个表达诉求、宣泄情绪、舒缓焦虑、减轻压力的平台。网络媒体由于比传统媒体容量更大、交互性更强，运行更为便捷，因此比传统媒体更适合承担“社会排气阀”的功能，也能够更好地承担这种功能。当一名网友发帖称“(新都区)泰兴镇观东村当官的个个肥头大耳，不贪才怪”时，他其实不过是想宣泄一下情绪、希望找到一个“排气阀”。新都区政府网站回信称，“如你有观东村的村干部贪污的具体证据，请带上证据直接到泰兴镇纪委检举。特别提醒你：判定是否贪污不能以身体胖瘦为依据。”一句简洁幽默的回复，就这样轻松化解了网民的情绪，正面引导了网络舆论，其间的识见与智慧令人称道。

古人说得好：“防民之口，甚于防川，川壅而溃，伤人必多，民亦如之。是故为川者决之使导，为民者宣之使言。”真正高明的执政者和社会管理者，不但不会像“防川”那样“防民之口”，反而会采取积极有效的措施，主动创造条件让百姓说话，努力“宣之使言”。网民在网上说两句“怪话”，编两个段子，发几句牢骚，写几个“骂娘帖”，并不会对他人和社会产生实质性的伤害，但心中的晦气、怨气、怒气往往就得到了释放，心理压力和情绪紧张也得到了缓解，这对网民自己和周围的环境无疑都是大有益处的。

政府网站不怕网民“乱说”，不删网民“骂娘帖”，天塌不下来。政府网站一手大力推进政务公开，一手切实维护公民言论自由，两者相辅相成，相得益彰，成都新都区开放治理网络舆论的成功经验，值得其他地方学习借鉴。

今日社评——《北京青年报》(第3届中国新闻名专栏奖)

(6)同一话题

评论就事说理，同类的事要说出不同的理儿，也有视角选择问题，且选择起来要比消息和通讯难一些。[1] 但如果视角选择得好且全面，就能把同一话题的道理讲得更全面。

有些报纸时评专栏，只涉及一个热门话题，选用几篇不同视角的时评，将其道理讲深讲透，令人读后大呼过瘾。

《深圳商报》的《你说我说》专栏、《齐鲁晚报》的《剪子巷》专栏，就是只围绕着一个话题展开评论的。

① 杜迈驰：《你能成为新闻多面手》，人民交通出版社2010年版，第367页。

TALKS 中国新闻名专栏

/你说我说/930号

今日话题

昨天是"六一"国际儿童节，这本该是一个充满欢笑的儿童节，却因为突如其来的灾难而变得不那么单纯。人们不约而同地把关爱的目光集中在大地震中的孩子们身上；而孩子们在大地震中表现出来的勇敢、坚强和率真也给大人们以很大的欣慰。少年强则中国强，他们是中华民族未来的希望所在，而我们也在孩子们身上看到了这种希望。这个儿童节，有着更激动人心的丰富内涵和意义。

向坚强的孩子致敬 为孩子的未来努力

主持人：胡蓉

在儿童节里，他们更让我们牵挂

一滴水成森林（网友）：汶川地震中劫后余生的小朋友，我知道，你们遭遇了百年不遇的地震，一刹那间，你们失去了亲人和最温暖的家。你们在害怕中慢慢地坚强起来，你们在颤抖中鼓励着自己，勇敢地在黑暗中等待着黎明的到来。不再害怕，不在孤单。愿这场灾难早点过去，愿他们早日在废墟上重建自己曾经美丽的家园。一个人的爱是一棵小草，一群人的爱却可以化成一片绿洲；一个人的力量是微不足道的，13亿人手挽手却可以众志成城！

孩子，你给了我们力量和希望

橙子（博客）：林浩好孩子，我真想抱抱你。其实也许你并不需要，因为我们这些所谓的大人，也许远不够你这个小人儿勇敢。我想抱抱你，除了爱，我甚至还想从你小小的身体里得到力量。你还那么小，你圆圆黑黑的眼睛，小小个子，一口地道的四川话。你回答记者："两个同学把我压着，我死劲地爬，爬出来，又把了救援人员，"叔叔，我不怕，你们不要担心。"；3岁的郎铮，在被救出后仍不忘向援救他的官兵叔叔敬礼感恩……"六一"儿童节是孩子们最盼望的节日，四川地震灾区的孩子们，有的已经永远不可能再过儿童节了。但在这场灾难中，上面这群孩子所表现出超常的坚强、勇敢和乐观，却深深地印在了我们的脑海中。

让我们为孩子们做得更好

杨金溪（安徽、报纸编辑）：笑，也是一种释放，是一种更为积极的心灵慰藉。我们看到，教育部组织编写的中小学生灾后心理自助手册《我们一起度过——献给地震灾后的孩子们》已赶印80万册，免费送到受灾地区中小学生手中；北京的一些商店开展了"手牵手我们都用上坚固的教室，告别豆腐渣工程和危房。我们要加大教育投入，建起坚固的教学楼。同时，对于已经存在的教学楼，无论地处灾区还是处于其他地方，都要尽快组织力量进行检查，重新评估。这是对孩子们的承诺，也是对中国未来的承诺。

你说我说 请您开口

话题预告：福建晋江商人赖金土亲自提着28万元赶赴灾区，徒步进村，挨家挨户给最困难的灾区群众发放，从几百到几千元不等，夜宿农村，甚至为多发一户宁愿挨饿。赖金土的善举也引来一些争议。有人认为这种办法成本太高、效率也较低。还有人认为，赖金土的做法折射出目前捐赠渠道的单一与公信力问题。你是否认同赖金土的做法？我们需要哪些制度建设让全国人的爱心得到更充分的发挥？

你说我说——《深圳商报》(第3届中国新闻名专栏奖)

B02 剪子巷　大家一起说"文明"

编辑:张刚　电话:0531-85193215　组版:颜莉

齐烟九点

事到如今，省城一批"拖尾巴"道路的改造工期究竟还需要多少天，竣工之日尚待何时，百姓不清楚，责任部门能说明白吗？

谁为修路"马拉松"画句号

□杨曙明

从媒体披露的情况看，"马拉松"工程的原因多为开工前就没有筹措好资金，而并非筹措好了的资金被挪用。果真如此的话，人们不禁要问："量入为出"是各级财政的基本方针，计钱吃面是人人都懂的朴素道理，难道我们的城建城管部门就不明白这些事理？如果明白的话，干吗还要这样急功近利？

作为城市建设的一部分，应该拓宽改造的道路有很多，可修桥筑路事关百姓日常出行，资金没着落怎么能盲目开工呢？难道事前就没想想"马拉松"可能给百姓造成的麻烦？按照有关规定，任何工程在开工前如果资金到位低于70%，是不允许开工建设的，像修桥筑路这种关系百姓日常生活的工程尤其应该如此，像工业北路、经一路东延长线拓宽改造工程，显然不符合这些规定要求，要不然何有今日之"马拉松"？

资金短缺是目前城市建设和管理中的难题，如何解决这个难题，的确让各级领导颇费思量。但是，无论怎么样，老百姓都不希望政府急功近利。因为无数的历史事实证明，急功近利给老百姓带来的是"祸"而不是"福"。按说，道路改造工程，更是应该提前筹措好资金，一旦破土动工，就应该科学安排，以尽量减少对老百姓日常出行的影响。

事到如今，省城一批"拖尾巴"道路的改造工期究竟还需要多少天，竣工之日尚待何时，百姓不清楚，责任部门能说明白吗？谁能为这样"马拉松"式的修路画个句号呢？按照市政府的有关规定，道路改造工程要事先将改造内容、施工期限告知市民，可是，有些公告中大前年就完工的工程仍在那里躺着，市民除了干瞪眼着急，又有什么办法呢？

作者为历下区政协副主席

论道路建设"拖 尾巴之二

原声态

文明迎全运 不妨学北京奥运

北京的经验告诉我们，城市文明程度的提高依赖于所有市民的参与和全体市民文明程度的提高，建设文明济南最终要落实到我们每一个人的行动上。

□王远海

"迎全运、讲文明、树新风"，以良好的风貌迎接第十一届全运会，对市民文明程度既是一个考验又是难得的提升机遇。借助大型赛事提高城市文明程度，我们有必要从北京"拿来"宝贵经验。

奥运期间，北京市民以颇具现代文明素养的气质风貌、文化礼仪，为国家赢得了另一枚宝贵的"文明金牌"。观看奥运开幕式的几万名观众退场后，地上没有一片纸屑，也没有留下一堆垃圾。2005年以来，中国人民大学人文奥运研究中心的调查显示，北京市"市民公共行为文明指数"连续三年上升，2005年为65.21分，2006年为69.06分，2007年为73.38分，今年将超过80分。

北京城市文明程度的提高，政府引导发挥了积极作用。他们通过实施绿化城市、整治交通、改善环境、清洁空气等工作，使举办奥运会的过程成为惠及群众的过程。同时组织和动员广大群众以实际行动参与到奥运会的筹办过程中来，形成"万众一心迎奥运"的局面，使人们在参与中认识自身的责任，增强约束不良行为的意识，从而逐步树立良好的文明风尚。

群众高涨的参与热情推动了文明活动的开展。北京借奥运出台了《人文奥运行动计划实施意见》，连续开展了"公民道德实践年"、"文明礼仪年"、"礼仪北京，人文奥运"等主题活动；北京各个社区、学校、企业因地制宜地开展了以"迎奥运，讲文明，树新风"为主题的各种文艺、体育和社会活动。

近日，济南市文明办启动了"迎全运，讲文明，树新风"活动，目的是提升市民文明素质、提高城市文明程度，以良好的风貌迎接第十一届全运会的召开。北京的经验告诉我们，城市文明程度的提高依赖于所有市民的参与和全体市民文明程度的提高，建设文明济南最终要落实到我们每一个人的行动上。

我们每个人都是展示文明风采的"窗口"和"名片"，应当树立主人翁意识，从点滴做起，从身边小事做起，从现在做起。比如，每月少开一天车，公共场所小点声说话，乘车，购物时排队礼让，陌生人有困难时热情帮助，乘扶梯时靠右站立，不在禁烟区吸烟，不要翻越道路护栏等等。不要小瞧这一个个细小的动作，或许这就是我们这座城市文明程度提高的一大步。

作者为历城区东风街道办事处宣传干事

你说我说

对让座人说声谢谢

□王来臣

我们经常在公交车上听到这样的温馨提示："当您的身边有老弱病残时，请主动给他们让座，我们表示感谢。"这是司机师傅在提醒大家建立一个和谐的公交车内环境而播放的一段话。大多数人遇到老弱病残等特需乘客时，都会主动让座，这是一种美德的表现，值得提倡。可很多时候，年轻人主动让座后，却会出现一些尴尬的局面。

笔者在公交车上经常见有人让座，可有时被让座者却并不说声感谢，坐下后扭头只看窗外，让座者心里也感到挺不舒服；有时没过几站，被让座者人就要下车了，从座位上起身扭头就走，对让座的年轻人连眼皮都不眨一下。

笔者自己遇到同样的一件事，感觉有些老人就挺有风度，不但对让座者连连表示感谢，待下车时，还主动拉一下让座者，让他坐下。笔者认为这样处理事情两全其美，彼此都表现得很好。

让座是一种美德，是一种社会和谐的表现。当然，我们也希望被让座者回报让座者一个和善的微笑，一句发自内心的谢谢！

本报继续开展"文明大讨论"，欢迎市民就身边不文明现象发表看法，为省城文明建设踊跃建言献策。

栏目主持：济南市人大代表　张刚

联系电话：0531-86809906

投稿邮箱：jianzixiang2008@sina.com

剪子巷——《齐鲁晚报》

【专栏内存】

《有话直说》专栏五个基本特点

1."短"。《有话直说》专栏刊出的文章几乎都严格控制在500字左右，文简意赅，特色鲜明，符合现代读者快速阅读的需要。

2."直"。刊出稿件紧扣栏题，褒扬也好，讽喻也罢，针砭时弊，臧否人物，抑恶扬善，都是快人快语，单刀直入，毫不晦涩难懂，风格相当明快。

3."快"。言论所议之人之事，都是当天读者关注的焦点，努力追求报道与评论之间的"零距离"，或直抒民众愤懑之言，或澄清民众不解之惑，有快刀斩乱麻之迅势。

4."情"。短小的评论同样凝聚着深厚的情感，评说好人好事，洋溢赞美关爱之情，抨击丑陋现象，显示痛恨鞭挞之愤。

5."理"。专栏文章坚持从感性出发，从理性落笔，具有相当的思想深度，具有自己独到的分析和见解。

——摘自《有话直说》专栏参加第15届中国新闻奖评选的推荐材料

(7)不同声音

因为每个人的立场、观点会有差异，导致人们对同样一件新闻事件的看法也会有差异，有时甚至会对立和冲突。碰到同一话题，万一有不同评说，咋办？不少报纸时评专栏的做法是将其“捆绑”刊发。

《河南日报》的《双声道》专栏、《新华日报》的《1对1》专栏、《环球时报》的《讨论》专栏，就是将声音不同而又能自圆其说的两篇时评放在一起见报，一正一反，请读者来做“裁判”。

《东莞日报》的《五言堂》专栏，是每周针对一个话题，五个人选取五个不同的角度进行评论，每篇文章1200字左右。该专栏讲求视角的不同、观点的不同，而且还讲求学理上的不同、论证方法的不同，强调通过法学、政治学、哲学、经济学、管理学、社会学等不同的学科领域发现不同的视角，进行不同的论证推导。①

双声道 shuang shengdao

【新闻】：据2月23日《扬子晚报》报道，教师6年必须流动——江苏省22日公布了“实施《义务教育法》办法意见稿”，其中规定教师在同所学校任职不得超过6年，以此遏制“择校热”。

“六年轮岗”非良策

□华 岗

促成“择校热”，教育资源不均衡是主要原因，但解决这个问题的突破口首先是应试教育，而不是让教师轮岗。不均衡并非仅指教师资源而言，还包括教育配套设施、经费保障、管理体制等，众多家长、学生热衷于择校，他们最看重的是学校的升学率，这是应试教育的痼疾。

从理论上讲，教师流动可以促进教育水平的提高，在一定程度上遏制“择校热”。但是，这个假设要基于所有教育资源的均衡发展，如果无条件进行教师轮岗，只不过是一个美好愿望罢了，很难调动学校和教师的积极性。就一些名校来说，他们都有自己稳定的教师队伍，教师的流动必然会打乱他们原有的教学安排，如果把精力转移到教师的轮岗上，顾不上升学率，吸引不了学生，哪个学校肯干呢？就一些名师来说，可以把他们轮岗到条件差的学校，但相应的配套设施和管理体制也要跟上，否则，没有原先那种好的工作环境，他们恐怕也难有所作为。再加上其他生活条件不如意，谁还能安心工作？因此说，这种“削峰填谷”式的做法，只会牺牲优质的教育资源，让原有的优势资源逐步丧失，而难以实现资源均等配置。此外，教师轮岗难免会滋生腐败，谁能保证轮岗就一定公平呢？①8

王双红/图

化解“择校热”的好办法

□孙 勇

所谓的好学校，不外乎两大特征，一是有一流的老师，二是有一流的硬件。当然，最重要的是有好老师，有名师方有名校，择校的家长，也大都是奔着好老师去的。这种情况下，推进教育均衡、遏制“择校热”的重点自然要放在师资的合理配置上。

国外成熟经验表明，优秀的师资力量只有有序流动起来，才能在更大范围带动整体教育水平的提升。事实上，对很多学校来讲，硬件不是问题，生源也不是问题，问题主要是缺乏优秀的师资力量。而受到家长和学生青睐的一些名校，其优势主要体现在师资力量上，可以说，“择校热”固然是教育资源发展不平衡的结果，更是师资力量配置严重失调的突出反映。

江苏出台的教师6年必须流动的政策用意很明显，那就是希望借教师的流动来达到推动教育均衡发展的目的。这无疑有利于打破名校和一般学校间的藩篱，提高老师教学的积极性，增强竞争意识，从而有效化解基础教育阶段的“择校热”乱象，让义务教育在一定程度上回归其公平、公正的本意。

当然，教育均衡问题的解决不是一蹴而就的。面对难题，我们不能因为无法一步到位就裹足不前。高谈阔论不如起而行之，推进教育改革也不能坐等完美的方案，如今江苏方面能够大胆迈出探索性的一步，不管暂时成效如何，本身就具有积极意义。①2

双声道——《河南日报》

---

① 《东莞日报评论版“五言堂”紧急约稿》，西祠胡同网，2009-04-24。

星巴克进灵隐寺合适不合适？

22日，全球最大的咖啡连锁店星巴克在杭州灵隐寺景区开店，引来争议不断。商业行为与宗教寺庙两种不同的文化是否有所冲突？拜拜菩萨，喝喝咖啡，能否“中西合璧”？

只会让名胜古迹染上更多铜臭气

文化遗产还是应该保持一定的文化纯洁性，与商业保持适当距离，这也是许多国家的习惯做法。特别是那些有着明显异质文化背景的商业形态，更应该与文化遗产保持适当距离。星巴克之所以一再引起争议，就是因其固有的文化内容，与故宫、灵隐寺这样的文化遗产，在文化底蕴上格格不入。这里的质疑和争议，不是对商业过敏，而只是对文化纯洁的一点念想。

真正的尴尬在于，即使迫于舆论压力，灵隐寺拒绝了星巴克，就能免被商业俘虏吗？现在不少文化遗产单位已经放低了身段，文化只是谋利的一件道具、一个手段。回想故宫当年，赶走了星巴克，可又迎来了“故宫面条”、“故宫督造月饼”。文化是难以调和的，“香火加咖啡”，喝到最后，除了商业，别无其它。虽然呼吁未必有用，但总不能就眼睁睁地看着文化遗产拜倒在商业石榴裙下。　毛建国

如何在文化传统和商业开发之间寻找平衡点，一直是中国许多名胜古迹面临的难题。反观韩国的做法：在韩国的“故宫”景福宫，当地政府规定任何破坏传统文化气氛的饮食店都不能在宫殿区内申请开张。

名胜古迹的传统文化气息之所以被冲淡，应该反思的并不是多了一家星巴克或是其他洋品牌，而是过多的商业机构是否已超过服务游人的需要。毕竟，商业开发只是文化遗产保护的手段，如果做过了头，只会让名胜古迹染上更多铜臭气。　段菁菁

乙方

根本不存在遗世独立的名胜古迹

在现代旅游业格局中，人文景点与消费场所是互相依存的关系，谁也离不开谁。景点为旅游业聚集人气，各种消费场所为当地带来收入。在这背景下，根本不存在遗世独立的名胜古迹。如果因担心沾染铜臭味而反对星巴克入驻，那么最该反对的是寺庙收取门票。若是顺着这种思路，就必须反对在一切寺庙里卖纪念品、捐香火钱，等等。做不到这一点，就应该承认，这些消费场所的存在具有一定合理性。星巴克入驻灵隐景区，无非是卖咖啡或卖龙井茶的区别，本质上都是商业行为。只要当地允许这类商业行为，就没有理由反对。　魏英杰

星巴克是全球咖啡连锁企业的龙头老大，与麦当劳、可口可乐、好莱坞一样，被视为西方文化的代表。此次星巴克将店开在杭州灵隐寺附近，不免会诱发文化入侵之类的“口水战”。其实，星巴克卖的只是咖啡，一种饮料而已，既然灵隐寺容得下龙井茶，当然也应该能容下星巴克的咖啡。

故宫与灵隐寺均是传统文化的载体，但同时又是向公众开放的旅游景点，那么，从服务公众的角度来讲，为游客提供龙井茶或者咖啡，理应是相同的商业行为。在前来参观的千万游客里，既有中国人，也有大量的外国人，其中有喜欢喝茶的，也有喜欢喝咖啡的，既然可以卖茶给游客，为什么就不能卖咖啡给游客？　江德雄

1 对 1——《新华日报》

职业军人发声须谨慎

杨育才

军人一般寡言，这并非因为无情和无话，而是因为戍边值勤和训练任务繁重，少有倾诉畅谈的闲心；因为可能事关军事机密，有纪律规定更要自觉严格保守。

然而，近年来，军人在媒体上露面和发言的情况越来越常见。信息时代，媒体发达，国内国际的各种时事讲坛多了，军事作为国之大事自然也成为话题。一向寡言的军人突然话多了，各种论坛、讲座、媒体访谈都能听到军人的声音，这很有必要对照现实梳理一番，看哪些当讲可讲，哪些当缄口沉默。

军人发言的内容中，对国家有益且社会真正需要的大致可分为两大类。第一类是国防教育类，包括普及军事安全及战争知识，培育军事爱国主义精神，让新世纪的国人居安思危，珍惜和平生活，让习惯于和平生活的年轻一代了解战争，学习军事科学。针对这一类需求，军事科学知识普及及军事爱国主义教育的工作只能加强，军人没有沉默的道理。

第二类是政治和战略需要的军事信息类。国防和军队建设的内容对国际社会需要一定的透明，包括针对战略对手的公开遏制和威慑信息的报知，但更主要是适应和平环境塑造的需要，是信息沟通和交流。对国内人民也需要透明，如军事建设的重点、对军事安全事业的影响、军队的使命、任务、士气，一句话，保家卫国的能力，都需要向人民公开，接受检阅和监督。针对这第二类需求，首先应建立和完善军方发言人制度，进行定期的新闻发布，同时要配合发布内容制作专家咨询和访谈节目，使官方的声音得到准确、正确、正面的传播和解读。

除了计划内针对战略对手的公开遏制和威慑信息以及需要对国内民众公开的内容，其他涉及未来战争性质、战略目标和可能影响实战及威慑需要的军事战略问题，主要还应局限于军事学术圈内部交流。敏感的需要保密，一般性的可以被了解，但也不宜广为宣扬。现役军官和将领不宜以职业军人的身份对战争与和平问题表态，战争与和平的决策权在国家政治层。军人不需要通过社会媒体隔空喊话，更不能热衷于在媒体和网络上打口水战。否则，从内部部门职能角度看，可能行为越位，从外部军事斗争的需要看，也不会有积极的成效，未必能真正壮军队声威和增进国家外交实力。在这一点上，军人个体大可避媒自守，安守职业本分，苦练疆场征战的内功。

古人云，沉默是金。笔者认为，军人应慎重发言与缄默，涉及国防教育，人人自当言无不尽，但如果涉及必要的军事信息发布，只需些许人言尽其意；而涉及战与和的决心，乃至“并力”、“料敌”、“取人”的关节，军人面对媒体当完全保持缄默。后一点或许尤为重要，当军人都善于因肩负责任而深知如何保持沉默和直接从沉默中爆发时，中国军队就更有希望和更让人心生敬畏了。这是实战的需要，也是立威的需要。军人当然也要发言，必是在紧要关头和外交家尽力之后，听一声令下，用手中的武器发言。▲**(作者是国防大学危机管理中心副教授)**

军人在媒体上露面发声，似乎与人们传统的“军人只听命令用武器发言”的理念相悖，其实不然。

现代社会，军人的职业是广义的，军队中除了忙于“戍边值勤和训练任务繁重”的武职人员，还有包括教学、科研、工程、卫生、文体、图书、档案、管理、服务保障等文职干部。在传统安全与非传统安全相互交织的形势下，当军队开始越来越多地应对非战争威胁，加快从机械化部队向信息化部队转型之时，学会用“思想的武器”在媒体发声，同样是现代军人素质的体现。

事方略，普及海洋军事历史与知识，而且还为国际社会的种种不解与疑虑进行了正面解答与释疑。当海盗严重威胁国际安全时，我国海军毅然出海护航，而军人的发声为其提供了法理依据与解释。由两位中国军事学者合写的《超限战》一书，对现代战争的特点与应对进行了创造性研究，此书竟引起了美国官方的强烈“抗议”。可见，军人发声不仅是重要的，有时还是必须的。军人的发言，既可以警世，也可以育人，甚至可以对有霸权野心的国家提出警告，还可以为自己国家的外交增添一份必要的舆论力量。

军人不发声，中国易“缺钙”

余潇枫

讨论

在“泛媒体”时代，如果军人只握枪，不发声，那么我们军队为何还要办军报、军刊，出版军事书籍，建立军事网站？如果军人不在众多的“军事频道”、“军事网站”、“军事节目”、“军事书刊”、“军事论坛”露面和发言，那么国防教育、军事爱国主义宣传、军事科学知识普及、军事战略智慧启蒙等岂不都成为“空白”？既然军人可以在军事类传媒中发声，那么在其他传媒上进行思想与观点的表达岂不也顺理成章？

当然，军人是一种特殊的职业。这一职业更强调组织性与纪律性，军人的发言不能泄露保密的内容，尤其是涉及国家军事、政治、外交决策的重大事项均需要有军队专门的部门通过专门的发言人进行宣告。除此，当国家面临重大事件之时，军人的发声却有着非军人发言所不能达到的重大效果。

当我国开始建造航空母舰之时，军人发声不仅为国人宣传我国的海洋军

由于军人身份的特殊性，军人对媒体发声要特别谨慎，但这并不意味着军人对媒体不能发声。只要谨慎，军人可以发声，在必要的时候甚至必须发声。而且我们也要给予军人的发声以充分的信任、理解。一是要相信我们的媒体是党的喉舌，二是要相信人民的军人是爱党爱国爱人民的，三是要相信我们的读者、听者、观者都会有自己的判断力，四是要相信国际社会依然存在公理和正义。即使有军人发表主观“过激”但并不逾越规定的言论，我们也要予以一定的宽容。

随着中国对外开放走向世界，国际关系成为中国人越来越关注、涉足越来越多的领域。军事关系是国际关系的核心内容之一，如果军事思想家只在密室里谋划、军人只管“戍边值勤”，而不在媒体上必要时对民众说点什么，那么中国人的国际关系认知就会是残缺的，中国方兴未艾的公共外交也将会是因“缺钙”而“软骨”的。▲**(作者为浙江大学非传统安全与和平发展研究中心主任)**

讨论——《环球时报》

◆法律之维

说到底，就业歧视是一个法律问题；要让就业歧视在社会上销声匿迹，就离不开法律的强有力保障。

反就业歧视亟须专门立法

◆止凡

(作者为大学教师)

《南方日报》和《南方都市报》报道，乙肝病毒携带者杨华(化名)被称为“东莞反乙肝歧视第一人”。在被公司就业歧视4年后，他决定不再沉默。近日，他奔走于东莞市疾控中心和卫生局之间，意欲获得一纸从事食品行业健康证。有关部门办事人员称，未接到上级主管部门的通知，不能为其办理食品行业健康证。东莞市卫生局疾控科科长肖文忠表示，这是法规与基层实施衔接滞后造成的，目前东莞还无先例可依。他建议先让专家和领导讨论此事，近期再与杨华沟通。

乙肝歧视其实只是我们社会就业歧视的一种，源于人的自然特征的其他就业歧视，如年龄、身高、容貌、地域、语言等的歧视，在我们的社会还大量地存在，而且，无论是雇主还是从业者已经习以为常。

毫无疑问的是，雇主有选择员工的权力，但是，这种权力应该受到限制。在一个公平的社会中，给予公民以机会平等，就必须消除就业歧视，就必须对雇主的选择权有所限制。更重要的是，我们的社会不应该以先天的自然特征来剥夺人们发展的机会，而是应鼓励社会成员以后天的努力来改善自己的生存能力和发展机会。

五言堂

◆伦理之思

歧视作为一个反伦理的概念，表面上看，它伤害的是被歧视者的权利和尊严，如果延伸到升学、就业等权利，它甚至伤害了受害者的发展权、生存权等最基本权利。其实不仅于此，它伤害的是正义、公平、自由等普世价值，最终受伤的是整个社会。

道德“补碘”需要制度推进

(作者为独立学者)

◆社会之论

任何社会行为的背后都有社会态度在支撑，歧视行为自然就是社会偏见这种社会态度的反映。也就是说，社会偏见——那种缺乏客观依据、固定的、先入为主的观念和态度，是产生社会歧视行为的前提和基础。

去除社会偏见 是消除歧视的关键

◆镜外之鉴

在美国，雇佣自主权经历了从不受限制到被严格约束的过程。过去，基于私法自治原则，政府对雇主采取放任和不加过问的态度。从上个世纪60年代起，法律对雇主就业歧视的管束越来越大。

反对就业歧视 法律先行先试

◆管理之议

“东莞反乙肝歧视第一人”杨华申办健康证遭拒，说明制度性的阻力已经成为维持乙肝歧视的主要壁垒。纠正它的解决的主导力量，自然而然地要落到国家公共政策的系统调整上。因此，完善《食品安全法实施条例》的相关法规还不够，它只是一个开始，还有更多的歧视性规定需要从立法层面调整和改变。

消除乙肝歧视 关键在制度变革

五言堂——《东莞日报》(2009年度中国地市报新闻奖专栏一等奖)

(8)整版运作

近年来,时评专栏的发展异常迅猛,很多报纸已不满足于几篇稿件组成的专栏,而是推出整个版面做专栏。

《南方日报》的《热门话题》专栏就是以整版的形式出现的。其特点是关注民生热点,抓住百姓身边事展开评论。

《春城晚报》的《春城时评》专栏也是整版运作的。

【专栏内存】

《热门话题》的特色

1. 突出新闻性,权威性、可读性、实效性有机结合

在内容上,该专栏紧紧围绕党委、政府的重大决策和中心工作,抓住新近的社会热点或理论热点确定议题,试图在回应社会热点中宣传党的最新精神和最新理论,引导舆论,为读者释疑解惑,从而增强报纸理论宣传的吸引力和实效性。

在形式上,该专栏每周一期,每期围绕一个话题、以一个整版的篇幅,请多个专家分别从不同的角度进行理论剖析、提供对策建议,将所议话题讲深讲透,更具专业性和说服力;每篇文章短小精悍,不强求观点一致,允许不同观点碰撞,为读者提供更多看问题的思路;必要时还链接一些名词解释、背景资料等相关信息,丰富了信息量。

由于紧扣社会热点,《热门话题》更具吸引力和现实指导意义;又由于对一个话题作多角度、多层次的全面、深入探讨,《热门话题》成为有关此话题的观点的集合,使理论宣传更具可读性,同时也扩大了信息量;专题文章均由知名的专家学者撰写,体现了该专栏的高度和说服力。内容、手段、形式多方面的创新,使理论宣传实现了权威性、指导性、可读性的有机结合。

2. 关注民生热点,紧扣党和政府中心工作

《热门话题》以专题形式进行的理论宣传,既及时传播了党和政府的大政方针,有力地服务了中心工作,又密切关注群众普遍关心的热点难点问题,充分发挥了党报理论宣传释疑解惑的功能。

——摘自《热门话题》专栏参加第16届中国新闻奖评选的推荐材料

热门话题 以权力运行科学化推进反腐倡廉

制约监督：权力运行科学化的关键和保障

敬畏制度是权力机制良性运作的软环境

推进党内监督制度创新要“三管”齐下

A03 春城时评

政府机关超时放假置纳税人于何地

妖魔化“独二代”必将失败

财产公示缺位下的大义灭亲戏码

热门话题——《南方日报》(第 16 届中国新闻名专栏奖)

春城时评——《春城晚报》(2008 年度云南新闻名专栏奖)

3. 理论专栏

理论专栏，是指刊发对前沿理论研究的新成果的专栏，以帮助读者学习理解党和政府的路线、方针、政策。

理论文章在报纸中的地位非常特殊。理论的高度决定媒体的高度，理论的深度决定媒体的深度，理论的旗帜决定媒体的旗帜。①

与其他体裁文章不同的是，报纸理论文章很少有报社记者、编辑写的，更多的是约请有关权威或专家来写。因此，要办好理论专栏，专栏编辑必须要有极强的组稿、约稿能力和较好的人脉关系。

在中央重大政治理论、重大方针政策出台后，报社就要及时组织相关专家撰写理论文章，帮助干部群众阅读、领会精神。《宁波日报》的理论评论部

① 朱金平：《新闻编辑论》，长征出版社 2008 年版，第 44 页。

就是这样在操作:理论版的编辑与中宣部理论局、中央党校、中国社科院等权威部门的专家保持着密切的联系,经常约请他们写稿。所以,《宁波日报》的理论专栏办得比较好,也经常受到中共浙江省委宣传部阅评组的表扬。

报纸的读者是多层次的,因此报纸上的理论文章,既要不同于研究部门的研究报告,也要不同于专家、教授的学术论著。既要有理论性,又要有针对性、通俗性,争取做到高层不觉其浅,基层不嫌其深。阐述理论不觉艰涩空泛,联系实际又不觉琐碎村俗。① 因此,编辑在经营理论专栏时,一定要把握这一原则,努力做到"左右逢源、上下欢迎",这样才能让理论专栏长办常青。

《新论》专栏是《北京日报》理论周刊 1999 年 5 月 12 日推出的一个专栏,每周一期。该专栏坚持"以科学的理论武装人"的原则,针对改革开放和现代化建设中提出的重要或重大理论问题,特别是理论前沿问题,理论热点、难点问题,刊发知名专家、学者撰写的有新意的文章。

随着中国对外开放,走向世界,对"中国特色"进行深入理解日益重要——

新论

THEORY WEEKLY 2010

再谈"中国特色"

□沈宝祥

自从邓小平提出"建设有中国特色的社会主义"以来,人们不断地问什么是"中国特色"?经过31年的实践,我们对"中国特色"的理解(即对中国特色社会主义的理解),已经比较具体也比较深刻了。

一、邓小平为什么提"中国特色"

邓小平提出"中国特色",在我看来他有两个方面的考虑。一是为了抛弃苏联模式。邓小平认为,中国的社会主义主要是搬了苏联模式,而实践已经证明,采取这种模式建设社会主义,不适合中国的国情,不能成功。他针对苏联模式,提出了"中国特色"。这意味着要建立一种适合中国情况的社会主义模式。二是为是苏共的观点和立场。这就是邓小平提出"中国特色",强调"中国的事情要按照中国的情况来办,要依靠中国人自己的力量来办"的一个重要背景。现在,随着苏联的解体,这个重要的背景情况已经不存在了。"中国特色"是在特定历史背景下提出来的,人们对"中国特色"的理解也必然随着历史的发展而推进。

二、对"中国特色"有个逐渐深化的过程

对建设有中国特色的社会主义,有一个强调从基本国情出发,到既强调国情又重视客观规律的过程。

开始,邓小平认为,社会主义要切合中国的实际,要从中国的实际出发。他作了认为这是一个政治经济学初稿,有历史意义。这个文件已经越出了国情的眼界,而是从历史必然性,即经济社会发展的客观规律的角度论述社会主义问题。

但是,人们的思想是逐步解放的,认识是逐步提高的。商品经济与市场经济两个提法,在实质上并没有什么区别。但在一段时间内,既有人不赞成商品经济的提法,有些人更不敢提市场经济,怕与资本主义划不清界限。其实,邓小平早就提出了社会主义可以搞市场经济的思想。1979年11月,邓小平在同外宾谈话时说:市场经济不能说只是资本主义的,社会主义也可以搞市场经济。经过几年的酝酿,人们的思想逐渐冲破"左"的禁锢,在市场经济的问题上取得较为广泛的共识。

有了明显的变化。概括地说,我们基本改掉了社会主义的传统模式,建立了中国特色的社会主义。

对于中国特色社会主义的"特",应作不同层次的理解。中国特色社会主义的"特",首先表现在社会的经济政治制度和体制上。在经济方面,有以公有制为主体、多种所有制经济共同发展的基本经济制度,以按劳分配为主、多种分配方式并存的分配制度,市场经济体制。在政治方面,有人民代表大会制度、民族区域自治制度、中国共产党领导的多党合作和政治协商制度、"一国两制"。这些,都是我们坚持科学社会主义的基本原理和原则、遵循经济和社会发展的客观规律,从中国的实际出发,艰苦探索和创造的成果,我们要珍惜。(作者为中央党校教授)

新论——《北京日报》(第 2 届中国新闻名专栏奖)

【专栏内存】

《新论》专栏的"一流战略"

作者群要以一流作者为中坚,稿件中的一流文稿要占较大比重,最终以一流的作品奉献给读者。请大学者写小文章、短文章,确立用小文章做大理论的观念。

从专栏已经刊发的文章可以看到,其作者和被采访者大都是国内某一领域的一流或知名的专家学者,如王梦奎、吴敬琏、戴逸、季羡林、周光召等。大量名家的介入,使专栏跃上了一个较高的层面。

---

① 范敬宜:《总编辑手记》,人民日报出版社 2010 年版,第 80 页。

专栏立足创新，强调选题新、内容新；注重新闻性，有抢先意识；所刊文章体裁多样，灵活采用短论、随笔、访谈、专论、点题等体裁，突破了重大或重要理论问题宣传形式单一的局限性，达到了杂花生树的效果。

——《北京日报理论周刊部主任李乔代表作》，新华网，2008-06-16

伫立红船上，纵观波澜起。2009 年 7 月，《人民日报》在《党建周刊》上开辟理论专栏，取名“红船观澜”，意扣历史，观照现实。自开栏以来，《红船观澜》始终以党建“瞭望塔”“观察哨”为己任，始终紧扣党建大事件，紧贴党员真心声，为改革创新鼓与呼，对丑恶腐败斥与责，文风既深沉厚重、又灵动辛辣，不断发出独特的党报声音。[1]

如果从写作手法来看，《江西日报》的《思想者论坛》专栏、《宁波日报》的《理论漫谈》专栏更多的是采用杂文的写作手法。

红船观澜

擦亮心灵的“名片”

杨明方

红船观澜——《人民日报》(第 22 届中国新闻名专栏奖)

思想者论坛

仰望大师

理论漫谈

在“三珍”中保持本色

赵畅

思想者论坛——《江西日报》(第 17 届江西新闻名专栏奖)　　理论漫谈——《宁波日报》

① 摘自《红船观澜》专栏参加第 22 届中国新闻奖评选的推荐材料。

第二节　经济专栏

所谓经济新闻，是指有关国民经济、生产建设和人民日常经济生活方面的新闻。[①]

随着改革开放的深入，中国经济总量已跃居世界第二位。经济的迅猛发展，令世界对中国刮目相看。可以说，是经济全球化将中国推向了繁荣发展的黄金期。大力发展经济，是中国发展壮大的永恒主题。

经济，不仅与国家的命运挂钩，更与普通百姓的工作、生活利益相关。经济政策的出台、经济数据的波动、经济市场的变化，不仅受到政府部门的关注，也触动着老百姓的神经。经济报道作为各家报纸的重头戏，也越来越为大家所重视，各类经济专栏更是层出不穷、数不胜数。

经济专栏是对经济领域中产生的问题、形成的现象，以及将来的发展趋势等进行分析、评述的专栏文章。[②]

细分一下，经济专栏大致可分为“经济观察”“经济述评”“权威解读”“创业故事”“投资理财”等五大类。

1. 经济观察

经济观察，就是对经济现象的理性观察和分析，既有数字，又有深度，也可以理解为经济新闻的深度报道。

经济观察反映的是宏观性、全局性的报道，需要记者具备大局观念，甚至要充当“研究者”或“专家”的角色。这种记者，对本行业的业务非常熟悉，能站在比业务部门更高的角度来研究问题、分析问题，同时又了解熟悉群众在想什么，以飘逸潇洒的文笔，论经文纬武之事。[③] 经济新闻记者只有努力成为专家型学者，写出来的经济观察才能观察到位、分析入理，令人信服。

2006 年以来，《解放日报》推出新的深度报道专栏——《解放分析》。该栏目以分析经济现象为主，力求透析新闻，阐明新闻事件的生成原因、影响范围、发展趋势和深层意义，以引发人们的思考。

---

① 朱金平：《新闻编辑论》，长征出版社 2008 年版，第 40 页。

② 林克勤：《当代报纸专栏的类别及其特点分析》，《新闻界》2005 年第 3 期。

③ 范敬宜：《总编辑手记》，人民日报出版社 2010 年版，第 201 页。

「保八」信心从何而来

解放分析

本报记者 蒋娅娅 杨群

国家统计局新闻发言人、国民经济综合统计司司长李晓超在回答记者提问时表示，经济企稳回升势头逐步增强，总体形势积极向好，第三季度GDP增长为全年实现8%的增长目标奠定良好基础。

低基数确保四季度增幅

无论是从国家统计局新闻发言人答记者问时的"底气"，还是各界专家发表的预期，绝大多数观点都认为，按照目前的国民经济发展势头，到年底实现全年经济增长"保八"任务，几乎毫无悬念。从技术指标分析，这种信心确有依据。

今年以来的各季度，国民经济走势是呈现逐季向好态势，一季度GDP增长6.1%，二季度增长7.9%，而刚刚公布的三季度GDP增长数据为8.9%。按照这样的势头，如果在接下来的几个月，国内外的宏观经济形势没有出现大的波动和反复，那么完成"保八"任务关键的第四季度GDP增幅是很可能进一步提高的。

与去年的宏观经济走势的"前高后低"相比，今年宏观经济则呈现开局较冷，逐季回暖的走势。从技术来说，去年前几个季度GDP增幅的基数高，因此今年前几个季度同比去年的增速就显低，而去年四季度GDP增幅基数较低，因此四季度GDP增幅很可能超过前三个季度，这种技术因素也是全年"保八"的有力支撑。

实体经济企稳势头稳固

全年"保八"没有悬念，还体现在实体经济指标的企稳回升。

根据昨天国家统计局公布的数据，前三季度，规模以上工业增加值同比增长8.7%。 （下转第6版）

前三季度GDP增7.7%

CPI同比下降1.1%，8、9月环比涨0.5%和0.4%

国家统计局发言人：当前不存在通胀 高度关注通胀预期

前三季度经济运行状况

本报讯（记者 蒋娅娅 杨群 夏佳静）国家统计局昨天公布今年前三季度国民经济运行情况。根据初步测算，前三季度实现国内生产总值（GDP）217817亿元，按可比价格计算，同比增长7.7%，比上半年加快0.6个百分点。其中，第三季度与去年同期相比，增长8.9%。新闻发言人、国民经济综合统计司司长李晓超表示，实现全年增长8%的目标是有把握的，是没有悬念的。

今年以来，各地区、各部门认真贯彻落实党中央、国务院应对国际金融危机、促进经济平稳较快发展的一揽子计划，取得了明显成效，经济企稳回升势头逐步增强，总体形势积极向好。分季度看，一季度GDP增长6.1%，二季度增长7.9%，三季度增长8.9%，呈现逐季提升态势。分产业看，第一产业增加值22500亿元，增长4.0%；第二产业增加值106477亿元，增长7.5%；第三产业增加值88840亿元，增长8.8%。 （下转第6版）

解放分析——《解放日报》（第21届中国新闻名专栏奖）

《经济视野》是《湖南日报》着力打造的一个名牌专栏。专栏力求在经济全球化的大背景下，通过对本地区经济领域新现象的深度报道，探索经济事件、经济现象的深层次影响及其未来发展方向，进而为政府决策提供建设性参考意见，为企业经营提供相关咨询、建议，为百姓生活提供实用性信息服务。

生猪，从散养到规模养殖

——关注农业支柱产业"转方式、调结构"之三

本报记者 柳德新

生猪，我省最重要的农业支柱产业之一。去年，全省外销生猪3000多万头，稳居全国第一；活大猪出口数量居全国第二。

在大宗农产品中，生猪价格波动最为"生猛"，经常演绎"过山车"般的行情。猪价最近一次大起大落，就发生在2007年至2008年：先是一路狂飙，生猪堪称"金猪"，再到连续暴跌，让养猪户无所适从。

面对变幻莫测的市场，生猪生产如何健康发展？

"通过市场引导和政策激励，变千家万户散养为集约化规模养殖。"省畜牧水产局局长曹英华告诉记者，这是我省生猪生产"转方式、调结构"的突破口。

市场加速洗牌，散户逐渐淡出

2008年5月以后，猪价持续下滑。至2009年5月6日，生猪收购价跌至每公斤9.27元，比上年同期暴跌45%。罕见的跌幅，使得养猪从2007年的暴利迅速变为亏损。此后，我省养猪户进入了一个"寒冬期"。

唐人神集团引进美国原种猪，在中国境内生产与美国本土同质的原种猪。 通讯员 摄

猪等传统农业项目，加之国家和省里相继出台能繁母猪补贴等扶持措施，规模养猪受益最大。恒农集团猪场去年就获得各项补贴、奖励100多万元。天心实业集团抓住低成本机遇提质扩容，促进种猪产业升级，形成年出栏生

安排2000万元用于畜禽粪污无害化处理；湘潭市去年安排300万元支持建设10万平方米生物发酵床，推广畜禽粪污"零排放"技术。

应对猪价大起大落，更多散户"抱团"

原因之一正是高致病性猪蓝耳病疫情。在财政资金引导下，近两年，全省11600个规模猪场进行栏舍改造、粪污无害化处理、动物防疫等基础设施建设，出现了一批"花园式"猪场。

调结构，质量高才能价格优

位于长沙市开福区一路吉祥巷的宁乡花猪肉专卖店，专销主产于国家级畜禽遗传资源保护区的宁乡县流沙河花猪肉，每公斤猪肉售价34元，但依然销售火爆。

长沙市沙龙畜牧有限公司对宁乡花猪产业化开发，发展规模养殖户1500户，取得了良好的经济效益和社会效益。公司董事长李述初介绍，尽管这两年生猪市场价格波动大，但宁乡花猪肉价格一直保持稳定。

质量高，才能价格优。2009年，全省生猪产业呈现良种率提高、生猪优势产区优先发展的特点。全省336个种畜禽场供应优质种猪59万头，无公害产地认定规模生猪4608万头，三元杂交猪比例达到56%；完成生猪人工授精460万胎次，增长37.5%；43个生猪调出大县出栏生猪占全省总量68%以上，其中外销优质瘦肉型猪占全省外销总量90%。

经济视野——《湖南日报》（2007年度、2009年度湖南新闻奖专栏一等奖，第18届中国新闻奖参评专栏）

【专栏内存】

《经济视野》专栏的特色

1. 专栏对新近发生的重大经济新闻进行及时、准确的深入报道，重在分析事件背景、剖析经济现象、探寻本质真相，满足读者对重大经济事件、经济现象的知情权和关注求解之心。

2. 专栏的报道对象，主要选取政府关注、企业关心和与老百姓利益密切相关的题材。通过深入的调查研究、独特的观察视角、贴近的表现方式，以专业的水准聚焦经济现象的“要害”，并提出对策建议，为省级党报“以深制快”、弘扬党报权威进行了成功探索。

3.《经济视野》专栏将新的经济现象放在全行业、全国甚至全球的背景下观察、分析，向读者展现开阔的视野和前瞻的思路，从而起到正确的舆论引导作用。

4. 作为长期的新闻专栏，《经济视野》一直坚持新闻性、权威性、可读性、实用性的有机结合，以鲜活的事实为基础，努力做到“三贴近”，使经济报道深入浅出、喜闻乐见。

——摘自《经济视野》专栏参加第 18 届中国新闻奖评选的推荐材料

2012 年初，《宁波日报》财经新闻版改版时推出的《深一度》专栏，以经济、财贸视角入手，紧扣国内外经济热点，立足本市经济特色，注重新观点新现象新趋势，实现了宏观政策与微观实际、深度报道与可读性的有机结合。

深一度

浙江新闻名专栏

市政府将网上市场作为商品交易市场转型发展的重要举措，并提出用五年时间实现网上市场成交额 5000 亿元的目标，而近日国务院提出促进信息消费扩大内需，也让网上市场迎来新的契机——

宁波多渠道发展网络经济

■搭建“无限市场”

新闻内存

三年网上巡查76.5万家次

■半数企业自建网站

■多业态“触门”网店

延伸阅读

网络维权显智慧

深一度——《宁波日报》(第 8 届浙江新闻名专栏奖)

为充分反映新农村建设的新变化和新问题，展示农村经济发展的步伐，《浙江日报》策划推出了《迈向新农村的脚步》专栏。在写作中，该专栏更多地注重故事性和可读性。

富而思源回报家乡　互利互惠蕴藏商机

桐乡民企踊跃投身新农村建设

迈向新农村的脚步

编者按：“迈向新农村的脚步”专栏今天刊登桐乡市“百家企业联百村”，推进村庄环境整治的报道。欢迎各地踊跃来稿，介绍建设新农村的新思路、新经验、新做法。

本报讯（记者 褚定华 市报道组 郁欢）在桐乡市新农村建设的“投资榜”上，民营企业正成为一支引人关注的新生力量。从去年初至今年1月底，全市共有230余家民营企业向结对村捐助资金2337万元。

钱从哪里来，是新农村建设中无法回避的问题。桐乡市除加大政府以奖代补和村集体投入外，去年初开展了“百家企业联百村”活动，鼓励民营企业参与新农村建设。市里不搞摊派、不下指标，但民企的热情很高。在全市各个村村庄整治建设投入中，来自民企的捐助已超过20%。这些钱专项用于道路硬化、河道净化、环境洁化以及村文体设施等配套建设。崇福镇芝村村准备新建文化中心，仅半天时间，就筹集了103.3万元捐款。

桐乡民企踊跃捐资，除了富而思源、报效桑梓的真情外，还因为这是互利互惠的事。洲泉镇东田村共接受了“足佳房地产”等公司300多万元捐助，建起了设施齐全的农民公园和文化中心。捐资5万元的“奇兰朵鞋业”负责人杨惠泉说：“村里干净漂亮了，给公司也长面子，连俄罗斯客户也常跑这里来住上几天。”

一些眼光敏锐的企业主在反哺农村的大背景下觅到了新商机。去年8月，三位分别做白菊花、煤炭和钢材生意的老板，看中了石门镇独有的百年桂花林的“桂花村”，投资150多万元发展“农家乐”休闲旅游，当年即吸引游客12万多人次。今年，他们还准备加大投入，引进一批绿色农产品交给村民种植，并包收包销，“桂花村”的牌子给公司和农户带来双赢。据不完全统计，全市有近70家企业在村庄整治中赢得了商机，在服务新农村建设的同时壮大了自身，取得了双赢。

在引导民企参与的同时，桐乡市还采取一系列措施，为结对活动助力：对捐资达到所建工程一定比例的，允许企业或个人冠名；出资数额较大的，以功德碑勒石铭记；工程建设收费能免则免、能减则减，并简化审批手续。桐乡今年将出台鼓励政策，对办特色基地，发展观光农业，建专业合作社等，财政给予补助，激励更多的民营企业参与新农村建设。

发生在家门口的变化，让农民从心底里支持新农村建设。2月9日，我们走访桐乡农村时发现，一些农民纷纷在粉刷自己家的围墙、种上绿色植物。村民说：“现在，大家随便扔垃圾的习惯改掉了，连家门口的东西也放得整整齐齐。”

迈向新农村的脚步——《浙江日报》(第2届浙江新闻名专栏奖)

【专栏内存】

《深一度》专栏的经营特色

创新推出“1+X”组合报道形式，做深做透新闻。主稿跳出单一新闻事件做报道，由点及面，层层解剖，同时搭配与其关联性强的消息或短评，以扩大读者视野或启发读者深思，实现新闻报道与观点分析的融合。栏目稿件90%以上为经济新闻部记者采写，使得本专栏与宁波经济发展保持高度贴近性，更具指导意义。

全方位多层面解读经济热点，有效引导社会舆论。如2012年5月国务院密集出台稳增长相关政策措施后，《深一度》栏目第一时间推出《稳增长，宁波需要更给力》系列报道，刊发了《宁波工业酝酿“1+X”新政》《民资闯金融，频接政策橄榄枝》《先动快动，有效投资增后劲》等稿件，起到了先声夺人的舆论引导效果。

深挖重要会议新闻资源，捕捉有价值的信息。在头版刊登市委市政府和各经济部门召开的重要会议消息的同时，“深一度”栏目同步推出深度报道，释疑解惑，分析趋势，延伸报道，向读者传递更为全面、深度的新闻信息。如2012年底推出的“创新驱动，转型发展十二问”系列报道，围绕市委最新出台的关于强化创新驱动加快经济转型发展的决定，以问答形式透彻地分析了这个决定的来龙去脉，成为头版消息很好的补充和深化。

——摘自《深一度》专栏参加第8届浙江新闻名专栏评选的推荐材料

2. 经济述评

对于经济趋势，一定时期要有一些宏观的东西。资深编辑根据手上的材料和自己的判断，加上记者的调查，作出夹叙夹议的综合分析。[①] 这就是经济评述。

经济述评是结合了深度报道和评论的一种体裁，它又不同于一般的深度报道。经济述评以述和评为主，边述边评，且主要是评，用的是归纳概括性的语言，较少细节。[②] 在评的部分，要有理论思考，提出新观点、新理念、新启示、新经验，才能显示文章的深度。[③]

述评新闻贵在有分析、有见解，能够拨开迷雾，引导读者看出新闻事件所隐含的意义、性质与发展趋向；述评要以充分的事实为依据，通过对事实的分析、叙述，引导读者自然而然地得出某个结论。[④] 对于经济发展中出现的新问题或新现象，到底怎么看，是好还是坏，报纸应该拿出自己的观点，以帮助读者思考和理解。

在经济述评的写作中，报纸记者或编辑碰到有些问题没把握，可以向职能部门"讨教"，甚至可以"合作"。人民日报原总编辑范敬宜曾说过这么一段话："由新闻单位和职能部门结合撰写有分量的述评，是一个好办法。它把两方面的优势结合起来，可以使专业和通俗得到统一。如何使经济宣传做到内行不觉浅、外行不觉深，一直是我们追求的目标。做起来虽然很难，但也并非高不可攀。"[⑤]

《经济日报》作为经济类最权威的报纸，开设有《经济时评》专栏，经常就新的经济现象在第一时间亮出观点。

创办于2006年的《点题琢磨》是《湖北日报》的经济时评专栏。该专栏以"关注经济发展，聚焦经济热点，服务经济生活"为理念，对经济领域里的鲜活话题进行多维立体评析。[⑥]《点题琢磨》专栏非常注重评析我国经济发展中出现的热点话题，琢磨困惑老百姓心头的难点问题，既重解惑也提思

---

① 韩松、黄燕：《当代报刊编辑艺术》，复旦大学出版社2006年版，第305页。

② 彭嘉陵：《如何当一个牛记者》（上），中国统计出版社2011年版，第85页。

③ 杜迈驰：《你能成为新闻多面手》，人民交通出版社2010年版，第159页。

④ 刘海贵、尹德刚：《新闻采访写作新编》，复旦大学出版社1991年版，第146页。

⑤ 范敬宜：《总编辑手记》，人民日报出版社2010年版，第31页。

⑥ 万陈方、刘安华：《深掘观点富矿 形成集束效应——简析湖北日报〈点题琢磨〉专栏的特色》，《中华新闻报》2008年11月26日。

路，让人看后十分过瘾。

万元GDP能耗下降凸显调结构成效

齐　慧

经济时评

近日，国家统计局、国家发改委、国家能源局公布了《2011年分省区市万元地区生产总值（GDP）能耗等指标公报》。

《公报》显示，从万元GDP能耗降幅看，2011年降幅最大的是北京，比上年下降6.94%；从万元GDP能耗绝对值看，2011年绝对值最低的是北京，万元GDP能耗为0.459吨标准煤；从全国的数据来看，2011年全国万元GDP能耗为0.793吨标准煤（按2010年价格），比2010年降低2.01%，绝大多数省区市均呈下降趋势。

万元GDP能耗实质上是一个效率指标，是能耗增长速度与地区生产总值增长速度的比较，如果能耗增长速度小于地区生产总值增长速度，则万元GDP能耗下降，反之则上升。2011年我国万元GDP能耗下降说明，我国在能源利用效率方面有所提升，节能减排工作取得进展，经济结构更加合理。

以排名榜首的北京为例。北京已经连续多年在万元GDP能耗的排行榜上位列第一。"十一五"时期北京市连续5年完成年度单位GDP能耗下降目标，超额完成"十一五"时期节能降耗20%的规划目标，是全国惟一连续5年完成年度单位GDP能耗下降目标的地区。表面上看，近两年北京能耗水平大幅下降与2010年底首钢涉及业务全部退出北京，工业以退促降相关。但从根本看还是产业结构优化调整的结果。2011年数据显示，北京的第一产业的比重为0.9%，第二产业为23.4%，第三产业比重占到75.7%。第三产业的比例已经达到世界发达国家平均水平，领先全国平均水平30个百分点。在北京第三产业中，高新技术产业又占有很大的比例，高新技术产业具有附加值高，能耗低等特点，是北京能耗大幅下降的重要原因。从北京市的案例不难看出，地区产业结构优化直接会影响万元GDP能耗指标，万元GDP能耗则能反映出地区产业结构优化程度。

但各省区市的情况差异很大，不能一概而论。从《公报》的数据来看，有些地区特别是西部省区，如宁夏、新疆、青海等地区的万元GDP能耗下降幅度多年排名靠后，有些地区能耗不降反增。这与当地的经济发展阶段、资源禀赋、产业特色相关，不能完全按照北京、上海等地区相比较。但是，节能减排事关国家发展大局，各地一定要常抓不懈，同自身比要有不断取得进步的决心和成果。

因此，要完成"十二五"节能减排的任务，经济发展落后的地区，应加大产业结构调整的力度，大力发展第三产业，提高能源使用效率。经济发展好的地区要继续推进第三产业的节能减排工作，加快发展高端服务业，大幅提高服务业产值规模，从而有效降低单位能耗水平。

经济时评——《经济日报》

电子商务领域亟待新法堵漏

□杨涛

最近，笔者一朋友通过一个网络购物平台，购买了一个皮包，但经当地技监部门鉴定，实为假货。朋友于是要求对方赔偿，但遭到拒绝。他们称，自己只为商家销售商品提供网络交易平台，不应承担应由商家所承担的责任。

如今，电子商务越来越发达。不少网商凭借开放的网络，给交易各方提供了无界的平台。这在给网民购物带来方便，给电子商务带来繁荣景象的同时，也衍生了一些问题。譬如，围绕假货产生的欺诈、盗版、侵权等问题就总是不断。前些时，央视《焦点访谈》曾曝光了淘宝网卖假货、消费者维权困难等问题。而淘宝网称，他们在防假除假上已经做了不少努力，如去年一年共处理侵权商品1400万件，还与6000多个品牌商、权利人联手，直接从网页上删除了571万件侵权商品。这虽是其"表功"所说出的一些数字，但透过这些数字也不难看出，一些网络购物平台存在的卖假售劣的问题多么突出。

尽管这类问题的责任方主要是在网上推销和卖货的商家，但是，为他们提供平台的网站也还是难辞其咎。有专家指出，网络如果给那些能提供真货凭证的商品加权（即给予更好的排名和展示），那就自然能将假货打压下去。但现在像淘宝网这样的平台，其商业规则却是给竞价高的和保证金交得多的商品加权。并且，在有消费者的举报后，他们也只是删除有问题的商品信息，而对制造问题者并未采取限制发布商品信息、扣分、直至冻结账户等处罚措施。这就在客观上放纵了一些假劣和侵权商品的泛滥。

当然，这类问题之所以能在一些网站出现，与电子商务的相关法律不健全也有一定关系。前不久商务部等9部门联合下发通知，要求严打网络购物领域侵犯知识产权和制售假冒伪劣商品的行为，强调对情节严重的网络购物平台将约谈、警告、限期整改，直至断网。这当然是个好举措。但仅靠行政手段还远远不够。因为对于电子商务来说，不仅涉及卖家、买家与诸如淘宝网这样的电子商务平台，还有电子商务中介机构，如认证机构、支付担保机构等，他们的权利义务该如何界定？再者，诸如淘宝网这样的网络平台，所承担的到底是类似房地产中介的经纪、居间角色，还是类似百货商店的销售渠道角色，抑或仅仅是一个信息发布平台？还有他们在事先该怎样去履行监管卖家的义务等，这些都需要用法律法规来加以明确。

电子商务平台的出现虽是一个新事物，但其诞生的时间已不短，网络购物的问题也在不断呈现。因此，完善有关的法律法规已经刻不容缓！

点题琢磨——《湖北日报》（2009年度、2010年度湖北新闻奖专栏一等奖）

3. 权威解读

针对大家疑惑不解的经济热点、难点问题，报纸可以去采访经济领域的相关人士或专家，请他们给出权威的解答，也可以采取直接向对方约稿的形式来充实权威解读专栏。

在经营权威解读专栏时，专栏编辑要与采访记者密切配合。记者需要眼光锐利，及时发现有典型意义的矛盾并对其进行剖析，找出矛盾的根源和

"原因背后的原因"，然后让权威部门和专家"对症下药"①；专栏编辑在向专家或权威人士约稿时，也必须提前做好"功课"，列好提纲，这样才能约到称心如意的专栏稿。

《江苏经济报》的《高层视点》专栏，就邀请一些权威人士对当今经济热点及发展方向作出解释或预测，有些稿件为摘编后集纳式刊发。

《经济日报》以记者薛小和之名命名的《小和访谈》专栏，通过记者与权威人士的对话，解答经济热点问题。

《昭通日报》的《枫叶星期天聊天室》专栏也是采取问答形式。

高层视点

经济呈现V型反弹　未来半年政策转向调结构

通胀预期已现 未来两季度需重视出口已低位站稳 四季度同比可能增长

○清华大学中国与世界经济研究中心主任　李稻葵

统计局发布的三季度数据明确显示，财政刺激、适当宽松的货币政策以及产业政策已经达到预期效果，中国的宏观经济正在走V型反弹模式。从GDP到固定资产投资，包括进出口和顺差都在处于V型反弹的阶段。

从大环境看，整个世界经济在比较健康地恢复，为中国经济恢复提供了有利的外部环境。预计到明年上半年V型反弹格局不变，明年年中可能会出现一系列的政策调整。当大规模财政力度逐步减缓的时候，政府会出台一些政策鼓励民间投资，未来半年在政策方面，将从经济刺激转向结构调整。

通胀预期已现 未来两季度需重视

○中信建投首席宏观分析师　魏凤春

数据符合预期，经济增长8.9%，反映了前期政策刺激的滞后效应仍然存在，同时，市场的自我修复能力得以加强。比较乐观的是第三产业的增速达到8.8%，反映了消费的稳定和工业化起飞阶段经济开始转型的初步效果。

从CPI的走势来看，通胀预期已经出现，我们预计10月物价为正，未来两个季度，通胀将成为市场最关注的事件。

出口已低位站稳 四季度同比可能增长

○商务部研究院研究员　梅新育

第三季度的外贸数据表明中国出口已经低位站稳。这一局面是国际经济危机低谷站稳和海外竞争对手率先被淘汰所共同造成的，其结果是中国出口绝对规模虽然下降，但在国际市场所占份额却相对上升。这种局面将为我国企业提升在国际市场和收益分配格局中的地位创造有利条件。

预计第四季度出口环比将略有增长，同比可能增长，因为去年同期比较基数低。

经济逐步复苏 10月CPI同比降幅缩小

○国家发改委价格监测中心　刘　刚

9月份PPI的环比上涨主要是由初级产品价格的上涨带动的，因为有色金属、石油、化工、水泥等价格都在上涨。PPI上涨说明生产资料的需求在增长，工业形势向好，企业预期在改善。经济正处于回升阶段，市场形势和预期都在向好的方向发展。

此外，PPI的回升也表明，国际市场经济也在逐步恢复，特别是有色金属、原油价格上涨即是一个印证。因此，从数据看来，国际市场经济形势的积极变化和国内市场投资、需求的较快增长，将决定后期PPI的降幅会进一步缩小，环比上升的可能性较大。

9月份CPI环比上涨0.4%，这个结果和市场的判断基本吻合，如果10月份价格继续上涨，由于猪肉等副食品价格在10月份是上涨的，而食品价格的上涨对CPI影响较大，再考虑到翘尾因素，所以CPI同比降幅将会明显缩小。

高层视点——《江苏经济报》(2008年度江苏新闻奖专栏二等奖)

技术壁垒已成出口第一大非关税壁垒

——访国务院发展研究中心技术经济研究部李志军博士

本报记者　薛小和

小和访谈

李志军：在大多数情况下人们说的"技术壁垒"是指技术性贸易措施。

随着经济全球化和贸易自由化进程的加快，在国际贸易活动中，关税逐渐降低，进出口数量配额、许可证制度、外汇管制等非关税措施日益受到约束和限制。相反，以技术法规、技术标准、认证制度、检验制度为主要内容的技术性贸易措施突出出来，影响和作用越来越大。技术性贸易措施的特点是更加复杂和隐蔽，所以它成为最普遍、最难以对付的贸易壁垒。现在，它已经从商品流通领域扩展到生产加工领域，不仅包括货物商品，还延伸到金融、信息等服务产业，成为非关税壁垒的主要组成部分，成为各国保护产业和促进对外贸易发展的重要手段。

小和访谈——《经济日报》(第3届中国新闻名专栏奖)

① 杜迈驰：《你能成为新闻多面手》，人民交通出版社2010年版，第146页。

48 万返乡农民工何去何从？

主持人：朱德华

嘉宾：熊启东（市人力资源办副主任）

受全球金融危机影响，去年 10 月至今年初，我市大量外出务工人员返乡回流。据权威部门统计，全市农民工返乡回流人数高峰时达到 48.67 万人，给全市农民增收、社会稳定带来巨大的压力。面对突如其来的新情况，今年 2 月以来，市、县、乡各级党委政府及其有关部门采取措施，积极应对。一晃半年时间过去了，48.67 万名返乡务工人员实现再就业了吗？他们的命运如何？本期聊天室，我们请到了市人力资源办副主任熊启东，就返乡务工人员的再就业问题进行交流，以期解开读者心中的疑惑。

朱德华：熊副主任，年初我曾采访过你，你告诉我至去年底，全市有 48.67 万名务工人员返乡回流，政府及有关部门正在采取措施积极应对，帮助返乡务工人员寻找就业岗位。时间过去了半年，许多读者对此十分关心，这些返乡务工人员重新找到就业岗位没有？请熊副主任就你掌握的情况向读者作一个简要介绍吧！

熊启东：从今年 2 月起，市县乡各级党委政府及其有关部门，主动出击采取各种有效措施，帮助返乡回流务工人员实现再就业。通过半年时间的艰苦努力，现在可以告诉大家一个好消息，我市的返乡务工人员已经全部实现了再就业。据统计，至今年 7 月底，我市外出务工人员总数就已经突破了去年的高峰时段，达到 110.84 万人，比去年高峰时增加 4000 人。到 8 月底，全市外出务工人员总数达到了 112.9 万人。

朱德华：半年时间，使全市外出务工回流人员全部实现再就业，这是一个了不起的成果，可喜可贺。请问熊副主任，你能介绍一下采取的主要措施吗？

熊启东：主要采取了三条措施。

一是抓技能培训。按照省上的统一安排，我市从当地的实际出发，敢于突破，创新培训机制，只要有资质的培训机构，都可以参与竞争培训。这条措施使技能培训工作走出了机关，大家纷纷深入乡村组，主动去宣传、组织培训。大力开展建筑、电工、机修、电焊、烹饪等各种技能培训，使外出务工人员有一技之长。再就是农民夜校由去年的盐津豆沙、鲁甸桃园、镇雄林口 3 个乡镇扩大到 11 县区每个县区一个乡镇，一是培训外出务工人员技能，二是培训种养能手。全市共整合培训资金 600 万元，用于农民夜校培训。至 7 月底，全市共培训农村劳动力 11.23 万人，其中培训返乡务工人员 7.51 万人并转移就业。

二是抓市场开发。我市外出务工人员返乡回流，主要集中在长三角地区和珠三角地区，这些地区的企业订单多半在国外，受金融危机的影响，许多企业因为拿不到国外订单，不得不暂时歇业或关闭工厂，造成务工人员返乡回流。针对这一情况，全市劳务输出部门，积极开发其他地区劳务输出市场，努力把返乡务工人员输送到长三角和珠三角以外的地区。特别值得一提的是，今年我们向国外输送务工人员取得了很大的突破。永善、巧家组织输送了 147 人到利比亚，年薪 6 万元，合同一签两年；盐津组织输送 90 多人到缅甸，月薪 5000 至 8000 元，工程预计今年底结束。

三是抓务工人员回乡创业。大力实施创业带动就业战略，鼓励支持有创业愿望和创业条件的返乡务工人员在家乡创办企业，就近就地吸纳农村劳动力转移就业，从而实现创业带动就业"倍增效应"。通过积极引导，到 6 月底，全市已有返乡务工人员 6200 人带回 35 亿元资金回乡创办了 120 多个企业，就地就近吸纳了返乡务工人员 1.54 万人。如威信县扎西镇的雷吉松，2008 年 10 月回乡投资 30 余万元创办驰耐普汽车美容养护店，吸纳返乡人员 10 人以上；镇雄县场坝镇麻园村街上村民小组返乡务工人员彭显波，利用外出务工从事水晶加工的生产经营经验，回乡投资 50 多万元创办了镇雄县益民水晶工艺品加工厂，边培训、边生产，实行"公司＋基地＋农户"经营，带动当地 120 多人在工厂就业，月均工资 1200 元以上……

朱德华：自昭通实施"百万劳务输出工程"以来，我们看到了一个十分欣慰的变化，这就是各地的生态都在恢复。这与实施退耕还林有密切的关系，与大量富余劳动力外出务工也有很大的关系。但是，打工毕竟是吃青春饭，年龄大了一是自己干不起，二是用人单位要解雇。请熊副局长谈一谈你的看法，如果只重视输出，不重视回乡创业，或重视不够，存不存在隐患？

熊启东：你这个问题提得非常好。我们实现了"百万劳务输出"目标之后，的确应该思考如何引导有条件的外出务工人员回乡创业的问题。我到过许多地方的企业调研，很少看到 45 岁以上的务工人员，只有在那些背、挑、挖、抬、砌墙等工种上才能看到这个年龄段的农民工。也就是说很多农民工落叶要归根，如果我们不在外出务工的黄金时段引导回乡创业，等到大量大龄务工人员回乡的时候，就会产生一系列的社会问题，如社会治安、毁林开荒等。此外，如果我们不有意识地引导一些外出务工人员回乡创业，并给予一些优惠政策，就会出现盲目外出务工、满足于获取眼前的务工收入，而不会带着考察项目、学习技术的任务外出打工。所以，我同意你的观点，从现在起就必须重视回乡创业问题。虽然我们已经做了一些工作，但是引导外出务工人员回乡创业任重而道远！

枫叶星期天聊天室——《昭通日报》（2008 年度云南新闻名专栏奖）

4. 创业故事

办企业如何在大浪淘沙中脱颖而出？搞个体如何在激烈的竞争中掘得属于自己的一桶金？机遇固然重要，但过来人的经验教训以及成功的故事，对于创业者来说帮助更大。

一些企业老总，特别是白手起家的企业老总，他在创业过程中所经历的种种坎坷，对他人总有某些方面的教益，尤其是对同行的教育意义更大。[①]换言之，报纸上刊发这些经验教训对于想入门创业或正在努力创业的读者来说，无疑很有新闻价值。一个小小的点子或是一个不经意的启发，说不定就能换来希望和成功。

从创业的规模来讲，创业故事专栏又可细分为"企业创业"和"个人创业"两个小类。

小民企的创新 大道理"

——看易特优电子如何打造核心竞争力

企业兵法——《青岛日报》

(1)企业创业

企业创业，顾名思义是指通过自己和企业员工的共同努力，或是企业负责人想方设法调动企业员工的积极性和创造力，把企业做大做强。

① 朱金平：《新闻发现论》，人民日报出版社 2009 年版，第 108 页。

企业要在汹涌的经济大潮中站稳脚跟，靠的是理性的判断和科学的决策。《青岛日报》将其誉称为“兵法”。

重庆人喜欢边喝茶边摆龙门阵。如果成功商人请你喝茶，顺带再送你一些致富秘诀或经验教训，估计你肯定会心动不已。《重庆商报》的专栏《老板下午茶》就是带着“请喝茶”这个诚意，让你来分享成功老板经商的经验和得失。

《常州日报》将企业老板称为“掌门人”，推出《对话掌门人》的专栏，让他们介绍企业创业成功的经验，给人们以启发。

菜价涨得凶 大家都说没赚到钱

TEA TIME

老板下午茶

到底涨了多少？三个月平均涨幅两三成

到底赚了多少？大家都说跟往年一样

如何避免菜价大起大落？减少对天气的依赖

老板下午茶——《重庆商报》(2011年度重庆新闻奖专栏一等奖)

(2)个人创业

相比较企业创业来说，个人创业的规模要小得多。有些公司只有创业者一个人，既当老板又当员工；有些公司下面也只有三五个员工，老板跑外(谈生意)、跑内(内部管理)也是一个人搞定。

个人创业，是我国目前经济发展中出现的一个新亮点。这些成功者的故事也是其他创业者尤其是新入行者最容易效仿的。

《扬子晚报》的《扬子创业讲堂》专栏，讲的就是这些故事。晚报通过与有关部门合作，邀请两位创业成功的嘉宾举行讲座，然后再在报纸上刊发讲座内容。

想致富？上学堂！《重庆晚报》在财经新闻版开出了这么一个学堂——《创富学堂》专栏。该专栏的宗旨是“创精彩人生，富寻常百姓”。

在经济社会中，财富无处不在，关键看你有没有一双慧眼。《华西都市报》推出的《慧眼识财》专栏，讲述的就是凭一双双慧眼而致富的故事。

吕全亚：把复杂问题简单化

"根据规划，到2015年，佳讯光电将力争成为国内最大的光伏并网逆变器生产骨干企业。"仲夏时节，在常州佳讯光电产业发展有限公司位于常州高新区三晶工业园的生产基地内，公司董事长吕全亚挥斥方遒，向记者细数着他弃政从商以来的创业成果："1994年下海以后，我用7年时间让佳讯电子实现了100倍增长，如今其已成为全国最大的二极管制造企业，全球市场占有率10%；2007年，我又重新成立了佳讯光电，二次创业，同样要做到行业一流。"

虽然身兼两家跨度颇大的大型制造企业掌门人，面对双重的压力与挑战，吕全亚却显得游刃有余，因为在他看来，企业家最大的价值在于把复杂问题简单化，"经营的项目、市场要足够大，还要有一个优秀管理团队，这两项先决条件你没有就别做。"在专访中，吕全亚给出了自己经营企业的两个简单标准。

记者：弃政从商后，您白手起家，仅用7年时间，就培育出全国最大二极管制造企业，您是如何做到的？

吕全亚：虽然以前我没有任何从商经验，但以我多年从政经历来看，从政与从商，从管理学的角度没有本质区别。要想做好，关键有两点，一是定目标，二是搭班子。

我记得早在佳讯电子刚成立时，公司股东在健身路上一家小饭店聚餐，席间我提出了10年增长100的目标，当时所有的人都以为我喝多了。结果仅用7年，我就实现了当年的目标。到2007年，公司实现销售3个亿，全国二极管产量第一，并成为国内第一品牌，全球市场占有率达到10%以上，目前佳讯电子已成为全球最大的二极管生产基地之一。其实当年我敢于提出这个目标，并不是一时冲动，而是经过深思熟虑的：一是电子二极管市场极大，每年全球的产值高达数十亿美元；二是当时佳讯电子虽然草创，但通过"招兵买马"，已储备了一批过硬的研发、管理人员。有此两项优势在手，就没有做不成的事。

记者：但与二极管制造业相比，如今您的光伏项目行业跨度大、资本技术要求高、经营风险大，您依然计划再用7年培育出又一家隐形冠军，信心何在？

吕全亚：正因为经营管理企业时，我一直坚持复杂问题简单化，让我有更多空余时间，对其他行业保持高度关注，不断寻找新的投资项目。而要在众多潜在机遇中，找到适合的项目，我认为，同样只有坚持两条简单的准则：一是与民争利的产业，坚决不碰；二是注意投资组合，要把急功近利的事情与长远的投资结合起来。

从产业角度，我看好新能源、环保以及民生产业。2005年时我曾进入生物柴油行业，但又很快退出。因为我意识到，虽然这是新兴产业，但在我们这个粮食消耗大国，与民争粮实属不智。于是我进入了光伏产业，而且选择了其中研发难度最大的逆变器。目前，我们已经承接了常州机场、常州出口加工区等几十个示范工程。虽然现在尚处于"花钱赚吆喝"阶段，但有二极管业务带来的稳定现金流支撑，我有信心，将逆变器业务培育成新的利润增长点。

记者：您又是如何物色和组建团队的？

吕全亚：千金易得，一将难求，尤其是进入光伏领域后，高技术人才成为推动企业发展的核心动力。为了请到理想科技人才，我、公司副总以及人事部经理三个年纪加起来超过100岁的人，八赴安徽，最终将国内逆变器行业中的最尖端人才请到了佳讯，而他今年才20多岁。也正是靠着这种对人才求贤若渴的态度，如今的佳讯光电，拥有各类技术人才96名，其中享受国务院特殊津贴专家就有4名，博士4人，硕士18名。如此豪华的阵容，央企同行都不具备。

配班子的过程中，除了考虑备选对象的专业性，最主要看他们有没有强烈的成就事业的愿望、热情和足够的信心，而不是单纯看文凭。人品也要考虑，还有性格。我有一句话，品德和性格决定命运，胸怀和能力决定事业大小。企业一把手的胸怀是我考察的一个重要内容，品德和思想意识不好的人千万不能用。

胡平 摄

当然搭好班子后，我还要给机制。尤其是职业经理人与我发生分歧时，我坚持的原则是：在方向和战略层面的决策他们要服从；但对于操作层面和经营层面的事情，职业经理人应该发挥自己的作用，有不同意见时要说服老板。老板也要敢于扔包袱，发挥职业经理人的价值。如今在佳讯电子，有了一套得力的班子后，我平时已很少去位于西夏墅的厂区，定期看下报表即可，而把主要精力放在佳讯光电。今后，光电项目的班子成熟后，我又可以抽身下一个投资项目。

本报记者 孙人杰 实习生 钟天翼 黄星

对话掌门人——《常州日报》(2011 年度江苏新闻奖专栏一等奖)

慧眼识财

报料热线:028-86969110

【开栏语】

危机突袭，所有人都被推到了创富的最前沿。机会无处不在，其实就在你我身边，如何在危机中寻找新的创富机会？本报今起推出慧眼识"财"系列报道，并开通热线028-86969110，征集新锐的创富点子，邀您分享金融危机之下的创富故事。

旧衣翻新 火了成都裁缝店

几盒纽扣和碎布，一台缝纫机，用这些工具，今年50岁的谢竹兰开始重新见证裁缝店生意辉煌的时候。谢竹兰当了一辈子裁缝，在上世纪80年代和90年代初，她开的裁缝店能养活一家老小。90年代末，生意渐渐冷清。而如今，金融危机来袭，影响了老百姓的钱袋子，裁缝店也有了新的商机——旧衣翻新。

旧衣翻新 生意比去年翻番

谢竹兰在小南街附近的铺子，每天接的最多的就是牛仔裤。周末的时候，一天能接20条左右。"以前都流行喇叭裤，现在流行铅笔裤，所以很多人来改。"谢竹兰笑着说。改一条牛仔裤，收费根据难易程度，容易的不到10元，贵的也不超过50元。

做了多年裁缝生意，谢竹兰觉得今年旧衣翻新的生意最好。今年1月以来，她的店每天能接七八笔翻新的单子，周末更多达几十笔，比去年翻了一番都多。"今年来的很多都是追求时尚的工薪族，翻新一件衣服最高不到百元，翻新领子、腰围等也只要几元、几十元，与购买新的品牌服装动辄数百元乃至上千元的价格相比，旧衣翻新要实惠得多。"

"10多年前的大衣又长又大，现在都喜欢短装，上次有个顾客来，硬是把快拖地的大衣改成短款，但是多了一大截面料，她索性就另做了条一步裙。""还有个女孩，直接把长牛仔裤改成超短热裤了。"

旧衣翻新，火了裁缝店生意

据介绍，来翻新旧衣的以工薪阶层为主，翻新的多是秋冬款质地较好的品牌服饰，有的父母还拿自己的旧衣服给孩子翻做新衣。

上门服务 成都裁缝店多了

在老电影里常看见的上门服务，谢竹兰现在也开始接纳了。"有点老上海的感觉，这种收费其实只比平常的生意贵一点，去客户家里把衣服拿了回来改。这附近就有一个客人，是在网上开店的，平常工作比较忙，每次都是喊我去她家给她量，一次至少五六件衣服，有新有旧。我现场量好，然后拿回来改，大约一周后再给她。"

许多老裁缝都看到了旧衣翻新的商机，成都街头的裁缝店也逐渐多了起来。

不过，现代裁缝不仅需要较高的手工缝制技术，而且要有较高的审美能力和设计能力，能及时捕捉国际服装流行趋势及相关市场信息。为了做到这一点，50岁的谢竹兰每天研究瑞丽、米娜等时尚杂志。"多看看，自己穿衣服都时尚多了。"

记者 江玮 实习生 李克莉 摄影 刘亮

慧眼识财——《华西都市报》

阳台放菌种，一周后收获金针菇

两位生态环保业创业者走进讲堂"讲故事"，带来的项目也很诱人

扬子创业讲堂
[142]期
主持记者：董婉愉

昨天下午，扬子创业讲堂第142期在东南大学国家大学科技园报告厅举办，邀请两位在生态环保业创业的嘉宾，一位是昆山方氏科技公司老总方建新；一位是在家种植蘑菇的黄新梅。两位嘉宾看似没有关联，前者已面向全国800多个区县寻找代理商，后者连市场的门在哪里还没找到，但他们做客讲堂，都是希望在此找到新的市场和商机。专家认为，这类产业具有市场空间大、成长性好的特点，适合初次创业者。虽然时近年关，但南京的创业激情没有退却，昨天的活动吸引了近百名热情市民，热情创业服务中心主任王伟应邀担任点评。

昨天的创业讲堂现场。

项目一：家庭饮用水

艰苦研发获专利，培养大学生做代理

40岁的昆山人方建新，毕业于苏州财经学院，曾在外企会计主管位子上坐了5年。不甘心安逸的他，2001年经过寻找和自我定位，放弃薪水丰厚的工作开始创业。"如果说20世纪全球为石油而战，未来将是为水而战。我们今天在座的也许没有文盲，可一定有诸多'水盲'。"方建新发现，眼下很多市民都在饮用桶装水，但桶装水一般放置时间超过7天，里面的大肠杆菌将超标300%；在考察很多城市水厂后，他发现大型净水设备很多，可是针对中小用户的小型净水设备还是一片空白。

于是，他凭借开办塑料配件厂赚取的第一桶金20万元，办起"方缘"纳米能量科技公司，专门做家庭饮用

方建新

项目二：阳台蘑菇

甘蔗渣作培养基种出袋装金针菇

她是朴实的苏北人，站在那儿并不惹人注目；讲起经营之道更是寥寥数语，却爱向人讨教怎样做市场。她叫黄新梅，她的执着、好学，将她推向创业者行列。昨天，她走上创业讲堂，带着她的产品——一簇簇白嫩嫩、像长柄伞似的袋装金针菇，引起到会者的追捧。

黄新梅原来在电力公司工作，需要跟着工程走，长期在外，有家难顾。2000年她忍痛买断工龄，回家照料孩子。毕竟是工作惯了的人，每天家务事后有一块空闲时间，找些什么事做做呢？起初，她利用亲戚懂电脑的优势，办了个网吧，挣到一些钱。

不过，她觉得自己是个外行，长者不放心又退回了14袋，这使她很伤心。她不懂这么好的蘑菇为什么销不出去？和大棚菇相比，她不放任何生长素，口味鲜美；价格也不贵；家长可以教给孩子许多直观知识。昨天，她把这许多疑问和盘托出，边讲述边请教专家。黄新梅说，种蘑菇后她的生活充实多了。她说金针菇需要冬季种，而灵芝等高档菇需要天热种，这样她全年都可有事做。特别是灵芝，生长周期长，外形美观，培育成"灵芝盆景"，更具"观赏性"和实用性。她带来的商机引起了许多市民的关注，有人考虑和她合作，有的人愿帮助她销售，她也愿意免费传授种蘑菇技术

（咨询电话：52234345）。

扬子创业讲堂——《扬子晚报》(2008年江苏新闻奖专栏二等奖)

给历史穿上时装卖 20万变成600万

潮人潮事 27

创富学堂
创精彩人生 富吾常百姓
主持记者 刘斌
创富论坛：http://cqbbs.cqwb.com.cn
创富在线QQ群：19431001

在上世纪八十年代的武汉，王继是一流的写手；出书不输池莉、方方；九十年代的重庆，王继为报刊撰写报告文学，5000字收费千元，是当时的高价写手。至今有6年未见专著问世，王继谦称："我已江郎才尽！"其实，王继并未离开读者，他转身做了书商。

两居室中的公司

易中天先生的一本《品三国》热卖数百万册，他收取版税达500万元，但王继盯准了《品三国》背后的推手——出版商上海文艺出版社也没少赚。

这是重庆师范大学校园内一处略显凌乱的民居，58岁的王继和他的"九月九团队"10个人就委身在这套两居室里。电脑、椅子、成堆的书、宣传画……除此之外，这家公司不见更多家当。王继捧来一大堆畅销书展示，这20本书去年印了几十万册，产值大约600万。"2007年，我筹了20万出书，2008年一年，创造的产值是投资的30倍。"王继说。

比易中天更草根

由于都有在武汉大学求学的经历，早年的王继和易中天是好友。不过王继认为，"尽管走的是面向普罗大众的草根学术路子，但依靠央视平台红起来的易中天仍不够草根。"

"不管洗澡还是上厕所，我翻来覆去嚼肚子里的存货，嚼烂了，琢磨出与时代接轨的金点子，就拿来喂给读者。"王继把关图书创意环节，至于写作、装帧、动画、营销，统统交给他的团队。王继把他肚中的学术包装得很时尚，夸张甚至有些雷人的漫画，潦草甚至略显幼稚的毛笔字体，鲜艳而大胆的色彩……"相比易中天，九月九为你品文化，讲历史，读人生，更不端架子，纯粹草根甚至使出山寨的招数。"

发财只要一桶金

"沙坪坝、磁器口、洪崖洞……"去年，一篇夹杂诸多不雅重庆言子的博文走红网络，这样的东西能登大雅之堂么？王继看中了它，买来版权，用通篇的漫画添上简短说明将其编纂成书，并起了个堂而皇之的书名《重庆语文》，推向市场后这本书卖火了，不断加印。

今明后三年，王继打算再做100本书，他将面临三条路——要么一本书一次性印上几十万册，结果卖不出去输得精光；要么豪赌成功，靠一本书赚上千万；要么不温不火，每本书小赚一笔，资产稳步提升。策划一本九月九团队的"品三国"豪赌成功，是王继的期待。

本版稿件采写 记者 王中宪

成本收益分析》》

印刷厂接印新书，一般每种书至少需印1000册，倘若一本书只印千册，那么这本书几乎必亏无疑，策划、制版、出版成本分摊至每本书上，可能高出一本书印刷成本的数倍，而且，印刷厂的报价也是印量愈大愈低。因此，书刊市场上一般将发行量超过10万本的书称作畅销书，它们也是最赚钱的书，而卖出2万本则是一套书从亏损走向赢利的拐点。

主持人语》》

慧眼生财

作为书商，必须要有沙中淘金般的一双慧眼，找准了选题，踩准了市场的脉络，才能找到生财之道。

不过需要泼泼冷水的是，当书商风险巨大。首先，投资门槛不低，最少也得20万元，但是资金周转慢，一本书从选题到上架销售，回收书款时间漫长，快则半年，多则一年甚至数年。如果资金吃紧，多数人半途就会倒闭。其次是现在读者胃口变化大，谁也不敢打包票，倘若吃不准印刷数量，即使印量只比市场实际需求量多三成，滞销书也会吞掉所有的利润。怕印多了亏本？那就稳妥点，先少印点探探路——那也不行，印得越少，印刷费用越高。最急人的是，如果第一次印少了，赶紧加印，但等你再次上市，说不定风向就变了……

王继展示自己策划的书籍　记者 毕克勤 摄

历史也需要华丽外衣

创富秘籍》》

板起脸来说历史故事，有人听么？王继认为这样出书是死路。《历史上的八卦》、《历史上的忽悠》、《历史上的炒作》、《历史上的作秀》……用时下最流行的概念，王继从浩如烟海的史料中挑出了最对读者胃口的历史，这套系列书籍被命名为《我就这样读历史》。同样是老掉牙的历史故事，穿上时尚的外衣，一上书架就猛抢眼球。

王继对历代的奏折深有研究，大臣们在奏折里或邀功、或谄媚、或叫屈，将它们中的精品刊载出来，是对历史的独到解读。书名叫什么？若老老实实起名《奏折选集》，这样的学术书全国能卖个千本就不错了。冥思苦想，书名被定做《有话只对皇上说》，书内再添上戏谑的解读文字和漫画。这样一来，不仅全国热卖，不久前该书还被韩国一出版社看中买下了韩文版权。

网友评议》》

"只有一只恐龙"：原来网络上一个新潮观点就是催生一本新书的关键，与其只将奇思妙想发在网上赚眼球，不如将其包装成一本书，不仅能赚银子，还有了自己的专著，倍儿有成就感。

"蜗牛"：收益高，风险也高，我就知道有书商没有看准市场，图书印刷出来卖不掉，最后自己赔了几十万元。

内容仅供参考　经营风险自担

创富学堂——《重庆晚报》(2011年度重庆新闻奖专栏二等奖)

5. 投资理财

确切地讲，投资理财属于财经新闻范畴。与国际新闻版、国内新闻版、本地新闻版和文体新闻版相比，财经新闻版可能是读者拿到一份报纸后最急于跳过去的版面。那是因为，以前的财经新闻版的内容尽是由枯燥的数字、政策和市场等交织的乏味窠臼。[①] 因此，报纸一定要想方设法改变这个局面，有意将财经新闻中与百姓利益相关的投资理财内容突出放大，不仅提供有用的信息，还提供权威的分析和相关"温馨提示"，这样定会赢得读者的"回头率"。

如今，随着百姓个人固定财产的不断增加，人们投资保值的意识也在逐渐增强，一些报纸适时推出了投资理财方面的专栏，供读者参考。

按内容分，投资理财专栏又可细分为"股票基金""房产""收藏""理财"等四小类。

(1)股票基金

截至 2012 年 9 月 14 日，我国沪深两市股票账户总数为 1.69452 亿户，其中有效账户数为 1.391974 亿户；两市基金账户总数为 0.391192 亿户。[②] 股票、基金已成为中国老百姓除银行储蓄以外最大的投资选项。

股市(或基金)时常在"熊""牛"之间瞬间转换，潮起潮落，牵动着每位股民(基民)的心。如果能遇一位"高人"指点，选中股票(或基金)里的一匹"黑马"，并加以正确操作，低点买进、高位卖出，是每位股民梦寐以求的美事。在及时提供股票、基金信息和咨询及出谋划策上，报纸确实可以充当"高人"的角色。

《北青财富课堂》专栏是由《北京青年报》财经版组织主办的大型读者互动活动，也是一项举办了六年时间的投资者教育活动，每周六举办一至两次。[③] 专栏内容涉及股票、基金等各个投资领域，是读者投资股票、基金的好"参谋"。

《市场星报》的《名家看盘》专栏，经常就股市行情邀请专家发表见解。

---

① 甘险峰.《当代报纸编辑学》，中山大学出版社 2008 年版，第 284 页。

② 数据来源：财经网，2012-09-20。

③ 引自 2012 年 1 月 31 日北青网。

上周六的财富课堂上，华安基金的专家和投资者分享了下半年的投资思路

谨慎乐观看待下半年股市

读北青报，个人财富共同成长

上半年经济数据的公布为投资者看好股票、基金市场提供了有力的支撑。面对已经涨幅翻番的指数，面对绝大多数个股都大幅上涨的股价，投资者在下半年如何投资？上周六，华安基金北京分公司副总经理田峰和投资者分享了下半年的投资思路。

■第一课：经济复苏趋势确立

华安基金对市场长期看好，下半年维持谨慎乐观的观点。他们对未来经济的增速做了预测，三四季度GDP增速将到达9%、10%。如果国家的财政政策、货币政策不变，不排除明年的一二季度GDP的增幅将达到10%以上。

得出复苏趋势确立结论的原因，主要看两个先行指标：一是PMI指数，目前出现反弹。二是发电量，六月中旬的数据是向上的。此外，投资者观察经济景气度还可以重点留意两大行业，即汽车和房地产。"以房地产为例，今年春节前一直很冷淡，但短短几个月后，回升幅度很大。投资和消费都不错，新开工项目明显增长。"田峰表示。

华安基金预测经济中期趋势将在较低的增速上重建平衡。超跌阶段在2008年四季度已经见底，2010年的二季度将出现一个小的高点，之后出现二次回落，进入常态平衡状态。

■第二课：市场是否出现泡沫

田风表示，目前A股PE仍处在历史上较低水平，在平均值以下。这次市场上涨是结构性上涨，大市值股票涨得晚，整体估值依然不是太高。投资股票的收益率相对于国债、租金回报、储蓄等

■专家为投资者讲解了下半年投资的注意事项　■摄影／本报记者　娄启勇

课堂问答

问：我的基金是在6000点的时候买的，什么时候才能回本？

答：这位投资者买入时的点位比较高，但这却不是基金净值的最高点，基金净值的最高点出现在2008年1月份左右。指数在跌的时候基金又创了新的高点，说明基金净值的恢复会比市场快一点。能不能回到以前的价格，是时间问题。

问：基金的投资品种调整有没有一定的时间规律？

答：基金的投资组合会根据市场情况、上市公司情况、行业发展情况、宏观经济和政策等情况的变化适时进行调整。

2008年指数跌幅72%，未来会有多大的涨幅？"从指数1600点到现在，已经涨了一倍了。而问题的关键是，过往历史是否会重演。"

那么，下半年投资需要注意什么呢？

首先是货币政策。出口相关行业依然复苏乏力，并造成较高的失业率，在这个前提下，整体货币政策是否变化要及时追踪。

其次是股票新发的速度和规模。"未来股票的发行速度及对市

■第三课：如何把握投资机会

在未来一段时间中，如何把握投资机会？田峰提供了三大方式：一是资产配置。目前有很多不同的投资方式，投资风险从低到高，如银行存款、国债、货币基金、债券基金、股票基金、房地产、股票、期货等。

"我们需要采用不同的投资方式，用以满足生活和投资两个方面的需要。在配置的时候要考虑收入、年龄、经济压力等。年龄

这种方式类似于基金定投，也就是主动赎回一些股票基金，然后用定投再逐步买回来。"定投三不要：不要拖延投资要赶早，不要心急要有耐心，不要贪心要遵守纪律。"

三是运用好美林的投资时钟理论，按照经济周期做适时的调整。"根据美林的投资时钟理论，经济周期一般是三年到五年，在一个周期运行过程中债券、股票、商品和现金会轮流表现得较好。"

北青财富课堂——《北京青年报》

结构性"秋抢"行情来临

华东师范大学企业与经济发展研究所所长　李志林

▶名家看盘

正当整个市场恐惧沪指跌破2000点，陷于绝望时，2030点硬是收盘久久不破。周五，一根3.7%的大阳线拔地而起，并携1100亿的巨量，给人以酣畅淋漓的感觉。李大霄冲动地认为："20年的大牛市开始了"；许多人认为，"这是十八大导致的V字形的反转"。我则认为，这仅仅是有十八大给力的一年一度的"秋抢"行情而已！

大盘股从"神坛"回到地面

众所周知，股市之所以从6124点跌到2029点，是扩容大跃进直接导致的，尤其是大盘股的IPO、再融资，以及大小非减持。长期以来，扩容大跃进之所以能畅通无阻，主要是因为大盘股靠着垄断地位，打着"罕见投资价值"的旗号，被推向了"神48.62元跌到8.72元，工行从9.00元跌到3.13元，这个过程，正是伴随着走绿色通道的大盘股不断特批上市、大盘股动辄几百亿再融资、以及国有大小非大量减持，遂导致上证指数一跌再跌，整个市场亏损累累。直至8月底，沪深300指数的市盈率创盘股无法发行；国际板遥遥无期；城商行和农商行要想上市，只能发1元多，弄得不好就将按新规则退市；国有大小非已无法减持，否则就要负国有资产流失之责。这种悲惨的局面，便是十多年扩容大跃进和持股超低成本的全流通所造成的恶果。

名家看盘——《市场星报》（2011年度安徽新闻名专栏奖）

(2)房产

前几年，买房除刚性需求或改善居住条件外，也成了人们保值、投资的一种选择。近两年，随着国家宏观调控政策的出台，房产也成了一项风险投资项目。“理性投资房产”成了报纸时常念叨的口头禅。

为了更好地引导读者理性投资房产，《徐州日报》、《南阳日报》分别推出了《楼市人语》专栏和《楼市声音》专栏。

■楼市人语

别等着看楼市的热闹

◎刘媛媛

新政出台一个多月了。尽管各地楼市都是由热转冷，成交量急速下滑，但房价依然坚挺。卖家还在坚持不降价，买家仍在观望不出手，焦灼仍在继续，热闹的恐怕也就是媒体了。

每每见到朋友，不免都会被问到同一个问题：徐州的房价到底会不会降？会降多少？现在能买房吗？还要不要再等等？诸如此类。

但是，房价问题恐怕谁也不能拍着胸脯说个明明白白，对楼市走势曲线的判断仍然是不明朗的。

如同去年楼市的疯涨，其实，多数业内人士也始料未及。市民的购房需求不过压抑了几个月时间，便在短时间内迅速释放，楼市展开了又一波疯抢。供不应求的情况导致部分开发商开始提价，房价进入越调越高的怪圈。正是有了前车之鉴，出于对调控效果的不确定性，以及对随后可能出现房价报复性上涨的担忧，很多市民对现在是否出手也是举棋不定。而这部分人往往是真正的刚性需求。

再来说说房价。其实，到底希望不希望房价下跌，恐怕很多人还是纠结的。一来，房价真的处于下降通道后，想买房子的人就更不敢买房了，谁知道跌到哪里是个头？谁知道哪个时间才是谷底？二来，所有在房价上涨通道中买房的人，都将承担硬性降价的损失。而去年房价增长最疯狂的时候，由于恐慌心态被逼买房的那批人，应该是激愤情绪最大的。如果真像某人大代表所说的，房价还有50%的下降空间，那么估计一大半已经买了房子、并眼瞅着资产大幅缩水的人，非但笑不出来简直是要哭了。

楼市人语——《徐州日报》(2007年度江苏新闻奖专栏三等奖)

说说二次调控

中国内地房地产市场“二次调控”政策满月。今天来盘点一下，效果如何。

先从各地成交数据来看，“二次调控”确实打断了各地楼市交易的回暖进程。中国指数研究院监控数据显示，10月18日~10月24日监测的35个城市中，20个城市成交量环比下跌，其中15个城市跌幅超过10%。最引人注目的10个重点城市(北京、上海、天津、重庆、深圳、广州、杭州、南京、武汉、成都)中，广州位居跌幅之首，跌幅达69.61%，南京、武汉和北京紧随其后，跌幅分别为36.85%、32.11%和27.24%。“二次调控”以来，北京商品房成交量下降超过三成，商品房价格整体下降6.6%。当地中介机构担心，第四季度北京房价再度下跌的可能性越来越大。 (陈序)

楼市声音——《南阳日报》

(3)收藏

随着人们生活水平的不断提高和家庭财富的不断增加，收藏业也变得十分红火。但收藏业的“水”很深，有不少朋友上过当、吃过亏，甚至输得很惨。为了帮助读者树立正确的收藏观，提高鉴赏能力，各报相继推出了诸多收藏类专栏。

为帮助读者正确收藏古董及艺术品，《广州日报》《扬子晚报》《杭州日报》分别推出了《鉴宝》《扬子鉴宝》《民间晒宝》等专栏。

在收藏投资领域也有不少陷阱。《广州日报》特推出《投资陷阱》专栏，提醒大家注意风险。

钱币上“广”字始于唐

开元通宝背月：杨贵妃的指甲印

鉴宝

问答说明：本栏目鉴定专家分别来自广东省博物馆、广州市文物总店、广州市集雅斋等。读者可将藏品图片发至linlin@gzdaily.com进行咨询，务必选用高度清晰的照片。

文/图　本报记者林琳

说明：本栏目所鉴定的作品均基于读者所提供的原照片，如需进一步鉴定需要观看实物。

本期鉴定：广东省钱币学会杰叔、苹芳老师

读者提供的“开元通宝”

读者：请帮我鉴定这枚“开元通宝”的真假和价值。

鉴定：这枚开元通宝是唐武宗时、会昌五年所铸钱币，又称“会昌开元通宝”。“开元通宝”背后有“月纹”，有传说是当时看样币时，杨贵妃的手指甲按在上面留下的痕迹。会昌年间还有其他开元通宝背后有“京”、“昌”、“洛”、“益”、“洪”等字。在唐代，钱币上第一次出现了代表广东的“广”字。

开元通宝是唐代主要的货币，始于唐高祖武德四年(公元621年)，贯穿于唐代数百年历史中，无论是初唐、盛唐、晚唐时都曾使用，全国有23个地区的铸钱局曾铸造不同的钱币，约有百种，包括铜、铁、铅、金、银等，其风格、精美度不一。

有研究者认为，开元通宝是后世通宝、元宝钱的起源，其字文对后代钱文深有影响。初唐大型精美；中唐稍为逊色，背多月文，还有云文、日文等；后期边缘较阔，铸工草率。建议查看实物以确切鉴定其真假。

读者：请帮我看看这张纸币(见左图)价值高不高？背后的建筑物是什么地方？

鉴定：这枚是关金券，是上世纪三四十年代起开始流通的法定货币，总行在上海——当时上海是中国的金融中心。这个阶段中国的货币统一、全国流通，与之前混乱的货币发行、流通状况相比截然不同。关金券最大面额为二十五万元，这一枚为二千元，相对普通。券正面的“中央银行”即国家银行。

券的背面是上海外滩的海关大楼，位于中山东一路13号，1925年拆除旧楼重建，与汇丰银行齐肩并列，相得益彰，被称为汇丰银行的“姐妹楼”。大楼面临外滩，楼高八层，上冠三层高的四面钟楼，钟面直径5.4米，紫铜分针长3.17米，重49公斤，时针长2.3米，重37.5公斤。

有人认为这个大钟与英国国会的“大笨钟”一样，也有人说是美国国会的钟。事实上，该钟是仿英国伦敦国会大厦的大钟，由英国WHITCHURCH公司制造后运回上海组装。钟楼旗杆位置为上海地理位置的坐标。

读者：这枚天启通宝(见上图)是什么朝代的东西？是真的还是假的？

鉴定：天启通宝是明熹宗天启元年(即公元1621年)铸造的钱币。从图片看这枚钱币应该不是真品，因为天启通宝极为工整，而该币穿口有崩口，显然是铜水没有流及造成；“寶”字下面的“貝”字中间两横极不自然。

鉴宝——《广州日报》

八宝壶盖子像香菇

专家提醒：伪劣紫砂壶泡茶喝反而有害健康

八宝壶。

一些精品壶有"异彩"。

展出的紫砂精品。

"老壶痴"带来自己的宝贝。

上周六上午，10多位紫砂壶收藏爱好者在南京市龙蟠路一家紫砂壶沙龙以壶会友，崔老先生带来了几代传下来的"八宝壶"，"老壶痴"王明哲更是"豪掷"出一堆紫砂藏品……

八宝壶盖子像香菇

崔老带来的"八宝壶"一亮相就吸引了很多人的目光，只见这壶身呈亚棕色，壶盖的形状是一个栩栩如生的"香菇"，一颗"菱角"恰到好处地充当了壶柄。记者细细一数，整个壶上共有18种不同的果子，煞是惹人喜爱。

崔老告诉记者，这个"八宝壶"是祖上流传下来的，以前放在家里也没觉得有什么特别之处。直到1990年以后，一个朋友告诉他，这个"八宝壶"是一件好东西，他才开始意识到自己每天使用的茶壶竟然这么有价值。经宜兴的专家张一成鉴定后告诉记者，崔老的这个"八宝壶"的确是真品，而且是清朝末期烧制的。

"老壶痴"来献宝

在南京小有名气的"老壶痴"王明哲的亮相果然与众不同，只见他拿出了一个纸箱，然后一件一件地将报纸包着的藏品往桌子上摆，引得大家心痒难耐。不一会儿，他将自己今天带来的7件藏品纷纷展现出来，有的五彩缤纷，有的小巧别致，更有一枚紫砂印章惹得众人争相传阅。张一成告诉记者，这枚紫砂印章蛮不错的，但上面刻的那头牛少了一个角，因此收藏价值一下子少了很多。

江苏省收藏家协会秘书长徐廷贵拿起其中一个紫砂壶告诉记者说，这个茶壶一看就是埋在土里以后做旧的，实际价值并不高。他强调，现在很多人还会抱着一个"捡漏"的心态去买一些收藏品。但不得不说的是，现在"捡漏"的可能性真的已经是微乎其微了。

伪劣紫砂壶泡茶有害

大家都知道长期坚持饮用紫砂壶泡过的茶对身体有益处，殊不知市场上一些伪劣的紫砂壶泡的茶水被饮用以后，非但无益，反而对身体有害。

张一成告诉记者，可以通过"泥料"、"造型"、"做工"这三个简单的方法来判断是否是紫砂壶。其中最重要的是从"泥料"出发。他称，市场上那些很亮的紫砂壶千万别买，因为它们很多是用鞋油擦拭过的，用这种茶壶泡茶会对身体有害。

紫砂壶本身砂状感强，表面呈亚光色，只有通过用茶"养"之后才能够使其泛出温润之光。而大家也要纠正"宜兴紫砂壶"的观念，如今市场上的很多紫砂壶并不是用的宜兴本地的紫砂，因为前几年宜兴的紫砂矿场就已经被封，现在的紫砂大多数都来自于浙江等处。

房旦萍 孔小平 文/摄

扬子鉴宝——《扬子晚报》

听说过用竹简和打火机做成的门票吗？

戴从武就收藏了很多，一张南京古城墙艺术门券长达4.68米为基尼斯之最

相关图文视频详见杭州日报网区县市频道(http://sub-hzrb.hangzhou.com.cn/index.html)

视频点击：www.hzrb.cn

民间晒宝——《杭州日报》

金币鉴定　由央行监制发行、印有以"元"为单位的货币字样

绝大多数都限量发行

黄金材料价格与销售价格的比值很少小于15%

十分钱买三分货

金币也有"山寨"版

本报讯（记者 卉祯）G20峰会后，国际金价再次走跌，市场出现逢低买入的好时机。然而，近日黄金投资市场上，造假案例屡见不鲜，北京市的某"十二生肖金币"谎报含金量的案例引起了市场的广泛关注。

而据广州纵原邮币卡市场介绍，二手黄金市场目前仍在消化春节前后的礼品金币，很多顾客收到的礼品实际上属于行话里的"垃圾金"，也可以统称为"山寨"金，即不法商家伪造或用少量黄金铸造的金章，不具备交易价值。

那么究竟如何判断金币的含金量，避免购入"山寨"金币呢？本报记者就此采访了业内专家。

案 例：4800元"金币"只值1200元

家住海珠区的刘先生春节期间收到了一套装潢精美的生肖图案"金币"，上周拿到二手市场去出售。但他一连问了四家档主，都被拒收。

某档口的孙老板告诉他，该纪念品并非中国人民银行发行的金币，而是金章；每枚"金币"重1/10盎司，但体积却有1盎司金币那么大，比重显然不合理。

经孙老板鉴别以后，认为是镀金产品，其包含的黄金材料价值不超过6克，也就是说所包含的黄金价值不超过1200元。

而据给刘先生送礼的人说，他们是在看了电视广告后以4800元的高价统一从某网络销售点那里批发来的。

刘先生的案例非常具有典型性，他的纪念品具有三个假金币的特点：一是没有印有以"元"为单位的货币字样，二是比重不合理，三是并非从正规渠道购买来的。

判 别：印有货币单位的才是金币

真正的金币究竟应是什么样的？记者采访了广东金银首饰商会会长甄伟钢。

甄伟钢提醒投资者与消费者注意：只有央行监制发行、印有以"元"为单位的货币字样的黄金产品才能称为金币。在广州市，只有中国金币总公司授权的五家企业及分支机构才有做一手金币生意的资格，分别是广天藏品、广东粤宝、永正纪念币公司、广东大哥大集团、江银藏品。

其次，但凡金币，绝大多数都有发行量限定，也因此具备长线增值潜力；其余的铸造黄金产品只能被称为金章等，往往没有发行量限制，其未来价格上升潜力只能跟随原料黄金的升值而升值，无法出现高于黄金材料价格的"溢价"。

最后，只要是金币，其黄金材料价格与销售价格的比值很少小于15%，投资者如果遇到比价低于15%的所谓金币，就要质疑其收藏价值了。

投资陷阱——《广州日报》

(4)理财

理财师有句很经典的话，叫"你不理财，财不理你"。这里的理财，特指除股市、房市、收藏品以外的其他理财项目。

手头的人民币、外币怎么运作算是理财？多余的钱怎么运作才能"生"出更多的钱？这都是理财专栏要考虑的问题。换句话说，理财专栏就是向你推荐比银行储蓄利息收益更高的投资项目。

通过理财，人民币、外币也能如变戏法一样增多？这不，《广州日报》的《钱生钱》专栏，就是教读者如何正确理财，使钱能"生"出更多的钱。

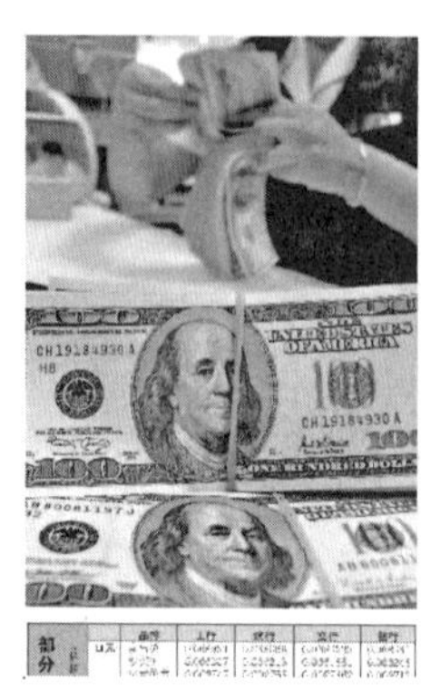

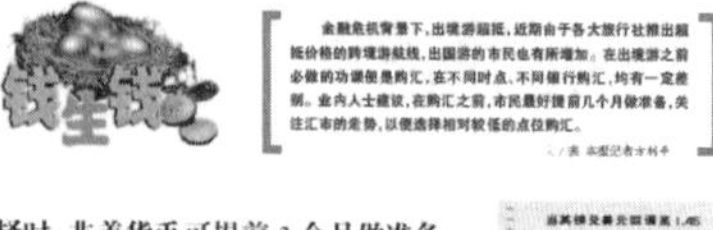

出国购汇巧选时

一天之内价差可达10%

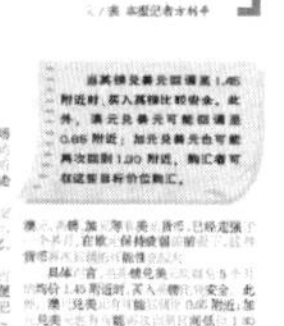

择时：非美货币可提前3个月做准备

身边提示

带瑕疵外币回国银行或“不认账”

钱生钱——《广州日报》

第三节　文化专栏

社会经济的繁荣发展，使人们生活水平水涨船高。当人们口袋鼓起来的时候，便要考虑如何让脑袋富起来的问题，即慢慢开始追求精神层面上的文化生活。

2007年11月，党的十七大从中国特色社会主义事业“四位一体”总体布局的战略高度，提出兴起社会主义文化建设新高潮、推动社会主义文化大发展大繁荣的战略任务。各级政府加大投入，发展当地的文化事业；各级报纸也纷纷推出专栏，大力加强文化事业的报道和宣传。“文化强市”“创建文化大市”等口号也慢慢为人们所接受。

文化专栏，可分为“文化视点”“文化讲堂”“文娱动态”“文艺评论”“文化副刊”等五大类。

1. 文化视点

关注文化事业的发展脚步，聚焦文化建设中的亮点，是文化专栏报道中的首要任务。

《长镜头》专栏创立于1999年10月，每周在《河北日报》文化周刊推出一篇深度报道。专栏以文化新闻的深度报道、系列报道为主要特色，定位为“立足河北，关注全国”。该专栏以新闻的眼光捕捉重大文化新闻事件，以文化的视野剖析大众关注的社会现象，以党报的责任坚持正确的舆论导向，以先进的文化引导大众。在做大做强河北本埠新闻的同时，视野延伸到全国重大文化新闻热点、文化焦点及文化现象，体现出党报文化新闻报道的深度与品位。①

创办于 1995 年的《湖北日报》专栏《文化聚焦》，以媒体人独有的眼光观察文化发展的轨迹和脚步，聚焦群众文化的新亮点。

每一个山头都堆满故事

——200 万字长篇小说《容美土司王》背后

记者 刘长松

"妹妹的住地"故事万万千

湘鄂渝黔交界，武陵群山延绵不绝，这里是土家族人的家园。

土家人自称"毕兹卡"，相当长时期里，土家族实行土司制度，每个土司各据一些山头为寨。

雍正皇帝曾批示，"楚蜀各土司，惟容美最为强盛"。

"容美"，非容貌娇美之意，她是一个毕兹卡部落的名称。

土家语中，"容美"即"妹妹的住地"。

历史学家考证，"妹妹的住地"部落在长阳、五峰、鹤峰一带的崇山峻岭中隐忍生存了 1000 多年，都不为世人所知。

元至大四年，"容美"得到朝廷认可。

清雍正十一年，"容美"末代土王田旻如自缢身亡。

容美土司历 422 年，跨元明清，有 15 代 23 位土王。领地最广时，包括现在的鹤峰、五峰两县和长阳、巴东、建始、宣恩、恩施、石门、桑植、宜

不觉间，三个爱好历史又颇有文学功底的人，谈到土家先辈。

那一个个文治武功的故事，把三人撩拨得心旌飘荡。

一个大胆的想法冒出来，三人合写一部长篇小说《容美土司王》。

当下就分了工。

吴燕山第一部，写中兴土王田世爵，他身世传奇，抗倭建功。

廖崇刚第二部，写盛世土王田舜年，他吸收汉文化，张扬孔孟诗文，跻身中华文坛。

李诗选第三部，写末代土王田旻如，他在改土归流大潮到来之时，多有牺牲，难了情恨。

三人约定，用 1 到 3 年的时间，收集资料，积累素材，投入写作。

10 年功成 200 万言

李诗选第二天就骑着摩托车出发，钻山洞、抄碑帖、寻族谱、访老人、看古迹。

两年时间，他跑坏两辆摩托车，成了五峰掌握民族历史资料最多的人之一。

吴燕山专程到珠海伶仃洋岸边租了个房子，由老伴陪着，坚持每天创作 8 个小时。

到 2009 年，他俩的写作率先告竣。

廖崇刚因公务太忙，创作了部分后无奈退出。

吴燕山接手第二部写作。

当时，严重的颈椎病已把他折腾得头昏脑涨。他在阁楼上支个小床，无论晨昏，什么时候清醒，就什么时候写作。

艰辛的写作、修改，终于在今年上半年完成。

皇皇 200 万字。

他们付出了近 10 年光阴。

土司文化是待开发的金矿

吴燕山接受记者采访时说，《容美土司王》采用三分史实、三分传说、四分虚构的创作手法，属于长篇历史传奇小说。

文化聚焦——《湖北日报》(第 1 届中国新闻名专栏奖)

长镜头——《河北日报》(第 26 届河北新闻奖专栏一等奖，第 20 届中国新闻奖参评专栏)

读城——《长沙晚报》(2008 年度湖南新闻奖专栏一等奖)

① 摘自《长镜头》专栏参加第 20 届中国新闻奖参评的推荐材料。

城市沿革

延边赋

百城赋

中国新闻奖名专栏

注释:

作者简介:

百城赋——《光明日报》(第 19 届中国新闻名专栏奖)

追溯文化事业发展脉络,寻找每个城市具有代表性的文化遗存,是文化视点关注的重要内容。

创办于 2007 年的《百城赋》是《光明日报》宣传城市、宣传成就的创新型新闻专栏。《百城赋》每周一到二期,以“传神传形传文化,爱国爱城爱家乡”为宣传报道的主线,以重要事实和重大事件为素材,用传统的赋体,叙述中华名城的前尘新貌与风雨兴衰,来讴歌伟大时代和伟大祖国。

《百城赋》每写一个城市,都能够引起生活在这个城市和关心这个城市的广大读者的高度关注。每宣传一座历史文化名城,也都能给读者以启示。《百城赋》的每一个作品,都站在时代的高度,把许多鲜为人知的历史事实和现实串联在一起,把这座城市的最新观念、最新成就、最新发展、最新面貌展现在读者面前。厚重与文雅兼具,历史与现实同辉,正因《百城赋》的这一风格特点,各个城市都将其当作城市宣传的重要“文化名片”。中宣部领导也高度评价其为“爱国主义的栏目、弘扬优秀传统文化的栏目、古为今用的栏目”。①

① 摘自《百城赋》专栏参加第 19 届中国新闻奖评选的推荐材料。

B02—B03

广东地理·长洲

风起黄埔，将帅摇篮

陆军军官学校

水师学堂，湮灭但记忆在

外国有商人，长眠在竹岗

长洲史话

黄埔军校为何选址长洲岛？

孙中山为何选蒋介石任首任校长？

王八蛋与黄埔蛋

广东地理——《南方日报》(2011 年度广东新闻奖专栏一等奖)

《南方日报》的《广东地理》、《长沙晚报》的《读城》、《广州日报》的《寻找惠州记忆》、《江淮晨报》的《晨报地理》等专栏，均采用多方位的角度，解读当地文化的原生态面貌和演变足迹。

【专栏内存】

《百城赋》专栏的特色

《百城赋》推陈出新、古为今用，打造了一种与众不同的新闻宣传形式，以古文体托写新变化，重在反映城市的历史巨变，突出新闻性，展现时代的风采，发散着浓郁的文化气息。它以一个城市的赋文为主体，辅之以一画(宣传城市山水人文特色的画作)、一照片(记录城市日新月异发展的新闻照片)，以及 300 字左右的城市历史沿革。

“百城赋”采用传统的赋体，较之常规新闻体裁，优美华丽的篇章词句令人耳目一新。栏目内容一城一赋一画相搭配，版面设计大方而具有书卷气，在新闻报道中彰显浓郁的文化特色。

——摘自《百城赋》专栏参加第 19 届中国新闻奖评选的推荐材料

2. 文化讲堂

自从中央电视台 10 套科教频道推出《百家讲坛》引起全国轰动后，平面媒体也纷纷推出各类文化讲座专栏，以丰富各自的版面内容，并向全社会普及传统文化知识。

寻找 惠州记忆 百年书室犹存 朗朗书声不再

寻找惠州记忆——《惠州日报》(2009 年度广东新闻奖专栏二等奖)

江淮晨报 晨报地理A23

渐行渐远的老照相馆

当年最热门的照相馆

晨报地理——《江淮晨报》(2010 年度安徽新闻名专栏奖)

在杭州，每周六不少市民都会习惯性地走进浙江省图书馆报告厅，听一场高质量的演讲——浙江人文大讲堂。由《钱江晚报》和浙江省社科联共同发起并举办的《浙江人文大讲堂》专栏，自 2005 年 4 月 7 日首次开讲，经过 3 年多的实践和探索，日趋成熟，并形成了报纸、电视、网络、图书出版等多媒介立体传播效应，受到了听众和读者的好评。①

21 世纪初，常州市"以学习力增强竞争力"为特色，创建了全国学习型城市建设的"常州模式"。常州市委、市政府进而又提出了建设创新型城市的战略构想。围绕这一目标，《常州日报》从 2004 年开始，创设了《龙城讲坛》专栏这一常州人急需的"文化大餐"。②

国学是指以儒学为主体的中华传统文化与学术，是炎黄子孙的骄傲和精神之源。2012 年 1 月 1 日起，《沈阳日报》开设《国学堂》专栏，并下设"经典常谈""闲话成语""大师逸事""小说说小""国学三百句"等系列专栏，尽可能以通俗易懂的方式，传递出博大精深的传统文化精髓。③

---

① 《浅谈〈钱江晚报〉与"浙江人文大讲堂"》，中国新闻出版网，2008-09-09。

② 李昕、匡启键：《龙城讲坛，点燃常州文化激情》，《新华日报》2008 年 9 月 4 日 B4 版。

③ 《开栏寄语》，《沈阳日报》2012 年 1 月 1 日第 7 版。

方宏进：新媒体颠覆我们的生活

手机也是媒体了

我们现在讲的新媒体，实际上还没有经过很严格的定义。

传统媒体一般是指报纸、杂志、广播，互联网以后为新媒体，这是一个分法。还有一个分法更细致了一点，共分五类。第一媒体是报纸、杂志，也就是平面媒体；第二媒体是无线电媒体，最先出现的是广播；第三媒体是电视；互联网被叫做第四媒体；现在把手机称为是第五媒体。

以前很多人讲，生活状态是由物质条件决定的。物质条件确实是一个很重要的因素，但是现在我们发现，物质在一个人的思维、行为状态中已经不占有绝对的主导地位了。占主导地位的是他所接受的信息，就是他在什么样的资讯环境中成长起来，才能够决定他的行为、他的价值观、世界观。

在农业社会，一个消息从农村到城市要转好几个月，这种传播速度决定了大家的交流水平、认识水平。到了我们说的第二、第三媒体——广播和电视出现的时候，我们的生活已经产生了很大的变化。以色列和黎巴嫩发生了战争，跟咱们没有多大关系，但是今天炸死了多少人，明天出了什么事，咱们都知道。因为电视这个媒体大大地改变了我们的生活。

但实际上，新出现的互联网媒体和手机媒体（我们可以把这两者融合在一起，叫做新媒体），将

我们两位今天想跟大家聊的话题是新媒体与人文关怀。这是很新的一个课题。我先给大家介绍一下新媒体的概念，跟我们原来的媒体怎么不一样，会怎样影响我们的生活、我们的工作，甚至是我们的社会。我在有限的时间内给大家提出我的疑虑和我看到的现象，我个人认为新媒体会对我们的工作和生活产生颠覆性的、革命性的影响。但是具体怎么样，我讲完了，请冯钢给我们分析。

换句话说，你就相当于一个小电台、小电视台，新媒体除了刚才讲的迅速、及时、丰富之外，它还有明显的特点——个人化，而且多中心化。

强大的娱乐化功能

短信的出现，某种程度上跟中国人的文化有一定的关系。据说手机短信在欧美不流行，欧美人的手机主要还是用于语音通话。中国人把手机短信变成了一个这么发达的产业。

听说韩国、日本在这方面也发达，但是没有中国这么严重。你看中国手机上带摄像头的比例特别高，手机变成了一个玩具。

在中国，互联网上传递的内容，95%以上是玩

代，无非是打个电话听听你在什么地方，到现在是第2.5代了，你就得拍张照片，证明你和谁在一起，传回家去给夫人看。

这时候，我想人与人之间的关系就会发生非常深刻的变化，变成了相互之间对对方的行为有了全天候、不间断的监控。

前阵子，世界上有战争，咱们浙江沿海在刮台风，几条新闻在最牵动的时候，好多报纸把版面留出来，等一条消息——某位歌星和某位演员生了个孩子，这个孩子到底有没有先天性的缺陷，是不是要做手术……

为什么这样呢？因为据说有了这个花边新闻报纸才好卖。在这种情况下，人肯定是躁动的。你时时可以窥视别人，别人也说不定在窥视你；窥视别人有一种兴奋感，被窥视有一种恐惧感，两种感觉时刻围绕着你。

实际上人是需要有安全的距离、安全的空间的，两个人说话，只有亲人、情侣才可以脸贴脸亲密地说话。而且据人类学研究，不同的民族、不同的地区，文化不一样，这个安全距离也是不一样的。现在他的脸没有挨着你的脸，但是比挨着你更清楚，这时候对我们是什么影响？

人人都是记者

再往宏观层面上讲，你不知道你的一个行为，什么时候会变成大众议论的一个话题，因为现在你身边所有的人都是记者。

其实报社的记者并没那么大权利，记者发稿要经过编辑、主任、总编三审，记者不可能想说什么话就能说出什么话来。现在无名记者没有人管，既能决定我报道什么，又能决定我在何时、何地发出去。最关键的是，原来的报社、记者发什么是要承担一定的法律责任的。现在，80元钱买一张电话卡，往这儿传，往那儿传，然后把卡一扔什么事都没了。

浙江人文大讲堂——《钱江晚报》(第2届浙江新闻名专栏奖)

“中庸”正解

——毛佩琦教授昨在市民课堂讲解《中庸》

掌握“中庸”：大到治世，小到做人

国学能让中国更强大？

龙城讲坛——《常州日报》(2009年度江苏新闻奖专栏二等奖)

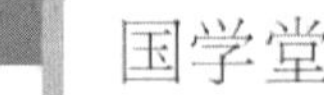

7

编辑：王 辉 美编：陈冬怡 责任编辑：杨春泰 本报热线：22690110

开栏寄语

一般而言，国学是指以儒学为主体的中华传统文化与学术，是炎黄子孙的骄傲和精神之源。本报从即日起开设《国学堂》专版，并陆续开设"经典常谈""闲话成语""大师逸事""小说说小""国学三百句"等系列专栏，尽可能以通俗易懂的方式，传递出博大精深的传统文化精髓，从而让我们在弘扬与传承国学文化中，修身养性，陶冶情操。本版每周一期，周日见报。望广大读者，给予关注，热情参与。

老子"上善若水"与人的诚信

□葛荣晋（中国人民大学哲学院、国学院教授）

《道德经》是中国有史以来被译成外文版本最多的、海外发行量最大的中国经典，也是世界上销售量最多的巨著之一。在中国，《论语》比《道德经》影响大，而在世界，《道德经》比《论语》影响大。

俄国著名文学家托尔斯泰在他的日记中，就十分称赞"上善若水"的人格，指出"做人应该像老子所说的如水一般"，他说自己良好精神状态的保持，应当归功于阅读《道德经》。"上善若水"的圣人之道，对于塑造现代人的理想人格有重要的启示意义。

老子在《道德经》八章中，全面地阐述了圣人理想人格的文化内涵，指出："上善若水。水善利万物而不争，处众人之所恶，故几于道。居善地，心善渊，与善仁，言善信，正(政)善治，事善能，动善时。夫唯不争，故无尤。"这一章是以水比喻圣人之道，认为圣人的最高德性应如水一样，只要能做到"善利万物而不争，处众人之所恶"，就可以达到"几(接近)于道"的圣人境界。"善利万物而不争，处众人之所恶"，是"上善若水"圣人的核心价值理念

所谓"言善信"，是说水是言而有信之物。江河汛期来往有时，海水潮汐应时而至，这叫"不言而善应，不召而自来"（《老子》七十三章）。所以，古人将它称为"信水"。圣人说话也应如水那样，心口一致，言行一致，诚实守信。老子在《道德经》一书中，多次谈到"信"的问题。如"信不足焉，有不信焉"（《老子》二十三章）；"轻诺必寡信"（《老子》六十三章）；"信言不美，美言不信"（《老子》八十一章）；"信者吾信之，不信者吾亦信之，德善"（《老子》四十九章），等等。

东西方文化虽在许多方面有差异，但在"诚信"上却有着惊人的一致，"诚信"这一美德具有普适性和永恒性。诚实是最好的政策，也是一种最有效的商业资源。因此，不论是个人还是企业，信誉都是安身立命之本。

2006年初，在美国一所中学发生了一场争论。27岁的女教师在生物课作业中，发现28名学生有网上抄袭行为，判定为剽窃，生物课判为零分，学生面临留级危险。在学生家长的强烈反对下，校方要求女教师提高得分，女教师愤然辞职。这不但引起校内近半数教师提出抗议，表示如校方满足家长要求，他们也将辞职，而且在社会上大多数人都支持女教师。甚至有些公司向学校索取剽窃学生的名单，确保公司永远不会录用这些学生。他们认为，把学生教育成一名诚实的人，远比生物课得分和留级要重要得多。从这场争论中，说明多数美国人是多么看重"诚信"二字啊！

在德国的中国留学生中，有一个非常聪明的学生，发现德国售票系统的漏洞，多次逃票，三次被抓，均被德国记录下来。当他毕业后，去跨国公司求职时，屡遭拒绝。公司方面对这个"聪明"学生的答复是："你的逃票记录证明了两点：第一，你不遵守规则，却善于发现规则中的漏洞，并恶意使用；第二，你不值得信赖。公司很多工作是要靠信任进行的，如果你负责某地区的市场开发，公司将赋予你很多职权。为了节省成本，公司无法设置复杂的监察制度，所以我们无法雇用你。我相信在整个德国甚至整个欧盟，你可能找不到雇用你的公司，因为没有人会冒这个险。"

从上述事件证明，欧美人士常说的"一个人可以失去财富，失去职业，失去机会，但万万不可失去信誉"这句至理名言，是何等的重要啊！

国学堂——《沈阳日报》(2013 年辽宁新闻名专栏一等奖)

3. 文娱动态

也许是当今生活节奏的加快、精神压力的增加，人们很喜欢娱乐新闻的轻松。① 世界著名媒体文化研究者和批评家尼尔·波兹曼认为，当今的时代是一个"娱乐至死"的时代，"我们的政治、宗教、新闻、体育、教育和商业都心甘情愿地成为娱乐的附庸，毫无怨言，甚至无声无息，其结果是我们成了一个娱乐至死的物种"②。波兹曼所言虽多少有些夸张，但说我们这个时代是娱乐大行其道的时代应该不为过。③ 应该说，是这个时代为报纸的文娱新闻造就了足以生根发芽、开花结果的好土壤。

西方报纸编辑也十分重视娱乐新闻，他们使出浑身解数，利用娱乐为报纸增姿色。变一身衣裙，换一副潇洒的面孔，让版面脉脉含笑。④

文化界、娱乐界的一些新动向，都是文娱记者关注的内容，文娱界已越来越成为新闻源的"富矿"。有很多媒体记者宁可被戴上"狗仔队"帽子也乐

---

① 朱金平：《新闻编辑论》，长征出版社 2008 年版，第 43 页。

② [美]尼尔·波兹曼：《娱乐至死》，广西师范大学出版社 2004 年版，第 4 页。

③ 甘险峰：《当代报纸编辑学》，中山大学出版社 2008 年版，第 287 页。

④ 赵鼎生：《西方报纸编辑学》，中国人民大学出版社 2002 年版，第 30 页。

此不疲，因为文娱新闻尤其是独家新闻绝对有人看。为此，在报纸专栏中也有了文娱新闻的一席之地。

为了更好地提示文娱界的新动向及幕后新闻，《钱江晚报》索性给读者上堂公开课，推出《文娱公开课》专栏，将文娱新闻的事发原因及影响原原本本地告知读者。

需要指出的是，编辑在经营文娱专栏时一定要提倡格调高雅，追求健康向上的办栏理念，坚决防止在稿件、图片或标题处理上出现低俗化、媚俗化、庸俗化等倾向，以免对整份报纸的声誉造成不良的影响。

目前，各报的文娱新闻大多以摘抄其他报纸或网络新闻为主，而报社上下均不太重视对文娱新闻的审稿，认为文娱新闻即使出错也无伤大雅，因此靠捕风捉影而写就的文娱新闻充斥各类报纸。这必须引起各报的高度重视，无论自采稿或摘抄稿均要严格把关。不然的话，出小错影响报纸形象，丢掉“印象分”；出大错容易惹上官司，给报社造成不必要的麻烦。

昨日记者采访《神探狄仁杰》的男配角张子健

说起“元芳体” 元芳也茫然

文娱公开课

《神探狄仁杰》剧照

本报讯　网络流行语就像是游戏《植物大战僵尸》里面一波波涌上来的僵尸，“杜甫很忙”刚刚退潮，万能的“元芳体”又来了。

这几天，一句“元芳，你怎么看”在微博上疯传。这一口头禅成了网友发表意见、讨论问题的万能句式。大到国际新闻，小到晚上家里吃什么，欢乐的网友总会在叙述后加上一句：元芳，你怎么看？

也许你会问，元芳到底是谁？怎么就突然红了？

元芳全名“李元芳”，是热播连续剧《神探狄仁杰》系列的重要角色之一。他的身份是狄仁杰的卫队长，武艺过人，能力超群。在电视剧中，狄仁杰经常问：“元芳，你怎么看？”两人的对话推动剧情，引出狄仁杰对案情的分析。

这一反复出现的场景让人印象深刻。如今，狄仁杰的口头禅又穿越到了网络上。

“有个富翁要送房子给莫言！元芳，你怎么看？”“杭州地铁票价到底多少合适？元芳，你怎么看？”“下一期双色球开啥？元芳，你怎么看？”“天有点凉了，要不要穿秋裤？元芳，你怎么看？”……

有的网友把元芳当军师，也有人把他当成了一个倾诉对象。形形色色的场景提问，让人忍俊不禁。而微博带动的跟风热潮，也让“元芳体”爆红。记者搜索了一下，各种“元芳”一天就在微博上询问了250万次，欢乐的网友，甚至组建了“元芳你怎么看”贴吧。

“元芳体”爆红，让元芳的扮演者张子健也火了一把。不少90后网友，因为“元芳体”而去网上搜索这位演员。

不过，当记者昨天致电张子健时，这位正在敦煌拍戏的大叔还不知道自己已经成了网络红人，一头雾水，“啊？什么情况？正面还是负面？”

在记者的协助下，张子健赶紧上网“补课”，“这说明大家都惦记狄仁杰和元芳，只要能给大家带来快乐，什么形式都可以。我得赶紧去宣传宣传‘元芳体’。哈哈。”

就连狄仁杰的扮演者梁冠华也在微博打趣道：“我隐隐地感觉到，元芳有点儿二！元芳，你说呢？”

其实，不是元芳万能，而是网友总是需要一场场网络狂欢来纾解生活的烦躁。微博给了流行语极速传播的土壤，也加快了网友“喜新厌旧”的速度。恶搞了“杜甫”、“包大人”、“学弟”、“元芳”之后，下一个会是谁？　**本报记者　庄小蕾**

助读

有八卦，问元芳

既然元芳已成为网络上的大红人，我们不妨请他移步到娱乐圈，帮我们看看明星们的众生相。

A“二郎神”居然“海鲜过敏”，元芳你怎么看？

娱乐“案情”：“刚才为尽孝心陪着爹妈看了会电视剧《宝莲灯前传》。杨戬不能和三公主在一起，因为杨戬竟然海！鲜！过！敏！。”日前，网友“阿润A”微博吐槽电视剧《宝莲灯前传》的雷人剧情（第26集），引起了“科学松鼠会”的关注。

“元芳”回答：国产剧一直都有“越雷越红”的毛病，这一诡异现象使得不少三四线编剧，走上“雷人不倦”之路。以为只有这样语不惊人死不休，才能吸引80后90后。但毫无逻辑和创造力的电视剧，最终会被观众抛弃。拜托，学学美剧吧。

B顺子闪婚嫁给美国人，元芳你怎么看？

娱乐“案情”：日前，39岁的顺子在北京跟从事音响工程的美籍男友Jaime注册结婚，两人交往不到两个月就闪婚，而且还是顺子主动求婚，不过她强调不是奉子成婚，也不会办喜宴。

“元芳”回答：唱红《回家》的顺子，终于成家了。你有没有发现，年纪不小的女明星结婚都挺突然的。比如莫文蔚、刘若英、梁咏琪……青春不等人，找到对的就嫁了吧！祝福顺子！

C俞灏明身形消瘦忙赶工，元芳你怎么看？

娱乐“案情”：2010年，拍摄电视剧《爱在春天》时，男女主角俞灏明和Selina因片场意外爆炸而烧伤。俞灏明日前开始复拍《爱在春天》，他戴着口罩遮面出现在上海浦东机场，身形消瘦。

“元芳”回答：俞灏明真的挺不容易，先为他鼓鼓掌。不过，娱乐圈新人辈出，关键还是要拿出响亮的代表作。有实力，谁也不敢小瞧你。

本报记者　庄小蕾　综述

文娱公开课——《钱江晚报》

4. 文艺评论

文艺评论，是作者在文化艺术欣赏的基础上，对文艺创作、文艺思潮及文艺现象、文艺活动进行思考和评判的一种行为。

评论旨在表达观点，因此在客观性的衡量尺度上更为宽松。也就是说，评论更多地涉及观点而非事实，因而并非中立。它无法不具有自己的风格，也不必对评论所涉及的双方同等对待。但是评论者应该诚实，摈弃先入之见，保持开放的心态。[①] 因此，报纸的文艺评论专栏，应遵循“百花齐放，百家争鸣”的方针，激浊扬清，推陈出新，以繁荣文艺创作、提高读者的欣赏能力为主要目的，切忌成为个人发泄的场所、互相攻击的平台。

从内容上来讲，文艺评论专栏又可细分为“评人评事”和“影视点评”两个小类。

(1)评人评事

顾名思义，评人评事，就是对文艺界的人和事进行评论，也可称为一人一评、一事一评。这种评论大多有的放矢，针对性极强。

《中国艺术报》的《艺苑走笔》专栏笔指文艺界，评说功过和是非。

《徐州日报》的《一周文坛演义》专栏是固定的文艺评论专栏。

《金华日报》的《娱乐 BBS[②]》专栏，搜集的是网民在论坛上对娱乐界发生的新闻发表的个人看法和观点。

(2)影视点评

随着我国影视剧产业的发展，越来越多的影视剧进入了观众的视线，各类影视点评专栏应运而生。

在影视点评专栏里，作者可以借助于这个平台表达情绪，可以带着对某个演员或导演特殊的情结大赞或大批，也可以对影视剧情、细节进行“鸡蛋里挑骨头”般的吹毛求疵。总之，这是一个可以充分表达个人好恶的平台。

---

① [美]布雷斯·S·布鲁克斯、詹姆斯·L·平森、杰克·Z·西索斯：《编辑的艺术》(第8版)，李静滢、刘英凯译，中国人民大学出版社2009年版，第153页。

② BBS全称为Bulletin Board System(电子公告板)，或者Bulletin Board Service(公告板服务)，是Internet上的一种电子信息服务系统，每个用户都可以在上面书写，可发布信息或提出看法。——引自《百度百科》

电视文艺不容『三俗』为非作歹

抵制『三俗』之风系列谈之五

● 曾庆瑞

当今的中国，借助于电视技术与艺术的载体优势和综合生态环境的传播强势，电视文艺节目和电视剧已经成了我们广大民众广为接受雅俗共赏的，非其他形式和品种所能代替的，数量大得别的艺术门类无可匹敌的主要文艺作品。

惟其如此，低俗、庸俗和媚俗的“三俗”风，也就看好了电视文艺节目和电视剧，在这类文艺作品里大行其掺假挟带、浸润渗透、走私贩卖、放肆污染直到赤膊上阵、公开张扬之能事。

优秀的和比较优秀的电视文艺节目和电视剧，无疑是雅俗共赏的。之所以雅俗共赏，是因为，这种文艺作品兼容了雅和俗的生活内容、文化蕴含、思想感情、情趣格调，也兼容了雅和俗的艺术语言、文艺样式、叙事策略、演绎手段，同时还兼容了雅和俗的传播途径、接受环境、欣赏方式、评判行为。这样的兼容，客观使然，符合规律，应该正视，无须改变，不必苛求。

然而，也要看到，就文学艺术现象中的“俗”和“通俗”而言，当人们用世俗的、内容和形式都大众化的、浅近易懂的、长期生长和流行在民间的、人们喜闻乐见的某种格调和品位，来表现某些特定的社会群体的某种特定的思想和情趣的时候，其间，精华与糟粕是并存的，有的属于先进文化和健康有益文化，有的则混合了落后文化乃至于腐朽文化，还有的自身就宿命地具有落后文化乃至于腐朽文化的文化品质。可怕的是，一旦有人把这种表现蜕变为向接受者、观赏者献媚，迎合某些人身上客观存在的低级趣味，用以谋取金钱利益，这里的糟粕就会被恣意放大，直到无限放大，“俗”和“通俗”就会变质乃至于堕落为以“低下”、“丑陋”、“污秽”、“卑劣”、“令人恶心”、“招人讨厌”的一身病态而又危害社会的“低俗”和“恶俗”了。眼下，电视文艺节目和电视剧中的“三俗”大抵如此。其要害，则是美丑不分，以丑为美，用低俗的文艺风尚颠覆人们健康的审美活动，侵蚀我们健康的文艺肌体、健康的社会风气、健康的民族文化精神，败坏了整个的社会生活！

前一段时间甚嚣尘上的《我们约会吧》《非诚勿扰》《缘来是你》《为爱向前冲》一类的“相亲”节目，有的公然宣扬丑陋的“炫富”、“拜金”，把肉麻当可爱，把无耻当荣耀，都是“三俗”电视文艺节目的极其恶劣的标本。电视剧里，前几年的“红唇犯罪”“母亲”的故事，“将爱情进行到底”的“青春偶像”“母题”的故事，和这几年的号称来源于农村生活却又专门拿中国最弱势群体农民开涮的“丑化农民”“母题”的故事，等等，也都是“三俗”电视文艺节目的极其恶劣的标本。这一类电视文艺节目的制作者，用来保护自己免受批评的一个法宝就是——“人是需要‘开心’的”，他们给全国的电视观众制造了“娱乐”，带来了“快乐”，让人“开心”了！有人甚至风马牛不相及地吹捧这些人堪与世界喜剧艺术大师卓别林相提并论！

这是自欺欺人的。

★中国新闻名专栏．艺苑走笔

艺苑走笔——《中国艺术报》(第3届中国新闻名专栏奖)

“名人就是出名前别人不知道他是谁，出名后他不知道自己是谁的人。”很显然，这是位无名之辈主观而偏激的总结；“做人难，做名人难，做名女人更难。”很著名，这是大名鼎鼎的刘晓庆主观而片面的感叹；“什么名人，它就是个人名。”很客观，不过只是句玩弄文字游戏的舞台语言，赵本山这么说是谦虚，我要这么说是心虚。

这年头虽然提到名人都撇嘴，可要能成名人个个笑歪嘴。成名一向是中国人的理想，“十年寒窗无人问，一举成名天下知”。这也难怪，名扬四海，方能声贯九州，比如咱们这个“一周文坛演义”，很大程度上就是个“名人怪话集锦”。

我把名人简单分两类，一小撮骂人的，一大批被骂的。比如韩寒是痛快淋漓骂人的代表，余秋雨是披头盖脸被骂的典型，而且常常被群殴。当年韩寒单枪匹马，最终骂得作协“不跟小孩一般见识”，骂得白烨关了博客。近日余秋雨也突然关闭了已开三年，点击量逾2000万的博客，并将精心设置的“秋雨时分”、“秋雨相册”等栏目全部清零。据说从不上网的余老师是被骂得实在顶不住了，乃至关博求清静。

本月中旬，有好事者发起“华语世界文盲”评选，余老师竟登顶为“华语世界第一文盲”。入选理由是空求文采而无真情实感，其月初为钟山所作碑文更被列为新鲜出炉的“文盲”重要证据。还有于丹也榜上有名，理由之一是她说过“家猪是一种野猪”。于丹做过什么事不用我多说，除非你是睁眼瞎，相比其影响，哪怕她说“家猪是一种野兔”，也没啥了不起。窃以为这是批自认有文化又风趣，应该比余、于有名有钱，但这辈子恐怕也别想了的红眼兔子玩的把戏，不过一帮“成事不足，败事有余”的家伙。

有人八卦得无聊，有人蛮横得腮胀，《孔子》编剧用了句“给个话儿”，孔门子孙就不干了，要人改，理由是他们家祖先不会这么说话。可当年你们弄出“孔府家酒”赚钱，也没见杜康的后代上门砸酒坛子啊，凭啥写个剧本，还得迁就你这“一孔之见”？我代编剧回话，圣人咱尊敬，圣人蛋就算了！

一周文坛演义——《徐州日报》(2009年度江苏新闻奖专栏二等奖)

你的深刻我们不懂

米果

因为《私人订制》遭遇普遍差评，冯导很生气，后果很严重。有一天一大早，他在微博上连发七枚炮弹，轰向影评人。七条微博，措辞越来越激烈："你们的嘲笑和狂欢恰恰反映了你们的浅薄，我看不起你们，别再觍着脸引领观众了，丢人。""《私人订制》第二个故事就是损你们这帮大尾巴狼……连潜台词都听不出来，拐两弯你们就找不着北了，非得翻成大白话喂给你们才听得真，还好意思说自己是影评人，别现眼了。"

以上引用的这两句话还是洁本，原文比这生猛得多。作为著名的"小钢炮"，他每次炮轰都会引发闹哄哄的争议，这次也不例外。你可以说他率性耿直，也可以说他小肚鸡肠。你可以说他泼妇骂街，也可以说影评人骂得，他怎么骂不得？确实，导演之中，像冯小刚这样"人若犯我，我必犯人"的并不多。当年，陈凯歌的《无极》四面楚歌，他也只是说了一句"人不能无耻到这样的地步"，更不要说向来隐忍的张艺谋了。

总结一下，这七条微博其实就一个意思：我的电影很深刻，你们看不懂是你们太浅薄。

你的深刻我们还真不懂，插入的广告倒是赤裸裸地看懂了。

冯导的新装

文思全
一碗隔了16年的隔年馊饭，被冯导用猛火炒了炒，加入各种各样的时尚元素，出锅后又用上金玉其外的包装。可总掩不住隔夜饭的馊味。但是，冯导不反思自己的饭有问题，却嫌那些吃出馊味的食客嘴太刁，不懂得品尝他高端大气上档次、低调深奥有内涵的好饭。

16年前的冯导还是个有诚意的厨子，至少是个实诚的厨子，蛋炒饭就是蛋炒饭，而不会把隔夜饭说成是满汉全席，结果蛋炒饭成了扯淡饭。

艺人还有个土性子，更何况名满江湖的大导演呢。精心烹制的"大餐"被嫌得狗屁不如，冯导感觉生不逢时、知音难觅，激动之下难免大爆粗口。当年钟子期弹奏《最炫民族风》只有俞伯牙懂得欣赏。可钟子期也没说不懂欣赏他的人都浅薄啊。冯导说不喜欢冯氏出品的人就是浅薄，这让那些觉得《私人订制》的确不咋样的人躺着也中枪，不知不觉就被影评人给"引领"了。

郭德纲说的相声就是下里巴人，这一点都不可笑，但如果有一天，他嘲笑听不懂他相声的人浅薄、俗，那才可笑。俗就是俗，一腔俗血就一腔俗血，何必非要往雅上靠？贺岁搞笑片，能让观众笑就完成任务了，何必非要让观众思索，费那神干吗？非要搞什么主题的升华，思想的深化，成了四不像还不许别人笑，和皇帝的新装有何区别？

娱乐 BBS——《金华日报》(第 8 届浙江新闻名专栏奖)

也正为如此，作为影视点评专栏的编辑必须站在中立的立场，把握好火候，在保留作者观点的同时，有必要删去过激的词语甚至是恶毒攻击的话语，当然那些过于献媚奉承、阿谀拍马的言语也须删去。

《大众日报》的影评专栏名称取为《第三只眼》，希望自己的影评专栏能跳出自我、跳出偏见，尽量保持中立、公正的立场。

现在，一部新片出来后，报纸经常会组织"读者看片团"，请部分读者第一时间来观片、评片，这可以算作是"集体影评"吧！《新京报》的《看电影》专栏、《广州日报》的《影迷集结号》专栏便是这类专栏。

■第三只眼

《守望者》：低级的经典

□ 戴玉亮

看《守望者：罪恶迷途》(以下简称《守望者》)时，我被逗乐了。因为这部被不少影迷寄予厚望的国产电影，犯下了几乎所有烂片、所有入门级电影从业者的所有错误，最后完全迷失了方向。其直接结果就是，观影感受和该片此前发行方的宣传完全不搭调。嗟吹呗！

《守望者》号称"我国内地首部犯罪题材大片"，更离谱的营销口号是"好莱坞手法打造的犯罪剧情大片"，最离谱的说法是，自称中国版的《七宗罪》。

《守望者》不是大片，更不是什么内地首部犯罪片，怎么可能呢，这种题材哪年没有数部。其次，什么好莱坞手法？恐怕连编导自己都没有搞清楚好莱坞手法是什么。另外，忽就别恶心大卫·芬奇导演了，人家十几年前拍的这部黑色、惊悚、犯罪加心理的《七宗罪》(布拉德·皮特、摩根·弗里曼、格温妮斯·帕尔特洛和凯文·史派西四大演技派主演)，早已成为此类电影的标志性作品，高高屹立于世界电影的山头。而《守望者》非但无法跟《七宗罪》相提并论，甚至连向《七宗罪》致敬的资格都没有。如果说，《七宗罪》是一部真正的经典，经典中的经典的话，那么《守望者》则是烂片中的烂片，一部低级电影的经典。

《守望者》在剧情上犯的错误，一个词，老套。影片讲述任达华饰演的陈志辉，因自己辛苦赚钱供上大学的女友抛弃了他而故意伤人，最后被判入狱20年。20年后(这期间女友移民美国)，陈志辉出狱了，不知道该报复前女友的家人，还是就此平静地度过余生。就在犹豫不决时，陈志辉遇到了陈思成饰演的周栋，之后又亲眼目睹了一起杀人案(其实是个诈骗案)。一个人，一起事件，诱发陈志辉开始了疯狂的报复行动。

这样的故事，有意思吗？现实生活中有的是好题材，完全看不出它比当年的"云南大学马加爵杀人事件"，及"杨佳上海袭警案"更有创意，更高明多少。"生活远远大于虚构"，这是我当年采访作家麦家时，麦家的看法。对此，笔者完全苟同。故事本身先天不足，但可以用更细腻的剧情和深入剖析人物的内心来丰富，但我们并没有看到《守望者》的编导在这方面的努力。

技术上，《守望者》更是低级到了可笑的程度。片中大量使用闪回，试图帮助观众加强记忆。请问，观众的智商有那么低，以至于你反复提醒吗？这种手法，现在连搞烂电视剧和奇题片的同志们都懒得用了，《守望者》却当成了一个重要的技术手段。最搞笑的是，片中那只黑猫，粗略统计了一下，至少出现了20次。其实这只猫第一次现身银幕，我们就知道，它就是任达华片中角色的化身和代表，象征着邪恶与报复。影片分为三段，一段出一回就可以了，导演还是把观众当傻瓜了。其实我们不但知道黑猫是啥意思，还知道，爱德加·爱伦·坡的著名哥特式小说《黑猫》。小说中，主人公杀死了自己的妻子，并把妻子砌进了夹墙里，但不小心把那只黑猫一起砌了进去。之后，黑猫夜夜嘶叫，最终让警察破了案。

至于演员表演上，《守望者》中二三线明星不少，演技派也不少，任达华、张静初、黄圣依、羲子、郝蕾、佘少群、陈思成等。但观众发现，所有人的表演都流于表面，为什么？戏分三段，除任达华外，每段换一拨人，谁的戏都没多少分量。都是客串，谁愿拼了命演？又没拿多少钱，估计是朋友面子，吃顿饭的事。当然，这种想法不对，好演员应该不论角色大小，都要对得起观众。所以，要怪就怪导演没有充分调动和挖掘演员们的积极性和爆发力。至少，我认为，导演没有给演员们把戏说透。估计导演自己也没想明白，稀里糊涂演到哪儿算哪儿吧。

第三只眼——《大众日报》

C18看电影

73分

《危险关系》输了张东健，许秦豪输了全部

看电影——《新京报》

本报读者鉴定

华语影片

特技水平接近好莱坞

影迷集结号

影迷集结号——《广州日报》

5. 文化副刊

如果将涉及政治、法律、经济、军事、教育、外交、科技等方面的新闻报道比作硬新闻的话，那么文化副刊就是软新闻。

英国报界有句名言："新闻招客，副刊留客。"[①]赋予了报纸副刊极高的地位。事实也是如此，读者在看报纸时，往往在副刊上花的时间最多，因为看报纸上的新闻是一种"速读"，看报纸上的副刊文章需要的是一种"慢读"，只有慢读才能体味个中的韵味。因此，文化副刊的文字必须是"生动活泼、风趣隽永，有的还应该尖锐泼辣、幽默俏皮，做到嬉笑怒骂皆成文章"[②]，这样才能符合读者"慢读"的标准。

副刊专栏的策划和设置，是办好报纸副刊的一个重要方面工作。一个好的副刊专栏，由于其延续时间较长和规模较大，影响力不是一般版面所能比拟的。它对于提高副刊的品位、增加可读性或是对现实的影响是非常重要的。[③]

副刊作为读者的精神食粮和文化营养，文人抒发情感、针砭时弊的阵地，[④]其涉及的范畴很大，而文化副刊范围要小得多。文化副刊多指文化方面的小品，或散文、或杂文、或随笔，写作时可以做到随心而起，尽性而收。

---

① 朱金平：《新闻编辑论》，长征出版社2008年版，第308页。

② 郑兴东、沈史明、陈仁风、包慧：《报纸编辑学》，中国人民大学出版社1982年版，第369页。

③ 黄祖松：《浅谈副刊专栏专版专题设置》，红豆博客，2009-07-02。

④ 吴飞、顾杨丽、王淑华：《新闻编辑》，中南大学出版社2006年版，第192页。

在经营文化副刊专栏时，编辑要从宏观的总体把握上注重其思想性、指导性，从微观的编辑处理上则应突出其文学性、艺术性。[①] 文化副刊专栏办得好，还是很“卖座”的。

有些报纸的文化副刊专栏由于创办时间长，内容可读可亲，在读者中极有“人气”，产生了深远而广泛的影响。其中最具有代表性的当属《新民晚报》的《夜光杯》专栏，它深受上海市民的喜爱。

《钱江晚报》有个副刊专栏——《听竹说谚》，图文并茂，也可以说是“谚语新说”吧。

《华西都市报》的《阅读》专栏，发表的尽是读书笔记或新书介绍。

夜光杯

游园

储福金

到七都，游江村文化园。七都是吴江的一个镇，江村是七都的一个村。

江村实名是开弦弓村，因呈如弓形的小清河在村中蜿蜒穿行而得名，是中外学者了解和研究中国农村的窗口。江村文化园由江村历史文化陈列馆、费孝通纪念馆等三部分组成，展示了一个典型江南水乡的普通村落的历史发展与民俗民情。

一边听介绍，一边随着导游转遍了江村文化园，园里亭榭池塘，回廊小桥，富有苏州园林的格调。

的画面。演员穿着戏装，但头上不插钗，脸上不化妆，一面说唱做身段，一面提线让木偶表演着各式动作，演员与木偶的动作是相同的，那木偶动作却又更具形态。

昆曲一直是我喜爱的戏曲，那唱词是无比优美的，虽然眼前简单的舞台上没有灯光打出的字幕，我还是能听得懂演员在唱着：“原来姹紫嫣红开遍，以这

演着的提线演员，形成了人与偶的两重表演，两重色彩，两重意味。

后来，还表演了《吹唢呐》《西厢记·佳期》《柜中缘》等戏，每一出都是一折戏中的片断。《吹唢呐》是纯木偶戏，就在舞台中的小舞台上表演，木偶动作生动风趣，能隐约见小舞台幕帘的上方空处，有手势在动，那是提线演员在提，在拨，在勾，在挑，在扭，在抡，在摇，这传统的木偶戏自是我见过了的，虽木偶的动作丰富，此时看来，却少了一点遐思。

演木偶昆曲戏《柜中

游园作讲解的导游，他刚才又当拉幕的，又当搬道具的，这时又在一角当我们面换上戏装，折叠的椅子一时搁不上头，引得一阵轻笑。他提线表演的小丑木偶神态特别灵动，一般木偶脸上的表情是单一的，它竟能表现出挤眉弄眼与惊讶来，引得又一阵笑声。

记忆力

郑荣来

袁鹰同志日前发表一篇文章，题为《难忘搬运组》，回忆“文革”初他被逐到社内搬运组劳动的生活：每天干搬运大卷筒纸上卡车的重体力活，劳累的同时结识了许多工人师傅，感受了他们的正直与质朴。我感叹他曾经经历的这段生活，赞赏他对工人老师傅的友好情感，也钦佩他对往事的惊人记忆，尤其是对本来陌生的八九位师傅的姓名一个不忘，连谁午饭只带四个窝头都记得。40多年前的这段换骨时光，在他笔下竟成为颇含温馨的怀想。

我向来佩服我的老领导袁鹰的记忆力。许多古诗词，甚至古代名家的散文，他常脱口而出，流畅而准确。如《古文观止》中的有些篇章，他倒背如流。跟他交谈，常让你惊叹不已。他的一部长篇近著《风云侧记——我在人民日报副刊的岁月》，所记都是他经历的历史，大大小小的事件，政治的文化的，所涉的大小人物，著名的非著名的，他都记述得很清晰。

袁鹰不会用电脑，不依赖现成的搜索。他的过人之处，一是有丰富的实物积累，如书信笔记文件报刊和图书等，二是有大脑的惊人记忆。往日有心无心的存储，他的这些特长，有如人工智能。记忆乃人所特有，智能是人的智慧的成果。袁鹰搬家，那些实物挪动位置，依旧存在他记忆的大脑中。

记忆力好的人古今都有。汉代王充家贫无书，常游洛阳书肆读书，“辄能诵忆”。现代伟人周恩来，多少年前见过的人都能认得出来，并能叫出名字。

夜光杯——《新民晚报》

听竹说谚

菩萨来咚庙里

竹叟

“一声不响，二目无光，三餐不食，四肢无力，五官不正，六亲无靠，七窍不通，八面威风，久(九)坐不动，十分无用。”这是民间一首咏泥神的诗，被毛泽东用来为官僚主义者画像，除了三餐不食外，其他都很相似。

菩萨泥塑木雕，端坐庙中，是不会动的。旧俗迎神赛会，于演戏敬神之外，尚须将神像抬出庙门巡行以祈福消灾，如久旱不雨，则迎龙王以求雨。

烈日当空，漫漫长途，抬着菩萨游行，自是一桩辛苦的事。如若互相推诿，那就成了俗谚所讽：“日里说到夜里，菩萨来咚庙里”了。

“坐而言，不如起而行”，自然没错。

但有时候，“言”也可视作是一种“行”。如果连这种“言”，也不敢说、不愿说、不屑说……那倒真应该担忧了。

听竹说谚——《钱江晚报》

① 吴飞、周勇、邓利平、谭云明：《新闻编辑学》，浙江大学出版社2008年版，第323页。

24小时报料热线 028-86969110　2009年2月14日 星期六　05-08

阅读

以情人节的名义读懂爱情

台湾著名作家王文华最新爱情小说《我的心跳，给你一半》今日北京首发

为情人节而生的爱情小说

在插图中读懂浪漫爱情

情书永远是最美的语言

私家书单

书架上的情感课堂

■送给爱人

■送给朋友

■送给长辈

■送给"三高"白领

书评

娶一个80后当老婆

阅读——《华西都市报》

第四节　法律专栏

法律是由立法机关或国家机关制定，国家政权保证执行的行为规则的总和。包括宪法、基本法律、普通法律、行政法规和地方性法规等规范性文件。可以说，法律无处不在，法律已渗透到社会的每一个细胞，法律与每一个人的利益息息相关。

报纸在开办法律专栏时，除了要加强法制新闻报道外，更多的是要进行普法宣传，并为读者提供力所能及的法律咨询、法律援助。

故而，法律专栏又大致可分为"以案说法""法制点评""法律援助""普法宣传"等四大类。

1. 以案说法

运用活生生的案例，来说明严肃的法律法规的具体条文，提醒普通百姓，震慑不法分子，这是报纸最常用的手段。

法庭，无疑是轻松拿到这些生动案例的最好场所。英国《卫报》著名记者布莱恩·惠特尔曾说过："忽视法庭是危险的，因为你可以从法庭获得最好的人情味报道。”①对这个“人情味报道”，我们理解为是指用笔细腻、饱含深情，能唤起读者内心情感反应的新闻报道。因此，要当好一名法律新闻记者，多写一些“人情味报道”，法庭是必须经常“光顾”的地方。

为及时报道法制动态，宣传法律知识，《法制日报》1996 年起在第 1 版开设了《方圆传真》专栏。

创建于 1997 年的《检察日报》专栏《法治三维》，坚持用“速度、角度、深度”三个标准来衡量稿件的价值，从情理法三个维度来审视文章的落点，要求“叙真情，道公理，释法治”，展道德之美，现法治之力。②

《潇湘晨报》的《法庭笔记》专栏，以案说法，帮助读者明辨法理。

深圳检方首办新型侵犯计算机信息系统罪案

工程师为银行研发软件留“后门”

□ 方圆传真

本报深圳 8 月 4 日电 记者**游春亮** 通讯员 **张茜** 深圳一工程师研发软件留下“后门程序”，为自己私欲恶意攻击理财系统。近日，深圳市福田区人民检察院以涉嫌非法获取计算机信息系统数据、非法控制计算机信息系统罪批准逮捕了邹某。这是刑法修正案(七)施行后，深圳市检察机关办理的第一宗以该罪名批准逮捕犯罪嫌疑人的新型案件。

2009 年 7 月，广东省深圳市某金融机构委托一公司开发一个银行理财产品的计算机程序，该公司便让邹某负责研发。在研发该程序的过程中，邹某在未告知公司和该金融机构的情况下私自在程序中加入了一个后门程序，以备在今后自己没有工作的情况下通过该程序进入该理财产品程序，将该金融机构客户的钱转到自己账下。

2009 年 9 月，邹某用自己的银行卡进行了测试，通过后门程序，顺利地进入了上述金融机构的理财产品系统。从此之后，邹某一发不可收拾，自 2009 年 11 月至 2010 年 6 月期间，邹某又先后多次通过后门程序进入系统，并采用技术手段非法获取了 70 多名客户的资料、密码，非法查询了多名客户的账户余额，同时将 23 名客户的账户资金在不同的客户账户上相互转入转出，涉及金额共计 1 万余元。

自 2009 年 9 月起，该金融机构就陆续接到客户投诉，称自己的账户上有小额资金被无根据交易。随着时间的推移，客户关于此类情况的投诉数量越来越多，频率越来越高，该金融机构察觉可能是程序出现问题。于是在 2010 年 6 月联系上述研发公司进行检测，终于发现了这个秘密的“后门程序”，并立即向公安机关报案。公安机关于当月将邹某抓获归案。

邹某归案后对自己的行为供认不讳，承认其不时会利用后门程序对该理财产品的签约客户的银行卡进行测试，大概测试了 100 多次，用了多少账号已无法记清。邹某还供述，其目前只是利用这个后门程序对该金融机构的理财签约客户的账户进行资料、余额查询，获取密码等操作，同时对部分账户的资金进行相互之间的转移，每次转移的金额从几十元到几百元不等。这些操作都是用来测试其的入侵程序能否成功，是否会被发现等等。其一直抱有侥幸心理，认为每次转移的资金金额比较少，不容易引人注目，就算被人发现也不会造成多大影响。但其未意识到，自己的这种行为已经触犯了刑法。后经核实，该案中犯罪嫌疑人邹某一直只是对该系统进行测试操作，尚未对该金融机构的客户造成实际损失。

方圆传真——《法制日报》(第 1 届中国新闻名专栏奖)

---

① [英]托尼·哈尔卡普：《新闻工作：从原则到应用》，周黎明译，中国人民大学出版社 2010 年版，第 97 页。

② 王松苗：《以“检察官模式”办报》，《中国记者》2010 年第 7 期。

酒店大堂可否私自刊播天气预报

河南首例“气象行政官司”尘埃落定

本报讯（郑军　李培军）私自在酒店大堂内刊播天气预报是否违法？近日，备受关注的河南省首例“气象行政官司”以调解方式结案。

2007年6月，河南焦作市建港大酒店在大堂显示屏上转载了《焦作日报》刊登的天气预报，方便了住店旅客。然而，让酒店始料不及的是，此举却引发出了一场行政官司。

同年7月11日，焦作市气象局在例行执法检查时，发现建港大酒店所登气象信息不是由专业气象台站提供，于是先后通知其停止转载、按期改正，但该酒店一直没有改正。9月12日，焦作市气象局对其作出了行政处罚决定书，认定该酒店的行为违反了《气象预报发布与刊播管理办法》（以下简称《办法》），决定给予警告并处5000元罚款。建港大酒店对此提起行政复议，焦作市政府维持了处罚决定，于是该酒店将焦作市气象局告上法庭。

焦作市山阳区法院在审理后认为，建港大酒店大堂内的电子显示屏刊登的信息，不仅面向其公司员工，而且面向公司外的不特定人群，应属“社会公众”，电子显示屏当属《办法》中所指的“其他信息载体”。原告所登气象信息，不是气象主管机构所属的气象台站提供的适时气象信息，也没有表明发布时间和气象台站的名称，更没有与气象部门签订刊播协议而予以刊播，违反了气象法律、法规的相关规定，依法应当受到处罚。据此，法院判决维持焦作市气象局作出的处罚决定书。

对一审判决，建港大酒店不服并提起上诉。焦作市中级法院在审理后认为一审判决正确，但考虑到此案的特殊性，决定通过协调的方式妥善处理。经过大量的协调工作后，建港大酒店主动申请撤回上诉，并与焦作市气象局补签了刊播协议。

法规链接

《气象预报发布与刊播管理办法》第六条第一款　各级人民政府指定的广播、电视台站和报纸应当安排基本固定的时间和版面，每天及时刊播气象预报。

第三款　其他媒体需刊播气象预报的，应当与当地气象主管机构所属气象台站签订刊播协议，双方根据协议提供和刊播气象预报。

第十六条　本办法所称媒体，是指面向社会公众的广播、电视、报刊、互联网、电话声讯、移动通信、无线寻呼以及其他信息载体。

法治三维——《检察日报》（第1届中国新闻名专栏奖）

她是你堂客，那我是谁

○面对元配妻子的质问，男子说，我们这么久没生活在一起，应该算是离婚了吧

○离不离那可不是你自己说了算的，因与另一年轻女子结婚，法官判处该男子重婚罪成立

爱，让人幸福甜蜜，也让人痛苦不堪。尤其是情感的背叛，足以粉碎一个人的心。

谁能容忍与别人分享一个丈夫？爱是唯一的，自私的，排他的。妇人袁某在得知丈夫另娶了一个年轻妹子时，气愤得用钥匙在丈夫家门上刻了“死男人”、“无耻”等字样。

这周，伤心透了的还有妇人朱某，一段甜蜜的中外结合的婚姻，刚开始不到20天就夭折了，原因是朱某的签证办不下来。

年来了，要审理的盗窃案还真多，再次提醒大家保管好自己的财物。

法庭笔记

案件一　老公和一年轻妹子结婚了

法庭笔记——《潇湘晨报》

2. 法制点评

法制点评，是用法制的视角来评述新闻事件或具体案例，提出自己独特的见解。它强调的是以事论法，以法说理。报社记者、编辑若无法律专业知识，或非法律专业人士，此类点评恐难担当，只得另请高明。

《法制日报》作为中央政法委的机关报，推出每周一期的《每周法评》专栏。该专栏在内容设置上，或旗帜鲜明，引导社会主义法制建设的新思路；或理直气壮，为宣传普及法律知识添柴加薪；或未雨绸缪，为国家立法活动出谋划策；或亡羊补牢，总结群众关注的重大涉法事件的经验教训；或切中

时弊，对当前的执法、司法工作提出意见和建议。①

海外代购获刑，争议的不只是法律

每周法评 中国新闻名专栏

本期撰稿人 王彬

近日，一位离职空姐因长期从国外免税店购买化妆品入境销售未申报，涉嫌走私而被判刑11年，引发人们的热议，该案件在事实认定和法律适用上并不存在疑难，而之所以引起广泛关注，在于该案的判决有违普通人的情感，从而造成法律与民意的冲突，这是值得深思的问题。

纯粹从法律角度分析，这位离职空姐伙同他人，共同采取以客带货从无申报通道携带化妆品进境的方式，逃避海关监管，偷逃应纳税款，已经严重触犯刑律，从犯罪主观方面来看，这位淘宝店主因具有空姐的从业经历，熟悉空乘人员不得境外代购的职业规范，具有明知境外代购应当申报关税却瞒而不报的主观故意；从犯罪客观方面来看，该离职空姐多次从境外免税店购买商品并在网上销售，严重偷逃关税，符合走私普通物品罪所规定的犯罪构成，因此，判处境外代购瞒报关税的行为为走私普通物品罪，完全符合法律规定，同时，这位离职空姐因偷逃税款数额巨大，被判处10年以上有期徒刑，量刑亦无可厚非。

离职空姐从事境外代购并偷逃巨额关税因而获重刑，在法律定性上并无问题。然而，据有关部门调查统计，有95.7%的网民感觉“震惊，量刑过重”，仅有3.2%的网民对该量刑表示认同。这些数据体现了广大网民对这位离职空姐因代购获重刑的怜悯和同情。“法不容情”，在一个法治国家，当法律和情感相冲突的时候，为构建安定的法律秩序、为维护人民对法律的信仰，我们必须选择维护法律的权威。但是，不能仅仅依靠个案“以儆效尤”的社会效应来树立法律权威，为追求司法裁判法律效果与社会效果的统一，这个案件所隐含的更深层次的问题值得我们深思。

据中国电子商务研究中心的监测数据显示，2010年海外代购的交易规模为120亿元，2011年为256亿元，2012年预计为480亿元，这说明海外代购这种新兴行业在近几年内正在以疯狂的速度增长，境外代购已经成为普遍现象，而绝大部分的境外代购商都不主动申报关税，因境外代购偷逃关税而被判刑的只是冰山一角。其实，之所以出现如此火爆的境外代购现象，并不是因为刑法中关于走私罪的条款对代购的人们不存在震慑力，而是因为境外代购存在巨大的市场空间和利益驱动。据有关调查显示，在代购商品的构成中，作为生活必需品的化妆品与奶粉分别占24%和16%。这是因为，国内市场中存在严重的食品安全和药品安全问题，这使国内消费者对境外商品趋之若鹜。但是，为了抑制境外商品的过度进入，为了保护民族产业，我国对境外商品征收高额关税，以至于一些生活必需品变为“奢侈品”。尽管海关总署在2010年出台相关规定，将进境物品进口税起征点降至50元，但是，这并没有抑制人们对境外商品的市场需求，更没有杜绝境外代购偷逃关税现象的存在。

境外代购除了存在巨大的市场空间和利益诱惑之外，法律灰色地带也为境外代购的存在提供了一定空间。目前，人们去境外旅游已经日趋普遍，从境外购物对于消费者而言已是家常便饭，这导致境外代购瞒报关税现象普遍存在，各种偷逃关税的手段更是五花八门，这让海关部门对境外代购商品通关的监管产生执法困境，也让诸多代购商偷逃关税持普遍的侥幸心理。

可以说，不论是什么样的商业模式，只要是偷逃关税达到一定数额，都属于刑法走私罪的调整范围，人们之所以不情愿将代购作为走私来对待，关键因素还在于境外代购体现了一部分网民的利益。当广大网民在质疑境外代购行为量刑过重时，我们的公共部门是不是也应当反思一下我国税政是否也过重了。对此，公共部门应当调整相应的税收政策，通过减税的方式还利于民，让人民的生活更方便、更实惠，更好地分享社会发展乃至全球发展的成果。同时，市场管理部门也应当通过对国内市场的规范，逐步提高民族产品的质量和市场竞争力。还有，相关部门也应当出台专门针对境外代购这种商业模式的监管措施，让这一新兴行业的发展更加规范化。

每周法评——《法制日报》(第3届中国新闻名专栏奖)

《宁波日报》每周也有一个法制点评类的专栏——《法眼观潮》，该专栏经常对涉及法治思想和法治规范中存在的社会问题，进行理性思考，依法评析，如今已成了该报《民主法制》版的拳头品牌。

法律不应是某些官员手中的工具

■法眼观潮 安隅

《中国青年报》近日报道，1997年至今，贵州省黔东南苗族侗族自治州岑巩县国土资源局共在县城所在地新兴村征收至少2000亩耕地，但该县从贵州省政府只获得914.8亩土地的征用权限。为此，新兴村村民不断举报。今年2月，举报人之一吴大春被当地公安机关传唤，警方给出的理由是吴大春涉嫌“扰乱社会秩序”。

法律虽然是通过法定程序制定出来的，但在一些官员看来，它只是在需要时利用一下的工具。当某一事件或案件成一团“乱麻”时，为了尽快斩断“乱麻”，看哪一个法律条文可以借用为“工具”充当“快刀”，就使用哪一法律条款。其中典型表现为，常常是领导者的意见充当“快刀”，由当地执法机关寻求相应的法律工具予以实施，使其看不出过分明显地违背法律的基本原则。这种为“斩乱麻”而滥用或规避法律的现象，在不少地方和不同层面上都存在。比如，河南沁阳8位农民发传单称村支书有经济问题后，两次被当地司法机关以诽谤罪的名义判处有罪，事情曝光后引起中央领导重视，8位农民才被“无罪”释放，而其中6人更是在判刑前，曾被挂“扰乱公共秩序”牌子游街示众。

把法律当成工具加以使用，尤其是将《刑法》中的“扰乱社会秩序”和《治安管理处罚法》中的“扰乱公共秩序”当成一个框，任何不符合官员心意的问题都往里装时，反映的无疑是一种人治思维模式的法律观。因为任何物品，只要成为工具，就需要得心应手地运用，就需要为工具操纵者服务；反之，当“工具”对操纵者的欲望达到的目的有碍手脚时，操纵者就会放弃。而当人们将法律定位为任何意义上的“工具”时，有关法律在现实中就难免被人为地、甚至任意地进行裁剪、取舍，其结果就会使法律在人们心目中失去其正义的价值，使人们丧失对具体行为的正义追求，社会公正也就无法实现。

把法律当成官员手中的工具，还会使人们认为法律是用来管“百姓”的，执行何种法律与何时执行法律都是官员说了算，合法不合法都在领导一念之间。这种有执法权力的官员在处理案件时的轻视法律、惟长官意志是从的作为，就无法使公民对法律建立起信任感。由此会造成一种对法律不信任的社会氛围，并促成整个社会普遍存在的轻法状态。

把法律当成工具与现代法治理念是格格不入的，它已经成了法制健康发展的障碍，要避免法律成为人治的帮凶，首先要建立杜绝法律成为某些官员手中工具现象的制度。

法眼观潮——《宁波日报》

3. 法律援助

由于法律专业性极强，普通公民对其最多只是一知半解，而大多数是“搞大不清楚”。万一遇上与法律有点搭边的事，大多数人就会感到心烦气躁、六神无主，有些事太小，还够不上打官司，再说打官司吧要钱，找律师吧又不熟悉。如果报纸能从中做个“中介人”，聘请几名公益律师帮助百姓免费咨询法律问题，解答心中疑惑，那定会受到读者的欢迎。

① 倪寿明：《点评〈每周法评〉》，中国法院网，2004-09-01。

报纸开设法律援助专栏，是诚心为读者服务的具体表现，既能博得读者好评，又能树立报纸品牌，还能普及法律知识，可谓一举三得。

为弘扬法治精神，普及法律知识，共建和谐社会，2006 年 10 月，《新法制报》与江西省律师协会联合推出了《公益律师进社区》活动。该项活动分两步：一是大批律师进社区免费开展普法宣传及法律服务；二是在《新法制报》上设专栏介绍活动内容及预告下次活动时间地点。5 年来，“公益律师进社区”活动已开展 204 期，其中大型专场公益活动 15 场，参加活动的公益律师超过 800 人次，通过现场、热线和网络等途径接受群众法律咨询达百万人次。①

“公益律师”周六南昌濠上街社区普法

本报讯 唐智敏 记者贺于周报道：本周六(9 月 8 日)上午 9 时至 11 时，本报与江西省律师协会联合主办的第 230 期“公益律师进社区”活动，将在南昌市西湖区南浦街道濠上街社区举行，活动地点设在沿江中路 19 号华财大厦门口。

届时，将有 4 位“公益律师”现场解答市民的法律问题，本报记者还将现场受理各类投诉。如遇阴雨天气，本次户外活动将顺延至下周举行，但市民仍可加入新法制报公益律师 QQ 群(群号：48525076)与律师进行在线咨询。

“公益律师”名单

邓　宾	江西策趣律师事务所	擅长处理民事、婚姻家庭纠纷	13077918677
李丁生	江西朗秋律师事务所	擅长处理婚姻家庭、合同纠纷	13667917860
肖卓孝	江西中矗律师事务所	擅长处理医疗纠纷、民商案件	15979053114
张加清	江西华昌律师事务所	擅长处理刑事诉讼、侵权纠纷	15070876690

公益律师进社区——《新法制报》(第 16 届江西新闻名专栏奖)

《解放日报》的《袁月泉信箱》专栏、《扬子晚报》的《律师在你身边》专栏，都是报纸与当地法律援助中心或律师事务所联合主办的，每次都邀请律师向读者免费提供法律咨询和援助服务。

试用期解雇需要理由吗

市民李小姐致信市二中院《袁月全信箱》咨询：

今年年初，我和一家公司签订一份两年期劳动合同，约定试用期两个月。工作一个半月后，部门经理突然通知我“不用上班了”，并出具一份试用期解雇通知。我觉得自己在工作上无任何差错，对这样的结果很奇怪。事后，原公司同事悄悄告诉我，是公司经理的一位亲戚要来接替我的工作。请问，如果同事讲的是真的，我该如何维权？

李小姐：

《劳动法》和《劳动合同法》关于试用期的规定是一项特殊规定，目的在于促进劳动力资源合理配置。在试用期内，用人单位可以对劳动者的内在能力及素质是否与应聘岗位相匹配作全面考察，综合判断劳动者是否完全符合录用条件。对于不符合录用条件的，用人单位可以即时通知劳动者解除劳动合同。而劳动者在试用期也可以对用人单位工作环境、工作条件及发展前景等进行考察，从而决定是否继续工作。在试用期内，劳动者不愿留任的，可以提前三天通知用人单位解除劳动合同。

为防止用人单位滥用试用期权利侵害劳动者利益，劳动合同法对于试用期的期限及设定试用期的次数均有明确规定。对劳动者在试用期间被证明不符合录用条件的，或者存在劳动合同法规定的其他过失性情形的，用人单位可以即时解除合同。因此，在试用期内用人单位并非可以无理由随意解除劳动合同，而是应当举证劳动者确实存在不符合录用条件的情况或劳动合同法规定的其他过失性情形。

根据你所述的情形，如果公司在试用期内无充足依据就与你解除劳动关系，属于滥用试用期即时解除权，你可与公司交涉要求恢复劳动关系，继续履行劳动合同，或者可以选择不恢复劳动关系，而要求单位支付你违法解除劳动合同的赔偿金。

袁月全

袁月泉信箱——《解放日报》

为丈夫“打工”20 载 离婚时店铺怎么分？

接听时间：30 日上午 10:00－11:30

在线律师：唐岩(江苏维世德律师事务所)

倪女士：我 20 年前嫁给丈夫，他当时开办了一间个体商店，领有营业执照，我嫁过来后和他共同继续经营，赚到的钱又投入进去，规模扩大，现已成为一个超市，但仍使用以前的营业执照。这超市是我丈夫的个人财产，还是我们夫妻共同财产？

唐律师：如果你们夫妻无约定，则你丈夫婚前财产属他个人财产，但婚后以商店利润投入继续经营获得的收益，则属夫妻共同财产。比如，你丈夫婚前开办个体店铺时资产价值 5 万元，现超市资产价值 100 万元，则 5 万元为他个人财产，95 万元为夫妻共同财产。

赵先生：有人欠我钱，我想跟他打官司，目前打听到他在某楼盘一套商品房，我想去房管部门查这房子产权是不是他的，可以吗？

唐律师：根据《物权法》，权利人、利害关系人可以向登记机构申请查询、复制登记资料，登记机构应当提供。权利人，即对登记的不动产享有所有权或其他物权的人，可以查询该物权的一切登记资料；利害关系人是指与登记的不动产有一定现实利益关系，并有可能因登记结果而影响其利益存在或实现的人。债权人是否属于利害关系人，应如何向登记机构举证证明自己是利害关系人，目前尚无明文规定。如果你是正在诉讼或仲裁案件中的当事人，要查对方当事人名下不动产，应当可以认为是利害关系人。利害关系人可以查询不动产权利记载信息，包括不动产自然状况例如坐落、面积、用途等，也可以查询出不动产权利状况例如所有权状况、他项权利状况等，但不能查询、复制原始登记凭证，包括权利登记申请表及权利设立、变更、转移、消灭的具体依据文件。

张女士：房屋是男方在婚前购买的，当时女方出资付了部分首付，房屋产权证是在婚后取得的，写的是男方名字，婚后是以夫妻共同财产还贷的。现双方离婚，问房产归属如何确定？

唐律师：婚前双方按比例出资支付部分房款，婚后以夫妻共同财产支付银行贷款的房屋，应以不动产登记时间作为认定个人财产或共同财产的依据。如果是婚后取得，应认定为夫妻共有。对于双方出资以及购得房屋的意思表示，如没有证据约定是按出资比例按份共有，应视为共同共有。目前婚姻法仍然是以财产共同所有为基本原则，只是在分割时可以对财产来源进行一定的考虑。

2 月 2 日上午 10:00—11:30 接听《律师在你身边》热线(025)96096-1-1 的是江苏钟山明镜律师事务所的程春华律师

热线：025-96096-1

主持记者：陈珊珊

律师在你身边——《扬子晚报》

---

① 《江西全体公益律师：在赣鄱大地上播撒法律“种子”》，大江网，2011-10-02。

4. 普法宣传

为在全社会大力弘扬社会主义法治精神，使公民牢固树立法律至上、崇尚法治、公平正义等社会主义法治理念，2001 年，中共中央、国务院决定将我国现行宪法实施日 12 月 4 日，作为每年的全国法制宣传日。自此，普法宣传在我国如火如荼地开展起来。

作为普法宣传的主阵地，报纸肩负着神圣的职责和义务。大力开展普法宣传，是依法治国的需要，也是报纸创办法律专栏的根本目的。

《天天商报》的《经济与法》专栏、《黔东南日报》的《生活与法》专栏，其办栏目的都是为了普及法律知识，其内容也与人们日常工作、生活密不可分。它们在叙述一件普通案件的同时，普及了法律知识，解开了人们心头的疑惑。

车没年检赔偿落空

□记者 孙壮

交强险、车辆损失险一个都没少，为什么发生了事故，只获得了交强险赔偿，而车辆损失险却不赔呢？最近，市区的周先生为此与保险公司走上了仲裁庭，最终他才明白，要怪只能怪自己没有按时年检。

去年 8 月 10 日，周先生为自己的本田轿车向市区某保险公司投保了交通事故强制保险及车辆损失险及不计免赔险等险种，保险期限自 2009 年 8 月 10 日零时至 2010 年 8 月 9 日 24 时止，保费合计 5860 元。去年 9 月 22 日下午，周先生驾车时与另外一辆轿车追尾碰撞，造成二车损坏。该事故经交警大队调查之后，认定周先生负全部责任。

事故发生后，周先生立即被申请人所提供的保险条款未作说明。因此，有关未经年检不予赔偿的相关条款对他不产生相应的效力。更重要的是，这起交通事故，虽然由他承担全部责任，但其实质是自己操作不当引起的追尾碰撞发生交通事故，而非车辆的安全性能减少及未按规定期限进行年检而造成的交通事故，保险公司以未经年检为由不予赔偿，理由不充分。

对于周先生的说法，保险公司方面提出，他们提供给周先生的保单中，有关免责条款的内容字体加粗，标志显著，并附有单独制作的"投保人声明"。对此，周先生也已签字确认并同时表示对免责条款的概念、内容及其法律后果均已经明了，可认定被申请人已履行了明确说明义务。此外，在交警的事故责任认定书中，也明确指出"该机动车因未按规定定期进行安全技术检验，是造成交通事故的原因之一"。据此，保险公司表示，他们不予理赔，完全合理合法。

经济与法——《天天商报》

开栏的话：

伴随着新年的脚步，2012 年已向我们走来。新年新气象。围绕今年法院工作要点：以邓小平理论和"三个代表"重要思想为指导，深入贯彻落实科学发展观，坚持党的事业至上、人民利益至上、宪法法律至上"三个至上"工作指导思想，深入开展"人民法官为人民"主题实践活动，紧紧围绕社会矛盾化解，社会管理创新，公正廉洁执法三项重点工作，为提高民众的法律意识，培养全社会的法治精神，经黔西南州中级人民法院、黔西南日报社商量决定，在黔西南日报第六版《世象》版块上开办《生活与法》专栏。

法律与生活息息相关，讲述百姓身边的法律故事。该专栏由全州法院系统的法官将自己承办的一些典型案例，通过"案情简介"、"法官说法"、"法官提醒"，以固定专栏的形式，将法官析法的权威性与法制新闻报道的可读性有机地结合起来，既体现了法院和法官充分发挥司法职能，为经济跨越发展、社会和谐稳定提供良好法律服务和司法保障的不懈努力；又为广大群众学法、知法、守法和依法维护合法权益提供了服务。该专栏从即日起刊出，欢迎广大法官踊跃投稿，同时敬请广大读者关注。 ——编者

未获采伐许可证 滥伐林木被判刑

段青宏

案情简介：近日，贞丰县法院审结贞丰县检察院指控被告人罗某某盗伐林木案，家住贞丰县连环乡纳传村云盘组的被告人罗某某，因犯滥发林木罪，被判处有期徒刑三年六个月，并处罚金 2000 元。

被告人罗某某，在未经林业行政主管部门批准和未办理林木采伐手续的情况下，于 2010 年 1 月 25 日至 29 日，将自己以 7001 元的价格在大窕买得的一片杉木林，在未经林业行政主管部门批准和未办理任何采伐手续的情况下，以 1800 元的砍工费承包给他人实施砍伐。被砍伐的杉树数量为 503 棵；涉及砍伐面积为 2.8 亩；砍伐的杉树折合立木材积为 35.4053 立方米；同年 7 月，被告人罗某某在贞丰县连环乡纳传村纳巴组，又以 10500 元的价格向蔡某购买在方家湾的一片杉木林后，在未经林业行政主管部门批准和未办理林木采伐手续的情况下，又将该片杉木林以每棵 7 元的砍工费承包给他人实施砍伐，此次被砍伐杉树的数量为 409 棵，涉及砍伐面积为 2.9 亩，砍伐的杉树折合立木材积为 35.6937 立方米。两次砍伐杉木合计 912 棵 71.099 立方米。

经法院审理，被告人罗某某违反《森林法》的规定，未经国家林业行政主管部门批准，盗发林木，其行为已触犯《中华人民共和国刑法》第三百四十五条第二款"违反森林法的规定，盗伐森林或者其它林木，数量较大的，处三年以下有期徒刑、拘役或者管制，并处或者单处罚金；数量巨大的，处三年以上七年以下有期徒刑，并处罚金"之规定，构成盗发林木罪。被告人砍伐的林木经评估鉴定，砍伐的立木材积为 71.099 立方米，属数量巨大。公诉机关指控被告人罗某某犯盗发林木的事实清楚，证据确实、充分，指控罪名成立。鉴于被告人罗某某归案后如实供述其犯罪事实，在庭审中认罪态度较好，可对其酌情从轻处罚。依照《中华人民共和国刑法》相关规定，贞丰县法院遂作出如上判决。

法官说法：我国《森林法》规定：森林资源属于国家所有，由法律规定属于集体所有的除外。国家所有的和集体所有的森林、林木和林地，个人所有的林木和使用的林地，其所有者和使用者的合法权益，受法律保护，任何单位和个人不得侵犯。但《森林法实施细则》规定：任何林木，不论属于国家、集体所有，还是属于个人所有，都不能任意采伐，而应由有关部门根据森林和其他林木生长状况，决定是否可以采伐以及如何采伐。

根据《森林法》和《森林法实施细则》的规定，凡采伐林木的都必须申请采伐许可证，按许可证的规定进行采伐。(采伐竹子和不是以生产竹材为主要目的的竹林，以及农村居民采伐自留地、房前屋后自有的零星林木除外)……农村居民采伐自留山和个人承包集体的林木，由县级林业主管部门或者其委托的乡、镇人民政府审核发放采伐许可证。在未履行上述审核程序的情况下实施的滥伐行为，就是对林业资源管理制度的侵犯。本案当事人罗某某的行为就是违反了国家对林木资源的保护和管理制度，即违反森林法的规定"未经林业行政主管部门批准并核发采伐许可证，或者虽持有采伐许可证，但违背采伐许可证所规定的地点、数量、树种、方式而任意采伐本单位所有或管理的，以及本人自留山上的森林或者其他林木数量较大的行为"，在未办理相关手续，未取得采伐许可证的情况下，砍伐林木，构成了滥伐林木罪，最终因自己的行为受到法律的严惩！

法官提醒：近年来，随着经济社会的发展，类似于罗某某滥发林木罪的案件时有发生，部分当事人在经济利益的驱使下，置国家法律法规于不顾，铤而走险，使自己走上了犯罪道路，最终逃不过法律的严惩。而另一部分当事人则是因为法律意识淡薄、不懂法，认为树是自己种的，自己管理，长大后自己享有处理权，自家的树，想砍就砍，谁也管不了，最终犯了罪而不知，受到法律追究后悔莫及，令人惋惜。 (作者系贞丰县人民法院法官)

生活与法——《黔东南日报》

第五节 教育专栏

教育有广义和狭义之分。广义的教育泛指一切有目的地影响人的身心发展的社会实践活动;狭义的教育主要指学校教育,即教育者根据一定的社会要求和受教育者的发展规律,有目的、有计划、有组织地对受教育者的身心施加影响,期望受教育者发生预期变化的活动。

"百年大计,教育为本。"教育是民族振兴、社会进步的基石,是提高全民素质、促进人的全面发展的根本途径。各类报纸在大力加强教育新闻报道力度的同时,也推出了不少教育专栏。

教育专栏就是对教育方面的有关知识和问题作出解释、评述的专栏文章,或解疑释惑、评点现象,或指明方向和趋势,或提供话题和材料供读者参与讨论等等。①

从内容上分,教育专栏由"校园新闻""互动教育""教育方法""教育评论"四大块组成。

1. 校园新闻

在中国这个拥有千万所学校,对教育又特别重视的国度,学校里的新闻是丰富多彩的。②

校园无疑是学校教育的主阵地。反映校园里学生的学习、生活情况,以及他们的喜怒哀乐,是校园新闻专栏的主要内容。

《天天商报》的《新教育周刊》有个《校园新闻》专栏,专门刊发绍兴市校园里发生的各类新闻。

《现代快报》的《校立方》专栏,反映的也是"象牙塔"里的精彩故事。

---

① 林克勤:《当代报纸专栏的类别及其特点分析》,《新闻界》2005年第3期。

② 朱金平:《新闻发现论》,人民日报出版社2009年版,第84页。

校园新闻

绍兴县西藏民族中学

“我运动、我健康”第三届体育节拉开序幕

绍兴县西藏民族中学第三届体育节于近日拉开帷幕。本次体育节以 我运动、我健康”为主题，为期一个月。活动分为田径运动会、师生篮球对抗赛、广播操比赛、乒乓球团体赛、拔河比赛五大类。项目的设置趣味性强，竞争性高，师生共同参与，真正体现了本次体育节的宗旨。

田径运动会是本次体育节的重头戏，赛场上运动员们尽显风姿，共有五项纪录被打破，让学校的运动水平上了一个新的台阶。整齐划一的广播操队伍尽显各班风采，操场上飞扬着舞动的青春。乒乓球比赛带动了学生的课余生活，小球桌成了学生切磋的大舞台。师生篮球赛将体育节推向了高潮，成了全校的焦点，跟平时讲台上让人敬畏的老师零距离 PK，也是一种别样的交流。西藏民族中学学生长期在异乡求学生活，学校在教育管理中经常安排体育节等活动，丰富了学生的校园生活，活跃了校园气氛，拉近了师生之间的距离，让藏族学子更能敞开心扉融入到绍兴的生活中去，有力地推动了和谐校园的创建。 **（何伟松）**

绍兴县钱清镇中心小学

组织全校教职工学习使用灭火器

为提高全校区教职工的安全意识，掌握基本的灭火自救技能，使教职工在突发火灾时能够正确使用灭火器，及时消除火灾事故的发生，近日，绍兴县钱清镇中心小学镇南路校区组织教职工利用即将到期的灭火器在操场举行了一次灭火器的使用演练。在演练前，相关老师讲解了灭火器的使用方法，使教职工都能按照正确的操作规程，准确、迅速地扑灭火源，以达到全员参与学校安全管理的目的。**（李柏相）**

绍兴中专

全国 文明风采”竞赛取得历史性突破

近期，绍兴中专在第七届全国中职学校 文明风采”竞赛中夺得三个一等奖，共有 65 篇（ 个）作品获奖。这是近两年来该校继专业竞赛中屡获佳绩后，在德育类大赛中的新突破。

在此次全国中职学校 文明风采”竞赛中，该校的孟力立等 10 名同学获得 职业生涯规划”设计一等奖，章翔、施苹萍同学获得“ 生命·安全·和谐”动漫比赛一等奖，叶晓春同学获得 我身边的诚信”征文比赛一等奖，该校同时还荣获大赛优秀组织奖。

近两年来，该校在全国各类专业竞赛中屡获一等奖，成绩喜人。今年，学校上下高度重视 文明风采”竞赛，成立了竞赛组委会，各学区共同努力，精心指导，从而实现了该校 文有 文明风采’竞赛，武有全国技能大赛”； 两手都要硬”的目标，取得了空前的好成绩。 **（金华明）**

市职教中心

孝亲尊师 学会感恩

最近，市职教中心开展了以 孝亲、尊师”为主题的系列教育活动。各学区纷纷结合自身的特点，推出了文化系列活动。

有的充分利用黑板报、广播站等多种阵地，精心选编了大量与主题相关的古诗楹联，让学生在鉴赏品读中受到民族优秀文化的熏陶；有的举行了《 我拿什么报答您——我的父母》 演讲大赛等系列活动；有的精心策划，推出了一系列 感恩父母、孝心无价”主题班会，班会上，声情并茂的诗歌朗诵，感人至深的故事、情景剧，以最真实的画面，带给同学们最特别的感动；在浓厚的 孝亲尊师”教育氛围中，学生深切体验父母和老师的深恩大爱，从而在感悟中学会反省，学会感恩，学会为人处世。 **（于敏）**

近日，北海小学教育集团新河弄校区 510 班的假日小队来到书法圣地兰亭寻找金秋的收获，同学们在鹅池前悉心听取讲解员的解说，在曲水流觞处仿效古人畅谈诗词，在御碑亭下泼墨挥毫，展开书法竞赛。活动中，大家进一步领略了中华书法文化的源远流长和博大精深。

（北海小学教育集团新河弄校区 510 班 韩程凯 摄 指导老师：茅青云）

校园新闻 《天天商报》

每天9点学生收到励志短信

这是中国药科大学“特色”，兼有叫醒学生起床“功能”

“播下行为的种子，可以收成习惯之果；播下习惯的种子，可以收成性格之果；播下性格的种子，可以收成命运之果。”每天早上9点左右，中国药科大学学生们的手机都会不约而同地响起，学生不用看也知道是学校雷打不动的“思政教育”短信来了。药科大学工处的负责人表示：发励志短信目的是希望潜移默化地影响学生，同时这个短信也有闹钟和提醒的功能，叫醒学生起床。

□快报记者 安莹

校方：群发短信用心良苦

从这个学期开始，中国药科大学在搜集学生的手机号时，不再单纯的是方便联络，每天同学们的手机里都会出现一两条励志短信。

药科大学工处的孟老师告诉记者，最初学校的短信平台只是为大四的学生提供招聘就业信息，从今年新学期开始，学校渐渐丰富了短信平台的内容，名言、论语、弟子规等内容诠释成短信之后群发给全校每一位学生。

“从短信内容到发短信的时间学校都有一番考虑。”孟老师说，“发短信时间是早晨九点左右，正是第一节课和第二节课的课间，既不影响学生上课，又达到了学生阅读短信的目的。同时这个短信也有闹钟和提醒的功能，叫醒那些没课的学生起床，提醒学生上课时把手机调成静音。”

药科大团委书记于广琮告诉记者，这是学校对学生思政方面教育的一种新尝试，希望一条条励志短信能够让学生的思想境界得到提升。

学生：目前还是很淡定

学生们对学校的良苦用心买账吗？记者了解到，90后的大学生有着自己的思维方式，他们对学校这样的行为表示出了欢迎和理解，反对的声音占很小一部分。中药学院的王同学手机里，学校的励志短信保存有三十几条。小王是理科生，用他的话来说：“这些短信读起来特别‘给力’！”

一位大二学生告诉记者：“在刚刚收到短信时有种被骚扰的感觉，但后来发现有些话还是对的，都是一些值得学习的古语，所以到目前为止还是很淡定。”

“一天一条还能忍受，多了就忍受不了了。”药学专业的谢同学告诉记者，“很多同学还记得10月12日早上收到了3条校友周俊院士的讲座短信，加上例行的励志短信，一共四条。这让学生有些不耐烦。”

能多些校园时事就好了

看多了励志短信，不少人难免会觉得单调。学生们也提出了更高的要求：能不能增加和我们有贴近性的校园活动短信或者校园时事呢？药学专业的左同学告诉记者，像三人行必有我师这样的词句，大家都已经烂熟于心，看了之后难免提不起兴趣，学校可以增加一些更贴近大学生的短信内容，比如时政要闻、校园讲座、强身健体等一些“有用”的内容。

药科大团委书记于广琮表示，虽然有些学生对励志短信也提出了不同的声音和意见，但从另外一个侧面也反映出短信的效果出来了，这种“教育通道”还是畅通的，相信在4年内，学生们收到的上千条短信中，一定会有触动他们的，潜移默化地影响学生。

校立方——《现代快报》

2. 互动教育

任何单向甚至是高压的教育方式，均是无效的。办报也是如此。若一家报纸一味采用单向或是高压的宣传方式，读者最终必将弃你而去。

互动教育专栏就是让被教育者也参与其间，通过丰富多彩、大家乐于接受的方式，寓教于乐地开展各类教育活动，让人们愉快地、潜移默化地接受教育。

2007 年初，《浙江日报》推出面向全省高校大学生的教育互动专栏《校园 BBS》，目的在于“真心贴近年轻人，真实反映大学生生活；利用网络载体，与大学生展开全方位互动；主动策划主题活动，吸引更多的大学生；把握舆论导向，彰显党报的舆论引导功能”①。

2010 年 10 月 30 日起，《都市快报》推出大型教育互动专栏——《超级兴趣班》，内容有学写作文、科学实验、指导下棋等学生喜闻乐见的活动。

---

① 陈扬渲：《党报如何赢得青年读者——以浙江日报“校园 BBS”栏目为例》，《新闻实践》2009 年第 7 期。

著名的比萨斜塔实验 伽利略并没做过

物理兴趣小组第二次活动 说了很多小故事

记者 张娜 徐斌

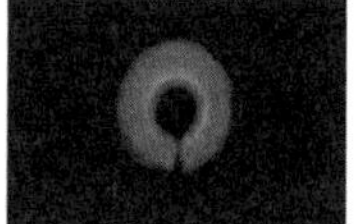

泊松亮斑 摄影 徐斌

昨天下午，超级兴趣班物理兴趣小组举行第二次活动，杭二中的物理高级教师赵初蕾讲物理学经典小故事。天气冷，交通不太方便，但小朋友来得并不少，从幼儿园大班到初二学生，年龄跨度很大。赵老师讲得深入浅出，孩子和家长都听得兴致勃勃。一到做实验，孩子就围上去，课堂很热闹。

赵老师问，你觉得自然界最大的东西是什么？有人说是宇宙。那最小的是什么？一个男孩说是原子。

"对，从宇宙空间到很细小的粒子，空间尺度上从最大到最小的，都是物理学的研究范畴。物理学的研究范围很广，甚至被称为'万物之理'都不为过。"赵老师接着说，"就从时间尺度看，洋至宇宙的起源：宇宙大爆炸、宇宙怎么来的、宇宙的中心是什么，晚至遥远的将来，这些都是物理学研究的内容。今天选了一些有代表性的物理学小故事，我给同学们讲一讲。"

什么因素决定下落物体的快慢

赵老师提问：什么因素决定一个下落物体的快慢？

小朋友回答很多：质量、地心引力、重量、牛顿……稍作讨论后，意见集中在物体质量上，赵老师要做两个现场对比实验。

一：赵老师左手拿一截粉笔，右手拿一张纸，同时从同一高度放掉，粉笔先落地，孩子们都没有疑问；

二：赵老师拿起两张一样的纸，其中一张揉成团，再同时放掉，纸团先落地，不少小朋友疑惑了，有个男生说：两张纸质量一样，但揉成团的受到的阻力小所以下落快。赵老师表扬了他。

"古人（代表人物亚里士多德）一直认为重的东西落得快，轻的东西落得慢，这个错误认识一直延续了两千多年。一直到16世纪末，伽利略表示了怀疑。他说我现在拿两块石头，一块重，下落速度为8，一块轻，下落速度是4，两块石头绑在一起，按照说轻石头会减慢重石头的速度，那两块石头的下落速度一定比8小，但是按照质量决定速度的理论，这两块石头不是会下降得更快吗？自相矛盾。"赵老师说，伽利略一个简单小推理，就破除了这个错误理论。

著名的比萨斜塔落体实验 伽利略没有做过

伽利略认为重物与轻物应该下落得同样快。他要进一步通过实验研究落体的规律，他做了什么实验呢？

赵老师说到这里，小朋友都叫起来，说"比萨斜塔实验"。六年级男孩李子越，回答专业：这是一个很著名的实验，伽利略拿了一个空心球和一个实心球，站在比萨斜塔顶上同时抛下，两球落地时间一样。

赵老师笑笑说："说得不错，但这只是个美丽的传闻。经后来人严谨考证，证明伽利略并没有在此做过落体实验。尽管如此，世界各地的人们还会去参观，他们把这座古塔看做伽利略的纪念碑。

伽利略做了著名的斜面实验。落体下落得很快，而当时只能靠滴水计时，这样的计时工具还不能测量竖直下落所用的时间。伽利略采用了一个巧妙的办法，他让铜球沿阻力很小的斜面滑下，小球在斜面上所用的时间长得多，所以容易测量。伽利略做了上百次实验，得出非常著名的落体定律：物体下落的时间和质量无关，平时看到较重的物体下落快，是因为空气阻力对不同物体有不同的影响，如果没有空气阻力，所有物体将下落得一样快。

爸妈打孩子 自己手也痛 这是牛顿第三定律

动力学奠基者是牛顿，小朋友都知道。他的功绩包括地心引力、牛顿第一、第二、第三定律，还有太阳的光谱，数学上发明微积分。这些理论大家不用很明白，生活中有实例。

比如一辆小车和一辆卡车，同时起步同时刹车，小车停得快，卡车停得慢，是因为惯性（牛顿第一定律），物体自身质量大惯性则大，物体自身质量小惯性则小。有小朋友不听话被爸妈打过，你的屁股疼，爸妈的手也疼，这就是牛顿第三定律：作用力和反作用力。

说到牛顿，不能不说著名的苹果落地故事。那天很热，牛顿在母亲的农场里干活，中午他坐在一棵苹果树下思考行星运动问题，一个熟透了的苹果在他眼前落下，使他想到促使苹果落地的重力，是不是也是促使月亮保持在它的轨道上而不掉下来的原因。这个故事是牛顿的第一位传记作者写的，当时就传开了，真假无从考证。但重要的是，牛顿确实想到过重力既支配苹果的下落，也支配月亮的旋转。

海王星是通过计算发现的

太阳系一共几大行星？本来是九大行星，现在是八大行星，因为制定的规范有变化。

离我们最远的是海王星和冥王星，但在18世纪，才发现第七大行星——天王星。有科学家发现问题：观测到的天王星轨道和用万有引力定律计算的轨道不一致，是不是万有引力错了？当时就形成了两派科学家：相信牛顿的、怀疑牛顿的。

有位坚信万有引力定律正确的科学家想到，是不是天王星外还有星球对天王星有吸引，导致它的轨道和计算结果有偏差。后有两位科学家用万有引力定律计算后，认为天王星外应该还有一颗新行星。后来真的观测到这颗新行星，就是海王星。因为先在纸上计算出海王星，后才观测到，所以海王星被称为"笔尖下发现的行星"。

到今天，数千颗人造卫星按照万有引力定律为它们"设定"的轨道绕地球运转。1968年，阿波罗8号从月球返航途中，当地面控制中心问"是谁在驾驶"的时候，指令长这样幽默地回答："我想现在是牛顿在驾驶。"

泊松亮斑

人类用科学思维认识世界，其实只是一直想弄明白几个问题。牛顿时代，人们想弄清动和静的关系，运动到底需不需要力来维持？中世纪以来，天和地的争论很多，宇宙的中心在哪里？天体如何运动的？而关于光，也有粒子和波的争论。

赵老师提问：你认为光是什么？小朋友答案五花八门：波、物质、东西、速度很快摸不着、是空气……

赵老师说，小朋友的想法都很好，就像一群思考的科学家。光到底是什么？小朋友们可以在高中学到。在关于光是什么的争论过程中，有一个非常不可思议的实验，也是一个有趣的小故事，可以讲一讲。

现场实验：一台激光发射器，一个放大镜（用来扩大光束），一个金属小圆盘。小朋友都认为如果光照到小圆盘，会在墙壁上看到圆盘的黑影子，而圆盘中间会最黑，因为光照不到。

灯关掉，小朋友却在圆盘黑影中间看见一个亮点，现场一下子热闹起来，小朋友都围上去，看个究竟。

为什么这样？

赵老师揭秘：这就是泊松亮斑！这是光学上非常出人意料的一个实验。

所以说，科学不能想当然，眼见不一定为实，一定要把严密的推理和实验挂钩。

1818年，法国巴黎科学院为鼓励对衍射问题的研究，悬赏征集这方面的论文。一位年轻物理学家菲涅耳按照波动说深入研究光的衍射，在论文中提出了严密解决衍射问题的数学方法。另一位科学家泊松，是光的波动说的反对者，他按照菲涅耳的理论计算了光在圆盘后的影的问题，发现在适当的距离上，影的中心会出现一个亮斑！

泊松认为这是非常荒谬可笑的，并认为这样驳倒了光的波动说。但是，竞赛关键时刻，评委阿拉果（也是科学家）在实验中观察到了亮斑，这样泊松的计算反而支持了光的波动说。后人为了纪念这个有意义的事，把这个亮斑称为泊松亮斑。

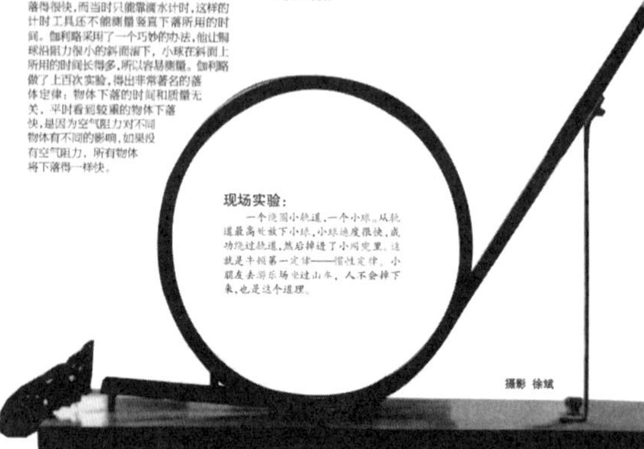

摄影 徐斌

■思考题

怎样分辨白开水和浓盐水？

上节课后，赵老师给小朋友布置了一道思考题，具体内容如下：

父母准备三个矿泉水瓶，两瓶装上水，另一瓶装上浓盐水。外表看来，它们都是无色透明的，请依照以下规定把那瓶浓盐水找出来，并说明理由。

步骤一：不可以碰到瓶子，也不可以摇晃桌子，其他就随你了，所有材料、方法都可以用。

步骤二：可以拿瓶子，但不可以打开瓶盖，不可以破坏瓶子，前面用过的方法也不可以用，其他就随你了，所有材料、方法都可以用。

步骤三：可以打开盖子，但不可以用手去摸、鼻子去闻、舌头去尝，前面用过的方法也不可以再用，其他就随你了，所有材料、方法都可以用。

步骤四：现在已经没有限制了，只要前面没用过的绝招，都尽管使出来。

孩子们的回答不多，比较集中的是：放在阳光下，把水蒸发出来，盐就出来了。

这次上课，赵老师揭晓了答案：

步骤一：拿一把尺子，横放在水后面，透过瓶子看，浓盐水的那一瓶尺上的格子比较大。

步骤二：用手试试，装浓盐水的瓶子会比装水的瓶子重一点，因为浓盐水的密度比水的密度大（区别比较小，但能感觉出来。现场实验，小朋友都能成功分辨）。

步骤三：打开盖子，把鸡蛋放到水里，浮起来的是浓盐水。

步骤四：可以把一棵青菜放进水里，泡进浓盐水的青菜很快会蔫掉，就和腌咸菜的道理一样。

其他还有很多方法，不一一列举。

超级兴趣班——《都市快报》

开学和毕业才能碰到，平时难得见上一面

大学班主任，想说爱你不容易

栏目主持人　陈扬渲　　第100期

主持人：最近，杭州某论坛上一个题为《大学的班主任应该如何胜任？》的帖子引发了网友的热议。班主任本该是学生的学业指导者和人生成长导师，然而绝大多数网友却表示，如今，大学班主任除了开学和毕业能碰到，平时根本难得见面。那么，大学班主任究竟该怎么当？如何才能赢得学生的欢迎？

大多数班主任不知该做什么

帖子发表不到2天就达到了3万多的点击量，跟帖500多条。其中，90%以上的回帖表达了一个相同的观点："大学班主任不管事，就是挂个名，一个学期也见不了几次面。"

网友"恋恋随风"说，他们班主任是一个本系刚毕业留校的师姐，同时担任系团委的支部书记，另外还在读在职的研究生，自己的工作和学习忙得不可开交，哪有时间管学生？

不管事情的班主任要挨批评，管多了也不好。网友"fanfanmicky"说，大一时的班主任是教他们专业课的一位老师，大家都很怕他。有一天，班主任发短信说要来寝室走访，结果同学们全都逃走了，只剩下班长一个人硬着头皮在等他。

在这个帖子里，网友"vect"讲述了自己担任班主任一年多来的烦心事。前段时间，他想走访一下学生寝室。结果去了后，学生要么在做自己的事，要么敷衍一下他的提问，让他自觉无趣，最后只好走人。他感叹说，虽然有心想当一位好的班主任，可很多时候无法与学生打成一片，甚至找不到管理学生的依据。

大学班主任，地位有点尴尬

当高校辅导员制度不断健全之后，班主任的地位显得有些尴尬。指导学生学习的有专业老师，关心生活和思想状况的有辅导员，班主任就成了可有可无的角色。

班主任感觉无事可干，是否意味着大学里不需要班主任？

"事实上，班主任在某种程度上影响着大学生的命运，一旦班主任行为失之偏颇，很可能对即将踏上社会的大学生产生不良的影响。"浙江工商大学食品与生物工程学院党总支书记傅玉颖说，大学生要面对学业、恋爱、求职、考研等众多问题，在这样一个关键的转型阶段，更需要成年人的指导，而很多工作是年轻的辅导员所不能胜任的。因此，班主任要将"学术教育"与"人格教育"相结合，关心和引导学生走好自己的人生路。

班主任应是学生的贴心人

大学生喜欢怎样的班主任？用网友的话说，"好的班主任应该是在毕业的分手饭上，女生们抱着你痛哭，男生争着要和你坐在一起喝酒，个个抢着和你合影，学生之间的小聚会也叫上你。"

浙商大江美都老师就是一位受学生欢迎的班主任。大学生小姚家里比较贫困，他一直记得三年前刚入校时，江老师就组织班会，40位同学一一都能叫上名字，这一招立刻赢得了同学们的心。班会结束后，小姚留下来没走，江老师关切地告诉他，学费问题已经帮他打听过了，可以先向学校贷款，而且他也会帮助小姚申请学校的勤工助学岗位。江老师就像父亲一般关心学生，帮助他们解决遇到的困难，这让学生们十分感动。

相比江美都，浙江建设职业技术学院的潘岳峰更像学生的兄长。作为"80后"班主任，他的做法是把学生当成朋友。

潘岳峰所带的园林班有一名贫困生，性格内向自卑，不过擅长辨认树种。有一次潘岳峰带全班学生去植物园实习，故意"挑衅"说自己辨别植物的功夫胜过全班所有同学。于是大家来了精神，推选那位贫困生应战，潘岳峰便故意败下阵来。因为这件事，同学们得意了好一阵子，很多同学经常向那位贫困生请教问题，他渐渐变得合群开朗了。

还有一位学生十分顽劣，有一天凌晨发病，痛得满地打滚，潘岳峰得知消息后，立即送他到医院就诊，一直陪到第二天上午家长赶到医院他才离开。这位学生很受感动，出院回校后，他注意改正自己的缺点，以后很少犯错了。可见，用心的班主任，学生很欢迎。

（BBS情报员：陈国利　高园園）

校园BBS——《浙江日报》（第4届浙江新闻名专栏奖）

3. 教育方法

如今，家长们聚在一起聊孩子时，大多会说自己"教育孩子很失败"，接着列举出种种失败的事例。此时，往往会引起其他家长的共鸣和同情。可谁又细想过，教育最大的问题不是在孩子，而是家长的教育方法不对头。于是，有些报纸就为提高家长教育水平、倡导准确的教育方法开设了一些专栏。

《钱江晚报》的《钱报家长会》专栏，一听名称便觉得很好笑。是的，《钱江晚报》就是在版面上开了个"全省性的家长会"（注：《钱江晚报》在浙江省全省范围发行），给家长和学生支招，也让各位家长尽情发言（QQ群和BBS留言互动），以帮助孩子尽快走上正确的人生道路，帮助家长走出"教育歧路"。

《张家界日报》的专栏《名师讲坛》，不光是给家长传授教育子女的方法，更多的内容是教普通老师如何教育学生。专栏里的名师多以举例来说明道理，如采用激发学生的潜质、赏识学生的闪光点及与学生交朋友等科学的教育方法，循循善诱，比较容易让人接受。

受威胁先躲，打不过就叫

钱报家长会出招对付幼儿园小霸王

不问不知道，现在幼儿园里爱欺负同学的小霸王还真不少。3 岁小鱼儿常被小同学欺负的报道一见报（见 1 月 14 日 A13 版），钱报家长会许多会员就在 QQ 群和 BBS 上留言，表示自己孩子也有过类似遭遇，并纷纷替小鱼儿的外婆献计献策。

"龚鈫"：我的儿子在幼儿园也被打过，脸上划了很长的一个指甲印，他奶奶和他说，别人不打你你也不要去碰别人，要是打你了你就还手，结果第二天我宝宝去幼儿园就把人家推到了，后来那个小孩就再也不敢欺负他了。

"大班的香香"：容忍和避让都不是办法，最重要的是要让孩子知道父母是他坚强的后盾，他是不可欺负的。

说说我女儿在幼儿园被欺负的事：她班上有个大块头，我有一次在幼儿园运动会上见识了家庭对他的教育。当时他在打一个小女孩，扇耳光，小女孩的家长不在，这时候另外一个家长看不过，说：小朋友你怎么打人呢？这时候大块头的奶奶出来说：我孙子想怎么样就怎么的吗？阿姨是医生。女儿也在一边说：我妈妈很厉害的，她还会给别人打针。他怔怔地看着我，我虽然很生气，但整个过程我都笑着和他说，并告诉他，以后再也不能欺负香香了。再后来就听女儿说她和大块头成了好朋友了

这样的事情，和老师说了老师也没有很好的办法，和对方家长没法说，我这样做虽然有点不好，但也不失一个好办法。

"儿子小四班"：我主张小鱼儿外婆先找老师沟通，再找那对大块头双胞胎的家长沟通。如果还不行，就直接去找双胞胎当面警告。小鱼儿自己也要争口气，不要害怕。

"午潮山二年级"：这样的事情我儿子小时候也遇到过。先是教他躲避的本领，毕竟为这么桩小事闹不值得，然后教他打不过就大叫，寻求其他同伴和老师的帮助。最后告诉儿子尽量要嘴巴甜一点，因为幼儿园的朋友马上要分开见不着的，不要太在意，尽可能不要发生冲突。这也不能算是讨好，有些问题不是孩子能改变的，教育孩子自我保护最要紧。

另外，小恶霸在班里往往比较孤立，外婆可以鼓励小鱼儿在班里多交朋友，弱小的孩子团结起来，恶霸也没有办法。

"一只鱼"：如果跟老师沟通没用，就只能采取极端措施，要教孩子自卫，要么外婆到教室外呆一天。再不行就只能转园了，因为长此下去，会把孩子的性格搞坏的。我觉得除了教一点自卫的能力，同时也给孩子点压力，毕竟今后的路都是自己走的，小学、中学、大学还不都得自己解决问题。

"蕴藏"：在学校里可能都存在这种比较霸道的孩子的，老师的话是很管用，但也不可能把教育的责任都寄托在老师身上的，家长更要言传身教。

本报记者 沈蒙和 陈骥

bbs.qjwb.com.cn

钱报家长会——《钱江晚报》(第 6 届浙江新闻名专栏奖)

教学组织：要全体，不要个别

——关注每一个学生

一次到一所学校听课，课堂上老师提出了一个有思考价值的问题，让学生先独立思考，再相互讨论，然后举手。老师点了一个学生让他回答，我正在想怎么又是他？就听到几个学生也在嘀咕："老师又点他回答问题了。""这节课都叫他三次了。"

过后，我不禁回想起学生的议论。是啊，尽管老师有心启发全体学生，引导全体学生思考并有意让全体学生参与讨论，践行新课改提出的"关注每一个学生，让每一个学生都得到发展"的理念，尽管设计并提出了一些启发式问题、开放式问题并引导学生思考，可是在不经意间，问题提出后总会被一些课堂中经常发言的活跃分子推行回答，课堂中形成了只有少数学生与教师交流，其他学生充当听众的尴尬局面。久而久之，有些学生就会认为老师的提问与自己无关，进而游离课堂之外，成为课堂的局外人，这与新课改提出的"老师要面向全体学生、激发全体学生积极性、建设有效课堂"的理念相去甚远。

教师为什么要关注每一个学生？

1968 年，心理学家罗森塔尔在美国的一所小学，从一到六年级各选三个班，对这 18 个班的学生作了一番"煞有介事"的预测未来发展的测验。然后以赞赏的口吻，将"最佳发展前途者"名单悄悄交给校长和有关教师，并一再叮嘱：千万保密，否则会影响实验的正确性。八个月后进行复试，奇迹出现了，名单上的学生，个个成绩进步快，情绪活泼开朗，求知欲旺盛，与老师感情特别深厚。

名师讲坛——《张家界日报》(2010 年度湖南新闻奖专栏三等奖)

谁来给高校办学定位

■刘振天

笔者前不久在本报专栏发表了《高校定位要有定力》一文，引起了一些关心此问题的高校领导和学者的兴趣，进而提出了若干新的问题。其中，谁来给高校办学定位，或者说谁有权给高校办学进行定位，就值得深入探讨。

也许有人会问，这有什么可研究的？高校是办学的主体，理所当然地是定位主体，高校有权确立自身办学目标，决定自身发展方向。正因为如此，现实中，人们在批评办学定位不清、盲目趋同、特色不明、同质化等现象时，往往把板子打在高校身上。理论上讲，这没有错，然而，办学定位异常复杂，远非高校一家可为。事实上，高校办学定位中，政府、高校、社会各方组织及其权利交织在一起，共同影响和制约着高校办学目标与行动。

高教方圆——《中国教育报》

4. 教育评论

教育评论就是对教育方面的一种评论，其作者队伍除社会各界人士以外，教育界占了大多数。教育界人士的自我评论是一说一，毫不掩饰，颇有“批评与自我批评”之味，极大地丰富了教育评论的内容，也提高了教育评论的品位。

《光明日报》的《教育时评》专栏，经常就教育中存在的问题发表真知灼见。

《中国教育报》作为教育界最专业、最权威的报纸，开设有《高教方圆》专栏，专门就大学教育中的现象和问题进行点评。

当成长缩减为“上班”

江 言

“上班”也就是上补习班。这几乎成了课余之后，学生们的必备功课，平常放学后要“上班”，休息日也要“上班”。如果没有上过班，那简直就是同学中的另类。

而不少家长就这样“被自愿”地束缚自己，无论他们是否懂得教育，很是习惯把孩子送到各式各样的补习场所。仿佛这样才能让自己安心，放心，仿佛那一套套理论只是说给别人听的。

其实，很能理解他们的无奈——“社会就是这样子，我们又怎能对抗？”

也知道所学的那些知识并不是孩子们最需要的，甚至是无用的，但不得不从旁逼迫他们，记呀，理解呀，每每总觉得时间紧，时间不够用。而对于那些“必得把某些精要的东西化为自身的血肉，养成永久的习惯，终身以之，永远实践，这才对于做人真有用处”的东西，则没有时间顾及，也不晓得它们都是什么。

我们已经见惯了这些被催生的早熟的果实——外表鲜亮，可是没有了童真，没有了快乐，既不丰满也不甜美，而且很容易腐烂。

难怪专家也急：什么个性发展啊，多样化，那是停留在天空上的，离我们还有几万光年，我们现在是在大地上面。

自然，如果社会大环境不改变，你要每个人改变几乎是不可能的。说3-5年解决择校问题，说什么教育均衡，对他们来说，最重要的就是现在，问题没有解决之前，一切照旧。改变，不是因为我们不懂，而是不敢。的确，让孩子晒晒太阳，让孩子运动运动，让孩子走进大自然、社会的想法是很好，而现实的情景，你没有“上班”锻炼的成果，你怎么能成为牛孩？怎么能进入牛校……

“一朵花、一棵草，它那发荣滋长的可能性，在一粒种子的时候早已具备了。”如果急于让它发芽，开花，或许，我们迫不急待的做法反倒是去阻止它的生长。儿童的成长是需要空间和等待的，家长们需要的是耐心、执著。

偶尔也听到另外一个故事：一位大胆的妈妈没有把上小学的孩子送进补习班，休息日，给孩子的是自由，与孩子一起远足。

我们很容易通过质量评价来选拔最优秀的学生，但是我们很难通过评价来改变我们的教育理念，影响教育存在的“生态环境”。

改变，就从说服自己做起，尝试成为一个勇敢的妈妈，把童年还给孩子，让他自己成长吧。

教育时评——《光明日报》

第六节 科技专栏

科学技术是第一生产力，全球科技革命方兴未艾，新发明、新技术在生活中的普及和使用，也成为读者们的谈资。[①] 科学技术对推动人类社会的发展进步，起着决定性的作用。可以说，科技是人类智慧的伟大结晶，创新是文明进步的不竭动力。

科技是评价一个国家综合国力的重要标志，它代表了创新和文明。科技源于生活，生活也离不开科技，在人们的衣食住行上，科技都起了重要的

---

① 韩松、黄燕：《当代报刊编辑艺术》，复旦大学出版社 2006 年版，第 324 页。

作用。科技方便了人类,也造福了人类。

科技专栏的特点是解释和传播某种新成果、新知识或交流学术动态与见解。[①] 宣传科技发明创造,普及科学知识,是报纸应尽的义务。因此,科技专栏也可分为"科技发明"和"科普知识"两大类。

1. 科技发明

一项新的科技发明,尤其是对人类有直接贡献的发明创造,具有极强的新闻性,是人们较为关注的新闻。

我们应该看到,由于科技报道专业性很强,"外行看不懂,内行不屑看的问题,已是新闻界'长胡子'的老问题"[②]。其中两个方面的问题尤为突出:一是术语堆砌,深奥难懂。对稿件中涉及的有关科学用语、专用术语等,记者常常是没有经过新闻化的处理,甚至连自己都没弄懂,就照本宣科,或是照搬专家的行语,或是直接引用鉴定书中的用语,结果把新闻弄得晦涩难懂,读者望而生畏。二是喧宾夺主,本末倒置。究竟什么是科技新闻的"主"与"本"? 当然是科技成果、科学内容本身。但是,不少科技新闻就是回避科技成果、科学内容本身,而只是由成果名称加上一些人们司空见惯的空泛评价及研究人员的事迹构成,失去了科技新闻的特色和价值。[③]

这个现象值得科普专栏编辑的高度重视,科技新闻报道如果做不到平民化,意味着你就要失去平民(即广大普通读者)。

人民日报原副总编辑梁衡认为,记者应当充当一名特殊的翻译工作者。"你先要假设你的读者不但对信息一无所知,就是对表达这信息的行话、术语也一无所知。你要设法用大众化的新闻语言来转述。这虽是一个传播过程,但实际上是同时做了两件事,一是传送了一件东西,二是传送的同时给它换了一个包装,就像我们的出口商品专用一个英文包装盒。这个翻译过程就算完成了。"[④]

在经营科技发明专栏时,编辑要多与记者沟通,尽量将专业性较强的科技发明稿写得通俗易懂;在编稿时尽量将行文编得生动耐读;在拟题时,尽量多用拟人、比喻、夸张等修辞方式,将标题变得活泼上口、形象动人。这

---

① 林克勤:《当代报纸专栏的类别及其特点分析》,《新闻界》2005 年第 3 期。

② 范敬宜:《总编辑手记》,人民日报出版社 2010 年版,第 174 页。

③ 刘海贵、尹德刚:《新闻采访写作新编》,复旦大学出版社 1991 年版,第 240 页。

④ 董岩、丁洪亮:《跟梁衡学新闻》,同心出版社 2007 年版,第 180 页。

样，就能大大提高科技发明专栏的阅读率。

以宣传人类科技新成果为己任的《科技日报》，在报眼位置固定刊发《最新发现与创新》专栏，介绍国内外最新科技研究成果。

我国研制出首台考古“移动实验室”

最新发现与创新

据新华社电（记者冯国　胡瑶）许多文物在发掘现场一面世就发生剧烈变化以至面目全非。如何减少失去珍贵信息的遗憾一直是考古学家们努力探寻的。我国研制出的首台可以在发掘现场进行文物探测与保护的车式“移动实验室”4日在西安亮相。

“移动实验室”是“十一五”国家科技支撑计划课题《文物出土现场保护移动实验室研发》的结果。该研究经两年多，创新性地将信息采集、智能预探测、分析检测、现场提取，以及应急处置与保护等功能单元集成搭载在移动车上，实现了传统的实验室和保护修复室前置到考古发掘现场。

北京大学教授严文明说：“这项研究为最大限度地获取信息和及时保护出土文物提供了技术可能，将大大提高我国考古探测和出土文物现场保护的能力。”

课题承担单位敦煌研究院研究员苏伯明说，“移动实验室”不仅配备有智能控制、传感器、计算机、传输、数据处理和空间技术等多学科技术和装备，还可以通过现场视频、温度、湿度监测和无线数据传输系统等，精确掌握文物埋藏的环境，实现对出土文物在第一时间检测分析和文物出土环境数据采集。

4日上午，在西安咸阳国际机场二期扩建工程考古发掘现场，来自国家文物局、中国社科院考古研究所等的10位专家对“移动实验室”进行了现场验收。

在唐代围沟墓考古现场，科研人员利用实验车上搭载的考古机器人，预先进入古墓内部查看，并将数据传回地面分析，对遗迹、遗址、发掘现场的图像进行现场数据测量和处理，再制订更加科学的发掘预案。

国家文物局副局长童明康认为，“移动实验室”为文物工作者提供了一个很好的工作平台，将推动现代科学技术在考古发掘和出土文物应急保护等方面的应用体系建设，提高考古发掘现场的多学科合作和综合研究能力。

中国新闻名专栏

最新发现与创新——《科技日报》（第3届中国新闻名专栏奖）

《光明日报》的《科学周刊》有个《科技动态》专栏，也是介绍当今科技的最新发明。

科技动态

有插座的地方就能上网

日前，一种新技术的出现，使得有插座的地方就能上网。TP-LINK日前携手美国无线通讯芯片供应商Atheros，推出全新的电力线通信产品，可实现在有插座的地方就能上网。

其具有高速稳定、环保便捷等特性，能更好地满足数据语音、视频等多应用的需求，促进宽带数据网、电话网、有线电视网和低压配电网的融合。

据介绍，作为一种全新的产品，TP-LINK此次推出了包括电力线适配器、电力线路由、电力线无线路由、电力线AP等4个系列10多款电力线通信产品，可满足不同用户的多种组网需求，并且比无线类局域网更稳定、更安全。

（田雅婷）

科技动态——《光明日报》

2. 科普知识

所谓科普知识，是指用通俗易懂的语言来解释种种科学现象和科学理论的知识。报纸作为普及科学知识的大众媒介，扮演“科普宣传的形象大使”这一角色是最为合适的。

从全球范围来看，我国国民的科技素养还普遍不高。20世纪末的一次世界公众科技素养调查发现，一些国家民众具备科学素养的比重为：美国25%，欧盟24%，加拿大4%，日本3%，而中国只占1.8%。[①] 因此，对于中国

① 朱金平：《新闻编辑论》，长征出版社2008年版，第42页。

来说，普及科学素养是任重而道远。当然，报纸也应义不容辞，担当重任。当务之急是要努力办好科普专栏，加强科普知识宣传，以期在推动国民科技素养上尽上一份力。

科学在哪里？科学就在我们的身边！《经济日报》开设的《身边的科学》专栏，就是普及发生在人们身边的科学常识，以及与人们息息相关而又不太为人知晓的科学知识。

《宁波日报》从 2008 年 11 月 6 日起推出《科普与生活》专栏，及时介绍国内外最新科研成果与科普知识，以期激发宁波市各行各业的创新意识，提升市民的科学素养。

2011 年 10 月起，《都市女报》设立《新闻实验室》专栏。这是一档集科普、娱乐为一体的新闻实验专栏，除了用精准的文字陈述新闻事实之外，还增添了实验视频版，让读者朋友更加充分地了解实验过程。

《辽沈晚报》的科普专栏名称更直接，叫《好奇就实验》。哪种饮料零食对牙齿伤害最大？哪种方法清除口腔细菌最好？报纸带着广大读者的好奇心，用实验的方式来普及科学知识。

身边的科学
SHENBIANDEKEXUE
为心脏重建通道

本报记者　杜　铭

“我国是先心病大国，每年出生10万至15万先心病患儿，其中有20%至30%是复杂先心病，目前复杂先心病患儿累积20万至30万，大部分已失去了手术治疗的机会。”在不久前召开的“右室流出道修复与重建”名家论坛上，上海交通大学附属上海儿医中心先心外科主任徐志伟教授介绍，我国婴幼儿复杂先心病的发病率要高于国外：美国每年仅有三四千例复杂先心病开刀手术，而我国婴幼儿复杂先心病需要治疗的病例要高达3万。复杂先心病已成为我国婴幼儿死亡和致残的重要原因。

先天性心脏病(先心病)是在胎儿期由于心脏及大血管发育障碍而引起的疾病。根据北京市的资料统计，先心病连续11年成为5岁内儿童的死亡首因，约每7个5岁以下死亡儿童中就有1名死于先心病。

有别于简单的先天性心脏病，复杂先心病自然生存率低、治疗难度大，向心脏外科医生提出更加严峻的挑战。“在复杂先心病患儿中，能活过12岁的仅有1%。不及时手术，会给患儿的生存质量带来很大影响，患儿经常会缺氧发作、紫绀，需要住院，影响上学。”北京军区总医院心外科主任姚建民教授说。

治疗复杂先心病，必须通过手术修复或重建右室流出道，让血液能够畅通地从心脏流向左右两肺，带瓣植入材料是手术必备的修补材料。北京安贞医院小儿心外科主任苏俊武教授说，先心病外科医生没有带瓣管道，就像少只手，“如果没有带瓣管道，要么手术做不了，要么术后很麻烦”。

身边的科学——《经济日报》

绿茶有助缓解帕金森病

新华社新加坡10月24日电（记者陈济朋） 新加坡国立大学的一项研究发现，绿茶中的一种成分能与一种人体蛋白质相互作用，有助缓解帕金森病的症状。

据新加坡媒体报道，这种名为EGCG的抗氧化物存在于绿茶和红酒中，它能与生物体内的AMPK蛋白激酶发生作用，从而保护脑细胞。

新加坡国立大学医学院的研究人员利用果蝇进行实验后发现，EGCG有助于预防患帕金森病的果蝇脑细胞死亡，这些果蝇的行动能力也相对更好。

研究人员希望与医药企业合作，依据上述发现，研发治疗帕金森病的新药。研究人员说，目前应对帕金森病的药物主要是对症治疗，其计划研制的新药可对人脑细胞发挥保护作用。

研究人员还指出，喝绿茶虽然能起到一定的保护作用，但新药有望实现更好的疗效，对脑细胞给予更实际的保护。

帕金森病是一种常见于中老年的神经系统变性疾病，病变部位在人脑的“中脑”部位。该处有一群名为“黑质神经元”的神经细胞，当这些黑质神经元变性死亡超过80%后，大脑的神经传导物质多巴胺会显著减少，直至无法维持其调节神经系统的正常功能，由此会出现静止性震颤、肌肉僵直等帕金森病症状。

孕妇不宜吃太多炸薯条

新华社伦敦10月23日电（记者黄堃） 欧洲的一项新研究指出，孕妇不要吃太多炸薯条等油炸或烧烤的淀粉类食品，以免自己的宝宝出生时体重偏轻、头部偏小。

研究人员在美国新一期学术刊物《环境卫生展望》上报告说，他们调查了英国、丹麦、挪威、希腊和西班牙等国1000多对母亲和婴儿的情况。结果显示，那些怀孕期间食用较多炸薯条等油炸、烧烤食品的母亲，其孩子出生时脐带血中丙烯酰胺的含量较高。

丙烯酰胺是油炸和烧烤淀粉类食品中容易出现的一种化学物质。近来有研究显示，摄入较多的丙烯酰胺对人体有害，并可能致癌。

本次研究还发现，那些脐带血中丙烯酰胺含量较高的婴儿，出生时的体重与其他婴儿相比平均轻132克，他们的头围与其他婴儿相比也要短0.33厘米。

英国布拉德福德健康研究所的科研人员约翰·赖特说，丙烯酰胺对新生儿的影响与人们熟知的吸烟危害可以相提并论，因此孕妇应尽量少吃炸薯条等油炸、烧烤淀粉类食品。

研究证实鲸能学人声

新华社供本报特稿 一些海洋生物研究人员确认，鲸类有能力模仿人类的声音。

美国国家海洋哺乳动物基金会研究人员萨姆·里奇韦10月22日发布报告，显示位于加利福尼亚州圣迭戈市海洋哺乳动物基地内的一头白鲸发声近乎人声。

声学分析显示，那头白鲸发声频率与人声相似，比其他鲸鱼低几个音阶。

与人类用喉咙发声不同，鲸类发声借助鼻孔。里奇韦说，那头白鲸以巧妙控制肌肉等方法，模仿人类声音。“我们听到的声音显然证实白鲸有能力学习发声。”

报告由学术期刊《当代生物学》发表。

涉及鲸类模仿人声，先前有不少猜测，一直缺少证据。圣迭戈海洋哺乳动物基地一名员工大约30年前发现供鲸类和海豚生活的水池内偶尔传出声音，类似两人对话，推测可能出自白鲸。加拿大城市温哥华一家水族馆内，一名饲养员一度以为白鲸在喊他的名字。

科普与生活——《宁波日报》

报料热线 0531-66951234 山东省新闻名专栏 济南市十佳栏目

新闻实验室 有图有真相 济南盐业特约刊发

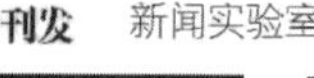

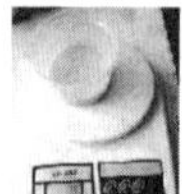

一瓶沙拉酱76%是油脂

糖醋汁、酸奶等都是健康替代品

女白领吃沙拉代餐

沙拉酱加热现“原形”

晚餐吃沙拉最健康

新闻实验室——《都市女报》(2012年度山东新闻名专栏奖)

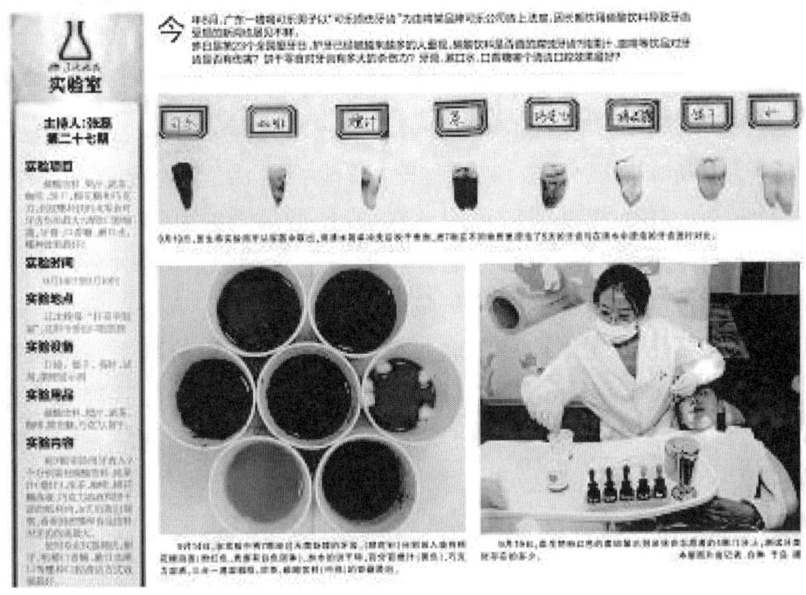

A24

哪种饮料零食对牙齿伤害最大？哪种方法清除口腔细菌最好？

碳酸饮料最伤牙　刷牙除菌最有效

实验室

实验项目

实验时间

实验地点

实验设备

实验用品

实验内容

好奇就实验——《辽沈晚报》(2011年度辽宁新闻奖专栏二等奖)

第七节　卫生专栏

所谓卫生，就是指能防止疾病，有益于健康。从词义上理解，卫生新闻包含两大块：一是有关于疾病方面的新闻。二是有关于健康方面的新闻，健康包括外在的身体健康、内在的心理健康。

确实，健康、卫生是大众最为关注的话题。只有讲究卫生，才能带来身体健康；只有身体、心理均健康，才能美满幸福一辈子。

因为卫生新闻尤其是病例新闻专业性较强，又是老百姓最为关心的，在写作上一定要追求通俗易懂。乔纳森·博是美国《巴尔的摩太阳报》的一位专写医学类新闻的记者，他曾经说过：“调查要彻底，写作要清晰，如果可能的话，还要感人，不好的医药新闻是给内部人员看的。”[①]乔纳森·博的意思是，卫生新闻写得好的标准是医院以外的人都看得懂。

所谓卫生专栏，就是专门刊发卫生新闻的专栏。从内容上来分，卫生专栏可分为“病例新闻”“健康指南”“心理健康”三大类。

1. 病例新闻

生老病死，是人类的一个永恒的话题。一个人因为什么原因得了什么重病甚至不幸病亡了？公众能从中汲取哪些经验教训？由于气候突变或某种疾病流传，最近医院里哪种病人较多？大家平时生活中应特别注意什么？有些人得了前所未闻的怪病，到底是啥病，能否医治，会否传染？这些话题都可以写成新闻纳入报纸病例新闻专栏，来提醒读者注意。

医院无疑是最出病例新闻的地方。形形色色的患者，各种各样的医生，就演绎出或悲或喜的故事。医院里，有记者写不完的新闻。[②] 为此，报社卫生新闻记者必须与各大医院的办公室或医生保持密切的联系，一有新闻对方会第一时间告知记者，记者也就掌握了足够的信息源。但这样做，记者毕竟是被动的。因为有些医院出于自我保护的考量，故意不将一些负面新闻告知记者，记者可能被蒙在鼓里，造成“信息短路”。

要想改变这一窘状，报纸也不是没有办法。首先，要组建一支强大的、无处不在的报料人队伍。报社的报料热线（包括电话、网络）要 24 小时开通，采用有价值的报料新闻后要按价值高低奖励报料人，这样就能大大提高报料人的积极性。如果奖金高的话，还可能会诞生一批“职业报料人”，届时报社就不愁新闻来源了。其次，报社也可以派出记者（一般以实习记者为主）专门在各大医院蹲点，采集稀奇古怪的病例新闻或突发性事件，这样就能保证记者在第一时间掌握第一手的新闻素材。

《大连晚报》的《诊室新闻》专栏、《长沙晚报》的《急诊室的故事》专栏，就是及时报道发生在医院里的病例新闻，并善意提醒读者引起注意。

当下，医患关系越趋紧张。为了让医患双方都能满足倾诉的需求，《都市时报》于 2009 年 9 月推出了《病房故事会》专栏，记者深入病房，细致采访，讲述发生在患者和医护人员身上的故事。让众多医者站在病人的立场考虑问题，

---

① ［美］卡罗尔·里奇：《新闻写作与报道训练教程》（第 3 版），钟新译，中国人民大学出版社 2009 年版，第 284 页。

② 朱金平：《新闻发现论》，人民日报出版社 2009 年版，第 87 页。

让更多的患者站在医者的立场上判断得失，潜移默化地化解医患之间的误解。

2014年1月3日 星期五　编辑/马眷　首席美编/平云　民生在线　诊室新闻　大连晚报　B3

天不像冬天 感冒跨年 患者多为小孩和青年

38摄氏度以下可物理降温，多喝水，多排尿

本报记者常婷

2013刚刚走过，有多少人是在咳嗽声、擤鼻涕声和高烧中迷迷糊糊跨了年。有人说："这一年也没怎么生病，临到新年竟然感冒了，还感冒得挺严重。"其实这几天天气特别温暖，都不像冬天了，正好赶上跨年，挺给力的，谁成想天儿好了，感冒的竟多了。昨日是新年第一天上班，办公室就倒了俩，隔壁办公室有一位因感冒无法上班。医生也感叹："感冒的一下子多了，至少多了30%。"

就怕天气由冷突然变暖

昨天上午8点半左右，记者在儿童医院门口看到，整个大厅爆满，干脆进不去人了。外面还不断有家长抱着孩子往里挤。不时有家长说："怎么感冒的这么多。"医生和护士忙得不可开交，根本没有时间接受采访。孩子有的烧得小脸红扑扑的，有的挂着鼻涕，还有的哭闹不止。一位家长告诉记者："前几天还挺冷的，这两天突然暖和起来，可能孩子出汗被风扫了，就感冒了。"

大连市第五人民医院呼吸科也是人满为患。呼吸科主任李明告诉记者："最近感冒的多了，特别明显，无论是门诊还是病房都至少多了30%的患者。"

天暖和了怎么感冒还多起来了？医生说，就是天暖和起来了感冒才多。如果天气一直寒冷倒没什么，就怕由冷突然转暖和，这样的温差最容易导致感冒。很多人衣服减多了，出汗啊，受风啊，这个度把握不好。据了解，这茬感冒多为年轻人和孩子，老年人倒不多。医生说，可能跟老人对于气温不敏感，即使温度上升也不急于减衣服，出汗少有关系。

38摄氏度以下可物理降温

医生告诉记者，一上午看的患者当中，有相当一部分发烧不到38摄氏度，有一位患者体温仅仅36.8摄氏度，就要来打退烧针，说自己的基础体温低。"这样的患者完全可以在家多喝水，物理降温。来了医院，全是感冒的，说不定病还加重了呢。"这次感冒以发烧为主要特征，成年人能烧到38摄氏度以上，儿童更高。医生说，只要发烧在38摄氏度以下，不管孩子还是大人，都没有必要到医院去，可以在家进行物理降温，多喝水，多排尿。如果物理降温一直都没有效果再考虑吃药、去医院。发烧超过38摄氏度的则要马上到医院，建议拍片子，排除肺炎的可能。

制图　平云

特别提醒

有些人一发烧就要打退烧针，医生不建议这样做，因为退烧针对于肠胃黏膜有刺激，不要轻易使用。再者，退烧针治标不治本，可能掩盖病情。

小贴士

维C并不能预防感冒

记者走访我市各大药房发现，维C泡腾片受到了市民的青睐，很多人都说吃维生素C可以治疗并且预防感冒。记者身边也有好几位朋友现在每天都在吃维生素C。它真的能预防并且治疗感冒吗？昨日记者就此询问了医生。医生表示，维生素C确实有提高人体免疫力的作用，提高多少因人而异，作用多大无法考证。但是不能治疗感冒。其实普通型感冒没有发病时间规律，一年四季都可能发生，在季节变化的时候更有可能发生。普通感冒通常不吃药也能好。说维生素C能预防感冒就太不靠谱了，维生素C药物的说明书里也没有明确指出具有预防和治疗感冒的功效。

最好的预防感冒的方法就是注意个人卫生，勤洗手，房间多通风，多喝水。饮食平衡，作息规律。在感冒多的情况下少去人群聚集的公共场所，不要依赖什么所谓神奇的预防，你的健康生活和好心情就是最好的预防。　常婷

临近春节，理发店生意越发火爆

理发工具不消毒 你用他用令人忧

本报记者沙鸥

本报讯 转眼又快过年了，理发店的生意也越发火爆，很多人利用元旦休假时间到理发店理发。昨日，记者走访了大连多家理发店，发现绝大多数理发店存在理发、烫发、染发所用工具随意堆放、不消毒、顾客之间共同使用的现象。有医生认为，理发店卫生意识淡薄，成了各种疾病的传染源，容易造成传染疾病在消费者之间交叉感染。

记者来到位于周水前某小区一家理发店，发现来这里理发的男女顾客都要穿上护服。然而这些护服都是顾客共同使用，有的护服领子处已经有了污渍；理发师为一名男子理完发后，随手在抽屉里拿出一个剃须刀开始为其刮脸，用完后又随手将剃须刀放在了抽屉里，不一会儿，这把剃须刀又被另一名理发师拿出来重复使用，期间剃须刀没有清洗、消毒更谈不上了。

按照国家《美容美发场所卫生规范》有关规定，美容美发场所应当设置公共用品用具消毒设施；毛巾、面巾、床单、被罩、按摩服、美容用具等公共用品用具应一客一换一消毒，分类收集、清洗消毒和存放，做好消毒记录。公共用品用具外洗的，应作好物品送洗与接收记录，并索要承洗单位清洗消毒记录。从业人员必须取得健康培训合格证明才能上岗。从业人员操作时应着洁净工作服，戴口罩。

然而通过走访，记者发现大多数理发店的毛巾基本上都能做到给每位顾客单独配备一两条毛巾，但无论是大型的造型美发连锁店还是小型理发店，很少有使用消毒柜消毒理发器具的，大部分都是在重复使用理发、烫发、染发器具。顾客在看到理发器具交叉使用时，也很少提出异议。同时，美容美发店会招收一些临时工，协助美容美发师的工作，这些临时工大多今天干东家，明天干西家，具备健康合格证明的很少。

"理发店是公共场所，使用的理发工具要接触许多顾客，容易沾染各种皮肤细菌如果工具不是一客一消毒，很容易发生交叉感染，产生头癣等皮肤病。有不少染上头癣的病人都曾表示之前曾到理发店剪过头发。剃须刀在剃胡须时，就算没有明显伤口的细微创伤，也可能会导致某些血液疾病传播。"大连某医院皮肤科医生李琳说。

诊室新闻——《大连晚报》(2013 年辽宁省新闻名专栏一等奖)

干细胞驯服两条"石头腿"

本报讯（记者 岳霞 通讯员 谭一啸）患者两条腿像石头一样，硬邦邦的，多处求医都毫无办法。近日，这名多发性硬化患者在长沙市中心医院接受了干细胞移植治疗，目前恢复良好。昨日，干细胞移植治疗中心主任李京湘向媒体发布了此病例治疗成功的消息。

54岁的伍女士2007年底在没有明显诱因的情况下出现左下肢麻木。由于当时并没有影响到正常的工作和生活，她没有在意。随着时间的推移，左下肢麻木症状逐步加重，并且右下肢也出现类似的症状。直到2008年11月，伍女士双下肢突然瘫痪、僵硬，卧床不起且伴有大小便失禁，严重影响了生活，她当即入住华中科技大学同济医学院附属协和医院就诊，后辗转来到长沙市中心医院神经内科。

干细胞治疗专家及神经内科专家对伍女士的病情作了详细的分析和认真的讨论，最后明确诊断为：多发性硬化（脊髓型），最佳的治疗方法就是进行干细胞移植。2009年1月，伍女士接受了4次干细胞移植。术后，通过在康复医学科进行针灸、按摩、站床训练以及神经治疗等一系列康复治疗，她已经可以单独完成坐起、翻身动作，并且能在别人的协助下站立、行走，且大小便能自主控制。看到自己现在的状况，伍女士感慨地说："原来感觉不到这双腿是我自己的，现在它们又回到我身上了！"

急诊室的故事

市一医院急救电话：4911120
市三医院急救电话：5145120

急诊室的故事——《长沙晚报》

昆明读本·病房故事会

“超级细菌”来势汹汹，昆明的两名医生说：

滥用抗生素等药物使细菌加速变异

患者应主动要求医生勿用抗生素

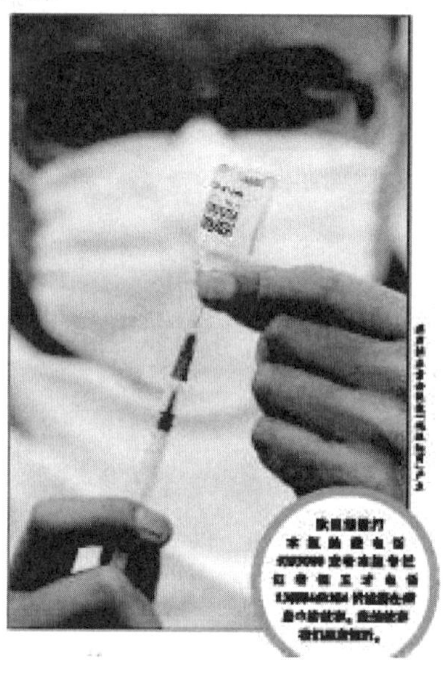

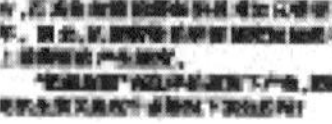

小颖担心感染“超级细菌”

医院 80%的抗生素被滥用

病房故事会——《都市时报》(2010 年度云南新闻名专栏奖)

2. 健康指南

随着人们生活水平的不断提高，追求健康成为公众最为关注的热门话题。健康分身体健康和心理健康两种，这里的“健康”特指身体的健康。

有病要治，无病要防，这样才能带来身体健康。身体健康还有一个被大众广为认同的公式：身体健康＝良好的生活习惯＋科学的健身活动。倡导人们坚持科学的健身活动，消除不良的生活习惯，应成为报纸健康指南专栏的重点。

《城市晚报》就有一个《健康指南》专栏，目的在于指导读者养成良好的健康生活习惯。

CITY EVENING NEWS 解读人生　尽读城事 CITY EVENING NEWS

2010 年 2 月 2 日　星期二

编辑：邵山红　美术总监：孟志刚　美编：沈长余　责校：卢文久　组版：孟冬梅

城市晚报

健康指南

城市人生　健康相伴

旅途一身轻（上）

春运防病手册

■记者　朴松莲/报道

日益临近的春节让"回家"成了每个人心中的头等大事。只不过，在这个归家的旅程中，除了即将见到亲朋的喜悦，还有很多跟健康有关的不和谐音符，比如食欲不振、腹泻、晕车、心脑血管疾病等。为了不让这些可能出现的健康状况影响我们与亲人团聚的大好心情，本报特别采访多位名医，提前给旅途中常见的健康问题开好"药方"。

症状一：呼吸系统疾病

处方出处：中日联谊医院呼吸内科主任　谭平

通常情况下，预防呼吸道传染病是旅途中的重中之重。谭平主任建议旅客最好多带几个口罩替换着戴，口罩戴一次后清洗，经阳光下晒干才能再次使用。应尽量勤洗手，适当增减衣物，适当喝白开水，每到一站都尽量到车厢外运动一下，呼吸新鲜空气。谭平主任不主张提前吃预防药物，当旅客出现流涕、发热、剧烈头痛等症状时应立即与乘务员取得联系，及时送治。

对于有过敏性鼻炎、慢性呼吸道疾病的旅客，应坚持规范用药，特别是有哮喘的患者，最好携带雾化吸入防止哮喘的急性发作。

症状二：食欲不振

处方出处：吉林省人民医院中医科主任　刘平夫

长途旅行是个体力活，"吃得好"就显得格外重要。而"食欲不振"是很多人的常见症状。刘平夫主任建议，旅途中的饮食尽量要清淡，中医认为清淡饮食本身就有清热泻火的功效。如果食欲不振的状况是因上火造成的，可以带上健胃消食片。如果是由心情不好引发的食欲不振，则可以吃些逍遥丸，症状就会得以缓解了。

症状三：腹泻、便秘

处方出处：长春市中心医院消化内科主任　刘少田

一般情况下，要购买有正规渠道的食品，尽量不吃熟食，不喝生水。出现腹泻，首先要禁食，一般为 12-24 小时，少量饮水，以防出现脱水；情况严重时，可以服用黄连素、氟哌酸、思密达等止泻药物。

对于便秘，刘少田主任建议：首先要多喝水，多吃香蕉；其次可以有规律地按压腹部，方向为从右下至右上横行至左上再下行；情况严重，可以吃胃肠舒、莫沙必利等胃肠动力药，必要时还可以吃比沙可定、谷维素等缓泻药。

资料图片

症状四：心脑血管疾病

处方出处：吉大二院心内科孟晓萍教授

长时间旅行，对于继往有冠心病、心绞痛、心肌梗塞、高血压的病人，在发病期间不建议长途旅行。孟晓萍教授认为，空气不好及颠簸的车况都会诱发心脑血管疾病发病，建议那些病情已经稳定可以乘车的冠心病、心肌梗死患者，旅行前一定备好硝酸甘油类急救药。

"收缩压高于 160mmhg 的人出行前先将血压降到 140mmhg/90mmhg，130mmhg/80mmhg 才能出行，以免旅途劳累过度出现脑卒中。"孟晓萍教授特别指出，就算是稳定期的病人，要随身携带对个体而言效用最好的降压药才能出行。

症状五：下肢肿胀

处方出处：吉林省人民医院中医科主任　刘平夫

对于下肢肿胀的问题，刘平夫主任提醒读者，久站久坐，都要在尽可能的情况下常换换姿势，比如垫脚尖、活动一下腕部等，当出现下肢浮肿时，最好能找地方坐一会儿，同时将腿与躯干呈 90 度角伸直。"如果有条件的话，可以在脚心贴上暖脚贴，从而改善末梢血液循环，浮肿也可得到一定缓解。"

健康指南——《城市晚报》

2011 年 11 月，浙江省医学会各分会与《钱江晚报》共同推出网上"浙江微博医生"平台。"浙江微博医生"由一个包括 300 多位专家在内的微博群支撑。病人的求助信息将被转发给相应科室的专家，并予以答疑解难。目前，《浙江微博医生》专栏已成为《钱江晚报》的热门专栏。

当下，食品安全问题成了社会热点，老百姓渴望媒体对食品安全作出科学解释、科学指导。《大河健康报》2008 年 10 月起推出每周两期的《健康话题》专栏，把新闻与科学结合起来，注重知识、注重信息、注重新闻、注重评论，尤其注重科学评论，在媒体之林中独树一帜，受到读者广泛好评。[①]

① 摘自《健康话题》专栏参加第 22 届中国新闻奖评选的推荐材料。

新浪微博 beta

浙江微博医生

溃疡烦人，吃饭不香说话不溜

会癌变吗？去医院看哪个科？口腔科博士给力回答

本报记者 王蕊

“口腔生溃疡，弄得我说话、吃饭都不方便……”“每次发作，半个月一个月都不会好，会癌变吗？”上周起，在浙江微博医生平台上，来咨询口腔溃疡毛病的网友特别多，有人说舌头“长刺”了，有人说腮帮子“咬烂”了，记者粗粗数了一下，有30来个相关问题。去哪个科就诊？吃什么药？怎么预防？都让他们十分纠结。

网友“钱塘江0520”：每天不断的口腔溃疡，弄得我说话、吃饭都不太方便，这是什么原因？还是人体缺少什么元素？如果去医院的话挂什么科？请指点谢谢。

网友“小宣meme”：本人23岁，女，经常口腔溃疡，一个月都要长个一两次，而且吃普通的维生素B_2效果也不大，请问该吃什么药呢？……

面对这些问题，微博医生志愿团很给力，杭州口腔医院院长王仁飞和几位专家，往往在几分钟内就一一给以解答。

记者也打听了一下，现在杭城的省、市级综合医院，在口腔科门诊中，大多有专家对溃疡进行诊治。开出专科门诊的，则有杭州口腔医院和省口腔医院。挂号的科目是“粘膜病专科”门诊。

申俊博士、赵曼博士是专看口腔粘膜病的专家。申俊博士目前在杭州市口腔医院执诊。赵曼博士在省口腔医院口腔粘膜病专科门诊坐诊。

记者昨日与两位博士联系上，请他们聊聊这个毛病的防与治。

赵曼告诉记者，口腔溃疡是常见病，发病率有20%，几乎人人都会得这个毛病。“门诊碰到最小的口腔溃疡患者，还不到一岁，还没长牙的奶娃娃。年纪大的，七八十岁的也常见。”

患口腔溃疡无须马上就诊。一般患者在两周以内可以自行愈合。如果想恢复快一点，可以吃维生素复合B，或葡萄糖酸锌；也可以到药店买促进局部粘膜愈合的外用药。

不少人患了口腔溃疡，就觉得自己是上火了，问喝凉茶能不能“去火”，消除口腔溃疡？申俊说，上火是中医的说法，但也有实火虚火之分，最好不要盲目靠凉性食品去火。

如果发生频率很高，比如一个月会发几次，或者一次溃疡一个月还没有痊愈，最好去医院找医生，做个相关检查。因为反复发作不但影响生活质量，也可能是其他疾病的症状。比如有L型链球菌感染、疱疹病毒感染的情况存在。

那么经常口腔溃疡会不会癌变？赵博士认为，反复性口腔溃疡与口腔癌并没有直接的关系；反而是一些人假牙勾破造成创伤性溃疡，要警惕癌变。

如何预防？赵曼建议说，因为口腔溃疡跟休息睡眠、精神状况、饮食肠胃等有关，有些人熬夜、吃川菜，就会发，所以保持良好的生活习惯很重要，尤其要均衡饮食，多补充些维生素和微量元素。

微博最新热问

天冷了，我担心长冻疮

1、“Avery_Sun”问：每年冬天我的手都会长冻疮，而且手经常是冰冷的。请问该怎么办？

浙江微博医生“市一”：预防冻疮最有效的方法就是适当运动，慢走啊，爬山啊就可以了，但是要坚持。运动可以改善末梢毛细血管网血流状态，预防冻疮。同时，天冷后要注意保暖。但是，不要贪暖。受冷后立即热水泡手、捂手，容易使毛细血管麻痹，更易长冻疮。

2、“快乐时光1517192293”问：请问我的头痛今天又发了，散利痛吃了都没效果！怎么办！我的头痛已二十多年了！

浙江微博医生张力三：女性，二十来年的头痛，偏头痛可能性大（确诊需要去医院神经科看）。偏头痛处理包括三方面：1.尽量避免发作诱因（自己评估）；2.发作时服用止痛药；3.若发作过于频繁（如超过2次/月），给予预防性治疗。

3、“昊2258273411”问：我想咨询一下，我家宝宝9个月了，晚上经常哭，闭着眼睛，还转来转去。给他喂上奶，一会儿就好，不知道为什么？

浙江微博医生何内华：晚上吃奶不多的话，不要再给他喂，宝宝几天后习惯了，不吃了，睡得也好了。我儿子小的时候也是这样，我是当着他的面把奶瓶拿走，他那个伤心啊，现在想起来有点残忍。

本报记者 王蕊 整理

浙江微博医生——《钱江晚报》

健康话题

从染色馒头看食品欺诈

□杨青平

上海的染色馒头，非法添加了食品添加剂，媒体、消费者、专家、执法者都认为它有害健康，甚至把它称为“毒馒头”。其实，它没那么毒，它的问题在于食品欺诈，如今食品欺诈已泛滥成灾，染色馒头只是冰山一角。

在《食品添加剂使用卫生标准》里，碳酸钠（俗称碱面、苏打）、碳酸钾（与碳酸钠性质相近）可以用于馒头。还有，源于柠檬的柠檬酸、柠檬酸钠、柠檬酸钾，源于苹果的苹果酸，源于葡萄的酒石酸，源于酸奶的乳酸，作为酸度调节剂，可以不限量地用于各类食品，当然也可以用于馒头，可是没人用于馒头，除非你想蒸酸馒头。其他添加剂都不允许用于馒头。想想也是，蒸馒头放碱面就可以了，放别的纯属多余。

然而，上海染色馒头却非法添加了山梨酸钾、甜蜜素、柠檬黄。这三种添加剂可以用于其他食品，违规添加甜蜜素的现象很普遍，我们平时吃的馒头有点甜，还以为是人家发面发得好呢！

柠檬黄是着色剂，无毒，体内无残留，原状排出，按照我国《食品添加剂使用卫生标准》，柠檬黄在糕点、饮料中的允许量是千分之零点一。

上海染色馒头限量添加这三种添加剂，虽然不会危害健康，却是对消费者的欺诈。添加山梨酸钾，延长保质期；添加甜蜜素，改良口感；添加柠檬黄，染成玉米色。这都是对消费者的欺诈。

为了欺诈消费者，生产者不会有滥加的动机。馒头在超市上架的时间不会长于糕点、面包、饼干、饮料，所以不必超量添加山梨酸钾；馒头不能比糕点、面包、饼干、饮料更甜，所以甜蜜素不能加得更多，多了就露馅了；染色是为了冒充玉米面，如果黄得像糕点、饮料那么鲜艳就失真了，所以也不会加得更多。从检测结果看，上海染色馒头添加的柠檬黄在允许范围之内。有人认为，玉米面不可能磨得和白面一样细。这属于知识欠缺。玉米面的淀粉分子与白面的淀粉分子，结构是不一样的，再怎么磨，面粉的粗细也不会一样。正是由于消费者知识欠缺，商家才肆无忌惮地进行食品欺诈，染色馒头只是冰山一角，事实上，食品欺诈已经泛滥成灾，举例如下：

除了玉米面馍，还有高粱面馍、荞麦面馍、杂面条等，都是用别的染色剂染的；

老鳖无疑是人工养殖，却硬要冒充野生的；

用富含添加剂的配合饲料喂养传统品种的鸡，下的蛋美其名曰柴鸡蛋，打着有机鸡蛋的旗号，其实和现代品种鸡的蛋是一样的，只是个头小了点；

用牛肉味的复合香精（俗称牛肉膏，无毒），把猪肉腌制成牛肉味，冒充牛肉，卖牛肉价钱；

用骨头味的香精调制骨头汤，用羊肉味的香精调制羊肉汤，用猪肉冒充羊肉；

…… ……

健康话题——《大河健康报》（第22届中国新闻名专栏奖）

【专栏内存】

《健康话题》专栏定位

专栏定位:新闻性+科学性=科学评论。这在国内媒体中尚不多见。

形式体裁:集新闻性、科普性、评论性于一体。

风格特点:糅合了评论、杂文、科普、散文的风格。

读者反响:比纯粹的新闻评论可读性更强,比纯粹的科学知识说服力更强。

新闻出版界反响:上海大学出版社主动和《大河健康报》联系,精选2010年以前刊发的114篇文章,于2011年1月结集出版,书名为《观念决定健康》。

——摘自《健康话题》专栏参加第22届中国新闻奖评选的推荐材料

3. 心理健康

随着社会文明的不断进步,人们对幸福和健康有了更高的追求。心理健康,这项在早前容易被忽略的人类健康的重要指标,如今正受到越来越多的人的关注。从科学的健康标准来看,只有"身心健康+身体健康"才是真正的健康。

那么究竟什么是心理健康?它的衡量标准又有哪些呢?心理学家认为,人的心理健康包括以下七个方面:智力正常、情绪健康、意志健全、行为协调、人际关系适应、反应适度、心理特点符合年龄。

随着人们生活节奏的加快,工作、生存竞争的压力剧增,社会上有些人的心理问题越来越突出了。心理健康有问题,到医院找心理医生治疗是最好的疗法;而报纸开设心理健康专栏,加强心理健康知识的宣传和普及,也是一种辅助疗法,对于预防或治疗轻度的心理健康疾病,或许疗效更佳。

2007年4月6日,《深圳特区报》推出《心理陪护热线》专栏,他们在"开栏的话"中是这样说的:"也许你正在经历着难以排解的心理困扰,也许你正在内心独自挣扎,可能是人际关系,可能是找工作不顺,可能是情感受挫,也可能是孩子的网恋或者学习问题……但你可以握住一双温暖的手。从本周起,本报与深圳市心理危机干预中心合作,开设《心理陪护热线》专栏,我们会尽力给你提供帮助。有任何心理困扰,请拨打24小时心理陪护热线25629459,或者电邮至 xinlipeihu@yahoo.com.cn。"读者看了这段"表白"

后，心里肯定是暖暖的。

心理陪护热线

深圳特区报

深圳市心理危机干预中心

联合主办

陪护热线电话：25629459

她很想有个家，却难以与未婚男士交往，甚至对方一碰到她的手，她就全身难受、恶心……她今年24岁，已当过3名已婚男士的情人，但这样的关系，也让她感到痛苦，她时常觉得自己很失败，生活没有意义，有时会想到死——

她为何如此害怕结婚

本报记者 刘一平 通讯员 邵春晓

电话接通后，洪小姐（化名）刚说了一句话，就在电话那头抽泣起来。她说她很想有个家，但她无法与未婚的男士交往，对方一碰到她的手，她就全身难受、恶心，无法继续交往下去。她今年24岁，已当过3名已婚男士的情人，但这样的关系，也让她感到痛苦，她时常觉得生活没有意义，有时会想到死。

一提到童年的往事，她也忍不住哭泣。她家中兄弟姐妹众多，家境贫寒，父亲是家中说一不二的权威，母亲善良而老实，任劳任怨，逆来顺受，经常被父亲打骂。童年时的洪小姐经常在晚上无声地躺在床上，注意着父母在隔壁房间有没有发出争吵的声音，她经常感到害怕，并在哭泣中入睡。童年的经历，给她留下太深的印象，以至于现在也还常梦到父亲在骂母亲、打孩子，并从梦中哭醒。

高中还没毕业，洪小姐来到深圳，在一家餐馆打工，正值青春年华，她谈了几次恋爱，但均失败了，因为她总是莫名地害怕与男青年交往。由于无法与单身男人交往，她几次成为已婚男人的情人，但这种关系并没有让她感到开心，因为她发现，他们多会在外面拈花惹草，让她感到很难受，觉得对方并不是真爱自己，对她并不好。在这些年中，她觉得她最爱的是一名40多岁的中年已婚男人，但这位中年男人拒绝了她的感情，因为他觉得她对他太过依赖，让他受不了。

随着一次次不成功的恋爱，她觉得生活太难、自己很失败，其实她很想结婚，但却无法建立正常的恋爱关系。

现在父亲已经年老，加上家庭条件也在好转，他不再像以前那样对妻子和孩子动辄打骂，不过洪小姐跟他很少说话，对他似乎还是有点恨，与母亲的交流也不多，心中对母亲充满同情。

专家分析，其少年的成长经历让她对婚姻对爱和安全感的认识在内心形成强烈冲突，导致心理问题，建议她接受长期的心理辅导

专家分析

害怕结婚、又想结婚，这是她的内心冲突

“洪小姐其实真正想要的，是爱与安全感。虽然她想结婚，但让她害怕的也正是结婚这件事。因为要想获得爱与安全，只有通过结婚，并用婚姻这种形式得到保证；但她又害怕结婚，因为她从她的成长经历中感到，婚姻是会给人带来伤害的一件事。所以她既想结婚、又害怕结婚，形成她内心的强烈冲突，也因此导致她出现心理问题。”深圳市心理危机干预中心执行主任、深圳市康宁医院主任医师林绪标分析说。

为何害怕与未婚男士交往

林绪标认为，童年对父母吵架的经历，让洪小姐一直受到困扰，她把父亲的形象泛化为所有男人的形象，认为所有男人都会像她父亲那样打老婆、骂孩子。

这使洪小姐把婚姻同恐惧联系在一起，影响到她的恋爱，虽然刚开始交往时感觉很好，但继续交往到关系密切时，她就会感到害怕，担心关系发展到谈婚论嫁的程度。因为与未婚者交往到一定程度，对方往往就会提出结婚，这种恐惧，使洪小姐出现躯体上相应的症状，如浑身难受、恶心、想吐。

与已婚男士交往是为了避免婚姻

既然很想结婚，却只愿与已婚男士交往，这不是与愿望背道而驰吗？

对此，林绪标认为，这恰好说明洪小姐的内心深处隐藏的对婚姻的恐惧。“既然交往的对象是已婚男士，从这种交往的结果看，结婚的可能性就被大大降低，也就不用负结婚的责任，因为与未婚者交往的话，其结局往往就是结婚，或者对方会有提出结婚的可能，所以她愿意充当情人的角色。”

冲突导致了恶性循环

但是，即使作为情人不用负结婚的责任，在与已婚男士的交往中，洪小姐仍然感到不快乐。

林绪标认为，洪小姐的性格中有很多不安全感，这促使她更加地依赖男人，想从男人那里得到更多的爱。但是，该与男人保持怎样的距离？这对她是一个困惑：距离过近，过于依赖对方，男人会感觉到压力，继而对她敬而远之；加之有的已婚男人跟她在一起，并非出于对她的爱，因此她会感到，对方给她的爱不能让她满足，让她没有安全感。而这一点，会更让她害怕与男人的正常交往，而只愿充当情人的角色，形成一个恶性循环。这正说明她心里的冲突——既想结婚、又害怕结婚。

只要她与男性有交往，在需求上会出现很大的矛盾：一方面，她想获得爱和安全；另一方面，结婚又让她心生恐惧，而跟已婚男士交往，恐惧感就不会那么强烈，但仍然害怕被伤害。

“所以，她只能从情人的角色中，去满足自己的对爱与安全的需求。但一个人作为别人的情人，还是有很多被伤害的可能性，也难以真正快乐。”

心理辅导摆脱恶性循环

林绪标认为，洪小姐如果想要摆脱恶性循环，需要长期的心理辅导。

这种辅导的第一步，要慢慢帮助她建立对父亲的认同，比方跟父母多聊聊天，回忆一下往事，也可以跟兄弟姐妹多谈谈，他们心中的童年是什么样的？通过对父亲的认同，再慢慢建立起对男性世界的认同，也就是对男人这个概念的认同，这很重要。其次，再帮她建立丈夫这一概念。“要让她认识到，对爱和安全的感受，可以用健康的方式得到。”

最后，洪小姐接受了专家的建议，同意接受心理辅导。

资料图

心理陪护热线——《深圳特区报》(2007年度广东新闻名专栏奖)

第八节 体育专栏

随着人们物质生活水平的提高，精神生活的水平也在普遍提高。其突出的表现之一，就体现在对体育事业的关心和参与上。[①] 这几年，我国的体育事业得到了突飞猛进的发展，竞技体育“墙内墙外都开花”，体育健身也深入人心。体育新闻越来越受到读者的关注和青睐。

体育报道在一份报纸及其读者心目中，是占有相当位置的。我国一位记者有一次问日本《读卖新闻》的体育部长：“在日本，体育报道占什么位置？你这个体育部长受不受欢迎？”回答是：“我们报纸的体育报道是窗口，是能进新鲜空气的窗口，大家爱看，我也很受欢迎。”[②]

报纸上的体育专栏，大致可分为“体育动态”“体育评论”“体坛趣闻”“休

① 朱金平：《新闻编辑论》，长征出版社2008年版，第43页。

② 刘海贵、尹德刚：《新闻采访写作新编》，复旦大学出版社1991年版，第247页。

闲体育”四大类。

1. 体育动态

对于广大体育迷来说，重大赛事能看电视直播就看直播，看完直播再看报纸的深度报道或花絮新闻；看不上直播，必看报纸或网络，掌握第一手的比赛结果、数据和花絮。因此，对于报纸的体育赛事报道来说，首先要及时报道，截稿前结束的比赛要及时刊发；其次要做深，那些电视直播没有顾及的“背景”“花絮”，报纸要“拾遗补阙”，并加以突出处理。

重大的体育赛事，绝对称得上是“焦点”新闻。《大众日报》就有一个《体坛焦点》专栏，列于体育新闻版的头条位置。

中国球员姚明、易建联的加盟，使NBA比赛更受中国球迷的欢迎。《北京青年报》的《NBA战况》专栏就是及时报道比赛情况，以满足球迷的需求。

林书豪再现抢断绝技

NBA战况

本报讯（记者　李然）昨天，勇士客场以109比102击败猛龙，送给后者五连败，华裔球员林书豪再现断球特长，并有两次封盖表现。

林书豪首节便出场比赛，并很快送出一次漂亮助攻。第二节开始后不久，他又在防守端抢断了速度极快的巴博萨，运球至前场后助攻赖特命中3分。林书豪在防守中的侵略性已经成为了他的杀手锏，本场比赛他不但延续了抢断的成功率，而且还表演了封盖，卡尔德隆的突破上篮就被他干脆地摁了下来。

由于林书豪在攻防两端发挥出色，主教练让他打满了第二节。

上半场，林书豪贡献了3分、3次助攻、2次抢断和2个盖帽，表现比较全面。不过，这也是他全场比赛在数据上的收获，虽然他在第三节还剩4分半钟的时候就得到了出场机会，但感觉明显没有上半场好，仅仅得到了2分钟的表现时间。

本场比赛之后，主教练基斯·斯马特赞扬了林书豪的表现：“他在场上的团队意识很好，进攻中和队友的配合也不错。”

凭借自身鲜明的技术特点和敢于发挥的比赛精神，林书豪在勇士已经基本进入了轮换阵容，不过，这也和球队出现伤病有关系，如果林书豪在节奏把握和投篮技术上再有提高的话，他的运动素质和篮球智商完全可以让他在球队的地位得到进一步提升。

■林书豪的表现受到各方赞扬　■供图/IC

NBA战况——《北京青年报》

■ 体坛焦点

世锦赛小组赛完胜多米尼加

中国女排惊险出线

据新华社大阪11月2日电 2日，在日本大阪举行的2010年世界女排锦标赛D组比赛中，背水一战的中国女排3∶0战胜中美洲劲旅多米尼加队，确认了小组出线名额。

此战之前，中国队1胜2负，多米尼加队则3战皆负。由于中国队小组最后一个对手是实力强大的俄罗斯队，而多米尼加队将对阵弱旅加拿大队，此战若不能拿下多米尼加队，中国女排将基本注定小组赛阶段就被淘汰的厄运。

全场比赛中国女排在发球、扣球、拦网、反击等各个环节都发挥得淋漓尽致。相比对手的23个主动失误，中国队全场仅失误9次，发球就直接得了6分。虽然王一梅全场只拿下13分，马蕴雯拿下12分，但团队的力量使得中国队赢得相当轻松。

中国女排周三将迎来小组赛的最后一个对手俄罗斯队。

➡11月2日，中国女排队员在与多米尼加队的比赛中庆祝得分。 新华社发

体坛焦点——《大众日报》

2. 体育评论

看完赛事，每个人都有自己的看法和感受。但大多数人的想法还是比较简单，带有偏见，甚至是极其武断的，或者说是缺乏理性的思考。如果报纸能写一篇代表体育迷心声的评论出来，无疑能让人看后叫爽。因为这篇评论不仅喊出了读者的声音，也能提高读者今后的观赛、评赛水平。这就是体育评论的魅力。

如果说，在直播赛事上电视占优势的话，在体育评论上报纸绝对可以“扳回一局”。因为评论讲究的是以理服人，其讲的道理是经过作者反复推敲、斟酌而成的。电视、广播里读一篇体育评论人们不一定听得懂，只有拿着报纸来回读，方能读出其中的精髓。因此，加强体育评论专栏，也是报纸与其他媒体竞争的一个重要砝码。

《解放日报》的《有感而发》专栏、《新民晚报》的《场外音》专栏，都是针对体育赛事或体育新闻及时发表感想的。

《湖南日报》有个体育评论专栏叫《场外任意球》，在球迷心目中很有名。其评论文章诙谐、幽默，让很多的湖南读者如痴如醉。

3. 体坛趣闻

体育界也如文娱界一样，“明星大腕一大串，奇闻趣事频出现”。对于报纸来说，体育界的奇闻逸事，甚至是八卦新闻也是一座挖掘不尽的“宝藏”。因为这些新闻是读者尤其是“超级体育粉丝”最爱看的，也是最爱收集和议论的。

当一个“绅士球迷”

龚洁芸

有感而发

上海网球大师赛已经举办了三年，蝉联了三届年度最佳 ATP1000 大师赛。这是一项由球员直接参与的评选，参赛选手认为，上海有最精彩的比赛，最好的赛事组织，最好吃的食物，以及最可爱的球迷。费德勒也说：“我最爱上海的球迷，他们的热情，难以忘怀。”

网球是一项绅士运动，除了球员本身，网球运动带给人们优雅、尊贵的印象。知名的四大满贯，大多拥有百年历史和百年传承，有历史底蕴的赛事培育出大量专业球迷。专业球迷，不仅仅是指对网球规则的通晓，更重要的是，能够理解并尊重网球赛事的内涵。

我们看到，温网下雨时那色彩斑斓的一片片“伞花”；我们看到，美网被折磨人的雨水拖入第三周时，球迷脸上依然荡漾着灿烂微笑。大多数球迷都习惯了，他们走进赛场时，会自觉地关闭手机，关闭照相机闪光；他们习惯用一种温文尔雅的方式为球员加油助威。这是一项运动营造的文化，也是一段历史带来的人文沉淀。

从当年的大师杯，到现在的大师赛，上海培育了一个日渐成熟的网球顶级赛事，也培养了一批又一批网球爱好者。他们热情，他们可爱，但是他们或许还不了解网球单数局间才能走动的规矩，或许还不具备遇到大雨时需要的耐心，他们或许会忘了观球需要屏气凝神……和大师赛一样，他们可能还太过年轻。没关系，那就让我们陪着大师赛一起成长，让自己变得更专业，真正做一个绅士球迷。

有感而发——《解放日报》

场外任意球

哀伤之后

本报记者　禹振华

噩耗传来，乘车前往安哥拉准备参加非洲国家杯的多哥队，在安哥拉卡宾达遭到当地分裂势力卡宾达解放阵线的恐怖袭击，9人中弹，两人不幸身亡。

如此令人发指的恐怖主义行径，如此惨绝人寰的血腥手段，国际反恐斗争任重道远。

生命是珍贵的，逝去的生命是无辜的。仰望星空，我们该以怎样的方式来哀悼和纪念逝去的生命？

在南非世界杯开幕前1年半时间里，这已是第2次发生让人肝肠寸断的事件！2009年3月30日，在科特迪瓦，一个被称为“象牙海岸”的非洲国度，一场普通的世界杯预选赛，变成了世界悲。由于警方维持秩序无力，大量无票的球迷贿赂工作人员进场，导致踩踏事件发生，22人死亡，130多人重伤。

宝贵的生命，却宛若断线的风筝。哀伤之后，透过婆娑的泪眼，一个沉重的问号压在了世界人民的心头——南非世界杯安全吗？

场外任意球——《湖南日报》（2009年度湖南新闻奖专栏三等奖）

场外音

为寂寞鼓掌

12年磨一剑，徐根宝终于率队冲超成功。该为特莱士小将鼓掌，在中国足球这个大环境中，一帮年轻人能够耐住寂寞拼搏到现在，这份坚持令人感动。

今年特莱士能够冲超成功，确实有些出人意料。这支球队近两年接连被挖人，张琳芃、王佳玉、曹赟定、柏佳骏等主力先后离开，球队实力受损不小——有这些主力在，都没能成功冲超，走了这些人，还会有花头吗？此外，看着张琳芃等队友纷纷离开，去中超这个更高平台上赚大钱，留下来的年轻队员会心如止水吗？难能可贵的是，特莱士小将们克制了外界的诱惑，团结一心克服种种困难，冲超是对他们最好的回报。希望这些年轻人仍然能够保持一份平常心，因为属于他们的精彩未来，才刚刚开始。李元春

场外音——《新民晚报》

《成都商报》的《画说体坛》专栏，用图片形式反映体坛的一些趣事逸闻。

《重庆晚报》的《体育新闻》版有个《揭秘》专栏，专门“揭露”体育明星的生活趣事。

前日中超第12轮，陕西对杭州绿城，陕西队9号李毅错穿李彦的8号球裤，闹出笑话，"李毅大帝"不得不跑下场换上自己的球裤。

大帝穿错裤子

画说体坛

火箭新球衣遭骂

火箭将在下赛季增加一套新球衣，以金黄色为主调。但一些火箭球迷很难接受，毕竟红色才是火箭的主色调，一位球迷就表示："我痛恨金黄色，这是湖人的颜色，很难想像姚明穿上它打球是一个什么场景！姚明得分后你会鼓掌吗？起码我会犹豫！"

布鲁克斯要婚了

火箭组织后卫布鲁克斯昨日更新了博客，透露他要举行婚礼了，"我筹备婚礼已经很久了，它把我折腾得非常累。现在好了，婚礼很快就要举行，我对此万分期待。"1985年出生的小布年龄不大，但和女友布兰德已经谈了6年多恋爱，2006年5月20日，布兰德生下女儿米卡。

何雯娜学习老聂打瞌睡

奥运蹦床冠军何雯娜前天在沈阳参加了一场长跑活动，不知是不是起得太早，何雯娜忍不住像老聂那样当众打起了瞌睡。 邱季

画说体坛——《成都商报》

4. 休闲体育

体育，既有提高竞技水平和强身健体的功效，还有休闲益智、培养人们情操的功效。

所谓休闲体育，是指人们在闲暇时间以增进身心健康，丰富和创造生活情趣，完善自我为目的的身体锻炼活动，其特点是具有自由性、文化性、非功利性和主动性等。我们认为，时尚且民间广为流行的体育项目都可以算是休闲体育，如棋类、牌类、保龄球、台球、门球、攀岩、登山、极限运动、轮滑、龙舟、风筝、武术、健身操等。

因为休闲体育的民间化特征明显，弄不好大家也会来一手，所以更能为

揭秘

老公是本地房地产老板
别墅位于北碚三溪口

唐莉变身"辣妈"

消声匿迹一年多的重庆围棋美女唐莉终于有消息了，昨日，唐莉在微博上表示将"复出"，而同时，她还晒了不少近照，其中一张是她抱着儿子散步的照片，关于她此前结婚、怀孕的事情终于被证实。据悉，唐莉老公尽管不像传说中那样"富贵"，但也是重庆本地一家地产公司的老总，身家不菲。

生了一个儿子 唐莉升级为"辣妈"

今年4月，网上爆出唐莉已怀孕的消息，但她已离开公众视野7个月了，也没有任何记者联系到她。但10月29日，她开通了新浪微博，每天会发一些生活照，逐步公开了产子的消息，并给自己贴上"辣妈"标签。其中有　张唐莉抱着孩子在小区散步的照片，开玩笑说这是"大宝第一次街拍"。

老公是本地开发商 居家别墅均价一万七

相比其他体育明星的婚姻，唐莉十分低调，此前曾传闻她的丈夫是知名企业老总，家产上亿。昨天，记者多方打听得知，唐莉老公是一家地产公司老总，身家不菲，尽管没有传说中那么多金，实际上也是颇有实力。

据了解，唐莉丈夫的公司在重庆的开发项目都是别墅等高档楼盘，这位老总平时也很低调，从来没有接受过任何一家媒体的采访，一般地产活动也很少现身。而从唐莉曝光的照片以及她在微博里对家的部分描述来看，她正住在这家地产在重庆开发的温泉别墅里。据了解，该别墅位于北碚三溪口，独栋别墅均价1万7千元/平方米。　记者　余彦姝

揭秘——《重庆晚报》

广大读者所接受。报纸加强休闲体育专栏的经营，也不失为"接地气"、博人气的一条有效途径。

中国象棋是我国传统的休闲体育项目。《羊城晚报》每周推出的《周末棋局》专栏，满足了中国象棋爱好者的需求。

《生活日报》每周二有个《体育·象棋》专版，里面有个固定专栏《任云排局有奖征答》，刊发的是象棋排局特级大师任云先生专为《生活日报》创作的象棋残局，并对最早发来正确答案的4名读者发奖品。该专栏既普及了象

棋知识，又实现了报纸与读者的互动。

《解放日报》的《体育新闻》版也有一个休闲体育专栏，叫《一周牌例》，介绍的是桥牌的战术和技巧。

周末棋局

(逢周六出版，正确着法见下期)

环游琼岛 ·王訚冰·

(红先胜)

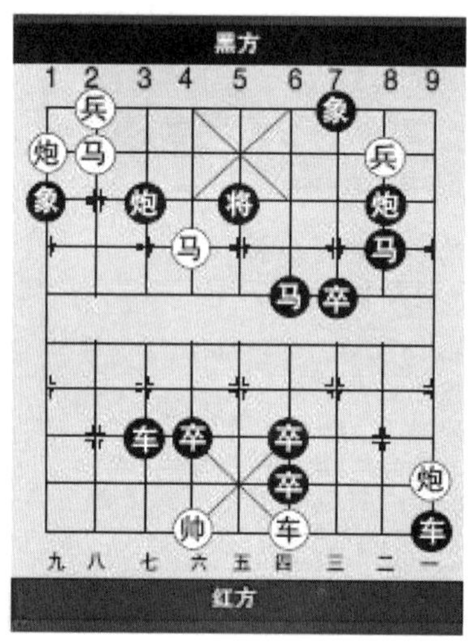

上期“车马骈阗” 正确着法(红先胜)

前车平四	将6进1	马四退二	将6退1
车三进七	将6退1	车三退八	将6平5
马二退四	将5平4	兵八平七	将4进1
车三进八	将4进1	马四退五	炮5进1
车三退一	将4退1	马八进七	马1进3
马五进七	将4平5	车三进一	将5退1
前兵平六	将5平4	马七进八	将4平5
马八退六	将5平4	炮七平六	炮5平4
车三进一	将4进1	马六退四	炮4平5
兵七平六	炮5平4	兵六进一	车1平4
兵六进一			

·陈建新·

周末棋局——《羊城晚报》

任云排局有奖征答

本期排局为象棋排局特级大师任云先生专为本报创作的“循序渐进”。如下图，红先胜。请您将答案发至daxbl@tom.com，最早发来正确答案的4名读者将获得奖品一份。参与者请注明姓名、身份证号码和联系电话。

联系人：王云豹

联系电话：15315113888

请徐金生、周海云持身份证到花园路200号群康冷饮门市部领取什锦冷饮冷食招待券一张。

联系人：王莹

联系电话：88902158

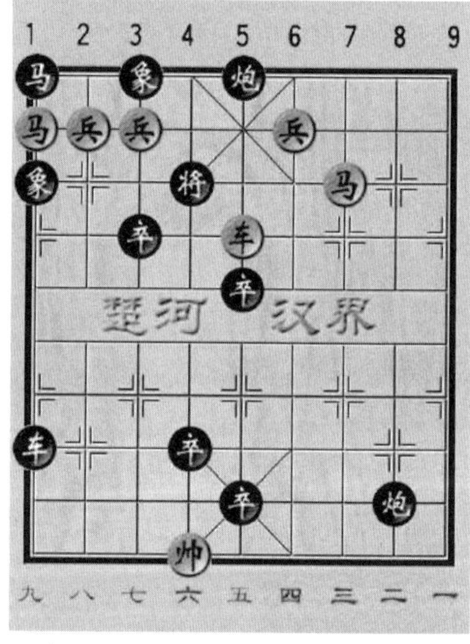

任云排局有奖征答——《生活日报》

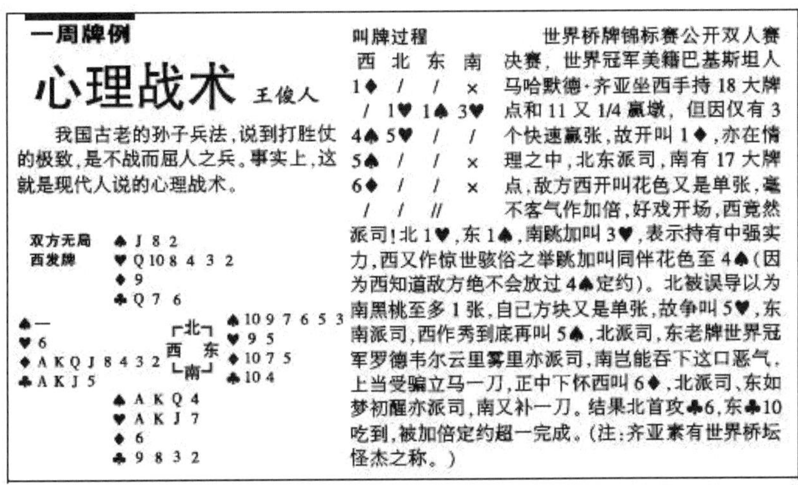

一周牌例

心理战术　王俊人

我国古老的孙子兵法，说到打胜仗的极致，是不战而屈人之兵。事实上，这就是现代人说的心理战术。

双方无局
西发牌

北：♠J 8 2　♥Q 10 8 4 3 2　♦9　♣Q 7 6

西：♠—　♥6　♦A K Q J 8 4 3 2　♣A K J 5

东：♠10 9 7 6 5 3　♥9 5　♦10 7 5　♣10 4

南：♠A K Q 4　♥A K J 7　♦6　♣9 8 3 2

叫牌过程

西	北	东	南
1♦	/	/	×
/	1♥	1♠	3♥
4♠	5♥	/	/
5♠	/	/	×
6♦	/	/	×
/	/	//	

世界桥牌锦标赛公开双人赛决赛，世界冠军美籍巴基斯坦人马哈默德·齐亚坐西手持18大牌点和11又1/4赢墩，但因仅有3个快速赢张，故开叫1♦，亦在情理之中，北东派司，南有17大牌点，敌方西开叫花色又是单张，毫不客气作加倍，好戏开场，西竟然派司！北1♥，东1♠，南跳加叫3♥，表示持有中强实力，西又作惊世骇俗之举跳加叫同伴花色至4♠（因为西知道敌方绝不会放过4♠定约）。北被误导以为南黑桃至多1张，自己方块又是单张，故争叫5♥，东南派司，西作秀到底再叫5♠，北派司，东老牌世界冠军罗德韦尔云里雾里亦派司，南岂能吞下这口恶气，上当受骗立马一刀，正中下怀西叫6♦，北派司、东如梦初醒亦派司，南又补一刀。结果北首攻♣6，东♣10吃到，被加倍定约超一完成。（注：齐亚素有世界桥坛怪杰之称。）

一周牌例——《解放日报》

第九节　军事专栏

军事专栏，是指报纸为刊发有关战争、军队建设和部队官兵生活的报道而设立的专栏。由于现在处于和平时期，与其他专栏相比，军事专栏在一般综合性报纸上属于偏门，而在军事类报纸上则比较多。

报纸上的军事专栏一般可分为“军营生活”“军事评论”“军情观察”三大类。

1. 军营生活

军营生活专栏，主要反映部队里官兵的日常训练、生活情况。部队是个禁区，不能随便出入。对于没当过兵的地方百姓来说，“禁区”里发生的新闻也挺有可读性。

《兵说兵事》这个专栏是《解放军报》在2001年初开办的，办栏的宗旨是：贴近基层，展现战士风采，表达战士呼声。《兵说兵事》专栏的最大亮点是，作者全部都是基层官兵中的业余作者。开始，该栏目的责任编辑担心稿件的质量是否有保证，后来通过最初几期稿件的示范引导，通过召开作者讨论会，培养了一大批专栏作者，来稿根本用不完。①

《光明日报》有个《军营小故事》专栏，反映的也是部队里发生的一些有趣的小故事。

位于东海之滨的宁波市，是海军东海舰队司令部所在地。故而，《宁波日报》十分重视部队新闻的报道，辟有《东海军民》专版。《东海军民》专版上有个《走进军营》专栏，内容也是反映鲜为人知的部队生活情况，展示当代军人的青春风采。

“水下长城之声”停播了

■南海舰队某潜艇支队六级士官　任晓海

我是一名潜艇声纳技师。没想到，我的一项建议，让舰队开办多年的“水下长城之声”小广播停播了。

去年的一天，我艇在水下与兄弟单位的某新型潜艇进行攻防演练。对手是性能先进的新型潜艇，艇长下令采取低噪声隐蔽潜航的方式，耐心搜寻对手踪迹。

一个白天平静地过去了，两艘潜艇谁也没发现谁。吃过晚饭，按照惯例，潜艇开展文体活动。要说潜艇兵的水下文体活动，那可真是丰富多彩：有“龙宫障碍赛跑”、“龙宫赛诗会”，还有“水下长城之声”小广播。我们艇的“水下长城之声”办得特别棒。那天，艇政委黄龙又下令“水下长城之声”开播。

广播刚放了不到1分钟，我就急匆匆跑来对黄政委说：“政委，赶快把广播关了！”“怎么了，不好听吗？”黄政委有点纳闷。我说：“不是不好听，是放广播容易暴露目标！”黄政委一听更纳闷了：“我们支队的潜艇播放‘水下长城之声’都十几年了，怎么以前没听说过会暴露目标？”

“您先把广播关了，我再跟您解释。”我有点急了。黄政委看到平时内向寡言的我一反常态，觉得肯定有什么地方不对劲，就赶紧下令关掉了广播。

这时，我从声纳室里取来一个笔记本，用上面记录的声纳资料，跟黄政委“理论”起来。原来，以前老式潜艇航行时机械噪声较大，对手声纳的灵敏度也不高，所以很多时候并不忌讳放广播。然而，现在潜艇低速潜航，噪声较小，不能掩盖舱室内的广播声。再说，这次对手艇上有新型声纳，灵敏度特别高，双方在一定距离以内，广播就很有可能暴露目标！

“原来是这么回事！”黄政委当即作出决定：停播本艇的“水下长城之声”，并在下周召开的支队汉训会上建议其他艇队也停播。

那天，黄政委从我那里借来几本声纳专业的书籍，他房间的灯亮到很晚……　　（彭　刘整理）

兵事感言　■武天敏

打信息化战争，老黄历翻不得，老经验靠不住。包括战时文化活动在内的战时政治工作，必须服务和服从于“打赢”这个大目标，在科学继承传统精髓的基础上更新内容，创新方式。这里不妨给艇政委们出个竞赛题：潜航期间激励士气、缓解疲劳，如果不放“小广播”，您还有什么好点子？

方　汉绘

兵说兵事——《解放军报》（第3届中国新闻名专栏奖）

走进军营
zoujinjunying

“甲板文化”多精彩
——91681部队见闻录

郎风　李栋

应91681部队之邀，记者日前登上了远离陆地的海岛，观看了一场别开生面的沙滩足球赛。

早就听说91681部队“甲板文化”开展得异常精彩。今日有缘跨山过海置身其中，记者很想为读者朋友们当一次导游，共同去“感受”一番91681部队的文体生活。

所谓“甲板文化”，是该部以及所属各舰艇开展的具有“海味”、“兵味”的各种各样文娱、体育、读书等等的业余活动的统称。

当晚，强烈的白炽灯光芒将整个“赛场”照得如同白昼，比赛在海边的沙滩上进行。胖墩墩的政治处主任陈发林是这场比赛的组织者。细长个儿的周玉云副主任当仁不让是裁判。

7时刚过，由两条艇上官兵组成的两支球队进入赛场——没有绿草如茵，更没有白色分界线，不过，气氛还是相当热闹。政委凌立玉是某艇队不上场的队长，大队长林云初自然是另一方某号艇的“军师”。守门的各为轮机长。双方实力相当，一场“鏖战”就在沙滩上展开……队员们的球艺实在不敢恭维，不过，他们的球风和那股子不服输的勇气，就是甲A队员来观战，也会感慨万千。

这里是国家级二类海岛。停泊在军港码头的战艇，为海岛平添了几分阳刚。当球赛开始时，记者登上了某艇。

也许因为是周末，舰艇的前甲板上也热闹非凡。“水兵之声大家唱”正在主炮前约10平方米的空地上举行。一位水兵正在起劲地唱着《骏马奔驰保边疆》……唱毕，“再来一遍”的喊声从周围响起。水兵落落大方拿起话筒，清清嗓子准备再唱。有人提议歌词得改一改，将“骏马”改为“战艇”。年轻的水兵很自信地回答：“没问题。”“战艇飞驰在海疆上，斩波劈浪所向无敌……”也许是歌手开始进入角色，也许是因为歌唱着“自我”，歌声比刚才更加铿锵有力。

一曲又一曲，有唱《说句心里话》、《咱当兵的人》、《军人道德组歌》的，也有唱《小白杨》、《梦驼铃》的……不是军歌便是民歌。真为如此多才多艺的战士们而骄傲。几位水兵情不自禁说起了他们这次出海的一些生活片断：正当他们在执行海训任务时，接到了指挥部命令：因为SARS，各艇在锚地待命，暂停了紧张的训练，“锚地心声”活动比平时更为热闹。

“锚地心声”是战艇出海期间的文化活动之一。由艇上“共青团书库”提供活动器材：各种文化、百科、文史、小说、名人传记等图书杂志，500多盘音像资料、棋、牌等。锚地上，官兵们跟着碟片高歌《咱当兵的人》、《说句心里话》，还有抒情的《军港之夜》；最喜欢听一中队有“战士歌手”美称的陈新斌唱《小白杨》。有时候，他们会面对大海齐声背诵毛泽东的诗词《长征》、《雪》以及革命导师马、恩、列、斯的名句。

学习的间隙，官兵们也会利用这短短的片刻时间，在甲板上举举炮弹以锻炼臂力，撇撇缆绳以提高自己专业技能，也跳跳绳、击击鼓，以放松一下身心。当然，所有的活动都在各自的崇拜者组成的“啦啦队”的大呼小喊中结束。

对于战士秦启龙来说，这期“锚地心声”令他终身难忘。那天是他的生日。可他并没有记住这个日子。当“锚地心声”音乐响起时，从广播中传来了俞艇长亲切的声音：“今天是咱艇秦启龙的生日。艇上没有生日蜡烛和蛋糕，全艇官兵齐唱《祝您生日快乐》。”唱毕，俞艇长又说：“今天的‘锚地心声’由寿星秦启龙主持。”小秦接过艇长的话筒，指挥全艇唱《咱当兵的人》。一位战士告诉我们，他从来没有听见过如此浑厚、如此深情的歌声。

皓月当空，晚风习习。我们漫步在营区，仔细打量着周围的一切。营区是海岛的腹部，四面除了海涛就是白茫茫的海水。“一个哨所一个兵，一年四季看星星。”曾在某前沿海岛上听说的一句话不由得浮现脑海。不过，境由人造，意随人变。同样的环境，因为这里有了丰富多彩的“甲板文化”，将海岛的孤寂扫得荡然无存；亲如手足的战友亲情早已驱散了思家之情；更有那远大的革命理想，化解掉了一切艰苦和磨难。

走进军营——《宁波日报》

---

① 朱金平：《新闻编辑论》，长征出版社2008年版，第83页。

军营小故事

宋朝华　李思琦　梁永俊

西藏无名湖哨所今年7月中旬开山，10月中下旬又将大雪封山。最苦的时候，中士张正勇和战友连续啃了半年罐头。团里刚刚送来一批新鲜蔬菜。张正勇笨拙地用数码相机拍下当晚最受欢迎的红椒肉丝，准备把这张照片放进网页。张正勇很想把自己的作品挂上真正的互联网，让重庆的女友大吃一惊。可他还不敢——这些天，连队官兵正为上不上互联网争论不休，话里话外担心泄密问题。

哨所至今未通电，生活用电靠柴油机晚上发两个小时。中国移动利用太阳能和风能互补，不久前才把机站落户连队。在哨所当兵8年的张正勇，还不知道有无线上网的事。这位老兵在雪窝里趴了3年，成功分析出外军活动规律，被评为"全国优秀共青团员"。

去年夏天军网联到哨所，大学生新兵高兴得手舞足蹈，张正勇却有点不知所措。连长看出与张正勇一样惘然若失的，还有若干个老兵，决定搞个"信息技术培训班"，张正勇第一个报名，还买了电脑。

哨所后面的山石上，几年前张正勇亲手刻下"奉献是军人的勋章"。今天，他翻出笔记本，在扉页上一字一划地认真写上："网络技术自学笔记"。"嘿，信息化，铺天盖地的，说来就来了"！张正勇憨憨地笑了。

军营小故事——《光明日报》

2. 军事评论

随着国际形势的风云变幻，人们对军事新闻越来越感兴趣，尤其是对权威而又富有前瞻性的军事评论最感兴趣。一旦全球发生局部战争或摩擦，或周边国家军事部署作出战略调整，或某个国家研制成功新型武器，报纸的军事评论专栏就成了"香饽饽"。

在军事评论中，《解放军报》无疑是最有权威的，其创办的《长城论坛》专栏经常就我国的国防建设和人才培养等发表高论。

如果将《解放军报》的《长城论坛》定位为以立论为主的军事评论专栏的话，那么《中国国防报》的《兵林百家言》，就可以算是以杂论为主的军事评论专栏了。

指挥员性格：另一种软实力

■陈　洪

打赢战争是军队建设的永恒主题，也是每个指挥员毕生的价值追求。探寻古往今来的战争史，你或许会发现：战争，不仅赢在力量，也赢在指挥员性格。

指挥员性格，是指人的性格共性特征之外，契合军官职业和军事活动特殊性的个性表现。它不仅关系到指挥军官自主性、能动性、创造性的发挥，而且直接影响着部队官兵的情感倾向和意志品质，在特定条件下往往可内化为强大的战斗力和凝聚力。

指挥员性格培育是"为将之道、治军之要"。历代杰出政治家、军事家，无不把指挥员性格培育作为一项重要工作。我国不少军事家把"知敌将之性"作为"知彼"的重要内容。在美英等国，很多将领都认为，性格是军事指挥人才最重要的品质。丘吉尔在给马歇尔将军的信中表述，他最钦佩马歇尔将军的性格。2005年7月，曾任伊拉克战场上美英联军副总指挥的英国皇家国防研究院主任约翰·凯兹利中将，在国防大学全军院校长集训上的演讲中说，未来战争，一个指挥官也许并不仅仅是军事方面的专家，他应该是全面的，尤其是在性格的培养方面更是如此。这些都充分表明，优秀指挥员性格特质的培育已成为提升战争软实力的重要内容。

指挥员性格缺陷乃"用兵之灾、败军之祸"。指挥员的性格，不仅是打胜仗的重要因素，也是打败仗的祸根，甚至会导致全军覆灭的灾难性结果。毛泽东多次指出，指挥员"不要做鲁莽的专凭热情的军事家"；不要一触即跳，对敌人的"挑战书"、旁人的"激将法"都要置之不理。克劳塞维茨在《战争论》中说，"容易激动和急躁的人，本来对实际生活就不适宜，因而对战争就更不适宜。"纸上谈兵的赵括难免在长平之战全军覆灭，目中无人的关羽终究走不出败走麦城的结局，自私狭隘的李自成虽能势如破竹入主京城，终因其小农性格而在42天后黯然撤离。当年有人曾谈到国民党将领汤恩伯，说他"战前排兵布阵还有些章法，可枪声一响，头就发蒙"，以至于吃了很多败仗。这些都是指挥员性格缺陷的生动写照。

信息化联合作战中，战场多维化、武器智能化、部队数字化、指挥自动化、任务多样化等，使战争的不确定性、突然性、危险性、残酷性增加，作为军队骨干与核心力量的指挥军官往往面临着巨大的心理和精神压力。在这种情况下，能不能做到"泰山崩于前而色不变，麋鹿兴于左而目不瞬"，往往成为应对挑战最根本的主观因素。由于长期的和平环境以及其他因素的影响，忽视了对指挥员个性的培养，一些单位和领导甚至不太能接受有个性的干部，压制了一些个性人才的成长。指挥员性格是部队风格的一面旗帜。可以说，有什么性格的指挥员，就能带出什么风格的部队。我军必须把大力培育和锻造指挥员性格特质作为打造军队软实力的重要内容摆上议事日程，置于突出位置，不断强化指挥军官性格特质的实战标准，打造一支具有适应信息化联合作战和完成多样化军事任务要求性格特质的优秀指挥军官队伍。

狄更斯说："一种健全的性格比一百种智慧都更有力量。"艾森豪威尔则言："在很大程度上，性格就是领导艺术的一切。"透过历史的硝烟，我们不难发现，正是指挥员的鲜明个性，改写了一场又一场战争的结局；展望下一场战争，我们不妨预言，谁重视了指挥员个性培育，谁就可能赢得战争的主动权。

（作者单位：广州军区政治部干部部）

长城论坛——《解放军报》(第2届中国新闻名专栏奖)

从"懒蚂蚁"现象说开去

□林国利　朱竟成

前不久，一些生物学家偶然发现：在蚂蚁世界里，不管蚁群数量有多大，在辛勤忙碌的蚂蚁背后，总有一批固定比例的"懒蚂蚁""无所事事"，"四处闲逛"。当科学家把这些"懒蚂蚁"尽数捉拿后，在不长的时间里，"勤蚂蚁"中又会分化出原有比例的"懒蚂蚁"。通过进一步观察，科学家们终于揭开了谜底：一旦整个蚂蚁王国即将遭遇危险时，"懒蚂蚁"们就会挺身而出，带领整个群体寻找出路，度过难关。也就是说，这些"懒蚂蚁"平时之所以四处闲逛，是为了搜集周边环境的相关信息，以便危机时刻指挥"勤蚂蚁"们迅速逃生。

"懒蚂蚁"现象告诉我们，任何组织的生存与发展，都需要有平日里勤奋做事、辛勤劳作的群体，也需要有平时看似"四体不勤"，实则在不停地观察、思考、判断和决策的"懒"群体。因为只有从忙碌繁杂的具体事务中解脱出来，他们才会有时间去思考，才有精力去探索。没有这种"懒"，其它的"勤"恐会面临危险。

当前，在世界新军事变革的大潮中，我军正面临着由机械化向信息化跨越式发展的历史关口。在实现这一历史性跨越的过程中，我们既需要有指导部队依法建设、按纲施训、扎扎实实打牢基础的"勤蚂蚁"式的指挥员，也需要有会思考、会创新、会谋划，能抓大放小，举重若轻的"懒蚂蚁"式的指挥员，只有同时具备了这两类人才，我们的军队建设才会大步迈进，"打赢"能力才会有的放矢地不断提高。

兵林百家言——《中国国防报》

3. 军情观察

军情观察专栏，就是聚焦世界热点地区的军事动态，盘点大国武器装备，追踪战略趋势，前瞻未来战争格局，以全新的角度、战略的眼光把握天下军情态势的专栏。

2010 年 11 月，《解放军报》开设了每周至少一期的《中国武官看世界》专栏。这些由中国驻外武官撰写的稿件贴近新闻热点，从独特的视角切入，以亲历式的手法叙述，图文并茂地呈现出各武官驻在国的政治、经济、文化和军事等领域的情况，给人以耳目一新的感觉。中国武官队伍身份特殊，使命重大，长期以来他们多是位居幕后。《中国武官看世界》专栏的推出，首次将这支队伍由幕后推向前台，不仅展现了我军事外交官的风采，更填补了国内军事新闻报道领域的空白。

走进美军太平洋司令部

■中国原驻美国武官　龚显禧

中国武官看世界

浩瀚辽阔的太平洋上洒落着颗颗明珠，其中最耀眼的一颗当属美丽的夏威夷群岛。这个由 142 个大小岛屿组成的群岛风光明媚，海滩迷人，既是旅游者的天堂，也是美军重要的军事基地。美军规模最大、历史最久的联合司令部——太平洋司令部就坐落在夏威夷瓦胡岛珍珠港以东 5.8 公里、哈拉瓦高地的史密斯陆战队兵营里。

美军太平洋司令部组建于 1947 年 1 月 1 日。1957 年 10 月，其司令部机关由珍珠港附近的马卡拉帕迁至史密斯兵营。太平洋司令部的辖区之大，在世界各国军队的司令部中绝无仅有。根据公布的资料，太平洋司令部下属军人和文职人员约 32.5 万人，辖区东起美洲西海岸、西至非洲东海岸、北至北极、南到南极，范围约 2.72 亿平方公里，包括 36 个国家和地区，比美军另外 5 大战区司令部——欧洲司令部、北方司令部、南方司令部、中央司令部、非洲司令部的辖区面积总和还要大。

然而，第一次去史密斯陆战队兵营参观时，太平洋司令部的机关大楼却让我大跌眼镜。那是一座仅有 3 层的土黄色砖瓦建筑，在外墙上还残存着许多日军袭击珍珠港时留下的弹孔。要是不说，很难把这座根本谈不上任何气派的房屋和美军规模最大的司令部联系起来。可是，走进戒备森严的内部后，我发现这是一座充满高科技的现代化指挥控制中心，所有部门和工作区都接入了网络，并使用了先进的信息处理技术，楼内还装有抗震系统、火灾报警系统、独立发电供电系统以及防恐怖袭击设施等。

担任驻美武官 4 年时间里，我多次参观了太平洋司令部，尽管每次负责介绍情况的美军军官不同，介绍的内容也有所变化，但始终不变的是美军军官在介绍到太平洋总部时显现出的自豪感。近年来，美国与亚太地区的经贸关系越来越重要，为了维护美国的地位和利益，太平洋总部发挥着越来越重要的作用。

和一般的军港不同，珍珠港里除了整齐停放的军舰、忙碌的士兵以外，还有两座纪念馆，一个是“亚利桑那”沉舰纪念馆，另一个是“密苏里”号战列舰纪念馆。

1941年 12 月 7 日，日军偷袭珍珠港，停泊在港内的“亚利桑那”号战列舰被日军飞机投放的炸弹击中，引爆了舰上的弹药库，几分钟内便沉入大海。舰上的 1177 名将士全部殉难，他们的遗骸随舰沉没在水中。为了纪念阵亡将士，教育后人，美国政府在“亚利桑那”号战列舰舰体上建立了一座纪念馆，里面刻着 1177 名阵亡将士的名字，供人们凭吊。登上纪念馆向水中望去，在海底沉睡的“亚利桑那”号清晰可见，锈迹斑斑的舰体默默向人们讲述着半个世纪前惨烈的一幕。有一次参观时，我看到“亚利桑那”号里冒出了一朵朵油花，身边的美国海军军官心情沉重地对我说：那是阵亡将士流出的眼泪。

在“亚利桑那”沉舰纪念馆不远处，停泊着“密苏里”号战列舰，这艘 1944 年 6 月服役的军舰先后参加了硫磺岛战役和对日本本土的攻击作战。1945 年 9 月 2 日，同盟国代表接受日本无条件投降的签字仪式，也是在“密苏里”号上举行的。当年的签字地点陈列着 4 张字迹有些模糊的纸张——日本无条件投降书的复印件。作为战胜国之一中国的代表，徐永昌将军的名字赫然在列。从 1999 年开始，“密苏里”号被改为纪念馆，一直停泊在珍珠港内，与“亚利桑那”号一起，成为太平洋战争开始和终结的见证。

一个是沉舰纪念馆，片片油花勾起人们对历史的反思；一个是受降舰纪念馆，威武钢铁展示着胜利者的骄傲。美国政府把这两个纪念馆放在一起，或许是在教育官兵，永远不要忘记美军历史上曾有过的耻辱和荣光，培育当代国民的爱国热情和民族精神。

太平洋总部前司令普理赫上将曾对我说过一句话：“美国是个年轻的国家，仅有 200 多年的历史，美国人很健忘，因此需要对人民进行爱国主义教育。”对任何一个国家来说，普理赫的这句话不也同样有着一定的启示吗？

下图：“亚利桑那”沉舰纪念馆（下方白色建筑）和“密苏里”号战列舰纪念馆。

本报资料图片

中国武官看世界——《解放军报》（第 22 届中国新闻奖参评专栏）

需要注意的是，由于军事专栏稿件的专业性强，又牵涉国家安全问题，一般的报纸对稿件内容是无法掌控的。因此，在编发类似稿件时，一定要严格审稿，同时要注意审稿级别。这样，就能避免出现政治性差错。

【专栏内存】

《中国武官看世界》专栏的特色

1. 为国防军队建设提供独到经验

在国防和军队建设领域，世界各国特别是西方发达国家有很多颇具特色且值得借鉴的做法。《中国武官看世界》专栏抓住作者群体对各国军队了解深入的特点，组织刊发了诸多眼光独到的文章。

2. 为外交工作开展提供有力配合

军事外交是国家整体外交的重要组成部分，对增进战略互信、深化彼此关系有着无可替代的作用。驻外武官的一言一行备受驻在国关注。《中国武官看世界》专栏刊发的多篇文章，以真实感人的情节反映了中外军队之间的友谊，拉近了彼此的距离，得到了外方的积极回应，对我军事外交工作的开展产生了促进作用。

3. 为读者了解世界提供新的窗口

在当前这个信息爆炸的时代，媒体要吸引读者必须在“新”字上下工夫。驻外武官人数众多、辐射面广、熟悉所在国情况，《中国武官看世界》专栏充分发挥这一优势，在紧跟时事的同时，推出了一系列受众感兴趣且内容鲜见的文章。不但给人以新的阅读体验，也发挥了良好的舆论引导作用。同时，开阔了读者视野，丰富了读者知识。

——摘自《中国武官看世界》专栏参加第22届中国新闻奖评比的推荐材料

第十节 国际专栏

随着全球化进度的加快，读者已不满足于了解身边发生的新闻以及国内大事，更要关注国际上发生的重大事件和重大变革。各报不断增加国际新闻版面就是一个明证。

国际新闻关注的焦点无非是国际时事热点和与中国有关的世界眼光，正如《参考消息》所倡导的那样：“用中国的眼光看世界，用世界的眼光看中国。"国人对国际新闻的偏爱也是基于以上的心理需求。[①]

从报纸同行竞争的角度来看,由于绝大多数报纸没有驻外记者,国际新闻的供稿渠道基本相同,导致国际新闻的同质化现象与其他新闻相比最为严重。报纸要想在稿源同质化不可避免的情况下追求个性化,增设专栏,加强新闻的整合力度,不失为一条妙策。

作为传统媒体的报纸,要与新媒体抗衡,在新闻的"快""量"上恐怕已没有优势,只有在新闻的"深"上可以做做文章。这个"深"就是深度报道:一是指内容要有深度;二是形式上要有深度,也即在版面上用大块组合体来体现报纸视觉上的深度。开设专栏,就能凸现报纸国际新闻在内容和形式上的"深"人一筹的优势。

从内容上看,国际专栏一般可分为"焦点新闻""国际观察""国际评论"三大类。

1. 焦点新闻

在国际新闻排名中,焦点新闻肯定最为人关注。焦点新闻包括发生于全球的突发事件、重大变革,以及政治、经济、外交、军事、科技、文化的最新动向。在编排国际焦点新闻专栏时,可以将当天最重要的国际新闻的动态、分析、图片及链接全部纳入专栏中,形成一个组合体,以打包的形式呈现给读者,给读者以最强烈的视觉冲击力。

报纸要充分利用国际焦点新闻专栏这个平台,使人们尽可能地穷尽对新闻事件的全面认知,尽可能接近新闻客观性的极限和新闻真实的核心。[②]

创办于2001年的《热点追踪》专栏,是《宁波日报》国际新闻版上的固定栏目。该专栏具有以下四个特点:一是精心制作,位置显著。《热点追踪》通常在版面中占有视觉优势,经编辑精心制作,用消息、图片、评论、背景及链接等多种形式把新闻做透。二是新闻性强,焦点所在。《热点追踪》抓住当天最重大的国际新闻,成为整个版面的精华部分。三是版式大方,风格统一。《热点追踪》运用图文并茂的报道形式,使内容的可读性与形式的美观性得到较好的统一。四是长期坚持,已成品牌。由于该栏目的高频率、高质量,已在读者中拥有良好的口碑。[③]

---

① 甘险峰:《当代报纸编辑学》,中山大学出版社2008年版,第279页。

② 甘险峰:《当代报纸编辑学》,中山大学出版社2008年版,第279页。

③ 摘自《热点追踪》专栏参加2008年度中国地市报新闻奖评选的推荐材料。

美英新提案下周出炉

预计将宣布伊拉克"进一步实质性违反了"联合国决议

■俄外长说：国际社会一致立场是解决伊问题的保证

热点 追踪

美国继续增兵

战争一旦爆发
美将提前通知以方

保护工作人员
美国五角大楼拟发防毒面具

萨达姆主持召开军事会议

讨论如何应对美军入侵，以确保取得最后胜利

核查人员再次启用 U—2 侦察机

热点追踪——《宁波日报》(2008 年度中国地市报新闻奖专栏一等奖)

在时效性偏弱这块短板制约下，深入解剖重大国际事件已成为部分都市报国际报道后发制人的"撒手锏"。[①] 2009 年，《都市快报》国际新闻部加大创新力度，设立每天见报的《绝对头条》专栏，将当天焦点新闻置于这个专栏中。

2. 国际观察

所谓国际观察，就是对国际新闻的观察、分析，以帮助读者理清脉络，更好地阅读和理解重大的国际新闻事件及幕后新闻。

国际观察专栏可分为两种：一是眼睛向外，观察、分析国际上发生的热点新闻；二是眼睛向内，通过别国的一些经验教训来破解我国国内出现的焦点问题。

《解放军报》的《国际观察》专栏，紧盯与我国军事、外交有关的国际焦点

---

① 姜贤正、钟松君、邓璟：《〈都市快报〉日常国际新闻报道的创新》，记者网，2010-03-01。

NEWS 都市快报 世界新闻

责任编辑/邓瑶 | 版式设计/庄文新

绝对头条

2010.4.24.星期六 12

朝鲜发飙

韩国的金刚山不动产 没收！韩方管理人员 滚蛋！

韩国说，它将强力应对朝鲜的非理性行为。朝鲜半岛，火药味越来越浓。

本月14日，朝鲜士兵在板门店拿望远镜观望。

2009年8月拍摄的金刚山旅游区

没收＋冻结＋赶人 金刚山旅游名存实亡

心血来潮？

朝鲜名胜地综合开发指导局发言人23日在首都平壤说，由于韩国政府顽固阻挠重开金刚山旅游项目，朝方决定没收韩国在金刚山地区的5处不动产，并冻结韩方其余不动产，驱逐韩方管理人员，以此作为对朝鲜经济损失的补偿。

这5处不动产是韩国政府拥有的金刚山南北离散家属会面所、消防署，以及韩国观光公社拥有的文化会馆、温泉场和免税店。朝方说，没收来的不动产，将收归国有或转让给新合作者。

朝方认为，朝鲜的做法是"行使主权的合法行动，符合国际惯例和规范"。如果韩方胆敢挑战朝方的做法，朝方将采取更严厉的后续措施。

金刚山旅游区位于朝鲜境内，1998年11月起由朝鲜亚太和平委员会和韩国现代集团合作运营。2008年7月，韩国一位女游客在旅游区附近的军事禁区遭朝鲜哨兵射杀，旅游项目随即中止。

此后，尽管朝韩经过多轮协商和会谈，但始终未能谈妥恢复金刚山旅游的事宜。今年3月，朝方宣布将不顾韩国反对，3月恢复开城地区旅游、4月恢复金刚山旅游。本月13日，朝方就把韩国在金刚山的5处不动产贴上"冻结"封条，不允许人员出入。

韩国媒体分析说，由于现代峨山公司（属于现代集团）在金刚山的全部不动产23日也遭冻结，这标志着金刚山旅游已宣告结束。朝韩另一合作项目，开城工业园区目前也陷入停滞，前途未卜。

不负责＋非理性 韩国要强力应对

忍无可忍？

面对朝方的强硬举措，韩国统一部23日说，韩方将予以"强而有力的应对"。

韩国统一部说，朝鲜的行为违反了经营者之间以及两国政府间的协议，也有违国际准则，无法接受。朝方举动从根本上破坏韩朝关系，完全阻碍了韩国政府为恢复金刚山旅游和韩朝关系稳定发展所倾注的全部努力，是"不负责任和非理性的"。

韩国统一部还说，朝鲜单方面撕毁相关协议，说明它不是一个可以正常商业往来的对象。更让人完全无法接受的是，朝方这次没收了跟金刚山旅游没有直接关系的、由韩朝两国红十字会为促进南北离散家属交流而设立的人道主义会面所。朝方要承担今后韩朝关系恶化的全部责任。

军舰沉没＋间谍被捕＋嘴仗 朝鲜半岛的火药味越来越浓

报复行动？

近来，朝鲜半岛的火药味越来越浓。

先是3月26日，韩国军舰"天安"号在西部海域执行警戒任务时爆炸沉没，舰上104人中只有58人生还。虽然舰首预计到今天才能打捞出水，但韩方目前掌握的诸多证据表明，军舰最可能是遭鱼雷击沉的，且最大的嫌疑对象是朝鲜。朝鲜媒体回应说，这是韩方的好战分子和右翼保守人士想给朝方"栽赃"。

4月14日，朝鲜花费540万美元放焰火，纪念已故领导人金日成诞辰98周年。此举遭到韩国总统李明博痛批，"花在焰火上的钱，买玉米给朝鲜饥饿的民众吃多好"。随后，朝方斥责李明博是"（朝鲜半岛）赤裸裸的叛徒"。

4月20日，韩国国家情报院和检察机构以涉嫌违反国家安保法，逮捕了两个朝鲜间谍：金某和董某，他们原是朝鲜人民军少校，在今年1月和2月先后入境韩国。韩方还认为，两个间谍可能跟"天安"号沉没有关。

就是在这样的大背景下，朝鲜23日发飙。分析说，这是朝鲜对韩国近日言行的报复。

22日出版的英国《经济学人》说，军舰沉没事件让李明博焦头烂额，尽管韩国军方有强硬派已扬言"回击朝鲜"，但从李明博近日的言行来看，他还是能谨慎应对军舰沉没事件，毕竟他面对的是曾两次核试验的朝鲜。

朝鲜23日的强硬"出手"无疑雪上加霜，把李明博政府进一步逼至墙角。

（综合新华社、中国日报报道）

绝对头条——《都市快报》

事件、热点问题，内外结合，观察细致，分析到位。

如今，国内报道也无法脱离国际新闻的支撑。我们常常可以看到，某一条关于中国的新闻，编辑如果不加上一个国际背景的链接，就仿佛缺少一点什么。不少编辑在组织报道时，越来越趋向于要求记者必须引用外国的事例作对比。①

《广州日报》就有这么一个类似的专栏，叫《热点问题看他国》。当国内出现新的热点、难点问题时，及时介绍他国的一些成功的做法和经验，以期对我们有所启发和帮助。《广州日报》的想法很巧妙，也很有个性，称得上是"国际新闻国内化"的一个创举。

① 韩松、黄燕：《当代报刊编辑艺术》，复旦大学出版社2006年版，第312页。

警惕外来势力插手南海问题

■新华社记者 陈 勇 吴黎明

国际观察

近日，美国国务卿希拉里·克林顿在东盟地区论坛外长会议上发表言论，称南海岛屿领土争议事关美国利益。这番言论表明了外来势力介入南海问题的“兴趣”，其背后的用意和可能带来的影响，值得南海周边国家警惕。

希拉里称：“在航行自由、开放进入亚洲公海水域和在南海遵守国际法方面，美国有着自己的国家利益。”她还称要推动多边磋商，并大谈在南海问题上反对使用武力或以武力相威胁，并要求争议各方遵守国际法特别是《联合国海洋法公约》。

由美国来要求各方遵守《联合国海洋法公约》是具有相当讽刺意味的。众所周知，自公约1982年诞生以来，美国为了保持海军和情报力量的“行动自由”，否认其他国家对专属经济海域的管辖权，一直没有加入公约，只是在最近几年才表示了一点意向。为什么一个“法外之国”来要求南海争议各方去“守法”？值得人们深思。

自2002年中国和东盟各国以《联合国海洋法公约》为准则，签署《南海各方行为宣言》以来，南海的形势保持了稳定，迄今没有发生威胁地区和平和航行自由的事态。美方提出所谓“使用武力或以武力相威胁”，然后无的放矢地“反对”，令人怀疑其用意。

历史经验证明，当国与国之间发生领土或领海争议时，外来势力特别是西方列强的介入，只会给当事国带来悲剧。西方列强往往会挑动其他国家陷入不和、纷争，埋下地区紧张的种子，然后以“仲裁者”、“平衡者”的身份介入，对争议各方“分而治之”，以谋求自身利益最大化。

十九世纪的英国作为头号列强，就以这样的策略对付殖民地国家；今天，美国在插手一些地区争议时，人们也可以看到类似的伎俩。事实上，迄今为止渲染和夸大南海“紧张局势”最多的，并非当事各方，而恰恰是美国的部分官员、学者和媒体。

一些南海周边国家可能认为将领土争议国际化、引进外来势力制衡其他国家，会有利于自身利益，但往往事与愿违，自身还很可能被他人所利用。希拉里23日在对南海问题发表“高论”后，很快话锋一转，使在人权、新闻自由等问题上“敲打”某些东盟国家。这表明了美国并非在帮助其他国家，而是有其自身利益考虑。

对南海周边国家而言，争议当事方之间应该通过直接双边谈判来解决问题。中国和东盟国家签署的《南海各方行为宣言》早已指明：“由直接有关的主权国家通过友好磋商和谈判，以和平方式解决它们的领土和管辖权争议。”这已为增进有关国家之间的互信、最终解决争议，创造了有利条件和良好氛围。

外来势力只会使南海问题复杂化，加大解决问题的难度。亚洲国家应该显示自己的智慧和能力，以平等相待、相互尊重的方式和平解决争议，协力将南海建成和平之海、友谊之海、合作之海，而不能让南海变成某些外来势力谋略的“水上棋盘”。

(新华社北京7月27日电)

国际观察——《解放军报》(第1届中国新闻名专栏奖)

热点问题

“三公”消费系列之四

“收礼”不是一件小事

德国 超15欧元上交 年终抽奖用

美国 每年不超过50美元 总统收礼必须上交

英国 首相自掏腰包买礼物

日本 和领导吃饭也AA制

热点问题看他国——《广州日报》(2010年度广东新闻奖专栏一等奖)

3. 国际评论

作为特殊的新闻评论，国际评论相对来说分寸比较难把握，其要求是对国际局势、新闻背景及外交政策非常熟悉。故而，一些省级以上大报辟有国际评论专栏，而一般报纸就难以望其项背了。

对于一般报纸来说，除了刊发新华社评论外，也可以通过“借力”来充实国际评论的内容。具体来说，要多结交权威部门的国际问题专家或兄弟报刊的驻外记者，邀请他们撰写国际评论。这样，既能让专家、驻外记者有“用武之地”，又能办出自己报纸国际评论专栏的个性，可谓一举双赢。

创办于 1995 年的《国际论坛》，是《人民日报》出名的国际新闻专栏。该专栏周一至周五每日一篇，就国际上最为关注的热点，迅速作出评论，发出我国政府和人民的“声音”，表明我国政府和人民的立场。该专栏不仅受到国内读者的关注，也受到国外媒体和政府的高度关注。

在省级报纸中，国际评论专栏也有不少。如《福建日报》的《周观天下》专栏、《大众日报》的《环球论坛》专栏，只不过其风格与《人民日报》的《国际论坛》专栏相比，较为随意、轻松。

新问题困扰中欧关系

GLOBAL FORUM
环球论坛

环球论坛——《大众日报》(2008 年度、2011 年度山东新闻名专栏奖)

International Tribune

有妥协才会有转机

唐志超

当前，伊朗核问题再次走到重要关口。面对伊朗的拒不妥协，美欧也毫不退让，向伊朗发出加强制裁的强硬威胁。但是，伊朗核问题显然尚未走进死胡同，仍有转圜空间。

首先，推动对伊制裁并非美国所愿。美国施行以接触和对话为主的"新政"还不到一年，若此时推动对伊制裁，意味着"新政"面临夭折的命运，这是美国总统奥巴马所不愿看到的。目前，美方不断发出威胁，声称年底将是伊朗的最后期限，并将对"新政"进行重新评估。这种威胁是美方对伊拒不积极回应的警告，也是迫于以色列和美国国内对伊持强硬态度人士压力不断上升的缘故，此外，伊大选风波也进一步使美国政府对伊接触政策复杂化。尽管舆论由此认为美方将被迫采取对伊强硬政策，但从实际情况来看，美方仍是引而不发，在期待出现转机。

其次，伊朗政府不愿妥协一方面是由于其对西方及有关国家缺乏信任，另一方面也与日益受制于内政有关。基于过去的诸多教训，如与法国等有关国家的核合作一直不顺，使伊朗对国际原子能机构10月提出的伊朗核问题协议草案心存疑虑。同时，自伊朗总统选举以来，国内的改革派发起一波又一波的反政府抗议活动。12月26日，伊朗政府决定主要大城市进入紧急状态，以应对倾向改革的阿亚图拉蒙塔泽里去世后出现的新形势。有评论认为，伊朗国内的政局必然会干扰内贾德政府在包括核问题在内的重大问题上的决策。

第三，有关各方在制裁伊朗问题上各有考虑。欧盟主要追随美国，支持接触政策，目前也不愿意美对伊"新政"过早失败。中国、俄罗斯都支持外交解决，主张当前最佳选择仍是保持对话，认为制裁只会使局势发展进一步失控，并不符合各方利益。

最后，在铀交换问题上，并非没有协商余地。事实上，无论是伊朗还是美欧都同意进行铀交换，只是在程序问题上存在分歧。目前伊方已表示，伊朗最希望在本国南部的基什岛与有关国家进行低纯度与较高纯度浓缩铀的交换，不过如果在土耳其境内进行这一交换也"没有问题"。对此，土耳其政府很快表示了欢迎。伊提出在第三方交换的建议是一个很好想法，如果美欧依然拒绝，那么谈判失败的责任恐怕只能归之于西方了。

总之，为了尽快打破伊朗核问题的僵局，有关各方尤其是美伊应继续交换意见，寻找妥协空间，解决分歧。美欧应保持足够耐心，充分认识到问题的复杂性，通过对话而不是制裁来解决。

国际论坛——《人民日报》(第20届中国新闻名专栏奖)

周观天下

无论是英国第三号王位继承人的尊贵身份，还是一出生就拥有10亿美元财产的坊间传闻，上周，有关英国"王室宝宝"乔治的"八卦"都让人们津津乐道。他会叫什么名字?长什么样?健不健康?未来如何?媒体和公众对这些问题显露出火一般的热情。这位含着金钥匙出生的英国小王子，从一开始就注定是个宠儿。也难怪网友们会惊呼：投胎是门技术活。

显赫的财富和身份，自然是小王子受热捧的原因。但封建王子出生在资本主义的英国，更让乔治这个人物有了特殊的政治意义。说大一点，小王子的命运折射着人类政治文明的演进。

英国王室之所以没有随时代消亡，得益于300多年前的一场"光荣革命"。遥想17世纪80年代，英国天主教国王詹姆斯二世奉行宗教政策，破坏法律，他委任天主教徒到军队和政府各部门任职，并颁布了一系列危害英国资产阶级利益的政策。最终，他经历"和平政变"，在"光荣革命"中被剥夺权力。资产阶级与封建势力相互妥协后，英国君主立宪制逐渐形成，英国王室被限制了权力，但却得以保留。

300多年后的今天，全世界有30多个国家实行君主立宪制。在这种政治体制下，有一些君主仅仅是国家的代表，而没有实际的权力，比如英国国王，但他们依然受到人民的爱戴和尊重。妥协，让国王们在历史的洪流中得以体面地生存。

再看动荡2年多的埃及，世俗力量与穆斯林兄弟会的政治斗争正像詹姆斯二世与英国资产阶级的争夺。前总统穆尔西在执政期间，推行伊斯兰色彩浓郁的政策，像詹姆斯二世一样在政府部门安插宗教势力，忽视人民需求，挑战军方权威，企图将政治集权化，因此也被剥夺了总统职位。

但不同于"光荣革命"，埃及变革的背后，是持续不断的暴力冲突。相互不妥协，导致了各方冲突愈演愈烈。26日以来，已经有上百人因此死亡，这个国家正滑向"内战"的边缘。一个用于平衡各方利益的政治体制正等待被探索和发现。

小王子的出生，让英国人能够回味"光荣革命"的妥协、智慧与荣誉。而埃及的暴力冲突，却让埃及人陷入暴力、迷茫与无助。但愿埃及革命的路上，能多一些"光荣"式的智慧，少一些流血式的冲突。

游笑春

周观天下——《福建日报》(第19届福建新闻奖专栏一等奖)

第十一节　图片专栏

西方新闻界有一句名言，叫作"一图值万言"，以此来说明新闻图片在报纸中的重要地位和作用。①

随着人们生活、工作节奏的日益加快，读者读报的时间也越来越短，报纸也被迫步入了"读图时代"。也就是说，你的报纸要吸引人、留住人，必须要靠生动传神、过目难忘的新闻图片。

越是市场化程度高的报纸，越是重视新闻图片。对于这些报纸而言，新闻图片不再仅仅是美化版面的一种编辑手段，而且开始担负起传递信息、传播观点的职能，并且在传递信息、传播观点方面越做越好。新闻图片不再是

① 郑兴东、沈史明、陈仁风、包慧：《报纸编辑学》，中国人民大学出版社1982年版，第311页。

文字的附庸,相反,它开始发挥与文字同等重要的作用。①

1990 年在银川举行的第一次全国报纸总编辑新闻摄影研讨会上,确定“图文并重、两翼齐飞”的口号。② 此后,我国报纸开始重视新闻图片。各报花大力气加强了图片中心的建设和管理,除引进人才、加大投入外,不少报纸还增设了图片总监,负责对整张报纸的新闻图片拍摄、发稿及版面处理。可以毫不夸张地说,目前报纸对新闻图片的重视程度已到了历史的最高点。

对图片的重视,还体现在各报纷纷设置了图片专栏,为新闻图片的分类和多渠道发稿提供了便利,使每张图片都能找到适合自己的专栏,实现了“图尽其用”的良好格局。这,对于从事新闻图片拍摄的摄影记者和通讯员来说,无疑是迎来了新闻摄影美好的春天。他们可以埋头创作,而无后顾之忧;他们可以尽情发挥,而无能否上版之虞。

从内容上来看,图片专栏又可分为“图说新闻”“组图聚焦”“趣味图片”三大类。

1. 图说新闻

新闻照片,是以具体、真实、可视的形象报道新闻事实的一种形式。它与文字新闻报道的区别在于,它具有直观可视的形象,一目了然,往往不受语言文字的牵制,它易于为不同语言、不同文化程度的读者所接受。因此,也有人称新闻照片为形象新闻。③

新闻图片选得好,有时候比文字更能“说话”,这就是我们平常说的“一图胜千文”。通过图片,人们可以更直接、更形象地把握新闻事实,即所谓“百闻不如一见”。在许多情况下,一事(像某一事件发生的场景)如果用文字来表达,可能洋洋数千言下来,人们还是稀里糊涂,不明所以;如果改用一张图片,则人们可以一目了然。善于利用图片来报道新闻,其实何尝不是一项“以少少许胜多多许”的艺术呢?④

新闻图片首先讲的是新闻,然后才是画面清晰、构图合理等。没有反映出新闻内容的图片,拍得再好,也仅仅是艺术照片、资料照片。⑤ 因此,新闻

---

① 甘险峰:《当代报纸编辑学》,中山大学出版社 2008 年版,第 83 页。

② 吴飞、周勇、邓利平、谭云明:《新闻编辑学》,浙江大学出版社 2008 年版,第 291 页。

③ 林永年:《新闻报道形式大全》,杭州大学出版社 1995 年版,第 32 页。

④ 吴飞、周勇、邓利平、谭云明:《新闻编辑学》,浙江大学出版社 2008 年版,第 293 页。

⑤ 杜迈驰:《你能成为新闻多面手》,人民交通出版社 2010 年版,第 505 页。

图片的新闻性是第一位的。

一张生动的新闻图片，本身就包含着诸多新闻要素，略加些许文字说明，就足以将“五个 W 一个 H”[①]讲得清清楚楚。

《生活日报》的《今晨第一眼》专栏，就是用图片来反映当天报纸最重大的新闻，让读者拿到报纸后第一眼就能看到。

《都市快报》十分重视新闻照片，喊出“有图有真相　一图赢千元”的口号，每天拿出 1000 元奖励最接近现场的好照片。其推出的《有图有真相》专栏，受到读者及网民的热捧。

当然，要将最具特质的新闻元素都抓拍在一张图片中，难度委实不小。这需要拍摄者掌握瞬间捕捉镜头的高超技艺，以及异常敏感的反应能力。新闻图片之所以能留住历史、存档传世，其魅力也在于此。

“鸡冠”8月重回祖国版图

俄将把半个黑瞎子岛和银龙岛移交中国

今晨第一眼

详见2版

俄罗斯

中国

今晨第一眼——《生活日报》(2006 年度山东新闻名专栏奖)

---

① 五个 W：What(何事)？Who(何人)？When(何时)？Where(何地)？Why(何故)？一个 H：How(怎么样)？统指新闻要素。

NEWS　DUSHIKUAIBAO 都市快报 K 有图有真相　2010.1.12.星期二

见习编辑/顾鸿飞 | 版式设计/张革

有图有真相　一图赢千元

投稿邮箱：kk85100000@vip.sina.com（请务必留下联系电话）

http://www.dskb.cn/photos 更多照片请点击都快在线·摄影部落

快报推出"有图有真相"版面

寻找每天最接近现场的照片，请以最快的速度发给我们

构图、曝光、像素……统统不是问题

只要在本栏目刊登，即可得到 1000 元奖金。今天陈永柯获得 **1000** 元奖金。

我以为你死在外面了！

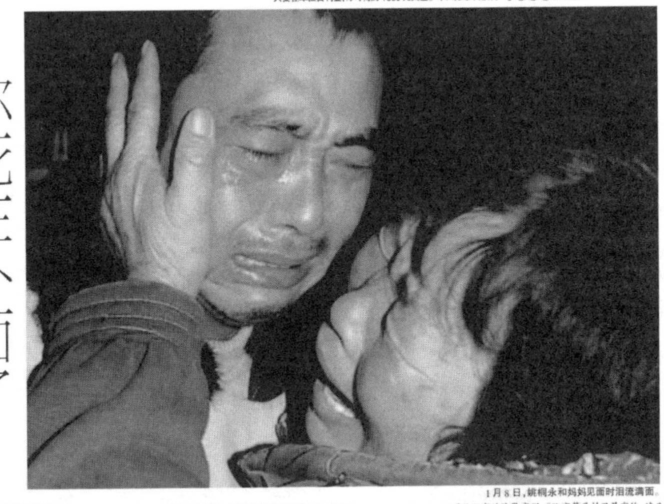

1月8日，姚桐永和妈妈见面时泪流满面。

读者 陈永柯 摄影 文字整理 顾鸿飞

15 年前，23 岁的姚桐永在永康犯下命案，为了逃避抓捕，开始亡命天涯。从丽水到温州再到上海，最后在西安落脚。他怎么也没想到，再次回到永康已经是 2010 年了。

姚桐永是永康东城街道黄棠村人，曾在一家建筑安装公司做电工。1995 年 1 月 20 日下午，他前往西街向阳门看望岳父岳母，见岳父母因围墙一事正与邻居徐某争打，遂跑进房间拿刀刺伤徐某，徐某送医院后经抢救无效死亡。

逃亡后，姚桐永再也没同家里联系过，这次回到家，母亲说的第一句话是"我以为你死在外面了。"回家之前，姚桐永甚至不知道，在他走后不到一年，父亲就去世了。

在西安的这些年，姚桐永一直靠在建筑工地打零工为生，并且有了一对儿女，儿子 14 岁，女儿 8 岁。因为没有户口，儿子上了 3 年学就跟着父母一起打工。这次回来自首，他也是瞒着妻儿的。

送他回家的陈警官说："他家算是村里最穷的，这几年，周围邻居都造了新房，只有他家还是逃亡前的三间瓦房。"

回家的 20 分钟里，并没有太多的话语，有的只是泪水。临走前，母亲和奶奶千叮万嘱："好好改造，早点回家。"

在外逃亡很多年，又重新回家自首的案例，快报也曾经报道过。（2006 年 10 月 31 日第 3 版《12 年的逃亡路》）往往这些报道见报后，都会引起很多在外逃亡者心灵上的触动。陈警官说："我们也希望他们能看到这篇报道，鼓起勇气，回家看看。"

有图有真相——《都市快报》

2. 组图聚焦

有两幅以上的图片，便可称为组图。它是由多幅新闻照片组成的一个整体，它们从不同角度、不同侧面表达主题，共同完成报道任务，使受众对报道对象有一个多方位的了解，并通过结合一定的文字，深入地反映事件发展变化的过程，揭示其思想内涵及社会意义。①

在版面编排中，编辑发现有些新闻图片，光是刊发一幅恐怕还不过瘾，于是就有了组图专栏。有些新闻图片，用组图形式出现，效果确实要比单幅的好得多。加之如今数码摄影强大的连拍功能和超大的储存能力，使组图拍摄如虎添翼。

《浙江日报》的《记录》专栏，用相机记录社会的各种现象。如图所示的

---

① 甘险峰：《当代报纸编辑学》，中山大学出版社 2008 年版，第 113 页。

“公交车上的老人”，那一幅幅无声的照片无不在道出对年轻乘客的声声“谴责”之词。

《钱江晚报》的《民生影像》专栏，镜头聚焦的均是最基层的小人物。

民生·影像

【晓轩博客】

他们，无论城区抑或郊区，无论是高楼还是平房，只要哪里有房要拆，他们肯定会在第一时间出现在现场；

他们，用汗水推倒残垣断壁，在他们身后矗立了一座座高楼大厦，矗立起了一座新的杭城。

他们，这么多年来，又有谁知道他们来自何方？还有他们的工作状况、生活甘苦、报酬收入……

连日来，记者走进了这拨为杭城市民熟悉又陌生的人群中间。记者同时又在晚报网络版（qb.zjol.com.cn）人民公播“杨晓轩博客”开出专题欢迎网友、读者登录热议。

曾经战斗的这片土地，恐怕再也回不来了。工人们说以后再来这里，说不定就要买门票了。

来自》》》》》基层联系点的报道

抡大锤的汉子们

——走近杭州拆楼工

■本报记者 杨晓轩 摄影报道

雨后，杭州西溪湿地的沼泽，散发着泥土与野草的清香，沁人心脾。此时，驻扎在周边拆迁工地里的男女老少们，纷纷走出家门，开始向矗立在瓦砾中的高楼集结。登上楼顶的男人，挥舞手中大锤，敲出“咚、咚”的巨响，沉闷节奏如战鼓，宣告着战役又一次打响……

秦治安：削一块砖赚6分钱

39岁的四川汉子秦治安是一名拆楼工，他眼窝深陷、面容消瘦、留着大胡子，像个中年“小老头”。我很惊讶，他已经在杭州做了七年拆楼工了。“老拆楼工”用“三六六”形容自己的收入来源，即“削一块砖赚6分钱，拆下一块预制水泥板赚6元钱，拆一平方米房赚6元钱。”这个中年汉子常把“上有老、下有小”挂在嘴边，好像是在告诫自己，一定要多赚钱少支出，因此，他抽2元钱的大丰收香烟，喝5元钱的二锅头白酒，他说这已经是最便宜的了。

陈明杰：捡来的“好鞋”

12岁的男孩陈明杰今年辍学了，父母在大楼里面劳作的时候，他在远处照看2岁的妹妹。他很懂事，知道自己该去哪，不该去哪，比如那个有挖掘机轰响的废墟，是不能够步入的，因为

拆楼工地里那些被人遗弃的玩具，这会又找到了新主人。

夕阳映照下的工人，俨然成了楼顶的雕塑。

冬日里的火堆，让拆房的大伙感到一阵温暖。

难忘那杯糖水

与这群拆楼工人接触，我最初的感受是他们内心设防，比如问“收入”问题，他们回答起来就很“腼腆”，比如拍摄他们打牌，他们会马上跟我解释不是在赌博。这道防线是弱势大众真正的内心，因为生活在别处而产生的不确定感，促使他们要学会保护自己，不要受伤害。

和他们“熟”了之后，我听到了这样那样的心声：他们害怕简易工棚经常被停水断电；他们希望到菜市场买到和本地人同样价格的猪肉；他们庆幸老板没有拖欠工钱；他们恨不得贼骗子都被关进监狱，再不要让他们排三天的队仍买不到一张回家过年的车票；他们还学会了……

【记

民生影像——《钱江晚报》(第4届浙江新闻名专栏奖)

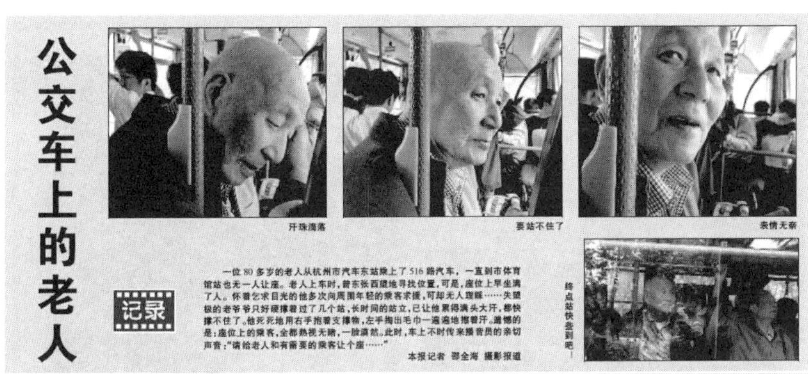

公交车上的老人

记录

汗珠滴落

要站不住了

表情无奈

一位 80 多岁的老人从杭州市汽车东站乘上了 516 路汽车，一直到市体育馆站也无一人让座。老人上车时，曾东张西望地寻找位置，可是，座位上早坐满了人。怀着乞求目光的他多次向周围年轻的乘客求援，可却无人理睬……失望极的老爷爷只好硬撑着过了几个站，长时间的站立，已让他累得满头大汗，都快撑不住了。他死死地用右手抱着支撑物，左手掏出毛巾一遍遍地擦着汗。遗憾的是：座位上的乘客，全都熟视无睹，一脸漠然。此时，车上不时传来播音员的亲切声音："请给老人和有需要的乘客让个座……"

本报记者　邵全海　摄影报道

终点站快些到吧！

记录——《浙江日报》

《影像点评》是伴随着《湖北日报》2005 年的改版步伐而诞生的一个全新的图片专栏。一组生动直观的照片加上简短的文字点评，照片主要描述事实，文字则解读背景、点评新闻现象背后的本质。

《羊城晚报》的《新闻连环画》专栏、《长江日报》的《视觉直播》专栏，将有连贯性的照片合成一起推出专栏，提高了照片的现场感。

地下工作者

9 日，宣恩县一路桥施工工地的几名工人及其家属在春日暖阳下轻松地聊着天（上图）。而更多的时候，修下水道、安装通讯网络、检修电线的工人因为工作的需要，要钻入地下施工（右图）。在每个城市，都生活着一批需要从事"地下工作"的人们。

（本报视界网　宋文　摄）

向劳动者致敬

主持人语

"地下工作者"只是我们身边辛勤劳动者的一个代表，他们虽然工作在光线阴暗的地下，却为城市带来发展之光。在五一劳动节来临的时候，所有为城市发展默默奉献着的劳动者都是最值得骄傲、最值得被尊重的人。

——余俐

（我们期待您的新闻线索，请传 www.hbalbum.com）

影像点评

影像点评——《湖北日报》（2008 年度湖北新闻奖专栏一等奖）

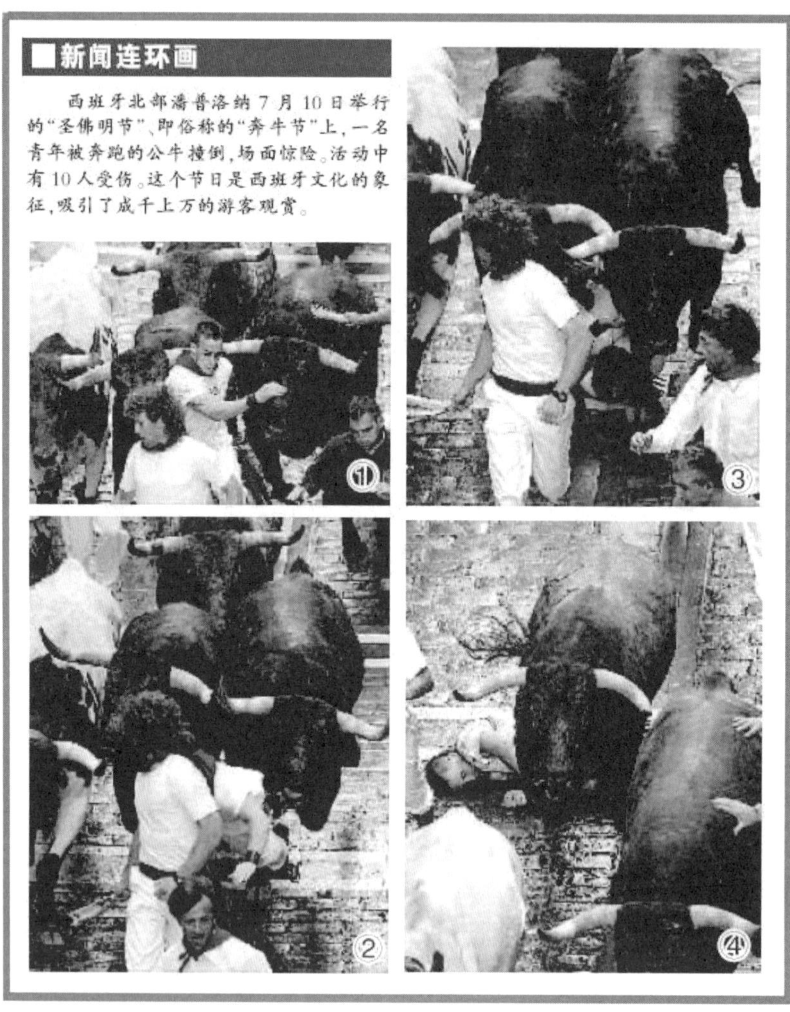

■新闻连环画

西班牙北部潘普洛纳7月10日举行的“圣佛明节”、即俗称的“奔牛节”上，一名青年被奔跑的公牛撞倒，场面惊险。活动中有10人受伤。这个节日是西班牙文化的象征，吸引了成千上万的游客观赏。

新闻连环画——《羊城晚报》

3. 趣味图片

人们看新闻不仅仅是因为其必看，还因为其耐看、好看，有很强的可读性，可以获得一种闲庭信步观大千世界的愉悦感。趣味图片就是能给读者阅报片刻带来一丝愉悦感的图片。[①]

---

① 甘险峰：《当代报纸编辑学》，中山大学出版社2008年版，第273页。

534路公交擅改线路无人知

乘客傻傻等　追车车难停

本报讯（记者董晓勍）昨日，市民李先生诉称：在香港路上前三眼桥车站等534路公交车到八古墩，可是等了一个多小时没一辆车进站。

昨日上午10时30分，记者刚到这个车站，就见一辆534路公交车，在离车站约10米远处，向唐家墩小森林中间的岔路口转弯驶去了。至10时55分，共有三班534路公交车都没有进站。站牌上标明534路车应该在这里停靠，接下来的站为唐蔡路、八古墩。李先生说："这儿设个站牌做什么？这不是害人吗？"

记者在该路车三眼桥车站看到，有的市民依靠长久追车经验，守在转弯处，看见车来就猛追。运气好的，碰到司机善良的，偶尔能够侥幸上车。

记者李永刚 摄

上午10时29分，本该继续直行停靠前三眼桥车站的一辆534路公汽在这个路口左转。

一位女士等在路边，看见这辆534过来，追着跑。

跑了近50米，这辆534停在路口等红绿灯时，司机才开门让这位女士上车。

视觉直播

视觉直播——《长江日报》

生活当中能见到很多趣味十足的事和物，若随手将其拍下来，便是十分好笑的。如今拍照变得越来越方便，即使不用数码相机，智能手机也能轻松搞定。

《南国都市报》的《我是目击者》专栏、《深圳商报》的《数码关注》专栏，经常刊发一些趣图，逗读者一笑。

数码关注

如此对弈

▶昨日，在龙华一广场，一男子坐在雕像旁，聚精会神地与"小男孩"研究残局。

阿民 摄

（稿酬 150元）

数码关注——《深圳商报》

光天化日
鸡鼠抢食

现在的老鼠胆子真大！海口面前坡东村的一块空地上，附近的居民在喂鸡的时候，将饲料放在地上的饲料盒子里。有一只鸡在吃食，从旁边跑出几只老鼠抢着与鸡同食。更奇怪的是鸡没有惧怕那几只老鼠，而老鼠也没有受到任何惊吓。（本报记者刘孙谋摄）

我是目击者——《南国都市报》

第二章　按读者需求设置专栏

随着报业竞争的日趋加剧，为了留住老读者、争取新读者，各报总是想方设法去调查、了解读者的需求，除新闻报道、版面编排外，在专栏设置上也按读者需求作出适当调整，以“迎合”读者的口味，博得读者的好感。

尽管这种做法似乎有些降低报纸的身价，但只要读者的需求是正常的，是健康向上的，是报纸稍作努力可以达到的，报纸尽力按照读者需求设置专栏何乐而不为呢？

按照读者需求，报纸可以开设“民生专栏”“服务专栏”“监督专栏”“互动专栏”等四大专栏。

按读者需求设置的专栏，可以说是读者为报纸出的“命题作业”，或是报纸专为读者“量身定做”的服务项目。因此，办栏的要求相对来说比较高。在经营这些专栏时，首先要做深入调查研究，摸清读者真实需求，再结合编辑部的特长和当地的实际，设置相应的专栏。

按读者需求设置的专栏办得成功与否，衡量标准只有两个：一是读者是否点头称好？二是报纸的社会信誉度是否有所提升？

第一节　民生专栏

所谓民生，是指广大人民群众在生活、生存和发展等方面的根本利益。在庆祝中国共产党成立90周年大会上，胡锦涛同志指出：“保障和改善民生，促进社会和谐，是实现全面建设小康社会宏伟目标的必然要求。”2013年5月，习近平同志在天津调研保障和改善民生工作时强调，保障和改善民生是一项长期工作，没有终点站，只有连续不断的新起点，要实现经济发展和民生改善良性循环。民生问题，被提到了前所未有的高度。

重视和解决民生问题，是当前和今后政府部门、社会各界，包括各级报纸的工作重心。民生问题，与老百姓利益息息相关，读者也最为关心。面对读者最为迫切的需求,报纸没有理由不将民生专栏经营好。

民生新闻,是关注人民生计,关心市民生活的新闻,从广义上说它属于社会新闻,但在内容上主要关注的是普通老百姓的生存状态与生存空间。民生新闻大多数取材于民间,可以说是社会的一面镜子。它涉及人民群众日常生活的社会事件、社会问题、社会风貌的报道,包括社会问题、社会事件和社会生活方面的内容,尤以以社会道德伦理为基础反映社会风尚的新闻为主。它与政治新闻、教育新闻、卫生新闻、军事新闻、经济新闻、科技新闻、文化新闻等相比,具有社会性、广泛性、生动性、趣味性、富有人情味等特点。

人们之所以喜欢传播民生新闻,一个重要原因是它来自民间,反映世态炎凉,反映人世沧桑,使人们对它产生心理上的接近和普遍兴趣;此外,民生新闻人情味深厚,能够以情动情,激起读者情感,也是其受欢迎的原因之一。[①]

从内容上来分,民生专栏大致可分为"亲历现场""民生期盼""关注热点""现象透视""揭示真相""调解矛盾""民生故事"等七大类。

1. 亲历现场

深入基层第一线,亲历现场,才能捉到新鲜"活鱼"。这是记者获取新闻素材的秘诀,也是报社对记者采访作风的具体要求。

民生新闻中最重要的一块就是突发事件。如今,各家报纸大多设有民生热线或新闻热线,一旦接到读者报料有重特大事件发生,马上第一时间派记者赶到现场进行采访。

在某种意义上说,时效就是质量,有些报道时效性差,即使写得再好,新闻价值也不高了。[②] 新闻的生命就是时效性,在第一时间赶赴突发事件现场,就能为明天的报纸内容增彩添色;同时,也能赢得报料者的情感分,报社民生热线或新闻热线也会越来越热。

《宝鸡日报》十分注重民生新闻的报道,要求要闻版每天至少刊发两篇民生新闻,而且要放大突出。[③] 其名牌专栏《昨日直击》是以新近发生在普通群众身边的、抢眼的、读者十分关注的民生新闻照片为主打,配以精练简洁的文字说明,还有短评。有文、有图、有评,在要闻版的报心等突出位置放大刊发,十分抢眼。

---

① 刘海贵、尹德刚:《新闻采访写作新编》,复旦大学出版社 1991 年版,第 253 页。

② 范敬宜:《总编辑手记》,人民日报出版社 2010 年版,第 105 页。

③ 赵录贤、袁炳权:《创新求变"门脸"生辉》,《新闻战线》2009 年第 9 期。

拉土车撞上三老妪 两死一伤酿惨剧

中国新闻名专栏

昨日直击

3273333

整治拉土车刻不容缓

昨日直击——《宝鸡日报》(第 2 届中国新闻名专栏奖)

自 1997 年 9 月开办以来,《羊城晚报》的《昨夜今晨》专栏一直保持着密集的频率,贡献给读者一篇篇新鲜热辣的民生新闻,受到了广大读者和新闻界的好评。

【专栏内存】

《昨夜今晨》专栏的特点

1. 主动出击,大力挖掘时间差里的新闻

从晚上 10 时至早上 6 时,是大多数人的休息时间,也是新闻报道的薄弱点。而从实际情况来看,这一时段的新闻资源不少,医院、车站、机场、日夜商店、旅馆、酒家等为大众服务的场所都可能出新闻,而且夜深人静之时,违法犯罪案件也更容易发生,是社会新闻的“高产”时段。该专栏就是要充分利用晚报得天独厚的时间优势,着力开发这一时段的新闻资源,不仅仅是被动地刊载读者的报料,更以读者的报料为线索,让记者主动出击,到现场去充分挖掘这些时间差里的独家新闻,形成与日报竞争的拳头产品。

2. 新鲜热辣,给读者造成强烈的视觉冲击

《昨夜今晨》专栏与其他栏目的最大区别,就是其内容的不可预见性。这就决定了在经营该专栏时,建立一个开放的信息收集平台至关重要。为此报社成立了夜间工作站,选调一批精兵强将,配备专用交

通、通信工具，专门负责该专栏的采写。他们除了与110、120台以及公安、消防、气象等部门保持密切联系外，更通过在每天的报纸头版登出特设的“读者报料热线”电话和有关记者的电话号码，24小时搜集来自社会各个角落的突发新闻，最大限度地延伸新闻触角。

夜间站一接到读者报料，就会立即根据其新闻性的大小作出不同的处理。如果只是一般性事件，便直接转给有关职能部门，并作记录以供次日《读者来电》栏目选用；如果事件具备一定的新闻价值，记者便会立即赶赴现场采访。《昨夜今晨》专栏不同于《读者来电》之处，就在于其所有报道都必须是经记者到现场采访所得，读者报料未经记者证实或核实，是绝对不能在该栏目中见报的。

在编排上，《昨夜今晨》的稿件都是作优先突出处理的，特别是在栏目始创时，稿件都保证上头版，从标题制作到版式设计，都醒目处理。而且尽可能多地配照片，凸显其现场感、新鲜感，给读者造成比较强烈的视觉冲击。同时，栏目的编辑又总是能凭借其较高的视野和不同一般的“眼力”发掘出一些典型事例背后的必然性、普遍性，使一条看似平淡的素材，尽可能地“增值”。如1997年10月23日，专栏登出了一位老外在广州“打的”被逐、留在半路的遭遇后，编辑抓住这一典型，因势利导，不仅使事情本身得到解决，而且引发了对职业道德的大讨论，使报道得到了升华。

3. 坚持时效实效原则，提高品牌意识

时效性是该专栏最大的特色。从记者接到线索、赶往现场到采编出版，一篇报道诞生的时间最短仅两三个小时。当天新闻是晚报特有的优势，哪怕这条消息写得短些、浅些，读者也会理解。据不完全统计，在《昨夜今晨》的稿件中，晚10点以后发生的占90%以上，凌晨以后完全意义上的当天新闻也高达70%。

《昨夜今晨》的选材不求全贪大，但却密切追踪每一件报道的结果。凡是关系到老百姓切身利益的事件，不解决则不罢休。事实上，在该专栏中登出的报道，如居民断水数月、路边无牌洗车档、街头无人过问的垃圾堆等一个个关系普通百姓衣食住行的问题，都是通过读者传到报社，又通过报道最终得以解决。也就是凭借这一件件实事小事，积淀成《昨夜今晨》在读者心中较重的分量。

——陈桥生：《挖掘时间差里的鲜活新闻——羊城晚报〈昨夜今晨〉专栏评介》，《新闻战线》2000年第10期

羊城晚报

广州机动车号牌变更上午正式开始

今天消息

一刻钟，双号牌速变单号牌

"广州舰"首次回娘家

后天对普通市民开放，须提前预约

今天消息

广州地铁六条"亚运新线"逐一敲定开通时间

地铁换乘高铁　下周六起实现

昨夜今晨

a3

E-mail:wbywb@ycwb.com

白云机场下月底通地铁

实施线路拆解后与八号线联合调试

二号线中秋节停运三天

昨夜今晨——《羊城晚报》(第 1 届中国新闻名专栏奖)

在贯彻落实"三贴近"要求、鼓励记者特别是驻地记者"三深入"上，《经济日报》做得尤为出色。2004 年初，《经济日报》推出《记者亲历》专栏，专栏定位为主要刊登驻地记者通过深入基层、群众和实际，生动具体地反映社会各层面贯彻"三个代表"重要思想和科学发展观，建设社会主义和谐社会、小康社会、节约型社会等各方面的新人新事新面貌，更好地发挥中央党报的引导、激励、监督、服务作用。① 专栏定位准确，特色突出，有消息，有特写，有通讯，有人物，有对话，有的还配有记者现场自拍的照片，形式多样，文字短小、精练、生动，现场感和可读性、时效性、指导性、服务性强，社会知名度和影响较大，受到广泛好评。

【记者亲历】

守望神农架

本报记者

记者亲历——《经济日报》(第 16 届中国新闻名专栏奖)

---

① 摘自《记者亲历》专栏参加第 16 届中国新闻奖评选的推荐材料。

《湖北日报》的《记者走基层》专栏，也是为倡导新闻工作者“三贴近”及“走转改”，体现媒体关注基层、关怀民生而设置的。

【专栏内存】

《记者走基层》的特点

1. 紧扣生活实际，作品散发着泥土气息，又富时代特征。这个专栏倡导记者发扬求实的工作作风，真正沉到一线采写贴近实际、贴近群众、贴近生活的佳作，体现党报的公信力。同时，着力打造品牌特色，通过所见所闻所感，反映时代的巨大变迁。

2. 基层群众欢迎。专栏作品由表及里、由浅入深，不断创新报道模式，例如以新闻调查的方式，深度报道社会走向、舆论焦点、民心民意、百姓忧欢，营造积极向上的舆论氛围，服务党和政府的中心工作。受到基层群众的欢迎。

——摘自《记者走基层》专栏参加第18届中国新闻奖评选的推荐材料

隧道里过端午

记者 崔逾瑜

五月五，过端午。尽管细雨绵绵，却丝毫掩盖不了传统节日的魅力。

顽强掘进中的“万里长江第一隧”吸引了我们关注的目光。此前，记者曾经多次探访长江隧道施工现场。昨日，记者提着几苑嘉兴粽子再次来到工地，代表本报为隧道建设者们送去节日的问候。

煮熟的粽子热气腾腾，粽香四溢。隧道工程项目部副经理吴永忠接过粽子，领着记者下井。沿着密密麻麻的钢架井壁，几经梯道盘旋，便下到深21米的长江隧道里。直径约11米的圆环形隧道内，隆隆机声隐约从深处传来。

隧道右侧，是用钢网搭的临时通道，狭窄，加之光线昏暗，记者走得小心翼翼，步伐缓慢。在前面带路的吴永忠，提着十来斤粽子却健步如飞，时而停下脚步，回头等我们跟上。“我每天要走四五个来回，轻车熟路了。”吴永忠笑着说。

步行大约5分钟，隧道变得敞亮，风阵阵吹过，机声轰鸣。记者抬头，只见一个庞然大物赫然耸立在眼前，这便是隧道向前掘进的“利器”——盾构机。在盾尾，数十名工人正紧张有序地焊切管片、安装管片、铺设轨道，繁忙而专注。（下转第二版）

记者走基层

图为本报记者与施工人员在隧道的监控室里一起吃粽子。

记者走基层——《湖北日报》（第18届中国新闻名专栏奖）

2. 民生期盼

俗话说，家家都有一本难念的经。每个寻常百姓都有喜怒哀乐、甜酸苦辣的时刻，他们心中更有许多期盼。而这些期盼，往往是他们坚定乐观面对人生、顽强拼搏面对困难的动力所在。

媒体人要贴近百姓日常生活，就要快乐着他们的快乐，烦恼着他们的烦恼，急他们之所急，想他们之所想，在老百姓的日常生活中寻找新闻，为老百姓更好地生活服务。尤其是要关心那些弱势群体的生存环境，为他们排忧解难。[①]

普通百姓对媒体记者下基层的要求是能“体恤百姓冷暖、关心百姓呼声”。说白了，就是希望媒体记者能站在他们一边，为他们讲话。

报纸能不能为百姓说话？能不能说百姓爱听的话？这恐怕就是报纸是否关注民生、能否办好民生专栏的唯一衡量标准。

为充分反映市民的生活状态，表达他们的心声，《宿迁晚报》推出了《与市长谈心》专栏，架起了百姓与市长之间的桥梁。该专栏及时刊发宿迁市民关注的热点话题，并让市民就此发表自己的看法。宿迁市长缪瑞林经常在该专栏上批示，要求相关部门进行调研、拿出方案。[②]《宿迁晚报》也会及时刊出批示的相关报道，之后，再对相关情况进行跟踪采访，直到问题得到圆满解决。

改善宿迁棚户区居民生活环境

■ 何以南

今夏多雨，多雨的夏天总会让居住在低洼和排水不畅地方的市民很忧愁。居住环境的恶劣，让像宿城区河滨街道半窑社区居委会、宿城区幸福街道办矿山居委会这样城郊结合部的地方，被冠以“宿迁棚户区”的绰号，而改善棚户区居民生活环境、加快棚户区改造步伐，已经成为迫在眉睫的系统工程。

市委工作会议提出“逐步消除城郊结合部”和“改造棚户区”的历史任务，提出要以政府为主导“自治建房”，建设“就近改造，划拨用地，免除规费，适当补贴，政策透明，成本价安置”的保障性住房。

我认为，要完成“改造棚户区”的历史任务，必须全社会形成合力，各部门协同作战。同时要遵循以下几个原则：

坚持统一领导、因地制宜、加强协调的原则；坚持属地化实施的原则，要明确各县区政府是棚户区改造方案制定、审批、资金筹措、工程组织的实施主体、投资主体和责任主体；坚持政府推进和市场化运作相结合的原则，棚户区改造要与经济适用住房建设和推动廉租住房工作相结合；坚持依法运作，确保社会稳定的原则，严格执行有关土地使用、资金使用管理、城市建设管理、城市房屋拆迁、工程建设等方面的规定，妥善解决好特困群体的住房问题，在政策上给予合理的照顾；坚持棚户区改造要符合城市总体规划的原则。

对于暂不具备整体改造条件的棚户区，也要尽力改善居民生活环境：修缮地下排水系统，保证雨季居民家中不积水；保证社区内水冲公厕的正常开放和日常保洁；保证棚户区内垃圾房垃圾日产日消；加强社区巡逻力度，保证居民生活安定……

改善宿迁棚户区居民生活环境，任重道远，却可造福万民，是有可为且应可为之举。

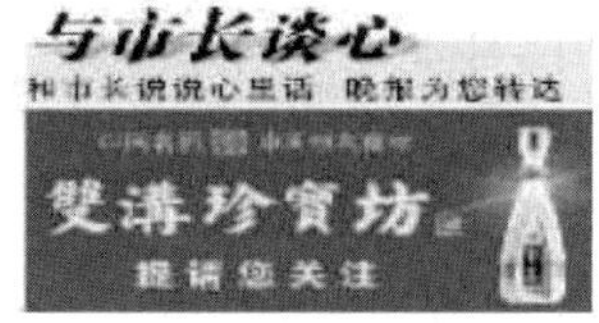

与市长谈心——《宿迁晚报》(2008年度中国地市报新闻奖专栏一等奖)

---

① 朱金平：《新闻发现论》，人民日报出版社2009年版，第119页。

② 朱文军：《做好民生新闻　彰显服务宗旨》，圣才学习网，2010-10-15。

市民有事想找书记、市长解决问题，怎么办？《南阳日报》以《书记市长网上留言板》专栏搭建了平台。市民可以通过网络或手机反映问题，书记市长或直接答复，或委托有关职能部门答复。

市委组织部回复网友咨询

老党员每月将享受20至30元补贴

网友说书记市长留言板办得好（南阳日报社回复）

网友"蓝天一家"2月12日留言：

在过去的一年中，我在书记市长留言板上提出了很多建议，都得到了回复。特别是临近春节，我又看到了"校场东路菜市场筹建办"的牌子，我的又一个建议已经被宛城区政府采纳并开始实施了。祝书记市长留言板越办越好！

南阳日报社2月12日回复：

让我们携手，在新的一年里，把书记市长留言板办得更好，为百姓解决更多问题，为南阳发展加油、鼓劲！

网友说书记市长留言板真棒（南阳日报社回复）

网友"求索者"2月17日留言：

在一个网友的指点下，我向留言板发了几份资料，反映了一些事情。当时只抱着试一试的心理，不抱任何希望。但是，你们却件件有回音，且有好多事情都解决了，我在这里向你们表示致意！留言板是全市1000多万人民的连心桥！要让这个深得民心的留言板永远和人民在一起！

南阳日报社2月19日回复：

谢谢您对书记市长留言板的关注与支持！

网友问车票价高，物价部门为何不管理（市物价局回复）

网友"000"2月16日留言：

卧龙区陆营镇到南阳本站23公里，可是春运期间车价高达10元，非春运期间也高达8元。可是我们的物价部门为什么不管管？

市物价局2月20日回复：

按有关文件规定，南阳至陆营客运班车票价最高不超过8元。如票价高，请你提供相关证据材料到市物价局举报中心进行举报，也可拨打"12358"价格举报电话进行投诉。

网友问老党员补贴问题（市委组织部回复）

网友"路过"2月20日留言：

我父亲是农村老党员，今年60多岁了，体弱多病。听说2009年国庆后国家每月对老党员有补贴，是真的吗？

市委组织部2月21日回复：

关于老党员补贴的问题，目前，我市政策规定在1949年10月1日至1960年6月30日期间入党的老党员，从2009年1月1日起，每月享受20至30元的补贴，由各县市区统计后统一发放。

网友问省道240改扩建情况（唐河县政府回复）

网友"南阳蝴蝶"2月19日留言：

省道240（唐方路）改扩建以及向南延伸工程什么时间开工、竣工？

唐河县政府2月21日回复：

省道240（唐方路）改扩建工程已经开工几个月了，马上就要竣工了。

网友问农民工血汗钱何时才能给付（市劳动和社会保障局回复）

网友"农民工"2月12日留言：

我们是农民工，今年在南阳市快千路濮河桥治园干工程。至今，河南省建筑安装公司南阳分公司欠我们工钱几十万未给。我们也去市政府反映过，可至今没有给一分钱。中央一直强调要关注民生，要解决拖欠农民工工资问题，可在我们南阳市为什么就解决不了呢？

市劳动和社会保障局2月21日回复：

请准备好相关的证据材料后，向市劳动和社会保障局劳动监察支队投诉，联系电话：63180789。

（本报记者冯兴阑 张戈）

书记市长网上留言板㉘

网址：ss.01ny.cn 手机：wap.01ny.cn

市委督查室 市政府督查室 南阳日报社联办

书记市长网上留言板——《南阳日报》（2009年度中国地市报新闻奖专栏一等奖）

《直通车》专栏由深圳市纪委、市监察局、市信访办和《深圳特区报》于2005年底共同主办，其创办宗旨为："正党风、促政风、带民风，共建和谐深圳。"《直通车》专栏每周固定以专版的形式刊出，其中再分"民意直通车""监督直通车""服务直通车""本周督办""上周反馈""直话直说"等小专栏。其中"民意直通车"刊发市及市直单位（区）主要领导担任嘉宾，现场为群众排忧解难活动情况；"监督直通车""本周督办""上周反馈""直话直说"等专栏，广泛反映了市民关注的热点难点问题；"服务直通车"专栏，大力宣传有关部门为民办实事的积极行动；此外，专栏还实现"报网互动"，在市纪委机关网站"深圳明镜网"和深圳最大门户网站"深圳新闻网"上开办了专栏的电子版"网络直通车"，将所有市民反映的有效投诉，借助"网络直通车"这一电子平台转交相关部门，要求相关部门在5个工作日内作出回复或给出办理结果，并向社会公开；日常报道则随时以单篇的形式刊发。①

① 摘自《直通车》专栏参加第17届中国新闻奖评选的推荐材料。

中国新闻奖 新闻名专栏

民意直通车 服务直通车 监督直通车

直通车

主办单位
中共深圳市纪委
深圳市监察局
深圳市信访办
深圳特区报社

网络直通车

《直通车》工作室

一家电池企业违规排放废气

市环保局要求该企业立即停止排污行为

网络直通车

市民对大沙河公园公共体育设施收费做法感到不解

免费开放篮球场凭什么收费

市政府 12345 公开电话 转变作风 服务基层

【市民反映】

免费开放的篮球场竟收费

望而“怯”步（漫画）

【市城管局】

收费标准须经过物价部门审核

直通车——《深圳特区报》(第17届中国新闻名专栏奖)

【专栏内存】

《深圳特区报》“直通车”专栏的社会效果

一是实现了四个方面的创新，尤其是让多种监督合一形成了监督的合力。

首先是监督模式的创新。这种模式就是融纪检部门的党纪监督、监察部门的政纪监督、信访部门的群众监督与媒体的舆论监督于一体，形成多种监督形式的合力，这在国内没有先例。其次是运作模式的创新。这种模式就是邀请市、市直单位(区)领导担任嘉宾，面对面听取群众意见，现场为市民解决实际问题，这至少在深圳还是首次。第三是栏目形式的创新。专栏内部还设置《本周督办》及《上周反馈》分专栏，以表格的形式每期刊出市民投诉问题、责任单位、办事时限与部门办理结果，这在我国新闻界是头次尝试。第四是报网互动上的创新。作为专版的基础与功能延伸，在相关网站上开设“网络直通车”，利用互联网的优势搭建了一个高效、便利的沟通和为民办实事的平台，这在网络界也是头一例。

二是畅通了群众表达诉求的渠道，推进了深圳民主政治建设。

畅通民意表达渠道，促进和谐社会建设，是党的十六届六中全会提出的要求。《直通车》专栏利用多种形式，包括来信、传真、接待群众来访、电子邮件、网络等，广泛收集民情民意，让群众表达诉求更加便捷，

2006年度共收集到市民通过上述途径反映的各类问题18000余件。深圳特区报曾进行的一项民意调查显示，市民对该报畅通市民诉求表达渠道的满意度，首次超过了该报的权威性，其中《直通车》被认为是发挥了首要作用。

三是化解了大量社会矛盾，促进了深圳社会和谐。

除广泛收集民情民意外，《直通车》还坚持"为民排忧解难"这一特色定位，通过督办、转办等形式推动有关部门为民办实事，随着问题的解决，大量社会矛盾被化解在了萌芽状态，促进了和谐深圳的建设。据统计，2006年度，50多位栏目嘉宾及其下属工作人员，累计现场受理市民咨询、投诉的问题5600多个，其中4600件得到回复或有了办理结果，其余正在办理过程中；专版"本周督办"专栏刊发并督办市民反映的问题110余件，件件都有回音或结果，并通过"上周反馈"专栏向社会进行了公开回复；"监督直通车"专栏共刊发各类代表性问题的深入报道70余篇，推动了一大批群众反映强烈的问题的治理；此外，《直通车》还通过报纸版面和"网络直通车"等形式反映、转办市民投诉问题1800余件，受到有关单位高度重视，其中1760多件已经得到解决，社会各界对此给予普遍好评。

四是受到社会各界的一致认同，品牌效应正在形成。

经过一年多的努力，《直通车》已发展成为深圳市媒体中颇具影响力的品牌栏目。

受到帮助的市民通过各种途径表达他们对各级党委、政府的谢意，如开通仅两个月，"网络直通车"就收到市民表扬信220多封，他们在信中纷纷表示，《直通车》的开通是"深圳政治清明的表现"，是"以人为本执政理念的具体体现"，是"推进和谐社会建设的重要抓手"，并希望《直通车》一直"通"下去，越办越好。

——摘自《直通车》专栏参加第17届中国新闻奖评选的推荐材料

创建于2007年的《黑龙江日报》专栏《特别关注·和谐发展 民生优先》，其定位特点正像专栏的名称一样：以科学发展观为统领，关注社会的全面、协调和可持续发展。从高端视角出发，从民生问题切入，重点关注人民群众最关心、最直接、最现实的利益问题，充分发挥党报的舆论引导和监督作用，重点对各级政府部门行使行政权力的过程进行监督。专栏多利用连续报道、系列报道等形式追踪问效，组织记者进行广泛深入调查，用有力的事实说话，进行有效的舆论监督，使反映的民生难题在报道的推动下得到解决或改善，充分展示了党和政府对民生的关爱，体现了主流媒体的社会责任感。[①]

【专栏内存】

《特别关注·和谐发展 民生优先》专栏的特点

一、引导社会热点，关注民生难点，及时传达党和政府对民生的关爱。专栏始终以传达党和政府对民生的关爱为己任，充分报道各级政府关爱民生、解决民困的好政策、好经验，把体现党的主张和反映人民心声统一起来，让百姓切实感受到实实在在的温暖。

二、强化舆论监督，坚持追踪问效，树立党报权威性与公信力。专栏在报道上采用连续报道、系列报道的形式，多篇幅、多角度对民生问题进行调查、分析、讨论，抓住问题一追到底，在揭示问题的同时，力求解决问题，充分发挥了党报的舆论监督作用。

三、深入现场，来自生活，努力实践“三贴近”。专栏要求记者采写稿件必须深入现场，来自生活，用新闻事实说话。摒弃任何新闻之外的自我炒作，特别是过于强调媒体的自身价值而忽视社会价值和社会需要的做法。

——摘自《特别关注·和谐发展 民生优先》专栏参加第19届中国新闻奖评选的推荐材料

3. 关注热点

涉及国计民生，为当前许多读者关心和感兴趣的问题，就是热点。[②] 当前，我国正处于经济社会转型的特殊时期，随着经济体制、社会结构、利益格局的深刻变革和调整，利益主体和价值取向多样化日益凸现，各种社会热点和社会矛盾交叉叠加。

当前许多领域都有热点、难点问题需要我们去回答，但是人们往往以其难而回避。其实，只要有理、有艺（宣传艺术），就没有不可触及的东西。[③]

---

① 摘自《特别关注·和谐发展 民生优先》专栏参加第19届中国新闻奖评选的推荐材料。

② 彭嘉陵：《如何当一个牛记者》（上），中国统计出版社2011年版，第3页。

③ 范敬宜：《总编辑手记》，人民日报出版社2010年版，第59页。

特别关注·和谐发展 民生优先

日前，环保"猛药"下到了哈尔滨——"区域限批"作为目前体制下环保部门最有力的"杀手锏"，使造纸、化工、食品、石油加工、医药、机械等行业新建项目得不到环评审批。面对这个政策，除了整改别无他路

污水处理亟待响鼓重槌

背景新闻

日前，省环保厅、发改委、建设厅等部门联合对116个列入《松花江流域水污染防治规划》的城镇污水处理项目主体工程进行了联合检查。结果发现，仍然有部分项目工程进展迟缓，甚至没有开工建设。其中，哈尔滨市何家沟平房污水处理工程、佳木斯市西区污水处理工程、东区污水再生利用工程、同江市污水处理工程、七台河市污水再生利用工程、双鸭山市安邦河流域城市污水处理工程、黑河市城市污水处理工程、五大连池市污水处理工程、伊春市南岔区污水处理工程、大兴安岭加格达奇区污水处理工程等10个已获国家补助资金的城镇污水处理项目的主体工程没有开工。按照省政府要求，省环保厅暂缓审批哈尔滨、佳木斯、七台河、双鸭山、黑河、伊春市、大兴安岭地区等7个市地新增水污染物项目，直至上述项目开工建设。

据悉，这是省环保部门首次使用"区域限批"的环保权限。

□文/摄 本报记者 薛婧 韩丽平

污水处理声声急

多年来，松花江污染严重已经成为不争事实，其万元GDP化学需氧量排放强度在全国七大流域中最高。2007年4月，哈尔滨市环保人员检测发现，拉林河、阿什河、呼兰河、倭肯河、蚂蚁河5条松花江一级支流和哈市部分城市内河的9个断面水全部超过五类标准。其中较为严重的是呼兰河、阿什河，断面为劣五类水质；蚂蚁河河西、双城市东护城河、倭肯河大桥三个断面水质中化学需氧量（COD）分别超过7.9倍、6.8倍和1.9倍，松花江已经不堪重负。

据悉，哈尔滨市城区日排放污水百余万吨，这些污水历史上主要通过马家沟、松花江沿岸排污口、何家沟、信义沟等处直排进入松花江。因此，治理松花江污染，哈尔滨市的污水处理是当务之急。

2003年8月30日，哈尔滨文昌污水处理厂实现一、二期工程正式联动通水运行，马家沟沿岸排放的污水经过文昌污水处理厂处理后再排入松花江，哈市近三分之一的污水开始得到处理，其中，一级污水处理32.5万吨、二级污水处理16.25万吨，哈尔滨市结束了污水处理零为零的历史。

2005年10月19日，由污水截流管渠和污水处理厂两部分组成的哈尔滨市沿江生活污水截流及处理工程竣工。其中污水截流管渠全长13.84公里，管中污水由清华同方以BOT方式投资建设的哈尔滨太平污水处理厂负责处理，日处理污水能力32.5万吨，全部达到国家规定的排放二级标准。该工程将沿江8个排污口的污水全部集中收集，经太平污水处理厂处理后达标排入松花江。至此哈尔滨市城区污水一级处理率已达64%，但达到国家要求排放标准二级处理率仅为48%。

按照《松花江流域水污染防治规划（2006-2010年）》，到2010年，松花江流域城市污水处理率不低于70%，其中哈尔滨市、长春市污水处理率要达到80%，这对哈尔滨市提出一个严峻考验：加快城市污水处理项目的建设步伐。

"限批"警告早已发出

在《松花江流域水污染防治规划》中，哈尔滨市有12个城镇污水处理及再生利用项目列入规划。这是哈尔滨市向提高城市污水处理率迈出的第一步，而能否达到处理标准，项目的建设和投入运行则是关键所在。

截至目前，12个城市污水处理项目中，已有群力、阿城、双城、延寿、松北、文昌配套管网6个项目开工建设；其余6个未开工建设的项目情况为：平房污水处理项目已经全部完成发改委的审批工作，现正办理用地手续；呼兰、信义沟、中水回用3个项目已基本完成前期工作；污泥处置、文昌太平扩建升级2个项目的环评和可研报告已经省里批复。

业内人士介绍，从以上情况看，哈尔滨市污水处理项目的建设脚步慢了，而这也正是哈尔滨市不可避免"区域限批"的原因。"其实在什么情况下将要采取'区域限批'的措施，省政府早已发出了警告。"

今年4月，省政府召开松花江流域水污染防治工作会议，并下发《黑龙江省人民政府关于进一步

特别关注·和谐发展 民生优先——《黑龙江日报》(黑龙江省优秀新闻专栏，第19届中国新闻奖参评专栏)

处理社会热点问题，对各报无疑是一大考验。因为大众关注，报纸应该在第一时间刊发权威的社会热点新闻；因为话题敏感，报纸也应该采访细致、写作严谨，努力成为社会安定和谐的安全阀，而切莫成为激化社会矛盾的"导火索"。

创办于1995年的《冰点周刊》是《中国青年报》的主打专栏，专栏的视角一直瞄准社会热点，以其深度细致调查、体恤人文关怀而赢得读者好评。

2006年1月4日，《光明日报》创办《观察》专栏。该栏目以深度报道为主，详尽解读当代社会正在经历的热点新闻事件，同步记录中国社会的变革与发展。

【专栏内存】

《观察》栏目定位和评价

1. 以新闻事件为切入点，以引导社会热点为己任，以"逼近第一落点、追踪新闻事件、解读社会现象、服务知识分子"为定位，注重多层面、多角度的新闻报道，报道原则是客观、公正、理性、深入。

2. 作品评价及社会效果：

(1)加强和改进新闻舆论监督,逼近第一落点。在刊登的作品中,舆论监督占总发稿量的51%。

(2)解读社会现象,关注自然与文化遗产。《观察》先后组织了对大运河、长城两个线性文化遗产保护的专题报道,引起社会各界和联合国教科文组织的关注。

(3)刊发独家深度报道,引导社会热点,引起上下关注。《“为民医生”胡卫民为何举报医院问题》独家陈述胡卫民举报医院腐败的心路历程。该文见报后,正确有效地引导了公众注意力,很快便有网友留言400多条表示赞许。

(4)关注学术评价,服务知识分子,在知识界引起强烈反响。学术腐败由来已久,《光明日报》推出报道《学术评价不能简单量化》,受到学术界的高度关注。湖南省哲学社会科学规划办公室主任肖君华、四川省社科院研究员向宝云及众多网友加入讨论。

(5)关注社会热点,得到有关部委的肯定。《孩子,你的学杂费免了》,对西部义务教育经费落实情况深入报道,教育部发函对该报道表示肯定。

——摘自《观察》专栏参加第17届中国新闻奖评选的推荐材料

广西香蕉滞销事件带来什么思考

本报记者　刘昆　通讯员　于敏

11月中旬以来,作为我国香蕉主产地之一的广西,历史上罕见地遭遇到香蕉销售的“寒流”:90多万吨香蕉滞销,价格也从10月下旬的每公斤1.4元,急跌至每公斤0.2元。面临血本无归境地的蕉农们,一时间心急如焚。

窘境:广西蕉农增产难增收

“生香蕉一斤不到两毛钱都卖不出去,照这样下去,连肥料钱都挣不回来。”11月17日,武鸣县坛洛镇,邓灿平站在自家香蕉地前忧心忡忡。今年初,他投资16万元种植了40亩香蕉,预计产量10多万公斤,可现在只低价销售了很小部分,剩下的一直无人问津。

坛洛镇是广西香蕉的重要产地。记者当日看到,镇上公路旁堆满了刚采摘下来的香蕉,蕉农们着急地站在路边,不停地向过往货车挥手,希望车主能够停下车来购买。据了解,坛洛镇今年的香蕉总产量预计有52万吨。10月底时每天还可以销售200多车香蕉,可是到了11月中旬,每天就只能销售几十车。

广西自治区农业厅的统计数据显示,今年广西香蕉种植面积大幅增加,种植总面积约为106万亩,比上年增加15万亩,增长16.5%,预计总产量达到210万吨,比上年增加116.4%,位居全国第二。

但是,香蕉增产的背后是广西蕉农们不得不面对的不增收的窘境:广西香蕉从10月份大量上市以来,开市价格略低于上年,10月25日收购价为每公斤1.4元,进入11月份以来价格开始急剧下跌,11月17日收购价平均每公斤仅为0.4元,最低跌至每公斤0.2元!

行动:一切为了蕉农的利益

广西蕉农的困境引起了社会各界的广泛关注。从中央到地方,全国人民,都在关注蕉农,情牵蕉农。一项项务实的行动由此在八桂大地如火如荼地展开。

11月19日,自治区党委书记郭声琨、自治区主席马飚先后作出批示,要求自治区有关部门切实做好香蕉销售工作,维护广大蕉农的利益;次日,郭声琨、马飚分别主持召开自治区党委常委会议和自治区人民政府常务会议,分析广西香蕉的生产销售形势,研究应对措施。全区各级党委、政府迅速行动起来,解决香蕉滞销“瓶颈”。

11月21日,国家联合调研组抵达南宁,对广西今年香蕉销售困难问题进行实地调研。在了解实际情况后,农业部日前在南宁组织开展香蕉产销对接活动,来自全国各地的50多位香蕉经销大户共签订采购合同12.5万吨;商务部也在专业网络信息平台上,举办“广西香蕉网上购销专场对接会”,推动广西香蕉出口。

“政府直接把香蕉运输补贴发给司机,肯定会吸引更多司机到广西拉香蕉。”11月22日,在广西全州县黄沙河高速公路收费站,第一位领到香蕉运输补贴的湖北司机赵王东高兴地说。当天,广西启动“实行财政补贴,促一个‘爱心香蕉’大卖场看到,一位中年妇女连价格都没问,开口就要10箱香蕉。“您家里吃得了这么多?”听到记者的疑问,她笑呵呵地说:“逢人就送呗!”

反思:广西香蕉如何“御寒”

“香蕉产业是一个重要的富民产业,我们不能因受这次滞销事件的影响而放弃这个产业,但也应该从中认真反思,总结经验,避免类似事件重演。”广西农业厅厅长张明沛说。

的确,今冬广西香蕉出现销售困境,从中暴露出的不少问题值得反思:遭遇如此“寒冬”事先毫无征兆?这关系广大蕉农切身利益的产业今后将拿什么来“御寒”?广西香蕉的出路究竟在何方?

北方暴雪和南方寒潮的提前到来,是造成广西香蕉严重滞销的直接原因。广西香蕉约有70%左右销往北京、天津、山东等地,对北方地区市场有很强的依赖性。今年北方提前1个月连降暴雪,南方部分省市也出现了降雪和寒潮天气,致使交通不畅,采购商减少,市场需求萎缩,销区大量库存积压。

今年国内各主产区的香蕉集中上市,更加剧了销售的紧张局面。一方面,云南扩种香蕉,新植香蕉与广西同时段上市,且起步价偏低,对广西香蕉形成冲击;另一方面,广东、海南去年部分受灾蕉园补种后与广西熟期相同,在一定程度上拉低了广西乃至全国香蕉的价格。

由于缺乏有效引导,一些地区盲目扩大种植面积,也是香蕉滞销的重要原因。2002年以来,广西香蕉售价基本在每公斤2元以上,并且保持了7年之久,好价格导致了蕉农盲目跟风,使市场需求迅速饱和。

但是,业内专家认为,此次广西香蕉滞销的“病根”,还在于自身的抗风险能力不足,产业链条过短。目前,广西香蕉主要是出售原材料,其加工业仍处于刚刚起步阶段。全区现有香蕉加工企业63家,设计年综合加工香蕉为8万吨,这仅仅相当于一家中等农户一年的产量。换句话说,广西全年对香蕉的深加工只不过是消耗了一户蕉农的产品。

“广西香蕉的根本出路,是要大力发展香蕉加工的龙头企业,加大香蕉深加工量,提升附加值。要把香蕉加工业发展这条‘短腿’做长,还有许多工作要做。”自治区经委有关人士表示,要加快这个行业的发展,首先需要大力推进香蕉加工业重点项目建设,积极培育发展加工龙头企业;加大对香蕉加工企业扶持资金的使用和管理,通过龙头企业的牵引和带动,实现产业化升级;加强对香蕉加工业的社会化服务,缓解香蕉加工企业的融资难题。

在隆安县广西金穗农业投资有限公司的香蕉基地,记者看到,香蕉种植采用从以色列引进的滴灌技术,节水、节肥,并抓好规模化、标准化生产和品牌经营,至今每公斤香蕉仍有1.9元的售价,成为香蕉市场“寒流”中的“香饽饽”。

观察
中国新闻奖名专栏

观察——《光明日报》(第17届中国新闻名专栏奖)

中国青年报 9

冰点周刊

BINGDIAN WEEKLY

可怕的是只有两种声音

——极端民族主义与民族虚无主义的网络激荡

冰点周刊——《中国青年报》(第 3 届中国新闻名专栏奖)

《西岸观察》是《福建日报》在 2005 年 8 月 1 日新一轮改版中创设的一个专栏，一般刊发于每周一的第 5 版。该专栏定位于观察类的新闻周刊，侧重于话题类新闻，采用深度报道中的主题性报道的模式，立足观察思考，以深入的调查研究、独特的观察视角和贴近的表现方式，关注海峡西岸经济区的经济、社会、文化等领域的新趋势、新动向，使新闻事实中蕴含的潜在价值因素迅速转化为社会影响和社会效果。

【专栏内存】

《西岸观察》的效果

《西岸观察》的效果主要体现在三个方面：一是作为报纸的一个栏目，它在传播新闻、传递思想方面产生了良好的社会效果；二是作为党报新闻改革的一个探索，它的定位特点与运作方式引起了业内的关注；三是栏目大力倡导深入调查研究，推动了记者队伍的作风建设，为年轻记者的迅速成长提供了一个良好的平台。

——摘自《西岸观察》专栏参加第17届中国新闻奖评选的推荐材料

[西岸观察]
中国新闻名专栏

2009年1月13日

★★"两会"特别策划·我在项目现场

火热工地，感受海西向上的力量

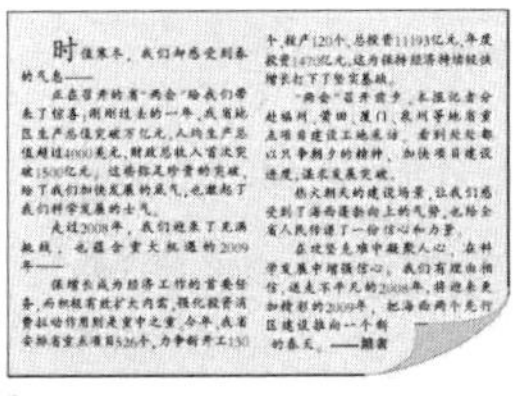

向莆铁路建设现场

南北洋上架长虹

联合石化建设现场

紧锣密鼓备投产

新闻延伸>>>

莆田加快推进重点项目

西岸观察——《福建日报》(第17届中国新闻名专栏奖)

【专栏内存】

深度报道快速化的采编技巧

争抢第一时间的深度，而不是"急就章"，需要记者编辑周到的谋划、深入的采访调查和新闻资源后期的深度整合。

1. 发现在先，及早确立选题。实现时效和深度兼顾，并不是一件容易事。"发现在先"是制胜的重要手段。一般来说，深度报道和动态新闻同速很难做到，但我们可以先发现事物发展的趋势、先对可能会成为新闻的报道对象提前关注，从而走在常规动态新闻的前面。

在这方面，专门负责《新闻纵深》这一栏目的专题部有一个专门的谋划会，对当天、当周，乃至今后一段时间内的新闻线索、可以预见的新闻事件、可能发生的新闻进行梳理，确立选题，组织力量实施。

2. 提前介入，提前采访，密切监控，抢占报道制高点。有些新闻的发生是可以预知的，编辑记者不能坐等新闻，要提前介入，在新闻一触即发之前掌握所有的相关资料，在尽可能的情况下提前采访，从而为发稿取得先机。2007年，联想公司成功收购石药集团，此前30天，《新闻纵深》记者在石家庄网站上得知了这一消息后立即开始研究策划。在查阅了数万字的资料后，记者采访了包括石药总经理在内的多位新闻当事人，并联系了联想总裁。待到正式签约，记者当天写成了《石药出嫁联想迎新》、《为石药插上翅膀——独家专访柳传志》等稿件，抢占了报道的制高点，收到了很好的效果。

突发事件调动团队力量拼抢时间。当然，新闻的常态还是突发性事件多，能预见的新闻还是少数。在这种情况下，要做到第一时间的深度，就需要采用前后方快速联动，有效整合资源，拼抢时间。

此前，河北尚汪庄发生矿难，专题部接到消息后立即与当地记者站取得联系，两路记者迅速组成小分队，第一时间到达现场，陆续发回报道。在后方，编辑迅速整合相关资料，一方面给前方提供背景资料，一方面组合前方报道。从决定选题到稿件《尚汪庄村旁大营救》签字付印，仅用了7个多小时。在此后的几天里，又采用同样的运作模式，在第一时间刊出了3个整版的深度报道，赢得了广泛好评。

——张书泽、董立龙：《第一时间做好深度报道让报纸出奇制胜》，《中国新闻出版报》2009年9月23日

4. 现象透视

在信息爆炸时代，与网络媒体相比，传统的平面媒体在新闻的时效性上已经没有优势，唯一能做的是加强深度报道，将民生新闻做深做透。

现象透视专栏的内容，往往揭示事件和问题的本质，或寻觅带规律性的东西，或找出经验教训，或指明努力方向。[①] 在面对一桩热点新闻事件或社会现象时，报纸除了要做好及时报道，即讲出“是什么”外，更多的精力恐怕还是要揭示新闻背后的新闻，即回答好“为什么”这一悬在读者头上的疑问。

2000年，《安徽日报》在焦点新闻版上设置了《热点透视》专栏。该栏目刊发的稿件90%以上是对百姓关注的社会现象进行深度报道、解读分析。该栏目还在“中安在线”网站与网民互动，很多稿件网上跟帖达百条以上。[②]

---

① 林永年：《新闻报道形式大全》，杭州大学出版社1995年版，第25页。

② 摘自《热点透视》专栏参加第18届中国新闻奖评选的推荐材料。

【专栏内存】

《热点透视》专栏的特色

一是把好导向，正确引导舆论。该专栏始终坚持“导向为先”的原则，紧紧围绕中心、主动服务大局，抓好热点引导，充分发挥主流媒体的舆论引导作用，做到帮忙不添乱，注意从正面引导，注重关注民生，服务于安徽改革发展稳定的大局。

二是关注民生，紧贴社会热点。贯彻落实科学发展观的要求，党报要在宣传中突出“以人为本”，把关注民生的宣传放在重要位置。该专栏从讲政治、讲大局的高度，反映政府和老百姓关注的民生问题，及时回答人民群众关心、关注、关切的热点问题，发挥党报的舆论引导作用。

“用工荒”困扰新农村

热点透视——《安徽日报》(第18届中国新闻名专栏奖)

三是精心策划，创新报道方式。为提高专栏的影响力，该专栏一改坐等记者来稿的报道方式，而是通过选题策划，来推进报道热度、深度与力度。借助专题策划会、部门策划会，实行选题策划通报制度，不断加强策划，精心组织实施，突出“准、新、深、活”的要求。

四是以深制胜，彰显鲜明特色。《热点透视》专栏以新颖的新闻视角，挖掘报道的深度，突出栏目的鲜明特征。

五是多方互动，放大报道效应。《热点透视》专栏注重加强版面互动、报网互动，放大了报道效应。在版面上，该专栏注意与该版新闻图片《聚焦》专栏、与反映读者意见的《热线接听》栏目进行题材互动、编读互动。同时与集团“中安在线”网站进行报网互动。

六是总编领衔，强化报道力度。《安徽日报》去年推出“总编辑领衔”制，由分管总编作为《热点透视》专栏的领衔人。该专栏大多数稿件都是领衔人直接策划、提出选题并组织实施的，使专栏始终处在良好实施状态。

——摘自《热点透视》专栏参加第18届中国新闻奖评选的推荐材料

1999 年春,《新华日报》进行了其办报史上力度最大的一次改版,推出了《深度报道》专栏,该专栏因为关注民生而“使单薄的纸张变厚、变重”。[①]

《浙江日报》创办于 2001 年的《今日关注》专栏,在栏名处有一行醒目的办栏口号“追踪新闻事件、评说新鲜话题、传播新知新潮”。这几年来,他们是这样说的,也是这样做的。

《今日出击》是《中国青年报》特别报道版的品牌栏目。《今日出击》专栏对重大突发事件或读者普遍关注的热点民生问题进行深度调查或解析,兼顾对与公众利益密切相关的重大法律、法规、政策的及时解读。该栏目的个性可用一句话概括:“独立调查,追寻真相,干预社会”。[②]

海门小康的样本解读

小康写在每个百姓的心里

8073 个版本的“扶贫实践”

深度报道

深度报道——《新华日报》(第 2 届中国新闻名专栏奖)

---

① 凡晴、郁炳隆:《深度报道:党报改革的必然选择——兼评〈新华日报〉深度报道的特点》,《传媒观察》2000 年第 9 期。

② 摘自《今日出击》专栏参加第 21 届中国新闻奖评选的推荐材料。

一青年举报同学公务员考试作弊被刑拘

律师质疑：吴忠警方办案是依据领导指示，还是公安部的规定？

今日出击

今日出击——《中国青年报》(第 21 届中国新闻名专栏奖)

【专栏内存】

《今日出击》专栏特色

1. 该栏目严把选题关。选题侧重于社会和政府部门普遍关注，政府部门正在解决或有能力解决的问题，体现这些问题的新闻事件要有样本意义，能起到促进问题解决、增强社会信心的目的。

2. 该栏目坚持新闻专业化操作，坚持“用脚采访，用笔还原”，拒绝“网友曝”，追寻真相。

3. 该栏目注重客观平衡和建设性。除有充分的证据，被举报的一方不愿意接受采访这一特例外，该栏目的绝大多数报道采访了对立的双方，给双方平等说话的机会。

正因为该栏目的采编人员精心组织，扎实采访，用证据报道，该栏目创办近两年来没有发生任何政治性差错，也没有诉讼纠纷。

——摘自《今日出击》专栏参加第 21 届中国新闻奖评选的推荐材料

今日关注
中国新闻名专栏
浙江日报 10
追踪新闻事件·评说新鲜话题·传播新知新潮
2009 年 11 月 10 日/星期二

校长推荐上北大：如何在阳光下行权

11 月 9 日一早，杭二中校长叶翠微就从网上看到了“北大试行中学校长实名推荐”的消息。

得知自己的提议最终成为北大自主招生的一项制度，他的第一反应是“欣慰”：高考招生制度迈出的这一小步，将给众多有特殊才能的学生带来“成长的一大步”。

这就意味着，包括浙江在内的 13 个省（区、市）综合素质优秀或学科特长突出的高中生，明年起有望凭借校长的一纸推荐，免试获得北大招生的面试资格。

但是，一项网络调查显示，出于对教育腐败的担心，9 成网民反对中学校长实名推荐制。

“校长实名制”不是“校长一人制”

用“小修正”弥补“大遗憾”

校长要承担个人信誉风险

“实名推荐”占北大招生总数 3%

声音

背景

“教师推荐”国外很成熟

今日关注——《浙江日报》（第 3 届中国新闻名专栏奖）

5. 揭示真相

社会的复杂，使许多假象掩盖着真实，虚伪取代了诚实，笑脸涂抹着阴谋，鲜花遮盖着毒刺，美好的背后是丑恶。为了帮助人们认识一个真实的世界，辨别真善美与假恶丑，促进社会在真实、健康、文明的轨道上前行，媒体人的职责之一就是要披露事实的真相，还事物的本来面目，认识事物的本质。①

网络技术的飞速发展，让人们享受海量信息的便利，也饱尝“雾里看花”之苦：凭空捏造的信息四处散播，似是而非的观点以讹传讹。这些不实信息，小则引起思想混乱，影响公众认知，大则扰乱社会秩序，造成严重危害。②

① 朱金平：《新闻发现论》，人民日报出版社 2009 年版，第 38 页。

② 《〈求证〉栏目“开栏的话”》，《人民日报》2011 年 1 月 27 日第 4 版。

当社会上或网络上有某种传闻，甚至会引发恐慌情绪的传闻时，报纸必须在第一时间掌握舆情，及时深入采访，还原事实真相，以报纸的权威性来充当社会的“稳压器”。

揭示真相，无疑也是一种深度调查，只不过它的重心更多的是放在“解答疑惑”和“还原真相”上。2010 年底，《钱江晚报》推出《真相》专栏。该专栏打出“终结网络传言，还原真实生活”的旗帜，表达了编辑部揭示真相的决心。

求真务实是党报的品格，帮助公众辨真伪、明是非，是媒体的责任。2011 年 1 月 27 日，《人民日报》在第 4 版推出全新专栏《求证》。其办栏宗旨是“探寻喧哗背后的真相”，其喊出的口号为“探寻真相，求证不止”。

肯德基“黄金蟹斗”吃出谜团

网友质疑鱼肉充蟹肉，肯德基回应用的是“东海野生纯花蟹”

宁波水产商却又一眼认出：哪里是野生花蟹，明明是 5 角一只的“杂蟹”

本报通讯员 郑再非　本报记者 邹洪珊

一篇名为《蟹肉其外，臭鱼肉败絮其中！》的帖子最近在网上疯传，称“肯德基的‘黄金蟹斗’用臭鱼肉冒充蟹肉，还有鱼骨”，引发了网友和媒体的大量质疑。

肯德基官方近日发表声明称，“黄金蟹斗”是一款海鲜类小食，精选新鲜东海野生纯花蟹肉，置于完整蟹斗中，再裹以松脆面包粉，是严格按照制作流程精心烹制而成的。

对于这份声明，很多人并不买账。所谓的“野生纯花蟹肉”之说，更引起了很多人的质疑。

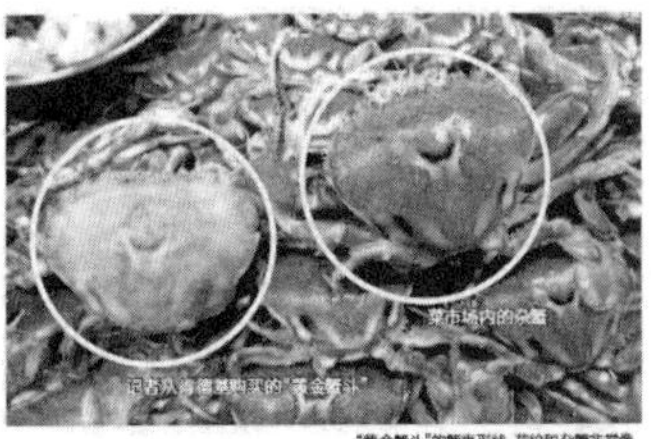

“黄金蟹斗”的蟹壳形状、花纹和杂蟹非常像。

正宗花蟹的花纹却是这样的。　本报通讯员 郑再非 摄

网友质疑“黄金蟹斗”用鱼肉充蟹肉
肯德基辩称用料为“东海野生纯花蟹肉”

2 月底，网友“[illegible]”在网上发帖爆料，肯德基的新品“黄金蟹斗”用鱼肉冒充蟹肉。帖子中还附了一组照片，包括蟹斗里的鱼刺、鱼骨，以及还能看清楚的鱼头和鱼尾。

昨天，记者电话联系杭州肯德基有限公司，公共事务部杨姓负责人说，确认在“黄金蟹斗”中没有可能混入鱼骨。“黄金蟹斗”是精选新鲜东海野生纯花蟹肉，置于完整蟹斗中，再裹以松脆面包粉，是严格按照制作流程精心烹制而成的。

这位负责人还表示，肯德基的官方网站上就此发过 2 份声明，2 月 25 日曾在首页刊发回复，希望发帖的网友主动联系肯德基有限公司，以便了解详细情况，但至今该网友都没有联系肯德基。

吃惯海鲜的宁波网友挑刺
“蟹斗”上有个花纹，一看就不是花蟹

根据肯德基的官方声明，“黄金蟹斗”采用的是“精选新鲜东海野生纯花蟹肉”和“完整蟹斗”。

……小的花蟹，市场价每斤要 40~50 元，每只花蟹的价格也要近 10 元。肯德基两个蟹斗才 9.5 元，不掺东西，是不可能的。”

真相——《钱江晚报》

《求证》是人民日报在要闻四版开设的深度调查性新闻专栏。它在海量信息的网络时代，聚焦各类争议新闻、疑点事件、不实传言，力求通过严谨核实与深入调查，澄清事实，还原真相，回应关切，阻击谣传，促进和谐，提升公信力。从开栏以来，《求证》专栏平均每周 1.3 期，树立了以证据为核心的报道模式和栏目特色，要求不回避敏感事件，不轻信一家之言，务必多信源采访，务必拿到一手证据，倡导“传递理性声音、弥合社会裂痕”新闻理念，取得了很好的社会效果。①

汉中天然气

强行收购还是完善发展

本报记者　王乐文

近日，一篇文章在网络上引起关注：陕西汉中市在发展天然气的过程中，市政府及有关部门帮助国有控股公司强行收购其它天然气公司，引起“政企之争”，百姓利益受到损害。针对这些说法，记者进行了调查。

焦点一

有序推进还是“争而不决”？

[网文]“谁来修通天然气的管线，却成了政府与天然气公司争而不决的尴尬。”

2 月 17 日下午，在汉中市住房和城市建设管理局，局长崔庆祥向记者介绍了……经营”的说法，崔庆祥不同意，他说：“汉中最大的天然气项目目前正是民营企业在做。”2 月 17 日下午，记者来到了崔庆祥所说的这家公司：陕西新希望能源投资发展有限公司，该公司总经理助理李汉儒接待了记者。2005 年，民营企业四川新希望能源投资发展有限公司获得汉中中心城区和平川四县的特许经营权，由陕西新希望能源投资公司组织实施。李汉儒告诉记者，截至 2010 年底，他们在中心城区共完成近 100 公里的城市天然气输配管网和一座气化站的建设，共签订供用气协议 17610 份，8481 户用户实现通气。

崔庆祥说，2002 年，宁强县率先引进四川中烨天然气公司，于 2003 年投入营运。其他县区也陆续引进民营企业经营天然气。2 月 18 日上午，在汉中市政府，记者看到了 2010 年 9 月 1 日召开的汉中市人民政府专项问题会议《纪要》。这份文件写道：为了让中心城区老百姓都用上价格 2.3 元每立方米的长输天然气，面对前期……不足 200 户。苏晓告诉记者，陕飞片区早在“十一五”就被陕西省规划为航空工业园，也被汉中市政府规划为市中心城区，所以交由市天然气公司经营。玉祥公司在未报经市县两级行政主管部门及城固县政府同意的情况下，在市政府会议后与陕飞集团隆地公司签订了关于陕飞片区天然气工程的建设协议，应被视为无效。因此，汉中市住房和城市管理局向城固玉祥公司下达通知，要求其立即停止陕飞片区天然气工程的相关工作。

陕飞集团隆地公司经理杨东海婉拒了记者的采访。2 月 18 日，记者来到玉祥公司，该公司经理赵晓宁接待了记者，但也不愿意就此发表看法。

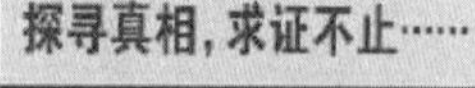

求证——《人民日报》(第 23 届中国新闻名专栏奖)

用事实求证真相，用调查磨炼作风。“深度、独家、公信”是《生活日报》的《每周独立调查》专栏最显著的特色。

大概是受热播剧《潜伏》的影响，《齐鲁晚报》将提示真相的深度报道专栏取名为《潜新闻》，含“潜入、深入”之意，提倡“深入更有价值”。

---

① 摘自《求证》专栏参评第 23 届中国新闻奖评选的推荐材料。

天热，空调安装工坠楼事件频发 谁来为他们系好安全带？

读者点题热线：96709

每周独立调查

用事实求证真相

栏目策划：赵志祥
责任编辑：乔永华

文/片 本报记者 王富晓 实习生 张伟超

昨天一场雨，人们终于在凉爽天气里舒服了一些。这段时间的济南，高温炙烤，就像一个大火炉。空调热销，大批的安装工忙得连轴转。安装过程中，安装工人坠楼的事件却时有发生，仅在7月中旬3天时间内，先后有两名安装工人坠楼。省城的空调安装工人生存现状如何？谁来给高空作业加道生命保险？连日来，记者就空调安装工的安全保障问题进行了调查采访。

事件回放

今年天热已发生多起坠楼事件

现场直击

35层楼的高空一蹲就是一小时

每周独立调查——《生活日报》（2009 年度齐鲁新闻奖最佳名牌专栏银奖）

潜新闻 深入更有价值 A06

2011年4月29日 星期五

齐鲁晚报

烤牛羊肉？鸭肉冒充的

本报记者卧底揭开烤肉店偷梁换柱真相

文/片 本报记者

4月12日，市民孙先生和几个朋友到省城二环东路附近的一家自助烤肉店吃饭，点的羊肉吃着味道不太对。仔细观察后，孙先生在肉的表面发现了类似肉皮的东西，以及拔掉羽毛后留下的毛孔印。曾做过厨师的孙先生判断：这可能是鸭肉。随后他发现该店的腌牛肉存在同样的问题。

那么，这家烤肉店到底卖的是什么肉？记者卧底采访发现，店里公开叫卖的“牛羊肉”竟然是鸭肉添加相应的牛肉香精和羊肉香精“制作”而成。

▶腌制好的“牛羊肉”。

卧底烤肉店

编者按

香气扑鼻的烤牛、羊肉，其实是鸭肉；热气腾腾的食物，没准是前一天剩下的；麻辣串的签子，污渍斑斑……这些让人作呕的事情，真实地发生在烤肉店内。

本报记者以打工为名卧底烤肉店，希望为读者揭开真相。

员工透底>>

“都是鸭肉 但咱不这么说”

面对顾客>>

或想法应付 或不予应答

潜新闻——《齐鲁晚报》（2011 年度山东新闻名专栏奖）

6. 调解矛盾

当好社会的“稳压器”，利用自身的优势去调解各种社会矛盾，也是报纸的必修课之一。

家庭之中、邻里之间难免有小摩擦，有时候报纸就去充当“和事佬”的角色。利用报纸这一平台，将产生矛盾的事情公开摆出来，让公众都来评一评、议一议，不仅能促进报纸与读者之间的互动交流，更能实实在在地缓和矛盾，甚至解决问题，何乐而不为？

如《宁波日报》的《宁波老娘舅》、《南湖晚报》的《老娘舅》、《新闻晚报》的《新老娘舅》等专栏，都是报纸充当“和事佬”，为化解社会矛盾而设立的。

公公成了她和老公的“第三者”

单玉紫枫 吴 文

宁波老娘舅

宁波日报社会新闻部热线：87000000

宁波电视台社会生活频道《娘舅大石头》 栏目热线：87629629

都说婆媳矛盾多，可家住慈溪杭州湾新区庵东的小许碰上的偏偏是“翁媳”矛盾。8年来，她和公公大小摩擦不断，老公和婆婆都成了中间的“双面胶”——可往往补了这头，断了那头。

于是，小许一个电话找来了“老娘舅”祝伟，求解他们8年的心结。

批“八字不合”

“你们可算来了！8年的苦水，我要一次倒倒清爽！”一见祝伟，小许显得很激动。

小许说，她和小韩是典型的“外来媳妇本地郎”。小许来自江西，8年前认识了小韩，两人感情迅速升温，没多久便到了谈婚论嫁的地步。“可公公就是不喜欢我，说什么‘八字不合’，还不准小韩来找我。”小许现在提起仍气鼓鼓的，“还好，小韩不理这一套，他跑来向我保证会对我好。我就是冲着这句话才嫁过来的！”

“这不是蛮好嘛！两人经过磨难，总算走到一起了，为什么又不珍惜呢？”老娘舅祝伟不解。

“唉，开始的时候，我都尽量让着公公，大家相安无事。可三四年前，我突然得了脊椎炎，必须天天卧床，休养了大半年……”小许话音未落，一直在旁沉默的小韩突然插话，“老娘舅，你看她自己说出来了吧，这才是重点！她那阵子天天卧床，自己憋出心病来了，就老觉得我爹讨厌她！”

遭遇“冷暴力”

小韩不说还好，这一说，可算是捅了马蜂窝。

“是我‘觉得’吗？那时生病，班又不能上，医院和家两头折腾，你们谁关心过我，管过我的感受？好不容易病好了能下床了，因为没出去工作，公公他就老是嫌弃我。”小许越说越激动，刹都刹不住。“老公和婆婆开始还劝，后来慢慢也不理我了。有一次，我和老公有点摩擦，公公冲出来数落我。我一生气，拿起农药说死了算了，公公过来就扇我一耳光！”

这会，老娘舅祝伟才算理出了些头绪：小许患了脊椎炎后，长期卧床缺乏关爱，所以得了心病。他决定以这为突破口，“小许啊，公公是长辈，我们先不去说他。倒是你，我发现你脾气很急。”

小许倒也爽快承认，“我是急，那也是憋出来的！”

“为什么受伤的总是我！”

祝伟暗忖：看来小许也很想医好自己的“心病”，但心病还需心药医。

“小许啊，你说大家都不关心你的感受，对你‘冷暴力’。可我看啊，是你太过关心自己的感受，太敏感了，老是在乎别人对你的看法，所以越来越被动，越来越压抑。”一番话说得小许频频点头，祝伟顿了一顿，接着道：“你现在最需要的是出去找份工作，多接触社会。等有事情忙了，心宽了，人也会跟着开朗起来了。”

小韩马上表示赞同：“就是嘛！早上我去上班，还看到村口新贴了张《招工启事》呢！”小许瞪他一眼，“那你怎么不早说？”老娘舅一见，笑笑说，“小许你要记住，以后说话方式也要好好改改。同样的话，如果能换种方式表达，效果就完全不同了。像刚才，你要是说，‘好啊，那一会儿我陪你去看看’意思一样，可给小韩感觉就完全不一样了。”

老娘舅评点：治好了疾病，闷出了心病，小许的例子不失为一个典型。她害怕孤单，希望被关注、被呵护，所以性子急了点，脾气躁了些，过于关注细节，对亲人苛求，这些都可以理解。相信只要她敞开心扉，多接触社会，改变看问题的角度，闷出来的病照样也能给“焖”回去。（栏目主持 黄瑾）

宁波老娘舅——《宁波日报》

清河社区

一面“照妖镜”差点伤了和气

老娘舅

求助热线 82828110

晚报“老娘舅”调解 两家都愿意退让

N 社区记者 时立恒

今年70岁的周阿姨住在清河社区，因为对面人家大门上挂了一面“照妖镜”，正对着周阿姨家，让周阿姨心里很不舒服。在与对方商量无果之后，昨天她打电话向晚报寻求帮助，希望晚报……样，感觉不太好。”

于是第二天，周阿姨去找对面人家商量，“当时他们家的媳妇跟我说，让我去看看清河这边的人家，很多人家都挂着。我确实去看了，但是人家都是挂在房门口或者阳台上，没有挂在大门上的。”周阿姨告诉记者。

……生孩子也晚，如今他们的外孙才10个月大，因为小两口工作都很忙，经常通宵加班，白天宝宝由保姆照顾，晚上则由周阿姨夫妇照看。

“你说万一孩子生病了或者怎样了，那可怎么办？”周阿姨怕对门的这面镜子会“煞”到家里的小宝宝。

……也不好强迫人家改变，最好和他们商量商量，让他们换个角度挂。”“老娘舅”提出自己的意见，而周阿姨也表示可以接受。话音刚落，对门的吴阿姨正好准备出门，“老娘舅”向吴阿姨表明了自己的来意。

刚开始，吴阿姨一直强……微换个角度，朝着楼道出口的门，‘煞气’都避到门外。”

吴阿姨没有接受“老娘舅”的意见，坚持不愿改掉自家几十年来的习惯，不过“老娘舅”了解到，本来吴阿姨家的镜子是挂在门框上面的，而不久前装了防盗门，就把镜子挂到门上了。

老娘舅——《南湖晚报》

新老娘舅

都是房子惹的祸

越来越高不可攀的房价，不仅已经成为家庭矛盾的重心之一，更成为很多社会矛盾的重要起因。

□柏万青

前不久，有个年轻女孩子给我发邮件诉苦。原来，她和男朋友谈了五年恋爱，感情一直很好，但在领结婚证之前，女方家长要求一定要把女儿的名字写到男方买的房子的房产证上，否则就不准领证。这女孩感到难于启齿，就问我：柏阿姨，你说我该怎么办？我明确地回答她：你妈妈的这种想法是在误导你，如果你把这种要求向男朋友提出来，你是要掉价的，你的婚姻也会变味儿。

像这样因为房产问题而产生的冲突，在我接待过的来访者当中屡见不鲜。越来越高不可攀的房价，不仅已经成为家庭矛盾的重心之一，更成为很多社会矛盾的重要起因。房价太高，对社会不同层次的影响面都是巨大的。现在全国"两会"的焦点之一就是房价问题，原因也正在于此。老百姓们多么希望，"两会"能传出一些利好的消息来啊。

对小年轻来说，房价过高，已经造成婚姻价值观的变味。很多女孩子在结婚之前，一定要把自己的名字写到房产证上。还有一些女孩不愿意跟男方家长住在一起，即使男方有三房两厅，她们却一定要有单独的房子，甚至要求有房而无贷。想想看，现在一般三十岁左右的适婚男青年，有几个是自己有能力买房子的？都要靠父母，这客观上就造成了一些年轻人的结婚难。问题还不至于此，这些女青年还认为自己是很有道理的，自以为是为了今后的幸福打算。像这样过于物质化、理想化的择偶观念，离婚率高也是很正常的。

对年纪大的人来说，因为房价高，子女在房产、遗产、赡养的过程中发生了很多矛盾。有些父母，已经跟某个子女共同生活了几十年，房子就顺理成章地给了这个子女。过去房价不高的时候，其他子女也不计较；现在房价一高，其他子女就开始盘算了。父母还没去世，他们就开始争夺房产。拿到房子的子女苦不堪言，因为他们自己也已经年过中年，赡养老人对他们来说也是一种负担。没拿到房子的子女整天来闹，这是我做《新老娘舅》节目时经常会碰到的情况。有些老人为了让子女对自己好一些，赶紧把财产和房产都交出去，结果子女拿到钱了，父母却抛到一边不理了。

还有一些外来媳妇，政策规定她们15年后可以报上海户口。她们辛辛苦苦等待了15年之后，有些婆家怕报进户口之后，以后房产要分她一份，就千方百计阻挠她报上海户口。此外，那些知青、支内、支边、支援三线的老人，想要回上海，但还是因为房产问题，他们留在上海的家人也不愿意为他们报户口，引起很多的社会矛盾。

现在的房价高，老百姓买不起房子，这些残酷而考验人性的现实情况，切切实实地存在于我们身边，影响着我们的生活质量和家庭关系，进而影响整个社会和谐。

新老娘舅——《新闻晚报》

7. 民生故事

民生故事，就是关于民生的新闻故事。什么叫新闻故事？顾名思义，它是新闻和故事相融，寓新闻于故事之中的一种报道形式。① 它是以故事的形式反映新人新事，要求有一定的新闻性，又有相当的感染力，讲究情趣与细节。②

在诸多新闻种类中，民生新闻无疑是最具有故事情节的，这些故事情节也是人们茶余饭后的谈资。

《温州都市报》的《老师伯讲新闻》专栏、《长沙晚报》的《街坊故事会》专栏，均以讲故事的形式报道民生新闻，并配以漫画，前者还以打油诗句作结尾。

他造房车想去西藏过年

车内水电气俱全；律师称按照相关法律，这种改装车不能上路行驶

胡晓聪介绍自己的"房车"，他说记者面前的这张桌子放下去就成了一张床。
网友"关刀"摄

记者 刘军 通讯员 张玲 实习生 康安

自造的"房车"，里面水电气样样都有，既可做饭还可洗澡。今天，

【初衷】只为带家人露营

胡晓聪今年30岁，自己开了一家汽修店。平常喜欢露营。一个月前突然想到：如果有一天，带家人去露营，忽然风雨交加，电闪雷鸣，帐篷被吹得呼啦响，雨水不断渗进来……本该美美的露营该有多惨。胡晓聪就想："如果有辆'房车'该多好啊"

有了这个想法，这位80后小伙就购买了一辆二手"依维柯"，开始着手打造自己的"房车"。如今这辆"房车"已经完成六成，厨房、床位、洗手间都有了。"再过十来天，'房车'就OK了，到时带着家人去西藏

过年。中间是最大面积的是床，床旁边是"走廊"，床尾是厕所。这3个区域是"房车"最重要的组成部分，胡晓聪充分将设计观念融入其中——床板可以拆分，直接搁起来就成了饭桌。走廊上摆放着"炉灶"。而厕所内摆放的一个马桶还可以坐在上面沐浴。

"房车"内电怎么来的呢？胡晓聪打开"床板"介绍，床下装有一只"逆变器"，能将12伏直流电升压变成220伏室电。"只要我愿意，电视机和音响也随时可以扣开哦！"胡晓聪说，"车底下有一个水箱，大约可以装80升水。"水箱紧挨着消声器，消声器的热度刚好可以"预热"

上路？面对这个疑问，胡晓聪说，任何车辆随意改装都是违规违法的。但有的改装例外，比如有的车改装成救护车，有的车改装成危险车，这就需要被改装车辆有一个特殊资质，即"专项作业车"资质。"我的这辆车是一辆二手'依维柯'，原主人买来时就登记为'专项作业车'，将其改造成'房车'，没有触犯法律法规。"

街坊故事会——《长沙晚报》(2011 年度湖南新闻奖专栏一等奖)

① 林永年:《新闻报道形式大全》，杭州大学出版社 1995 年版，第 201 页。

② 刘海贵、尹德刚:《新闻采访写作新编》，复旦大学出版社 1991 年版，第 147 页。

50岁教练凌晨斗窃贼

昨天，老师伯讲的是一个老大娘“路见不平一声吼”的故事，今天老师伯再给大家讲个50岁的游泳教练勇斗窃贼的故事。

李先生是名游泳教练，住在市区府前街金来大楼某幢4楼某室，平时独居。3月15日凌晨3点多，他在睡梦中惊醒，发现睡前拉好的窗帘拉开了一半，窗户也被打开了一半，他觉得非常蹊跷，就打开台灯想看个究竟，这才发现卧室的门开着，睡前放在床边的裤子已经被拉到卧室门口。

“不好，有贼。”李先生看到，客厅里有一个20多岁的瘦高个窃贼，他上前和窃贼扭打在一起，并把窃贼往客厅窗边拖，嘴里喊着“贼啊，贼啊”。窃贼见打不过李先生，就用外地话朝窗外喊，李先生听不懂，但判断出窃贼在跟自己的同伙打招呼，大才发现自己只顾和小偷打斗，根本没注意什么时候把自己的右脚拉伤了。李先生清点后发现裤子里的1300多元现金和一只旧皮包被偷走了，其他没什么损失。第二天，出嫁的女儿听说爸爸和窃贼打斗的事，直埋怨他不该和窃贼固然重要，但还是要注意自身安全，有勇有谋就最好不过了。

这正是：

大娘义举暖人心，
又见教练与贼拼；
只要大家一条心，
何惧恶人不被擒。

刘彩玲

老师伯讲新闻——《温州都市报》(第5届浙江新闻名专栏奖)

第二节　服务专栏

传统的报纸强调舆论意识，今天的报纸更要有服务意识，在实现自身经济利益目标的同时，也应“要把金针度于人”。[①] 目前，媒介的报道重心正逐步由“生产方式报道”转向“生活方式报道”，尤其是以服务为目的的生活类专刊劲头更盛。[②] 可见，报纸已将服务读者作为新闻报道的主攻方向。

报业竞争的日趋激烈化，导致报纸越来越迁就读者，甚至“讨好”读者。当然，这种“迁就”与“讨好”的前提是不违反新闻规律，不突破办报底线。其实，报纸这样做也没错，因为读者本来就是报纸的“上帝”，“上帝”有被服务的需要，你不讨好“上帝”，不对“上帝”的服务竭尽全力，“上帝”自然会弃你而去。

---

① 甘险峰：《当代报纸编辑学》，中山大学出版社2008年版，第272页。

② 吴飞、顾杨丽、王淑华：《新闻编辑》，中南大学出版社2006年版，第177页。

报纸专栏若具有服务性，就能在报纸与读者之间架起联系的桥梁，读者就会感到这份报纸不但可读，而且“可用”，从而产生更多的依托感；[①]因为报纸的服务专栏能提供“亲人”般的贴心服务，读者还会觉得这份报纸十分“可亲”，从而对报纸产生强烈的信任感。

对于报纸来说，针对读者的需求推出众多服务性专栏时，一定要强调实用性，即为读者的生活和工作提供具体、有效的帮助。

服务专栏一般可分为“热线服务”“现场服务”“帮办服务”“维权服务”“爱心服务”“生活服务”“提醒服务”等七大类。

1. 热线服务

近几年来，不少报纸为了吸引读者的阅读兴趣，并提供实实在在的服务，相继开辟了以反映民生民情民意为主要内容的热线新闻版。可以这样说，热线新闻成为新时期报纸整体转变形象的重要标志。

报纸上的热线服务专栏，不仅能及时解决百姓所遇到的困难，还能从中获取新闻线索，丰富自己的版面内容。

热线服务专栏又可细分为“接线出击”“党报热线”“热线承诺”等小类。

(1)接线出击

如果没有受众，新闻根本不可能存在。[②] 办报人皆知，光靠报社记者的线索是远远不够的。读者热线才是最好、最快的新闻线索。如果没了热线，报纸就无法办下去。为此，各报十分重视热线，并将其视为“生命线”。接到读者热线后，报纸均会在第一时间派出记者赴现场进行核实，采写新闻。

《金华日报》推出的《新闻 3 秒区》专栏，运用热线新闻这一载体，使《金华日报》的新闻报道向贴近实际、贴近生活、贴近群众迈出了一大步，受到了方方面面的认可和赞誉。

创办于 2001 年的《热线新闻》是《福建日报》的主打专栏，其办栏宗旨是“反映热点难点，评论社会问题，关注百姓生活”，努力充当“党报和群众的连心桥”。

---

① 唐伯勋：《贴近性 · 包容度 · 名牌意识——办好报纸专栏应注意的几个问题》，《新闻战线》1996 年第 7 期。

② ［英］托尼 · 哈尔卡普：《新闻工作：从原则到应用》，周黎明译，中国人民大学出版社 2010 年版，第 106 页。

D4 浙江新闻名专栏 新闻3秒区 83186666 金华日报

夜爬尖峰山，要不要路灯？

家教老师突然神秘"蒸发"

江南警方给传销人员"反洗脑"

新闻 3 秒区——《金华日报》(第 3 届浙江新闻名专栏奖)

5版 [热线新闻] 中国新闻名专栏

■特别关注

让孩子们拥有干净的泳池

监管显示 泳池卫生状况有喜有忧

不合格泳池 宁受罚不整改现象亟待解决

医生提醒 夏季孩子游泳要做好防护

■爱心你我他

谁来帮帮这个家？

■社会实录

新买手机会"吸费" 消费者维权

强收船只"摊位费" 团伙落网了

自称"两第一" 受罚二万五

寒门兄妹逆境中成才

■给您提个醒

"更改"户口簿 骗你没商量

热线新闻——《福建日报》(第 3 届中国新闻名专栏奖)

【专栏内存】

《热线新闻》专栏的特色及成功运作

一、专栏的特色

1. 围绕中央,省委、省政府在各个时期的中心任务,将重大的理论观点、方针政策结合群众生产生活实际中的生动事例,把抽象的大道理具体化、形象化,采取群众喜闻乐见的形式进行宣传,在深入人心上下工夫。

2. 针对群众关注的社会问题,抓住时效性强、影响大的典型,深入调查,认真研究,把握分寸,运用舆论的力量推动问题解决,并且为解决同类问题提供示范。

3. 关心困难群众,反映群众心声,并沟通有关部门,为群众释疑解惑,排忧解难。

二、专栏的成功运作

日常工作中,我们处理的大量来电、来信、来访,是基层群众对影响自身生产生活问题的反映,往往情绪激烈。如何对群众遇到的难题进行报道?我们的方法是:理直气和。

采用这个方法的依据,源于我们对时代特点、干群心态以及媒体自身职能的四个基本估计:

其一,当前社会正处在转型期,许多矛盾、许多问题的出现,原因是综合性的,不应当简单、片面、武断地把全部责任归咎到某个具体的个人或者部门、单位身上。

其二,大多数干部是愿意把工作做好,愿意解决困扰群众生产生活的难题的。一些问题暂时得不到解决,有干部作风上的原因,但更多的原因是体制、机制尚未完善。

其三,大多数群众是通情达理的,他们往往是到了实在没有办法的时候,才来找党报。我们如何对待群众的呼声,在一定程度上将影响到群众对党和政府的感情。

其四,党报是新闻媒体,不是职能部门。我们只能通过舆论的力量去推动有关职能部门为民排忧解难,而不可能自己直接去做。因此,要想达到真正解决问题的目的,一定要争取有关职能部门的合作。我们所做的工作,是把体现党的意志同反映人民群众的心声统一起来。我们工作的目的,是尽党报记者的责任为人民服务,而不是追求新闻的轰动效应。

因此，对待问题报道，我们不是居高临下地谴责、曝光，而是本着建设性的要求，深入细致地调查，冷静客观地分析，注重证据，注重政策，注重对大局的影响；发挥党报沟通舆情的职能，协调方方面面，摆事实、讲道理，寻求化解社会矛盾的最佳办法；同时运用舆论的力量，推动问题的解决，并且在这个进程中，增强党和政府的威信，解决群众的困难，扩大党报的影响。

——张红：《努力架设“连心桥”——福建日报〈热线新闻〉版的新闻实践》，《新闻战线》2003 年第 4 期

《南国早报》的《热线追踪》专栏，通过报社热线联动社会各方，关注民生，帮助百姓，既得到政府有关职能部门的肯定和配合，也得到老百姓的赞誉与支持。

本报记者　陈春栩

开证明要交一千元押金

答复：未获业主同意才需押金

事件：陈先生反映，因为要把商住房改做办公用，他事先取得了业主委员会和部分业主签名同意，然后于 2 月 8 日下午到唐山社区去开证明、盖章。社区工作人员表示，开证明可以，但必须要交 1000 元押金。陈先生认为这笔押金收得不明不白，也超出了社区的权力范围。

答复：唐山社区的覃书记答复，一般情况下，商住房改做办公用只需要征得小区物业、业主委员会和存在利害关系的居民（如同一单元和相邻单元住户）的证明，而不需要到社区开证明、盖章。但如果居民要求来盖章，社区工作人员一般在审核后也会盖章。只有在当事人未取得相关业主同意、签字的情况下，社区开证明、盖章时才会要求交押金。房屋改造后三个月内无人投诉的情况下，社区会全额退还这笔押金。

反馈：陈先生表示，社区的答复与他最初听到的意思不太一样，如果是这样就没问题了。他投诉也就是希望对方能把事情说清楚，让人弄明白这笔押金是怎么回事、为什么要交。

外宿生为何要交内宿费

答复：已经退还内宿费

事件：早报网网友 lvliangchen 反映，他是宁明中学的外宿生。他们外宿生每年的学费里都含有学校的内宿费（校内的床位费）。校方虽然也会退回内宿费，但到第二个学期又要收这个内宿费。

答复：宁明中学假期值班的一位老师答复，上学期外宿生的内宿费已经退还，校方也已经在大会上明确通知外宿生了。

至于外宿生为什么要收内宿费，这位老师回答说，宁明中学是内宿式学校，一般来说是要求所有学生住校的，所以学校在开学时要统一收取住宿费。但由于床位不足，有少数学生被允许外宿，而这部分学生的住宿费一般都会及时退还。也就是说，外宿本身是不太合规矩的，是在床位紧张的情况下校方才允许外宿的现象存在并退还住宿费。以后是否还能外宿、能否退内宿费，则要视床位的分配情况和校方的要求而定。

热线追踪——《南国早报》（广西新闻名专栏奖）

（2）党报热线

在开设热线服务专栏中，党报自然不甘落后，有的干脆在专栏名称上直接打出“党报”两字，以彰显党报为民办报、为民服务的宗旨。

2001年元旦，《济南日报》专栏《党报热线》正式创办开通。“倾听民生，沟通上下”是该专栏的形象宣传语，“打造省城第一新闻110”是其追求的目标。

《嘉兴日报》的《党报热线》专栏、《温州日报》的《党报热线》专栏和《新乡日报》的《党报热线帮你问问》专栏，也是依靠“党报”品牌进行“热线”服务的。

3 82068110 党报热线 济南日报

与12345市民服务热线联动 提供线索 见报有奖

倾听民生 沟通上下

“立此存照”呵护泉水

“我爱泉水大家拍”活动开始啦

开版的话

我们站在新起点

预报本周气温较低 周末气温回升明显

一周民情动态

上周12345受理信息逾4万条

个别商家哄抬盐价

济南各大超市食盐供应充足

售价与17日前无异

生活一线通

质监部门专项检查发现

地产餐巾纸质量较好

党报热线——《济南日报》（2010年度、2011年度山东新闻名专栏奖）

4 党报热线 浙江新闻名专栏

温州日报

下月11日起 温州新增两对动车

一辆“残疾车”将他撞倒后逃走，随即三辆车子先后从他身上碾过，近20辆车从他身边绕过，没有一人停下施救——

拷问人性的三分钟

令人齿寒 只有一个司机追散了

活动第三天，捐赠热情不减

党报热线——《温州日报》（第2届浙江新闻名专栏奖）

(3)热线承诺

读者打了热线,报纸会否如自己承诺的那般立马有反应?为了消除读者的疑虑,有些报纸在专栏名称上就对读者一诺千金。

《彭城晚报》的《晚报包打听》专栏、《长江商报》的《有事找商报》专栏、《扬子晚报》的《有事找我们》专栏,看了名称就让人心头一热。

打听电话 85694114 85608110

周记者 13813287345 陈记者 13912033092 QQ群:62883848

法律咨询、医疗保健、学习考试、求职理财、逛街消费……把问题发给我们,我们帮你问明白。

法律咨询

离婚了连住的地方都没有 能否让前夫提供经济帮助?

●**刘女士**:结婚后老公就让我在家里做全职家庭主妇。但现在老公有了外遇,并且坚持要和我离婚。若离婚了,别说生活,我连住的地方都没有。请问能否让他给我提供经济帮助?

律师回复:关于离婚后提供经济帮助,《婚姻法》是这样规定的:"离婚时,如一方生活困难,另一方应从其住房等个人财产中给予适当帮助。具体办法由双方协议;协议不成时,由人民法院判决。""一方生活困难",是指依靠个人财产和离婚时分得的财产无法维持当地基本生活水平。主要包括:1、一方有残疾或患有重大疾病,完全或大部分丧失劳动能力,又没有其他生活来源;2、一方因客观原因失业且收入低于本市城镇居民最低生活保障线;3、其他生活特别困难的情形。其中,一方离婚后没有住处的,属于生活困难。

至于"适当帮助"的具体办法,由双方当事人协议;协议不成时,由人民法院根据生活困难一方的实际需要和另一方的经济能力等具体情况判定,帮助的内容既可是房屋的所有权或居住权、使用权等实物形式,也可是金钱。根据刘女士所说情况,要求应该得到支持。

工作5年了合同到期,一直没续签 是否已形成无固定期限劳动关系?

●**程先生**:2003年我到公司工作时鉴定了劳动合同,期限为5年,合同到期后单位没有和我再续签劳动合同,但我一直在公司工作直至今日。请问我与用人单位是否形成无固定期限劳动关系?

律师回复:用人单位至劳动合同期满次日起一年以上未与劳动者续订劳动合同的,劳动者可以向劳动仲裁委员会提起仲裁,确认双方形成无固定期限劳动关系,仲裁委和法院应予支持。

(以上法律咨询由江苏茂通律师事务所刘茂通律师回复。)

生活疑问

●**王女士**:有个问题很好奇,元宵和汤圆究竟是不是一回事,会不会是一种食品的两种叫法?

营养专家:元宵和汤圆尽管在原料、外形上差别不大,实际上是两种东西。在制作工艺上有很大区别。做汤圆相对简单,一般先将糯米粉用水调和成皮,然后将馅包好即可。而元宵在制作上要繁琐得多:首先需将和好、凝固的馅切成小块,过一遍水后,再扔进盛满糯米面的笸箩内滚,边滚边洒水,直到馅料沾满糯米面滚成圆球方才大功告成。

读者互助

●**李先生**:我想开个网吧,但是没有办理网吧经营许可证,请问有人可以转让吗?

晚报包打听——《彭城晚报》

烦心事:道路难行 呼吁整改

真先生(电话:1387**943)**从洪山区南湖警校到板桥的公路,只有两股车道,而且破又窄,沿路有4个高校,还有一个大花岭大学城。如果遇到周末学生放假,这里的道路就成了一个停车场,呼吁整改。还有湖北工业大学新生路口,道路破损严重,已经好几个月,影响行车,盼相关部门维修!

气愤事:拖欠工钱 盼望讨回

孔女士(电话:1507**166)**我的老板是个小包工头,本人工资被拖欠四千,他还欠其他工人几千元。昨日去青山区厂前街找他,但他就是不露面。希望有关部门能帮我们讨回。

突发事:公汽肇事 交通堵塞

熊先生(电话:036*96)**:昨日上午11时许,在武昌铁机路武汉理工大附近,542路双层公汽把路两边的电线杆全撞倒了,导致交通堵塞严重。

(部分未经核实 欢迎反馈)

◇反馈

公交站旁"暴露垃圾"得到清理

3月22日,"有事找商报"曾刊登一位徐女士的烦心事:武昌鲁磨路756、757公交站点正对面一带存在多处"暴露的生活垃圾及建筑垃圾"。29日,徐女士再次拨通本报电话反映问题依旧没有解决。记者随后先后与洪山区110联动、华中科技大学、武汉市城管局等单位联系。

昨日,洪山区城管局110向本报反馈,该处垃圾属于公交公司负责清运,每隔一天清运一次,现城管局已与公交公司取得联系,要求其加大清运力度,每天清运一次。随后,公交公司对鲁磨路处垃圾进行了及时清运。

本报记者 蔡梨生整理

有事找商报——《长江商报》

大树歪倒没人肯出锯树费用

泡桐压在屋上5天没人管

有事找我们 96096/13505176110

E-mail:nxw@yangtse.com

大树歪倒压门头

树是被人"谋杀"的

本报记者 吴鹏 任国勇 文/图

大树就这样压在门头上。

有事找我们——《扬子晚报》

2. 现场服务

如今，对于报纸来说，光有热线服务显然是不够的。于是，有不少报纸开始派出记者，或邀请有关职能部门的负责人，赴广场、企业或社区，对读者开展“面对面”的现场服务。

从2008年初开始，《湖州晚报》推出《一周一心愿》专栏，记者赶赴各个社区，讲述社区里贫困家庭的故事，说出他们最想实现的一个心愿，同时报道帮助实现这个心愿的动人事迹。栏目推出以来，已有成千上万位热心人和数百个单位、团体加入到捐助者的队伍中来。专栏推出至今，共帮助了上千个困难家庭实现了心愿。[①]

张家口市纪委监察局与张家口日报社联合在《张家口晚报》的市民热线版上开办《现场办公》专栏。专栏邀请与市民生活密切相关的单位领导到晚报做客，或到现场为市民解决生活中遇到的难题，受到了市民的普遍欢迎和青睐。

89岁老母亲，悉心照顾残疾儿
这个家庭很想添置一台微波炉
“一周一心愿”走进湖城红丰西村社区
浙江新闻名专栏
一周一心愿

一周一心愿——《湖州晚报》(第4届浙江新闻名专栏奖)

为直接服务市民，体现媒体的服务意识，《扬州晚报》推出《晚报周周进社区》专栏，每周邀请市里有关职能部门进入各大社区，进行面对面的服务，深受百姓拥护。

3. 帮办服务

“帮办”一词作动词时的意思是指帮助主管人员办公务。报纸设立帮办服务专栏，是将“帮办”一词引申为“帮助读者办事”。报纸将读者尊为“主管人员”，并帮助他们跑腿问事、办事，自然深受读者的欢迎。

---

① 邹银悝：《〈一周一心愿〉：平民慈善引发“蝴蝶效应”》，《新闻战线》2010年第8期。

鱼儿山后街1号楼居民受冻3年

相关负责人表示：尽快协商争取尽早改造供热系统

现场办公——《张家口晚报》(河北省优秀专栏、2007年度中国地市报新闻奖专栏一等奖)

运博会召开在即，居民别出心裁表达心情——

小小风筝载满浓浓喜悦

运博会开幕在即，昨天，本报周周进社区走进便益门社区，和社区风筝队一起放飞迎运博风筝："情系古运河，喜迎运博会"的大红标语随着风筝高高飘扬在古运河畔。众多风筝爱好者也由衷地表达自己的心声："从小生活在古运河边，对运河很有感情，世界运河名城博览会在扬召开，开心！"

20多风筝高空迎运博

昨天，位于古运河边瓶郎西面的高桥园上空，成了风筝的海洋。枫叶、猪八戒、黄蜂、仕女、灯笼等20多种风筝轮番飞舞。"情系古运河 喜迎运博会"、"和谐扬州 风景如画"、月是华夏明 家是祖国亲"等标语随风筝在空中迎风摆动。当天，在本报和便益门社区组织下，来自便益门社区以及外援龙头关社区的20多名风筝爱好者，将运河居民喜迎运博会的心情，高高放飞。

便益门社区风筝队队长王志芬说，自己从小在运河边长大，一直在运河边，运博会召开在即，自己打心眼里高兴。

龙头关风筝赶来加盟

昨天放飞风筝迎运博活动现场，还有另一支主力——来自龙头关社区的风筝爱好者。龙头关风筝队队长戴尧平介绍，只要不下雨、下雪，他们每天都在南门遗址广场放飞风筝，扬州每次有大的活动，他们都会参加。

听说便益门社区举办迎运博放飞风筝活动，老戴和队员们一早就赶来了，他们不但协助便益门社区将喜迎运博会的标语高高地放飞到天空，而且，还带来了不少绝活。队员宋扎绍的绝活是串飞风筝，可以用一根线，将多个风筝串着放上天。老宋先放了一个"猪八戒"，后来又放了一个"仕女"，老宋戏言，这是给"猪八戒"娶媳妇。不一会儿工夫，一个昂刺鱼风筝、一个蛇头风筝也被他串飞上了天，老宋说，他最多可以串飞八九个风筝。

居民乐赏风筝"盛会"

风筝放飞也吸引了不少路人和附近居民观看。家住阳光水岸小区的徐女士带着17个月大的儿子步行过来，她说，在家里老远就看到这里风筝齐飞，儿子很开心，闹着要看。听说是为迎接运博会而放飞风筝，她表示，这样的宣传活动很有意义。

家住永宁厂附近的老徐也是一个风筝爱好者，当天他正好上街路过高桥园，看到风筝飞舞，立即停下脚步不走了。现场听说举办的是迎运博主题放飞活动，他也觉得很有意义，并表示要加入便益门社区风筝队。

作为紧靠运河的便益门社区，居民和运河朝夕相处，其负责人表示，社区居民们看到扬州运河的变化，感受着运河对生活的影响，如今，运博会已成为扬州的一个节日，居民积极放飞风筝，也是他们表达喜悦心情的一个形式。通讯员 吴冉 周萍华 记者 尹小维 仲冬兰

特别提醒

昨日放风筝活动视频已上网，请有兴趣的读者登录扬州晚报网（www.yzwb.com）观看视频。

晚报周周进社区——《扬州晚报》(2007年江苏新闻奖专栏二等奖)

《燕赵晚报》的《天天帮办》专栏、《杭州日报》的《民生帮帮堂》专栏，都是"帮读者办事"的。

B15 | 天天帮办 | 帮办热线 88629199 排忧解难　燕赵晚报 Tel:0311-88629199 | 2010.03.03 星期三

收据丢了 家长退押金时碰"钉子"

在记者和有关教育部门的协调下，幼儿园同意退还押金

天天帮办——《燕赵晚报》

财经全媒体记者亲历报道

民生帮帮堂

求职、欠薪、消费、质检、物价、创业、安全、鉴宝……

报料电话：15988155317

更多精彩内容见杭州日报网www.hzrb.cn财经产经频道

"民生帮帮堂"执行记者 吴静 洪光撩 阮妍妍 实习生 郑梦雨　摄影视频制作　记者 许卓恒

大龄女性招聘会昨达成意向两百多人

「民生帮帮堂」记者亲历直播四大镜头

寒风冷雨难挡用工企业和求职妇女热情

昨天是一个特殊的日子，3月8日，国际"三八"妇女节。

也正是因为这个不寻常的日子，一场特殊的招聘会把来自五湖四海的"4050"聚集到了一起。

杭州的天空，昨天飘着小雨，格外寒冷，但这并没有阻挡人们求职的脚步。上午9时，长乐路人力资源市场的门口早已等候了不少人，他们都是冲着杭州日报"民生帮帮堂"主办的"三八"妇女节招聘会来的。

不少企业在没有报名的情况下，不请自来，照样也获得了一份惊喜：企业需求的人员基本都招聘到了。"我们除了招聘一些'4050'人员外，还招聘了一些操作工，电焊工，当然不局限于女性。"杭州炬华科技有限公司的招聘人员说。

上午投简历下午面试乐了求职者

本次招聘会，吸引了诸多求职者、尤其是中年女性求职者的关注，她们纷纷冒雨赶来，希望寻找一份自己喜欢的工作。截至昨日下午3时，统计显示，进场参加招聘会的人数达上千人次，已经有200多人与用工企业达成了就业意向。

"我们原来是没有抱多大希望来的，后来看看有些企业还不错，也比较适合自己，就留了个手机号码，没有想到下午就接到了面试通知。虽说天气冷是冷了点，但工作找到了，还是很暖人心的。"来自衢州的陈女士告诉记者。

"到招聘会上就为找份理想工作"

"我现在的工作是仓库管理，稳定不累，但是工资也不高"，开化人胡玉梅说："月薪1650元，听上去还蛮好的，但纯粹是死工资，年终奖之类的都没有。"

"我在杭报上看到有专门为我们举办的招聘会，今天就赶过来了"，昨天一早，40岁的胡玉梅就来到招聘会现场，仔细寻找合适自己的岗位。一圈转下来，胡玉梅相中了杭州士兰微电子股份有限公司提供的操作工岗位。

"我以前在滨江一家工厂里干过差不多的工作，在电子专业操作方面是个熟手。"记者看到，胡玉梅求职时显得格外细心，当场问了不少问题，"你们包吃住吗？""如果不住宿舍，有租房补贴吗？"……最终，胡玉梅填写了报名表格，打算应聘操作工岗位。

亲历直播

大雨抵挡不住求职者和用工企业的热情。这不，"民生帮帮堂"记者现场截取的四个镜头为证：

镜头1

求职者来得比工作人员还早

镜头2

为了赶招聘会顾不上吃早餐

镜头3

企业卖力吆喝引来"摄像头"

镜头4

"求职姐妹花"提前探营

民生帮帮堂——《杭州日报》

2000年8月，《每日新报》推出《新帮办》专栏，其办栏宗旨是"承担媒体责任，救助弱势群体，点燃人生梦想，唤起社会感动"。其实"新帮办"，从字面意义上解释，就是"新报帮你办"的意思。

【专栏内存】

《新帮办》的办栏策略

一、以市民的人生诉求为出发点，以市民的生存状态为关注点，以市民的视角表现人文关怀。

13年中，《新帮办》专栏一直不懈努力辛勤耕耘这个给百姓分忧的公益栏目，已打造出多个深入百姓心中的品牌。

在助学方面，推出的"给梦想插上翅膀"和"爱心行"等活动，早已成为天津市民与贫困学生结成帮扶对子的桥梁。"爱心行"至今已经举办56期，足迹遍布津沽大地18个区县，资助贫困学生求学超过万名，筹集助学善款100多万元，在助燃梦想的道路上，成功帮助11396名困难学子实现了读书梦。

“追讨热线”已成为天津劳动监察部门掌握劳动权益投诉情况的一个重要窗口。从2002年开始，配合劳动监察部门为农民工追回近4000万元拖欠工资。

二、从最初的“一点对一点”，到现在接力式爱心传递，《新帮办》利用栏目的影响力和带动作用，打造出一支遍及天津各企业、学校、社区、机关的强大的志愿者队伍。让更多的人参与到公益事业中来，深刻感受公益的力量和和谐社会的温暖。

13年间，《新帮办》专栏先后与多家爱心企业合作，在全市范围内开展救助贫困母亲、脑瘫孩子、自闭症患者等多项主题公益行动，并在蓟县最为贫穷的罗庄子镇山区挂牌成立“每日新报读者小学”。

与职能部门合作，关注特殊群体。《新帮办》与铁路天津站合作，2010年春节前夕，启动“新帮办基金”，为数十名困难农民工免费提供火车票，帮助其踏上返乡旅途。与天津市妇联、残联等部门合作举办“鹊桥相会”活动，为残疾青年、单亲妈妈等特殊群体举办专场相亲会。组建了“新帮办义工服务中心”“新帮办临终关怀志愿者服务基地”“新帮办自闭症儿童康复之家”等多个专业性公益团体。到2012年，《新帮办》志愿者人数已突破万人。

三、贵在坚守、贵在创新、贵在不断完善提升帮扶成效，这是《新帮办》栏目内容越做越深，涉及领域越来越广，报道形式越来越多样化，影响力越来越大的重要原因。

创立基金，走帮扶社会化和规范化之路。2010年末，《新帮办》在全国媒体中首开先河，与社会公益机构和爱心企业联合，首期注资10万元，成立“新帮办基金”，对社会公益事业、亟待救助的急难市民给予先期资助。目前基金已经接受社会各界捐款超过20万元，发放捐助款7万余元。同时开办“幸福计划”，帮助数百个城市贫困家庭达成幸福美好的新年心愿。

报网联动，充分利用新媒体平台传播影响力。2012年2月，《新帮办》启动报网联动机制，和腾讯网、天津网实现资源共享、新闻联动，与聚耐网合作开展“团聚爱心”活动，网友每点击一次活动页面，帮办基金就可以收到网站捐助的0.1元爱心款。

举办活动，汇聚社会之力传播人间大爱。2012年3月启动策划的

"再爱30年——平安之约珍珠婚庆典"活动，为100对曾经在30年前参加过天津首届集体婚礼的夫妻举办珍珠婚庆典，追忆他们共同走过的平凡而又动人的家庭情感生活。李瑞环同志专门为本次活动倾情题字："人间自有真情在！"

——摘自《新帮办》专栏参加第23届中国新闻名专栏奖评选的推荐材料

天津新闻 07B

新帮办

两个月女婴患严重肺炎 三四千元难倒苦命娘儿俩

狠心爹带走救命钱 小宣宣咋办

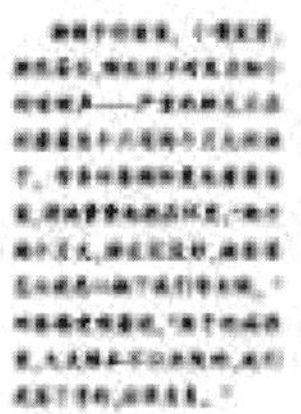

新帮办——《每日新报》(第23届中国新闻名专栏奖)

2006年9月1日，一个全新的专栏——《跑腿新闻》在《信息日报》诞生了。"帮您办事情，为您解疑难"的生活服务类的专栏定位，使其一出世便受到了读者的欢迎与追捧。

入职不提押金 辞职却扣工资

记者联系劳动监察部门介入，南昌金芝文化公司发还1200元

跑腿新闻 ▶▶▶ 0791—86849117

江西新闻名专栏

南昌罗先生：一个多月前，我的一位亲戚应聘到南昌一家文化公司工作。进去工作后才逐渐明白，这家公司其实是一家搞产品销售的公司，与当初他们所说的"以文化创意为主"完全是两码事。于是，在工作近一个半月后，我亲戚提出辞职，并要求他们结清工资。然而，该公司老板说，因为他们新进的员工是需要交押金的，押金就从第一个月的工资里扣，如果工作不满半年就辞职，那这个押金也是不退的。因此，我亲戚只能得到10天的工资400元。我和我亲戚都觉得公司的这种做法完全没有道理。

记者跑腿：记者就此事联系了罗先生亲戚工作过的南昌金芝文化公司的相关负责人。该公司负责人认为他们公司制定的规章制度是每个员工都必须履行的，罗先生的亲戚虽然事先不知道，但并不代表他们公司不可以执行制度。随后，记者与罗先生及其亲戚将情况向南昌市劳动监察部门进行了反馈，劳动监察部门查证后认为南昌金芝文化公司此举属于违规收取员工押金。12日，记者得知，南昌金芝文化公司已将一个月工资1200元发给了罗先生的亲戚。

（刘锋、记者李甫华）

跑腿新闻——《信息日报》(第 23 届中国新闻名专栏奖)

4. 维权服务

读者向报社反映的问题，有很大部分是关于维权方面的问题，报社就要通过舆论监督或联系有关职能部门来维护读者的正当权益。

维权服务专栏又可细分为"消费维权""职业维权""劳资维权"三个小类。

(1)消费维权

花了冤枉钱，买到假冒伪劣商品，碰到价格欺诈——在消费领域遇到不公正待遇，是消费者投诉的主要原因。我国成立消费者权益保护协会，就是为了调解此类矛盾。报纸开办消费维权专栏，也在承担着维护消费公开、公正、公平基本原则的职责。

《武汉晨报》推出《天天 3・15》专栏，将为消费者维权常态化，深受读者欢迎。

民以食为天。《羊城晚报》的《食刻出击　天天 315》专栏，关注的就是老百姓的头等大事——食品质量安全问题。专栏"食""时"谐音，表明《羊城晚报》在关注食品质量安全问题上心之切切。

《南国都市报》干脆推出《我投诉》专栏，根据读者投诉，记者介入，帮助消费者维权。

在曝光大型超市检测问题后，
羊城晚报记者继续调查发现——

菜市场检测室有更流嘢的

羊城晚报记者 吴珊

与大型超市相比，农贸市场是普通百姓最熟悉、最常光顾的采购场所。因此，这类场所的食品安全把关尤为重要。在羊城晚报连续两日曝光大型超市检测室问题后（详见本报24日A3版、25日A5版报道），某超市负责人向记者透露，农贸市场的食品检测室问题更多。也有市民报料称，广州有农贸市场存在未设检测室、检测结果矛盾等问题。

果真如此？记者马上奔赴多个市场调查。

本月15日员村菜市场食品检测室的检测结果显示(消费者徐女士提供)

员村菜市场 设有检测室但很诡异

检测室门始终紧锁

家住广州天河区员村附近的徐阿姨告诉记者，她每天光顾的员村市场设有食品检测室，但始终没搞明白的是，为什么检测室的大门从来没见打开过，公示栏的检测结果也明显矛盾多多，"菜心今天测吊白块（甲醛合次硫酸氢钠的俗称，常用于工业漂白剂、还原剂等），明天测二氧化硫。看不明白"。

记者来到位于市六医院附近的员村市场。早上7时30分，市场的两层楼里已经挤满了前来采购的消费者。在二楼市场办公室旁，红底黄字的招牌让"检测室"三个字显得格外显眼。检测室大门还没开，各种廖纸箱已把大门堵的死死的。一名菜贩正要将一个盛满青菜的泡沫箱堆在检测室的门前。记者拦住菜贩，表示这样做会把检测室的大门堵住无法进去。菜贩笑了笑："我天天都放在这，这个门不开。"

约8时，办公室的灯亮了起来，工作人员陆续上班，但始终没有看到有人走向检测室，检测室大门依然紧锁。

检测结果从天而降

8时50分，检测室右侧的电子显示屏突然亮了起来，"员村市场食品检测公示"，开始滚动播出当天食品检测结果，从蔬菜到肉类，从海鲜到干货，公示了大约近二十个品种，全部为合格。

没有人进检测室，为何会有检测结果？对于这个从"从天而降"的公示，着实让人摸不着头脑，然而，令人惊诧的事情还在后面。

根据显示，菜心和茄子的检测项目是"吊白块"，河粉的检测项目是农药残留，猪肉的检测项目是甲醛……据了解，"吊白块"是工业漂白剂，检测人员常针对腐竹、粉丝等食品进行该项检测，农药残留则针对蔬果，而甲醛则主要针对水产品。在上个月工商部门进行的食品免费检测活动中，检测人员曾向记者解释，蔬果检测农药残留，猪肉检测瘦肉精、牛奶检测三聚氰胺等检测常识是每个检测人员必备的知识。

检测设备安躺椅上

对照徐阿姨提供的本月15日的照片，发现当天公布的猪肉检测项目是农药残留，与记者25日看到的甲醛不同，但与工商检测人员所说的"肉类一般检测瘦肉精"的说法也风马牛不相及。如何将猪肉样本放进农残检测仪并可以得出合格的结果，更让人匪夷所思。

记者透过玻璃门向检测室里望去，发现里面更像是一个仓库：一摞摞的蔬菜堆在地上，墙角处放着杂物，检测箱和检测仪则安安静静地躺在一把椅子上……

猎德菜市场 没有检测室，也不履行检测职责

位于珠江新城的猎德肉菜市场可以算得上整个珠江新城最大最豪华的肉菜市场，地下一层地上一层有电梯为消费者买菜提供方便。但是，提起食品安全，街坊张女士有一肚子的苦水，在某环保公司工作的她平时非常注意这方面的问题，"有一次我从菜市场里买了金针菇，吃后拉肚子，听说现在菜市场有检测室，我想查一下金针菇是否有问题。可是，工作人员却说没有检测室"。李小姐也表示，"从猎德回迁那天起，我就住在这里，从来没见猎德菜市场里有检测室"。

在市场负一楼东边的位置，记者找到了猎德肉菜市场办公室。几名工作人员围坐在一起闲聊，记者以一名消费者的身份表示想请工作人员带自己去一下检测室。得到的答案是"这里没有检测室"。

没有检测室，那市场平时有没有进行检测工作呢？记者向一名肉档主询问检测情况，档主把一块猪肉翻过来指着皮上的红章说，"我的猪都经过政府检疫，不是私宰的"。猎德肉菜市场有没有对其售卖的猪肉进行抽检？档主连连摇头。

谷裕农贸市场 设立检测室，热情为消费者服务

到底有没有市场愿意为消费者提供免费检测的便利呢？答案是"有"。在白云区谷裕农产品批发市场，记者以一名消费者的身份，体验了一次免费检测。

拎着刚从市场上买来的菠菜和豆角，记者走进了检测室。一名工作人员说，需要向摊档索要收据后才能做检测，"万一检测出青菜有问题，我们就可以拿着收据去找到档主"。补上收据后，一名工作人员从菠菜和豆角上剪下部分样本放入试管，倒入缓冲液。本次检测的项目是农药残留。工作人员透露，平时前来做免费检测的主要是一些配送公司，因为送货时，学校、医院、公司等食堂要求配送公司提供检测合格凭证。另外，下午五六点钟时，经常会有一些阿姨拿菜来做检测，"阿姨们都很聪明，她们会先看一下我们的公示栏，通常会拿公示栏里没有列出的蔬菜给我们检测。"工作人员说。

大约20分钟后，工作人员递来一张像超市小票一样的小纸条，上面有检测数据：24.8%和19.4%。工作人员解释说，这个就是检测报告，菠菜和豆角的抑制率都低于50%，农残未超标。"其实也不麻烦，检了，你就放心了。"工作人员对记者说。

相关链接 农贸市场应设检测室

今年4月，堪称史上最严超市食品安全规范——《广州市食品超市经营管理规范》正式实施，规定超市应该设立检测室，把好食品安全关。同时，广州市还出台了《广州市食用农产品和食品批发市场经营管理规范》，要求农贸市场设立检测室，对市场内所销售的农产品和食品进行检测。

规范明确规定，要求食用农产品和食品批发市场应当设立自检室，配备相应的检测设备，以及一至二名经培训的专业检测人员；应当每天定时定量对场内销售的农产品和食品进行检测，农产品检测的主要项目是农药残留，甲醛、吊白块、瘦肉精等。水产品的主要检测项目是微生物、孔雀石绿、氯霉素、二氧化硫等。食品检测的主要项目是三聚氰胺、农药残留、甲醛、吊白块、瘦肉精，菌落总数等。应当将检测情况进行登记、存档，并通过信息公示栏公示当天上市商品快速检测结果。

食刻出击　天大315——《羊城晚报》

单方毁约 购房户欲告开发商

海口福隆广场3期开发商单方取消房子优先认购权协议书，消协认为开发商有i

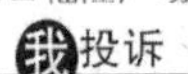

本报海口3月31日讯（见习记者王家燕）"去年跟开发商签订了购房协议书，谁知道房价大涨后开发商却要毁约。"3月30日，海口的邓先生向南国都市报反映：他被开发商忽悠了，在交涉无果后，邓先生准备聘请律师将开发商告上法院，将维权进行到底。

市民投诉：开发商单方面毁约

据邓先生说，2009年10月，他与海口福隆广场3期的开发商——海南昱茂隆建筑装璜有限公司预订了福隆广场3期的一套2房2厅85.5平方米的房子，由于当时房子的预售许可证还没有出来，双方签订了《海口福隆广场3期（海福湾）优先认购权协议书》，协议中约定了邓先生以每平方米5338元的价格，购买海口市滨海大道海口福隆广场3期F栋302房，建筑面积约为85.5平方米，总价456399元人民币。根据协议规定，邓先生交了2万元的优先认购款。

让邓先生想不到的是，今年3月17日，开发商的置业顾问牛小姐给他打来电话，告知之前签订的优先认购权协议书作废。公司决定单方面收回协议书。如果邓先生还想继续购房，则双方要重新签订一份合同，合同里规定购房价格以公司公布的开盘价为准，公司可以给予九五折优惠。如果邓先生不想买房，则公司退还2万元优先认购权款。

邓先生反复跟开发商交涉，要求对方履行协议内容，但没有效果。

售楼代表：取消协议书是公司决定的

3月31日上午，记者与邓先生一起来到了海口福隆广场3期的售楼处。该售楼处的置业顾问周先生告诉邓先生，经理不在。周先生表示，取消优先认购权协议书，是公司的决定。至于邓先生所交的2万元，公司可以退还给邓先生。周先生表示，当时邓先生在签订该协议时，是售楼处的置业顾问牛小姐接待与安排的，所以具体事宜应该找牛小姐询问。

记者通过电话采访了牛小姐，牛小姐告诉记者，她现在已经不在售楼处上班了，至于电话告知消费者邓先生关于取消认购权协议书的事，那是她根据公司的通知决定而通知消费者的。为什么取消这份协议，牛小姐表示不知道。

消协观点：开发商不能单方毁约

随后，记者与邓先生一起来到了海口市消费者协会投诉。消协有关人士表示，这份协议书是有效的，既然双方都签订了协议，就应当遵守，不能单方面毁约。

海南方圆都律师事务所李君律师表示，当时开发商没有取得商品房预售证，却与消费者签订优先认购权协议书，这个协议书按规定在法律上是无效的，但开发商明知无效却与消费者签订这么一份协议书，存在过错，要承担责任。

"我已经请了律师，准备将开发商告上法院，无论如何都要讨个说法。"邓先生说。

我投诉——《南国都市报》

超市购物小票也有时效

工商：限时开发票不合理

晨报讯（通讯员刘璐 罗文）拿着一个季度的购物小票去超市开发票，却被告知小票"过期"，不能开发票。

据吕先生介绍，近两个月，他在黄陂姚集海平超市采购了360元的办公用品。考虑到单位按季度报销，吕先生将小票攒到本季度末。前日，他拿小票去超市开发票，工作人员指着小票底下一行字称，电脑小票只能在购物后三天内开具。在他的坚持下，超市工作人员同意开3月份的票，此前的一律不开。事后，吕先生投诉到姚集工商所。

工商人员调查时，该超市一工作人员称，这是超市总部的规定，"制定这个条款，是为了方便会计结算和及时交税"。工商人员走访发现，许多超市的电脑小票下方都有类似规定。

工商执法人员认为，为管理便利而设置限制开发票的时间，是商家单方面行为，这些条款对消费者没有约束力。

经调解，该超市向吕先生赔礼道歉，并补开了2月份的150元购物发票。

2600元的礼服，婚宴上开线

晨报讯（通讯员华俊 金叶）热闹的新婚宴礼上，出现了尴尬事：新娘的礼服突然开线，险些"走光"，让新娘好不难堪。

据江汉区陈先生介绍，本月16日，他特意跑到汉口一商场的朗姿专柜，花2600元为女儿买了一套结婚礼服。昨日，在婚礼上，女儿女婿正接待亲朋时，女儿婚服的腋下、胳膊及袖口三处突然开线，当时场面极为尴尬。事后陈先生找该专柜理论遭拒，后将商家投诉至江汉区万松工商所。

工商所执法人员接到投诉后，查看了礼服，确有上述三处开线情况。经协调，该专柜同意作退货处理，全额退还陈先生2600元。

天天3·15——《武汉晨报》

（2）职业维权

随着社会经济多元化趋势的不断加快，劳动纠纷也频繁发生。维护职工的劳动权益，是报纸推出职业维权专栏的初衷。

在职业维权方面，带有"工人"两字的报纸做得相对比较到位。如《工人日报》的《维权在线》专栏，心系广大职工利益，为职工说话、维权，深受广大职工的好评。

《河南工人日报》的《维权行动》专栏，是与全国工人报刊联动的一个专栏，影响较大。

江苏徐州：

一场劳动侵权与维权的较量

维权行动

全国工人报刊新闻联动

维权行动——《河南工人日报》（2009年度河南新闻名专栏奖）

"除名"缘何引发诸多争议

对于企业和职工来说，除名是件大事，必须严格执行国家有关规定。但现实生活中，除名争议纠纷案却居高不下——

维权在线

链接：除名要经哪些程序

维权在线——《工人日报》（第2届中国新闻名专栏奖）

(3)劳资维权

近年来，用人单位恶意欠薪成了一个热门话题。每到年底，各级政府或媒体都会组织一定规模的讨薪活动。《南国早报》就有一个《追薪连线》专栏，反映欠薪事件，并帮忙劳动者追回薪水。

如果能帮劳动者顺利讨回薪水，劳动者心里肯定是暖洋洋的。《浙江日报》将“追薪”比喻为“冬日暖阳”，十分贴切。

广西新闻奖名专栏

本报实习生　伍玉敏　黄冀初

半月工钱拖了一年多

答复：等甲方结清工程款再给

■讲述者：杨先生（业务员）

2007年3月23日至7月15日，我在百色凌云的广西凌云永鑫实业开发有限公司工作，当时我任装修桥工程项目的总技术负责人。当初，公司负责人阳先生叫我去公司上班时，对方承诺给我的工资待遇是3000元/月。

7月15日，由于某些原因，我不得不向阳先生辞职离开公司，当时他也答应了，公司当日结算了我5月份和6月份的工资，但7月份的半个月工资却没有支付。之后，我多次联系阳先生，对方总是说修桥工程已通过验收，但工程款尚未结算清楚，没法支付我的工资。目前，一年过去了，最近一段时间我再联系阳先生时，对方还是以此为由拖延支付工资。

记者连线

阳先生（广西凌云永鑫实业开发有限公司负责人）：不是说公司不支付工资给杨先生，而是因为工程款甲方确实没有结算给他们公司，所以公司才延期支付员工的工资。再说，杨先生当初离开公司的时候是当日说辞职就走了，按照公司的规定，员工辞职必须提前一个月递交书面辞呈，公司当时都没追究杨先生的责任。现在公司也希望甲方能尽快把工程款结算清楚，好早日支付给杨先生工钱。

连线之后

杨先生：当初，我去工作的时候，公司并没有与我签订合同，而且阳先生当时也同意我辞职，所以如果说我违反公司规定是有点讲不过去的。我理解阳先生的意思，我离开公司到现在已经有一年多了，我觉得工程在开发过程中甲方应该会拨有工程款，而且我的工资不算多，如果公司够诚意的话，当时就可以支付给我，而不是这样拖了一年多还没给。我希望公司尽快把工资给我，不要让我等太久。

剩下的工钱为何不付？

答复：装修好的房屋有质量问题

■讲述者：方先生（装修工）

我是安徽安庆人，7月份，我经熟人介绍到南宁市凝华路帮一位姓张的先生装修房子。8月15日已经完工，张先生当日给了我1.8万元工钱，还有1.17万元工钱没有结算，对方说由于手头比较紧，所以希望我能等一段时间再拿剩下的工钱。由于是熟人介绍的，我就答应了对方的请求。10月份，张先生又给我8000元，但还剩下3700元没有给。后来，我和张先生签订了一份协议，如果我装修的房子出现质量问题，两个星期之内我可以免费帮张先生修复，但是张先生必须把剩下的工钱结清，对方当时也答应了我的要求。

后来，张先生的房子确实出现了质量问题，我也答应帮他修好，可是对方却避而不见，对于剩下的工钱，对方也没打算给我。我曾多次拨打过他的电话，但对方都说没时间，我如今不知如何是好。

记者连线

张先生：其实，事情根本不是方先生讲的那样。当时，房子出现装修质量问题后，方先生是打电话联系过我，因为我工作忙，外出时间比较多，但他每次打电话总问我在哪，我告诉他我在外出差，他打电话给我妻子，我妻子在上班，他就以为我在逃避他不想给工钱。说真的，我确实是忙，但据我了解，方先生每次打电话给我的时候，他都没来我家。11月30日，他打电话告诉我说，他带了一个捆墙的工人到我家，可当时对方见我不在家就离开了。我觉得即使我本人不在家，对方也可以修复房屋存在的质量问题，我不明白他是怎么想的。

让我气愤的是，装修期间，装修材料都是他引荐后我才购买的，比如说蹲式马桶，排便后冲水根本就冲不下去。向他反映情况时，他告诉我说水压不够，加压就没问题了，可问题不在于水压，然后他说可以先拆下来才能确定到底存在什么问题。后来，他认为马桶有质量问题，叫我自己找销售方反映。我说如果拆了检查后发现不是马桶的问题那责任谁来负时，对方不再言语。

而且，关于装修的质量问题，还远远不只这一项。地砖铺好后，我发现竟然是有两种颜色；方先生帮做的柜子出现裂缝；磨砂玻璃沾上了油污怎么也去不掉等等。

另外，当时方先生向我报材料价格的时候，对方是报多少我就给多少，我从来没有压价。当初，我是因为急着装修房子，而方先生又恰好是朋友介绍的，所以我自己就放心把房子交给他装修。方先生装修开工前的费用还是我交的。10月份考虑到装修可能出现质量问题时，我才没把工钱给完。后来，因为方先生推托责任也不来我家对一些问题进行修复。如今，对方竟然恶人先告状，我心里实在郁闷。

不过，目前我还是希望方先生能尽快来我家，将有问题地方修好，这样的话，我会尽快支付剩下的工钱。

连线之后

方先生：因为记者联系不上方先生，故无法将信息反馈给他。

拖欠工程款不给

答复：弄清账目再付

■讲述者：罗先生（包工头）

今年1月，我带了30多个工人去靖西信发铝厂的空压站做内外墙抹灰和砌砖工作，工期做了2个月于3月14日完工。这是我们从该工程项目部副经理陈先生处接过来的，工程款按照工作量计算：砌砖是0.28元/块，抹灰是12元/平方米。但是，工程完工后至今，我们还有1.1万多元工钱没有拿到。我曾向对方要工钱，对方却称目前没有钱支付给我们。

记者连线

陈先生（工程项目部有关负责人）：我确实还欠罗先生一点工钱，当时他们4个工程队中有一点账目属于哪个队的工钱，连他们自己都弄不清楚，所以我之前曾和他说过，把他们4个工程队之间的账目弄清楚了就付钱。无论什么时候，只要他把账目弄清楚了，就可以打我在靖西用的手机号码联系我。我现在在山东办事，等我回去后就会支付他们的工钱。

连线之后

罗先生：目前，我们各包工头已把账目弄清楚，只等着陈先生发工钱了。这几天，我会联系他，希望他回来后可以马上支付我们的工钱。

欠工程款还不接电话

答复：会尽快支付

■讲述者：陈先生（民工）

今年7月份，一蓝姓包工头将桂平市糖厂污水处理厂的一个小工程承包给我们几个人，并承诺工程完工后立即结算工程款。但是，从8月份工程完工至今，对方仍拖欠我们3000多元工钱。我后来打电话给他，对方却一直不接听。我希望对方能给个确切的支付工钱的时间。

记者连线

蓝先生（包工头）：我现在北海办事，等我回去后会联系陈先生。其实，我也不想欠别人的工钱，我会尽快支付工钱给他们。

连线之后

陈先生：不管是什么原因迟迟不发工钱，蓝先生起码要接听我的电话，并说清楚事情。过段时间，我也会联系他，希望他兑现承诺，尽快支付拖欠我们的工钱。

追薪连线——《南国早报》（广西新闻名专栏奖）

冬日暖阳

义乌一建筑工地农民工的600多万元工资被拖欠数月，

有关部门通力协作，达成付款协议

为了287名民工的血汗钱

本报义乌1月10日电　记者　阮蔚菁

天气越来越冷，在义乌“金城·高尔夫”楼盘工地上，64岁的江西人寇志俊裹紧身上的旧棉衣，一个人守在空荡荡的工地上。

公司拖欠他3个月没有发工钱了，老板没有路费回家，只能留守工地。身为保安的他，还是尽心尽职地照看着工地上的设备材料，每天都间隔2时打醒下。

“家里人早就等我回家过年了。”在当地有关部门的通力协作下，今天，老寇终于可以领到部分工资，悬着的心放下了。

和老寇同时收到这份喜讯的，还有在该楼盘工地上做工的其他286名农民工：600余万元的工资款，将通过“分期付款”的方式由市劳动监察大队打到每位农民工的银行卡上。据义乌市劳动监察大队副大队长王晖介绍，明后两天，第一笔款项200万元到账，第二笔款项230万元将于1月29日前到账，余下的将在春节后陆续到位。

上图：工地停工1个多月，经常有债主上门讨债。　阮蔚菁　摄

左图：部分农民工的工资单。　阮蔚菁　摄

冬日暖阳——《浙江日报》

5. 爱心服务

“只要人人都献出一点爱，世界将变成美好的人间。”助人为乐献爱心，是当今社会最高的价值观。作为精神文明的传播者，报社完全有义务去宣扬、弘扬这一人间大爱。

在开办爱心服务专栏时，报社不光要自己力所能及献爱心，还要号召、组织、发动社会各界向需要帮助的人群献爱心。

《南国早报》的《爱心驿站》专栏，“救助”“结对”“求助”等内容无不让人感受到“爱意”极浓。

创办于 2004 年 3 月的《安徽商报》专栏《爱心面对面》，是报社发动富有爱心的单位或个人，向急需帮助的群众伸出援手的专栏。

《扶助行动》专栏创立于 2002 年 4 月，是《武汉晚报》启动的一个爱心公益专栏，主要通过深入采访、精心报道、积极组织慈善公益活动，呼吁社会爱心人士关注帮助老、弱、病、残等困难弱势群体，并有计划地开展紧急救援、扶危济困、助学助养等多项公益事业。如今，《扶助行动》已成为江城武汉极具影响力的慈善公益品牌。①

8版　责编　吕新平　　扶助行动　　武漢晚报　2009年5月25日　星期一

孩子们的书大都埋在了地震废墟中——

大家都来为灾区孩子捐书籍

本报讯（记者 喻敏 姚笑 通讯员 张小明 实习生 崔梦欣 翁苏）今日起，本报联手团市委青基会、中商百货组织“心系六一 捐书联谊”活动，在儿童节来临之际，倡议为灾区儿童捐赠书籍或捐款购书，给他们送去节日的祝福与温暖。

5月10日，中央宣传部、中央文明办、共青团中央、教育部、新闻出版总署等5部门向全国人民发出倡议，号召全社会向灾区中小学生捐赠优秀少儿读物。倡议书中写到，在汶川大地震中，少年儿童经历了难以想象的痛苦和磨难。作为一个特殊群体，他们的心灵更需要关爱，更渴望温暖。

据了解，大地震摧毁了孩子们的家园，他们的书籍连同衣物也大多淹没在废墟之中，目前很多小朋友的课外读物几乎没有，他们渴望学习，渴望从书中看到希望……

为此，本报率先响应，联手开展此次书刊捐赠活动，邀您共同参与，几本书或几十元钱，即可充实灾区小朋友的课外生活，以抚慰其心灵的伤痛。

活动时间：5月25日-6月1日，捐赠地点：①中南商业大楼七楼捐书点 ②武汉晚报大厅（汉口建设大道760号）联系电话：027-82438380

心系六一　赠书联谊

爱心义卖 捐助特殊儿童

本报讯（实习生 翁苏 崔梦欣 通讯员 胡弘）昨日，在中南财经政法大学五羊广场举行了一场特殊的义卖活动（见图）。这批义卖品共计185件手工制作的精美小挂饰、壁画等，创作者均为华师、湖大和湖北女专的志愿者及武汉爱特特殊儿童全纳教育康复中心老师和家长们。所得全部善款将用于帮助智障孩子教育康复。

向建国60周年隆重献礼　大型文献画册　《武汉辉煌60年》　国际被曝：吉社科院 82823526

甘金华“领衔” 采集希望之水

昨日，“捐一元、献爱心送营养——全国爱心公益传递行动”中，本报特别征集5名志愿者来到长江、汉水、东湖采集江城“希望之水”，伴随爱心和善款一起送到灾区。国内全国劳模知名慈善家甘金华“领衔”采集江水，并参加6月1日为灾区小学生营养加餐“捐一元”爱心传递现场活动。

记者 喻敏 通讯员 朱文丽 郑文君 实习生 崔梦欣 翁苏

下岗女下乡创业寻合作伙伴

本报讯（记者 喻敏 姚笑 实习生 翁苏）武昌周女士下岗后在蔡甸区承包水产养殖，研发出的新技术已受专家认可，如今，由于缺乏资金，新的技术很难产出经济效益。

武昌区中华路街的周维玲女士，1996年下岗，但她并没有去申请低保，而是利用自己曾经的工作经验开始琢磨一些养殖技术，发现利用生物发酵技术分解而成的生物鱼肥，高效环保，还能有效防止“翻塘”。周女士的儿子从武大学成后也加入进来，一家人在蔡甸区承包了几十亩鱼塘，做起了水产养殖。

经过几年的苦干实践，周女士研究出的改水剂和肥水剂均得到华中农业大学实验室的认可，昨日，该校服务新农村建设办公室还专程派出专家到现场对周女士进行指导。

周女士的创业虽然一直得到吴天祥肯定和支持，而进一步的生产则需要投入15万元的资金，她希望能寻找到一个合作伙伴，与她一起共同创业。联系电话：13720312285

爱心播报

袁圣雄　乔登美语总校　100元
高天任　乔登美语总校　100元
张友康　乔登美语总校　100元
李路昊　乔登美语总校　100元
邓力澜　乔登美语总校　100元
陈子晗　乔登美语总校　100元
胡蕊馨　乔登美语总校　100元
马博达　乔登美语总校　100元
王昊宇　乔登美语总校　100元
张桑儿　乔登美语总校　100元
伊家乐　乔登美语总校　100元
胡浩然　乔登美语总校　100元
李晓悦　乔登美语总校　100元
夏子晴　乔登美语总校　100元
薛佳静　武汉六中　20元
程　向　武汉六中　20元
王　媛　武汉六中　5元
王　萍　武汉六中　5元
桂清霓　武汉六中　5元
王丹励　武汉六中　14元
杭雨晨　武汉六中　5元
刘　鑫　武汉六中　5元
刘佳君　武汉六中　20元
马东泽　武汉六中　10元
刘清杨　武汉六中　30元
杨雨青　武汉六中　10元
桂康静子　武汉六中　20元
胡　越　武汉六中　20元
吕芳玫　武汉六中　5元
万天卉　武汉六中　10元
胡泽生　武汉六中　10元
万立奎　武汉六中　10元
王雍立　武汉六中　10元
周　睿　武汉六中　10元
（未完待续）

受资助公报

李　霞　东山小学　200元
朱　聪　东山小学　200元
陈梦琦　东山小学　200元
黄　璐　东山小学　200元
刘　慧　东山小学　200元
沈　国　东山小学　200元
何睿丽　东山小学　200元
黄正寅　东山小学　200元
孙晨欣　东山小学　200元

扶助行动——《武汉晚报》（2007 年度湖北新闻奖专栏一等奖）

---

① 喻敏、姚笑、易建新：《“扶助行动”9 年募款 9000 余万元》，《武汉晚报》2011 年 4 月 11 日第 7 版。

爱心“源源不断”　生源“捉襟见肘”

爱心驿站QQ群成员主动到学校走访挖掘贫困生源

本报南宁讯　（记者姜锋）连日来，爱心人士踊跃解囊参与爱心资助，但记者手上的贫困生名额却有限，爱心驿站栏目又出现了贫困生“供不应求”的现象。为了弥补“缺口”，爱心驿站QQ群的多名成员主动到隆安县的学校走访，挖掘到了数名需要资助的贫困生。

突击探访确定资助

5月7日，来宾市象州县运江中学的梁义波老师突然接到电话，爱心人士何先生要来校对2034号贫困生潘秋菊进行探访。何先生见到潘秋菊后当场资助了她800元现金。随后，在梁义波的介绍下，何先生来到了家境贫困的潘秋菊家，了解她的家庭、生活和学习情况。何先生计划长期资助潘秋菊，每月200元。

据了解，何先生是柳州人，目前在南宁工作。他根据见报的贫困生资料直接找到学校，对学生进行现场资助和突击家访。他认为此举可以更真实地核实贫困生信息。

爱心资助源源不断

337期爱心驿站刊登的求助学生共有8人，爱心人士江先生一口气要了4人：2036号苏小静、2037号覃美贵、2038号覃美桂和2039号覃秋玲。江先生计划每月资助每人200元，长期资助。不幸的是，2037号覃美贵此前不久离开了人世，江先生又资助了一个未见报的贫困生黄玲。

爱心人士黎先生已经资助了3名贫困生，每人每月200元。337期贫困生名单见报后，他又追加了一名贫困生，2040号韦张辉，每月资助100元。目前，黎先生正在发动身边的朋友加入到资助队伍中来。

5月11日上午，记者接到一个来自北京的电话，一位网名为“好心人”的女士在网上看了本报爱心驿站报道后，要求记者提供一个贫困生给她。记者向她提供了一名未见报的贫困生林雪娅，她决定长期资助，每月100元。

贫困生名额紧缺

黎小姐是114号码百事通的工作人员，她和几名同事想要长期资助一名贫困生，为了方便家访和照看，她们希望这名贫困生在南宁市读书。但是，记者手上暂时没有南宁市的贫困生。

计划资助2041号梁玉英的韦先生，是南宁市名雕装饰设计工程有限公司的工作人员，该公司计划长期资助5名贫困生，遗憾的是，到5月11日为止记者只能给对方提供一名贫困生。

邓先生和某女士原计划资助2034号潘秋菊，陈先生原计划资助2040号韦张辉，当他们得知这两名学生都已获得资助时，决定寻找其他贫困生。

上期爱心驿站共产生了8个贫困生缺口。为了获得更多的贫困生资料，5月11日，爱心驿站QQ群成员“胡涂”开车，载着“雨秋”、“阿廖”、“甲壳虫”、“刘姐”、“希望”和“斜阳”等群友一同来到隆安县第一小学，分别对6名贫困生进行了家访，并带回了他们的名单。

上期结对情况

2034号　潘秋菊——何先生长期资助，200元/月，家访时交给学生800元。

2035号　陈雨姚——郑先生有意长期资助。

2036号　苏小静——江先生长期资助，200元/月，已汇款。

2038号　覃美桂——江先生长期资助，200元/月，已汇款。

2039号　覃秋玲——江先生长期资助，200元/月，已汇款。

2040号　韦张辉——黎先生长期资助，100元/月，已汇款。

2041号　梁玉英——南宁市名雕装饰设计工程有限公司有意长期资助。

未见报获资助名单

黄玲——江先生长期资助，200元/月，已汇款。

林雪娅——北京网友“好心人”长期资助，100元/月。

本期求助名单

（以下名单由都安瑶族自治县拉烈中学和隆安县第一小学提供）

2042号　石峰江，男，1994年3月出生，家住都安瑶族自治县拉烈乡伍仁村弄仇屯，现就读于拉烈中学141班。去年，石峰江的父亲不幸去世，家里剩下年过八旬的祖母、母亲和姐姐。他母亲务农，因经济条件差，他姐姐读到初二就辍学外出务工了。他下决心努力学习，靠知识改变命运，但母亲无力承担他读书的费用。

2043号　蓝华灿，男，1998年6月出生，家住都安瑶族自治县拉烈乡弄长村弄栏屯，现就读于拉烈中学148班。他家里还有父亲、母亲和妹妹。母亲患有精神疾病，整天睡觉，几乎没有劳动能力，父亲外出务工。蓝华灿的妹妹读小学五年级，所有家务都要等他放学回家做。蓝华灿勤奋好学，成绩优异。

2044号　钟金桃，女，2002年8月出生，家住隆安县丁当镇，现就读于隆安县第一小学一年级。钟金桃的父亲早年病逝，所有负担都落在了母亲肩上，由于土地少，家里每个月的收入只有100元。该生懂事，学习勤奋，成绩优异。

2045号　黄莹，女，1999年11月出生，家住隆安县城厢镇国泰街，现就读于隆安县第一小学四年级。黄莹的父亲和爷爷疾病缠身，常年服药，尽管她父母经营一个小水果摊，但一家人的生活仍然很贫困。该生学习勤奋，成绩优秀。

2046号　黄苗林，男，2001年3月出生，家住隆安县城厢镇国泰街，现就读于隆安县第一小学二年级，是2045号黄莹的弟弟。该生学习勤奋，成绩优异。

2047号　林劲康，男，1996年12月出生，家住隆安县城厢镇旺中村，现就读于隆安县第一小学六年级。林劲康的父亲早年病逝，母亲没有工作，且疾病缠身，劳动能力差，家庭贫困。该生成绩优秀。

2048号　任善齐，男，2002年2月出生，家住隆安县南圩镇百朝村，现就读于隆安县第一小学一年级。任善齐的父亲早年病逝，他母亲带着两个孩子借宿在县城姑姑家。没有经济来源。

爱心驿站——《南国早报》（广西新闻名专栏奖）

“新科技　新梦想——为农村孩子捐助电子教育产品”公益活动捐助首个农村希望小学

“我有了自己的英语学习机！”

爱心箴言

爱心面对面　——《安徽商报》（2010年度安徽新闻名专栏奖）

6. 生活服务

所谓生活服务，是指报社向读者提供生活小窍门及生活小常识等服务，旨在对读者生活有帮助，让读者生活更美好。

“民以食为天。”吃好是人们追求的目标。《扬子晚报》为此推出了《吃吃喝喝》专栏，专门介绍如何烧才好吃、如何吃才健康，引导人们养成健康的饮食习惯。

年后多吃菇 清淡不寡淡

讨论版：http://bbs.yzwb.net

“大鱼大肉没胃口，萝卜青菜又太寡淡。”春节假期过去几天了，许多市民在吃上又遭遇了新问题，既不喜欢吃太荤的，又不能接受纯青菜那样素的。这个时候，薄而不淡，浓而不腻的菌菇是主妇们不错的选择。

近日，南京市场上蘑菇的种类也是相当丰富，从平菇、香菇、金针菇到鸡腿蘑、口蘑、滑子菇、茶树菇，甚至比较珍稀的品种杏鲍菇、猴头菇、白灵菇都可以在市场上买到，价格方面也比节日期间有所回落。

昨天，记者从南京一些农贸市场上了解到，大多数菌菇价格都在10元/斤以内，诸如姬菇5元/斤、金针菇7元/斤、茶树菇8元/斤、蘑菇5元/斤、秀珍菇7元/斤、平菇4元/斤、香菇9元/斤；比较贵的品种有蟹味菇25元/斤、杏鲍菇12元/斤、猴头菇12元/斤、白灵菇23元/斤。

新学期开始，为孩子们烹制菌菇菜也是妈妈们的明智选择。菌菇不仅荤素皆宜，其中所含有的营养元素还特别全面，既有肉类所含有的蛋白质，又有蔬菜瓜果所含有的丰富的维生素及多种矿物元素。其中蛋白质特别适合儿童吸收和利用，维生素也是儿童生长发育必不可少的，对于儿童预防疾病也具有特殊作用。

最后提醒大家两点保存菌菇的小技巧，第一，有人认为浸泡在水中的蘑菇能保鲜，事实上这样会使得很多营养成分被溶解在水中；第二，蘑菇储藏在冰箱里也是不对的，正确的方法应该是将其放在阴凉处保存。

柳 扬

[今日菜谱]酒炖白灵菇

原料：白灵菇250克、油菜心100克；

配料：盐、鸡精、三花淡奶、水淀粉、高汤、白糖、油、日本清酒适量

做法：1、将白灵菇洗净修整好，油菜心洗净；2、锅倒入高汤点火，倒入白灵菇、盐、鸡精、清酒，沸后转中小火约30分钟，使白灵菇入味，捞出切片放入鱼盘中，油菜心过水焯熟放在白灵菇旁边；3、将煮白灵菇的汤加入淡奶、白糖、清酒、调好味勾水淀粉浇在白灵菇上即可。 柳扬 整理

吃吃喝喝——《扬子晚报》

获取有用的信息，可以说是读者看报最原始的也是最根本的动力。因此，及时向读者提供有用、实用的生活服务信息，是每家报纸办报的一项宗旨。

《佛山日报》的《生活导航》专栏好像是个服务百宝箱，有“生活指南”“天气预报”“今日菜价”“特别提醒”等众多生活服务信息。

佛山日报　　生活导航｜封2

跟着“黄师父” 练英文“功夫”

本报 “传媒英语角”、“英语漫画廊”两栏目今起推出，为您搭建读报学英语的平台

省公安厅发布今年公安高等院校招生面试公告

公安院校面试仅收体检费

生活导航——《佛山日报》(2009年度广东新闻奖专栏三等奖)

A02 早报指数　今日早报

[消费指数]

切菜的护指、好用的穿针引线器、鹅卵石按摩拖鞋……花费小但实用的物品最打动母亲

母亲节礼物，你准备好了吗?

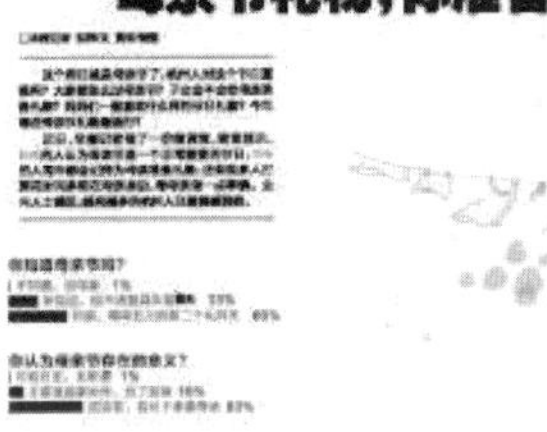

早报指数——《今日早报》(第8届浙江新闻名专栏奖)

2011年4月，《今日早报》推出《早报指数》专栏，通过对数据和民调的分析解读，为读者提供最易读、最有用的信息。《早报指数》包括理财指数、气象指数、餐桌指数、质监指数、求职指数、求学指数、幸福指数、房产指数、汽车指数、旅游指数、物价指数等，让数字说话来服务读者。

7. 提醒服务

提醒式报道是一种关心人民群众疾苦，提醒人们在生活中注意那些不该忽视的问题，且为人们所欢迎的报道形式。①

今天天气好不好，交通出行要注意什么，社会治安有什么新动向——如果报社第一时间掌握这些信息，并及时提醒读者加以注意，此类服务专栏肯定也会大受欢迎。

提醒服务专栏又可细分为“气象提醒”“出行提醒”“生活提醒”“消费提

---

① 林永年:《新闻报道形式大全》，杭州大学出版社1995年版，第323页。

醒”“防骗提醒”等五个小类。

（1）气象提醒

每天的温度、晴雨、风力，都是人们最为关注的气象信息。尤其是与前几天有较大变化的气象情况，报纸一定要及时提醒读者注意。

《苏州日报》的《晴雨表》专栏，不仅预告天气变化，还加了穿衣、洗车等指数，并配上图，服务味很浓。

同样是天气预报，《洛阳晚报》的《出门看天》专栏，加了当日天气与人体健康的关系，提醒身体不适人群注意。

（2）出行提醒

这里的“出行”指的是交通出行。哪个路口修路、封道，哪段路实行单行线，哪路公交车改道——这些交通出行的“关键”信息，是所有驾驶员和乘车者最为关心的。

《广州日报》的《每日出行必读》专栏，就是帮助读者第一时间了解交通出行的变化和调整。

（3）生活提醒

想读者所想，思读者所思。办好生活提醒专栏，要求报社视读者为亲人一般，将读者生活上可能遇到的一些细琐之事、麻烦之事，提前作出预案，及时作出“亲人”般提醒。

《哈尔滨日报》的《生活提醒》专栏和《河南日报》的《给你提个醒》专栏，说的都是掏心窝的话，让人感觉暖洋洋的。

晴雨表——《苏州日报》

今日天气 全区多云转阴天，偏东风3级左右转偏北风4级~5级，最高温度6℃~8℃，最低温度0℃左右。

历史上的今天 1992年的今天，市区最低温度为-6.0℃，是有气象记录以来该日气温的最低值。1955年、1967年的今天，市区分别出现7.4毫米、0.6毫米的降雪量。

气象与健康 春季是由寒转暖、万物生长的季节，同时也是传染病、呼吸道疾病、消化道疾病、心脑血管疾病、过敏性疾病、精神病等容易复发和高发的时期。民间谚语云“一年之计在于春”，如果在这个季节顺应自然，合理养生，防病保健，那么一定会给今后一年保持良好的身心状态打下坚实的基础。

5日 全区阴天，傍晚到夜里转有小雨雪。

6日 全区阴天，大部分地区有小雨雪。

特别提醒 移动、联通用户拨打12121气象信息电话，可随时了解天气变化，掌握最新气象动态。 （洛阳市气象台）

出门看天——《洛阳晚报》

11月9日至11日亚运会火炬传递

下周二起部分主干道封路

每日出行必读

猎德桥今日全天封

火炬传递 沿线200米加油站停业

每日出行必读——《广州日报》

警方对近期发生的针对单独出行女性案件的规律和特点进行分析，并作出预防对策和预警提示

女性单独出行 学会安全防范

■柳京 周刚 杜学辉 本报记者 孙玉红

近期，我市各区均有针对单独出行女性实施抢劫、抢夺的案件发生，各区公安分局将类似案件进行串并，对案件性质、作案时间、作案地点、作案手段进行研究，分析出此类案件的特点和规律，并提出预防对策和预警提示。

尾随女子进入楼道实施抢劫

【案例】2009年12月4日18时许，武女士在南岗区某小区一楼道内被一男子抢劫现金、手机等；12月14日19时许，王女士在该小区一楼道内被一男子持刀抢走现金、手机、首饰等价值万余元的财物；14日20时，该小区附近一居民区楼道内一女子又遭抢；16日凌晨，同类案件在该小区再次发生。

警方将四起案件串并侦查。

【分析】这些案件作案时间均为19时至次日2时之间；作案手段均是尾随单身女性或带孩子女性进入楼道对被害人实施抢劫，作案时持刀、戴口罩；作案地点均在居民小区；犯罪嫌

疑犯专盯戴首饰和提款女子

【案例】2009年7月21日中午，被害人吴女士在道里某小区被一男子抢走金戒指；2009年9月28日14时许，赵女士在道里某小区居民楼内被一男子抢走纯金手镯、金耳环等。

2009年7月3日凌晨1时，巡警支队特警四大队四中队民警抓获4男子，4人交代，6月24日晚在中央大街某银行门口看到女被害人刘某取完钱拎着纸兜和皮包从银行走出后，尾随被害人至灯光昏暗处抢走其纸兜和皮包，抢得2800元现金。4人被抓时仍在银行附近寻找目标。

【分析】此类案件性质均以侵财为目的；抢劫目标均为佩戴金银首饰的女子或夜晚单独到银行自动提款机提款的女性；作案手段为结伙、尾随被害人伺机作案。

【对策】尽量不要"露富"，不佩戴或少佩戴贵重首饰出行；如果必须佩戴，最好在单独行走时用衣领、围巾等将首饰遮挡住。同时，女性尽量不要独自一人到自动取款机上取现金，步行时要多留意身后或周围是否有可疑人员跟踪尾随，取款后要将钱放置包中，一旦发现可

嫌疑人事先潜伏在比较偏僻的地方，发现有单独行走的女性后，突然蹿出将被害人的包抢走。警方分析还有一些"拍头党"，即不法分子以抢劫为目的，通常三四人为一伙，确定袭击对象后以铁棒、砖块等硬物猛击被害人头部，致使被害人失去反抗能力后抢包逃跑。

【对策】夜间外出尽量不要拎包，以免引起不法分子的注意；在偏僻的街道独自行走时，手机不要挂在腰上，尽量不要边走路边打手机，要多留意周围是否有可疑人员尾随，一旦发现有可疑人员应立即绕道行走，面对两人以上可疑人员接近自己时要机警避开，转移到人员比较多的安全地方。如果深夜回家，最好乘坐出租车，女性要让家人或者朋友接送。

专门对单身驾车的女子"下手"

【案例】今年1月8日凌晨1时，南岗警方抓获一名尾随单身女性持刀实施抢劫的犯罪嫌疑人，破案30余起，涉案金额20余万元，缴获貂皮大衣4件、手机20部、现金23700元、照相机2部、摄像机1部、手表2块、身份证银行卡若干张、钢珠枪一把、作案卡簧刀1把。经审，该人交

报警发出响声，引起别人注意。

骑摩托车抢夺单身女性拎包

【案例】近日，巡警支队特警二大队四中队民警巡逻中发现一辆黑色翻形摩托车，车上一前一后坐着两名男子，二人戴棉线帽子、口罩，腿部佩戴护腿板，形迹可疑。二人发现警车后多次试图摆脱，民警驾车追上去将其堵截住。经审，二人是桑某人，前一天刚骑摩托车在天顺街附近将一名中年妇女拽倒，抢走背包，被抓当晚二人正寻找作案目标。

【分析】此类案件特点是犯罪嫌疑人多为结伙作案，骑"飞车"抢夺；作案时间基本上为夜间23时至次日凌晨2时许；作案地点主要集中在商业区和小街、小巷以及便于逃脱的岔路口。

生活提醒——《哈尔滨日报》

(4)消费提醒

目前，消费市场鱼龙混杂，假冒伪劣商品层出不穷。你要不是"火眼金睛"，难保不会受骗上当。如果在你消费之前，报纸能提供权威的消费提醒，就能帮你绕过陷阱，避免受骗。

《告诉你一个真实的市场》是体现《今晚报》公信力和核心竞争力的深度报道新闻专栏。自2003年创办以来，专栏始终坚持"三贴近"，恪守"紧贴百姓消费需求，推动和谐市场建设"的服务宗旨。专栏从百姓身边的经济生活和市场中抓取热点，深层次挖掘热点背后的真相，运用消息、通讯、新闻调查、记者暗访等体裁和方式，以独特视角揭露问题并谋求解决的方法，以高

■给你提个醒

正月十五一过，大批农民又将离乡返城，踏上自己的务工之旅——

外出务工 当心陷阱

安全陷阱

□宋炜 饶军然

文图无关/摄影：李建峰 王静 韩正华

试用期陷阱

□王晓芳 张兆利

给你提个醒——《河南日报》

水平的舆论引导和舆论监督维护人民群众的根本利益，为构建和谐社会承担起媒体的社会责任。①

看似物美价廉的外贸货，实际上却有可能隐藏着种种质量、性能上的问题，甚至可能存在严重安全隐患——

外贸商品“淘宝”当心隐形陷阱

本报记者 翟维莺

物美价廉，是大多数消费者对外贸商品的主要印象，甚至很多消费者都把四处挑选外贸商品当作“淘宝”，并乐此不疲。但记者在采访中了解到，外贸“淘宝”也要格外小心，因为很多外贸商品在“物美价廉”的光环下藏着许许多多可能给消费者带来损失或伤害的隐形陷阱。

问题产品监管难

“出口转内销”的外贸商品，因具有较高的“性价比”而备受青睐，但记者通过国家质检总局、美国消费品安全委员会、欧盟委员会等权威机构获悉，目前国内各类渠道销售的“外贸”服装、婴幼儿用品及电子产品、玩具中，有不少都是在海外市场已经全面召回或停止使用的问题产品、缺陷产品，甚至是可能给使用者造成安全伤害的“危险品”，但由于缺乏信息平台和有效监管，这些商品几乎全都能够畅通无阻地卖到国内消费者手中，即使有消费者发现问题，也很难顺利获得售后服务或补偿，因为“外贸商品”并不在厂家服务范围之内。如前一段时间某知名品牌儿童手推车，其多款产品在使用时可能造成婴幼儿手指被夹断的可能，在北美已经全面召回，但在国内多家大型网站上却仍然热卖，消费者权益根本得不到应有的保障。

淘汰产品照卖不误

还有不少消费者反映，本以为成功“淘宝”买到的外贸货，实际上是已经停产、改款或者是难以买到相关配件的淘汰产品。消费者许先生告诉记者，他几个月前在一家大型C2C网站上花650元“淘”到一款手机，当时卖家说是国内厂家代加工生产的国外知名品牌产品，物超所值。但手机拿到手经过仔细查询后才发现，这竟然是一款1999年就在国外上市的机型，现在早已淘汰，想要买到配套的电池、充电器几乎没有可能。许先生说，现在因为电池无法充电，手机也就成了摆设。另一位“淘”到出口欧洲的外贸“功放机”的消费者也遇到类似问题，由于产品早已淘汰，就连接口配套的线缆、插头都买不到，现在这台“宝贝”也只能是个摆设。

伪劣产品卖高价

“淘宝”外贸商品时容易遭遇的另一个隐形陷阱，就是买到伪劣的“假外贸”。消费者张女士经常到本市几处热门的外贸服装市场给孩子买衣服，但是最近一段时间张女士发现，买回来的外贸服装质量大不如前，褪色、缩水、变形非常严重，还有好几件花高价买到的“出口日本”的名牌外贸儿童T恤，刚洗了一次就出现多处破洞。后来经品牌专柜营业员鉴定得知，她买的这些“外贸”服装，都是仿冒品，在面料、做工等方面跟正品相去甚远。经营成衣出口生意多年的资深人士接受记者采访时表示，现在市场上打着外贸旗号卖假货的确实不在少数，有些街边小店为了掩人耳目，还把商标、洗涤标签剪破，冒充“剪标”的外贸货。因此消费者要“淘宝”，最好还是选择信誉有保障的商家，不要一味图便宜。

告诉你一个真实的市场——《今晚报》(第20届中国新闻名专栏奖)

① 摘自《告诉你一个真实的市场》专栏参加第20届中国新闻奖评选的推荐材料。

【专栏内存】

《告诉你一个真实的市场》专栏的特色

1. 专栏心系民生，服务百姓，在市民中有着广泛的影响力。一大批"粉丝"读者热心追踪专栏的成长并随时提出宝贵建议。报道多次受到天津市领导批示表扬，相当一部分报道促进了市场发展相关法规出台。

2. 承担新闻媒体社会责任，不断提高舆论引导能力。专栏采编团队努力实现体现党的政策主张和反映人民心声的有机统一，在世界金融危机大背景下，勇于担当社会责任，发挥新闻媒体通达社情民意，正确舆论引导的作用。

——摘自《告诉你一个真实的市场》专栏参加第20届中国新闻奖评选的推荐材料

《齐鲁晚报》的《提个醒》专栏、《今晚报》的《温馨提醒》专栏，也经常对读者作出消费方面的善意提醒。

节后花生油价格涨起来

度过了春节的消费旺季，省城超市里的花生油价格悄悄涨了起来。记者3日走访省城各大超市了解到，目前几大品牌花生油的价格基本回到了春节前的价格高点，部分品牌如胡姬花等，价格比春节期间上涨了接近一成。

春节前，国内食用油巨头之一的金龙鱼率先上调旗下的调和油、豆油等出厂价格，上涨幅度接近10%，由此引发了节前食用油品牌的集体涨价。

不过随着春节消费旺季的来临，降价促销成了花生油市场的主调。

记者3日在省城家乐福、沃尔玛等超市看到，目前省城5L装的花生油，鲁花的价格为每桶89.9元，胡姬花的价格为每桶93.08元，金龙鱼每桶为87元左右。

据家乐福超市花生油区的工作人员表示，春节长假后，部门品牌的花生油进行了小幅上调，"旺季降价、淡季再涨回去是常有的事情，像鲁花、胡姬花、福临门，每桶都调高了5块钱左右，基本回到了春节打折促销前的水平。"

记者从山东省物价局了解到，目前我省一级花生油均价15144元/吨，较节前稳定。由于部分花生油生产企业受春节假期影响，产能没有达到最大，目前出厂价维持在春节前的水平。据分析，由于今年我省花生米价格处于历史偏高水平，今年花生油价格明显下降的可能性相对较小。　（崔滨　刘GH）

提个醒——《齐鲁晚报》

春节前洗衣质量纠纷明显增多

警惕洗衣店里的"陷阱"

本报讯（记者佟乐宁）入冬后至春节前是洗染行业的旺季，洗衣质量纠纷明显增多。市洗染行业协会专家提醒消费者：警惕洗衣店里的"陷阱"。

水洗冒充干洗

在洗染投诉中，较严重的不诚信经营现象是水洗冒充干洗。有些非正规的干洗店里，虽然摆放着一台干洗机，但是根本不能使用，甚至就是一个空壳，被经营者当做蒙骗消费者的摆设，实际使用普通洗衣机水洗来冒充干洗。有些衣服是不能用洗衣机水洗的，如羊绒、羊毛等亲水性强的衣物，经过洗衣机水洗会引起缩水、变形，经过熨烫处理后的衣服看似平平整整，但是其保暖性和外形已经被损害。对于这一类店铺，消费者可以通过以下两点判断出干洗机是否经常使用，首先要观察设备的清洁程度，经常使用的设备是不会太脏的，尤其是干洗机的舱门、把手处，如果舱门、把手处有明显灰尘，则说明干洗机不经常使用，甚至从不使用；其次，应观察干洗机前是否放置杂物，如干洗机舱门前放置杂物影响干洗机舱门开启，则说明干洗机不经常使用。

非环保式干洗机污染衣物

目前，有些洗衣店里还在使用非环保的开启式干洗机，这种干洗机在清洗过程中对环境和衣物造成的污染非常严重，因此有关规定已经明令必须淘汰。使用这种干洗机的店铺，往往会有一个烟囱伸到窗外，用来排放洗涤过程中产生的气体。这种干洗机洗出的衣物，有毒物质的污染较大，对人体有害。

选择正规洗衣店

消费者在选择洗衣店时，最好选择已取得营业执照、使用规范《天津市洗染服务合同》的正规洗衣店。《天津市洗染服务合同》明确规定了消费者的权利和义务，使人明明白白消费，维护了消费者自身的合法权利，也可以有效防止纠纷的发生。

温馨提醒

温馨提醒——《今晚报》

(5)防骗提醒

由于骗子伪造逼真、招术新奇，不少群众因此上当受骗。这是各报社会新闻版中最常见的新闻。如何防骗，成为大众较为关注的话题。报社有必要借助公安力量，向读者发出相关的安全提醒。

《河北青年报》2007 年 1 月推出的《骗术真人秀》专栏，受到读者的青睐，记者或民警扮成演员，通过逼真地演绎一个个“骗术”，使大家更直观地了解骗子行骗的过程，提醒读者莫要上当。

■骗术真人秀

省会民警昨演“骗术真人秀”

1.“抽钱”骗子点钱时将最底下的纸币折叠

2.趁机倒手，将钱放到戴手表的手中

3.藏有被倒纸币的手悄悄抽离

4.一张钞票就这样被悄悄倒了手

本报讯（记者白云）昨日上午，石市公安局站前分局在石家庄火车站广场给过往乘客上演了一场“骗术真人秀”。便衣民警上阵表演骗局全过程时，围观群众一度要求民警多表演几次——骗术隐蔽，一时很难看清。

昨日 9 时 30 分开始，民警在火车站广场上表演了“猜瓜子”、“抽钱”、“假币换真币”等骗子们常用的伎俩，以帮助乘客们增强防骗意识。

表演“猜瓜子”时民警揭穿了骗术后的秘密：盘子里放着寥寥几颗瓜子，设局者用纸片盖上盘子，让人猜单双或数目。其实，盘子里混有一个铁“瓜子”，而设局者手里的纸片下藏着磁铁，它可以吸走盘子里的假瓜子。

民警表演“抽钱骗术”时，很多围观者目不转睛地盯着，有人甚至蹲在表演者旁边仔细观看，可民警演示数次后，很多人大呼：“动作太快了，看不清。”

于是民警将动作逐步分解，观众们才看明白骗术的全过程，“手法太隐蔽了。”

■摄/本报记者王勇博

骗术真人秀——《河北青年报》(2007 年度河北新闻奖专栏二等奖)

《燕赵都市报》的《防骗手册》、《羊城晚报》的《骗术见一个拆一个》专栏、《重庆晚报》的《曝光江湖骗局》专栏，均为提醒读者切勿上当受骗的专栏，也大受读者的欢迎。

路遇“私人银行”孙儿压岁钱被骗光

受害人提醒：老年人外出遇到陌生人搭讪一定要加强警惕

防骗手册

骗术见一个拆一个　多方努力协调，与异地骗子“竞跑”转账

机智巡警为市民追回一万元

防骗手册——《燕赵都市报》　　　　骗术见一个拆一个——《羊城晚报》

这条街道　家家都中了“18万大奖”

原来是骗子从门缝塞进奖票，领“奖”须先交1800元

骗局真相　层层揭穿

曝光江湖骗局

报料热线 966988

防骗警示》

曝光江湖骗局——《重庆晚报》

第三节　监督专栏

所谓舆论监督，是指对公共权力的使用及使用者的一种监督。[①] 舆论监督是指公众通过新闻媒介对党务、政务和一切公共事务，对国家机关各级公务人员的施政活动，以及对社会公众人物的监督。这种监督既包括揭露和批评，又包括评价和建议。

报纸的舆论监督虽然不具有强制性，但这种监督以公开曝光为主要形式，传播快、范围广、影响大，有很强的威慑力和广泛的警示作用。因此，办好舆论监督专栏，既是广大追求公平正义读者的需求所在，也是报纸匡护真善美、揭露假恶丑的职责所在。

① 喻国明：《解析传媒变局》，南方日报出版社 2002 年版，第 359 页。

从目前我国舆论监督的总体情况来讲，比以前要有所加强，但离老百姓的期望值还有不少差距。因此，各家报纸要将经营好舆论监督专栏作为头等大事来做。

报纸上的舆论监督专栏可分为“报料取证”“对比监督”“图像监督”“冠名监督”“政务监督”等五大类。

1. 报料取证

报料取证，就是读者提供线索，报社记者展开调查、取证，报纸予以曝光批评的过程。这是报纸舆论监督中最常用的手法。

《湖南日报》的《记者调查》专栏、《沈阳晚报》的《市民热线》专栏，均是以读者来信、来电为由头，展开调查，对一些不良行业、不良行为进行无情鞭挞。

■记者调查

益阳市赫山区的牌益公路因水利工程被挖断，两年来，公路和水利部门为谁来修复这段公路一直扯皮，过往车辆行人叫苦不迭——

两个部门踢“皮球” 路烂两年无人修

编辑同志：

牌口至益阳的牌益公路是一条由益阳市赫山区公路部门管辖的县级公路，是笔架山乡、泉交河镇、欧江岔镇、牌口乡4个乡镇到益阳市区唯一的交通要道。两年前，新河电排站进行扩建，把电排站前面的牌益公路挖断了，使得原本平坦的柏油公路变得坑坑洼洼，车经此地，颠簸得厉害，每到雨天，公路更是成了河，车子很难通行。群众对此意见很大，要求尽快将此段路修好。可公路部门说公路是新河电排站挖烂的，应该由新河电排站花钱来修好；而新河电排站的人说，此段公路是公路局管的，应该由赫山区公路局来修。两个部门踢“皮球”，已踢了两年，可害苦了经过牌益公路的无数车辆和群众。

一群众

调查附记：

10月15日，记者驱车到了益阳市赫山区的牌益公路。这既是一条长长的河堤，也是一条重要的县级沥青公路，一路上车来车往，络绎不绝。在欧江岔镇路段的新河电排站前面，记者看到了投诉者反映的这段烂路。烂路长约1公里左右，路面坑坑洼洼，沥青基本上荡然无存。因是晴天，车辆经过时除了带来一片灰尘外，尚能通行。一摩托车司机告诉记者，这还是几天前公路部门的人对烂坑填了些碎石，不然的话，这条路的大坑大得摩托车掉进去都看不到车。公路旁一百货店老板则告诉记者，他经常在这里目睹烂路引发的交通事故：车子刮破底盘、摩托车摔倒、车陷在坑里出不来等等。在记者采访中，群众都对公路部门有怨言，觉得烂路长时间不修复，是公路部门不管事。

新河电排站的工作人员说，路确实是他们挖的，但由谁来修，如何修，则是其上级部门赫山区水利局和公路部门协商的事，他们不管。赫山区水利局一位姓郭的局长告诉记者，投诉者反映的这条路，实际上是一条二线防洪堤兼作公路。2007年，水利部门进行国家重点项目——电排改造时，将这条防洪堤挖断了40米。此后为修路的事，他们和公路部门扯了不少麻纱。他们曾提出5万元的补偿，但公路部门没有同意，此事便不了了之。后来，他们还是将挖断的路填平了，只是没有硬化。目前，这段烂路有1公里多长，而他们挖的部分只占烂路开端的一小部分，因此，这条路不应当由他们来修。

可是，益阳市市区公路局对此提出了不同意见。该局一位姓卜的局长说，水利局当时挖路的工作面虽是40米，但开口要长得多，加之一些配套设施、地面附属物的建设等，实际上烂路大都是水利部门造成的。为此，他们多次找水利部门协商，要求修复路面，但都遭拒绝。根据《中华人民共和国公路法》的规定，因修建铁路、机场、电站、通信设施、水利工程和进行其他建设工程需要占用、挖掘公路或者使公路改线的，建设单位应当事先征得有关交通主管部门的同意；占用、挖掘公路或者使公路改线的，建设单位应当按照不低于该段公路原有的技术标准予以修复、改建或者给予相应的经济补偿。因此，这条烂路理应由水利部门来修复。

公路局一位姓徐的书记也向记者解释，当初水利部门准备动工挖路时，区政府曾组织开了协调会，公路部门就提出了自己的观点，一是要按程序申报，二是要按公路法的规定进行恢复原状或进行补偿。但水利部门在没办任何手续的情况下就挖路了，对此，他们原准备对其进行处罚，但考虑到是政府工程就没有执行。同时，据他们了解，电排工程投资在2000万元以上，肯定有修路的配套资金，可对方就是不拿钱修路。

经公路部门预算，修复这段路约需28万元。目前，公路和水利部门对各自出钱多少还没有协商好。两个部门为修路扯皮，过往群众还要忍受烂路之苦多久呢？记者结束采访时，徐书记表示，一个巴掌拍不响，两部门扯皮使得路到今天没有修好，双方都有责任。不管怎样，修路是公路部门的事，他们将尽快将此事协商处理好，还过往群众一条好路。

本报记者　史学慧　田燕

记者调查——《湖南日报》(2009 年度湖南新闻奖专栏一等奖)

“这是我们的冷眼观察，这是我们的客观视野，这就是我们的独立调查。”这是《三江都市报》专栏《独立调查》的办栏宗旨，也是挂在《独立调查》报花下面的一句话。正是这句话，时刻提醒着报纸在开展舆论监督中不要受任何干扰，要保持“独立”“中立”“客观”。

行程 沈阳⇒吉林

发车时：磨叽半小时 加油时：又等一小时 中途时：把乘客转手

被大客折磨9小时，我投诉！

投诉有效果：车主司机都被罚款500元，还得写检讨并道歉

“从沈阳到吉林不过300多公里，足足折腾了我们9个小时，大客车先是长时间等候并客，中途又让我们坐火车走，最后又把我们倒腾到出租车上，本以为坐汽车能早2个小时到家，没想到比火车还晚了1个小时。”

4名吉林人从沈阳乘大客车回乡，路上9个小时辗转被“扔”，他们愤慨地投诉沈阳天兴客运公司，希望有关部门对这种缺乏职业道德的服务单位予以严惩。

曲折旅程1：
大客车等人磨叽不走

孙海涛是吉林市丰满区人。3月5日14时许，他要从沈阳返回吉林，在沈阳北站站前客运站询问到14时30分有车去吉林。“我问售票員是不是走高速，她说是全程高速，我看最多再等30分钟就可以走了，当即就买了车票。14点30分车来了，车号是辽A44081，检票时我才知道这车是先到长春后到吉林的。”上车后，这辆车却迟迟不开，车上的乘客都问，乘务员和司机支支吾吾地推脱。

半小时后，客车出站。“走了十几分钟，到加油站加油，加完油不走继续等。一辆面包车来了，9个人上了大客车，接着又来一辆出租车，有两个人也上了大客车，在加油站等候了近1个小时，车上乘客非常不满。”终于上路了，途中孙先生听乘务人员说：“有4个去吉林的，正好一车，按这个电话办一下。”孙先生此时意识到上了“贼船”，可是已经上路了，无奈只好继续前行。

曲折旅程2：
半道让乘客改乘火车

客车开到长春站前已是晚上8点了，乘客下车后，司机让4个去吉林的在车里等着。“过了10多分钟，司机说接头的车有事不来了，给我们每人20元钱，让我们坐晚上9点的火车。我们一致反对，强烈要求他把我们送到吉林，司机说他不管，他按老板的话办。接着他把车开到了别处，下车后消失了20多分钟。”

司机回来后，叫来一辆出租车送四人去吉林。晚9点10分，到了吉林高速公路口，这辆出租车停下等了20多分钟，又来了一辆出租车转接四人。到……口时，这辆出租车……被收费站把行车证……租车带着乘客一通……来终于回去取了行……乘客送到目的地时……11点半了。

投诉回音：
车主司机各罚500元，好！

沈阳市交通局接到96123的投诉举办件后，对此事进行调查。辽A44081车为沈阳市天兴客运有限公司营……范，司乘人员服务态度恶劣的情况。交通局责成天兴客运有限公司对承包车主韩某和驾驶员秦某分别罚款500元，并……同时向乘客赔礼道歉……兴客运有限公司经……诉求人说明情况并……目前已经联系到了……

市民热线——《沈阳晚报》(2009年度辽宁新闻奖专栏二等奖)

独立调查

2481619

“宜宾凉糕，味道巴适得很！”

宜宾凉糕 乐山城区“满街跑”

本土凉糕销声匿迹 其制销者纷纷转行
网友担忧食品安全 部门表示监管困难

市场调查：

市民观点：

部门回应：

独立调查——《三江都市报》(2011年度四川新闻奖专栏二等奖)

2. 对比监督

只有通过对比，方能比出好坏、比出对错。对比，是舆论监督中较好的一种方法。

报纸经营对比监督专栏，可采用以下三种形式：一是将两个批评稿放在一起，而周边是其他稿件甚至是表扬稿，这样一对比，就能让丑者丑态毕露；二是将一个批评稿与一个表扬稿放在一起刊发，强烈对比下，能让美者更美、丑者更丑；三是进行监督前后的对比，监督前是什么样，监督后又是什么样，若改正了则表扬，若毫无改正，则加强曝光力度，直到改正为止。

“一个新闻类的小品专栏，从开设到现在，历经二十多年，经久不衰，至今仍是稿源不断，作者代代相传，读者越聚越多，这在报界是不多见的。这个专栏就是《新民晚报》的读者之声版上的《岂有此理　竟有此事》专栏。”① 这是《新民晚报》的《读者之声》版责编夏文渊的自我评介。

《岂有此理　竟有此事》专栏始终以两幅漫画加配文的形式出现，针砭时弊，写作风格诙谐、辛辣，形式活泼，图文并茂，深受读者欢迎。其内容由读者供稿，情节大多是供稿者发现不文明现象并当场指出，而对方却大言不惭地讲出没道理的话。通过供稿者（感受为“岂有此理”）与不文明者（不屑一顾，最后成了“竟有此事”）的对比，对不文明行径进行了讽刺和监督。

2005 年 2 月起，《新安晚报》推出《新闻曝光之后》专栏，关注监督的问题是否及时解决，把解决问题、推动工作、强化落实作为舆论监督的重点，有力地促进了问题的解决，受到了广大市民的欢迎。

【专栏内存】

《岂有此理　竟有此事》专栏的特点

一是思想性。报纸上的小品文和新闻报道一样，都要坚持舆论导向，内容应符合党的方针政策，符合国家的法律法规，与我们倡导的核心价值观相一致。小品文因其讽刺性，更要把握好价值取向。如果讽刺错了对象，就会带来负面影响。这是需要编辑十分重视的问题。

二是真实性。《岂有此理　竟有此事》专栏不是文学创作，属于新闻类，因此要坚持内容的真实性。不能以为反正总共才 200 字左右，有时连人物的姓名也不出现，查也无法查，夸张一点也无妨。真实性是新

---

① 夏文渊：《〈岂有此理　竟有此事〉名专栏初探》，《新闻记者》2007 年第 11 期。

闻的生命。唯其真实，才能让读者可信。如果胡编乱造，失去读者的信任，就不是一件小事了。

三是讽刺性。小品文主要是通过事实来表现思想内容，议论较少，以活泼、轻松的语言，让读者在哑然失笑中有所感悟，受到启发或教益。《岂有此理　竟有此事》专栏是属于讽刺小品一类。因此，用讽刺笔调来批评错误思想和抨击不良现象，就成了该专栏的一大特点。

四是时效性。新闻讲究时效，也就是说新闻要及时与适时。新闻版上的《岂有此理　竟有此事》专栏，同样需要强调时效性。我们不能把陈年古董的事拿到现在来说，所写的事情和人物要与当前的形势相吻合。

五是逻辑性。逻辑是指事物发展的客观规律、人类思维的规律。无论哪种新闻体裁都必须讲究逻辑性。短短一篇小品文，既要符合思维逻辑，也要符合语言逻辑。

——夏文渊：《〈岂有此理　竟有此事〉名专栏初探》，《新闻记者》2007 年第 11 期

中国新闻名专栏

岂有此理　竟有此事

“小囡撒尿没关系”

前些天，我去剧院看电影，放映不多时，坐在我旁边的一名男童就嚷着要尿尿。男童的母亲看得入神，便随口说：“你侧过身、蹲下来尿在地上。”“怎么能让孩子随地小便啊！”听我这么说，男童母亲居然理直气壮地说：“又不是尿在你脚下，关你什么事，再说小囡的尿有啥关系，活人总不能让尿憋死吧。”为了不影响自己看电影，如此不讲公德，这个妈当得实在不够格。　李德复

“人老怕啥难为情”

小区里有一老者经常随地小便，别人都以为他年纪人了身体有病，也就没好意思说他。近日，我又见他在马路边尿尿，便关心地问：“你身体大概有病吧！”不料他生硬地说：“我没有病，你才有病！”我说：“没病怎么随地小便？”他反问：“活人能让尿憋死？”我说：“尿憋应去厕所，随地小便既不卫生又不雅观，这理你应该懂吧。”他说：“人老了，怕啥难为情！”

郑梅初 文　田红 图

岂有此理　竟有此事——《新民晚报》(第 2 届中国新闻名专栏奖)

新安晚报　新闻曝光之后……

2010年9月6日　星期一
星级编辑：楚　杰
版　　式：王　霞
校　　对：史常勇

B05

市长重视“三座桥”

六安市市长要求相关部门“重视舆论监督”，修缮相关桥梁

热线曝光：8月30日《这三座桥忧大于喜》

新闻梗概：六安市三座桥梁相继出现问题，其中六安城北乡的八里杠大桥被大货车压塌；木厂镇淠东干渠上的一座大桥成“断头桥”；该镇木北支渠上还有一座桥的桥面损坏严重，许多客车过桥时得让乘客下车步行通过。

热线回访：本报记者 窦祖军

满意

本报连续追踪报道的六安至寿县公路沿线三座桥梁问题，引起六安市主要领导的高度重视。该市金安区目前正加紧采取措施，9月2日起开始拆除被压塌的八里杠大桥，重新搭建便桥，同时积极处置另两座桥梁面临的问题。

记者从该市金安区公路局获悉，本报《这三座桥忧大于喜》一文引起六安市主要领导高度重视，市长张韶春要求金安区政府和该市交通局 要重视舆论监督，及时了解情况，研究处理”。

据悉，金安区公路局已派工程技术人员，分别对三座桥存在的问题进行现场勘察和了解，制定解决问题的方案和措施，明确责任。目前，六安城北八里杠桥原桥拆除重建设计图纸已完成，按公路二级桥梁设计，正等待市级专家评审，并积极筹集近百万元重建资金，待图纸审批通过后，即可开工建设。同时，六安城北乡政府在原桥旁边新建的钢结构临时便桥已可通行，被压塌的老桥于9月2日开始拆除，老桥隔离墙被扒开的缺口再次被封住。

木厂镇淠东干渠桥因项目正在批复中，道路建设没有及时跟上，因此该镇政府正与金安区有关部门积极联系，尽快落实道路配套资金，努力使大桥两岸早日贯通。此外，木厂镇北支渠桥因受超载砂车碾轧而出现粉碎性破裂，目前已在两端设立禁止通行标志，在离桥300米处增设限宽隔离墩，防止大型超载车辆行驶。该桥等待已更换的砂砾石垫层沉实稳定后，将铺设沥青柔性桥面。

这三座桥忧大于喜

学校承诺退还全部费用

因退款手续比较复杂，约需一个月时间

热线曝光：8月27日《课还没上，钱能退吗?》

新闻梗概：汪先生的孩子今年升高中，志愿填报的是六安二中，之前已经交纳了全部费用，包括择校费3000元和600元其它费用，后来孩子选择去了新安中学，汪先生希望六安二中退款，但遭遇“退款难”。

热线回访：本报见习记者 杨道梅

满意

课还没上，钱能退吗?

……

齐心里没底。

记者随即电话联系了六安二中总务处的罗副主任，罗副主任对记者说：“学生课还没上就要求退款”的行为让校方很为难，学校每年定额招收计划内择校生，如果学生占了招生名额，报名后却不到校就读，既有失诚

新闻曝光之后——《新安晚报》(2010年度安徽新闻名专栏奖)

明镜，即明亮的镜子，含明察、明鉴之意。《承德日报》将“明镜”作为曝光专栏，设在第1版上。获2010年度河北新闻奖专栏二等奖的《明镜》专栏不光是曝光，而且对曝光后的进展进行跟进报道。

其实，报纸舆论监督的最终目的是为了主张社会的公平公正，促进社会的文明进步，说白了是为了促使矛盾和问题顺利解决。从这一点上来讲，《承德日报》的《明镜》专栏的做法值得赞赏。

市区头道沟隧道北侧的防护坡工程已近尾声，但不知什么原因施工中途停止，施工料占据半个交通要道，给行车安全造成隐患。希望有关部门加快此路段施工进度，确保交通安全。

记者 李树春 摄

明镜

明镜——2011年7月14日《承德日报》1版

7月14日本报报道市区头道沟北侧的防护坡工程半道停止影响交通一事，经过有关部门和施工单位的努力，工程现已全部完工，路面清理干净。图为施工后的现场。

记者 李树春 摄

《明镜》反馈

《明镜》反馈——2011年8月14日《承德日报》1版

3. 图像监督

报纸曝光中，以图片的监督效果最好。“眼见为实”、“有图为证”，使报纸监督有证、有据、有说服力。如果真的被镜头逮个正着，被监督者也没有话说。

《人民日报》的《曝光》专栏、《解放日报》的《反光镜》专栏、《攀枝花日报》的《立此存照》专栏、《台州晚报》的《监督哨》专栏、《温州日报》的《你离文明有多远？》专栏，就是采用图片的形式，对不良行为进行无情曝光。

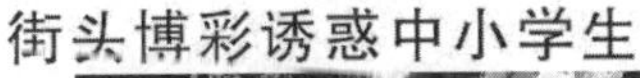

街头博彩诱惑中小学生

曝光

近日，笔者在安徽省霍邱县一小镇看到，沿街摆设的各种各样的博彩机有20余台。摊主们开设的大都是投掷或弹珠之类的博彩游戏，游戏规则看似简单，奖金也极为诱人，却暗藏着巨大的陷阱——依照摊主制定的规则，参与者中奖的几率微乎其微。但是，不少屡试屡败的年轻人仍不断地尝试，许多中小学生也禁不住诱惑，纷纷参与。

图①：3名小学生正在参与“猜大小”的博彩游戏。

图②：这名小学生正在拿取地上的一元硬币。

安徽霍邱县 曹花楼　刘春海

曝光——《人民日报》

监督哨 TZW3

树上晒被子有碍观瞻

黄岩江滨公园成晒场

本报讯（通讯员 蒋忠慧 图/文） 12月4日，黄岩江滨公园的景观树上，晾晒了不少被子，与整个公园的环境极不协调。

当日下午2时许，笔者来到位于黄岩西江大桥南侧的江滨公园，一路走去，看到公园景观树上绑着绳子晒了不少被子，在西江大桥与西江二桥之间，共有16处以这样的方式晒着被子和衣裤，一些过往市民看后无不摇头。这些晒在树上的被子太煞风景啦！”一位市民对笔者说。

冬日暖阳，很多人爱晒晒被子。但因受住房条件、居住环境限制，晾晒被子越来越难。据一位正在晒被子的女士介绍，现在，住的地方越来越好了，可就找不到个晒被子的地方。她家阳台不够大，虽然有晾衣架，晾衣服还行，要是晒被子就不行了。再说，她家楼层低，阳台光线不好，被子根本晒不透，只好选在公共区域晾晒被子。

一位在公园里健身的老先生说：将被子晒到公园里的树上，虽然是方便了自己，但是有碍观瞻，有损市容，对树木也会造成一定的伤害，整个公园也看起来乱糟糟的。”

公园里的树木花草是一种公共资源，要保护好我们共同的家园，离不开大家的自觉与努力。自觉地约束自己不文明的行为，努力制止和劝说别人不文明的行为，爱护环境，不能只靠政府的管理，也要靠我们每一个人的努力，这是我们的责任和义务。

这棵小树也已伤痕累累。

为方便晒被子，有人还在树杈上绑了一根粗木棒。

这棵被绑着绳子晒被子的小树已经枯死。

监督哨——《台州晚报》

新风社区辖区内一健身场所变成了菜地。 (白草摄)

在弄清线东风路段，某餐饮店员工经常把衣物晾晒在行道树上，很不雅观。 (白草摄)

立此存照——《攀枝花日报》

反光镜

如此"越轨"太危险！　吴泾地区有多条铁道线，虽然铁道旁醒目地设有禁止行人穿行的警示牌，但附近仍有不少居民安全意识薄弱，为图方便常常在铁轨间穿行。　张东林　摄于吴泾铁道木材线

反光镜——《解放日报》

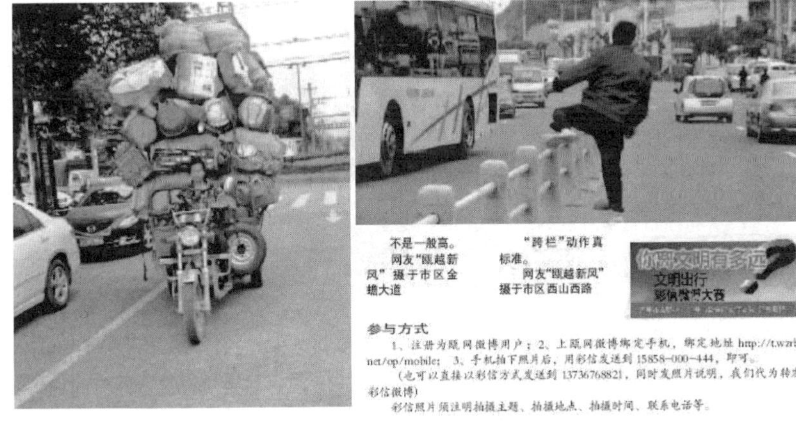

不是一般高。
网友"瓯越新风"摄于市区金塘大道

"跨栏"动作真标准。
网友"瓯越新风"摄于市区西山西路

参与方式

1、注册为瓯网微博用户；2、上瓯网微博绑定手机，绑定地址 http://t.wzrb.net/op/mobile；3、手机拍下照片后，用彩信发送到 15858-000-444，即可。

（也可以直接以彩信方式发送到 13736768821，同时发照片说明，我们代为转发彩信微博）

彩信照片须注明拍摄主题、拍摄地点、拍摄时间、联系电话等。

你离文明有多远？——《温州日报》

借助于摄像头、手机视频等新科技进行监督，是如今报纸常采用的手法。因为监控录像是固定的，手机拍摄大多也是无意的，瞬间"闯入"镜头的

画面的真实性更强，连续性也更好，但画面的清晰度要比照相机差一些。

《新闻电子眼》专栏是《沈阳晚报》与沈阳市政法委、公安局合作，以全市大量的电子眼为平台，以电子眼录像为核心素材报道现场新闻的专栏。因其以新题材、新渠道、新手段露面，引起读者的关注。

《厦门日报》的《搜视》专栏，也经常对电子眼拍摄的不良行径进行曝光。

4月28日8时50分左右，一辆满载乘客的325路公交车行驶到大东区三家子附近时，突然车身一晃，径直冲上了路旁的人行道。当车辆停住的时候，人们才发现，在车前仅有不到1米的地方就是一个约有1.5米深的大坑。至于引发这起事故的原因令人咋舌——有一名乘客竟然在车里和司机抢夺方向盘！当时车上有50多名乘客。据了解，这名鲁莽乘客很可能会受到拘役甚至更严厉的处罚。

乘客半道想下车　公交司机没给停

壮汉猛抢方向盘乱踩油门

车上人员吓得直哭　司机吓得腿直哆嗦

壮汉上前就抢方向盘

记者赶到现场时，看到这辆325路公交车歪停在路边。车头的部位已经冲上了人行道，路基石和一个下水井盖已经被撞碎，可见当时的撞击力非常大。在现场，记者采访到了325路车队副队长郭岩，他说目前司机在派出所，引发这起事故的是一名乘客。

"我们这辆公交车是北站开往虎石台方向的。当时车辆运行到三家子站北400米处时，一名45岁左右的男性乘客向司机表示要下车，由于这里不是公交车站点，司机拒绝了乘客的要求，没想到这名乘客冲了上来，先是抢夺方向盘，然后还用脚在油门踏板和刹车踏板上乱踩，造成车辆失控。"郭副队长随后取下设在车上的监控系统的内存卡。记者在事发时拍摄的监控画面上看到，8时53分的时候，一名站在车厢尾部的中年男子突然冲到了司机旁边，这名乘客冲上来抢档位，夺方向盘，伸脚踩油门，乘客的举动致使车身瞬间猛烈晃动，并冲向

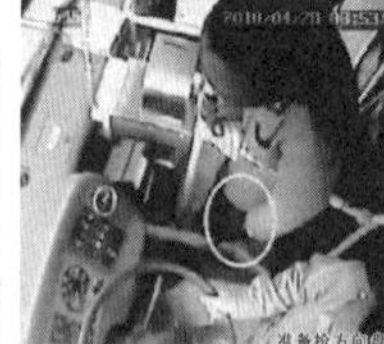

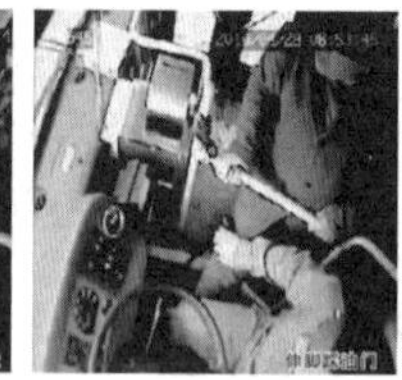

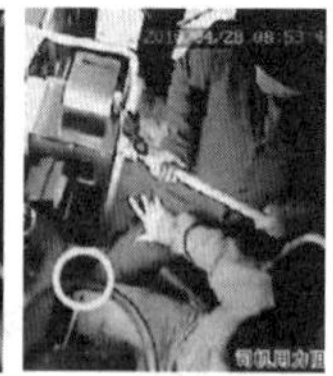

当事司机吓得腿直哆嗦

记者随即赶到了文官屯派出所，当事司机正在做笔录，记者费尽周折找到了这名叫于德众的司机的电话。"当时我正在开车，车上有50多名乘客。这刹车将车辆停住。这时我的车上有一名20多岁的女孩子吓得直哭！"于德众还说，那名男子在做出这些危险动作的同时，嘴里还不停地念叨着："你车，很多人都被吓得蹲到了地上。当时还下着雨，乘客们被吓得宁可蹲在地上淋雨，也不敢坐在车上。我站起来时，腿也是直哆嗦。"

据称鲁莽汉子已被刑拘

辽宁鼎泰律师事务所杨功[illegible]示，"公交车在运行中，车上载有众[illegible]行为人强抢方向盘的这种做法，[illegible]造成不特定人数的人身伤害或财[illegible]还危害到了地面上行人的人身安[illegible]

新闻电子眼——《沈阳晚报》（2010年度辽宁省新闻名专栏一等奖）

搜视
有图有真相
热线968820　邮箱xmrb968820@qq.com

醉鬼开车撞门闸

保安阻止遭群殴

●时间：昨日凌晨将近三点　●地点：莲花必利达大厦楼下

▲撞杆的车正向收费杆开过去。

▲撞杆之后，这伙人起先想把收费杆抬高（右上角），之后干脆合力折杆。

▲撇断收费杆后，那帮人开始破坏活动，其中一人拿着砍刀向窗户砸来。

▲保安遭到群殴（画面上方，一人飞起一脚向左边的保安踹来）。

本报讯（记者　黄晓波）开着车要离开，却径直撞上收费杆，车上的人不爽了，冲下来合力把收费杆折断。这还不解气，有人甚至拿出砍刀猛击边上保安亭的窗户，保安上前阻止，却遭到群体围攻，被打致重伤。

昨日凌晨将近三点，事发莲花必利达大厦楼下。

有刀有砖头　很凶很暴力

根据监控录像显示，凌晨2点49分28秒，撞杆的浅色微型商旅车第一次出现在监控镜头内，准备驶离必利达大厦门口停车场。

15秒后，车撞上前方停车场出口处的收费杆。仔细看录像可以发现，这辆车并不是高速开过一头撞上，而是缓缓地开到收费杆前，顿了一下，然后才发力撞了上去——撞杆之后，一出全武行上演了。

车上人员召集起周围的同伴，试图把收费杆举起，后来似乎觉得这样太费力，干脆合起伙来，生拉硬拽又踢又折，最终把收费杆向外撇断。撇断收费杆让这帮人更加兴奋起来，其中一人甚至从车内抽出一把砍刀，冲到边上的岗亭，照着岗亭窗户就是一刀。好在窗户的防爆玻璃够威武，在被砍刀砸裂的同时也把砍刀磕断。

保安出来阻止　反遭到群殴

正在附近执勤的大厦物业公司保安林先生看到情况不对，连忙出来阻止。可是这帮人不仅毫不理会，反而调转施暴的焦点，集中到了无辜的林先生身上。

从监控录像上可以看到，起先有四五个人冲向林先生，将他围住。数秒沉默后，离林先生最近的那名男子挥出拳，重重地轰在林先生的脸上。林先生一个踉跄还没站定，另一个人的飞腿就踢了过来，[illegible]着四五人集体上阵，对着他就是一顿打，从停车场这头打到那头，再从那头打回这头。

这还不够，紧接着又有好几号人加入群殴队伍，其中两人甚至从附近花圃树下捡块砖头，冲上前去……5分钟的疯狂发泄之后，直到保安林先生已经倒在地上动弹不得，这帮人才开着车离开了。

那帮人离开后，林先生才能挣扎着爬起来，拨打110报警。

打人者喝得烂醉

"参与到群殴的十几个人是一伙的，那时他们刚从附近的KTV出来。"林先生的同事陈先生告诉记者，"那些人当时喝得醉醺醺的。"

陈先生告诉记者，这种冲突事件倒也不少见，但是这么严重的还是第一次。以前岗亭就发生过被人砸玻璃的事情，从那天之后岗亭窗户玻璃就改成了防爆玻璃，"要不是防爆玻璃磕断了那把砍刀，后果真的不堪设想啊！"

保安林先生全身受伤，脸部尤其严重，鼻梁骨被打断，所幸经过急救，暂时没有生命危险。

目前，事件正在进一步处理中。

搜视——《厦门日报》

4. 冠名监督

为了强化监督专栏的监督力度，不少报纸在给专栏起名时直接冠以“监督”两字，让读者一目了然。

冠名监督专栏又可细分为“亮出‘监督’字眼”和“挂上报名进行监督”两个小类。

(1)亮出“监督”字眼

专栏上写上“监督”两字，表明的是报纸爱憎分明的立场和对不良行径决不姑息的决心。

《厦门日报》的《监督在线》专栏、《湖北日报》的《楚天监督》专栏、《河南日报》的《监督前哨》专栏，直接打出“监督”两字，亮出专栏的本色。

200元低价表

当5000元名表卖

●不法经营者设置连环套诱骗游客上当

●位于龙虎南里的窝点已被工商部门查封

监督在线

九江纪委到“监督在线”取经

国土房产局评出行风“十大感动”文章

监督在线——《厦门日报》(2009年度福建新闻名专栏奖)

水果湖死鱼漂浮需处理

本报讯（记者唐晓安、实习生陈飞、范欧阳）“以前傍晚时，我们都喜欢在湖边散步，很舒服。现在别说散步了，连过路都无法忍受。”叶奕佐指着湖面说。

昨日，记者接到省水产所原副所长叶奕佐的电话，来到武昌白鹭街，看到水果湖湖面漂浮着大量的死鱼以及烂布、瓶子、木头等生活垃圾和建筑垃圾，湖水恶臭难挡。据了解，这种现象已持续多日。

叶奕佐说，由于连降暴雨，为避免道路积渍水，水果湖泵站开闸排污，将雨水与生活污水合流排入湖内，以致湖水被污染。

因为住址和工作关系，对湖有着深厚感情的叶奕佐针对水果湖的水污染，提出了治水三步曲：截污、清淤和修复生态的综合措施治理办法。

“要彻底治湖，需要很长的时间。眼下当务之急是有人来清理湖面，运走垃圾。”他说。

截至记者发稿，湖内垃圾仍无人处理，严重影响湖区空气质量和沿湖居民的健康。希望有关部门能对水果湖污染物进行定期及时打捞清理，以保障湖面卫生与市容清洁。

楚天监督——《湖北日报》

路修好将近5年，仍有150多万元工程欠款未拿到，债主纷纷上门讨要，自己迫不得已东躲西藏，工程承包人向记者哭诉

我们也不想拖欠农民工工资

□本报记者　高勇

承包人的哭诉

——我们也不想欠农民工资，也想过正常人的生活

我叫王文信，今年46岁，家住镇平县城郊。2004年，我和两个合伙人找了200多个农民兄弟，从河南中原路桥总公司第四分公司（下称四分公司）手里承接了南阳新野潦河桥至邓州文渠公路改建工程（即S335线）1标项目，当年10月18日开工，翌年8月24日完工，后经有关部门验收交付使用。

然而，工程完工后要账的整个过程，比我们干活还要苦还要累。我们到处通过各种渠道，托关系找人情，时至今日，剩余的款项（包括农民工工资等）仍有150多万元尚未支付。

年复一年，我们领着一些农民工一次又一次地讨债，但四分公司总是推三拖四，要么领导不在，要么就是上边钱没拨下来，和餐费都花去四五万元了，这让我们本就贫寒的家庭雪上加难。有人劝我去打官司，有人劝我去闹事，可我没钱打官司，更不敢闹事，除了无奈还是无奈。

现在春节临近，那些农民工、材料供应商、银行等，不停地找我们承包人追要工资、材料款、施工费、贷款及利息等。我们迫不得已外出躲避，家里的基本生活用具和粮食都被拉走，我的妻子被气得回了娘家；我的其中一个合伙人家的孩子，因此而无法安心上学。说实话，我们也不想欠农民工的工资，也想过正常人的生活，可是我们也拿不到工程款，家里也没钱，真不知道这种人不人鬼不鬼的日子什么时候才是个尽头，也不知道到底谁能为我们做主！

有关部门说不清

——时间太久，历史遗留问题，资金拨付与否有待查证

为四分公司财务科长的赵小定，一位黄（音）姓女同志告诉记者，赵科长下工地了。记者不得已留下了自己的名片，让黄同志告诉赵科长下午三四点给记者联系一下。在得到肯定答复后，记者便放心离去。

下午2点多不到3点，记者又到了南阳市公路工程处，又名河南省中原路桥建设（集团）公司。记者先到该处行政办公室，一位崔姓副主任对记者说肯定不欠农民工工资，欠债务可能，这是策划的。说完就出去了，记者只有在无奈中等待着。一位好心的女同志给有关领导打了电话，但还是没能见到领导。最后，记者被请去了该处法制办公室，一位同志正在玩电脑游戏。一直等了半个多小时，才等来了法制办的夏君主任。夏主任简单记录了记者所要了解的问题后，又说如果是这样的话，就剩150多万元了，工程款已支付90%以上，所欠款是利润部分，是尾数，但是也该给人家了。并答队长和当时的项目经理、现为南阳市公路局养护科副科长的孔得军同志，找来找去，也到外地了，办公室的同志电话联系上后，孔科长说离开几年了，听说账上还欠着钱。至于工程质量保证金的事儿，孔科长讲到，早该还人家了。

据了解，S335线1标段工程，是四分公司的转包项目，工程总造价为1900多万元。而记者见到的一纸南阳路桥工程费用结算凭证显示，工程项目：S335线1标段工程改建，核准结算金额：1527300641元；应扣金额：90662366元（应扣金额为项目预留质保金）。项目经理：孔得军；财务主管：赵小定。

到1月26日，记者接到了公路局办公室一位姓邱同志的电话，称是遗留问题，是收费站关闭后出现的情况。至于欠不欠款，应该在工程处和四分公司之间查找资金拨付没有。而其他答应了给记者联系的有关部门和有关人员，直到记者发稿时也毫无消息。

监督前哨——《河南日报》

(2)挂上报名进行监督

有些报纸认为光是加“监督”两字还不够，结果将自己的报名也挂进监督专栏里，凸现将舆论监督进行到底的坚强决心。

如《长江日报》的《长江监督》专栏、《解放日报》的《解放监督》专栏、《苏州日报》的《苏报监督》专栏，挂上报名后都成了各报的名牌栏目，深受读者的喜爱。

接建设乡胜强村村民投诉

记者现场调查遭殴打

长江监督

本报讯（记者梅国胜 实习生晏利利 戴谋）昨日上午，记者与两名女实习生前往洪山区建设乡胜强村，调查该村村民投诉村干部涉嫌倒卖土地建房问题，遭多人殴打。

上午9时30分，记者和实习生由投诉人带到村里。在离村委会约50米处，记者拿出相机对涉嫌违建别墅拍照。一男子从在建别墅中走出，看到记者，打手机报信：“有人在这里拍照，赶快派人来！”

片刻，周围冲过来约20人，一胖胖的中年男子带头边跑边骂：“小卖X的，怕么怕，把她们的相机、手机都给我砸了！”他抓住记者的采访包，边抢边叫：“把相机拿出来！”

记者用身体和双手死死护住采访包，被胖男子招呼过来的这群人围住记者，有的拉扯记者胳膊抢采访包，有的对记者挥拳就打。

一中年男子冲上来抢实习生晏利利手上的手机，晏使劲夺回，这群人将记者等三人摔倒在地。晏利利爬起后又两次被人摔倒，左腿膝盖处青肿一片。

记者向从地上爬起来的戴谋大喊：“快打110报警！说我们是长江日报记者！”一高个男子抢过戴谋正在报警的手机摔到地上，手机顿成几片，一男子把其中一片捡起再摔，又踩上两脚。

记者问：“你们村领导在哪里？还有没有王法？”一村民指着旁边一穿黑色衣服的中年男人说：“他就是村支书。”记者要求村支书立即制止打人，村支书这时轻声说：“放手、放手”，但没有人听，记者要求进村委会躲避，一个中年妇女揪住记者胳膊就打，边打边骂：“你个小卖X的，滚滚滚！”村支书也拦住记者说：“你们去村委会搞么事，不准去！”记者一边护住采访包任由他们推打，一边跑向30多米外的采访车上报警，那群人追打记者十几米后才止步。

几分钟后警车赶到。下午2时许，警察做完笔录。赶来的建设乡有关负责人，从一个提包里拿出厚厚四沓钞票，执意塞给记者，说：“这个事情，我们认为还是低调处理的好。”记者当场拒绝。

下午3时，经协和医院检查，实习生晏利利多处外伤及软组织受伤，头部因摔倒时先着地，医嘱24小时后再检查。

整个事件的目击者、68岁的村民张大根昨晚6时30分专程来到报社，主动要求为记者被打作证。他说，当时村委会主任陈建新、村支书汪会卿都在场。“这帮人知道你们是记者，依然继续打人。”

左下图：被摔成几块的手机。

下　图：被打实习生的病情诊断书。

记者 邱焰 摄

新闻不因为暴力而屈服

本报评论员 刘林德

再过两天，中国记者节就要到来。这是一个不会放假的节日，记者的职业使命就是记者的脚步，永远在路上采访和报道真相。而就在昨天，在朗朗乾坤之下，一起践踏记者的采访权和人身权的暴力事件在我市发生，3名执行新闻采访任务的女性被围殴。

我们为这三名女性而骄傲！她们没有向暴力屈服，没有被金钱收买，她们坚守了新闻职业的准则。她们的身体受到伤害，我们要问候她们，我们还相信，她们应该得到法律赋予的公道。

她们是女性，是受到法律特别保护的群体，无情的拳头依然砸在她们身上；她们的职业是记者，肩负为社会探求真相的责任，她们因这职业而受到侵犯。她们承受了恐吓、围攻和殴打，暴力施加于她们，记者采访权被践踏却是对社会每一个人的加害。

记者是一份特殊的职业，是我们每个人的眼睛和嘴巴的延伸——看到真相、说出真相。记者并无特殊权利，他只代表一种公共权利。记者的采访权和报道权是所有公民知情权和监督权的特别委托，记者的权利其实就是法律赋予公民的权利。

公民的知情权、监督权，是依宪法而赋予公民的基本人权，我国宪法规定“国家尊重和保障人权”，党的十七大报告和本届中央政府工作报告均特别强调要“依法保障人民的知情权、参与权、表达权、监督权”。新闻媒体无疑是落实公民知情权和监督权的最主要渠道，保障记者的采访权和报道权，就是保障公民的知情权、监督权。

就像真相很容易在现实中被遮蔽，记者的采访报道权利时常受到干扰、使把甚至践踏，其中有权力的蛮横，有资本的引诱，也时常有赤裸裸的暴力。这些年来，我们不止一次听到记者被封口、被殴打，让这一透明职业的尊严蒙上厚厚的尘埃、蒙受沉重的羞辱。

我们相信，发生在我市的这起针对新闻记者的暴力事件将会受到认真的对待，因为新闻职业的安全不能得到保证，真相的火种就会熄灭；新闻职业的尊严不能得到维护，正义的坚持就是空谈。我们相信，为履行职业责任的记者申讨正义和公道，就是为社会争取报道真相的环境，就是为公民知情权、监督权的落实争取基本条件。

长江监督——《长江日报》(2009年度湖北新闻奖专栏一等奖)

免疫门诊时间太固定 "上班族"家长犯愁

孩子打疫苗，只能在工作日？

解放监督——《解放日报》

浙江人吕先生称，苏州明琴缘珠宝城欠了他 200 多万元。上周五，他与珠宝城总裁助理约定，昨天可以拿到所有的钱——

建筑商来拿欠款反遭打

苏报监督——《苏州日报》

5. 政务监督

以往，人们对政务工作讳莫如深，报纸对其也采取敬而远之的态度。如今，中央要求各级政府都要开展政务公开工作，也欢迎社会进行监督。于是，报纸也有了对地方各级政务工作进行监督的义务和责任。

为更好地替政府分忧、为百姓服务，1996 年起，《新疆经济报》推出《政令追踪》专栏。此专栏设置的初衷是，紧紧围绕中央和自治区的中心工作，追踪中央和自治区出台的事关国计民生的政令落实情况，客观反映政令执行中的问题和解决问题的对策；坚持"三贴近"，搭建政府与群众之间沟通的桥梁。从创办以来，《政令追踪》专栏一直不断改进舆论监督和热点引导的内容，在围绕中心、服务大局，坚持正确导向，营造良好舆论氛围上发挥了很好的作用，不仅在广大读者中产生了良好的社会反响，也受到了自治区党委、政府的高度重视。①

《郑州晚报》的《你承诺我监督》专栏，也是对政务工作的监督。该专栏的操作手法是：报纸先进行曝光，然后政府有关部门作出限期改正的承诺，最后期限一到，报纸再对承诺的兑现情况进行监督，好的表扬，差的再次批评。

因为监督专栏刊发的大多是批评报道，报纸在具体操作中也要谨慎为之。值得我们记者、通讯员在动笔前思之再三的是：我这篇报道，是有利于消除社会某一不良现象，还是会扩大社会某一不良现象的影响？是有助于问题的解决，还是增加问题的复杂性，以至增加解决问题的难度？是促使矛

---

① 《编者按》，《新疆经济报》2008 年 4 月 24 日第 1 版。

编者按

政府各部门全力以赴支持农民恢复生产

昌吉农民对灾后自救充满信心

政令追踪

政令追踪——《新疆经济报》(第1届中国新闻名专栏奖)

《陈寨:繁华背后乱象丛生》后续

治理乱停车、乱堆建材等乱象

陈寨聘请50名监督员

今年10月21日,本报A11版《"中原第一村"陈寨,0.6平方公里聚集10万人繁华背后乱象丛生》一文,报道了金水区庙李镇陈寨村车辆乱停、垃圾乱堆、电线乱扯、门禁不严等诸多不和谐现象。

时隔一个月,"中原第一村"形象有改观吗?庙李镇和陈寨村承诺的"认真整改陈寨村容村貌和治安环境"诺言是否兑现?记者昨日再访陈寨。 晚报记者 吴泳

车辆乱停现象没有了

11月19日和昨日两天,记者特地挑选早7点30分交通高峰期赶到陈寨村,均未发现拥堵,大路上乱停乱放的轿车、机动三轮车也基本绝迹。

建材堆、电线丛消失了

大路整改好了,那小路呢?记者专门对此前报道过的陈寨南一街、北一街、北二街等多条小路走访,发现占道摆放的垃圾堆、沙堆、砖垛、熟食车、预制板、沙堆都没了。头顶上乱麻一样的电线丛也消失了。

摄像头、电子监控上岗

一个月前的暗访中,在村里万村千乡超市、恒发宾馆等处,记者曾畅通无阻地进出租房,无人阻拦。而本次暗访,却被家家户户大铁门上装置的IC卡自动门锁、出租屋内的监控视频挡住脚步。

庙李镇副镇长李宗昌介绍,目前,村里已将各大街小巷的摄像探头增加到96个,覆盖了各主要路口。村里各出租户视频监控摄像头安装率,已达到90%,目前正向100%的目标冲刺。

你承诺我监督——《郑州晚报》

盾的缓解和消除,还是扩大矛盾、激化矛盾?是给读者以鼓劲、信心和力量,还是让读者泄气,丧失信心,松懈斗志?属前者,我们宜介入,宜干预,并殚精竭虑报道之;属后者,奉劝不必干预,还是搁笔为妥。①

人民日报原总编辑范敬宜认为要加强批评报道的"建设意识"。所谓"建设意识",就是要求记者以实事求是的作风、与人为善的态度、解决问题的愿望、心平气和的写法处理批评性报道,力争做到"阻力较小,效果较好"。②

舆论监督具有强大的威力和杀伤力,甚至是"误伤力"。"误伤"有两种情形:一是因为记者调查采访不深入、编辑改稿拟题不严谨,导致"误伤"被批评者。二是因为报纸没有充分考虑到舆论监督后可能产生的社会影响和事态恶化,仓促见报,结果导致矛盾越加激化,社会秩序越加混乱,场面不可收拾。这种"误伤"好比往人群中扔一颗手榴弹,心想炸死一个敌人,最终却炸伤炸死了不少无辜群众。

舆论的"误伤"是很可怕的,其损失也是很难挽回的。因此,监督专栏编辑在稿子上版时,一定要充分顾及可能出现的最坏结果,这样才能保证报纸舆论监督的最好社会效果。

---

① 林永年:《新闻报道形式大全》,杭州大学出版社1995年版,第103页。

② 范敬宜:《总编辑手记》,人民日报出版社2010年版,第82页。

【专栏内存】

编辑如何艺术处理批评性报道?

一是客观叙述新闻事实,让受众自己作出评价。这种做法从表面上看,媒体没有发言,但实际上媒体的立场都已经体现在报道当中了。受众的眼睛是雪亮的,一看就明白,而受批评者在事实面前也无法攻击媒体"侮辱、损害名誉"。

二是把正反两方面的事实摆在一起,黑白分明。编辑针对一个时期社会上反映较多的问题,想在媒体上开展批评时,可从大量来稿中选择一篇批评性稿件,抹掉里面批评性的词语,再选另一篇正面做法的稿件,做好标题,然后将这两篇稿件捆绑在一起,放在一块刊发。就像把一个美女和一个丑八怪用绳子拴在一起,让人一看就知道谁美谁丑,很容易辨别谁是谁非。

三是寓批评于表扬之中,明表扬暗批评。有些批评性稿件,如果要通过被批评者的审查关,那是极不容易的。如果把批评性报道变成一篇表面上的表扬稿,审查起来可就容易多了。对批评者来说,面子上也好看一些。本来,这样的稿件是记者或者通讯员采写的,但是,编辑可以给这样的批评性稿件改一个表扬性的导语、做个表扬性的标题就可以了。而里面的内容,从背景到主体,基本都是批评性的。

四是对事不对人,让受众自动对号入座。这样的批评性报道,只反映某种不正常的现象,不具体批评某个人或某个单位。而看了这样的稿件之后,反而有许多人会自动对号入座,改正缺点和不正确的做法。

五是通过版面语言,表明自己的立场。有些批评性报道,为了突出其重要性和分量,表达编辑部的立场,并不需要在文字上有多少表白,只要通过无声的版面语言就可表达清楚。如给批评性报道的标题做大做粗,使用大字号,加框,放在突出的位置上。这样,即使是一篇不起眼的批评性报道,在报纸上的分量也显然加重了。

六是区别对待对媒体批评持不同态度者,赏罚分明。媒体刊发批评性报道的目的,并不是为批评而批评,而是为了改进工作。可是,有些人有些单位就是拒绝批评,有的否认本单位或本部门存在媒体批评的问题,指责媒体在"胡说";有的甚至反咬一口,认为是媒体在"造谣中伤",故意与其过不去。对这样的被批评者,就要采取硬一点的态度。你不是不承认存在的问题吗?那么好,媒体可将他们的"辩驳书"再刊登一遍,让其不光彩的一面更加暴露。树要皮,人要脸,没有哪个"做贼心虚”者能够真正与媒体对抗下去。即使受批评者的皮厚，抱着“死猪不怕烫”的态度，但其上级机关和领导部门也会坐不住，会出来做有关单位或有关人员的工作，使其承认错误，努力改进工作。而对于那些虚心接受批评、闻过即改的单位和个人，媒体可以通过连续报道的形式再予以表扬，为其“恢复”名誉。

——朱金平：《新闻编辑论》，长征出版社2008年版

第四节　互动专栏

这里的互动，可以从两个方面来理解。从形式上来说，这一互动是指报社编辑部与读者之间通过良性的互相交流、互相影响，产生互相作用的一个过程；从内容上来说，这一互动是指报纸按读者增加内容的需求，与其他媒体进行稿件互动交流的一个过程。

报人有句行话，叫“开门办报”，说的是办报要走群众路线。报纸失去了读者，哪怕办得再好，也是一张废纸而已。报纸要留住读者，除内容要吸引读者外，还要多为读者鼓与呼，多倾听读者对办报的意见和建议，在办报过程中努力将读者的意见和建议化为改版的方向，这样才能不断满足读者的需求，办出读者喜爱的报纸来。

一个专栏要办出特色，保持长盛不衰，有读者的广泛参与是不可少的条件，这是专栏乃至报纸的生命力之所在。而读者参与的广度与深度，亦是专栏是否有特色、是否具有贴近性的标志之一。① 这里的“参与”就是指“报纸与读者互动”。编辑部要实现与读者的互动，就应多设置能与读者互动的固定专栏，并通过这一平台来实现良性互动。

从互动的对象来分，互动专栏可分为“编读互动”“报报互动”“报网互动”三大类。

1. 编读互动

编读互动，是指报社编辑部与读者的互动，也是报纸最常见的互动。

就内容来分，编读互动又可细分为“读者来信”和“读者纠错”两个小类。

---

① 唐伯勋：《贴近性 包容度 名牌意识——办好报纸专栏应注意的几个问题》，《新闻战线》1996年第7期。

（1）读者来信

刊发读者来信，是编辑部与读者互相沟通、交流的传统方式。读者会给报社写信反映问题和诉求，纯粹是出于对报社的信任和期望，因此编辑部一定要认真处理这些来信，能刊发的要及时见报，不宜见报的也要编发内参或及时转发至有关部门加以处理。

西方报纸也极为重视读者来信。编辑倾注心血良多，为的是选出最能代表大众的声音，让方方面面都有一席之地。[①] 认真对待读者来信，及时刊发来信内容，或帮助他们落实解决问题，就会赢得读者的掌声。他会认为你这家报纸是为普通群众而办的，他有想法和建议也会热情地与你沟通，你报上刊发的内容他就特信，也特爱看。这就是报社编辑部与读者之间的互相影响和互相作用。

其实，读者来信对于报社可以说是新闻的富矿。人民日报原总编辑范敬宜曾说过："读者来信（包括给报社的、给个人的）中有许多好东西，只要我们重视，并善于利用，就能在报纸上发挥很大的作用。"[②]从来信（包括电子邮件、传真和电话）中抓取新闻，是媒体人的责任，也是发现重要新闻的一个渠道。[③] 按照国外一些新闻学者对新闻本义的理解，媒体分管来信的编辑，每天都可接触到大量的原始新闻，了解到生活在底层的百姓和社会弱势群体从心底发出的呼喊和愿望，从而掌握大量的新闻信息。[④] 报社记者完全可以利用读者来信中的新闻资源，进行进一步采访，写出众多鲜活的、"接地气"的稿件来，丰富报纸的内容。

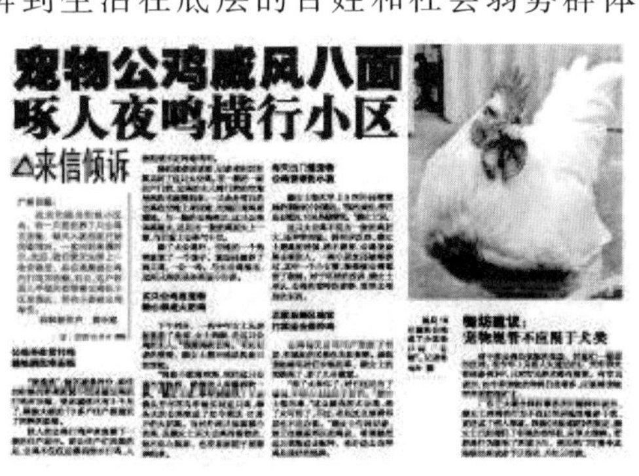
宠物公鸡威风八面
啄人夜鸣横行小区
来信倾诉

来信倾诉——《广州日报》

《广州日报》的《来信倾诉》专栏、《徐州日报》的《读者来信》专栏，就是根据读者给报社的来信内容，及时派记者调查采访并见报，同时做好跟踪报道。

① 赵鼎生：《西方报纸编辑学》，中国人民大学出版社 2002 年版，第 30 页。

② 范敬宜：《总编辑手记》，人民日报出版社 2010 年版，第 26 页。

③ 朱金平：《新闻发现论》，人民日报出版社 2009 年版，第 129 页。

④ 朱金平：《新闻编辑论》，长征出版社 2008 年版，第 301 页。

"菜市"竟然设在国道上

位于104国道徐韩段收费站北侧茅村镇境内，3年多无人过问

每天下午从4时起，这个"菜市"便热闹起来。 本报记者 季芳 摄

■编辑同志

我是88路公交车的一名司机，每天都要从104国道徐韩段收费站经过。一过收费站，就看到一些商贩在路边摆摊，尤其是下午上市时，连马路中间都是人，造成过往车辆堵塞滞留，希望有关部门管一管。

读者 刘建强

○本报记者 季芳

就读者反映的问题，2月22日下午记者进行了调查。

国道买卖菜 车辆通行难

下午4时，记者从市区出发，沿104国道行驶至徐韩段收费站，刚出收费站，一个熙熙攘攘的"菜市"就出现在眼前：三股车道有两股被挤占，北行车辆挤成一堆，只得走走停停，不少司机狂按喇叭，可路上摊贩丝毫没有挪让的意思，不紧不慢地整理着自己的商品。这个"马路市场"位于徐韩段收费站北侧茅村镇境内、104国道的东侧。

长达三百米 开市三小时

记者看到，这个"菜市"紧挨着收费站的是水果摊，接着是蔬菜、熟食、干货、水产等摊点，摆了有300米长。下午5时许，骑自行车、摩托车或电动三轮车的买菜人来往穿梭，使道路更加拥挤。

"这是我们村的市场，大家都到这里买菜。"一位女士说。附近村民都到此买菜，每天下午4时"开市"，傍晚结束。虽然大家知道在马路上买菜很不安全，但没办法，因为附近只有这一个买菜的地方。

存在三年多 一直无人管

长期在此经营水果摊的韩师傅介绍，这个"马路市场"服务的对象主要为附近村民，卖菜摊贩也以当地村民为主，3年多来，一直无人过问。

这个"菜市"究竟该由谁管？本报将继续关注。

读者来信——《徐州日报》

为了让市民更好地履行广州市主人翁的职责，《羊城晚报》于2010年9月1日起推出《大城小议》专栏。报社抛出一个热门话题，然后邀请社会上的三名特邀议员（市民代表）来进行简短评说。

需要提醒的是，如今不少报社对读者来信的重视程度较之以前有所减弱，往往是只有读者来信，报社很少有人提笔回信了。你来我往，这才叫互动。如果长期处于"有来无回"的状态，那谁还会有兴趣给你来信呢？

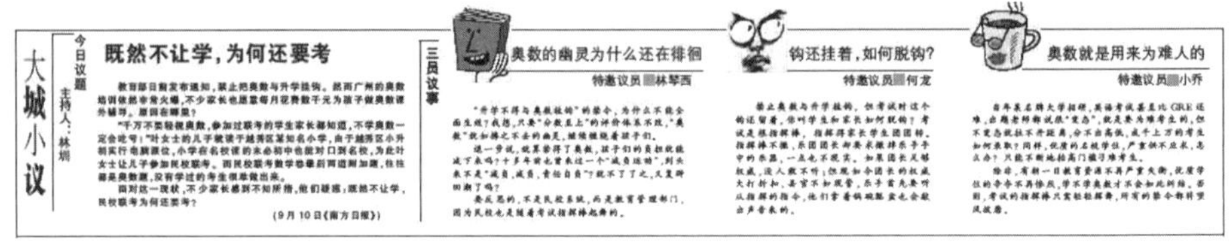

大城小议

今日议题 主持人：林圳

既然不让学，为何还要考

教育部日前发布通知，禁止把奥数与升学挂钩。然而广州的奥数培训依然非常火爆，不少家长也愿意每月花费数千元为孩子做奥数课外辅导。原因在哪里？

面对这一现状，不少家长感到不知所措，他们疑惑：既然不让学，民校联考为何还要考？

（9月10日《南方日报》）

三员议事

奥数的幽灵为什么还在徘徊

特邀议员 林琴西

钩还挂着，如何脱钩？

特邀议员 何龙

奥数就是用来为难人的

特邀议员 小乔

大城小议——《羊城晚报》（2011年度广东新闻奖专栏一等奖）

（2）读者纠错

报人毕竟也是人，人的状态有好坏，人的水平有高低，故而报纸也会经常出错。报界有句话叫"无错不成报"。这既是一句大实话，也是句安慰话。但从严格的要求来说，这是一句逃避责任的托词。

见报差错一般可分五种：一是常识差错；二是语法差错；三是技术差错；四是事实差错；五是政治差错。各报最常见报的是前三种差错，而最不愿看到的是见报的事实差错和政治差错，因为这两种差错造成的后果最严重，出

现事实差错有可能会引起新闻纠纷，出现政治差错报社有可能被上级主管部门扣分、扣点，相关责任者也会受到严肃处理。

出现差错的原因多种多样，归纳起来可分为以下四种：有些差错是属于记者作风问题，采访不深入、写稿太随意、审稿不严谨，结果造成新闻事实上的差错，而这些差错对于后道工序的编辑、校对来说根本无法发现；有些差错是属于采、编、校工作人员的水平问题，他们皆没有能力捉出差错；有些差错是属于采、编、校工作人员的状态问题，严格地说是责任心不强，对于显而易见的低级差错视而不见、“一路绿灯”；有些差错是技术操作失误而致，在计算机越来越普及的情况下，在写稿子或编稿子，尤其是在组版甚至是清样时，一个按键失误，就有可能导致见报差错。

准确性是优秀记者至高无上的法则，你所犯的任何一个错误都会损害读者对报纸的信任。[①] 对于各报来说，谁都不愿意看到哪怕只有一个小小的见报差错。预防差错也历来为各报所重视。对内来说，报社一定要规范操作制度，加强采、编、校、排工作人员的业务培训，尽力将差错消灭在萌芽中；对外来说，要正确对待见报差错，要开诚布公，不遮不掩，要有坦诚面对读者纠错和自我亮丑曝光的勇气。

既然出了差错甚至是严重的错误，就会产生不好的社会影响，损害媒体的公信力。为了弥补这种差错和错误带来的不良影响，就要诚恳地向受众道歉，做到知错必改、有错必纠，努力弥补和纠正工作中的疏漏和差错，以把报道工作做得更好。[②] 因此，出了差错，报社应该大方地刊发“更正”。这不仅是工作的需要，更是气量的需要。因为报纸作为开创公正、公平、公开的社会环境的“先行者”和“监督者”，首先要以身作则、知错就改，方能履行监督别人的职责。

《环球时报》是开设《本报更正》较早，也是刊发频率较为正常

本报更正

为了正确传播知识，及时纠正见报中的错误，弥补疏漏，本报开设《更正》专栏，敬请广大读者予以监督并批评指正。

2009年4月1日1891期14版《发展中国家侨汇收入大缩水》一文第4段倒数第3行：“等国”应为“等国家和地区”。编辑：曹磊。

本报就上述错误向广大读者致歉。

挑错热线：(010)65369570

环球时报编辑部

本报更正——《环球时报》

---

① ［美］卡罗尔·里奇：《新闻写作与报道训练教程》（第3版），钟新译，中国人民大学出版社2009年版，第236页。

② 朱金平：《新闻编辑论》，长征出版社2008年版，第280页。

的报纸之一。其目的是"为了正确传播知识，及时纠正见报的错误，弥补疏漏"。

见报差错，犹如卡于喉中的刺，爬于身上的虫，不除不行。《都市快报》的《挑刺捉虫》专栏，将纠错读者喻为"替报纸挑刺的大夫"和"替报纸捉虫治病的啄木鸟"。对于热心纠错的读者而言，"大夫"和"啄木鸟"这两个美称是再合适不过了。

众所周知，办报难免有错，有错就认，凡错必改，考验的是报纸的态度和胸襟。《湖南日报》的《咬文嚼字　有错就改》专栏、《生活日报》的《挑错互动》专栏，都是报纸"胸襟宽广"的不俗表现。

7月16日A13版《"泰国香米"到底哪产的　香米市场暗藏玄机?》，文中最后一部分第一栏倒数第二行"'泰国香米'已由泰国商业部外贸厅在我国工商行政管理总商标局注册为证明商标"，**此处的"工商行政管理总商标局"应为"工商行政管理总局商标局"**。

7月21日B2版《被误认为是上访对象　政法委领导夫人遭警察暴打》"打人者系公安'信访专班'人员"部分第四段第三行"目前状态为'下岗、停职、反醒、等候处理'"，**此处的"反醒"应为"反省"**。

7月23日B9版《童真的魅力》第四段倒数第十二行"仅以意笔萧疏地勾勒的柳条"，**此处的"意笔"应为"一笔"**；倒数第二段中"山石边，一只小蛇的突然出现"，**此处的"一只"应为"一条"**。

7月23日A18版《很感动，很纠结》，文中第二栏第六行"但绝大多数看过《唐山大地震》的观众恐怕都要为之鞠上一把泪"，**此处的"鞠上"应为"掬上"**。

7月26日A18版《我们的球员没有侵犯裁判》最后一段末尾"有些事情，还有待进一步入调查"，**此处的"入"应为"深入"**。

7月26日A20版《吴彦祖昨日来济》第三段第四行"吴彦祖仍然秉持着当年师傅交给他的生活方式"，**此处的"交给"应为"教给"**。

挑错互动——《生活日报》

咬文嚼字

"定价"不能写成"订价"

近日，湖南某新闻单位张福裕同志来本室咨询，订阅报刊的价格究竟用"定价"，还是"订价"？对此，我们翻阅了有关资料。2005年商务印书馆出版的《现代汉语词典》第5版第321页，关于"定"有多种解释，其中第五种解释是"规定的：~量｜~时｜~期"。另外，该书第322页有一词条"定价"，其中第二种解释是"规定的价钱：~便宜｜降低~"。关于"订"，该书第321页有四种解释：① 动 经过研究商讨而立下(条约、契约、计划、章程等)：~婚｜~合同。② 动 预先约定：预~｜~报纸。③改正(文字中的错误)：~正｜修~｜校~。④ 动 装订：~书机｜用纸~成一个本子。同时，关于"订"的词条有多种，但无"订价"一词。据此，报刊(一般用"零售价")的价格应该用"定价"，而不能用"订价"。

(云桥)

有错就改

"陪洒王"应为"陪酒王"

前不久，永州市东安县委办公室杨先生来电话，反映本报有关报道有一错处。来电指出：11月5日C3《酒文化周刊》版，小说连载《陪酒王》中，小标题"二十'陪洒王'失踪了"，其中"陪洒王"的"洒"应为"酒"字。经查此处确实有误，正确的应为"二十'陪酒王'失踪了"，特此更正。(云桥)

咬文嚼字　有错就改——《湖南日报》

■挑刺捉虫

貂蝉是个大龄剩女？

杨叶：5月11日第16版《〈杨贵妃〉穿越了〈三国〉也穿越了 就〈手机〉比较现实》一文，左图陈好扮演的貂蝉剧照，配图文字说明："年方二十八的貂蝉"。

这里"年方二十八"应是"年方二八"，也就是十六岁。

《三国演义》第八回："（王）允潜步窥之，乃府中歌伎貂蝉也。其女自幼选入府中，教以歌舞，年方二八，色伎俱佳，允以亲女待之。"

古人以"二八"代指十六。

《左传·襄公十一年》："女乐二八。"指十六人；鲍照《玩月城西门廨中》诗："三五二八时，千里与君同。"指每月的十六日；王僧孺《月夜咏陈南康新有所纳》诗："二八人如花，三五月如镜。"，苏轼《李钤辖座上分题戴花》诗："二八佳人细马驮，十千美酒渭城歌。"指十六岁。

十六岁的貂蝉，正是如花似玉时，引得吕布、董卓二人垂涎。若是二十八岁，在今天已经基本上算是跨入了"剩女"行列，在古时，这么大年纪的未嫁女更是罕见。

退一步想，作者说"年方二十八的貂蝉"，是不是有调侃演员"装嫩"的意味：以陈好三十多岁的年纪，扮演一个十六岁的女孩，倒真有些让"二八"貂蝉变成"二十八"貂蝉的味道。但文中并没有相关描述，看来，还是作者弄错的可能性比较大。

"肌肉男"大闹交警队一个月？

潘作秋：5月12日快报第14版《连撞13辆车后"肌肉男"大闹交警队》中，第5自然段：4月10日晚上，这辆商务车不到10分钟，一手制造了这一场景。文中接着是一连串时间点的撞、闹记录，在"0:30"这节的最后说：直至昨天零点30分左右，他被多名民警按倒在地，配合医院完成抽血。

这个"肌肉男"从4月10日晚一直闹到昨天（5月11日）零点，难道闹腾了一个月？显然不可能。前面的"4月10日"应该是"5月10日"。

挑刺捉虫——《都市快报》

实事求是讲，大多数报纸对内加强管理预防差错工作做得都比较好，对读者的纠错在接待上的态度是好的，语气上也比较诚恳，听了让人觉得还算舒服，但在自己的报上"亮丑"就没那么积极了。不少报纸虽然也是小错不断，但是长期见不到"更正"，除非被逼无奈（指造成严重后果，受到受害方指控警告等情况下）才扭扭捏捏刊发"更正"。

如果说真实是新闻的生命，那么真诚就是报纸的生命。报纸完全没必要如此害怕"更正"。"更正"并不会损害读者对报纸的印象，反而会让人觉得报纸的真诚和公正。对待社会不公，报纸义愤填膺；对于自己差错，报纸也毫不手软，在"求真"的立场上对外对内一个样，这样的报纸才能更讨人喜欢。像《环球时报》，尽管隔三岔五有"更正"，但丝毫不影响读者对她的钟爱，发行量和影响力噌噌地往上升。

2. 报报互动

如果将报社比作一家饭店，那么版面编辑就是炒菜的厨师，记者就是专跑菜场的买办，记者提供什么，编辑就只能因材烹饪。有时候，因为材料有限，编辑捉襟见肘，难以充分施展才华，饭店的菜肴也就停留在"老几样"，顾客多吃自然乏味。假如在个别材料紧缺的情况下，允许你向别的饭店借一些，那编辑就会感到有了用武之地，而大显身手，花样百出，饭店的生意自然会越来越红火。

这一比方说的是，如果仅仅靠原创新闻，恐怕没有哪家报社的记者有那么大能耐，能囊括所有新闻而不遗漏。报纸只有适当加些其他报纸的稿件，方能丰富版面的内容，“勾住”读者的眼球。因此，报报互动专栏无疑就是为喜欢吃吃不同风味的读者“量身定做”的。

信息时代的人们，没有过多的时间去读报刊上那些长篇大论的稿件，转而寻求具有可读性的短小精干的文稿来读，以在最短的时间内获取最多的信息。现在报刊资料那么丰富，给办报提供了充足的稿源。而且，这样选择稿件，又不要采访写作，直接“拿来”，取得方便，编得方便，出得方便。[①]

一般来说，报报互动是摘登人家见报的稿件，相对来说可靠性好一点，文字差错也少一些。但也要注意以下三点：一是必须按照著作权法规定行事，避免惹上不必要的官司；二是必须支付稿费，以尊重对方的劳动成果；三是对有关新闻事件也要进行必要的核实，避免盲目转载虚假新闻。

为了保险起见，很多媒体都自发地组织了交流新闻联盟，如早先哈尔滨日报报业集团承建的有30多家报纸参与的城市新闻交换网站，还有由《羊城晚报》《新民晚报》《北京晚报》《钱江晚报》等组成的十省晚报联盟，他们不但互相免费提供稿件，还经常邀请读者参加异地采风等活动。

《浙江日报》的《媒体点击》专栏，就从其他报上摘登新闻。《羊城晚报》有个《媒体圈》专栏，摘登的是读者最为关注的其他报纸的内容，并分设了“热词”“热榜”“报脸”等分专栏。与其他报纸做法不同的是，《解放日报》的每日一期《今日报摘》专栏，均是摘登自己解放日报报业集团下属几家子报的内容。

浙江日报 ZHEJIANG DAILY 媒体点击 2009年12月21日/星期一 9

季羡林北大旧居被盗

弟子称珍贵书籍被洗劫，警方确认已接到其子报案

19日，季羡林先生弟子钱文忠写的一篇博客引起了广泛关注，在博客中，钱文忠透露说，已故著名学者、世纪老人季羡林的旧居被窃，屋内所有珍藏的线装本书籍被洗劫一空。钱文忠先生还在博客中上传了季老家人拍下的屋内失窃前后对比照片。

季老财产谜团不断

媒体点击——《浙江日报》

① 朱金平：《新闻编辑论》，长征出版社2008年版，第316页。

羊城晚报　**媒体圈**

中纪委近日以安徽省原副省长倪发科的案件作为警示，告诫官员勿存侥幸心态，莫以变种贿赂方式行贪腐实质。据报道，在倪发科案件中，动辄几十万上百万的玉器和书画，成为一笔笔受贿的铁证。有分析人士指出，除倪发科外，被称为"河北第一秘"的河北省国税局原局长李真、重庆市司法局原局长文强、著名"裸官"福建省工商局原局长周金伙、辽宁省原副省长慕绥新等大要案中，均存在"雅贿"。

名词解释："雅贿"，古已有之，明清最盛。据记载，明朝政府规定可以书画折抵俸银，遂衍生出以书画贿赂的高潮。至清朝，经营书画、玉器和古董等的北京琉璃厂几乎成为贿赂"掮客"的集中地。

（第一财经日报）

据京华时报今日报道，进入春运购票高峰期，12306客服中心话务量飙升，1月6日当天，话务量突破了3万个。北京铁路局介绍，12306客服中心主要负责旅客的问询投诉等工作，每名客服人员每天要接听三四百个电话。不少旅客因买不到票会谩骂客服人员。为了缓解职工的压力，客服中心专门设有发泄墙与拳击柱供职工减压（见上图）。据统计，发泄区设置的拳击柱，最近每天都要被打一两百次。大家怎么看？

Top list 热榜

党报刊文：

拉平退休待遇将会对公务员产生新的不公

据人民日报今日刊发的文章称，关于公务员养老，制度统一是改革的方向，但是在养老金待遇上却不能搞简单的"一刀切"。公务员是国家公职人员，掌握并行使公共权力。养老待遇差了，队伍可不好带，积极性和清廉度都会受影响。而且，一般来说，能考上公务员的，文化程度也较高，读书时间长、教育投资大。非要让公务员的养老金和蓝领工人水平一样，对寒窗苦读十几载的公务员来说，是否也不公平？如果要一味拉平公务员与企业职工的退休待遇，以"平均主义"偷换"公平"的概念，将会对公务员产生新的不公。

该评论引起网友热议。不少网友质疑，公务员在职期间就已经享受了较高的待遇了，退休后退休金还要高人一等。这公平吗？

新浪相关报道跟帖数：8509
网易相关报道跟帖数：23941
（截至今天上午10:50）

季羡林抱怨考试日记走红：

考他娘的什么东西

荐读指数：★★★★☆

新闻核心："不是你考，就是我考，考他娘的什么东西？"近日，已故国学大师季羡林1934年在清华大学读书时所写的一段抱怨考试的日记引发关注，网友纷纷称赞大师真性情。日记出版时曾被建议删改，季羡林则决定一字不改："我70年前不是圣人，今后也不会成为圣人。"（北京晨报）

"学生举报导师学术造假"下文：

四院士要求对王正敏除名

荐读指数：★★★★

新闻核心：复旦大学附属五官科医院教授王正敏2005年增选为中科院院士时，一共有7名院士推荐人，其中4人近日联名写信要求对王正敏除名，他们分别是中国科学院生命科学和医学学部的刘新垣、戚正武、洪国藩、姚开泰。

（东方早报）

江苏南通一贪官写忏悔书：

觉得当官吃亏就收钱

荐读指数：★★★★

新闻核心：近日，江苏南通市通州区平东镇原党委书记陆洪来的一封忏悔书被媒体刊登。他书中写到：看到自己帮助过的一些老板富了起来，自己就有了当官吃亏的思想。渐渐地，从推拖、犹豫到笑纳老板们借逢年过节等机会送的钱和物。　（都市快报）

媒体圈——《羊城晚报》

今日报摘

40公斤以上、时速20公里以上者划入机动车范畴

骑"超标"电动车可能要考驾照

专家认为，机动车判定会出台检测标准，市民不必过多地担心

"授权"作怪　此城能用彼城未必能

数字一体电视机仍需再配机顶盒

人本主义应是城管第一理念

堵15分钟不动　实际很难遇到

出租车"暂停计价"新规遭遇尴尬

时代报　叶芳

站名　精神病院　居民有些意见

运管部门：公交站点将以交叉路口命名

新闻晚报　石凯峰

今日报摘——《解放日报》

3. 报网互动

报网互动，是指报社编辑部与网络及网民的互动。严格地说，网民也是读者。为了区分本节中“读者”与“网民”的概念，我们特将“网民”定义为“网上阅读电子报的读者”或是“既读纸报又上网的读者”。

如今，是信息技术高度发达的社会。人们获取新闻的途径，不光是传统媒体，更多的是网络、手机等新兴媒体，这对传统的纸媒造成了强大的挑战。网络、手机等新兴媒体跟传统媒体分一杯羹已既成事实，稍不留神，传统媒体就有可能失去“大好河山”，而被打入“冷宫”。

因此，报纸必须主动占领新兴媒体这一新领域，努力通过报网互动来扩大影响，来满足读者和网民的需求，争取到纸报订户以外的大批网络读者，这是报纸不可放弃的底线；同时，报纸也必须依靠网络和网民来采写新闻，以丰富自己的版面内容，增强报纸的可读性和亲民性，这是报纸赖以生存和发展的生命线。

可喜的是，近几年来绝大多数纸报都设立了网上电子版及新闻网站，并开展了丰富多彩的报网互动活动，同时增设了诸多报网互动的专栏，“以报养网、以网促报”的良性格局已经形成。

报网互动专栏又可细分为“焦点互动”和“网闻求证”两个小类。

(1)焦点互动

读者和网民关注的都是社会焦点、热点甚至是难点问题，报纸可以凭借自己的采访资源和信息发布的权威优势，通过报网互动这一形式来满足他们的要求，并力所能及地解决一些实际问题。

2005 年 1 月，《江西日报》在全国首创了报网互动视频直播专栏——《江报直播室》。这个承载着传统平面媒体与新兴网络媒体在竞合中互动与共融的报网互动专栏，体现了文字的深度、网络的速度、电视的观感，实现了平面媒体的立体升级“跨越”。《江报直播室》多期节目成为大专院校新闻专业的经典教学篇目。[①]

---

① 秦海峰：《第 20 届中国新闻奖揭晓 〈江报直播室〉获中国新闻名专栏》，大江网，2010-10-27。

住有所居 让农民工活得更有尊严

《江报直播室》探访赣州市新市民公寓建设

嘉　　宾：王　萍　赣州市委副书记、市长
罗　迅　赣州市推进新市民工程建设管理工作领导小组办公室主任
王忠华　赣州华宝家私有限公司工人
钟　辉　赣州华宝家私有限公司工人
执行策划：本报记者　余红举
主 持 人：本报记者　张　雪

核心提示： 温家宝总理在政府工作报告中提出："要让人民生活得更加幸福、更有尊严。"实际生活中，远离家乡、进城打拼多年的农民工兄弟们，渴望融入城市，却难以融入城市，成为一群游走在城市边缘的人。要让他们更加幸福，更有尊严地生活，解决他们的房子问题，让他们在城市住有其所，是赢得尊严的途径之一。赣州市在我省率先提出建设新市民公寓、推进新市民工程的构想，引导新生代农民工有序进城，计划用两年左右的时间，投资40亿元，建成新市民公寓3万套，吸收至少10万农民工进城居住，成为赣州新市民。

居无定所 农民工感觉永远在"漂"

买得起房 安得下家才能进得了城

推进新型城镇化 农民工真正变身新市民

江报直播室——《江西日报》(第20届中国新闻名专栏奖)

《焦点网谈》是《河南日报》实施报网互动、编读互动、各界群众和各级领导互动的新专栏。2005年元月1日起，每周二、周四见报。《焦点网谈》的定位是，"社会各界参政议政的新渠道、政府了解民情民意的新窗口、百姓寻求帮扶救助的新途径、媒体开展舆论监督的新阵地"①。

① 范娟华：《中国新闻奖名专栏——焦点网谈》，大河网，2009-02-20。

14 2010年3月4日 星期四 河南日報 HENAN DAILY 焦点网谈

黄帝诞生日、传统情人节、春暖花开时……

河南网友力推三月三为“中国旅游日”

网友总结：

设三月三为“中国旅游日”有几大理由

专家说法：

三月三能得到国人文化认同

网友响应：

支持，有利于推动河南文化和旅游事业

@中国新闻奖 名专栏

用开挖南水北调渠道和地铁隧道之土在郑州堆座城市之山如何

临颍县建设局：丽都华庭小区违规施工 将整改

焦点网谈——《河南日报》(第16届中国新闻名专栏奖)

2007年1月23日，《金华日报》推出了一个以网络QQ群为报道对象的新专栏——《多彩QQ群，和谐新空间》。专栏以网络上极其庞大的QQ群为报道对象，在报纸和网络间搭建了一个可持续互动、沟通、交流、反馈的平台，形成了既在报纸上展现网友声音(以“Q友说事”的形式让Q友在党报上直接发声)，又在网络上体现党报导向(金华新闻网设有“金华QQ群”版块)，报纸和网络互联互通、互取所长的新型传播形式。专栏每周刊出1期，旨在借助QQ群这一载体，进行社会主义和谐社会建设的宣传，倡导建设“和谐的网络细胞”，为建设和谐社会营造良好的舆论氛围。①

【专栏内存】

《多彩QQ群，和谐新空间》专栏报道的基本原则

专栏坚持以社会主义核心价值体系为主导，关注和谐社会、和谐网络建设，给读者提供正确的价值导向。

1. 弘扬一批。很多QQ群由一个个有理想、有朝气、有责任感的网友组成，QQ群是他们一个益于工作、帮助他人、快乐自己的“新家”。专

① 摘自《多彩QQ群，和谐新空间》专栏参加第22届中国新闻奖评选的推荐材料。

栏“以网友的声音,党报记者在听的形式”,共刊发由这类积极正面、健康向上的 QQ 群(达 700 多个)提供的新闻 1000 余条。

2. 引导一批。不少 QQ 群成立的初衷是自娱自乐,缺乏自律和他律。对此,专栏进行了正面引导。如 2011 年初以来,专栏联合有关部门组织 QQ 群开展创先争优活动,“把创先争优活动向网络延伸”。现已开展“QQ 群里话先进”“QQ 群里闪光言行”“QQ 群走基层”等活动,引导 Q 友争做“和谐的网络细胞”。

3. 创建一批。利用党报平台,结合社会热点,建立某个 QQ 群,并将报社及有关部门组织的一些活动与 QQ 群结合起来。如在金华“两会”召开期间,专栏创建相关 QQ 群,邀请广大网友参与进来,向“两会”提意见和建议。

4. 揭露一批。QQ 群开放、匿名的环境,也让一些有害信息带入到群中来。对一些诈骗、色情、迷信,甚至是反动的 QQ 群,专栏通过“Q 友说事”的形式毫不犹豫地予以揭露。

——摘自《多彩 QQ 群,和谐新空间》专栏参加第 22 届中国新闻奖评选的推荐材料

“金华残友”QQ 群:

让梦想张开翅膀

QQ群简介

“金华残友”QQ 群

群号:38176381。

群主简介:刘林英,金华市区某制药公司员工。

群宗旨:大家互帮互助,共创美好未来。

群概况:2007 年 4 月 1 日建立,目前总共有成员 99 人。这是个高级群,可容纳 200 名成员。

那个小姑娘长得很清秀　让人放松了戒备之心

多彩 QQ 群　和谐新空间——《金华日报》(第 22 届中国新闻名专栏)

(2)网闻求证

网络作为新媒体，其发布的新闻有时要比平面媒体来得快。不过需要注意的是，网络新闻的水分比较多，有时候甚至是虚假新闻，一般报纸不敢直接转载。最好的办法是，根据网络发布的新闻线索，记者及时跟进，加以核实，并作进一步的补充采访，这样相对来说比较可靠。

根据网络线索，记者跟进采访，是报网互动的一个较好的形式。这样，既发挥了网络信息传播快的优势，又体现了报纸新闻准确权威的特点，可谓是一举双赢。

《郑州晚报》的《网络头条》专栏、《南国早报》的《网友拍砖》专栏、《深圳特区报》的《网络视点》专栏、《华西都市报》的《网络热帖》专栏等，都是从网络上找新闻线索，然后记者采访或整理后再发表。

网络头条 酷似水岛宏，神似木村拓哉

"犀利哥"潮到日本

宁波救助站正找他，想让他感受到城市的温暖

"我们已经联系宁波救助站，积极寻找'犀利哥'。政府有责任让每一个生命得到关注，也有责任让每个人感受到这座城市的温暖。"3月1日，宁波市人民政府副秘书长、新闻发言人张松才这样告诉记者。这标志着网络红人"犀利哥"已引起宁波市政府高度关注，相信在政府的推动下，将有更多的人来关注他。

"乞丐王子"很有明星相

近日，有网友将宁波一个流浪者的照片挂在网上，引起了轰动。因为这位"乞丐王子"穿着时尚，很有明星相，被称为"犀利哥"。

"犀利哥"在短短一周内红遍网络。网友"声琴相拥"借《济公》主题曲，为"犀利哥"写了首"潮人乞丐歌"。在淘宝上，名为"不知是诱惑"的商家把"犀利哥"的一身行头标价6666元，拿来当噱头。在台湾的一档节目里，台湾模仿秀明星"九孔"更是以"犀利哥"的造型出镜，让人大吃一惊。

"犀利哥"还冲出国门。在日本最大的BBS"2Ch"上，网友认为"犀利哥"酷似日本当红男星水岛宏，神似日本老牌明星木村拓哉，引来一片惊呼。

网友解读 着装风格

欧美粗线条搭配日式的细腻，绝对日本混搭风格。发型是日本最流行的牛郎发型。外着中古店淘来的二手服饰，肩挎LV最新款的纸袋。腰带绝对是画龙点睛之笔。然而腰带绝非普通白领承受得起的，这是全球限量发行的GUCCI混色系腰带，只有那些敢于为潮流献身的人才懂得。

酷似日本当红明星水岛宏

神似日本老牌明星木村拓哉

网友呼吁别再打扰他了

"犀利哥"这么有型，却又如此可怜。上周末，很多网友专门到宁波天一广场找"犀利哥"。网友"shopping泡饭"见到"犀利哥"后，和老公买了些食物送去。"他淡淡地对我笑了笑，然后接受了我们的好意。他竟然对我笑了，我差点没晕倒。""shopping泡饭"说，当她追问"犀利哥"是哪里人时，"犀利哥"立即恢复冷峻的表情，走进人群中……

网友"充电器"是"犀利哥"照片的拍摄者，他在了解到"犀利哥"是个有精神疾病的流浪者后，呼吁大家："不要再去跟拍'犀利哥'了，不要再去打扰他的生活，这样对他的病会有很大影响……"

"我们救助站的几位工作人员分成两批去找他，上午、下午不停地找。如果他真的有病，我们希望他病情稳定后，能帮他找到家人。"昨日，宁波市救助站的业务科科长黄鸿鹰说，目前还没找到"犀利哥"，他们仍在努力寻找。

据《钱江晚报》

网络头条——《郑州晚报》

■网帖《下车等了半个小时打不到的，候车乘客用指示牌挡出租车车道》目击

为何这里的出租车"挑肥拣瘦"？

早报网网友"吃饭不洗碗"　文/图

出租车"躲"在拐角外。

苦苦等待的候车乘客。

指示牌被候车人放在出租车道上。

车站工作人员将指示牌拿走。

2月17日晚，乘客车从老家赶回南宁，下车后，在埌东车站，等了半个小时未打到的：出租车司机将车停在车站出租车道拐角处，拼客揽客。后来，一名等急了的乘客，将车站"出租车上车点"指示牌挡在出租车道上，车站相关人员才现身督促出租车司机……

目击：
出租车停在车站拐角处候客

2月17日8时许，经过7个小时的奔波，客车终于到达南宁埌东客运站。我提着两大袋行李，气喘吁吁地来到上车点时，只见平时停满了出租车的车道上，竟无一辆出租车！

怎么会这样呢？抬眼一看，这才发现，进站的出租车都"躲"在埌东车站右侧的拐角处，不少乘客围在出租车旁，似乎在跟司机讨价还价！

行李有些沉，加上坐了7个小时的车，实在太累了，我便站在上下车点，等着出租车开过来。

可是不对劲啊。我等了20来分钟，出租车是过来了十来辆，可没有一辆是空的。有几辆出租车倒还有空位，司机缓慢地开过，在候车的人跟前停下来问："去哪呢？"如果乘客顺路，便载上，直到车厢里塞满人。

这不是拼客吗？可想想的哥的姐也不容易，春节假期期间，人家不就想多赚点吗，也就忍下来了——司机想多载几个客，可以理解：每个乘客平摊车费后，再加几块钱，司机还可多赚一些，每名乘客实际车费也可少一点。可车站老大一块的"出租车上下车点"指示牌就立在一旁，为什么司机们要将出租车停在拐角处呢？

现场：
乘客用指示牌挡车道

我身旁一名身穿黑色风衣的男子，接了几个电话后（我猜的没错的话，来电话的人问他下车那么久，为何还没到家），终于爆发了——

只见他将"出租车上下车点"指示牌，放在出租车车道上！同时，被放到过道上的，还有一块稍小一些的牌子，上面印有"出租车发车点，上车即走，严禁拒载、拼客、揽客"的字样。

这时距离我下客车已有半个小时的时间了。

指示牌放在出租车道上没多久，一名胸前戴着牌牌的中年男子钻了出来。他大声向候车的乘客们喊着："谁呢？谁干的！谁把牌子弄到这的！"

晕倒！出租车停在拐角处拼客、揽客，这么久了，也不见车站工作人员去制止。这会，有乘客发飙了，你就现身了。没有一名候车乘客理会"牌牌男子"的嚷嚷，大家都用鄙视的眼光看着他。

随后"牌牌男子"便向躲在拐角处的出租车拼命吹起口哨来，让他们"讲规矩"些。

追问：
为何车站出租车爱挑客？

还不错！这一阵有些气急败坏的口哨声，还有点用，不到3分钟，我就打到的了。临上车时，我向拐指示牌的老兄竖起大拇指（当时，这位仁兄还在生气呢，没顾得上受本）！

"去哪？"司机问。

"南宁市民主路！"我答道。

听说我去民主路，一个美眉立即走上前，大声说道："我去官塘。"谁叫人家是美眉呢，一块上吧。从埌东到单位宿舍，路费在25元左右（不拼道，走最近的路）。我便跟司机说："美女给10元车费，我给20元。"

司机没作声。不想，刚出埌东站呢，司机看着后视镜说道："美女，你们俩每人20元车费啊！"

"好的。"美女答道。

"这样不好吧。不是说了，我给20元，美女给10元的。"我跟司机说。司机显然是老油条，说道："兄弟，过年了，看着过得去就行。"我晕，还过得去，你这一趟收的车费几乎是两趟的了！

"你就不怕我投诉你吗？"我笑着问司机。司机看着我笑，琢磨不透我到底是什么意思，只好咬咬牙说："一年就一个春节，过得去就好。"

"你们为什么将车停在拐角处呢？"我问司机。司机的回答有些雷人："拐角处有厕所啊！好方便啊。"

"是方便拼客、揽客吧。"我说道。司机也不反驳，只是讪讪地说，在南宁每个车站，在节假日，出租车司机或多或少都会拣客。后来，司机还说，埌东站，一辆出租车每个月交给车站管理费500元。

南宁是一个外来人口较多的城市。这几天，每天都有不少人回邕。在这个时候，便形成一个奇怪的现象：交了管理费的出租车，在车站拼客、揽客；更多进不了站的出租车，只能在站外干巴巴地候着。

进站的出租车司机为何拼客、揽客甚至拒载？除了利益驱使，是不是与他们每个月都要交钱给车站有关呢？我记得1月21日，南宁车管所有关负责人接受了早报网访谈，说到了车站等公共场所向进站出租车收费时，该位负责人表示：2007年10月1日，南宁市出台了首部《出租汽车客运管理条例》，《条例》规定：机场、铁路客运站、公路客运站、港口等旅客集散地和其他人流集散地应当设置出租汽车停靠站，免费向所有出租汽车开放，不得限制出租汽车停靠候客。

■温馨提示

各位读者、网友，春节假期今天结束，虎年春节，您是怎么度过的？欢迎您登录南国早报网论坛"南国早茶"（www.ngzb.com.cn），与大家分享您的"春节故事"，我们将挑选优秀图文刊登，发帖时，请在标题前加"春节故事"字样。

网友拍砖——《南国早报》

网友发帖揭露医疗行业黑幕，新流行语蹿红网络

"刘大夫，有人捎给你一封信"

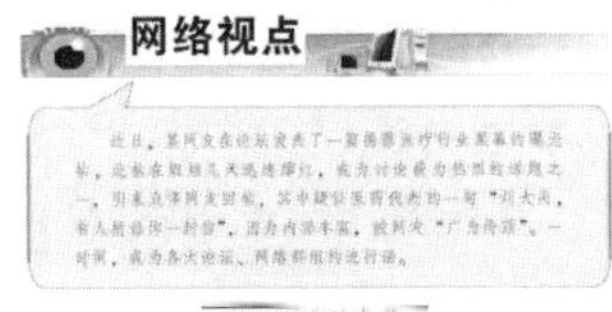

[illegible]

深圳特区报记者　李　莉

近日，网络上流行这样一个句子——"×××，有人给你捎封信"。这句流行语来自于山东的一个网友在齐鲁网社区发的一个帖子"刘主任，有人托我给你捎了封信"。

网友"杠杠地"委婉而生动的讲述了他陪夫人在济南某医院看病时，所见某医院医生疑似接收医药代表红包的经过，"一名中年女子从包中摸出一个沉甸甸的牛皮信封递给正在为病人诊病的医生。'刘主任，有人托我给你捎了封信。'刘大夫抬头接过信封：'好！'然后对折，塞进了白大褂的右侧口袋，一切很是默契"。网友"杠杠地"与候诊的病人皆会意相觑，顿感钱包吃紧。女子非来瞧病，与大夫也非亲非友，此非医药代表莫属。于是大为感叹"信是幌子，回扣是真。君子生财取之有道！"这帖子迅速在网上走红，被各大论坛转载。

这信封里究竟装了什么？网友"杠杠地"只是描述了一下，他也没有看到里面到底装的是什么，只是通过厚厚的一沓跟对折时的爽快进行猜测的。然而，网友却一边倒地认为"不用猜了，肯定是红包。""看了楼主的描述，明眼人一眼就看出来了，无非就是时下困扰医疗行业的潜规则问题。是谁送的信？信封里面有什么？其实大家心知肚明。"

在对医院潜规则谴责的同时，帖子里"刘大夫，有人捎给你一封信"这句话因内涵丰富，吸引了不少网友。网友纷纷感叹"此句一针见血，才华横溢！""有人给你捎封信，这里面的道道太多了！""年度网络流行语有候选了！"

一时间，网友争相模仿，于是就出现了诸如"南勇，有人捎给你一封信！""刘大夫，你家小三捎给你一封信！""金越，有人捎给你一封信！"等"捎信"系列，内容涉及中国足球、春晚、第三者等当下热点话题。甚至还有网友用这句式发泄心中不满，"吴总，被你克扣了年终奖金的员工给你捎了一封信！""校长，俺们大四的学生给你捎封信，明年毕业俺们咋办啊？"有网友戏称这是网民讽刺智慧在2010年的首次集中爆发。

如今收到"有人捎来的一封信"的，又何止是医生！"潜规则"的黑手已经悄悄伸向了不少行业，给我们的正常生活蒙上了厚厚的一层阴影。"×××，有人给你捎封信"的流行也反映了网友期盼这种"信封"消亡的无奈心情。

漫画：颜庆雄

相关链接

2009网络流行语

★ 你妈喊你回家吃饭！
★ 哥吃的不是面，是寂寞。
★ 今天你偷菜了吗？
★ 嫁人就嫁灰太狼，做人要做懒羊羊！
★ 不要迷恋哥，哥只是个传说。
★ 人生是一张茶几，上面摆满了杯具。
★ 欺实码
★ 被就业，被××
★ 躲猫猫
★ 不差钱

网言网语

[illegible]

[illegible]

网络视点——《深圳特区报》

做完“俯卧撑” 网上流行“躲猫猫”

云南一男子看守所死亡，警方称是“躲猫猫”撞墙所致，该词遂迅速走红网络

“躲猫猫”，又一个案件引发的流行语。上次是瓮安少女李树芬溺水死亡，警方公布调查结果时提到了“俯卧撑”，随即俯卧撑走红网络。这次是云南青年李乔明死在看守所，警方称其“躲猫猫”时撞墙（本报前日曾作报道）。很快，躲猫猫也火了起来。网友们一边讨论躲猫猫这个游戏的危险性，一边大量发帖“躲猫猫”。

“躲猫猫”窜红网络

“今天，你‘躲猫猫’了吗？”这句看似无厘头的话，目前窜红网络。

据当地媒体报道，24岁的云南玉溪北城镇男子李乔明因盗伐林木被刑拘，1月30日进入看守所，2月8日下午受伤住院，4天后在医院死亡，死因是“重度颅脑损伤”。晋宁县公安机关给出的答案是，当天李乔明受伤，是由于其与同监室的狱友在看守所天井里玩“躲猫猫”游戏时，头撞到墙壁而致。

该新闻在网上引发热议，在腾讯该新闻有35000多条网友评论，其中很大一部分都在谈论“躲猫猫”。网友许晖写了一篇博客《躲猫猫释义》。“‘躲猫猫’意为捉迷藏，属南方方言，北方则称作‘藏猫猫’。不管‘躲’还是‘藏’，这种游戏显然来自于猫和老鼠捉与被捉的游戏。伴随着一条年轻的、身强力壮的生命的离去，‘躲猫猫’这一游戏在展示晋宁县看守所的人情味儿之外，同时雄辩地证明了一个道理：游戏也可以杀人。”

“躲猫猫”的网络应用

“我以为是畏罪自杀撞墙撞死了，没想到是‘躲猫猫’死了！完全超出我的想象力了。”“虽然躲猫猫没有做俯卧撑累，但还是死人了！请问天底下还有安全的游戏和健身方法吗？”天涯网友更是发挥其一向的搞笑风格，甚至有人很快就注册了“大家都来躲猫猫”等ID，转载新闻的主帖下面的评论更是如此：“以后家里有小孩的可不能教他们再玩躲猫猫了！多危险呐～”“俯卧撑、打酱油、躲猫猫——中国武林三大顶尖绝学。”“在看守所里能玩躲猫猫？犯人都躲猫猫了，警察去哪里找他们？”“应该给那个发明躲猫猫的人最佳创意奖。”“楼主说错了！我当时在场，明明是那堵墙跑过去把那男子给撞了！那男子一开始呆在那里从没动过！这堵墙撞人后就跑了。”

“manca1222”发布了“躲猫猫注意事项”：“1.请勿和墙玩，否则墙会在捉到你的那一瞬间ko你；2.如必须进行，请确保有足够的安全防护措施，如安全帽、防弹衣等等。”

网络热帖

在网友的语言里，“躲猫猫”已经成为一特定词组加以运用。“早晨起床时做了几个俯卧撑，然后被家里支去打酱油，打完酱油后与小朋友一起玩躲猫猫……”“珍爱生命不躲猫猫”“以后可以这样骂人：躲猫猫躲死你了！” 摘《南方都市报》

网友贴出的美女陪酒图　　一网友贴此图证明陪酒是假

美女为官员陪酒？官方说照片有假

日前，国内某论坛出现一个《美女灌酒！实拍某政府考察团酒桌惊人一幕》的帖子，说外省某区考察团到云南省红河州绿春县考察时，当地政府热情接待的同时还请来了酒店小姐陪酒助兴，并贴出多张敬酒图片为证。此帖一出，骂声不断。但有细心网友则在帖图中找到漏洞，认为帖中所说有假。14日，绿春县委宣传部对此事作出解释：此帖所说之事发生在2006年，但并不是接待政府考察团，也没有“美女灌酒”，照片是后期合成的。

在《美女灌酒》帖中，网友首先贴出一张写有“某区党政代表团赴绿春考察座谈会”背景的合影。接着网友用“开始不像话了”引出第二张图片：6名年轻女子顺序站在一张硕大的饭桌旁，向一个身着格子衬衫、打着领带的长者敬酒，该男子一脸苦状。之后，贴出的第三张图片上，被敬酒的男子站起身，双手握紧一女子的手，然后直接把酒送入口中。第四张图片上，一名敬酒女子左手暧昧地托起一位身着黑色西装的男子的下颌，右手直接把酒倒进黑西装男子的口中……

但随后，一位网名为“ad1874”的网友发出澄清帖，称纯属子虚乌有，并指出图片上的破绽。“那些图片都是组合的假图片，宴席中被敬酒的是8名来支教的中学老师。”

14日，绿春县委宣传部副部长陈来山说，某区与绿春是对口帮扶关系。2006年某区派了8名老师到绿春县第二中学支教，结束后，举行欢送酒宴。当时支教老师都拿起相机拍照留念。“一位老师回去后，把部分照片组合处理后传到网上，才引起轩然大波。” 摘《新文化报》

网络热帖——《华西都市报》

第三章　按特色创新设置专栏

每份报纸都要有自己鲜明的办报个性，这就是报纸的特色。在坚持走特色之路中，报纸也需要不断创新，以保持办报特色的新鲜度。特色，是报业生存的法宝，只有坚持特色的报纸，才能拥有足够的个性魅力，长久地“勾住”读者的眼球；创新，无疑是报业竞争的一张王牌，只有不断创新的报纸，才能拥有广大的拓展空间，在竞争中笑到最后。

报纸在设置专栏时，也应努力做到既有特色，又能不断出新，这样才能使专栏常办常新，越办越有特色，并渐渐成为读者钟爱的报纸品牌。

按照个性特色、办报创新的要求，我们可将报纸专栏设置成以下五种：视绘专栏、个性专栏、命名专栏、人物专栏、临时专栏。

毋庸置疑，按特色创新设置的专栏，是个性化最强的，其经营难度也是最大的。不断否定自我，考验着报纸的勇气；不断求变求新，挑战的是编辑部的整体实力。

第一节　视绘专栏

视绘，就是视觉绘画的简称，是报社美编或美术通讯员通过纯手工、纯电脑或手工电脑兼用绘制的作品。与文字记者创作的文字作品和摄影记者创作的摄影作品一样，视绘作品是报社美编或美术通讯员创作的新闻绘画作品，其含金量是等同的。视绘作品的唯一性，决定了其能成为报纸个性特色和创新的一大法宝。

视绘作品的视觉冲击力极强，给版面创意提供了很好的素材；视绘作品简洁明了，也符合当今读者“快读新闻”的习惯。因此，视绘专栏深受版面编辑和报纸读者的欢迎，可谓是“里外都吃香”。

由于美编水平参差不齐，各报视绘专栏的作品质量也是千差万别。因此，各报应重视对美编和美术通讯员队伍的建设和培养，这样才能保证视绘专栏的质量。

按内容上来说，视绘专栏可分为“漫画专栏”和“图表专栏”两种。

1. 漫画专栏

漫画是简笔而注重意义的一种绘画。[①] 漫画作为一种艺术表现形式，是用简单而夸张的手法来描绘生活或时事的图画，其讽刺性或幽默感比纯文字或图片要精彩得多。故而，漫画很受人们的欢迎。

报纸是漫画最适宜生长的土壤。漫画之所以能够成为一个独立的画种，是与报纸大量刊登分不开的。[②] 因此，漫画专栏经常见诸报端，并占据较大篇幅，也就不足为奇了。

漫画专栏又可细分为“新闻漫画”“讽刺漫画”“哲理漫画”三种。

(1)新闻漫画

所谓新闻漫画，首先应该是漫画，即具备漫画的种种特征；其次，它还应该具备新闻性，是对新闻事实的反映或评论。因此，对于新闻漫画可以大致定义为：新闻漫画就是对新近发生的事实的反映或评论的漫画，它既要具有新闻价值，同时又要遵循漫画的创作规律，是一种形象化的新闻传播手段。[③]

换言之，新闻漫画就是将新闻事件用漫画的手法来表现。因为漫画里的新闻要素可以随时添加，故而其创作余地要比新闻照片来得丰富，效果也会好一些。

新闻漫画，以其生动的形象、较强的直观性和可读性，颂扬新事物、新人物、新思想、新观念、新风尚，抨击违法乱纪、官僚主义、不正之风等不良现象，宣传党和政府的主张，以及反映人民群众的呼声和要求。[④] 因此，报纸上的新闻漫画深受读者的欢迎。

《贵阳日报》的《图说世像》专栏，是对国内、国际热点新闻采用“漫画＋点评”的手法进行突出处理。

---

① 丰子恺：《漫画的描法》，上海开明书店 1943 年版。

② 郑兴东、沈史明、陈仁风、包慧：《报纸编辑学》，中国人民大学出版社 1982 年版，第 323 页。

③ 甘险峰：《当代报纸编辑学》，中山大学出版社 2008 年版，第 146 页。

④ 林永年：《新闻报道形式大全》，杭州大学出版社 1995 年版，第 350 页。

近日，国家广电总局下发《关于加强电视购物短片广告和居家购物节目管理的通知》。《通知》指出，新闻、国际等专业频道和电视购物频道，不得播出电视购物短片广告。全国上星频道每天18时~24时，不得播出电视购物短片广告。　朱慧卿

近日，南湖一家酒店门前挂出这样一条标语，有鼓励酒后驾车之嫌。记者随后了解到，无醇啤酒并非不含酒精，它属于低度啤酒，酒精含量在0.5%以下，这种啤酒饮用过量，一样会导致醉酒。　陶小莫

19日，中国教育学会会长顾明远表示，学校停止三好学生评比，对全体学生一视同仁。对学生评判等级，不仅伤害了学生的尊严，也违背了教育规律。　朱慧卿

在入读一年级仅三周后，广州萝岗区九龙镇的6岁男孩小明却被扫出了校门。原来，他生于2003年9月4日，距入学的法定年龄小了4天。在会坑小学的同一个班里，有近10名学生与小明有相同遭遇。　张兮兮

上虞阮家好威风 四代救火为民众

①上虞有个阮炳炎，又名"救火阿三"。阿三的爷爷是一位热心公益的乡绅，平时修桥铺路建凉亭，广积善缘。后来他看到"火神"烧得乡亲家破人亡，就特地造了两支救火木龙，以自家三兄弟为首，组织乡民成立了救火会。

②一时间，上虞道墟一带，哪里有火警，哪里就有这两支木龙。阿三父亲、叔叔三兄弟从上代接过木龙后，更是将木龙舞得虎虎生风。到阿三这一代，由于家境不宽裕，加上政府重视消防，阿三家的救火木龙有40年没有喷水。

③改革开放以后，阿三购进水泥船、拖拉机，搞起了运输，渐渐积攒了一笔钱。于是在1990年，阿三用搞运输挣来的5000元钱买回一台手抬救火泵，他自己和3个儿子，加上村里的2名复员军人，成立了全省首支家庭消防队。

④12年来，阿三义务消防队共救火60多起，为乡亲们挽回经济损失数百万元，名震乡里。今年，阿三的小儿子破除旧俗，到外村做上门女婿。阿三将救火泵作为礼物送给他。小儿子高兴地接过救火泵，成为阮家第四代救火传人。

■何业琦绘图
■忻志伟根据海宁、志农、睿芳报道改编

新闻连环画

图说世像——《贵阳日报》(2008年度贵州新闻奖专栏二等奖)

新闻连环画——《宁波日报》(第13届中国时事报道奖专栏二等奖)

创办于2000年的《宁波日报》的《新闻连环画》专栏，运用连环画的手法来讲新闻故事，别有新意。

(2)讽刺漫画

讽刺性漫画，鲁迅就曾认为它像杂文一样，"可以针砭社会的痼疾"。自

然，对于敌人，它就是匕首和投枪。[①]

其实，漫画的最大特性就是讽刺性，也有人称漫画为“带刺的玫瑰”或“仙人掌”，好看但扎手。

《清远日报》的《镜鉴录》专栏是报社与清远市纪委联合主办的，旨在用漫画的手法，剖析古今反面典型案例，开展警示教育。

《商丘日报》的《戏画闲言》专栏，既有漫画又有简短点评，讽刺意味极浓。

镜鉴录 66 清远市纪委 清远日报社 联办

范晔祸由赌起

李杰/文　罗铧/图

范晔（398—446），顺阳（今河南淅川县），是南朝刘宋时期的杰出史学家，著有《后汉书》。

范晔在京担任左卫将军和太子詹事的时候，被贬至豫章（今江西南昌）任江州刺史的原彭城王刘义康正加紧活动，准备夺权。元嘉二十一年（444），刘义康的心腹、员外散骑侍郎孔熙先等筹划政变。由于范晔掌握禁军，有盛名，又多年在刘义康的部下为官，所以在网罗党羽时候，成了他们注意的对象。他们通过各种方法拉拢范晔，但都未能奏效。

孔熙先于是首先结识了范晔的外甥谢综，等待时机接近范晔。一天，孔熙先在谢综家与谢家几兄弟设赌局戏玩，前来探望姐姐的范晔突然闯了进来。孔熙先便文质彬彬地邀请范晔也入局“怡情”一下。范晔一听，手痒起来，就答应了。于是，他们便以五百钱一局豪赌起来。这一来，范晔就不知不觉地钻入了孔

镜鉴录——《清远日报》(2009 年度中国地市报新闻奖专栏一等奖)

戏画闲言

漯河市纪委原案件室主任、现市环保局副局长翟明科被指篡改儿子民族成分上大学，使一位已达到分数线的真正的少数民族考生因此而被拒之校外。漯河市纪检委证实确有此事，目前已立案调查此事。

（据中国广播网）

朱慧卿 画

戏画闲言——《商丘日报》(2009 年度河南新闻名专栏奖)

---

① 郑兴东、沈史明、陈仁风、包慧：《报纸编辑学》，中国人民大学出版社 1982 年版，第 324 页。

(3)哲理漫画

除讽刺性以外,漫画的另一个特质就是哲理性。漫画要画得富有哲理性,立意必须要高,要让人看了漫画后会深思、会反省,细细一嚼,能体味出作者的良苦用心。

一幅优秀的漫画应该以含蓄的手法表达出人生的哲理,具有深刻的内容,使读者在发出会心的微笑之余,领会其中的积极意义。[①] 说白了,哲理漫画的终极目的是要让人有思想上的收获。

《宁波日报》的《人生感言》专栏、《洛阳日报》的《语丝画解》专栏,皆是富有人生哲理的漫画,画面简单,文字简短,但用意深刻,耐人寻味。

人生感言——《宁波日报》

语丝画解——《洛阳日报》

2. 图表专栏

所谓图表,是指表示各种情况和注明各种数字的图和表的总称,如示意图、统计表等。图表是两种元素,图即示意图,表即数字表。图表可以把抽象的概念具体化、枯燥的数字形象化,还可以通过示意图和列表的方式对各种数字进行比较,各种数字关系一目了然,可以收到"事半功倍"的效果。在突发事件的报道中、在年终成就报道中,配示意图表几乎成了不可替代的报道手段。随着新闻报道的发展,配示意图表将越来越受到重视,因此会得到越来越多的应用。[②]

以前,报纸上的图表不多,而且是手绘的,刊发效果也不太好。1990 年 2 月,制图软件 Photoshop 第 1 版正式发行,至 2012 年 3 月发行 Photoshop CS6 版,目前 Photoshop 版本已更新至第 13 版。Photoshop 软件以其强大、便捷的制图功能,给报社美编制作图表带来了革命性的变化——手绘的活

---

① 郑兴东、沈史明、陈仁风、包慧:《报纸编辑学》,中国人民大学出版社 1982 年版,第 325 页。

② 刘行芳、刘修兵:《新闻编辑原理与实务》,武汉大学出版社 2010 年版,第 155 页。

越来越少，点点鼠标便能轻松搞定。

随着报社美编制作图表的操作越来越熟练，大量精美绝伦的图表在报上层出不穷。可以说，是制图软件 Photoshop 给报纸的图表生产带来了前所未有的辉煌。各报开始利用新技术大量制作新闻图表，某些报纸甚至达到了“无一日无图表，无一版无图表”的地步了。①

图表是目前新闻媒体常用的表现手法，其作用是“把抽象的规划具体化，把枯燥的数字形象化，把分散的内容整体化，把平面的文字立体化”。用图表往往能让受众一目了然，有时还能得到一种文字表述无法达到的效果。② 如果说照片是帮助读者获得对事实所作的视觉评价，那么图表则是帮助读者理解巨大的、无形的或者隐藏着的事物。③

图表专栏的推出，对报社美编也提出了新的要求：美编不但要有扎实的美术功底，会画题饰、插图，还要会熟练运用电脑制图软件。传统意义上的美编，也如记者编辑由手写稿件改为电脑输入一样，面临着颠覆性的转型。因此，各报要加强美编队伍的培养和转型，这样才能保证图表专栏越办越好。

从表现形式上来看，图表专栏又可细分“新闻图表”和“示意图表”两种。

（1）新闻图表

新闻图表，就是用图表的形式来报道新闻的内容。新闻图表以新闻为主、图为辅，制作相对比较简单，但在形式上很有创意，让人有耳目一新的感觉。

《现代快报》的《新闻地图》专栏、《焦作晚报》的《最近 24 小时》专栏，均是将当天的重要新闻标示在地图上，并配以简要的文字说明。一张地图加几个方框、几条线条，就合成一个新闻图表。

（2）示意图表

与新闻图表相反，示意图表是以图为主、文为辅。其制作难度也较新闻图表大得多，对于美编的要求也要高得多。很多示意图表均都要靠“手绘＋电脑制图”方能制作，有时候要花上一两天时间才能完成。当然，其见报效果或者说视觉冲击力就要比新闻图表强得多了。

---

① 甘险峰：《当代报纸编辑学》，中山大学出版社 2008 年版，第 168 页。

② 吴飞、周勇、邓利平、谭云明：《新闻编辑学》，浙江大学出版社 2008 年版，第 149 页。

③ [美]布雷斯・S・布鲁克斯、詹姆斯・L・平森、杰克・Z・西索斯：《编辑的艺术》（第 8 版），李静滢、刘英凯译，中国人民大学出版社 2009 年版，第 202 页。

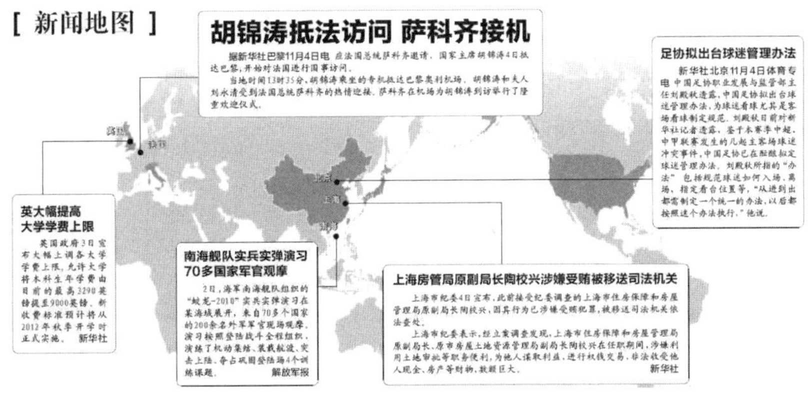

[新闻地图]

胡锦涛抵法访问 萨科齐接机

据新华社巴黎11月4日电　应法国总统萨科齐邀请，国家主席胡锦涛4日抵达巴黎，开始对法国进行国事访问。

当地时间13时35分，胡锦涛乘坐的专机抵达巴黎奥利机场。胡锦涛和夫人刘永清受到法国总统萨科齐的热情迎接。萨科齐在机场为胡锦涛到访举行了隆重欢迎仪式。

足协拟出台球迷管理办法

新华社北京11月4日体育专电　中国足协职业发展与监管部主任刘殿秋透露，中国足协拟出台球迷管理办法，为球迷看球尤其是客场看球制定规范。刘殿秋日前对新华社记者透露，鉴于本赛季中超、中甲联赛发生的几起主客场球迷冲突事件，中国足协已在酝酿拟定球迷管理办法。刘殿秋所指的“办法”包括规范球迷如何入场、离场、指定看台位置等，“从进到出都需制定一个统一的办法，以后都按照这个办法执行。”他说。

英大幅提高大学学费上限

英国政府3日宣布大幅上调各大学学费上限，允许大学将本科生年学费由目前的最高3290英镑提至9000英镑。新收费标准预计将从2012年秋季开学时正式实施。　新华社

南海舰队实兵实弹演习 70多国家军官观摩

2日，海军南海舰队组织的“蛟龙-2010”实兵实弹演习在某海域展开，来自70多个国家的200余名外军军官现场观摩。演习按照登陆战斗全程组织，演练了机动集结、装载航渡、突击上陆、夺占巩固登陆场4个训练课题。　解放军报

上海房管局原副局长陶校兴涉嫌受贿被移送司法机关

上海市纪委4日宣布，此前接受纪委调查的上海市住房保障和房屋管理局原副局长陶校兴，因其行为已涉嫌受贿犯罪，被移送司法机关依法查处。

上海市纪委表示，经立案调查发现，上海市住房保障和房屋管理局原副局长、原市房屋土地资源管理局副局长陶校兴在任职期间，涉嫌利用土地审批等职务便利，为他人谋取利益，进行权钱交易，非法收受他人现金、房产等财物，数额巨大。　新华社

新闻地图——《现代快报》

最近 24 小时

我国将择机发射“风云三号”气象卫星

新华社太原11月3日电　太原卫星发射中心有关负责人3日表示，我国将于近日使用“长征四号丙”运载火箭择机发射第二颗“风云三号”气象卫星。

目前，卫星、火箭、发射场及测控系统状态良好，各项准备工作进展顺利。

印度东部沉船事故已发现80名遇难者

新华社孟买11月3日电　印度警方3日下午说，10月30日印度东部发生的沉船事故遇难者人数升至80人，仍有51人失踪。

据印度亚洲通讯社援引警方的消息报道，海军、海岸警卫队等部门3日继续展开大规模搜寻行动，打捞出一些乘客的遗体。

印度警方说，翻沉的拖船当时载有220名乘客，迄今共有89人获救。目前打捞行动仍在进行，以寻找失踪的51名乘客。

一艘采沙船在长兴岛附近海域沉没

1人遇难 10人失踪

新华社大连11月3日电　一艘采沙船3日早上在大连长兴岛附近海域沉没。到记者16时发稿时，船上14人有3人获救，打捞出一具尸体，另外10人失踪。

来自辽宁海事局应急办的最新消息说，湖北籍采沙船“中泰鑫55”轮是在运输沙子的过程中，途经长兴岛附近海域出事的。海事部门根据目前的资料分析，这艘船是在辽宁营口地区采沙作业，装沙后运往大连旅顺。

3日4时59分，辽宁海上搜救中心接到这艘船的呼救报警，称“中泰鑫55”轮发生故障，造成船舶翻扣。14名遇险船员中有11人落水，另外3名船员爬到左后舷等待救援。

交通运输部和辽宁省领导对救援给予高度关注，要求全力以赴，不惜一切代价救助海上遇险人员。不久，驻辽宁大连基地的B-7126救助直升机成功救起3人，后来又打捞出一名遇难船员的尸体。其余10人下落不明。目前，搜救工作仍在继续进行。

印尼默拉皮火山发生大规模喷发

新华社印度尼西亚斯莱曼11月3日电　位于印度尼西亚中爪哇省的默拉皮火山3日下午发生自10月26日以来的最大规模喷发，炽热的烟灰高达数千米，浓烟漂浮了15公里。目前尚无人员伤亡和重大财产损失的报道。

印尼火山监测部门官员说，当地时间8时左右，默拉皮火山发生了当天第一次喷发，当时苏西洛总统正在附近的一个临时难民收容所视察。中午时分，火山又发生小规模喷发。14时到16时20分，火山再次发生持续不断更大规模的喷发。

日惹火山观测机构官员伊斯迈尔在接受记者电话采访时说，当局已经把危险区由原来的距火山10公里范围扩大到15公里范围，并对附近数万居民实施紧急疏散。

该观测机构主任苏洛诺说，这种持续喷发现象比较罕见，表明该火山活动可能进一步加剧。

最近 24 小时——《焦作晚报》

2009 年 8 月起，《解放日报》推出《解放图示》专栏，采用三维和二维相结合的新闻图示技术，使新闻更为生动、丰满，增强了党报的版面感染力和现代感。

【专栏内存】

《解放图示》专栏制作探秘

为确保《解放图示》专栏精彩亮相，《解放日报》调集了由文字编辑和美术编辑组成的精兵强将，进行跨部门协作。选题立项后，从文字收集到制图完毕历时 4 天，用于制图参考的图文资料达 40 余页。相关同

志以极其细致严谨的态度，落实每个细节，消除了一个个疑问和可能出现的见报差错，在确保图文信息准确无误的基础上，做到了视觉设计出新出彩。

——《解放日报推出“解放图示”视觉设计出新出彩》，上海报业网，2009-09-28

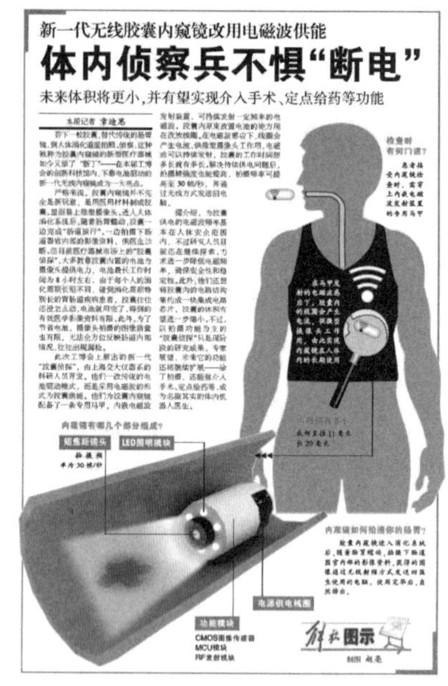
新一代无线胶囊内窥镜改用电磁波供能

体内侦察兵不惧“断电”

未来体积将更小，并有望实现介入手术、定点给药等功能

解放图示——《解放日报》

为让新闻信息视觉化，《钱江晚报》视觉中心尝试每周推出一期《图视绘》专栏。《图视绘》的出炉经过是：从新闻选题到采访、信息制图、文字编辑、版式设计，都由美编独立完成，它突破了传统意义上的美编职能。设计之余，更要挖掘、升华深层次的新闻内涵，这也是美编从单一的版面设计到复合型新闻设计的华丽转身。① 由于制作精良，视觉冲击力强，《图视绘》专栏受到业界和读者的一致好评。

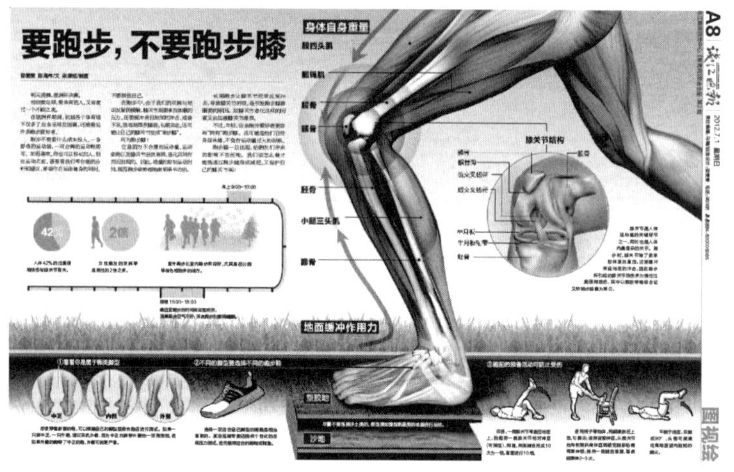

图视绘——《钱江晚报》

① 梁津铭：《图视绘》，《新闻实践》2012 年第 9 期。

第二节　个性专栏

一个专栏有没有生命力，首先要看它有没有明显的个性化特征。它不能重复本媒体过去的专栏，否则不会给人新鲜感；它也不能模仿其他媒体上的专栏，否则凸显不了它的创造性；它更不能雷同于本版面上的其他专栏，否则它就会失去它的独特性，并因稿源之争而无以为继。[①] 由此可见，报纸专栏必须要个性化。

在报纸设置专栏时，就要策划一些人无我有、人有我精的精品专栏来，就是要策划读者迫切需要的而同类报纸从来没有过的“叫响专栏”。[②] 人家报纸没有的，自然是个性化极强的特色专栏。

在收集、整理众多报纸专栏时，我们惊喜地发现，有些专栏与众不同，很有特色，细细品味还挺有意思，于是我们将这些专栏统称为个性专栏。

从内容上看，个性专栏可分为“个性取名”“方言专栏”“双语专栏”“倾诉专栏”“个人专栏”等五大类。

1. 个性取名

专栏取名个性化，使专栏具有与众不同的名称，更容易被人们所关注。正如一个人的名字，要是取得个性十足、特色鲜明，那就容易被人家记住。

个性取名专栏又可细分为“专业术语取名”“套用歌词取名”“大白话儿取名”“夸张手法取名”“巧用谐音取名”“网络新词取名”等六小类。

(1)专业术语取名

专业术语，是指特定领域对一些特定事物的统一的业内称谓。用其来取专栏的名称，也很有意思。需要注意的是，用专业术语取名，一定要选择知名度较高、大家普遍知晓的专业术语，不然的话，就容易让人产生歧义。因为，报纸毕竟是大众文化的产物，它讲究的是通俗化、普及化。

众所周知，头条是报纸版面上最重要的稿件，通常都放在最显著的版位，并运用各种编排手段加以突出。而“倒头条”新闻，则放在报纸的右下方，与头条上下呼应，也是编辑部认为比较重要且可读性较强的新闻。《生活日报》在头版上就辟有《倒头条新闻》专栏。

---

① 朱金平：《新闻编辑论》，长征出版社 2008 年版，第 80 页。

② 吕道宁：《专栏编辑应树立三种意识》，《新闻窗》1998 年第 1 期。

倒头条新闻

高压线下施工，突然一声巨响

男子惨遭电击，全身严重烧伤

生活日报1月12日讯 （记者**李培乐**）12日上午，一名正在搭建雨棚的男子不幸遭到电击，脸部，胸部都被烧黑。经检查，该男子全身40%-50%深度烧伤，可能有生命危险。

12日上午8:10左右，几名工人正在济南火车东站内搭建雨棚。突然，一声巨响吸引了工人们的注意力，只见施工地点上方的电线上产生了一个大火球，一名工人随之成了"火人"。"我们看到一个大火球，随之那名工友身上的衣服就着了火！"一名与被烧伤的工人一起干活的工人介绍说，他们当时有些被吓傻了，但还是迅速冲上去帮着扑灭了那名工人身上的火。

救人的同时，工人中有人拨打了120急救电话，救护车不久后赶到。可是，由于事发地点在火车站内，救护车无法直接开进去，医护人员只好抬着担架赶往事发地点。在工人的帮助下，医护人员把受伤的工人从梯子上抬了下来，并紧急送往济南市中心医院救治。

据目击者张先生介绍，这名男子烧伤严重，脸部、脖子和胸膛都被烧黑。除了这名工人，还有一名工人背部和腿部的衣服也被烧毁，所幸没有受伤。

据悉，被电击伤的男子姓姚，31岁，是东营人。目前，该男子已经住进了济南市中心医院烧伤科，医生根据其病情进行了会诊。记者从该科一名医生处获悉，男子身上的烧伤面积达40%—50%，有二度烧伤也有三度烧伤，下肢还出现了血管堵塞症状，总体病情很严重，可能有生命危险。

为何搭建雨棚会被电击伤呢？一名工人说他们施工的上方就是高压线，但离他们有一段距离，被击伤的人也没有碰着高压线，这名工人事后听说该高压线为万伏电压。据记者了解，因为在高压输电线和高压配电装置周围存在着强大的电场，处在此电场内的导体会因静电感应作用而出现感应电压，当人们触及这些带有感应电压的物体时，就会有感应电流通过人体流向大地而使人受到电伤害。

（线索提供人　张先生　奖金50元）

倒头条新闻——《生活日报》

(2)套用歌词取名

套用流行歌曲的歌词来制作标题，是报纸常用的手法。有创意的报纸套用歌词来取专栏的名称，可谓别出心裁。

2009年教师节前夕，《长沙晚报》推出了个性化极强的专栏——《长大后我就成了你》，掀起了读者一段温暖的回忆，也增进了全社会对教师的敬仰之情。特别有意思的是，专栏名就是脍炙人口的歌颂教师的歌名，让人禁不住会顺着唱下去："长大后我就成了你，才知道那支粉笔，画出的是彩虹，洒下的是泪滴。"

"雄赳赳气昂昂跨过鸭绿江，保和平卫祖国就是保家乡"，2010年10月25日，是抗美援朝战争拉开序幕60周年的纪念日。《羊城晚报》于2010年10月3日起推出了以《中国人民志愿军战歌》的歌词命名的《跨过鸭绿江》专栏，60多位直接或间接参与过抗美援朝的老同志口述了那段难忘的历史，把读者带到了硝烟弥漫的阵地、山头、兵站和诊所。

曾几何时，《学习雷锋好榜样》的歌曲响彻中华大地。为继续弘扬助人为乐这一中华传统美德，《蚌埠日报》2012年2月起以歌词"学习雷锋好榜样"为名，推出颂扬蚌埠好人的专栏。

(3)大白话儿取名

在新闻写作中，要求用群众的语言来写群众的事，因为这样容易赢得群众的喜爱。在为专栏取名时，要是也能用群众喜爱的语言，即读者平时脱口而出的一句大白话儿，效果也是挺好的，也更能为读者所接受。

《长沙晚报》有个互动专栏，请嘉宾就一个敏感的话题展开讨论。因为需要大家七嘴八舌地说，故而直白地取名为《你说话吧》。

谭梅生老师，学生找您

读者漆伟英记得20多年前谭老师送的文具盒，想见见老师

长大后我就成了你——《长沙晚报》

学习雷锋好榜样

一名普通老兵的责任与担当

——记安徽省军区"学雷锋标兵"李鸿阳

感动就在身边

学习雷锋好榜样——《蚌埠日报》

59年前，150名广州广雅中学学生参军开赴朝鲜战场，曾志毅成为一名空军战士

空十七师击落击伤27敌机

羊城晚报记者　邓琼

通讯员　周艳红　徐丽飞

跨过鸭绿江

系列报道①

篇首语

10月25日，是抗美援朝战争拉开序幕60周年的纪念日。中共广州市委党史研究室、广东革命历史博物馆、广东省档案馆、共青团广州市委青年运动史研究室等单位，与本报一起，联合开展了有关人士的口述历史采写工作。60多位直接或间接参与过抗美援朝的老同志接受了采访。

在此，我们特选编其中较富代表性的若干位老人或其家人的口述实录。当时，他们虽非家喻户晓的战斗英雄，也不是决胜千里之外的元帅将军，但那一点一滴来自最基层阵地、山头、兵站、诊所的回忆，仍给人深沉的震撼。

渺小个人在伟大事件当中的书写，尽管不足以改变历史，却有助于我们还原真相。

曾志毅当年的军旅英姿

讲述者

曾志毅

1931年出生，1950年是广州广雅中学高三学生。1951年参军，在衡阳预总的训练结束后，被分配到空军六航校政治班，毕业后进入空军第十七师，开赴朝鲜战场。战争结束后，继续在空军政治部工作。后转业进入广州市委党校政治教研部任主任。

三个月从老百姓变成军人

新中国成立时，曾志毅是广雅中学的学生。广雅和中山大学一样都有地下学联，是中共地下党力量最强的学校。"当时一切工作，中学依靠广雅，大学依靠中大。"

1950年6月朝鲜战争爆发，10月志愿军赴朝参战，团员曾志毅1951年成为广雅150名参军学生之一。他们于1951年1月20日到达衡阳中南空军预科总队，在那里培训了三个月，完成从老百姓到军人的转变，然后分派去空军航校、雷达学校、通讯学校、部队。曾志毅作为政治班的学员，9月份毕业，被分配到了空军第十七师。

苏联空军一对一训练

当时的空军有17个师，歼击机有10个师，轰炸机师、冲击机师各3个，还有1个运输机师。"1952年2月18日至月底，我们团进行了次团编队试飞，"曾志毅说，"这一飞到空中，整个队便乱套了，当时技术就这么差！"曾志毅介绍，抗美援朝部队空军的飞行员，在航校飞螺旋桨教练机不过才100个小时，到部队飞喷气式教练机只有30多个小时。而苏联空军飞行员都在1000个小时以上，美国的歼击机飞行员需达到500个小时，两国飞行员大多数参加过二战。

当时中国人民解放军的空军是在陆军基础上建立起来的，"除了人，什么都没有。而苏联来人把飞机等整套空军设备都带了过来。"就这样，曾志毅和战友们跟着苏联军人一对一训练了三个月。

"1952年3月1日，我们出发上朝鲜前线，到了大东沟机场。"当时朝鲜前线机场从东北往西南方向分别为：浪头机场、大东沟机场、大孤山机场，都在鸭绿江中国这边。"为什么不在朝鲜那边呢？因为修多少被炸多少。而鸭绿江这边，美国不敢大炸。"有一次，曾志毅在飞机场上听到后面枪响，回头看，有个红的曳光弹就钻到前面的泥土里去了。

中国空军没有上过战场，如何作战？"最初就是苏联部队先把美国飞机群打散，之后我们的空军就去打那些分散的美国机。"曾志毅所在的空十七师换防时，则是由已经苏联空军训练过的空四师来"传、帮、带"。

飞机不好技术好的"低空霸王"

空十七师当时的主要任务是保卫鸭绿江沿岸的鸭绿江大桥、发电站、公路铁路枢纽等。"这些重要目标的上方往往就是空战地点。敌人的飞机是新型轰炸机F84，还有歼击机在上面掩护。"曾志毅说，在大东沟的机场上空也曾发生过空战。因为美国飞机想趁中国飞机着陆没有抵抗力的时候偷袭。"它们从云彩中冒出来，打完马上就跑了。这样在飞机着陆的时候，我们便派其他的飞机升空迎战。"

"我们师在大东沟机场一直到停战，没出现大损失。"空十七师一共击落击伤敌机27架。当时战绩最好的是空四师，然后是空三师、空十二师、空十五师、空十七师。

曾志毅觉得，前四个师所驾驶的是改装的新机种，米格型比斯飞机，性能比敌人的F86好，而空十七师所用飞机是没有改装的老米格，性能比F86差，所以他们打敌机有优势。"在这种情况下，我们就专门打敌人低空速度或者水上飞机，或者救护侦察机等。所以空十七师所击落的飞机杂七杂八，西方媒体称我们部队为'低空霸王'。"

曾志毅所在的空十七师四十九团总共有飞行员二十多名，牺牲了十八位，后来该团被国防部授予"海空雄鹰团"的称号。

十天一次进城洗澡

作为空军的一名政治干部，曾志毅能够接触到各个方面的工作情况。印象中，地勤人员早上3时起床，4时将飞机拉到机场，5时准备完毕，天还没亮，就在机翼下面眯一会。"所以绝大多数地勤人员都有关节炎"。

晚上，飞行结束，地勤人员又将飞机拉回机窝进行检修。曾志毅说："当时有口号叫'故障不过夜，故障不上天，胜利的表现在空中，胜利的表现在地面'，就是说地勤人员一定要及时将故障排除。"

曾志毅还回忆起一个有趣的细节："刚到前方时，经常看到有人跳伞，以为是敌机被击落了，就鼓掌。原来跳伞的是苏联飞行员！我们以为凡是跳伞的都是敌人，后来才明白也有苏联人。"

"作战部队当时的伙食是不错的。"曾志毅感慨，在国内时，连以下干部的大灶，一个月伙食费是6万元（旧币，相当于新币6元），而志愿军参战部队的伙食费增加一倍。"因为我们没有营房，住在老百姓家。每隔10天左右，团里就派辆汽车把我们轮流拉到县城洗澡。那天就算是休息了，大家可以上街买东西，吃饭。"

跨过鸭绿江——《羊城晚报》

对重大新闻进行轰炸式的连续报道是编辑部的“常规武器”。《羊城晚报》《华西都市报》分别用“新闻继续追”“一追到底”这两句大实话做专栏的名称，顿现现代都市报的活泼一面。

新闻继续追

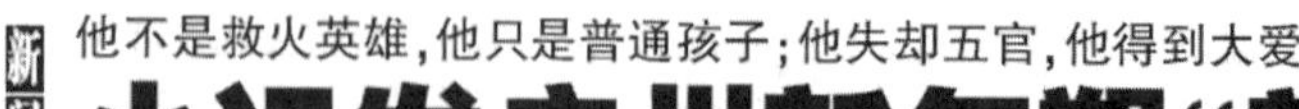
他不是救火英雄，他只是普通孩子；他失却五官，他得到大爱

小远发广州新年塑“新颜”

本报连日关注烧伤儿童小远发的遭遇

本报讯 羊城晚报记者黄丽娜报道：今天是2010年1月1日，在一场火灾中严重烧伤、日前流落街头乞讨的5岁小男孩周远发（详见本报相关报道），在新年的第一天，迎来了生命的新希望。

前路很坎坷

就在昨天，珠江医院整形科教授王晋煌在看过本报对小远发的连续报道后，给《羊城晚报》打来电话，希望能为小远发在广州做前期的伤势检查，以便于他日后整形手术的开展。昨天下午在志愿者的陪同下，小远发中断了近2年的治疗，终于在广州重新开始了。

经过王晋煌教授的诊视，小远发已属于极度伤残，“需要做很多次手术，才能让他恢复一个人的基本外观和五官的基本功能。”第一步要先为小远发的嘴巴开口，让他可以吞咽也为以后的手术插管做准备。接下来要伸直他的手腕，分开五指，让他可以自己穿衣服，生活可以做到基本自理。还要为他的眼睛、鼻子造型。据王教授估计，基本费用需要十几万元。

他并不孤独

“小远发的事，真的牵动了很多人的心。”负责为小远发筹集医疗款项的志愿者告诉记者。

即便在得知小远发的父亲编造了一个谎言后，善款仍是源源不断。“虽然我们不能原谅他的行为，但我们可以体谅他的动机，他也是希望尽自己最大的努力帮助儿子”。

很多好心人的举动让人看到，其实真的不是只有英雄才能获得更多关注。一位为小远发捐助了600元的妈妈告诉记者：“我自己有一个2岁的女儿，看到小远发的照片时，我真的觉得非常难过。他还那么小，他还有很长的路要走，不论他是因为什么原因受伤的，我都要为他做一些事。”

小远发，这样一个普通的孩子，在不幸面前，真实地感到了来自社会的大爱。目前，宝贝回家志愿者协会仍在为他筹措整形手术，联系医疗机构；同时也仍在接收对他的医疗捐款。“如果有医疗机构或其它慈善组织免费或部分减免费用对小远发进行救助的，我们会将剩余的捐赠退回捐赠者或转给其他需要救助的孩子，不会将捐赠交由他父亲支配，或用于非医疗费用以外开支。”另请捐赠者注意，宝贝回家志愿者协会对接受的每一笔捐助在该协会网页上公示。如在捐款后五天，未在公示中发现自己的捐助公示，请立即与宝贝回家志愿者协会进行联系。

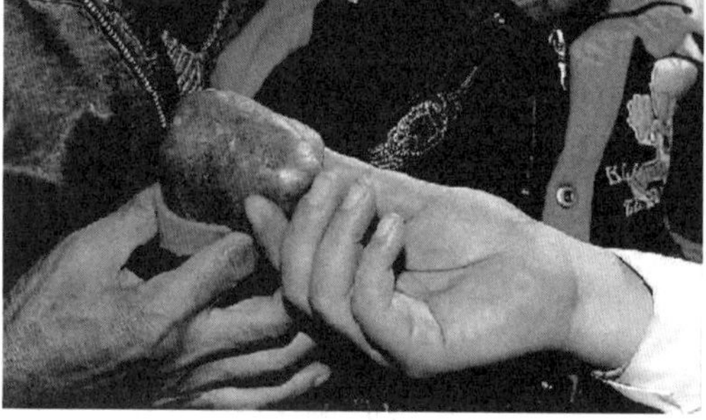
「手」，被紧紧握着 但愿他能感觉到冬日暖意

小孩的手掌被烧没了，珠江医院的医生正检查其伤势 羊城晚报记者林桂炎 摄

您的爱心是他的希望

户　名：宝贝回家志愿者协会
账　号：216137924568091001
开户行：中国银行通化市分行东昌路支行
联系电话：13944590304
联系QQ：252677089
电子邮箱：jlzby@163.com

新闻继续追——《羊城晚报》

安监介入调查 “吓人”油库停止施工

油库老板：今天将在业委会、小区物管和居民的监督下拆除油库

□“住宅楼下修油库”后续

住有100多户居民的成都都市花城7栋楼下居然修了一个油库，这颗“定时炸弹”把小区住户吓得不轻（详见本报昨日报道）。昨日，在小区居民的强烈要求下，物管方切断油库的电力供应，迫使油库停止施工。成华区消防大队对油库现场调查取证后表示，此油库存在严重安全隐患，消防会联系物管和油库老板共同解决此事。成华区安监局也通知油库老板前去接受调查。昨日下午6点，油库老板向物管方承诺，最迟在今天动手拆除油库。

油库将被拆除

行为违法 已要求老板停工

住在小区2楼的李女士，昨天早上终于没听到让她心烦的敲击钢板声了。昨日上午9点30分左右，记者赶到现场时，油库大门洞开，工人已不知去向。

一居民拿来一把卷尺，量出了油库的长宽高。这个由数面钢板拼接在一起的油库长10.5米，宽2.6米，高2.9米，除去钢板厚度所占的容积空间，至少可以装50吨油。“太吓人了，这么多油，万一点燃了，整栋楼的住户都跑不脱。”一名小区住户说。

“这个油库没有任何手续，也没有在社区登记过。根据相关规定，不允许在小区居民点内储存易燃易爆物，这是明显的违法行为。”站北路社区支部书记王银强透露，上午他已找到油库老板协商，要求对方立即停止施工。目前，社区已将此事上报至街道办和安监局。

消防调查 油库有安全隐患

在小区居民的强烈要求下，都市花城物管金恩物业在昨日早上6点对油库进行了断电处理。

金恩物业主管秦先生介绍，上午8点半，见油库停工了，油库老板親身找到物管协商此事。“油库老板姓王，他说油库是装菜籽油的，问题不大。但菜籽油也是易燃品，油库不能修在居民点。”秦先生说。

秦先生劝说王老板去相关部门办手续，并要征求小区居民的同意，如果小区居民都同意了，而他又能办到相关手续，才能修油库。“不过这基本不可能，居民对这个油库意见很大，不可能同意让他修在那的。”秦先生说。

上午11点40分左右，成华区公安消防大队在接到小区居民的投诉电话后，赶到现场对油库进行调查取证。在对油库进行简单的勘查后，消防人员表示，该油库存在严重的安全隐患，但需要联系物管和油库老板后，再作处理。

安监介入 今天将拆除油库

昨日下午，成华区安监局监管科科长吴建伟来到现场调查情况。在检查了油库的施工情况并和油库老板沟通后，吴建伟认为，即使是燃点较高的菜籽油，如此大规模的储存在住宅区内也会形成严重的安全隐患。“而且这个老板不能出具任何手续，油库的焊接也是随便找几个工人在做，可能工人连焊工证都没有，这无法保证油库的质量，不符合安全标准。”

目前，成华区安监局已介入该事件的调查。“我们已通知油库老板，让他本周四来成华区安监局接受调查，并责令他尽快关闭油库。”吴建伟说。

截至记者发稿时，油库老板表示，将于今天在业委会、小区物管和居民的共同监督下，动手拆除油库。　实习记者 胡枫 摄影 刘先

一追到底——《华西都市报》

三缺一召唤 你能拒绝吗？

主持人语

话友介绍

桥牌和扑克也是从麻将衍生来的

话友感受

我和麻将的那些事儿

警方声音

如何界定赌博麻将和娱乐麻将

话友热议

观点一：理性对待，要学会拒绝

观点二：适度娱乐，不轻言拒绝

观点三：应提倡高雅的竞技麻将

话友建议

要引导健康的麻将文化

话友思考

麻将无过，需要改变的是人

你说话吧——《长沙晚报》(2010年度湖南新闻奖专栏一等奖)

《宁波日报》的《说公德树新风》专栏，名称虽是一句大白话儿，但讲的却是一个实实在在的大道理。

《洛阳晚报》还要直白，把“寻物启事”编成“捡到请举手”，把“失物招领”编成“失主看过来”。在这里，大白话成了俏皮话，让人观后忍俊不禁。

(4)夸张手法取名

夸张，在新闻写作中是绝对不允许的，但在标题制作中为了达到一种特殊效果，可以偶尔用之。然而，在报纸专栏取名上，用夸张手法那是环顾一周，比比皆是。

说公德树新风

大狗窜进门　全家乱成团

记者　忻志伟

上周六，家住江东区南演武街某小区的林女士一家遭遇了一件啼笑皆非的事情：邻居家的一条大狗突然窜进家门，吓得一家人乱作一团，好在有惊无险。

当天傍晚5时40分，吃完晚饭后，林女士的先生准备带儿子去上英语课。当儿子将门打开时，只见门口挺立着一条与儿子齐腰高的白狗，儿子顿时吓得大声惊呼，扭头就跑回房里，而那条大狗也随之窜了进来。林女士和她的先生也慌成一团，他们怕激怒大狗而伤及孩子，只得轻声轻语地又哄又劝将狗“请”出家门。

过了一会儿，她的先生见儿子上课时间已近，便准备出门。岂料那大狗仍呆在门外，一见开门，狗又窜了进来，还围着孩子不停地扑跳，儿子吓得脸如白纸，林女士和她的先生只得耐着性子，再用哄劝法把狗“请”了出去。孩子要上课，而大狗又挡着门，急得一家人直冒汗。无奈之下，林女士的先生只得拨打小区物业的值班电话求援。

十分钟后，保安将大狗领走了，而林女士小孩那天上课也迟到了十多分钟。事后，据保安介绍，那条大狗是林女士楼上邻居家的，因为没拴狗绳，回家时它跑得比主人快，误把林女士家当自家了。

爱之有道

或许是怕绳索弄疼了爱犬的脖子，主人给它以充分的自由。殊不知，这客观上纵容了宠物狗撒野、惹祸。笔者记得报上曾登过这么一条新闻：一次，主人没给狗拴绳就出去遛狗，碰到另一只小狗后，彼此间发生一场厮斗，见自己的小狗明显处在下风，一主人马上冲上去助阵，结果两个主人吵了起来，并大打出手，最后双双进了派出所。

其实，主人们爱宠物的心情可以理解，但是养宠物不能影响他人生活或破坏邻里和谐。就像“君子爱财，取之有道”一样，饲养宠物同样需要“有道”。

（忻志伟）

说公德树新风——《宁波日报》

2月28日15时前后，杨女士骑车从王城大道经凯旋路到解放路段时，不慎将女儿当天收到的生日礼物丢失——一件耐克牌白色卫衣、一件小熊牌紫色秋衣，都用透明塑料袋装着，请捡到者拨打电话13803790038联系失主。

2月28日下午，来自宜阳的张庆涛在从家乐福到中央百货的路上丢失一个黑色皮质钱夹，里面有其身份证、驾照、医疗卡和3张银行卡等物，请捡到者拨打电话15937987751联系失主。

2月28日晚上，冯先生从联盟路行至武汉路附近时，将一部黑色诺基亚8800C手机和一个黑色钱包丢失，钱包里有冯龙的身份证、驾驶证（在三门峡办理的）、公交月票卡和银行卡等物，请捡到者拨打电话65762851联系失主。

3月1日晚，蔡晓静在兴隆花园里丢失一个黑色女士钱包，内有其身份证、一二十张卡和二三百元现金，请捡到者拨打电话18937923202联系失主。

3月1日上午，李女士的爱人在牡丹公园打扫卫生时捡到一个绸缎面的钱包，内有翟晨燕的身份证、一张建行银联卡和英语六级准考证等物，请失主拨打电话15303797228或15837974822联系认领。

1日晚上，胡先生在春晴路附近捡到一串钥匙（共有6把，其中一把是汽车钥匙），希望失主拨打电话63316602联系认领。

2日上午，贾女士在滨河路上捡到一个浅紫色钱夹，内有一张建行银联卡、一张会员卡和一些买衣服的票据，请失主拨打电话68860912联系认领。

2日下午，张先生在兴隆花园里捡到伊川县酒后乡张兴超、魏纳纳的结婚证、生育证，希望失主拨打电话64623725联系认领。

（文玉　整理）

捡到请举手　失主看过来——《洛阳晚报》

绕圆一圈，为360°。对于新闻界来说，360°指的是全方位的报道。而《杭州日报》偏偏要再加1，推出《杭州361°》专栏。《杭州日报》在《杭州361°》专栏的报花上注明“1”的用意是“最后一度是深度”。

在第一时间拿到报料，最好是独家报料，是办报人的追求。对于这些报料新闻专栏，各报往往会冠以“独”字，以示其与众不同之处。如《成都商报》的《独家头条》专栏、《羊城晚报》的《今天独家》专栏，都是以“独家新闻”自居。

谁陪失能老人走完最后一段人生路？

杭州2万名失能老人安养困局待破解

杭州361° 最后一度是深度

现状之访

不少老人很“无奈”——靠退休金请不起保姆

居家养老助老员也很“疲惫”——每人每天要服务5个以上的老人

养老机构很“委屈”——失能老人一旦接收，出了问题很难说清

一个值得关注的数据——六成以上失能老人居家养老 独居或与配偶住在一起

杭州市第三社会福利院老年公寓效果图

杭州361°——《杭州日报》

违章车拖进停车场　两月后变了模样

双流交警昨表示，如果停车场损坏了车辆，交警部门将追究停车场的相关责任

乱停乱放 奥拓车被依法拖离

找到车时 惊见奥拓多处受伤

独家头条——《成都商报》

记者亲历

夫妻互查财产 屡屡碰壁

今天独家

连跑多个部门，除了房产可查，银行、车管、工商等均有“壁垒”

今年6月1日起实施的《广州市妇女权益保障规定》列明，夫妻一方凭身份和婚姻关系证明，可向房管、工商、车管部门要求查询配偶的有关财产登记信息，这些部门有义务受理和提供材料。

“夫妻可互查财产”，究竟在现实中有多大的执行力度？在该《规定》实施一个多月之际，羊城晚报记者特地逐个走访广州各相关部门，亲身体验如何查询配偶财产。

记者发现，“夫妻互查财产”实际操作起来颇有些难度。最终，记者仅成功查询到配偶的房产，其余各类财产在查询过程中均遇“壁垒”，未能成功获悉。

羊城晚报记者 张薇

■记者手记

初衷美好 操作不易

银行：必须本人查

评价：完全无效

夫妻互查财产，首先肯定是银行存款。7月12日上午，记者来到位于天河繁华地段岗顶电脑城的招商银行1号柜台，“你好，我想查询一下我老公在招商银行的存款。”

到房管局查房产资料十分顺利 王小明 摄（资料图片）

工商：查询须凭公司名称

房管局：三个工作日答复

评价：非常成功

今天独家——《羊城晚报》

有些报纸在给专栏取名时，甚至夸张地冠以“猛”字。如《广州日报》的《今日猛料》专栏，一听专栏名称就会感觉内容也肯定“很猛”。

《扬子晚报》推出的《超级曝光》专栏，用“超级”一词来形容其“曝光”力度之大。

报料热线
020-81919191
E-mail: zwzx@gzdaily.com
广州市越秀区同乐路10号
政文中心（邮编：510121）
传真：020-81882345

有料就报

机场噪音严重困扰附近至少6条村居民 白云区85分贝噪音区居民将搬迁

标题：《家在机场边 万民夜难眠》
时间：机场航班加密后
地点：花都区和白云区的6条村
★★★★☆

拿着竹竿可以“捅着”飞机

五万人处于机场噪音区

今日猛料——《广州日报》

118次违法:扣300分罚2万

还有一车 14 个月闯红灯 94 次,司机被扣 12 分罚款 2 万

118次违法未处理,被扣300多分,罚款2万余元!5日上午,一辆泰州籍黑色小轿车因到期未年检,在泰州市泰高路卡口被当地交警四大队民警查获,出人意料的是,该车竟"带"有118次未处理的违法记录,创下泰州有史以来"未处理违法记录"之最。

5日上午11点,泰州市交警四大队民警在泰高路卡口执勤时看到,一辆路过该处的黑色伊兰特小轿车,前挡风玻璃右侧所贴的年检标识截

118次未处理记录

泰州一车主要被扣 300 分罚款 2 万

止日期是2010年4月份,遂拦下检查。经查,该车年检已过期半年多。民警通过数字终端进一步检查惊讶地发现,该车118次违法记录中,闯红灯占了六成,超速、违停、未系安全带等占了四成。其中有一次,该车超速达70%,按照规定将被罚2000元,扣12分,单此一次,驾驶人就要被吊销驾照;118次违法地点不仅发生在泰州本土,还有南京、扬州江都等地。经民警粗略统计,该车所有违法累计需缴纳经济处罚2万余元,被扣超过300分。

昨天,记者了解到,目前该车仍被扣押在交警部门,车主还没有接受处理。对于"最牛违法"车118次记录未处理,泰州交警支队宣传部门领导认为,该车两年年检一次,两年多来所有违法累加成"惊人的数字";驾驶人此前每次违法都侥幸逃脱了交警的"眼睛",造成"漏网"至今。按照规定,该车除将被处2万元经济处罚外,300多分的扣分,要由每次违法不同的驾驶人"分担";如果该车一直是车主本人驾驶的,那么车主一个人就要被扣300多分。 汤明辉 王国柱

昨天上午,淮安市金湖县公安局交巡警大队民警在县城执勤时,查获一辆违法轿车,上网一查询,把民警都吓了一跳,原来,该车闯红灯违法记录竟然高达94条。

昨天上午9时许,金湖县公安局交巡警大队秩序股民警在县城园林路黎城市场附近巡逻执勤时,发现一辆挂着北京牌照的轿车车速特别快,于是将其拦下检查。驾驶员王

94次闯红灯

金湖一司机被扣 12 分罚款 2 万

某某显得非常配合地向警方出示证件。让他没想到的是,就是他的"配合"让警方觉得此车有"名堂"。于是便上网查询该车辆信息。这一查让民警大跌眼镜,原来该车14个月以来在金湖境内竟有106条违法记录未处理,其中闯红灯高达94条。

更为嚣张的是,该车一天之内就在金湖县城闯红灯13次。据民警介绍,该车虽然悬挂北京牌照,但车主是金湖人。他之所以悬挂北京牌照,主要目的就是该车不在淮安年审,而是要到发牌地北京。而北京与淮安车辆违法信息系统又没有联网,所以驾驶员便"放心大胆"地在金湖闯红灯,当得知自己的车辆竟有106条违法记录未处理时,该车驾驶员也直呼冤枉。他解释车子虽然是他的,但他经常将车子借给朋友开,所以他不知道车子有这么多违法记录未处理。

民警决定当场将该车暂扣,并依照《道路交通安全法》的有关规定,对该驾驶员作出2万元罚款并扣12分的处罚。 李书东 张中林 朱晨亮

魔高一尺道高一丈

"被曝光累犯"将进"黑名单"

我省交管将在路面安装拦截系统进行治理

听闻泰州和金湖出现的超级曝光记录,省公安厅交巡警总队有关人士有点吃惊:"这么多的闯红灯曝光,肯定属于故意行为。"眼下,我省正利用信息化手段,对那些背着众多违法曝光记录的车辆,纳入后台"黑名单",然后在路面安装拦截系统进行查处。

将安装"超级曝光"拦截系统

"对这些不及时处理曝光的'顽固分子',我省交管部门绝不容忍,想方设法加强管理。"省公安厅交巡警总队有关人士告诉记者。

记者了解到,眼下,我省正利用信息化手段,对那些背着众多违法曝光记录、或没及时处理、或没进行年检的车辆,纳入后台"黑名单",然后在路面安装拦截系统,一旦这些车主开车上路,拦截系统的探头会抓拍,把号牌传递给后台,后台自动核对,向路面执勤交警快速发出提示,在前面路段进行拦截,就地处理。记者了解到,现在,这种拦截系统已经在南京和部分省内高速公路上先行安装使用,以后会在全省推广。

此外,江苏公安交巡警部门也在酝酿,把产生超级曝光记录的开车人纳入银行征信系统,并与来年保险费率挂钩,加大产生超级曝光记录后的违法成本。

尴尬的是恶意闯红灯不能"禁驾"

可尴尬的是,对这种动辄闯红灯上百次的恶意超级曝光违法行为,交巡警部门缺乏严厉的处罚手段。据介绍,现有法律法规,对"超级曝光"只规定了扣分和罚款两种手段。这些人对罚款不怎么在乎,至于扣满12分,反正重新学习后又能拿到驾照,而且即使扣再多的分,一个周期内也就学习两次,加考一门。

省公安厅交巡警总队有关人士说,除非背着这些曝光又发生醉驾、超速等其他严重违法行为,下岗的拘留、禁驾等处罚都没有,缺乏有震慑力的处罚措施,也是这类超级曝光记录产生的一个重要原因。 本报记者 于英杰

超级曝光——《扬子晚报》

(5)巧用谐音取名

有些报纸为了追求个性化,将记者姓名中的一个字或谐音组成一个专栏名称。专栏名既符合专栏内容,又极具个性,让人觉得蛮有意思,见报效果也不错。

《羊城晚报》利用记者戴春光的"春"字,做出《"春"风化雨》专栏。《东莞日报》用记者罗志君名字中的"志"字,加上"币"、"必"谐音,做出专栏——《志在币得》,经常就如何正确投资理财发表高论。《杭州日报》利用记者陈浩的"浩"字谐音"好"字,做出《有话浩说》专栏。

用"一百减目前年龄"公式指导分散投资

建立投资组合时可运用"一百减去目前年龄"的公式。这一公式意味着,现年60岁的人,至少应将资金的40%用于投资;现年30岁的人,至少要将70%的资金进行投资。

日前在一股吧中,一位散户投资者自曝一年多来的"炒股血泪史",由于没有按照分散投资的原则将全部身家押宝在股票上,这位投资者一年多来炒股最高亏损85%。他自嘲:"是'史上炒股年度最大亏损'了!"

时下,"你不理财,财不理你"是最流行的话题之一,理财固然重要,但一定要注意方法,也就是要做到分散投资。

其实理财并不是单一地购买一些理财产品就行了,它包括了日常生活理财、保险规划、综合投资规划、职业生活规划、婚姻规划、子女教育规划、退休养老计划等多个方面。

要提前储备养老金,最好的方法就是强迫自己每年至少留出税前收入的10%。每月从工资账户和银行账户中划出10%以后,可能会感到手头有些吃紧。当然,这样才是目的所在,将迫不得已多动些脑筋,节省在度假、住房和保险等方面的开销。

为了防止无计划投资,需要建立一个目标投资组合,明确在大公司股票、小公司股票、外国市场、债券和房地产上分别要投入多少资金。另外,还要追……的理财,包括住房、退休金、薪金和债务。

基于风险分散的原理,需要将资金分散投资到不同的投资项目上。在具体的投资项目上,还需要就该项资产作多样化的分配,使投资比重恰到好处。任何最佳的投资组合,都必须做到分散风险。建立投资组合时可运用"一百减去目前年龄"的公式。这一公式意味着,现年60岁的人,至少应将资金的40%用于投资;现年30岁的人,至少要将70%的资金进行投资。

手中只有几千元的投资新手,这个原则或许一时还无法运用。但随着年龄增长,收入越来越多时,将手中的资金分散到不同的领域绝对是个明智之举。这时,"一百减去目前年龄"公式将会非常实用。

投资组合按粗略分类有三种不同的模式:即积极的、中庸的和保守的,决定运用哪一种,年龄是重要的参考因素。每个人的情况不尽相同,所以没有一成不变的投资组合。

在20岁~30岁时,风险承受能力最强,可采用激进的投资模式。尽管这个时期要准备结婚、买房、配置各种家具、电器等,做到手上有节余并不容易,但仍需要尽量投资。按照"一百减目前年龄"公式,投资者可将70%~80%的资金投入各种证券。在这部分投资中可以进行组合,例如,用25%投资股票,25%投资基金,剩余的资金用作定存或购买债券。

在30~50岁时,家庭成员增多,承担风险较大,但仍以让本金尽快成长为目标。这时至少应将资金的50%~60%投在证券上,剩余的40%投在有固定收益的投资标的。投在证券方面的资金可分配40%投资股票,10%购买基金,10%购买国债。投资在固定收益投资标的的部分也应分散。这种投资组合的目的是保住本金之余处有赚,也可留一些现金供家庭日常生活之用。

在50~60岁时,子女已经成年,是赚钱的高峰期,但需要控制风险,集中精力提升储蓄。40%的资金投于证券,60%的资金投于固定收益的投资标的。此种投资组合主要考虑维持保本功能,并留些现金供退休前的不时之需。

到了65岁以上,绝大部分的资金要放在比较安全的固定收益投资标的上,少数投在股票上以抵御通货膨胀。

总之,风险和收益对等,要想获得高收益就要面对高风险,所以对于普通投资者来说,分散投资是很重要的,也就是我们常说的不把鸡蛋放在同一个篮子里。

志在币得——《东莞日报》

女乒牌里没有"大王"

"春"风化雨

别试了，那个"核心"根本不存在；

别等了，王楠都抱孩子了，张怡宁还远吗？

女乒世界杯，派"二郭"出战，令人费解。其一：作为施之皓重点培养的刘诗雯和丁宁，世界排名一个第1、一个第5，怎么轮也轮不到排名第8的郭跃出征；其二：按照国乒参加世界大赛"谁状态好谁参赛"的原则，刚刚率队拿了乒超冠军的李晓霞应该是不二之选；其三：如果从锻炼队伍的角度考虑，老将郭焱也应该为年轻小将让出这次机会。

世乒赛兵败后，让施之皓树立以刘诗雯和丁宁为核心的信念动摇了，尤其是一个赛季的乒超联赛下来，刘诗雯和丁宁先后陷入低谷。谁来挑起中国女乒的大梁呢？

郭焱在乒超和世界大赛上一直有稳定的发挥，但她的实力在中国女乒中并不是卓尔不群的，与中生代的李晓霞、郭跃和新生代的刘诗雯、丁宁比较，能力都处于同一档次，只不过是技术特长各有千秋。

施之皓应该清楚，中国女乒的巨星时代已经结束，邓亚萍、王楠和张怡宁三人之后已经没了传人。说得直白一点，施之皓手中还是有一副好牌，只不过没了"大王"。如果还是按照培养或者树立"巨星核心"的建队思路，这个压力不但老将郭焱难堪負重，郭跃和李晓霞也没有一副好肩膀，更甭提刘诗雯和丁宁了。

遍查当今世界乒坛，没有哪名选手可以一统天下。中国女乒的5朵金花中，都有自己的克星，或球路相克，或技术制约。这就是竞技场上的食物链，也是乒乓球这项运动的一个规律。所以，不要在国际赛上一输球就埋怨球员心理不过硬。其实，实力才是心理最有力的支撑。我们的教练员是不是也该反思一下：在专项训练上我们下足功夫了吗？在新技术攻关上我们突破了吗？在临场应变上我们的指挥到位了吗？

·戴春光·

"春"风化雨——《羊城晚报》

左转横截马路，最多横跨5个车道

公交车"乾坤大挪移" 你来想想怎么办

交警部门提出了几种方案，大家都来想一想还有什么更好的

家住文晖路上的陈女士，每天上下班经过大塘新村公交车站时，总是有些心慌：庞然大物的公交车在马路右边靠站，前面路口又要左转到湖墅路上，靠站后必须横跨5个车道才能左转到湖墅路上。"几乎是横截马路啊，上下班时间更加难穿，把后面的车子都挡牢了。"

虽然看似小问题，但在车辆通行时，尤其是早晚高峰时期，还是给出行的人带来麻烦——苦了公交，堵了小车，也让骑车人心慌慌。特别是安全隐患不容轻视，由此引发的车辆刮擦事件时有发生。

解决公交左转问题 交警部门提出整改方案

为缓解"两难"，打造"路口交通时空一体化"，今天上午，杭州市交通警察局召开讨论会，打算通过路口渠化、调整车站设置等方式消除公交横截现象。

截路口典型案例：
体育场路武林路口 下城大队 鲁警官

体育场路武林路口北向南公交车站（武林小广场站）有19条公交线路通行，其中有11条需要斜穿路段进入左转车道。车流量大、公交线路多、左转车辆为进入车道影响其他车辆的通行。

设想一：进行路口渠化整改，可根据直行与左转公交线路的比例选择渠化方案。

设想二：视站点客流情况调整公交车站位置，例如天目山路来向的车可将车站放置到市府门口，以避免右面靠站后再左转。

两种思路各有利弊

我们发现，改善方案基本循着两个思路：

一是调整公交车站的位置，加大车站与路口距离，避免公交车一出站就得"横穿"马路左转，或是把公交车站安排在车辆左转之后，同样也无需横截马路；

二是调整车道，利用车道灯进行优化配置，例如文晖路湖墅路口的改进设想，设置公交专用道，配置公交通行时间，实现公交车与社会车辆的分开通行。

公交公司技术人员郑师傅认为："若是调整车站，实施起来虽不难，对公交公司来说就是个别线路的调整，但影响最大的还是乘客，尤其是设在社区门口的车站。而且新建车站也会造成资源的浪费。"

若是调整车道，则又可能造成转弯公交车与自行车的冲突，而像体育场路、武林路口的北进口是由路段2车道变路口5车道的喇叭状路型，车道调整后可能造成左转或直行车辆呈扇形排队等候，影响车辆进入正常车道。

如果您家附近路口也有公交车左转横截的问题，如果您对"公交车左转横截路口"的整改有什么好的设想，可以拨打本报24小时热线：0571-85109999，我们会将您的意见集中向交警部门反馈。

（实习生 陶婕 通讯员 王国伟）

有话浩说——《杭州日报》

(6)网络新词取名

如今,网络诞生了不少新词,也广为流传。套用一句网络上流行的话:现在的网民,真是太有才啦! 我们平时用的新词汇,可以说大多数是先在网络上发布、传播,然后再在日常生活中流行。用网络新词为专栏取名,也成了一些报纸的时新之举。

《生活日报》推出了《新锐词典》专栏,注释网络上新词的含义和用法,让读者先学为快。

如今,网络上流行着一个新词,叫"拍客"。《生活报》便时髦地推出《拍客》专栏,刊发喜爱拍照的网友所拍的照片。

自从上海周立波推出"海派清口"后,"脱口秀"成了网络上的一个热门词。《生活日报》推出了《新闻脱口秀》专栏,专门刊发网民对新闻事件的议论。

穿帮不是疏忽,而是特意为之

县长夫人的尸体的确是找了一个替身扮演,穿帮不是疏忽,而是特意为之,是为续集做铺垫。

——"这根本就不是刘嘉玲啊,明显穿帮了……"最近,《让子弹飞》中县长抱着被打死的夫人哭的那场戏,被网友称为最给力穿帮镜头。面对质疑,片方如此回应。

所谓殊途同归,讲的是,以前有当飞行员、科学家、政治家梦想的中国小朋友们,成年以后梦想统一变为了买房。

——网友

从某种意义上说,中国只有一所大学,就是教育部大学,其他所有的所谓大学,都不过是这所大学的分部和分校。

——中国人民大学政治系教授,博导张鸣

年终关键词:抢——北京抢车,上海抢房。

——北京抢车自然不必说了。上海方面,网上房地产数据显示,近两天上海新房市场每日成交量在千套左右,达到今年年初新政出台前水平。业内人士指出,由于担心(上海)明年对新增物业增收房产税,所以市场在年尾爆发了由政策预期导致的抢房行情。

周云蓬(中国民谣音乐代表)9岁彻底失明,有记者问:"这是否从精神上摧毁了你?"他回答:"不会的,那时我还没有精神。灾难来得太早,它扑了个空。"

——柴静

看完《非诚勿扰2》,我明白了,在中国所谓成功男人,除了有房有车有钱有闲,还要喝某品牌白酒,买某公司保险,乘公务机出行,到三亚度假,住某水湾别墅,到长城上求婚,到洗脚房捏脚,当然,要娶个漂亮空姐做老婆!

——网友影评

不管你是什么大学毕业,你的毕业证,我都只当做收款凭证,因为它能说明的,只是你的家庭为你读书付过款,而并不能说明你有没有读过书。

——一个企业老总说,大学生就业难,难在他们自己学术不精。如果有真才实学,机遇遍地都是,何难之有?

(众众网友)

新闻脱口秀——《生活日报》

鲇鱼路径　变幻莫测

鲇鱼路径

词汇释义：鲇鱼路径可以用来形容人生无常，可以形容人心莫测，可以形容风云变化以及一切出乎意料。

这个路径是一种类似“千禧年地球并没有毁灭，9·21大地震倒是把我老家震毁。……我没去爱尔兰，倒是去了纽约”的句式。其中包含的也正是主观意图和客观变幻的矛盾结合，用平白的话，即是“人生无常，世事总难遂人愿”。无论你多努力，最后主宰你的还是外部环境。

人类的所有理性手段在气流等宏大现象面前，简直不值一提。不少思想者最后发出“人，毕竟还是外部环境的奴隶”，大概表达的也是这样的意思。

点评：人，往往希望生命是条直线，今天就可以看到明天的趋向。这是一种对不确定的恐惧，亦是一种试图把控未来和世界的欲望。

血房地图

词汇释义：近日，一网民制作了一张标注暴力拆迁事件发生地的电子地图，被称之为“血房地图”。点击地图上的电子标志，人们就能追踪每起事件的简要情况和最新进展。

点评：发展，流点汗是应该的，血还是尽量避免吧。

挪窝一族

词汇释义：子女要结婚了，由于城里房价太高买不起房，只有住父母的房子，父母为了让子女工作方便，宁愿自己到房价便宜的郊区去买房或租房。这类老人被称为“挪窝一族”。

点评：这就是爱……说也说不清楚。

开领工人

词汇释义：也叫远距离工人，Open-collar worker（字面意思为“开领工人”）指把家当办公室，在家里上班的人，即“自由职业者”。说起来也不是新现象，不过是把老问题装了新词。

点评：职业的多样性，使得更大的自由成为可能。

NO小姐

词汇释义：部分女性，你叫她去玩，她一推再推；难得睡个懒觉，心里却充满了罪恶感；时刻都要找事情来做，不能让自己空下来，习惯成天主动加班，“NO”成了口头语，她们是NO小姐。

点评：是一种工作依赖症或强迫症吧，只是底子可能还是一种孤独。

（木华辑）

新锐词典——《生活日报》

炮制冰城
梦幻冬日

本报讯（记者朱小溪）还记得小时候，你坐在秋千上，和你一起荡漾的，除了幸福、阳光，还有你吹出的肥皂泡泡；还记得某个假日午后，你趴在阳台上百无聊赖地吹泡泡，他们在行人头顶依次爆破，你急忙用窗帘挡住自己，快乐却满溢；还记得不久前的广场上，你开心地逗弄着牙牙学语的小孩子，他们跟跄着追逐你的泡泡，这一画面把你拉回到童年时光。

生命中有很多美丽可以回忆，和家人坐在海边看春暖花开；和爱人仰望星空诉说美好誓言；和朋友骑脚踏车看沿途风景……10月30日，生活知道网和肯德基在冰城哈尔滨的兆麟公园、索菲亚广场组织近千名网友和市民参加泡泡盛会活动，共同炮制一个冰城梦幻冬日。

我们在兆麟公园享受最温馨的初冬，在索菲亚广场沐浴行人羡慕的目光，和孩子们一起系上红色围巾，“摇”泡泡、“吹”泡泡、“打”泡泡，不由着感觉走你怎么能记起自己的童年也曾如此多彩？

于是，这个季节变得如此亮丽、绚烂，大家惊呼：这才是多娇生活！

更多精彩照片请登录生活知道网（www.shzhidao.cn）查阅。

拍客——《生活报》

2. 方言专栏

我国是方言最为丰富的国家，各地都保留着个性极强的方言。为了传承这一地方传统文化，一些报纸近年来推出了众多极具特色的方言专栏。

《东江时报》的《好有瘾的惠州话》专栏、《长沙晚报》的《大话方言》专栏、《东南商报》的《每天一句宁波老话》专栏，都是通过对一两句方言的解释或造句，来达到学习、传承地方方言的目的。

阿嫲叫

油炸鬼

好有瘾的惠州话——《东江时报》(2009 年度中国地市报新闻奖专栏一等奖)

大话方言

踩一脚

袁庆述

语言随着社会的变化而变化，其速度有时快得惊人。

比如说“踩一脚”咯只熟语。计划经济时代，长沙人出门都坐人汽公司的公交车，到站才停，随你有么子理由，不能喊停车就停车的，所以冇得咯号说法。

改革开放后，民营的中巴车在长沙的马路上四路子窜，经营得过分灵活，当年的中巴车司机比现在的的士司机还要“服务到家”，不管到站冇到站，你要下车，就喊，“师傅哎，累(读lia，入声)你踩一脚，有下的咧”，司机就把车急急停下。“踩一脚”就是请求司机“踩一脚刹车”的省略。只要坐中巴，男女老少都讲“踩一脚”，使用频率相当高，这就是个随新事物而产生的新熟语。

随着近年来城市公交条件的改善，坐公交车方便了，中巴也就停止了在城区的营运。如至今你如果坐公交车还喊“踩一脚”，别个就喊你做神经哒，于是，这个熟语渐渐地趋近消亡。

但是还未消亡呢，最近看《一家老小向前冲》里头，严子贵在家庭讨论会上，总爱讲，“踩一脚，踩一脚着！你哎，也让我讲两句要得啵”。

这里的“踩一脚”是“请求对方暂时停止某个动作”的意思。此“踩一脚”与彼“踩一脚”已经不同了。

大话方言——《长沙晚报》(2007 年度湖南新闻奖专栏三等奖)

每天一句宁波老话

词条：尊

解释：形容人自以为是，难以接近；小孩故作忸怩之态。

例句：侬人介尊了，借支笔也勿肯。[你太自以为是了，借支笔也不肯。]

钱元平 辑录 任山葳 配图

每天一句宁波老话——《东南商报》

《新民晚报》也有一个传播上海方言的专栏，叫《上海闲话》。此专栏还下设有“弄堂茄山河”“沪语小辞典”“沪语趣谈”“刨根问底”“绕口令”等小专栏，且配有漫画，深受上海读者尤其是老上海人喜爱。

最有意思的是《辽沈晚报》的《东北话新闻》专栏，用东北方言写成新闻。如“今儿个讲的事儿啊，是沈阳的，挺感人的”，东北味十足，令人忍俊不禁。

本版主持 吕 争
视觉设计 叶 聆

【上海闲话】

新民晚报活动专版部
Email:lvz@wxjt.com.cn

弄堂茄山河

「六月黄」搭仔上海方言

文／褚半农

彭瑞高先生垃拉《文汇报》上发了篇散文，讲伊当年插队落户辰光捉个“六月黄”是一种河蟹。既没几日，一位叫家璧个先生也发一文，认为彭先生讲个勿对，“‘六月黄’是青蟹”，是产勒拉海滩边个。其实，彭先生讲得既没错。我伲迭搭（莘庄、七宝）也一直是叫“六月黄”个。家璧先生讲个或许是另外一桩事体。

既然有了勿同讲法，就来看看“老先生”是哪能讲个。民国十九年《嘉定县续志》讲：（蟹）“每年夏期脱换甲壳，斯时名六月黄，肉柔嫩，咀嚼隽永有别致……出清水河者较佳。”民国二十五年《上海县志》中也有记载：“六月黄者，蟹也。九十月所食，自洋澄湖来者为最。”古人个两条记载，把啥个叫“六月黄”，以及“六月黄”是河蟹等，讲得清清爽爽。彭说“六月黄”只是延续了古人个说法末哉。

家璧先生文中讲“六月黄”指青蟹，讲勿出也对，可能伊爵个地方就是迭能称呼个。倘忙是，那么就有了同一个名称标示两种物事个语言现象。其实迭种现象拉上海老派方言中时有所见，试举一例。鹗鸸，是一种鸟（diao），但在方言中“鹗”读“盎”音，鹗鸸，拉老派方言中一直读作“盎哥angu”。在明清吴语文献中也常庄写作“鹗哥”，而读如“盎哥”。除此之外，拉上海郊区老派方言中蜗牛也称作“盎哥”。就是讲，“盎哥”迪个名称，既可以指鹗鸸，也可指蜗牛。在同一地区都迭能，相距介远个两个地方出现迭种情况更有可能了。两种不同物事个同一种叫法既然存在，那就勿能轻易否定某一种讲法，尤其是对方言词语。

家璧文中引个“忙中忙，不要忘记六月黄”也有误，正确个应是“忙做忙，不要忘记六月黄”。伊完整个被记录拉上头所引《上海县志》搿段闲话个前面，并标明是谚语。而“×做×”的“做”拉上海方言中是表示让步关系个连词，也是沪（吴）方言中特有个语言形式，“中”字既没迭个功能个。不仅有“忙做忙”，还有“热做热、冷做冷、快做快”等等，钱乃荣先生举个例子是“本钿多做多，既没经验勿来三个”（《上海方言大词典》第305页）。

沪语小辞典

【搭仔】和、同
【迭搭】这里
【哪能】怎样
【啥个】什么
【讲勿出】说不定
【过个】那个
【迭能】这样
【倘忙】如果
【常桩】经常
【介远个】那么远的

刨根问底

黄鱼车

文／余建民

桑麟康 画

有交关外地朋友问我迭个老上海，为啥上海人拿三轮脚踏货车叫作“黄鱼车”？对这个疑问，现借《上海闲话》一角，讲讲我个理解。

如果勿是生活辣上海，老难晓得“黄鱼车”就是三轮脚踏货车个代名词。上海个报刊用到“黄鱼车”一词个辰光，是极少打引号个。迭个常让外地个朋友对报刊上个“黄鱼车”三字猜谜。真是匪夷所思，三轮脚踏货车辣辣上海会被叫“黄鱼车”，是其外形像黄鱼，还是其制作材料取自黄鱼？

关于“黄鱼车”一词个释义，我曾求教过不少上海老“土著”，但至今未能得到令人信服个解释。不过，我记得上世纪五六十年代，上海水产品供应相当紧张，大家看到装着大黄鱼、小黄鱼的三轮脚踏货车，就格外激动，跟着车子去抢排队了。“三轮脚踏货车”叫法忒烦琐，就干脆叫伊“黄鱼车”，就像专门装货色个车子，叫伊“货色车”一样。难道讲“黄鱼车”一词就是由此而来吗？

沪语趣谈

谈谈上海话个浊音

文／娄笔兮

有眼朋友可能会觉着奇怪，为啥外国人会拿“北京”译为Peking，“广东（广州）”译为Canton。外国人分勿清爽清浊吗？原因其实是：北方话、粤语侪既没浊音。确切个讲，普通话个“b、d、g、j、z”是“不送气清音（全清音）”。如果侬拿一张纸头摆辣嘴唇前读“波b[p]”，再读“坡p[pʻ]”（[ ]中是国际音标标音），读“坡”辰光纸片吹动，就是有送气，读“波”勿送气，而发搿两个音个声带状态侪是勿振动个。国际音标体系中用上标个h或者前单引号表示搿个送气。但搿两类音侪是清音。英语个清音一般是送气个；而法语、西班牙语等个清音一般是勿送气个。搿能，法语、西班牙语等个p就相当汉语拼音个b。如：法语pas个读音相当普通话得仔上海话个“爸”，而法语bas个读音相当上海话个“排”，普通话里既没[b]。初学搿点语种个中国北方人常常会像坠五里云雾，而吴语区个人却占尽优势。或许侬也留心到了上海人得仔北方人读英语字母辰光个区别。勿同于汉语个其他方言，阿拉上海话拥有完整个浊音系统，搿个也是吴语区别于其他汉语方言个首要特征。大家可以感受一下上海话个“跑步bhaobhu”、“电台dhidhe”、“搞轧ghaoghak”、“强健jhiangjhi”、“上市shangshy”、“谢谢xhiaxhia”里搿点浊音声母。根据钱乃荣教授辣大家熟悉个汉语拼音方案基础上设计个上海话官方拼音方案，用加h表示上海话个浊音（上海话“徐xhi”个声母相当法语和葡萄牙语的j）。上海话中个浊音字是保留了隋唐时代中古汉语浊音声母个字。就是普通话中阳平声个基本全部得仔普通话当中去声字个大部。

英语清音一般是送气个，在s后是不送气个；而法语清音一般是不送气个，在r之前是送气清个。但绝大多数西方人不会分辨送气和不送气清音个区别。有点外语基础个朋友可以对照一下：

	送气清音	不送气清音	浊音
上海话	乒乓 P	宝贝 B	枇杷 Bh
普通话拼音	P	B	（没有）
英语	Port	Sport	Bort
法语	Papier	Propre	Bible

上海闲话——《新民晚报》

儿媳妇“贼”好 偷毛衫送婆婆

婆婆换货时被发现；儿媳妇收入稳定，为啥盗窃呢

东北话新闻

东北话新闻——《辽沈晚报》（2011年度辽宁新闻奖专栏一等奖）

3. 双语专栏

随着我国对外开放步伐的加快，中国人出国人数和外国人进入中国的人数每年都在剧增，学习、掌握外语知识和会话不仅仅是在校生的"专利"，同时也成了众多国人的自觉行动。报纸在宣传、普及外语活动中也大有作为，推出双语专栏就是最好的实际行动。

《环球时报》的《双语加油站》专栏、《佛山日报》的《英语漫画廊》专栏，就是这样应运而生的。

E 双语加油站●跟我学

民生工程

句子：我们的政府官员应该关注民生。

误 译：Our government officials should be concerned with people's lives.

正 译：Our government officials should be concerned with people's life.

解释：当 life 表示"生活"时，是不可数名词，仅有单数形式，没有复数形式。"民生" 应译为 people's life。当 life 表示"生命"或"性命"的意思时，是可数名词，一个人一条命，不仅有单数形式，也有复数形式。people's lives 指"人们的性命"。"民生"的第一个意思是"人民的生计或生活状况"。英语可以译为 people's life, people's well-being。例如：农业的发展关系到国计民生。The development agriculture is closely related to the national economy and people's well-being. "民生工程"，英语可以译为 project for people's well-being。"民生"的第二个意思是"人民维持生活的办法和门路"。英语可以译为 people's livelihood。例如：市政府已推出和实施一系列涉及民生的工程。The municipal government has put forward and carried out a series of projects concerning people's livelihood. 经济的迅速发展为政府改善民生提供了保证。The rapid development of economy has provided a guarantee for the government to improve the people's livelihood.▲

（本栏目供稿：**王逢鑫**教授）

双语加油站——《环球时报》

英军方用活猪做爆炸试验被指不道德

Live pigs Blasted in Experiments Criticized as Immoral

近日，英国一些媒体纷纷披露，英国军方的一个秘密实验基地以活猪为爆炸试验对象："他们将 18 头硕大的白猪用防火布包好，接着在不到 3 米远的地方引爆炸弹，这些猪全部被炸飞……"英国媒体描述。该秘密实验基地以此来模拟恐怖分子以平民作为袭击目标的恐怖袭击。而用活猪做这样的实验，被他们解释为，是为了帮助医护人员抢救更多遭到袭击的人。消息一经曝光，就有人直斥为荒谬，认为这种实验"非常不道德"。

Recently, some British media disclosed one after another that the British military had used live pigs as objects for explosion experiments in their secret research laboratory. "The pigs were wrapped in Kevlar blankets and placed less than three yards from the explosive. They are all blown up to pieces…," described by the British media. The secret research laboratory used this experiment to simulate the effect of terrorist attacks on civilian targets. They explained that using live pigs had been designed to help medics to rescue more blast victims. After being exposed, some people reproached this experiment as ridiculous and "very immoral".

漫画：黄珂展　翻译：陈王青　栏目主持：丁新科　文字据中青在线

英语漫画廊——《佛山日报》

4. 倾诉专栏

所谓倾诉，就是完全说出心里的话。读者有心里话要倾诉，报纸无疑是一个很好的平台。倾诉必须要有一个倾听的对象。采访记者是第一倾听者，他负责将倾诉者的倾诉重点整理出来，然后见报；读者再通过报纸了解倾诉者想要倾诉的内容，读者是第二倾听者。

要想让读者更好地领会倾诉者的心里话，记者必须尊重事实、尊重倾诉者，努力当好倾诉者与读者之间的“传棒手”。

在经营倾诉专栏时，记者既要辨别真伪，预防无中生有；又不能添油加醋，违反新闻事实。专栏编辑也应对外来稿（即非记者稿）的措辞用语及事实核实把关，以防出现差错。好在，目前倾诉专栏的主角大多为化名，这也帮报社挡去很多侵犯名誉、侵犯隐私的官司，免去不少麻烦事。

从内容上来看，倾诉专栏可分细为“情感倾诉”“人生倾诉”“生命关怀”三大类。

(1)情感倾诉

人是有感情的，这是人的本性。当人需要表达发自内心感情的时候，就要找个倾诉的机会。当面倾诉是一种方式，这是比较直接的；借助于第三方倾诉，是一种比较婉转的方式。有些不便当面倾诉的话，通过第三方报纸上的倾诉专栏来说，有时候效果会更好，也比较容易让倾听者接受。

倾诉婚恋方面的问题是情感倾诉专栏的重头戏。《农村大众报》的《倾诉》专栏的每一篇文章都是一个真实的故事，专为反映农村青年复杂的生活背景和情感困惑，也能带给人们以思考。

从 2003 年开始，《济南时报》推出《市井广记》专栏。该专栏以“左小资”和“白小痴”为主角，着眼现代都市婚姻生活，用俏皮、机智、幽默的语言，生动、清新、隽永的配画，描绘了这对柴米油盐夫妻七荤八素的生活，备受读者喜爱。从《市井广记》专栏精选的内容还汇成《左小资白小痴》一书，由济南出版社出版。①

《京华时报》的《京华传情》专栏、《羊城晚报》的《祝福你》专栏、《深圳晚报》的《晚报帮您捎句话》专栏，专门刊发读者对亲人、朋友、爱人的祝福或是歉意，为读者提供了必要的倾诉渠道。

---

① 金子：《〈左小资白小痴〉推出济南版“双响炮”》，大众网，2006-01-26。

倾　诉　背　景

一位潍坊女孩儿在大学毕业后，很幸运地考上了局机关的公务员。在无意间了解到局长就是其校友后，晓云和局长之间的距离越来越近……

倾诉人：晓云

身份：潍坊某局机关公务员，26岁

他说我是蝴蝶花

我为病中的他做过饭

考上公务员，却陷入了办公室恋情

局长竟是我的校友

倾诉——《农村大众报》(2007 年度山东新闻名专栏奖)

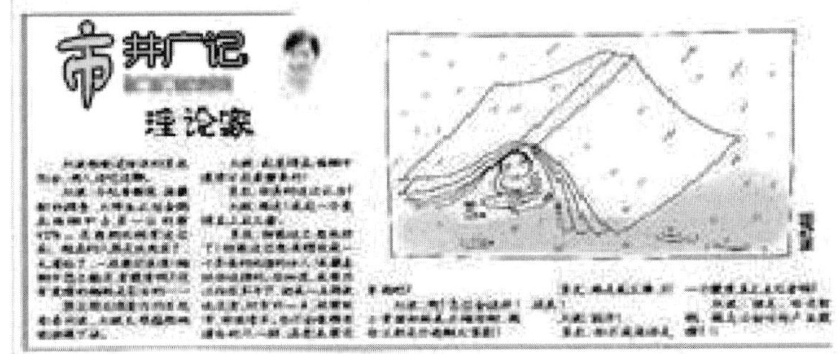

市井广记——《济南时报》(2009 年度中国地市报新闻奖专栏一等奖)

(2)人生倾诉

人的一生有坎坷挫折，有悲欢离合。若要把人生编成一段段的故事，估计每个人都能讲上好几天。当然，其中最令人难忘、最值得向人倾诉的人生故事或经历，是不多的几段。然而，这几段往往是最经典的，也是最刻骨铭心的。人生倾诉专栏，就是为这些经典难忘的人生故事而虚位以待的。

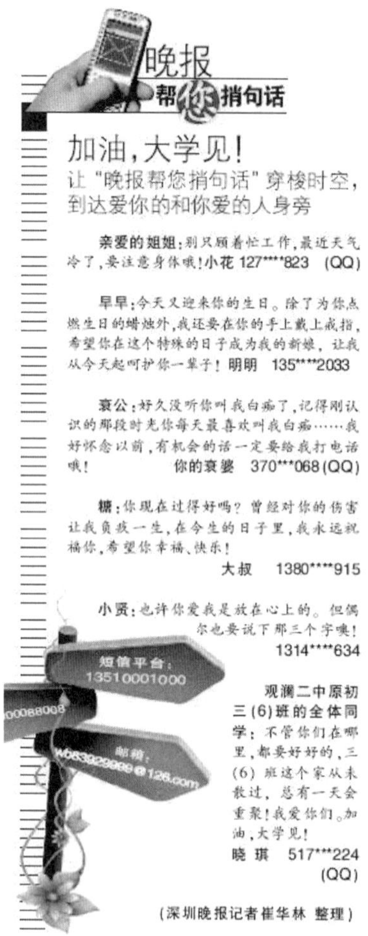

晚报帮您捎句话

加油,大学见!

让“晚报帮您捎句话”穿梭时空,到达爱你的和你爱的人身旁

亲爱的姐姐:别只顾着忙工作,最近天气冷了,要注意身体哦!小花 127****823 (QQ)

早早:今天又迎来你的生日。除了为你点燃生日的蜡烛外,我还要在你的手上戴上戒指,希望你在这个特殊的日子成为我的新娘,让我从今天起呵护你一辈子!明明 135****2033

衰公:好久没听你叫我白痴了,记得刚认识的那段时光你每天最喜欢叫我白痴……我好怀念以前,有机会的话一定要给我打电话哦! 你的衰婆 370***068(QQ)

糖:你现在过得好吗?曾经对你的伤害让我负疚一生,在今生的日子里,我永远祝福你,希望你幸福、快乐!

大叔 1380****915

小贤:也许你爱我是放在心上的。但偶尔也要说下那三个字噢!

1314****634

观澜二中原初三(6)班的全体同学:不管你们在哪里,都要好好的,三(6)班这个家从未散过,总有一天会重聚!我爱你们。加油,大学见!

晓琪 517***224(QQ)

(深圳晚报记者崔华林 整理)

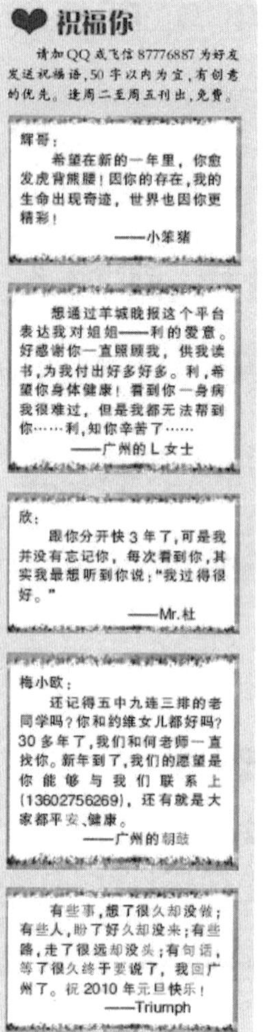

祝福你

请加QQ或飞信87776887为好友发送祝福语,50字以内为宜,有创意的优先。逢周二至周五刊出,免费。

辉哥:

希望在新的一年里,你愈发虎背熊腰!因你的存在,我的生命出现奇迹,世界也因你更精彩!

——小笨猪

想通过羊城晚报这个平台表达我对姐姐——利的爱意。好感谢你一直照顾我,供我读书,为我付出好多好多。利,希望你身体健康!看到你一身病我很难过,但是我都无法帮到你……利,知你辛苦了……

——广州的L女士

欣:

跟你分开快3年了,可是我并没有忘记你,每次看到你,其实我最想听到你说:“我过得很好。”

——Mr.杜

梅小欧:

还记得五中九连三排的老同学吗?你和约维女儿都好吗?30多年了,我们和何老师一直找你。新年到了,我们的愿望是你能够与我们联系上(13602756269),还有就是大家都平安、健康。

——广州的朝鼓

有些事,想了很久却没做;有些人,盼了好久却没来;有些路,走了很远却没头;有句话,等了很久终于要说了,我回广州了。祝2010年元旦快乐!

——Triumph

京华传情

亲爱的李小晓:我想告诉你,你是我一生的挚爱,你聪明伶俐,活泼可爱,美丽大方,你是我心中的宝。希望我们的爱能够天长地久,我们的生活能够美满幸福。2010年1月30日是个好日子,我们结婚吧。

爱你的葫芦头郝大宗

李丹:你好,我心情特不好,有些话不知道怎么说,回想起我们以前在一起的快乐时光让我无法把你忘记,我对你说过的话都是真心的,知道你快要走了,我很痛苦,我也不想这样,对不起我爱你。 **遗失记忆**

亲爱的瑜:1月20日是你的生日,我不论看到这个世界什么,都会想起你,想起以前的事满脑都是悲伤和后悔,再次请求你原谅我,我的世界不能没有你。 **依然爱你的浩**

亲爱的老妈:生日快乐!真希望能有语言表达我们的谢意,感谢您和老爸为我们所做的一切。爱你们!

闺女媛媛、女婿乐乐

亲爱的妈妈冯崇英:今天是您66岁的生日,祝您生日快乐,健康长寿!感谢您多年来为我们这个家辛勤的付出!同时也祝愿我们全家平安幸福、笑口常开!

女儿琳、婿辉、外孙彤

晚报帮您捎句话——《深圳晚报》　祝福你——《羊城晚报》　京华传情——《京华时报》

2000年1月起,《杭州日报》推出《倾听·人生》专栏,以“小人物的命运反映大时代的变化”为主旨,以第一人称口述实录的方式,搜集公众的民间记忆。10年来坚持每周一期,每期6000～7000字,记录下500多个普通人的跌宕人生,折射出大时代的精彩变迁。十年磨一剑,《倾听·人生》专栏受到了读者的强烈喜爱和热情追捧。在当地,学校把《倾听·人生》的文章列为学生教育的课外教材,企业把《倾听·人生》作为员工必读的企业文化读本,还有读者收藏了《倾听·人生》创办以来的每一期版面。

《重庆晨报》的《情感》专栏、《佛山日报》的《人间万象》专栏，也经常刊发普通老百姓对人生曲折故事的倾诉。

《羊城晚报》的家庭版中有个《人间晚晴》专栏，倾诉的是老年人的人生故事。

倾听·人生

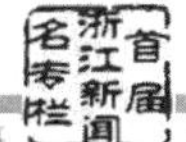

B9 杭州日报

倾诉你的故事

我们愿意听

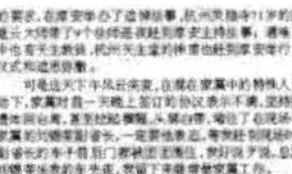

千岛湖事件

退远一步看

倾听·人生——《杭州日报》(第1届浙江新闻名专栏奖)

重庆晨报 晨报副刊 情感　39

7年两地分居 写信道不尽夫妻情

军嫂写长篇纯爱小说 捎给天堂里的丈夫

丈夫鼓励她写小说 但她怀疑自己能力

这是第二部小说 结局不再是悲剧

情感——《重庆晨报》

为收养弃婴他打掉亲生骨肉，养女患癌症他倾家荡产救治——

肺癌父亲“失踪”把生机留给养女

2009年11月初，在贵州卫视的《人间》节目中，张小萍终于见到了失踪两个多月的丈夫唐立朝，委屈和愤怒驱使她上前狠狠打了唐一个耳光。“小萍，你不能这样……”唐的大姐一把拉下了弟弟头上的假发，原来唐患肺癌已有半年多了，他是在耗尽了数十万元家产为女儿治病，为把生机让给女儿才选择离家出走的！节目现场，人们还知道了另一个秘密——女儿竟是他们10年前打掉自己的亲骨肉后收养的弃婴！

为保养女，忍痛割爱

为救养女，倾家荡产

女儿回家，爸爸失踪

节目现场，大姐揭秘

人间万象——《佛山日报》

人间晚晴

□倾诉/冬子　整理/张薇

寂寞的公公爱折腾

人到老年，衣食无忧后，更渴望的是后辈能读得懂他们的心思，对他们体贴理解和送温暖……

孤独的“老倔头”

患病一年多的婆婆最终没能挨过这个夏天，撇下我们撒手而去。婆婆临走时，最放心不下的就是公公，说他生活低能，不知以后的日子如何过。

忙完婆婆的后事，我主动提出接公公到我们家同住。

公公来到我们家后的第一周，我就后悔了。马桶边老是有尿迹；洗脸的毛巾总是拧不干，滴得一地是水；常常将卫生间的拖鞋穿进卧室……

我很反感，又不好说，便跟老公抱怨。老公说，我爸一辈子都这样，现在一大把年纪了，难道还要让他从头做起。你不如忍忍吧。

我想哄哄公公，他偏又不领情。周末，我们外出应酬时，特地给他打包带了饺子，他不屑一顾：“你妈做的饺子才最香。”

担心公公独自在家发呆，提议他在社区报名参加老年合唱团。公公板着脸，说他五音不全，去唱歌，不是丢人现眼吗。

我好心没好报，下能跟他理论，唯有迁怒于老公。老公从和颜悦色到不耐烦了，反跟踪公公，看他究竟在做什么。

跟踪发现：公公报了一个夜校班，学心理学。我莫名其妙：一把年纪的公公，还学什么心理学？

开班不到十天，公公便常到邻居家串门，告诉人家：“如果谁有心理问题，可以免费找我咨询。”

邻居不明就里，谁想得心理疾病啊。于是，反感了，或装作不在家，不给他开门；或在路上看到他就躲……

对邻居们的议论，老公不以为然。我却有些受不了，对公公委婉地说：支持他学心理学，但未学完课程之前，不必张扬，怕人多嘴杂。公公听完后，一言不发，默默地转身回到房间，把我晾在一边。只是，他再也不去上夜校了。

两天后，小区里经营士多的张大妈向我报料：“你公公在球场边摆了个修鞋摊，知道不？你小两口挣的钱也不少的，干嘛还让老人去挣那点小钱？”我好尴尬，姻言说不知情。张大妈听后眼神怪怪的。

在小区修鞋，丢脸不说，还要被人误会我们年轻人不孝顺。我和老公在公公的房间里，找出一堆修鞋工具，还有几双烂皮北海做生意，机票已经买好了。我呆了半天，才想起马上电召老公回家。

老公质问我：“爸好好的，怎么突然要去北海？都怪你整天无休止地抱怨，才气得离家出走……”我暴跳如雷，差点和他动起手来。

后来，我们才知实情，原来是公公因为修鞋与街坊张大爷熟识起来，彼此无话不谈。张大爷的儿子是做建材生意的，准备到北海去卖防盗门，门面已经租好了。张大爷在家闲着没事，就想着过去帮忙，于是，还约上我公公加盟，他不假思索，拿点本钱，便跟着过去了。

折腾排解孤独

要先和我们商量一下。公公默默地点点头。

一天晚上，我开门倒垃圾，跟对门的陈姐碰上。她问我：“你公公卖给我的珍珠粉到底是不是纳米级的？”“什么珍珠粉？”“啊？你还不知道呀。小区里好多人都买了他从北海带回来的珍珠粉。他来找我推销，看在你们年轻人的面子上，我就买了。”

我芒刺在背，非常尴尬，边说抱歉边关上门。只见公公独自坐在阳台上，仰望着满天星斗在发呆。

公公的背影是那么孤独落寞。看来，我这个自认为通情达理的媳妇，其实一直没能读懂他。他不断折腾，是想融入陌生的新

人间晚晴——《羊城晚报》

(3)生命关怀

亲人间的生死离别,无疑是十分悲伤的。为了表达对逝者的哀痛和对生命的敬重,国内有些报纸开始增设相应的讣告专栏。

其实,在国外老早就有了讣告新闻及讣告栏目。讣告一直是报纸上阅读人数最多的栏目之一。[①] 有些讣告往往会占据报纸的整个版面。

有“死亡博士”之称的美国《费城每日新闻》讣闻记者吉姆·尼克尔森有句名言:“你要记述的不是死亡,而是生命。”[②]这就告诉生命关怀专栏编辑,在编发这些稿件时,一定要把握好一个度,那就是编者对生命的无限敬重和对痛失亲人者的无限同情。只有这样,我们的专栏才能为人们所接受。

《华西都市报》有一个《逝者》专栏,讲述逝者的生平事迹和感人故事。

积劳成疾 64岁老校长永别“泡小”

四川优秀校长、成都泡桐树小学原校长许元明前日逝世,享年64岁

昨日,一阵阵低缓深沉的音乐从成都小南街的长城园小区里飘出。在这个小区里,曾住着一位视教育如命根子的老者——成都首批教育专家、泡桐树小学前校长许元明。3月8日,这位省优秀校长、省特级教师永远地闭上了眼睛,离开了他所钟爱一生的教育事业,享年64岁。

视教育如命 几乎每晚熬夜工作

重教育 待学生像自己的孩子

为人正直 独子都没读上泡小

成都七道堰公交站内整齐停放着一排203路公交汽车,每一个踏板、每一颗螺丝干净透亮,但却显得十分“孤寂”。因为照顾它们的大哥,被公交同事称为“活地图”的运兴巴士有限公司203车队副队长朱桂木因肺癌于3月6日去世,享年才47岁。

“把爱全给了我把世界给了我,告诉你我其实一直都懂你……”昨日上午,上百名公交司机赶到殡仪馆,唱着朱桂木生前最爱的歌曲《懂你》,为他送上最后一程。

最爱唱《懂你》的“公交活地图”走了

成都运兴巴士公司203车队副队长朱桂木6日去世,享年47岁

热情待乘客 有问必有答

一手带徒弟 攻下技术关

因为爱妻子 最爱唱《懂你》

逝者——《华西都市报》

① [美]布雷斯·S·布鲁克斯、詹姆斯·L·平森、杰克·Z·西索斯:《编辑的艺术》(第8版),李静滢、刘英凯译,中国人民大学出版社2009年版,第148页。

② [美]卡罗尔·里奇:《新闻写作与报道训练教程》(第3版),钟新译,中国人民大学出版社2009年版,第370页。

5. 个人专栏

顾名思义，个人专栏就是以个人的身份在报上开办的专栏。个人专栏的作者往往不是一般的普通人，而是社会精英、报界元老、学界泰斗式的“大人物”，或是在当地小有名气的“小名人”。如果能约上知名人士来报上开个人专栏，无疑对提升报纸声誉及影响力大有好处。

按内容来分，个人专栏可分为“报人专栏”和“个人博客”两大类。

(1)报人专栏

报纸的个人专栏，几乎是与报纸相生相伴的。中外报界都设有个人专栏，美国著名新闻人沃尔特·李普曼的个人专栏《今日与明日》不仅写了50多年，而且为250多家美国报纸和20多家外国报纸所刊用；而我国著名新闻人邓拓20世纪60年代在《北京晚报》开设个人专栏《燕山夜话》，一时间洛阳纸贵，在当时起到了很好的舆论引导作用；著名老报人赵超构(林放)在《新民晚报》开设的个人专栏《未晚谈》，更是被誉为《新民晚报》的灵魂。[①]

受报纸专栏传统的影响，今天报人开设专栏的亦不乏见。从内容上看，报人专栏是带有理性思考的，通常以评论、述评、杂谈为主，亮出观点、展示独特的思维方式，是报人专栏的特色；从形式上看，一个报人专栏的作者只有一个，这也是报人专栏区别于其他专栏的唯一特性。在写作中，评论、述评和杂谈因为其独立性强、观点鲜明，很少有合写的，故而其作为个人专栏是最为合适了。

反过来说，也正因为其作者的唯一性，报社在开设报人专栏时，一定要三思而后行：首先要思长期性，开设一个报人专栏起码要在一年以上，最好是数年，这样才能培育出来一个名专栏；其次要思影响力，发稿频率起码半月一篇，甚至一周一篇、几天一篇，这样的专栏才会有一定的影响力；最后要思可读性，专栏作者的思维模式能不能经常转换、写作手法会不会经常创新？说白了，就是读者面对一个固定的专栏和一个固定的作者，会不会烦？若不会，说明这个报人专栏开得非常成功。

从内容上来看，报人专栏又可细分为“时政评论”“经济述评”“文体杂谈”三种。

①报人专栏@时政评论

时政评论关注热点，立意高远，是报人专栏中最为常见的。它以“短、

---

① 江锡钰：《个人专栏：一要坚持，二要大众》，《新闻战线》2011年第12期。

平、快”而著称。笔者所在的《宁波日报》的一些老报人经常跟我们讲，以前很多报社的总编每天要给头版写评论，一天一篇，雷打不动。因为时政评论是报纸的旗帜，其代表着编辑部的态度和立场。故而，开辟时政评论专栏的人一定是报社里面的“高手”。不然的话，报社是轻易不会开这个口子的。

《湛江晚报》记者陈迅的笔名为“戈多”，《戈多闲话》就是以他的名字命名的专栏。虽然专栏名称是“闲话”，但专栏的内容却是聚焦热点、关注民生，一点也不闲。

时评讲究的是速度和时效，然而，《宁波日报》的时评版却有一个《张弓慢评》专栏。“张弓”是《宁波日报》高级编辑、三次中国新闻奖得主张登贵的笔名。“慢评”是有意与一些报纸上的“快评”打个反差，表达的也是“想好了再说”的意思。[①]

戈多闲话　**让社会记住好人的好**

□戈多

11月25日上午，我接到一个电话。是一女人声音：“你的XX银行卡已经透支，三天内将被罚款一千四百元。情况查询请拨……”我不用银行卡，一个裤兜装工资、奖金都绰绰有余。我刀枪不入，但我又气又恼——这年头，一些人为了钱什么手段、诡计都使出来了！

直到当天下午，看到湛江晚报报道曾文娣拾金不昧的故事，我才有了好心情。

曾文娣来自农村，在一家酒店当服务员，月收入只有800元左右。8万多元等于她100多个月的收入。100多个月里，她要做很多工，流很多汗，受很多累。但是，她没有昧下巨款。当记者采访她时，她说，父母平常教导我们，自己东西才拿，别人东西不贪。

曾文娣让我们知道，社会上毕竟还有好人。好人们做着最普通的工作，常常被漠视、忽略，但他们不比“社会栋梁”差到哪里去。

平日我们一说到“社会栋梁”，接着就会想到许多“成功人士”，即使不认为做大事，赚大钱才配得上“社会栋梁”这个称号，也不会想到收入微薄的普通人。不仅我们不会想到，就连成功人士在唾沫四溅地介绍经验的时候，也常常忘记和自己一起打拼的普通人。年薪百万、千万的“高管”，浑身散发着“小资”或“大资”气味的精英，他们或许为社会作出了大贡献，却也享受了社会回报的种种好处。但社会毕竟是由无数普普通通的好人支撑着的。假如没有这些人，假如这些人不想再做好人，那会是怎样？别的不说，起码丢了巨款的李女士有点沮丧。

普普通通的好人不干鼠窃狗偷那种勾当，不会见了钱就口水滴滴嗒嗒，他们默默地工作、过日子，默默地坚守着道德的制高点。人的品格不是由钱来决定的。腰包鼓胀的人不一定道德高尚，穷得只有上顿没下顿的人不一定卑微猥琐。世界上没有纯之又纯的社会，任何时候都会有人猪狗不如。唯其如此，普普通通的好人愈显难能可贵。

这些年，我们耳闻目睹很多“感动中国”的好人好事，也耳闻目睹不少道德沦丧的坏人坏事。我们感动并痛着，困惑而且郁闷。如果经济上去了，道德下来了，那绝对不是好事情，许多匪夷所思的问题将使我们穷于应付。

或许有人说，曾文娣拾金不昧，得益的只是失主，与别的人无关。但谁敢说自己不会“马大哈”？如果好人好事蔚然成风，我们丢了什么宝贝都失而复得，丢了座金山什么时候都在那里，那是多么美妙的事啊！夜不闭户已不能，路不拾遗要坚持。记住好人的好，弘扬好人好事，使之蔚然成风，就会人人都是受益者。

忽然想起一支儿歌：“我在马路边，捡到一分钱，把它交给民警叔叔手里边……”这支歌曾经人人耳熟能详，现在已经很少听到了。当年大真无邪的孩子早已长大成人，拾金不昧的精神是否还在传承？曾文娣和教导她的父母给出了肯定的回答。

谢谢曾文娣，她和她的父母让我们有了好心情。

戈多闲话——《湛江晚报》（2009 年度广东新闻奖专栏三等奖）

---

① 张登贵：《评论写作：想好了再说》，《新闻战线》2008 年第 9 期。

“竭泽而渔”酿成的恶果

□张 弓

象山渔民反映，自去年下半年以来，渔民出海捕到的经济鱼类，不仅数量少了，规格也比往年小了一号，带鱼细得像筷子，鲳鱼只有五分钱硬币那么大。到了这几天，网中经济鱼几乎绝迹，只剩下饲料鱼了，而且产量也下降了40%。石浦渔港70%以上的冷库因此空置。于是他们惊呼：“海洋荒漠化”真的要来了（见22日《宁波日报》）！

一条条幼鱼，有的只能称鱼苗，却惨遭捕杀——这是多么令人痛心的悲惨场面。可是，如果把时间倒退30年，那么，现在这个时候，正是东海渔场春汛丰收的季节。

1978年到1988年，笔者在当时宁波地区最大的国营海洋捕捞企业——宁波海洋渔业公司工作，船满港、鱼满仓的情景还历历在目。

1983年我写过一篇通讯，题为《国门大捷》，讲述的就是海洋渔业公司其中一次壮观的捕鱼场面：1月8日凌晨两点，“旺发渔场的夜晚，宛如海上城镇。宁渔公司和闻讯而来的渔轮共上百艘，全部打开了桅灯和甲板灯。远远望去，有的如灯火通明的高楼大厦，有的则像匆匆来去的汽车、电车。然而，谁也无心观赏这海市蜃楼般美景。大家心里只有一个念头：快！快起网，快放网，别让鱼儿从船底下溜过去”。“四一五船组三艘渔轮全部满载！”“六0五第二网创最高纪录！”“这鱼船超载！”“速调运鱼船！”“告捷与告急的电报一齐飞向公司生产指挥室……干部、工人们乐坏了，急坏了，忙坏了。”那一次“大捷”，三天就捕获海水鱼600多万吨。

宁波海洋渔业公司当时有五六

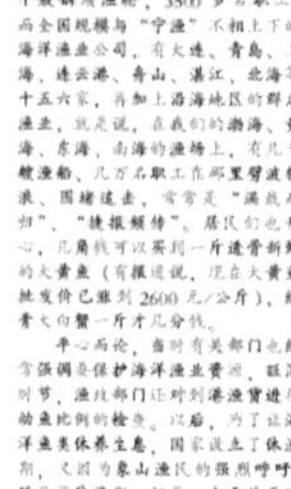

十艘钢质渔轮，3500多名职工，而全国规模与“宁渔”不相上下的海洋渔业公司，有大连、青岛、上海、连云港、舟山、湛江、北海等十五六家，再加上沿海地区的群众渔业，就是说，在我们的渤海、黄海、东海、南海的渔场上，有几千艘渔船、几万名职工在那里劈波斩浪、围堵追击，常常是“满载而归”、“捷报频传”。居民们也开心，几角钱可以买到一斤遍骨新鲜的大黄鱼（有报道说，现在大黄鱼批发价已涨到2600元/公斤），红膏大白蟹一斤才几分钱。

平心而论，当时有关部门也经常强调要保护海洋渔业资源，旺汛时节，渔政部门还对到港渔货进行幼鱼比例的检查。以后，为了让海洋鱼类休养生息，国家设立了休渔期，又因为象山渔民的强烈呼吁，延长了休渔期。但是，由于片面追

求产量、以产量论英雄的总的指导思想没有改变，那些措施终究没能阻止海洋渔业资源衰退的步伐，以至到了濒临枯竭的边缘！曾经兴旺一时的全国十几家大型海洋渔业公司，有的已经消失了，有的虽然还在苦苦地撑着，但就像王小二过年，一年不如一年了。

“竭泽而渔”的发展方式，是一种违反自然规律、急功近利、过度索取的发展方式。这种发展方式的后果，不仅在海洋渔业，而且在其他很多方面已经显现出来。有关研究表明，地球上的森林正在以每年1600万公顷的速度减少，石油储量可供开采的时间不足百年，到2025年，世界2/3人口将遭受用水短缺的威胁。从我国来看，一方面，由于人口众多，资源的人均占有量非常少。比如，我国水资源人均占有量为2370立方米，仅相当于世界人均占有量的1/4；人均耕地面积不到1.5亩，不足世界平均水平的1/2；大多数矿产资源的人均拥有量不到世界平均水平的一半。另一方面，生产和消费方式不合理的问题却十分突出，导致资源不足的矛盾进一步凸显。我们在为依靠资源高投入实现经济快速增长而欢呼的时候，自然资源却在惊人地缩减；我们在大口大口地饮着美酒、吞着佳肴的时候，山珍海味们却在痛苦地呻吟！

“海洋荒漠化”的逼近，再一次向我们发出了警告，不改变传统的经济发展方式，不把节约资源的规则放到更重要的位置，经济发展必然不能持续，生活环境一定会越来越恶化。今天我们吃不到海水鱼，明天就可能喝不上清洁水，用不上天然气，没有可耕的土地……这绝不是危言耸听。海洋渔业30年由盛转衰的惨状，活生生地摆在我们面前。

张弓慢评——《宁波日报》

②报人专栏@经济述评

众所周知，记者要当“杂家”，更要当“专家”，这样才能写出好文章。跑经济新闻的记者、编经济新闻版的编辑就要努力成为经济领域的专家。成为“专家”的衡量标志是“能否写经济述评”，如果你不能准确判断经济形势，不能理性看待新经济现象，不能迅速接纳新经济理论，你就写不出能让人信服的经济述评，那你也就不能成为一名经济领域的专家。这也是经济述评能成为报人专栏中的重要组成部分的原因。

郭靖看楼市

普通住房精装修 不妨一试

把住房装修了再卖，有单身公寓，有海景花园这样的豪宅，惟独没有普通住房。

如果把精装修房比作净菜，白坯房就是拖泥带水的毛菜，下锅前要摘、要洗、要切。当然，这只是打个比方，装修一套住房，实在比烧几个菜要累千万倍。自己找公司装修，从设计完善到主材选购，从砍价到施工监督，样样都得管，费时间、耗精力不说，效果也未见得好。装修涉及到许多专业的东西，行业水又很深，业主作为一个门外汉，既没能力管，也没能力让自己不被宰。

对社会来说，每家每户自行装修也弊端重重：挖墙打洞浪费资源和劳动，装修时间不一噪音扰邻，家装垃圾难管理，各类装修人员进进出出增加了社区的治安隐患。有的业主违规装修还会影响住宅安全，引起邻里纠纷。

倘若由开发商统一装修，不仅避免了大量人力、物力的浪费和个人装修易引发的社会问题，还由于材料大批量采购成本更低，工程统一监理质量更有保证。然而，在商品房市场，好处多多的精装修住房却长期缺席。

究其原因，一是以前消费者的观念没跟上，大多数业主把装修当作体现家庭个性的手段，希望按自己的想法布置住宅格局；二是市场形势比较好，既然毛坯房一样赚钱，开发商没必要，（郭 靖）

郭靖看楼市——《宁波日报》

2006年，《宁波日报》推出以房产记者郭靖之名命名的经济述评专栏《郭靖看楼市》，除分析房市总体形势、提出房地产改革的建议外，主要是积极引导市民理性投资房地产。

③报人专栏@文体杂谈

随着生活水平的不断提高，人们空闲时间多了起来，越来越多的人开始关注文娱界、体育界发生的各类新闻。报纸为了满足读者的需求和兴趣，努

力去挖众多幕后新闻，甚至不惜挨骂去当"狗仔队"。

文体界一件新闻事件发生了，或某位明星出新闻了，都会引起文体爱好者尤其是"追星族"的强烈关注。这些新闻同样是报人专栏关注的热点话题。

创办于2004年7月的《河南日报》专栏《一刀快评》，以"令狐一刀"（《河南日报》体育记者孟向东的笔名）之名命名。他的体育评论笔锋犀利，酣畅淋漓，令人读后大呼过瘾。

《齐鲁晚报》以体育记者沙元森之名创建了《沙眼看球》专栏，以一针见血、笔法犀利的写作风格而深受读者喜爱。

谁害死了中国女足？

□令狐一刀

中国费劲巴力地把奥运会女足亚洲区预选赛弄到家门口承办，本想利用东道主之利顺利出线，没承想事与愿违，人算不如天算，比赛还有一轮没踢，中国女足已经注定与奥运会无缘，上帝又和出线心切的中国人开了个不大不小的玩笑。

谁害死了中国女足？表面上看是她们自己。侥幸逼和韩国、朝鲜，踢不过澳大利亚，就是面对实力最弱的泰国，也是依靠对方的乌龙球才打开局面，最终也仅仅赢了两个球。从综合实力上分析，中国女足不但早就没有了当年世界四强（美、中、德、挪）的实力，而且在亚洲区也不具备四强的地位了，该区真正的四强是日本、朝鲜、澳大利亚和韩国，这次比赛别说只有2个名额了，就是有3个也轮不到她们。

到底是谁害死了中国女足？回答很复杂，但也很简单，是中国足协，是中国足协一向推崇的出线足球。在女足开展的初期，中国是以专业对业余，以全天候对三天打鱼两天晒网，再加上涌现了刘爱玲、孙雯等一批天才，她们才能在奥运会和世界杯上连获亚军。恰恰在她们的最兴盛期，中国足协没有科学的长远规划，没有持之以恒的耐心，没有给予这个项目政策上、经济上的全力支持，而是把国际大赛取得好成绩、一定要出线当成了第一要务，致使红火的表面下暗流涌动，危机重重，结果在这批队员退役以后，中国女足便每况愈下，"终告不治"了：今年的德国世界杯是她们第一次无缘世界杯，明年的奥运会也将是她们第一次与奥运赛场绝缘。这不是巧合，而是历史的必然，是对她们急功近利的应有惩罚。

中国女足的复兴之路在哪里？同样是既简单又复杂。说简单，是说如果像日本那样有耐心，有毅力，耐得住寂寞，兢兢业业地抓后备力量，早晚会走出低谷；说复杂，是因为它毕竟是一个运动项目，而且投入不菲，足协能不能容忍她们多少年不出线，多少届没成绩，甚至只有投入，没有产出，如果不能，还像撞大运式地赌博，只会一届比一届差，踢不过泰国、越南的事情也就不远了。④11

一刀快评

本栏目由建业（中国）住宅集团特约刊登

一刀快评——《河南日报》（2011年度河南新闻名专栏奖）

等待马拉多纳

□沙元森

沙眼看球

山东新闻名专栏

沙眼看球——《齐鲁晚报》（2006年度山东新闻名专栏奖）

（2）个人博客

博客最初的名称是Weblog，由web和log两个单词组成，按字面意思就为网络日记，后来喜欢新名词的人把这个词的发音故意改了一下，读成we blog，由此，blog这个词被创造出来。博客是可供用户交流信息、个人思想以及网络链接的互联网网页，目前已经越来越流行。[①]

博客的中文意思就是网志或网络日志。博客以网络为载体，可以通过电脑或手机迅速便捷地发布自己的心得，及时有效轻松地与他人进行交流、

① [美]布雷斯·S·布鲁克斯、詹姆斯·L·平森、杰克·Z·西索斯：《编辑的艺术》（第8版），李静滢、刘英凯译，中国人民大学出版社2009年版，第7页。

分享，已越来越受到人们的欢迎。

如今，博客的影响力也越来越大。英国政治评论家安德鲁·苏利文认为，博客的优势超过了传统的单向新闻工作，它能够“汇集成千上万的知识和资源”。[①] 很多新闻都是网上博客先发布，然后传统媒体再跟进，最后才成为公众关注的热点新闻事件。为此，报纸除经常将博客内容当作采访线索外，还经常选取可读性较强的博客刊发于报上。于是，一些报纸在版面上开设个人博客专栏，以丰富自己的版面内容。

与报人专栏相比，个人博客的作者队伍相对来说比较广泛，除报人外，更多的是社会各界人士，甚至是普通百姓。

《解放日报》、《人民日报》分别推出《记者博客》、《文化博客》专栏，发表自己报纸记者的博客内容，并刊发博客网址。

《温州日报》为了让“独家观点”和“独家心声”从众多的媒体中脱颖而出，推出了全新的专栏《6好博客》。何谓“6好博客”？“好”字，为“女＋子”的组合，即“6女子”，点出此评论专栏的写作由6位女记者担纲。该专栏运用一线记者亲历新闻的真情实感与真材实料，进行深度言论加工，同时利用博客这个新媒体元素。如此“换种方式写评论”，不仅让读者眼前一亮，也使党报评论的亲和力、感召力和引导力得以提升。[②]

建绿道，蓝图已就待春风

黄之宏

步行、骑车，这些“慢活儿”能否在高速运转的现代生活回归？曲径通幽的惬意，能否在钢筋水泥的喧嚣与拥挤中重生？

……“出炉”，“两环一横一纵加射线”的布局将串联起城市公园、街头绿地，编织一张覆盖整个中心城区的“绿色网络”。未来5年内，28.9公里的绿道有望逐步缓解城市拥挤的交通环境。

绿道建设并不是在地图上画个圈圈线线那么简单。现在，温州绿道网建设还只有数字和蓝图，到底谁来建设、将执行怎样的标准？绿道途中在哪些点需要休闲驿站、怎样的驿站设施才足够便民？提倡低碳骑行绿道，那么城市自行车保管、租借服务是否需要跟上？……在绿道建设中，不少公共的问题都与老百姓利益关系密切，也正因关系密切需要让老百姓共同参与讨论决策，共同监督工程推进，共同投身公共事务的建设。

6好博客——《温州日报》(第4届浙江新闻名专栏奖)

① ［英］托尼·哈尔卡普：《新闻工作：从原则到应用》，周黎明译，中国人民大学出版社2010年版，第288页。

② 周朝森、马玉瑛、陈发赐：《换一种方式写评论——温州日报“六好博客”专栏的探索与实践》，《新闻实践》2009年第3期。

记者博客

火车票能否上网买

徐瑞哲

春运又现返程高峰，火车票依然抢手。现场排队仍是春运购票的主渠道，大批售票人员日夜值守相当辛劳。转而一想，如果能在传统售票形式之外，建起官方票务网站，或授权代售网站，开出一条“数字化售票”新渠道，也许能省去旅客排队的辛苦。

中国春运是世界上最大规模的人员集中流动，预计2009年全国春运将在节前、节后共40天内，发送旅客1.88亿人次，而同比增加达1373万人次，相当于上海全城的户籍人口。不难想见，引入24小时开放的全国性票务网站，可为购票长队起到分流作用。相关职能部门不妨一试，先开放一部分票源，通过网络渠道接受预订或售卖，与柜面渠道实现互补。眼下有些旅客求票无果、上网搜票，结果遭遇“在线黄牛”。而权威性的铁路售票官网一出现，正好能打击网上倒票、网络假票，让不合法的“黄牛网”不攻自破，被取而代之。

网上订票购票本是件好事，也是种趋势。中国网民已近3亿人，有能力上网买票的人不在少数，尤其是城镇居民。如今坐飞机的人喜欢上网预订，也逐步习惯了从纸质机票到电子机票的变化，几个拥有群众基础的机票网站随之兴起。

相比网上票务已较成熟的国内民航系统，铁路在这一领域的信息化建设底子薄、起步晚、困难大，让乘客凭身份证对应预定的电子车票乘车，也有一个适应磨合过程；但总体而言，网上售卖火车票是信息化时代方便乘客的一个好办法，只要愿意尝试，随着我国互联网普及率、利用率的快速提高，高效便捷的火车票电子平台是完全可以建成的。

(http://sq.jfdaily.com/blogs/kejiaowei/)

记者博客——《解放日报》

高校『投入产出』应有明白账

博主：倪光辉（本报记者）

由教育部直属的中央教育科学研究所完成的《中国高等学校绩效评价报告》，自半个多月前“出炉”以来，一直争议不断，并成为年终岁末许多高校的热议话题。在对《报告》中提到的近半数高校过去3年“投入多，产出少”现状表示吃惊后，也有不少人在质疑：这个“排行榜”是否科学？究竟能“产出”什么？

这些技术性问题的确有待进一步研究和完善。而在我看来，更应该关注另外两个问题：对高校还该不该投入？“产出”要不要考量？

有人说，既然高校“投入产出比”低，那国家就不要再投入了。这质疑有一定道理，但不符合教育本来就是高投入、需要长期投入的特性。最近公布的《2008年全国教育经费执行情况统计公告》显示，2008年国家财政性教育经费占国内生产总值比例为3.48%，并没有达到世界衡量教育水平的4%基础线。就整体看，对教育的投入不是多了，而是很不够。

这些年，随着国家对教育的重视，各校教育经费、固定资产等不断增加。我们能够看得见的，是一些大学的楼越盖越豪华、越盖越高大，校内挖了湖、修了桥，铺了塑胶跑道。但大量的投入是否物有所值，我们的高等教育是不是越来越让人们满意呢？不要说一些高校大兴土木、债台高筑；不要说一些高校高层管理人员频频落马；就是不断曝光的论文抄袭、学术造假事件，就让人对这种没有约束机制的投入产生怀疑。

“投入产出”，本是标准的商业语言。高校不是企业，简单套用投入产出比无益于教育事业的长远发展，但这并不意味着高校就可以不计成本乱花钱。许多高校每年获得国家数以千万计甚至数以亿计的教育经费，这些钱究竟发挥了多大作用？如何把钱花在刀刃上？国家应该知道，百姓应该清楚。

高校评价绩效，也许标准是否科学还有待完善，但这种评估，重要的是对于“绩效”的促进。绩效评价最终要回归教育的本义。我们的大学最缺的“产出”不是各种学术论文和科研奖项，而是教育质量。

正如全国政协委员、北京师范大学校长钟秉林所言，“教育是一个公益事业，大学应该也讲投入和产出，你应该对得起老百姓、对得起学生。”什么时候大多数人对我们的教育满意了，我们的高等教育才能真正无愧于国家的投入。

R 文化博客

http://culture.people.com.cn

文化博客——《人民日报》

《光明日报》摘取社会上名人名家的博客内容，推出《光明博客》专栏。

2008年8月，北京承办奥运会，飞人刘翔成了国人关注的焦点。《解放日报》专门推出《师徒博客》专栏，刊发刘翔及他的师傅孙海平的博客内容。

博客不仅仅是报人及社会名流的专利，也是普通大众发表己见的舞台。《嘉兴日报》推出《草根博客》专栏，刊发的是普通网民的博客内容。

罗伯斯,等着我!

□刘 翔

师徒博客

在房间里看男子110米栏决赛转播,原本以为,奥利弗会给罗伯斯制造一点小麻烦,但现在看来,毕竟还是罗伯斯状态好。一般来说,如果能让他领先的话,后面的人就很难再追上了。

12秒93,这个成绩我觉得应该是相当不错了。在这样一个下过雨的天气里,跑道那么湿滑,他能跑出这样的成绩已经很不容易了,这也反映出他的状态有多好。

说实话,看到那一排选手站在栏架前,准备出发的时候,心跳还是加速了一阵子——如果没有伤的话,我今天也该是他们中的一员啊……我不知道我上场的话是否能拼得过罗伯斯,但对于一个运动员来说,至少可以拼搏,已经尽力,就没有后悔和遗憾了。

不过看完比赛,我没有觉得惆怅,反而觉得心里有一股斗志给燃烧起来了。我还年轻,也有实力,还可以继续和他拼!这两天,一直在用中医消肿,接下来回上海,要彻底治好这脚伤!然后就立刻恢复训练,我相信我还是可以的!今天的鸟巢我已无法出现,但明年的世锦赛,乃至伦敦奥运会,我相信我会重新站立在跑道上!

罗伯斯,等着我!　　(8月21日于北京)

师徒博客——《解放日报》

光明博客

科学无世袭

叶永烈

钱永健的获奖,是"基因"遗传,还是钱学森的帮助?类似的现象,在科学界比比皆是:居里夫人的女儿是诺贝尔奖获得者。非欧几何的创始人之一、匈牙利数学家亚·鲍耶的父亲是著名数学教授。著名德国化学家本生的父亲是格廷根大学教授。著名女物理学家谢希德的父亲则是原燕京大学物理系主任谢玉铭……

有人把这种现象称为"世袭"。科学能世袭吗?否,科学无世袭!科学的本质是革命的:只承认奋斗,不承认世袭。科学最讲民主,摈弃一切因循守旧的框框,它从不追究"家庭出身",只考虑你是否真正作了贡献。事实上,那些登上科学宝座的巨匠们,出身卑贱者远远多于出身高贵者。

科学无世袭,科学的皇位人人可坐。努力吧,谁努力谁就可以摘取科学皇冠上的明珠!

本文摘自叶永烈光明博客。叶永烈,上海作家协会一级作家、教授。以儿童文学、科幻、科普文学及纪实文学为主要创作内容。

吴丛丛整理

网址:http://blog.gmw.cn/u/38217

光明博客——《光明日报》

○草根博客　http://luo.bo/

曹雪芹版《三国演义》

■萝卜

草根博客——《嘉兴日报》

第三节　命名专栏

命名专栏,是指报纸为区别于其他报纸而特别命名设置的专栏。一般来说,命名专栏是以报纸所在地的名称或别名,或以自己报纸的某位编辑、记者的名字来命名。

这些专栏,带有浓郁的地域色彩和极强的报社个性,相比其他报纸来说,都是独一无二的。命名专栏对扩大报社所在地的地方名声,培育报社名编辑、名记者,提升报纸品牌的作用不凡。

从形式上来看,命名专栏可分为"地名命名"和"姓名命名"两种。

1. 地名命名

地方性是地方报纸赖以生存的土壤。作为地方报纸来说,对本地历史文化资源的挖掘、推介和宣传,负有不可推卸的责任和义务。而用地名命名专栏,不失为报纸宣传本地的好方法。

地名命名专栏,就是以报纸所在地的名称而命名的专栏。用地名命名专栏的好处有以下两点:一是在专栏开设初期,可以借助于地方的声誉来扩大报纸专栏的影响力,进而提升报纸的知名度;二是当专栏已办得相当成熟、对外极具影响力时,反过来可以提升报纸所在城市的名声。

地名命名专栏,又可细分为“以地方特色或别名命名专栏”和“以地方之名命名专栏”两种。

(1)以地方特色或别名命名专栏

每个地方都有自己独有的特色,也拥有别人无法替代的别名。各地报纸在命名地名专栏时,往往是考虑地方特色或地方别名居多。

四川宜宾因生产五粮液白酒而名闻天下,被称为“酒都”。《宜宾日报》就有一个《酒都评论》专栏。

宁波市简称“甬”,古时称明州。《宁波日报》在设置评论专栏时,特意取《甬城晨笔》和《明州论坛》之名。从内容来分,前者短小精悍,后者立意高远。

“虐兔”事件折射法律漏洞

□樱落

近日,一段“虐兔”的视频在网络上热传引起了广大网友的关注,视频中,一位操川南一带方言的年轻女子通过反复坐压,活生生将一只小白兔坐死,被愤怒的网友们称为“虐兔门”。事隔两日,一段更雷人的“虐兔”视频流传在网上:四名年轻漂亮的女子身穿十公分左右的高跟鞋,或踩、或踏或踩踹等多种方式活生生折磨死数只小兔,当即引爆众怒。在人肉搜索的压力之下,“虐兔女”——一位26岁的女大学生在网络上道歉,试图平息此事。但,又有知情者在网上揭露幕后的黑色产业链。

此次虐兔视频在诸多网站流传后,引起了轩然大波。在网友、公众的声讨声中,参与虐兔的一名女子不堪压力托人报警,在网络上公开道歉,并称自己在找工作的过程中遇到“老舟”,对方承诺这些虐待动物的视频是拍给外国一些病态人看,并不会流传到国内,“踩水果100元,踩兔子得了400元。”这名虐兔女称,老板的生意除了踩小动物外,还有虐狗等。

为何在我们的社会里会接二连三的出现虐待小动物的事件出现呢?在虐杀的视频中,我们看到的不是一只阿猫阿狗小白兔的死,而是人性的冷漠和残暴,我们无法接受的是在这些虐待小动物的女主角身上,我们见证着人类身上的那剩下最后一点人性也荡然无存。

大部分网友对此感到愤怒,强烈声讨其变态虐杀小动物的行为,也有少部分网友认为,只不过是个别人杀只兔子博取点击率而已,不必过于关注。更有个别网友认为杀死后食其肉着其皮更为残忍。

有人拿出“吃不吃动物肉”的理论来反驳动物保护的理念。笔者以为,正因为这些动物以自己的生命满足了人类生命所需,所以我们才更应该对它们表示出人性该有的尊重,并且懂得用更人道的手段,减少他们失去生命时的痛苦,而不是像这样,仅仅为了取乐,就用残暴的手段给它们施加不必要的痛苦和伤害。

追究虐兔女的个人责任只是局部的博弈,只有有了动物保护的法律,各种虐待事件才能通过法治的手段得到彻底地解决。目前立法最主要的阻力在于很多人认为人的福利还没有保护好,何必去管动物的福利。业内人士认为,在反虐待动物法未出台的情况下,目前可行的办法是,通过修改比如治安管理处罚法或者刑法等现有法律或者通过加强地方立法来解决虐待动物的问题

事实上,2009年9月,我国首部动物保护法(专家建议稿)就已完成,并开始公示征集意见,但一年多过去了,这部法律却没了下文。现在,愤怒的网友们人肉出了视频里的“虐兔女”,触犯众怒的“虐兔女”也通过网络发表了所谓的道歉声明,然而除了愤怒,我们又能如何?“虐兔门”事件并非个案孤例,也不可能因为我们的愤怒就戛然而止。我们愤怒这样泯灭人性的所为没有法律来约束,我们愤怒道德的谴责毫无力量。我们愤怒,因为我们找不到惩处这种行为的办法,那我们不妨将这样的情绪转为促进动物保护立法的民间呼声,并希望,借由这次的“虐兔”视频为契机,能最终促成这部动物保护法的正式出台。

尊重生命,敬畏生命,不应只局限于对人的生命的尊重和敬畏,而应普适于整个世间中的生命。

酒都评论

E-mail:ybrbjdpl@163.com

酒都评论——《宜宾日报》

“河”指黄河，“洛”指洛河。河洛文化以洛阳为中心，西至潼关、华阴，东至荥阳、郑州，南至汝颍，北跨黄河至晋南、济源一带。河洛地区，地处中原腹地，历史上是我国经济、政治、文化的中心，所以古有“居天下之中”的说法。《洛阳日报》据此推出《河洛谈》专栏。

权力失范减损百姓幸福感

□忻志伟

最近，人民网就“哪些因素影响幸福感”进行了调查。参与调查的34.4%的网友认为，“经济状况、生活质量”是影响幸福的首要因素，31.4%的网友认为，“权力规范、公共服务”是影响幸福感的主要因素。“规范权力运行”与“增加经济收入”一样，已成为影响幸福感的重要因素。网友对政府依法行政，改善公务服务，消除影响幸福感的负面因素非常期待（据2月22日《宁波日报》）。

看似不搭界，权力运行却直接影响老百姓的幸福感，笔者以为，这主要是由人们对幸福感的认识不断变化和权力运行的特点所造成的。

幸福感，是个人对幸福的主观感觉，也就是对生活和境遇是否称心如意的感受。心理学家马斯洛的需要层次理论告诉我们，人的需求是由低到高不断发展的。人的幸福感也一样。新中国成立后，特别是改革开放30多年来，我国经济迅猛发展，人们的衣食住行等基本需求得到满足后，一方面，有了“提高生活质量”、“追求幸福感受”等更新更高的物质追求；另一方面，随着国家民主建设的深化和公民权利意识的觉醒，“权力规范运行”、“追求公平正义”等精神需求也应运而生。这一变化，既是人们追求幸福生活的必然，也是社会文明进步的象征。

按理说，人们对“幸福感”的认识和追求变了，影响或决定“幸福感”的因素和环境也应随之改变。但现实是，权力运行失范现象并不少见，权力失范与百姓幸福感负相关。这是因为，权力运行的一个显著特点是，一旦缺乏监督或监督不力，掌权者就会以权谋私，而这势必影响别人的利益和社会公平。利益受损、公平缺失，该得到的得不到，该高兴时高兴不起来，幸福感就无从谈起。

现实生活中，相信大家都有过这样的经历和感受。比如，小孩子想进好的幼儿园，由于名额有限，有权者利用权力之便，早早安排好了自家孩子，落选的则往往是“没关系”、“没路子”人家的孩子。又如，就业形势严峻，为找一份好工作，大学生头都快挤破了。但今年7月份才能毕业的大学生曹博文，去年10月就成了湖南冷水江市财政局工资统发中心的事业编制员工，原因是他爸爸是当地人事局局长；李杲从未到重庆万州区驻京联络处上过一天班，却照样享受事业编制，且吃“空饷”两年，就因为她父亲当过万州区区长。面对近日曝光的这两则新闻，遭遇一些人玩弄职权、自肥自利的不公行径，那些孩子上不了好学校的家长、那些慨叹“学好数理化，不如有个好爸爸”的大学生，“幸福感”能不大幅下滑吗？

再比如，用人方面，由于一些单位领导用权不公正，那些埋头苦干、任劳任怨的，有时比溜须拍马、行贿送礼的提拔得慢甚至长期得不到重用；赚钱方面，由于权力运行不透明，广大起早贪黑、诚实劳动的，比一部分靠倚权力拿项目、揩公家油、坑蒙拐骗的赚得更少，甚至根本没法比，那前者的幸福感又怎么高得起来？

权力失范，导致社会不公，除了减损老百姓的幸福感，更影响社会和谐稳定，甚至危及国家长治久安。让老百姓真正拥有幸福感，增加经济收入和维护权力运行规范，二者不可偏废。但由于权力失范往往导致各项资源分配不公，让许多人的经济收入无法增长或增长过慢，幸福的感觉常打折扣。比较起来，规范权力运行、保证社会公平正义显然更为迫切。

明州论坛——《宁波日报》（第1届浙江新闻名专栏奖）

反腐切勿“举错”

黄明朗

甬城晨笔

湖南长沙最近宣布，全城禁止销售价格超过1000元一条或100元一包的香烟，试图以此来抑制腐败、公款消费以及遏制奢靡之风。新华社的报道将此举措称为“举错”。试图采取举措反腐，本意是好的，为何反被称为“举错”呢？

其一、公款消费香烟是明令禁止的。换句话说，香烟跟公款任何时候都不搭界，如果是公款消费，超过百元一包算腐败，低于百元同样是腐败。宣布禁售超过百元一包的香烟，是否意味着公款消费百元以下的香烟就不算违纪？这不是为某些人的行为开脱罪责吗？

其二、销售香烟是市场行为，商店只要进货渠道合法，质量可靠，货真价实，就应该允许销售。如果因为反腐就不准销售高档香烟，岂不是干预了市场行为，管了不该管的事情，导致执法违法吗？

其三、香烟不只长沙有售，如果有人想买百元以上的香烟用于公款消费，难道不可以到外地购买？再说网购也十分方便，鼠标一点就解决问题，如此一来，那“禁售式反腐”不就形同虚设了吗？

但愿执纪执法人员加强学习、勤于思考，避免思想僵化，增强法制观念，杜绝各种昏招、“举错”，拿出真正管用的反腐办法来。

甬城晨笔——《宁波日报》

完成“硬指标”要下“硬工夫”

昨日本报报道，我市对市长便民电话、市长短信实施绩效考核，要求办理群众的诉求做到件件有着落，事事有回音。定下这一“硬指标”，有决心，有力度。

“群众利益无小事”。咋体现？就是把事关老百姓切身利益的事扎扎实实地办好，把群众的利益切实维护好、发展好、实现好。

然而，规定定出来容易，要求提出来也不难，但要真正做到“件件有着落，事事有回音”，这需要下“硬工夫”。

首先，要有诚心，带着真感情办事。对群众有感情，就能把群众的事当作自己的事，设身处地、一门心思地去办。相反，对群众没感情，就会高高在上，办事敷衍塞责，会寒了百姓的心。

其次，要有韧劲。群众的事，不都是打一个电话、安排一下就能“搞定”的。许多事，涉及这原因那原因，需要沟通、需要协调、需要落实，甚至还要说千言万语、费千辛万苦。没有韧劲，遇困难就让，遇挫折就退，群众的事还会“一边晾着”。

再次，考核结果要公开。公开考核结果，可能会让一些单位、部门“脸上挂不住”，但有压力才有动力，“脸上挂不住”，才会迎头赶上。只有让办事不力者“脸红几次”，群众的脸上才会有笑容。（梁新全）

河洛谈——《洛阳日报》（2008年度河南新闻名专栏奖）

（2）以地方之名命名专栏

有些报社就来实的，干脆以地方的名称直接作为专栏的名称。《广州日报》的《温情广州》专栏、《嘉兴日报》的《嘉兴故事》专栏，都是以地方名称命名，反映的也是发生在地方上的一些动人故事。

《华西都市报》所在地为成都，《东南商报》所在地为宁波。前者有一个专栏叫《成都访客》，专访的是到成都访问的各路客人；后者有一个专栏叫《宁波画报》，拍摄的是在宁波生活工作的普通人。

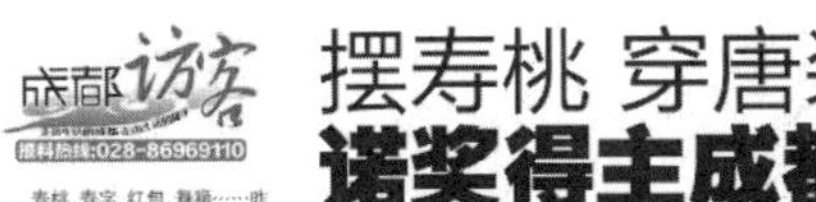

摆寿桃 穿唐装
诺奖得主成都做大寿

托斯顿·韦素教授在成都度过85岁生日，还现场收下两名徒弟

寿桃、寿字、红包、舞狮……昨天，诺贝尔医学和生理学奖获得者——85岁的托斯顿·韦素教授在成都度过了一个具有浓浓"中国味"的生日，这位眼科泰斗还现场收下两名眼科博士为徒。

寿星韦素教授和夫人

韦素的夫人高兴地展开祝寿条幅

85岁寿星"跳"迪斯科

昨日下午，1981年诺贝尔医学和生理学奖得主、世界眼科泰斗托斯顿·韦素以四川大学华西医院客座教授的身份再次来到成都。恰逢托斯顿·韦素的85岁生日，大家为他操办了一场中式寿宴：通红的宴会厅挂满了写有寿字的灯笼，地上也铺着印有祝寿词的地毯。

下午5点，托斯顿·韦素和其印尼籍夫人分别换上了红色唐装和旗袍。在去宴会厅的路上，韦素一直打量着夫人挽成中式发髻的新发型。两人刚坐到太师椅上，两只舞狮随即就跳到了他们面前。在翻译的提醒下，韦素和夫人拿起毛笔为雄狮点睛。为了将红墨规整地画上狮子眼睛和额头，韦素还单脚半跪在狮子面前，就像认真写作业的小学生。

韦素夫人看见舞狮从口中吐出祝寿对联，还没等翻译开口，她就一把接过来往自己脖子上围，韦素也跟着夫人做。大家被他们的举动逗得哈哈大笑，见大家这么开心，韦素竟随着音乐"跳"起了迪斯科。尽兴过后，得知被自己误把对联当作围巾后，韦素和夫人互相眨巴了一下眼睛，掩饰着小尴尬。遵照习俗，两人还为舞狮封了大红包。

眼科泰斗成都收徒

据了解，世界眼科组织主席林文杰2006年因公来到华西医院，无意中说起其导师托斯顿·韦素教授有两个心愿：到中国四处走走；建立一个以他名字命名的眼科研究机构。2007年4月，华西医院首次与远在美国的韦素教授取得联系，表明想聘请他当客座教授及组建眼科研究所。很快，华西医院就接到回复："非常高兴受到华西的邀请，到天府之国看看一直是我的心愿。"就这样，韦素教授连续3年来到成都，进行眼科方面的学术交流和指导。

韦素教授除了有世界眼科组织主席林文杰这位得意门生外，2007年4月被聘请为华西医院客座教授后，在成都也有了徒弟。昨天在寿宴上，韦素教授又在现场收下两名爱徒。不过这次，也是他第一次以中国传统方式收徒。眼科博士向浩天和王丽君恭恭敬敬地向师傅和师娘敬茶。"紧张得忘了要跪着敬茶。"拜了位顶级师傅，向浩天兴奋地说。

互喂蛋糕大秀恩爱

韦素教授的徒弟们一边用英文唱着《生日快乐》，一边将一个大寿桃蛋糕推到韦素面前。吹灭有"85"字样的生日蜡烛后，韦素开始切分蛋糕，并立刻将其中一块分给了比他小40岁的夫人，然后在众人面前秀起恩爱来。互相喂对方蛋糕还不够，还来了个热烈的kiss……

"在成都，我度过了和之前84个完全不同的生日。就像每一次来成都一样，让我非常惊喜。"韦素说。

小时候是个调皮鬼

韦素的父亲是位精神科医生，他从小就对眼科产生了兴趣，后来也成为了一名精神科医生。受邀到美国威尔默(Wilmer)眼科研究院工作后，出于兴趣，他一直致力于眼科研究，在实验室里一待就是40年。

韦素教授曾坦承自己并不是好学生，是个麻烦的孩子，爱打架，因为他对学习外的事物更感兴趣，这种状况一直到他16岁。后来他对哲学发生兴趣，阅读了很多哲学书，这改变了他对人生的看法，决定努力学习。

□新闻人物

托斯顿·韦素

托斯顿·韦素，1924年出生于瑞士，曾任哈佛大学神经生理学系教授。韦素和同事胡贝共同获得了1981年诺贝尔医学奖。他在学术上的主要成就是通过实验，发现了婴儿眼部接受光刺激对将来视觉造成的影响，同时进一步解释了大脑中的视觉成像原理。这一贡献不仅启发了三维技术发展，更为人类视觉疾病的早期治疗提供了理论依据。 记者 程渝 摄影 刘陈平

成都访客——《华西都市报》

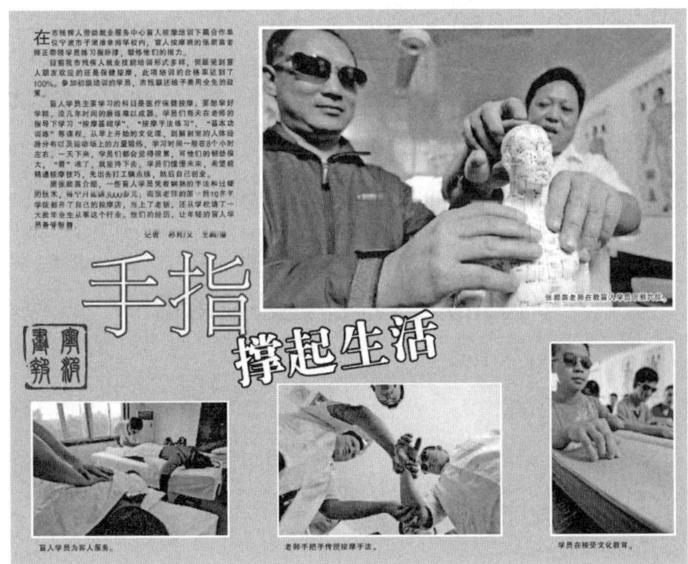

在市残疾人劳动就业服务中心盲人按摩培训下属合作单位宁波市于潮推拿师学校内，盲人按摩班的张薇苗老师正带领学员练习指卧撑，锻炼他们的指力。

目前我市残疾人就业技能培训形式多样，但最受到盲人朋友欢迎的还是保健按摩，此项培训的合格率达到了100%。参加初级培训的学员，市残联还给予费用全免的政策。

盲人学员主要学习的科目是医疗保健按摩，要想学好学精，没几年时间的磨练难以成器。学员们每天在老师的指导下学习"按摩基础学"、"按摩手法练习"、"基本功训练"等课程。从早上开始的文化课，到解剖室的人体经络分布以及运动场上的力量锻炼，学习时间一般在8个小时左右。一天下来，学员们都会觉得很累，可他们的劲些很大，"看"准了，就坚持下去。学员们憧憬未来，希望能精通按摩技巧，先出去打工赚点钱，然后自己创业。

据张薇苗介绍，一些盲人学员凭着娴熟的手法和过硬的技术，[illegible]，还从学校请了一大批毕业生从事这个行业。他们的经历，让年轻的盲人学员备受鼓舞。

记者 孙莉/文 王嵘/摄

手指撑起生活

宁波画报

宁波画报——《东南商报》

寨下有段隧道黑漆漆 学子行走心惊惊 好心老校长日日手举应急灯

“提灯老人”照亮孩子求学路

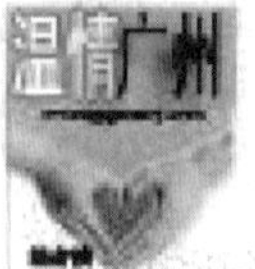

公仆，你惭愧吗？

温情广州——《广州日报》

打仗亲兄弟，上阵父子兵。在快速崛起的中国光伏行业，就有这样三个亲兄弟，4年间孕育出2家上市公司，让嘉兴资本的身影在伦敦交易所创业板和美国纽交所纵横驰骋……

中国光伏上演嘉兴版“兄弟连”

■记者 汪 莹

“第二批设备年底前投产，届时晶科能源产能将比现在增长200%。”昨天，在海宁袁花，晶科能源有限公司副总裁兼浙江晶科能源有限公司总经理李仙华，指着刚投产的100兆瓦生产线告诉记者，晶科能源今年的销售额将超过50亿元。

而在嘉善姚庄，仅仅一个多月前，李仙寿对昱辉阳光业绩的判断是：“今年销售额超过100亿元没问题。”

老大李仙寿，老二李仙华，老三李仙德。这原籍浙江玉环的三兄弟，原本在不同的领域打拼，4年前，因敏锐地嗅到光伏产业的巨大商机相继聚首嘉兴。如今，老大李仙寿一手创办的昱辉阳光已在英国伦敦交易所AIM板、美国纽约证券交易所主板上市。今年5月14日，由李仙德、李仙华领军的晶科能源也在纽约证券交易所上市。三兄弟落户的嘉善姚庄和海宁袁花，因此也成为光伏企业的创业乐土。

总结成功的经验，李氏三兄弟异口同声地说：“是太阳能光伏行业和嘉兴这片热土，造就了我们三兄弟的辉煌。”

三个亲兄弟 一个产业奇迹

李氏三兄弟的“太阳能王国”发轫于2001年。当时，中国太阳能电池组件成了欧洲市场的抢手货，光伏企业如雨后春笋般在浙江大地崛起。

2001年3月，在玉环县文化局工作了10年的李仙寿，“下海”成立了玉环县阳光能源有限公司，生产和销售太阳能电池组件、太阳能电源系统。此时，李仙华还在辛苦经营汽车维修公司；李仙德则在消防工程等领域小试身手。

中国光伏产业最初的投资热换来的是多晶硅价格的大幅上涨：2003年还是每公斤25美元，2007年就涨到了每公斤400多美元。

眼见众多中小企业岌岌可危，李仙寿敏锐地察觉到：“全球每年丢弃的硅废料和废硅片为6000吨到8000吨，价格却只有多晶硅的一半。”

2005年底，李仙寿和三个伙伴怀揣着150万美元北上嘉善，在姚庄建立了昱辉阳光，并作出了领先全行业的选择：以硅废料代替多晶硅制造硅片。

由于成本低得令同行咋舌，当年，昱辉阳光的毛利润率就达40%。此后，中电光伏、无锡尚德等大厂商先后成了他的客户，短短一年时间，昱辉阳光的产能从零增长到80兆瓦。产品一半供应国内，另一半销往美国、韩国等海外市场。

2006年，昱辉阳光在伦敦交易所创业板上市，成为继无锡尚德之后第二家在海外上市的太阳能企业；2008年，昱辉阳光又在纽约证券交易所挂牌上市。

李仙寿的创富神话激励了两个弟弟李仙华、李仙德。之后，三个原本在各自行业里打拼、企业规模也相差不大、互相之间并没有太多生意联系的亲兄弟，开始联手打造“太阳能王国”。

2006年6月，李仙华、李仙德两兄弟变卖了各自资产，在江西上饶注册成立德鹏能源有限责任公司；

下转4版

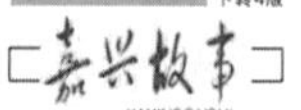

嘉兴故事——《嘉兴日报》

2. 姓名命名

命名专栏的第二种形式是以报纸记者、编辑的名字来命名专栏。

对于成为命名专栏主持人的记者、编辑来说，专栏的好坏更加直接关乎个人的声誉，使他们对专栏所担负的媒体荣誉感有了更深刻的认识。这样就能形成报纸品牌塑造与人才培养之间的良性循环，让记者、编辑与专栏一同成长，实现双赢。①

用报纸记者、编辑之名命名专栏有三大好处：一是利用专栏这一园地，可以培育一批名记者、名编辑，以此拉动整个报纸队伍建设上一个新平台；二是依托名记者、名编辑打造一批品牌专栏，以此来提高报纸的知名度和影响力；三是拉近报纸与读者之间的距离，因为专栏以报纸记者、编辑之名出现，读者读起来仿佛是在喊叫好友之名，顿感特别亲切。

用姓名命名的专栏，又可细分为“取名或取姓命名专栏”和“取全名命名专栏”两种。

(1)取名或取姓命名专栏

取名或取姓命名专栏，就是在报社记者、编辑的名字中挑一个姓或挑一个名来命名专栏。

《温州晚报》的《雪君工作室》创办于 2003 年，由浙江省首届飘萍奖获得者、全国优秀新闻工作者、全国三八红旗手、全国五一劳动奖章获得者、全国劳动模范、党的十七大代表、现任《温州晚报》总编辑助理郑雪君同志负责主持，并以她的名字命名。《雪君工作室》坚持“以人为本”的新闻理念，深入民间、深入社会、深入群众，积极为广大读者服务，为弱势群体排忧解难。全国记协书记处书记李存厚同志赞扬工作室具有 4 个心——“一是对新闻事业的热心，二是对广大读者、老百姓的爱心，三是对新闻业务的专心，四是做好人好事的恒心”。②

【专栏内存】

《雪君工作室》的成功做法

1.《雪君工作室》坚持把报道的对象集中在普通人，特别是弱势群体身上。从群众的关注点和兴奋点入手，确定报道的题材，反映普通老

---

① 余丽蓉：《从报纸命名专栏看新闻媒介品牌建设》，《新闻前哨》2004 年第 11 期。

② 温州晚报编委会：《“雪君工作室”创新民生新闻的探索和实践》，浙江记协网，2009-12-04。

百姓的需求。工作室的记者，经常深入基层，采写鲜活的新闻，“零距离”地帮助弱势人群解决疑难问题。据不完全统计，《雪君工作室》创办5年，就为320多名“问题群众”解决了难题。

2. 关注群众疾苦，做透民生新闻。《雪君工作室》把报道题材的重点聚焦在群众最关心、最直接、最现实的利益问题上。

3. 关注群众热点问题，反映社情民意，也是《雪君工作室》的一项工作。如工作室开展了“您有矛盾我们帮您调解”活动。据统计，活动推出已收到要求调解的案件达500多起，目前调解成功率达到100%。

4. 搭建平台，做好桥梁和纽带。以平民的视角，从百姓的关切点入手，为党委、政府与人民群众沟通搭建桥梁，是《雪君工作室》新闻报道的出发点。如《雪君工作室》策划、推出了“‘阳光行动’市长接听民生热线”活动，先后邀请了市政府所有的(7位)副市长参与接听电话，现场回答读者疑问，形成了政府和市民的上下互动交流，深受百姓欢迎。

——摘自《雪君工作室》专栏参加第19届中国新闻奖评选的推荐材料

一辆手摇车，一个1G内存条，一台VCD，价钱对她们来说却是一个天文数字，是一个可望而不可及的奢想

谁能为“折翼天使”圆梦

□陈培培

在市区杨府山市社会福利院里，住着三位“折翼天使”。有着先天性残疾的她们，一出生就被遗弃。因无法正常行走，她们的生活只能在福利院里“打转”。

然而外面的世界很精彩，就算“翅膀”已折断，她们也想能走进外面的世界。

手摇车就是我的腿

阿周今年46岁，先天性双腿残疾，已经在这里生活了20多年。因为不能行走，她曾经都不知道，“自己生活的福利院是啥样的？”原来，阿周刚到社会福利院那会儿，因为没轮椅也没手摇车，每天都只能呆坐在房间，看着别人在窗前走过来、走过去。阿周说，那时，她最期盼的，就是有一天能“走”出去看看！

不久后的一天，社会福利院终于“给”了阿周一辆手摇车。那一整天，阿周坐上手摇车，拼命地摇着，把社会福利院的各个角落“走”了个遍，看了个遍。小周告诉记者，她最喜欢“散步”了，只要一有空，她就坐上手摇车，到外面转悠转悠，有时还会买点好吃的回来，大家分着吃。

在小周住的楼下，记者看到了她的手摇车，已破旧得几乎可以报废了，无法正常使用。小周说：“手摇车就是我的腿，如果哪位好心人能送我一辆，我又可以摇着它到处逛逛！”

电脑丰富我的生活

小赵今年35岁，也是先天性双腿残疾，和阿周住在一个房间。在她们的房间里摆着一台电脑，阿周说：“这是小赵的，她不仅识字，还会打电脑！”一旁的小赵听了，有点不好意思了。

也许是因为双腿残疾，小赵一出生就被父母遗弃了。18岁之前，她生活在温州儿童福利院，那里有老师教她读书识字。18岁后，她转到温州社会福利院生活。因为她认识的字多，这里的同伴中，谁要是碰上不认识的字，便会向她请教。

去年，住在这儿的一个姐妹出嫁了，把电脑留给了小赵。于是，小赵便请工作人员教她怎么用，她很聪明，没多久便学会了，还会QQ聊天。小赵说，QQ聊天，让她交到许多外面的朋友，他们会跟她讲述福利院外的世界。除此之外，小赵偶尔也会玩一下游戏，使她的生活丰富了不少。

但是这台二手电脑却是毛病多多，时不时死机，一检查，说是要加个内存条，可价钱太高，小赵只能作罢，勉强先用着了。小赵说，要是哪天有个新的电脑内存条，她就能通过网络了解外面的世界，不会像现在的生活索然无味。

音乐让我心情愉快

叶叶今年41岁，比起阿周、小赵，她显得更加不幸，双脚双手都瘫痪了。对叶叶来说，手脚不能动是痛苦的。叶叶却说，她也有最幸福的时候，比如听音乐的时候。

6年前，叶叶收到了一个VCD机，从那以后，她每天醒来的第一件事，便是让室友帮忙打开VCD。

叶叶什么歌都听，但最爱的还是刘德华的歌，不少同伴们听到歌声，都会走进叶叶的房间，和她一起听，还会和她聊聊天。

可是，4个月前，VCD机突然坏了，没有了音乐声、歌声。虽然有位好心人送给叶叶一个MP3，可只能自己听。叶叶说，好听的音乐，要和朋友分享，才会快乐。

一辆手摇车，一个1G内存条，一台VCD，价钱对她们来说却是一个天文数字，是一个可望而不可及的奢想。她们想通过雪君工作室，希望有人能一圆她们的愿望。

亲爱的读者朋友们，您愿意帮助三位“折翼天使”吗？请拨打本报热线：88908890。

热线：88060000

首届浙江新闻名专栏

雪君工作室——《温州晚报》(第19届中国新闻名专栏奖)

为发扬新闻工作者深入基层、服务百姓的传统，进一步搭建党报联系基层、服务基层的桥梁，2011年7月13日，《浙江日报》推出以党的十八大代表、浙江省“十大之江先锋”、《浙江日报》记者俞佳友之名命名的《佳友民情快车》栏目，倾听民声民意，关注百姓冷暖，服务基层群众。专栏开办一年多来，发动

社会力量为困难群众捐款近 3000 万元，办实事百余件，受惠百姓超 30 万人次。①

2.5万吨桃子陆续上市，销售合同寥寥无几——

莲都桃农急盼买家

佳友民情快车

http://weibo.zjol.com.cn/u/yjy7404

yjy7404@126.com

96068

开栏的话：以浙江省"十大之江先锋"、浙江日报优秀新闻工作者俞佳友命名的"佳友民情工作站"，今天正式亮相，工作站新设立的"佳友民情快车"栏目，今起也和大家见面了。

本报此举旨在发扬党的新闻工作者深入基层、服务百姓的传统，进一步搭建党报联系基层、服务基层的桥梁，倾听民声民意，关注百姓冷暖，服务基层群众。

"佳友民情快车"重点报道民生事件，围绕"访民生、汇民情、解民忧"，坚持党报新闻工作者为民办实事、为百姓分忧的职业精神，及时准确地报道全省各地的民生事件和突发事件，加强与读者的互动交流。

"新闻为民，与您同行。"您如有疑难问题或新闻线索，可通过浙报集团96068热线（免收长途费）、佳友微博（http://weibo.zjol.com.cn/u/yjy7404）、电子信箱（yjy7404@126.com）等方式，联系佳友民情工作站记者，我们一定竭诚为您服务。

本报莲都7月12日电
记者 俞佳友 慕伟群

仙渡乡岭头村有1万公斤早凤凰桃待售；雅溪镇章山村有5万公斤燕红桃、1万公斤新川桃待售；碧湖镇大林村有35万公斤中熟桃待售；双黄乡黄畈村50多万公斤玉露桃陆续上市待售……

连日来，丽水市莲都区一条条出售桃子的求助信息，在浙江农民信箱"每日一助"栏目上轮番滚动发布。

今年夏天，莲都桃农迎来了桃子又一个丰产年，全区桃种植面积3.5万亩，年产量达2.5万吨。再过三天，1.2万吨中、晚熟桃将陆续上市，出现新一轮桃子上市"高峰"。

桃子作为莲都区的第二大水果产业，曾在2009年7月，一只重达468克的桃子，竟拍出11800元的高价。

一只桃带出了莲都区一个"甜蜜产业"。今年，桃农能否丰产又增收？

7月11日起，佳友民情工作站记者走进莲都探访"桃情"。

桃农担心无人问津

在莲都区仙渡乡、双黄乡等产桃乡镇，海拔300–700米的山坡上，漫山遍野的桃子压弯了枝头，"桃香"扑鼻。路边、挂满桃子的树枝"调皮"地"探出头"来，触手可摘。

双黄乡黄畈村是桃子专业村，该村有420户，1270人口，桃种植面积1560亩，人均1.23亩。

莲都区农业局促销科叶军勇告诉记者，这是玉露桃。由于玉露桃产量高，甜度高，口感好，多年来，是黄畈村的"当家"品种。

11日下午1时，黄畈村种桃大户张根和看到记者走进他的桃园，一抹脸上的汗水，摘下几个熟透的桃子递上："走了好多山路，你们的衣服都走湿了，我家种的桃都用农家肥，味道蛮好的。"

记者将桃子放在袖口边擦了擦，咬一口，果然很甜，很脆。

"每个桃子都是按种植标准来种，都是生态的、高品质的。"张根和骄傲地说。

在桃园里，均匀地挂着一片片黄色的小板，张根和告诉记者那是性诱剂，整个种植过程用物理治虫捕杀病虫害，果园还安装了诱虫灯，推广了测土配方平衡营养施肥技术，施农家肥。

"去年，黄畈村仅此一项就为该村人均收入增加4881元，户均收入增加14762元，桃产业也成为村民致富的一大亮点。"副乡长吴建荣介绍说。

60岁的张根和说，前几年桃子卖得比较好，二三块钱一斤；今年都是一块多，甚至几毛钱一斤，加上桃子一下子增产30%以上，光黄畈村再过两天，每天可摘六七万斤，100多万斤桃子要在一个多星期卖出去。

"真邪了，今年的桃子不光便宜，平时也只有一个客户来村里收购，大家真担心没人来收购，一旦桃子卖不出去的话，那今年的收成就大打折扣了。"张根和很揪心。

"桃子养活了我们全村210名父老乡亲，收入来源全靠它。"12日中午，仙渡乡岭头村桃农周端清深有体会：桃子价格比去年同期下降三分之一左右，加上施肥成本、人工费涨价等因素，前天有人卖出的桃子最低只有2毛钱一斤。

接下来，仙渡乡1000亩约500万公斤桃子将陆续上市；双黄乡有200多万公斤桃子等待买主。

收购商趁机压价

"别人看着桃子丰产很高兴，我的心里头总觉得不对劲。"11日下午，双黄乡黄畈村桃农毛方明说起卖桃经历直摇头。

"我种了30多亩桃子，前年赚了6万多，去年有4万多，今年能赚多少心里没底啊。"毛方明说得很激动：前天有一个福建老板来村里收桃，开口就说4毛钱一斤，我说这么好的桃子4毛已经没钱赚了，没想到收桃老板脸一拉声响变大，说要卖就卖，不卖你挑回家自己吃，又不是收不到桃子。

毛方明说当时真想和收桃老板翻脸，但为了能把桃子卖掉，最后还是陪着笑脸给收桃老板不停递烟，才以4毛钱一斤将130多斤桃子卖掉。

因为来收桃的客户少，还把价格压得低低的，56岁的桃农王金香干脆和数十名村里妇女一道，将自家种的桃子挑到330国道莲都段马路两边叫卖，一天能卖出二三十公斤。

碧湖镇大林村桃农蓝忠明，今天凌晨3点多就到桃园里摘下400多公斤桃子，挑到村口等着收桃的货车。"头天晚上听说有人来收桃，高兴得睡不着，今年虽然便宜，但有人收总比没人收好啊。"52岁的蓝忠明挑着一担82公斤重的桃子，快步走向收桃货车。

对于压价，从松阳来的桃子收购商周世强说，他从莲都收购的桃子大都卖到温州、福建等市场，也就赚二三毛一斤，加上运费、搬运工等成本上涨，也赚不了多少钱。

购销合同寥寥无几

记者采访中获悉，莲都区即将上市的1.2万吨中、晚熟桃，和收购商签订购销合同的寥寥无几。利用网络等现代营销手段也比较缺乏。不少桃农说，压根儿就没有想过和客户签订购销合同。

是啥原因导致了莲都区桃子丰产后价格下跌、销路不畅呢？

关键是销售"短腿"。双黄乡党委书记刘鹤林分析，不少农村专业合作社只有形式上的联盟，实质性作用发挥不大，让单一客户独享其成导致销售渠道不畅通。只有搞市场标准化合作社建设或集中几个收购点，让更多客户参与进来，桃子也许价格会高些，也不难卖了。

"双黄乡桃产业已经饱和，乡里着手发展了400多亩葡萄、枇杷等水果，开发桃花生态观光园、生态采摘园，农事体验、摄影等延长产业链，为桃农创造更多的财富。"刘鹤林说。

仙渡乡农技站站长雷军成说，今年人工费上涨等，让桃农增加了种桃成本。交通不便也是莲都果农卖桃难的因素之一，场地市场建设不充分，基础设施不完善，农民组织化程度低等制约了桃产业发展。莲都区农业局副局长叶伟华说，这两年新建修建机耕路90条约300多公里，同时结合农业项目争取资金加大基地机耕路建设，把桃农的成本减下来。

"莲都区拟在近期到福建等地举行推介会和水果龙头企业主、经销商一起，签订水果购销协议、建立明晰的产销关系，让桃农增产又增收。"莲都区农业局促销办叶君勇说。

目前，莲都区提出了建设十大农产品市场建设规划，在水果产销重点区域建设交易市场。目前，已有3个市场基本建成，其他市场正在启动或投入前期建设。

莲都区农业局水果站站长黄海华介绍，莲都区已引导农户引进一些极早熟、早熟、中熟等十多个品种，让桃子从每年5月中旬至9月上旬左右错时上市，延长桃子的销售期。

有意购买莲都桃子的客商，可联系我们，支援桃农一把。

本报记者俞佳友采访桃农

佳友民情快车——《浙江日报》（第 8 届浙江新闻名专栏奖）

① 俞佳友：《脚下沾有多少泥土，心中就沉淀多少真情》，《中国记者》2012 年第 10 期。

《生活报》以首席帮办记者王海臣之姓命名的《王帮办热线》专栏，开办于 2003 年 6 月。许多读者把生活、工作中遇到的政策疑窦一股脑儿地交给了"王帮办"，"王帮办"也想读者所想，急读者所急，成了读者的好朋友。

《潇湘晨报》以记者夏雨之姓创办的《夏站长维权记》专栏，不但公布了联系电话，还俏皮地打上了"接头暗号"："喂，我找夏站长"，令人忍俊不禁。

说实话，用记者、编辑的名和姓来命名专栏，还是很有人情味的。"雪君""佳友""王帮办""夏站长"之名，口语化极强，一听马上会让人感觉仿佛是好朋友或自家人一般，十分亲切、可信。

帮办调查

农民工夜间不慎掉入摔断腿

"这个无盖马葫芦归谁管"

本报讯（帮办记者李洁嘉文/摄）1 月 28 日，50 岁的吴保贵拄着拐吃力地走进了本报王帮办工作室。一年多以前，吴保贵不慎掉入无盖马葫芦，将腿摔断。事后，他拄着拐找过好几个部门，可是至今没有找到无盖马葫芦的产权单位。

掉入无盖马葫芦摔断腿

吴保贵是兰西县农民，结婚后搬到哈市道外区居住，妻子患有间歇性精神病，儿子没有工作，全家人都靠吴保贵一人打工赚钱养活。2008 年 10 月 12 日 22 时 30 分许，吴保贵骑着三轮车从哈平路拐进朝阳路不久，便在一家仓买店门前，掉入无盖马葫芦被摔伤。当时，路人拨打了 120 急救电话，120 急救车赶到后，将吴保贵送到了医院。经诊断，吴保贵右腿三处骨折。

至今没找到马葫芦主人

由于家境贫寒，右腿三处骨折的吴保贵只住了七八天医院就出院了。即便如此，为了治腿而花费的近 2 万元医药费，还是让本来就贫困的吴保贵家雪上加霜。为了给自己讨个说法，在家调养了一个多月后，吴保贵就开始拄着拐寻找马葫芦的产权单位，他想知道这个无盖马葫芦到底归谁管。

吴保贵先去了香坊区城管局，工作人员告诉他，该局不是无盖马葫芦的产权单位。随后，他又来到无盖马葫芦所在地所属的黎明乡街道办事处，同样被告知不归他们管辖。后来，吴保贵又去了哈市供排水集团等多个部门，可是始终没有找到无盖马葫芦的产权单位。

由于吴保贵腿不好不能工作，家中已债台高筑，一位远房亲戚得知他的遭遇后，让自己当律师的儿子陈学清帮吴保贵寻找无盖马葫芦的产权单位。陈学清把吴保贵去过的部门重新走了一遍，得到的答复均为：没有相关备案资料。

后来，陈学清在朝阳村听说，2003 年，南岗区工业园区施工排水系统从这里经过，而朝阳路就在朝阳村内。于是，陈学清和吴保贵一起找到了当时与南岗区工业园区施工有关的哈市南岗区招商三局副局长孙宝成（音），经过几次沟通，孙宝成始终未明确该无盖马葫芦的产权单位是否为该局。

吴保贵向帮办记者提供了他儿子给无盖马葫芦拍的照片和当时 120 急救中心的急救收据。1 月 28 日，帮办记者与孙宝成取得了联系，孙宝成表示，招商三局做过的项目比较多，目前无法确定该马葫芦是否是招商三局几年前承担过的工作留下的。吴保贵曾经跟律师来找过他，也出示过一些证据，但他们单位的法律顾问认为这些证据无法证明吴保贵曾经掉入该无盖马葫芦造成右腿骨折，所以他们没有必要再去调查该无盖马葫芦是否为招商三局的某个项目留下的，吴保贵可以通过法律途径来解决这个问题。

王帮办热线——《生活报》(黑龙江新闻名专栏奖)

假饮水机竟称是"市长推荐"的

明星代言产品早已不是什么稀奇事，但是上门推销产品还打上"市长推荐"的旗号，这事儿就应该比较少见了吧。

不过夏站长这几天还真听说了这么件稀罕事。有人上门推销假冒饮水机，竟然还说是"市长推荐"的品牌。　本报记者夏雨 实习生李文 刘灿林 长沙报道

390元买的直饮机几天就坏了

上门推销打"市长牌"

维权进展：罗爹爹碰上了骗子

[夏站长提醒]

遇到这事拨110

夏站长维权记——《潇湘晨报》(2009 年度湖南新闻奖专栏一等奖)

（2）取全名命名专栏

有些命名式专栏干脆以记者、编辑的全名命名，这样对培育名记者、名编辑有好处，因为读者更容易记住他们的名字。反过来，对这些被打上全名的记者、编辑来说，压力也大了不少，一不小心出个差错，读者说不定就会指名道姓地“找上门来”理论。

《济南时报》以记者孙华之名命名的专栏《孙华调查》，以批评、监督见长。

《武汉晚报》以记者胡俊之名推出《胡俊视点》专栏，主要定位于舆论监督及深度报道。

花钱起名字靠不靠谱？

■在济南，起名收费少则30元，多则8万元　■专家称“姓名决定人生走向”是无稽之谈

如今，第一代独生子女大都组合家庭并有了“独二代”，给孩子起名成为全家大事，不少人怕自己起不好，于是找起名公司，找大师。据人口普查员透露，不少新生儿的名字都是通过专业的起名机构取的。

在济南，开坛布道设立起名堂馆的都是些什么人？名字到底该怎样起才好？连日来，记者走访了济南各个层次的起名机构。

重名者众，起名不容易

记者探访起名机构

起名公司、起名馆、联名斋……走访中记者发现，起名机构扎堆的地方一是在医院周边，二是在千佛山、趵突泉、大明湖等名胜景点附近。街头“江湖人士”起个名字大都100元左右，起名公司则公开标价，起个名字在900元到600元左右。但要找一些起名馆、联名斋内的大师起名，价格就更高了。

■“江湖人士”：30元一个，50元俩

■起名公司：价目公开，附加项目多

■卜名大师：5万元起价，不还价

记者测名：“大师”众口不一

相关部门：不少起名机构未注册

孙华调查——《济南时报》（2007年度山东新闻名专栏奖）

遇到还价的　就用“6两秤”

新光海鲜城一摊主基围虾“缩水”

本报讯　（记者　李芳）还价到10元/斤买到基围虾，原以为捡个大便宜，不料，复秤竟然少了一半，古田二路的张先生昨大呼“上当”。

7日，张先生致电本报称，前晚，他在武汉关公交车站等车，旁边新光海鲜城门口的店家吆喝：“基围虾便宜卖。”店主开价13元，他还到10元，店主“很不情愿”答应。挑好，过秤，6斤半，摊主立马将水注到了袋里。张先生庆幸捡了个大便宜，可回家一复秤，却只有3斤多一点，才知道自己吃了亏。

7天上午11时许，记者来到新光海鲜城，按张先生的指引找到门柱边顶头靠近王家巷方向的摊位，摊主是对中年夫妇，他们热情地推荐，新鲜的基围虾16元/斤，想要可以便宜。记者还价到11元/斤，称了3斤，随后到旁边巷子里一水果店复秤，果然只有1斤7两。

记者投诉到江汉区统一工商所。该所李所长介绍，今年来，所里接到10多起新光海鲜城玩秤的投诉，他们查过多次。遭投诉的店家一般都有两个秤，遇到还价的就用调好的“6两秤”应付，让消费者以为得了便宜。李所长表示，将加大对不法商贩的查处力度。

胡俊视点

主持人　胡俊　电话 82333333

胡俊视点——《武汉晚报》(2007年度湖北新闻奖专栏二等奖)

【专栏内存】

名专栏的客观标准

一、在读者中有较高声誉，广受读者称赞；二、经常有精品文章或轰动效应的作品；三、敢于和善于触及社会热点难点问题；四在新闻改革中对新闻理论与新闻实践有所突破。

——李楠：《新时期报纸专栏的价值取向》，《当代传播》1998年第1期

【专栏内存】

名专栏的做法

1. 优化信息，精制传播内容；2. 记录文明，推进社会进步；3. 点石成金，追求超越、升值；4. 注重品位，提高文化含量；5. 长于策划，明察张弛盛衰；6. 勇于创新，突破惯例束缚。

——刘建勋：《关于报纸名专栏的文化思考》，《新闻战线》2001年第11期

【专栏内存】

中国新闻奖名专栏评选要求

参评专栏是已连续刊播登载一年以上且年度内刊播不少于48周，每周刊播或更新不少于一次的新闻性专栏。

报纸专栏是指定期在固定版面固定位置以框、线等方式与版面其他内容隔开，相对独立，有固定名称，刊发有共同特征(同类主题、同类题材、同类体裁)的新闻稿件的单元。不含专版、专刊。

新闻名专栏要求内容选择与栏目定位、版面位置(播出时段)相适应；形式新颖，特色鲜明；文字、声音、画面生动感人；编排制作精良，社会影响较大。网络新闻专栏要求选题重要，信息量大，交互性强，图文音像并茂，编排制作精良，有比较固定的位置，社会影响较大。

——引自《中国新闻奖评选办法》(中国记协2008年12月修订)

[附]中国新闻名专栏评选新增一条：该项目申报作者指策划、采写和编辑等主创人员，署名超过6人按“集体”申报，不另报责任编辑。

——摘自2011年12月28日中国记协《中国新闻奖评选办法》

第四节　人物专栏

人物专栏以专门介绍影响较大或与本地区有接近性的新闻人物、知名人物为主。[①]

新闻学从某种意义上讲，也是人学。新闻的报道对象主要是人，关注的对象也是人，传播的对象还是人。而引发新闻的，大多也是人。[②] 在新闻报道中，人物是最不可缺少的要素，也应该是新闻报道的主角。人物专栏就是为报道这些有新闻价值的人物而设立的。

就人物报道，人民日报原总编辑范敬宜曾发出这样感叹：“人物报道的天地是非常广阔的，生活中没有被我们想到或发现的优秀人物太多了。”[③] 确实，新闻人物无处不在，关键看你有没有发现的眼力。

作为人物个体的报纸读者，可以为新鲜的新闻事件所吸引，更会为活生生的新闻人物所感动。如果说，写好人物新闻，就能为报纸的可读性加分，那么，办好人物专栏，就能为报纸的特色性加分。为此，报纸应将人物专栏提升至办报创新的高度来经营。

按照新闻人物的分类来看，人物专栏大致可分为“典型人物”“名人名家”“普通人物”三大类。

1. 典型人物

典型人物，是时代的楷模，是同时代人的骄傲和榜样。树立时代典型，不仅是中国媒体的做法，西方媒体同样也为受众树立学习的典型，只是表现的形式不同而已。[④]

如果一张报纸一年两年三年都推不出一个有影响的典型，这张报纸在

① 林克勤：《当代报纸专栏的类别及其特点分析》，《新闻界》2005年第3期。

② 朱金平：《新闻发现论》，人民日报出版社2009年版，第91页。

③ 范敬宜：《总编辑手记》，人民日报出版社2010年版，第143页。

④ 朱金平：《新闻发现论》，人民日报出版社2009年版，第105页。

读者心中就没有什么印象。[1] 能否树好典型人物，考验的是报纸的水平，以及报纸的新闻敏感性和创新能力。

典型人物是报纸人物宣传中的重头戏。一般来说，典型人物的产生有两种情况，一种是报社记者自己发现的，另一种是上级部门指定要宣传报道的。典型人物的宣传报道，对树立行业标兵、弘扬社会正气、鼓舞百姓士气大有帮助。好的典型人物报道，甚至可以影响几代人，如新华社原社长穆青等写的《县委书记的好榜样——焦裕禄》，几十年后还在感动着每一个有良知的中国人。

反过来说，典型人物选择不当或写得很虚，也会产生不良的效果。老百姓最反感的是假、大、空，尤其是那种花里胡哨的描写，大而无当的语言。我们过去在认识上有个误区，即认为非这样出不来"高度"，于是挖空心思去人为地"拔高""挖深"。事实不够就虚构，语言不够就添加，甚至移花接木，以假乱真，把一个个好好的典型写垮了。有些本来不错的典型，一宣传往往本单位就臭了。这在很大程度上是宣传不当的责任。尽管作者用心是好的，实际上是害了读者，坑了本人。[2] 这些教训，都是非常值得报纸总结、反思的。写出有血有肉、可亲可信的典型人物，当是报纸典型人物写作应追求的最高目标。

为讴歌劳动伟大，2006 年"五一"前，中宣部新闻局组织人民日报、新华社、解放军报、光明日报、经济日报、中央人民广播电台、中央电视台、科技日报、中国纪检监察报、工人日报、中国青年报、中国妇女报、农民日报、法制日报和人民网、新华网、央视国际网、光明网、中国广播网等中央主要新闻单位，共同推出《劳动者之歌》专栏。《劳动者之歌》专栏通过报道工作在与国家经济建设和人民生活密切相关的，基层一线的，工作性质特殊、环境艰苦的基层劳动者的事迹，客观真实地反映他们的工作、生活实际，讴歌他们的奋斗精神、奉献精神，使千千万万的普通劳动者成为新闻宣传的主角，树立正确的价值观、劳动观和群众观，形成崇尚劳动、尊重劳动者的浓厚氛围，为建设社会主义核心价值体系、构建社会主义和谐社会提供舆论支持。[3]

---

① 董岩、丁洪亮:《跟梁衡学新闻》，同心出版社 2007 年版，第 181 页。

② 范敬宜:《总编辑手记》，人民日报出版社 2010 年版，第 177 页。

③ 摘自《劳动者之歌》专栏参加第 18 届中国新闻奖评选的推荐材料。

农民工信赖的带头人

——记天津市建工集团二建公司劳务队长戴景明

人物小传

出体力也学技术

急援建不问价钱

待工人亲如兄弟

劳动者感言

工人们敬服的标兵岗

——记湘潭钢铁集团渣钢回收加工厂水洗球磨班

班组小传

干体力活不叫苦

成长为岗位能手

研发出国家专利

劳动者感言

劳动者之歌

劳动者之歌——《人民日报》(第18届中国新闻名专栏奖)

【专栏内存】

《劳动者之歌》专栏的特点

1. 在新闻理念上提出新思路。贴近实际、贴近生活、贴近群众是新闻宣传工作坚持马克思主义新闻观的具体化。《劳动者之歌》专栏贯彻“三贴近”原则，体现了辩证唯物主义和历史唯物主义，体现了正确的价值观、人生观、劳动观、群众观，体现了社会主义核心价值体系。

2. 在报道内容上实现新突破。《劳动者之歌》专栏搭建了一个很好的舞台，把镜头更多地对准群众，把版面更多地让给群众，让千千万万的普通劳动者成为宣传主角，实现了典型宣传、人物报道在内容上的一次重大突破。

3. 在表现手法上形成新亮点。各新闻单位精心策划，突出处理，在表现手法上进行了一些大胆的尝试，形成了新亮点。譬如，人民日报每期专栏报道处理突出、大方，在专栏中分解出“人物小传”“劳动者感言”两个子栏目，还配以主人公照片或素描、主人公签名等，从形式到内容都进行了创新，深受读者欢迎。新华社在1500字左右的篇幅里，中央电视台在两分钟左右的时间里，用最凝练的语言、最感人的细节、最精彩的画面，力求生动反映普通劳动者的平凡生活和内心世界。

——摘自《劳动者之歌》专栏参加第18届中国新闻奖评选的推荐材料

为讴歌时代先进人物，激励人民奋发向上、积极进取，中央媒体于2010年7月联合推出了《时代先锋》专栏。

飞红万点情如海

——追记第二军医大学长征医院教授孔宪涛

本报特约记者 赵建伟 唐向东 本报通讯员 肖鑫

他用毕生心血为我国医学免疫学界育出一片“人才森林”：院士2名、硕士博士144名、正副教授100多名；

他首次在国内发现5种血液系统恶性肿瘤检测标志物，为肿瘤、肝病等疾病的诊断和治疗提供了新方法；

他在临床免疫学一线奋斗60年，无私奉献了自己的全部智慧和精力——

第二军医大学长征医院一级教授孔宪涛，一个从没想过在人间留名的人，将被世界永远铭记。

“我对你们的要求，就是超过我”

第二军医大学院士王红阳，当年是孔宪涛带的首批研究生。

改革开放之初，研究生凤毛麟角，孔宪涛给他们上的第一课，竟是刷洗瓶瓶罐罐。刷试管要刷18遍，其中过酸要过9遍。王红阳当时还是个如花似玉的姑娘，双手各提一桶25公斤的蒸馏水爬3楼，累得满头大汗。

这是技工做的事嘛！研究生都不理解。但孔宪涛自有一套理由：做科研要有动手能力，而动手能力要从刷洗试管开始。

研究生很快就理解了导师的一片苦心。

王红阳说，没有孔教授，当年我的课题就没法完成，而没有这个课题成果，我就不可能作为第三世界青年科学家代表出席在加拿大召开的世界免疫学大会。那是1984年，全国才两个名额，我是二医大第一个出国的学生。孔教授让我受益终生的，绝不仅仅是一个课题的指导，而是教会我要有民族自尊心，要有自己动手克服困难的能力。

长征医院的实验室虽然在全军和华东地区首屈一指，但当年也有说不出的无奈。好不容易买了“炮”，却没有“炮弹”——试剂。外国公司鬼精，买了他的仪器，修理你得找他，所用试剂也得找他，总之要让你从此离不开他。

孔宪涛不信这个邪。没有试剂，自己制。

（下转2版）

孔宪涛教授在做实验。 （资料照片）

时代先锋——《光明日报》

2. 名人名家

所谓名人名家，即有名望的人物，就是在某一个领域取得杰出成就，并成为一种符号的人物。如我们平常经常讲的“泰斗”“元老”“大师”“专家”等。

名人具有新闻价值，而且，从来都是如此。[①] 当某位国际或国内名家、名人莅临时，当本地的某人在某领域获得殊荣成为名人后，当地媒体必定会蜂拥而上、争相采访，这就是名人名家的魅力所在。报纸也把名人名家作为人物报道的主要内容来抓。

在采访名人名家时，要带着人们盼望回答、解释的问题专访他，以利于得到权威性的解答。[②] 这恐怕也是名家名人专栏的可读性所在。

《大众日报》的《周末人物》专栏自1995年创办以来，三次获得中国新闻名专栏奖。其间经历了几次改版，《周末人物》也随着报纸改版的总体要求不断调整、完善和创新，但这个栏目始终坚持最初开办栏目的编辑思想，即内在诉求以提升读者人文素养为主旨，外在形式以贴近实际贴近生活贴近读者为要求，对稿件始终坚持政治上高标准、思想上高品位、选题上高要求的“三高”标准。[③]

① [英]托尼·哈尔卡普：《新闻工作：从原则到应用》，周黎明译，中国人民大学出版社2010年版，第70页。

② 林永年：《新闻报道形式大全》，杭州大学出版社1995年版，第180页。

③ 摘自《周末人物》专栏参加第21届中国新闻奖评选的推荐材料。

■周末人物·中国新闻名专栏

山东是中国古典四大名著之一《水浒传》的故事发生地，但"水泊梁山"究竟坐落何处，至今存有疑问。近年来，"水浒旅游"这块蛋糕，在山东省境内遭到多个县市争食，2007年这场争执甚至闹上了法庭。

山东师范大学文学院古代文学学科负责人、博士生导师杜贵晨的目光始终关注着这一社会现象。"这样的问题要作出评判，只能在学术上寻找根据。"他走出书斋，尝试把学问运用于文化产业。

杜贵晨：古典小说有文化商机

"水泊梁山"之争

学会提供交流平台

罗贯中是山东东平人

古代小说的"黄金海岸"

一代有一代之学术

周末人物——《大众日报》(第2届、3届、21届中国新闻名专栏奖)

【专栏内存】

《周末人物》专栏的特色

一、捕捉时代思潮，聚集社会热点，围绕社会热点和人的精神文化生活需求，选择报道人物、报道角度。如《我不赞成"华约""北约"》《新旧来回比掰指话红楼》《王跃文解读官场文化》等都是当时社会广泛关注的话题。《六六：我不会迎合大众》和《王海：婚姻不是必需品》，都是在影视界热播婚姻剧时，跳出社会上热议，对新时期的婚姻观作了冷静的探讨。

二、充分发掘人物的思想、情感，"以高尚的精神鼓舞人"。比如《藤柳编出世博奇缘》《一位香港社工的山东8年》，都是从人物故事中升华出闪光的思想。

三、突出文化气息，满足读者的文化需求。《中国介绍略萨第一人》，是在诺贝尔文学奖颁布之后，通过采访获奖者略萨的中文翻译，向读者介绍了略萨的创作。《倪方六：我为什么质疑曹操墓》则是在社会上对曹操墓说法一片乱纷纷之时，及时采访了质疑方，给读者一个理顺思路的平台。

四、独家采访，原生态写作。原武汉大学校长刘道玉、诺奖小说翻译大家赵德明、以谍战小说走红的麦家等等热点人物，全部是独家采访，表述上原汁原味，形成了人物写作的口述体风格。

——摘自《周末人物》专栏参加第 21 届中国新闻奖评选的推荐材料

2004 年 11 月，《文汇报》开辟了一个全新的专栏《近距离》。由于该专栏图文相配，所选人物又全是最近有热门新闻的“大腕”级新闻人物，因此，《近距离》专栏问世后，很快就成为《文汇报》的一个品牌栏目，无论是领导层还是普通读者多予以好评。①

俞孔坚

“我自爱我的野草”

人不能失去那些赖以进化的东西

近距离

近距离——《文汇报》(2008 年度上海新闻名专栏奖)

① 万润龙：《做功课与提问题——采访丘成桐、金庸、杨乐的体会》，《新闻爱好者》2005 年第 5 期。

《光明日报》的《新闻人物》专栏是对名人名家的专访和介绍。

广东省江门市是我国著名侨乡，侨乡文化、碉楼文化底蕴深厚，也出了不少文化名人。根据地域特点，《江门日报》适时推出了《对话侨乡文化名人》专栏，介绍他们用自己的拼搏、智慧和汗水，成就辉煌业绩、创造精彩人生的故事。

鲍鹏山：

面向传统 求真求善

本报通讯员 刘 广 本报记者 曾魅军

近日，上海电视大学中文系教授鲍鹏山成了众人瞩目的焦点：他对影片《孔子》的几句品评引发了一场激烈论辩。不久之后，他讲授的“孔子是怎样炼成的”也将在中央电视台“百家讲坛”播出。最近，记者就如何解读孔子及中国传统文化的问题采访了鲍鹏山。

在鲍鹏山看来，有生命力的文化作为一种资源，有助于我们解决当下的现实问题，或提供解决问题的思路、引领解决问题的方向，为我们的生活提供价值观的支持。“比如，我们正是利用传统文化中富有生命力的元素，提出了‘和谐社会’的理念，以解决中国现代化过程中出现的诸多问题，并为全球化趋势下的世界提供一种可供参考的发展模式”，鲍鹏山说。

在对传统文化及历史文化人物的解读中，鲍鹏山一直坚持两条原则：求真与求善。“求真，即求事实真相，尽量接近历史的本来面目；求善，即求价值。历史中很多细节确实模糊不清，但其基本的真实必须遵循和敬畏，不能以一己境界推测、限定先贤。”鲍鹏山举例说，电影《孔子》让孔子说出“不能改变世界，就要改变自己的内心”，这就曲解了孔子。孔子两千年来之所以被称为圣人，是有其深刻道理的，我们要放眼历史去理解其中的原因，而不能仅仅局限于当下。

从这些言谈中，我们不难看出鲍鹏山的“侠肝义胆”。面对央视主持人白岩松的专访，他曾经说过：“文人要靠言论来行侠仗义，看到不平，绿林好汉拔刀相助，我们则是提笔相助，人有了正气就有侠义。中国当代读书人都应该凭良知说话，真正提出自己的见解。”但他并非一个争胜好辩、偏激偏执的人，“予岂好辩哉？予不得已也。”对于分歧，鲍鹏山惯于温和冷静地提出自己的观点，而不做过多纠缠；对于别人的责难攻击，他也选择淡然面对。

在上海电大，鲍鹏山靠两样东西出名：一是他的学识，一是他的谦和幽默。同事们都叫他“老鲍”，出名以后，更有人起哄般地叫他“阿山”，这一个“阿”字，包含了许多亲近之情。作为电大的“明星”教师，鲍鹏山上课的特点是“有趣”“有聊”“有用”，深受学生喜爱。由于胸中有丘壑，他讲起课来游刃有余，一位学生评价说：“与‘百家讲坛’相比，课堂中的鲍老师更有魅力，没有固定的套路，时常即兴发挥。”有一次，讲到庄子的《逍遥游》，他字字珠玑，全班鸦雀无声。讲至高潮处，他转身面向黑板，当即板书起庄子的《天下篇》，洋洋洒洒，用惊叹号为整堂课收尾。事后，很多学生表示，这节课他们终身难忘。开放教育试点后，看到学生们学习古代文化的痛苦与艰涩，曾经“一下课就走人，一分钟也不留”的鲍鹏山主动在课后留下为学生解答问题，很多时候，学员们意犹未尽，散场时已是深夜十一二点。

对于传统文化的传播，鲍鹏山更是不遗余力。2006年盛夏，上海图书馆推出“千年中国·智慧人生”公益讲座，每两周一讲，第一辑便请了鲍鹏山。当时，鲍鹏山已经到安徽师大中国诗学研究中心深造，但为了这个讲座，一年间，他一次次往返于沪皖两地，乐此不疲。在上海图书馆，鲍鹏山用雅俗共赏、老少皆喜的方式为广大文学爱好者讲授先秦诸子百家的思想，很快成了上海图书馆的“名角”。他这一讲就是18次，成为上海图书馆30年来开讲次数最多的主讲人之一。2008年，他在“百家讲坛”主讲《新说水浒》，至今仍为许多观众津津乐道。

新闻人物 NEWS

主持人：王斯敏

（标题书法：沙英男）

新闻人物——《光明日报》

轻拢慢捻 粤韵生辉

——访台山籍著名琵琶演奏家李灿祥

学乐器无师自通

“小鸟”牌琵琶钢弦

曾为周总理和外国元首奏乐

振兴粤乐琵琶

人物简介

标注指法，创建粤乐琵琶体系

既是演奏家，又是作曲家

粤乐“五架头”风靡台北

对话 侨乡文化名人

对话侨乡文化名人——《江门日报》（2008年度广东新闻奖专栏三等奖）

3. 普通人物

若硬要将人群分个类，那么普通人物就是除典型人物或名人名家之外的大众人物，这些大众人物恰恰是报纸最主要的读者，也可以说是报纸的“上帝”。因此，将目光更多地盯住“上帝”，将笔触更多地倾向“上帝”，将版面更多地留给“上帝”，是各报在激烈的报业竞争中站稳脚跟的必然选择。

普通人物的写作相对比较自由，完全可以由性而发，点到为止。在具体写作中，可采用“写出小人物的闪光点”和“随笔手法写人物”两种方法。

(1)写出小人物的闪光点

绝大多数人，都有值得被人首肯的一面。那种一无是处、十恶不赦的人，毕竟是极少数。有些小人物虽然很普通，但将其可爱的闪光点细心挖掘出来，也是蛮有看头的。普通人物专栏就要多做这些“细工活”。

扬正气、树新风、传文明——2001 年起，《新民晚报》即开始注重报道“上海好心人”的优秀事迹。2009 年，正式以固定周期的专栏形式出现，着力于从百姓身边挖掘平民典型、报道平民典范、表彰平民新风、关怀平民英雄，通过营造“人间自有真情在”的向上的舆论环境，引导全社会广泛传播社会主义主流价值观，构建和谐社会，积极参与社会主义精神文明建设。①

瘫痪的老人站了起来，癫痫病的儿童明显好转……浦南医院康复科主任皮衍玲不但医术精湛，服务态度更受到病人夸赞——

她把外地病人接到家里一住两个月

上海好心人

中国新闻名专栏

她是我这辈子遇到的最好医生

● 病人阚家衡，79 岁，安徽人，“皮医生是我这辈子遇到的最好的医生！”

今年国庆期间，皮衍玲回安徽滁州老家探亲。听说皮衍玲要来，阚大爷千叮万嘱，一定要为皮衍玲设宴接风。皮衍玲口头上答应了，却临时更改了行程，提早一天回上海，到了上海才打电话给老人，谢绝了他的盛情邀请。

【现场】忙得来不及吃饭

浦南医院康复科，除了一间小小的办公室、一间红光治疗室外，其他康复器材、床位等都在大厅“打统

在记者的多年采访经历中，极少碰到这样的场景：原本采访医生，却在医院中遭遇“围堵”，许多病人主动凑上来向记者诉说感激之情，“皮医生不但医术精湛，服务态度好，碰到经济困难的病人还免费治疗，这样的医生太难得了！”这是记者在上海浦南医院康复科遇到的感人一幕。

凭借一根根小小的银针，浦南医院康复科主任皮衍玲让不少脑瘫患儿有了希望、使不少瘫痪和行动不便的病人重又站立起来、令不少失眠的病人能幸福地安睡……可当病人送来“红包”、锦旗时，她却婉言谢绝：“有你们的微笑就足够了。”

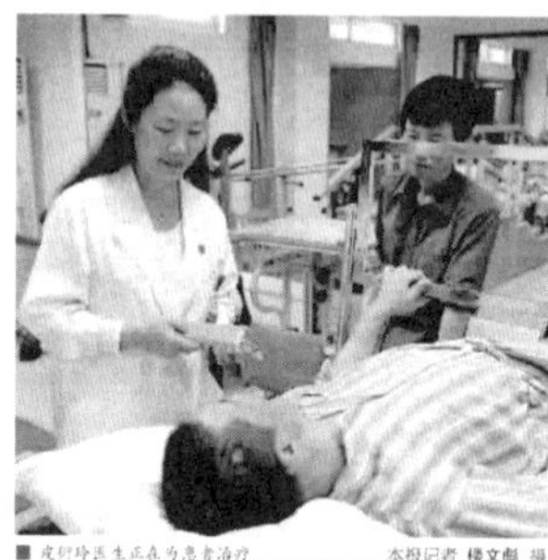

■ 皮衍玲医生正在为患者治疗 本报记者 楼文彪 摄

腿上踢得一大块乌青，但她一声不吭，接着耐心为病人看病。”

【现场】苦学“林氏头针法”

今年 49 岁皮医生，家中八代中医，本是妇产科医生，当康复医生属于“半路出家”。

皮医生说，为了提高医术，也为了和部队转业到上海的丈夫团聚，皮衍玲放弃了家乡妇产科主任一职，考取了当时冷门的上海体育学院康复专业硕士，毕业后到当时的东方医院康复部工作，之后来到浦南医院担任康复科主任。

繁忙的行政和医疗工作没有让皮衍玲停止学习，一次偶然的机会，她参加了知名中医林学俭教授举办的“林氏头针法”学习班。“林氏头针法”让皮衍玲非常兴奋，因为既有中医又有西医基础的她认为，这种针灸法能将中西医的精华发挥到淋漓尽致。

上海好心人——《新民晚报》(第 22 届中国新闻名专栏奖)

① 摘自《上海好心人》专栏参加第 22 届中国新闻奖评选的推荐材料。

【专栏内存】

《上海好心人》专栏简介

1. 凡人大爱

《上海好心人》专栏以通讯为主，记者走近群众身边，深入百姓生活，扎实寻访，用心实录，以蘸满真情的笔墨，书写出一段段温暖动人的凡人大爱的故事，描绘出一个个默默奉献的有血有肉的平民模范形象。

“上海好心人”以无私奉献谱写人间大爱，以无畏义举彰显社会正气，以无限真情传播文明风尚。几年里，300多位用实在言行塑造着上海城市精神和文明风尚的平凡人物，通过《上海好心人》专栏一次次触动着人们的心灵，一次次催动着人们奉献爱心、投身公益活动。

同时，《上海好心人》专栏由版面延伸至网络，由上海市文明办、新民晚报、上海市文明网、新民网共同开通的“上海好心人”网络频道，征集好心人线索，传颂好心人故事，构建起一块“宣传好心人、支持好心人、关怀好心人”的精神文明建设的网上园地。

2. 立足于行

2011年小悦悦的悲剧，折射出冷漠的心态；做好事被反咬，映照出无奈的困局。为扫除“不愿做好事”“不敢做好事”的阴霾，《上海好心人》专栏除继续大力推出正面典型外，更立足于行，与上海市文明办共同发起了“上海好心人”系列活动，极大地增强了专栏的互动性和实效性。

3. 社会接力

版面上讲述真情，生活中传递真爱，《上海好心人》专栏言行并举，赢得了多方赞誉。中央文明办、上海市委主要领导都多次肯定这一专栏，新华社、中央电视台以及众多地方媒体、新浪等网络媒体除转载“上海好心人”专栏的报道外，对于“上海好心人”专栏发起的活动给予了高度评价，称其为“一种创新和创举”。

在《上海好心人》专栏极力营造的“人人关怀好心人，人人争做好心人”的社会氛围中，许多人都接力爱心，倾情公益。特别是在2011年12月4日第26个“国际志愿人员日”到来之际，许多企事业单位和个人共同开展了为来沪务工人员子弟办图书角、关爱自闭症儿童、为贫困先心病患儿免费手术、社区义诊、开通残疾人绿色电信账务通道、陪老人聊聊天等一系列志愿者活动。

——摘自《上海好心人》专栏参加第22届中国新闻奖评选的推荐材料

(2)随笔手法写人物

写人物的手法很多,用随笔手法可能更胜一筹。因为随笔篇幅短小,表现形式灵活自由,可以抒情、叙事或评论。对于作者来说,比较喜欢这种写法,创作起来可收可放,自由度比较大。

《东莞日报》的《大城小事》专栏就是用随笔的手法写人物。或艰辛、或感人、或新鲜、或好玩,《大城小事》专栏讲述的是东莞这座城市里的普通人和他们的故事,展现的是城市生活中的真实状态。

《浙江日报》的《凡人记录》专栏,也经常用随笔的手法来写一名普通的老百姓。

凡人记录

山乡里的现代愚公

本报记者 陈洪标
《永康日报》记者 陈李新

永康市前仓镇大处村的乌岩山上,一位80多岁的老人,用自己发明的办法,独自一人将每块重达120公斤的大条石"挪"上高山,三年里砌起了1039步台阶,令人惊叹不已。

拄着拐杖去修路

这位老人名叫章礼金,今年82岁。从30岁开始就患了坐骨神经痛,不能走路,吃了药开了刀,过几年后又复发。

几年前,看病路上的一场车祸让他的行动更加不便。但是,老人不想就这样一直躺在床上,在做了第二次手术后,开始对自己下"狠手",拄着拐杖去修路,这成为他锻炼身体的奇招。

从2002年开始,每天一大早,他就背起锄头上乌岩山除草修路。过了半年多,山路渐渐变得平整起来,他身上的一块块肌肉也结实起来了。章礼金越干越有劲,他在村里的一座乌岩山上造起了亭台楼阁,吸引了附近的村民纷纷前来爬山看风景。

看着村庄四面环山,风光秀丽,看着每天上山到凉亭里的人越来越多,章礼金突发奇想,利用村庄优美的山水风景来发展旅游业。

2007年,章礼金心中有了将乌岩山打造成风景区的设想,可是如果想吸引外来游客,还得让乌岩山再上一个档次。因此他决定选用条石为乌岩山铺一条路。

当年造金字塔也不过如此

5月2日,章礼金向记者演示了他是如何将120公斤的条石挪上山的。一块如此重的条石要背上山一定要想个巧办法。在该村,他找不到帮手,这可如何是好。此时,他想到了埃及的金字塔。经过反复思考,最后,他在山上找到一根优质木材的树丫做了一个"三脚架",再用橡皮带套住条石,套上条石后,他将木棍一头架在树丫上,另一头扛在自己肩上。这相当于减轻一半的重量。由于树丫放在上坡,他抬起木棍另一头后,支撑着的木棍就会滑向上坡,他放下条石后,条石就上了一个台阶。就这样,他将条石一步步搬上大山。随着台阶接近山顶,他搬条石所花的力气也就越多。至今,他已完成了1038步台阶。当铺到1039步台阶时,他就要重复这个动作1038次,才能完成第1039步台阶。现在他一天最多只能完成一步台阶。

在山坡的台阶边,记者看到了一个个灶台。山路共有60个弯,每10弯就会有一个灶台。老章告诉记者,这是他在修路时留下的。修路消耗大量体力,老章每天汗流浃背。每到中午,他就会在山坡上就地取材生火做饭、烧开水。饭后再继续干活。

记者看到,他一步一步挪条石的动作十分平稳,显然,他对挪条石已十分熟练。在第20弯,已到了中午。老章开始生火做饭。在附近的竹林里,他用随身携带的柴刀挖出一根又白又大的竹笋。把笋放入锅里,再加点盐烧开就是一个菜了,再烧上一锅饭,就是一餐。

章礼金的"挪"石大法。 陈洪标 摄

修路修成了大力士

三年来,章礼金老人不但没有累倒,身体反而越来越好。如今,他能挑着150斤的山货上下山,走2.5公里的山路不觉得累。可以算得上是老年人中的大力士。

最让老章高兴的是,从30多岁就开始折磨自己的坐骨神经痛,竟然神奇地好了,连常年给他治疗的医生也不敢相信。

章礼金的妻子因为经常上山送水送饭,身体也慢慢好了起来。

"年纪这么大了,还要做这样苦的活,太不值得"。刚开始修路遭到一些朋友的好心反对。看到他们身体好起来,他们的做法得到了子女们的支持。儿子章高虎开玩笑说,这是因为上天看到他们修路有功。

吟诗是最好的休息

修了三年的路,他从不带水,喝的都是山里的泉水。"这乌岩山的泉水特别甜。"老章说。现在他平时不喝开水,一直保持喝泉水的习惯。

老章还告诉记者,在秋季,路边有许多野果,如山黄柿、野板栗等都是他的美食。有时他也烧方便面,但这种东西吃多了没胃口,所以这三年来,一到秋季,他大多吃米饭和野果。

修路的历程是艰辛的,有时会觉得有些乏味。但是他苦中有乐,每修一处,他都会被当地的景色迷住,诗兴大发。

后来,他干脆把自己的诗词刻到山崖上留作纪念。"一弯一弯又一弯,乌岩山上三个弯……""乌岩山上六十弯,亮弯尘中刚刚半,上下三十各分摊"等。吟诗刻字成了他劳作中途最好的休息方式。

凡人记录——《浙江日报》

变迁

■朱方方

改革开放以来，金叔家的生活发生了翻天覆地的变化。

金叔今年五十多岁，性格开朗，是一个很有趣的人。一个很偶然的机会，我认识了金叔。然后一来二去，我就成了他的“忘年交”朋友。今年6月，我应金叔的邀请到他家做客。金叔的家是一座很精致的小洋楼，小洋楼前后栽花种草，绿意浓浓，红花点点，点缀着金叔一家人的幸福生活。

小洋楼装点得时尚漂亮，现代家具电器一应俱全，三楼还摆着一架做工精美的钢琴。金叔解释说钢琴是小孙女的。金叔风趣地说，如今物质生活丰富了，咱们也要“精神精神”嘛！那天中午酒到半酣，金叔摸着下巴惬意地对我说，现在什么都有了，房子有了、车子有了，吃的喝的就更不用犯愁了。金叔的老伴金婶接过话头说，这可是多亏了改革开放啊！金叔连连点头感慨道，还是改革开放好啊！

正说话间，金叔的五金厂里一个经理打来电话，说厂子里来了重要客人要金叔过去接待。金叔向我致了歉，然后风风火火地驾上他的本田轿车走了。金婶用她有点儿拗口的粤式普通话跟我聊了起来。金婶告诉我，改革开放前，他们家同沙头所有人家一样，过着一穷二白的日子。房子破旧不堪，家里连一件像样的家具都没有。加上他们家孩子也多，生活就更是窘迫。一家六七口人的吃喝常常让金婶头痛不已，忍饥挨饿也是常有的事。记得有一年，他们家过年连买肉的钱都没有，看着孩子们眼巴巴的样子，金婶的心都是疼的。金叔那时候才三十来岁，整天也是愁眉苦脸，唉声叹气的。金婶说，那个时候真不知道穷酸日子什么时候才是个头。

改革开放以来，金叔家的生活发生了翻天覆地的变化。先是不愁吃不愁喝了，接着盖起了新楼房，生活是芝麻开花节节高。1996年，金叔创办了一家五金制品厂，现在厂子有了一定规模，产品也受到了客户的广泛欢迎。金叔似乎变得更年轻了，金婶脸上的笑容更多了。他们的大儿子负责厂子的日常经营管理，小儿子大学毕业后进了一家事业单位工作。女儿和女婿则开了一家服装加工厂，自己当上了老板。别的不说，金叔家光是私家车都买了四五台，除了金婶，每个人都有一台自己的车。金婶感叹着说，这在以前可是想都不敢想的啊！

那天从金叔家出来，已是华灯初上了。婉言谢绝了金叔用轿车送我回去的提议，我一个人漫步在街道上。黄昏时分的街头夜色缤纷，流光溢彩。悠闲的人们从身边从从容容地走过，边走边愉快地聊着什么；广场上人们伴着悠扬的乐曲轻快地舞蹈；路边草地上花影下一对对恋人在卿卿我我，悄悄说着情话。

闻着一路花香，走在回公司宿舍的路上，我又想起了金叔的话：还是改革开放好啊！

大城小事——《东莞日报》(2008年度中国地市报新闻奖专栏一等奖)

第五节　临时专栏

顾名思义，临时专栏就是报社编辑部出于近期报道策划需要，而临时设置的专栏。

与固定专栏相比，临时专栏的时间短、刊发期次少，与新闻的“易碎品”这一特性一样，过一阵子这个专栏就消失了。当然，也有些特例，如为贯彻落实事关全局的重大决策和纲领性文件而设置的临时专栏，也要开设数年。中共中央总书记胡锦涛在2003年7月28日的讲话中提出“坚持以人为本，树立全面、协调、可持续的发展观，促进经济社会和人的全面发展”的科学发展观理论，2007年的中国共产党第十七次全国代表大会将“科学发展观”写入党章，成为中国共产党的指导思想之一。自此，各报纷纷开设有关“科学发展观”的专栏，这一开就是五年时间。

也正因为临时专栏的“寿命”相对不长，更迭较快，给喜欢不断出新的报纸提供了用武之地。他们可以临时动议开设有特色的专栏，过一阵子又冒出一个新专栏，常换常新，让读者感觉新意十足。

从内容上看，临时专栏的内容往往事关全局或是当前社会焦点。因此，临时专栏可分为“重大新闻”和“热门话题”两大类。

1. 重大新闻

重大新闻，历来是报社最为重视，必倾全力加以报道；重大新闻，也是读者最为关注，必探究竟看个明白。

为重大新闻事件设置的临时专栏，又可细分为“重要活动”“重大节庆”“重要决策”“重大行动”“重要会议”“重大事件”等六个小类。

(1)重要活动

重要活动专栏，是指报纸为报道由国家一级层面举行的举世瞩目的活动而临时设置的专栏。如 2008 年北京奥运会、2010 年上海世博会，前者专栏开设时间一般为一二个月，长的有七八个月，后者专栏开设时间一般为 6 个月，长的达 1 年。

2008 年 8 月，第 29 届夏季奥运会在北京举办。为报道好这一盛会，各报都拿出浑身解数，可谓是“八仙过海，各显神通”。以报道体育新闻见长的《北京青年报》大显身手、强势出击，加之地理、人脉优势，更是如虎添翼。2008 年初，《北京青年报》就在体育新闻版推出《关注奥运》专栏，报道北京奥运会的各项准备工作，开幕前 5 个月将《关注奥运》专栏升级为专刊《瞰奥》。如今，这些编排精美的《瞰奥》专刊已成为收藏的热门。①

关注奥运

残奥会开/闭幕式购票人月底前交照片

本报讯（记者 陈凯一）昨天，记者从北京奥运票务中心获悉，北京 2008 年残奥会开/闭幕式将采取实名制入场，购票人须在本月 31 日前提交本人照片和个人信息，以便入场时验证所持门票的真伪和有效性。

据介绍，北京奥组委对北京 2008 年残奥会开/闭幕式购票人照片和信息的采集工作将从本月 10 日开始，一直持续到本月 31 日截止。北京奥组委将向中华人民共和国境内（港、澳、台地区除外）的残奥会开/闭幕式门票的公众购票人邮寄《北京 2008 年残奥会开/闭幕式门票购票人登记表》（以下简称《登记表》），《登记表》还可在第 29 届奥林匹克运动会官方票务网站（网址：http://www.tickets.beijing2008.cn）下载，或到各中国银行门票代售网点索取。

购票人按照要求填写并粘贴本人照片后，连同本人身份证件复印件一起提交到中国银行门票代售网点。本人递交或委托他人代交均可，邮寄无效。提交时，购票人须出示本人身份证件原件；如委托他人代交，购票人和代办人需在《登记表》中签署委托书，代办人须出示身份证件原件并提供复印件，证件原件经查验后即时退还。

如购票人为他人代购了残奥会开/闭幕式门票，购票人须通知该受票人及时提交其照片和个人信息，提交内容和方式与购票人相同。

据悉，购票人所提交的照片，应为本人近照（拍摄日期不早于 2006 年 8 月）、正面、免冠、白背景或均匀背景、无边框的彩色小 2 寸证件照片（尺寸为 48 毫米×33 毫米）。

身份证件须与购票人在提交门票预订单时登记的身份证件一致。复印件具体要求为：使用白色、A4 幅面复印纸复印，姓名、证件号码、照片和发证机关等部分须清晰可辨。中华人民共和国居民身份证须正反面复印，其他证件须保证姓名、照片、证件编号、发证机关、有效期等内容在复印范围之内。

北京奥运票务中心相关负责人表示，提交本人照片和个人信息是购买北京 2008 年残奥会开/闭幕式门票的必要环节，购票人须保证所提交的照片和个人信息真实、准确。如购票人不能按时提交或提交的文件不符合要求，相关购票人的购票资格将被取消。

购票人对提交照片和个人信息方面有任何疑问，可以致电北京 2008 年奥运票务呼叫中心询问，电话（010）952008。

“身高”4 米 蓝黄彩条 可载百人 喷雾减排

奥运公交双层大巴今日上路

本报记者王帅报道 今天首车开始，50 辆新型欧Ⅳ双层大巴将替换特 8 路内环原有的旧双层车，上路运营。奥运前，还将有 400 辆公交双层新车完成全市双层车的新旧更替。昨天，28 名沿线乘客代表和记者一起体验了新型双层车。

记者在现场看到，此次更换的新型双层客车身长 12.6 米，从底盘至顶部高 4 米，车厢内部更为宽大，满载可达到 100 人。外形设计具有现代感。车身整体采用银灰色，与北京整个城市的主体颜色相统一，更具人文气息。侧面下部有蓝色和黄色的彩条，标志性的颜色代表了北京公交的形象。记者发现，新车标明高度为 4 米，而旧车为 4.18 米。据技术人员介绍，新车微微“缩个儿”主要是为了可以顺利通过环路所有的桥洞。这也可以说是为北京量身定做的公交车。

新型双层车采用了更多人性化的设计。此次新车与以往相比最大的不同就是，车厢内的楼梯被安置在车厢的右侧前部，并且由原来的向前开改为了向后开，这样的设计更有利于保证乘客的乘车安全，当车辆制动时，正在下楼梯的乘客不会因为车的惯性而向前冲。

记者看到，新型双层车在许多细节上都颇花心思，如采用二级踏步，方便乘客上下车；在一层车厢前部轮胎隆起处设置了行李架供乘客放置行李物品；二层风挡玻璃前设有保险杠，有力地保证了一排乘客的人身安全；二层车厢后部还装有紧急按钮，遇到突发情况时，乘客可以通过按钮及时寻求司乘人员的帮助。

记者了解到，新车的欧Ⅳ柴油发动机由于增加了柴油滤净器，机内燃烧的柴油更加纯净，从源头降低了有害气体的产生。而且，新车还增加了尿素罐和喷雾装置，在尾气排放前先喷洒适量浓度为 35% 的尿素溶液，使尿素含有的氮气和尾气中的一氧化碳、碳氢化合物等有害气体发生化学反应生成水，从而进一步降低尾气污染。此外，刹车噪音的减小也有效地减少了噪音的污染。

■摄影/本报记者 袁艺

关注奥运——《北京青年报》

---

① 胜利书报馆报价：《北京青年报》北京奥运会开闭幕三天报(8 月 8 日 60 版，8 月 9 日 48 版，8 月 25 日 48 版)一套 29.8 元(不含邮费)，2012 年 10 月 20 日采自中国收藏热线网站。

北京青年报

瞰奥

难说再见

本报今起推出回望北京奥运系列报道

瞰奥——《北京青年报》

2010 年 5 月 1 日至 10 月 31 日，我国举办了举世瞩目的上海世博会。毗邻上海的《宁波日报》推出《世博零距离》专栏，及时报道这一盛事。

同样是报道上海世博会，地处上海的《解放日报》从“如何当好东道主”这个角度，推出了《我们如何当好东道主》专栏，倡导上海市民错峰游园，展示文明风采。

上海世博会迎来第四场试运行

客流量达30万人

上海世博局再提醒：

五月前三天均为“指定日”
持“平日票”不能入园

新华社上海4月24日电（记者吴宇 许晓青）24日距离中国2010年上海世博会开幕还有7天。上海世博会事务协调局再次提醒广大观众，按照票务方案，5月1日、2日和3日均为“指定日”，只有持标有以上日期指定票的参观者，才可以进入世博园区。持有平日票的参观者切勿前往，以避免造成秩序混乱。

据上海世博局介绍，在上海世博会184天的会期里，共有17个“指定日”，分别是5月1日至3日，10月1日至7日以及世博会闭幕前一周（10月25日至31日）。在这17个“指定日”里，参观者只有持“指定日”门票才能入园。

世博交通首个“周末模拟考”

上海地铁跨零点加班

新华社上海4月24日电（记者陆文军）从上海地铁部门获悉，为了配合4月24日、25日两天周末世博会试运行，上海地铁5条涉博线路将在末班车后加开世博专列，均跨零点运行。

据介绍，为配合双休日闭园时段离场运力测试，上海地铁4、6、7、8、9五条涉博线路除按照常规运行外，为满足世博园离场客流到达市中心区域的需求，还将在末班车后加开世博列车，加开列车只在涉博车站办理上下客业务，其他车站只出不进。

印度馆——城市与和谐

印度馆的建筑灵感来自位于艾哈迈达巴德的 Sidi Syed 寺，将是一种“看似不可能”的建筑。

世博零距离——《宁波日报》

更重要的"准备"

开栏的话：今天，离世博会的开幕只有短短18天了。上海准备好了——场馆设施一日一样，全体市民热情以迎。然而更重要的准备，还要数2000万上海人的"东道主意识"。从今天起，本报开辟"我们如何当好东道主"的专栏，希望引起公众的热议和讨论。

世博会在上海举办，中国人，尤其是2000万上海人，理应当好东道主。当好东道主，不是一句口号，而是十分实际的责任。我们既要有海纳百川的宽广胸襟和高扬热情，又要有"将方便留给客人"的恳挚和细心。世博会期间，数千万中外宾朋来到上海，他们都是上海的客人，都应享受到上海人的照顾和厚待。上海人要"与人方便"，大至客流高峰日，上海人能不能避让一下；小至停车场一旦紧缺，上海人能不能不与客人们"争地盘"……都体现着"东道主意识"，都显现出上海人的大气和真情。

做好东道主，是上海人的光荣，也是对上海人的考验。做好东道主，既要有心理上的准备，也要有行动上的准备。2000万上海人，要再想一想我们为何做好东道主，我们如何把方便留给八方客。这样，我们就可以更响亮地回答——上海准备好了！

“啥辰光去看世博？”我们作为东道主有更多选择

错峰游园，方便留给八方客

本报记者 刘颖

我们如何当好东道主

上海世博会开园在即，"什么时候去看世博会？"已成为很多上海市民热议的话题。各种媒体和互联网上，有关世博会的"游园攻略"也层出不穷。近日，上海世博会组织者建议，家门口办世博，上海人有的是"天时地利"，作为东道主的上海市民，不必着急在开园之初轧闹猛，也不必在双休日等高峰时间排长队，不妨"错峰游园"，给予远道而来的海内外游客方便的同时，也能欣赏到世博会别样的精彩。

一项调查显示，6月和9月将是世博会游客相对较少的低峰期。上海世博会从5月1日开幕到10月31日闭幕，5月、10月是开幕月和闭幕月，刚开始的"新鲜劲"和快结束的"留恋感"，将会吸引较为集中的客流；7月、8月正是学生放假的暑期，估计很多家长会选择在这期间和孩子一起参观世博，人流也会因此增加；而6月和7月初，由于学生要参加期末考试及中考、高考，预计客流相对较少。因此，建议市民多选择在6月和9月观博，既错开客流高峰，又把方便留给海内外来客。

具体到一周来说，也有"错峰"的讲究。双休日里，长三角尤其是苏浙游客，来世博会参观的会比较多，非指定日的周一到周五，世博会游园客估计不会爆棚。市民不妨利用个人的年休假期，选择周一到周五入园参观，避开周末高峰时段。本市一些企事业单位，也可考虑为职工安排轮休，鼓励本地市民日常时间观博。

再具体到一天内，"错峰游园"也会有惊喜的发现。世博会专门出售夜场票，这就传达出一个明确信号：夜游世博有看点。白天的园区庄重典雅，入晚后则璀璨夺目。夜场票又便宜，还没白天那么挤。在黄浦江边吹吹江风、看看演出，夜空中绽放出美丽的烟火，别有一番风情。

世博会运营方将及时公布客流等游园信息，比如团队客人数会提前一天告知，当天入园人数也会即时发布。因此，上海市民可先在网上等查看相关信息，根据预测客流数调整出行计划。比如，当园内人数达到30万到40万人时，运营方就会发布橙色预警；达到50万人时，就会发布红色预警。身为上海市民，自会比海内外游客有更多的调节时间余地，遇到此类情况时，不妨主动"让出"参观机会，以尽东道主之谊。

我们如何当好东道主——《解放日报》

(2)重大节庆

重大节庆专栏，是指报纸为报道重大的节日、庆典而临时设置的专栏。

为庆祝新中国成立60周年，《浙江日报》在2009年国庆节前几月推出了《东风第一枝》和《一户人家60年》两个较有特色的专栏。《东风第一枝》从宏观上描绘了60年来我国各个领域迎着东风绽放的第一枝报春花，展现中国人民、浙江人民开创的多个世界第一、全国第一；《一户人家60年》则是从微观上反映新中国成立60年来，老百姓家庭生活发生的翻天覆地的变化。

东风第一枝

庆祝新中国成立60周年

新安江上的人间奇迹

本报记者 [illegible] 通讯员 [illegible]

历史档案：1957年4月1日，在新中国水电建设史上具有里程碑意义的新安江水电站，在建德县破土动工。这是我国自行设计、自制设备、自主建设的第一座大型水力发电站。

1957年建设中的新安江水电站。

工人们在进行变压器维修。

新安江上，铜官峡中，百米高坝巍然耸立，展示着新中国自行设计、自己建造的第一座大型水电站的雄伟风采。

[illegible]，青山环翠，一江碧水滚滚东去，见证着千千万万建设者[illegible]的人间奇迹。

说起新中国水电建设史上这光辉的一页，全程参与水电站建设、当年为第一台机组并网发电发出指令的省级劳模、79岁的周锡峰老人就忍不住内心的激动："只有在新中国，只有在共产党的领导下，才能完成这么大的工程，才能实现多少代水电人的梦想！"

昔日的新安江，滩多流急、河床坡降大，流域内降水丰沛，坝址地质以沉积岩为主，在这里建造大型水电站是老一代水电人的夙愿。早在1947年，国民政府全国资源委员会就对该流域进行了水力资源勘察，还一度提出依靠美国贷款进行建设的开发方案，然而因为国弱民贫，无果而终。

新中国成立后，国民经济迅速恢复发展，长江三角洲地区电力供需矛盾日趋突出。为了突破这个制约我国经济发展的瓶颈，在新安江上建设大型水电站的宏伟设想摆上了党中央、国务院的议事日程。1956年6月，经过数年勘测、论证，国务院批准将原定国家第二个五年计划项目的新安江水力发电工程提前列入"一五"计划。这年8月，成立不久的新安江水力发电工程局进驻工地，开始历时半年的准备。1957年4月1日，电站主体工程正式动工。

就在这年5月，曾在浙江黄坛口电站和吉林丰满电站工作过的周锡峰，来到了新安江。同年8月，刘玉春等12位刚刚在苏联结束了水电站机械化施工和管理学习的技术人员，一回到北京，就被分配到新安江参加水电站建设。在赶赴新安江的路途中，12双手紧紧相叠，12名老同学共同立下誓言：一定要为祖国的水电事业奉献青春！

回想起当年的情景，今年已经74岁的刘玉春仍为能参加新安江水电站的建设感到无比自豪，因为这对当时才20多岁的他来说，极富挑战意义。

施工初期，国家经济基础薄弱，又缺乏建设大型水电站的经验，还遇上经济困难时期。有的人面对这遮天蔽日的高山、滚滚东流的江水，不敢相信在短短几年内能够筑成大坝，发出电来。他们说，别看新安江枯水期间清波粼粼，有些地段甚至宁静得像个姑娘；可是一到洪水季节，会像一头被激怒了的猛兽，横冲直撞。要利用这条江来发电，谈何容易！

然而，参加建设的人们，在"自力更生建设新中国最大水电站"这一宏伟计划的鼓舞下，以不向任何困难低头的顽强意志，以"让高山低头，叫河水让路"的战斗精神，头顶蓝天、脚踩荒滩，逢山开路、遇水搭桥，日夜奋战整整3年，提前两年就实现发电。

"那时，大家住草棚、点油灯，24小时轮班施工，但没有一个人喊苦喊累"，周锡峰和刘玉春两位老人都清楚地记得，一开始，没有大型机械，大家就用肩挑、人抬、手推车拉。到后来，随着我国自己制造的大型机械设备的陆续到来，建设速度大大推进了。

建设中遇到了无数难以预料的困难。1959年上半年，遭遇接二连三的大洪水，加之左岸坝头突然塌方，20多万方碎石填满了施工中的左岸基坑，给整个工程带来巨大的困难。刘玉春回忆说，"看着无数个日夜的劳动成果被毁，大家心里别提有多难过了。"

就在这个时候，1959年4月9日，敬爱的周总理亲临工地视察，并欣然写下了激动人心的题词：为我国第一座自己设计和自制设备的大型水力发电站的胜利建设而欢呼！

那一天，漫山的杜鹃花开得如火如荼。时任机械队党支部副书记的刘玉春，挤在人群中，目不转睛地望着周总理从工地缆索桥上走来，从自己跟前走过，内心的激动无法言表。

周总理的到来和亲切关怀，给了近万名电站建设者极大的鼓舞，激发起大家战胜一切困难、提前完成新安江水电站建设的信心。"整个工地上掀起了热火朝天的劳动竞赛！大家你追我赶，[illegible]，参战人员苦战两个月，终于把压在左岸基坑里的碎石全部清理干净，为提前发电创造了条件！"刘玉春越说越激动。

1960年4月22日，这是全体建设者翘首期盼的一天，也是周锡峰终生难忘的一天。"开机发电！"这天下午，随着周锡峰的一声令下，水电站的第一台发电机隆隆转动，强大的电流从此源源不断地从这里输往华东电网。在场的许多工人喜极而泣。

半个世纪过去了。今天，新安江水电站总装机容量已达84.5万千瓦，发电量累计达800亿千瓦时，为祖国的经济建设作出了巨大贡献。不仅如此，它还为我国建设葛洲坝、长江三峡等大型水电站积累了宝贵经验，输入了大量人才和技术，被称为新中国水电建设史上的丰碑。更为可贵的是当年一代水电人自力更生、艰苦奋斗，为祖国建设奋勇拼搏的精神，影响了一代又一代的建设者。

今天，在新安江水电站自力更生优良传统的激励下，我国的水电事业蓬勃发展。浙江的电力工业也发生了翻天覆地的巨变，秦山核电站、天荒坪抽水蓄能电站、北仑电厂、镇海电厂等各类电站崛起在浙江大地上，为浙江经济的发展提供了强大的动力。

更值得一提的是，因新安江水电站建设而形成的新安江水库千岛湖，还以其"人行明镜中，鸟度屏风里"的美景，成了闻名遐迩的旅游休闲度假胜地。

东风第一枝——《浙江日报》

与公交车结下不解之缘，冯宝正一家见证了杭城60年变迁的点点滴滴——

穿行在城市的昨天与今天

本报记者 朱海兵 通讯员 祝荣强

晨曦中，送走一群群上班上学的人；暮色中，迎回一群群回家团聚的人……就像一首昼夜不息的交响乐曲，公交，永远和着城市的优美旋律。

本文讲述的是杭州一个"公交世家"60年来的故事。

杭州刚解放时，公交车都是战时留存下来的老式"洋客车"，燃料用木炭，手摇发动，灰尘多、噪音大、故障多

白发苍苍的冯宝正，如今已是86岁高龄。作为杭州公交系统最早的售票员之一，公交车，贯穿了他的大部分人生。

冯老出生的那一年，正是杭州也是全省开通第一条公交线路的次年，那是湖滨至灵隐的公交汽车线路，单程7.4公里，也就是现在7路车线路的前身。1945年，冯老成为杭州公交车的售票员。

"解放前，乘坐公交车对普通市民来说，比今天坐奔驰、宝马还要值得炫耀。"冯老说。

1949年5月3日，杭州解放。"那时的公交车，都是战时留存下来的道奇、福特、雪佛兰等老式'洋客车'。当时汽油紧缺，燃料用木炭，手摇发动，灰尘多、噪音大、故障多。老百姓还编了首歌谣：'一去两三里，坏车四五回，推车六七次，八九十人推'。"

"我1951年到松阳当长途客运站站长，1952年回到杭州，成为7路、3路等公交线路的组长，管理培训售票员，有时自己也上公交车做售票员。"

1953年，杭州市公共交通公司成立，统一经营全市的公共交通，有56辆公交车，8条公交线路。

"此后杭州公共交通的变化就大了，为方便市民出行，曾自力更生改装12辆苏联吉斯150型卡车的车身，投入运营，还曾研制出木质骨架、毛竹片代替弹簧钢板，以竹木为主要车身材料的公交客运拖挂车。有一段时期，还将沼气装入橡胶帆布袋，置于车厢顶上提供燃料，运行起来'呼扇呼扇'响，像只大蛤蟆。上世纪60年代初，杭州还开通了首条无轨电车线路。"

至1979年退休，冯老一直没有离开过公交行业。公交，是那个年代绝大多数市民的出行选择。

冯家第二代公交人经历的是城市公交的成长期，当时的公交车，多是杭州自产或组装的车型。新开辟、调整和延伸了一大批公交线路

令老人欣慰的是，他挚爱的这份事业，影响了子孙两代人。

冯老有7个孩子，5个孩子从事公交。其中老三的儿子冯佳林也进入了公交系统工作，是这个大家庭从事公交工作的第一个第三代。

做过公交车售票员、驾驶员，现在杭州公共交通集团有限公司二公司做新驾驶员专管员的老六冯顺平，他的妻子陆平也是一个公交车驾驶员。"也许是受父亲的影响，我们家有一种公交情结。"冯顺平告诉记者，逢年过节聚在一起，公交始终是一大家子人谈不完的话题。"我和妻子，就是在开8路车时相识、相知，到相爱结婚。"

48岁的陆平，是冯老感到特别骄傲的媳妇。她从1983年做公交车驾驶员以来，安全行驶120万公里。陆平说，她刚工作的上世纪80年代初，所驾驶的公交车，多是杭州自产或组装的车型。那个时期，杭州新开辟、调整和延伸了一大批公交线路。但大多数线路的路况仍然很差，经常只够一辆车勉强通过，还颠簸难行。

"那时的公交车性能与设施没有现在好，夏天开车尤其闷热，冬天则因密封太差四处漏风，冻得发抖。最怕的还是下雨，一开车，雨水就从玻璃缝隙进入车厢，驾驶室、乘客座位上到处都是雨水。"

46岁的冯月梅，是冯老最小的女儿。1981年，正是18岁花样年华的她，也选择做一个公交车售票员。她与丈夫张可求的爱情就是在9路公交车上收获的：在同一辆车上，她是售票员，他是驾驶员……

上世纪九十年代以来，公交车上有了无人售票、语音提示，也有了空调、电视……沿途的风景更是日新月异

冯老还很清楚地记得，他做售票员时，根本不用吆喊提醒。"那个年头公交车稀少，等公交车半个小时、一小时是常事，看到车子来，大家老远就一窝蜂地跑过来了"。

到小女儿冯月梅刚做售票员时，她手持塑料或铁皮做的票板，根据抵达的站点远近，撕下不同面值的车票给乘客。在车子转弯或到站前，她还得把头探出窗外，边用卷起来的小红旗用力拍打外侧车身，边大声喊着，提醒行人、车辆注意避让。

"现在的公交售票，是我当初做梦都不敢想的。"冯老爽朗地大笑起来。1993年12月，杭州公交在16路上率先推行无人售票的乘车方式，同时还在全国率先使用IC卡刷卡乘车。紧接着，杭州绝大多数公交车都开始陆续实行无人售票，提醒"行人、车辆请注意安全"的则是自动语音装置。

从曾经"嘎吱嘎吱"作响的木头车、竹制弹簧钢板车，到如今平稳舒适的仿古观光车、空调车；从曾经"沙丁鱼"式挤公交的"冬天人发抖、夏天一身汗"，到如今"吹空调、听音乐、看电视"的星级享受；从曾经"你提几只鸡、我拖几只鸭"的[illegible]乘公交，到如今凭老年卡可以免费坐公交……

人们常说，公交车是展示一个城市的"窗口"。那么，在这个"窗口最前排"的驾驶室一坐就已26年的陆平，无疑有着更多的感慨。

她所看到的"风景"，已记不清发生过多少次变化：天天所经过的那些狭窄、坑洼"羊肠"道，不知何时变成了宽敞、平坦的大马路；天天所看到的那些低矮、破旧的小平房，也不知何时变成了鳞次栉比的高楼大厦；天天所碰面的那些穿着几近清一色服装的乘客，不知何时衣服变得花花绿绿、多姿多彩……

"从解放初到现在，虽然只过了一甲子，但变化简直就是一个地、一个天。"冯老扳着手指，"你看，杭州市的公交车数量，解放初只有数十辆，我退休时还只有几百辆，现在竟有5000来辆。调度，也早已不再手工，全是智能化了。线路，原来只有一种普通线路，现在光特色线路就有高峰快车线、假日线、旅游观光线、通宵线、夜间线、校区专线、购物专线、电信专线、快速公交等等，据说有150多条。"

公交线路的拓展，也是一个城市的拓展。翻开最新的杭州旅游交通地图，老人指着上面一条条密密麻麻的公交线路说："我现在最盼的就是通地铁了……"

▲上世纪80年代，冯宝正的儿媳陆平（前排右一）与同事合影。

◀小女儿冯月梅、冯宝正、儿子冯顺平、儿媳陆平（从左至右）都在公交系统工作。

本报记者 朱海兵 摄

一户人家60年——《浙江日报》

为纪念改革开放30周年，《解放日报》2008年10月推出了《铭记30年春秋》专栏，用人物讲述反映这30年来翻天覆地的变化。

辛亥革命领袖孙中山先生赞誉华侨为"革命之母"。在美国、加拿大、英国、日本、马来西亚、新加坡、澳大利亚等国家和地区，都留下五邑（今广东省江门市）籍华侨鼎力支持革命的传奇佳话。[①] 为纪念辛亥革命100周年，《江门日报》从2011年1月5日起，在《侨乡记忆》版推出《五邑华侨与辛亥革命》

① 《开栏的话》，《江门日报》2011年1月5日A14版。

专栏，通过梳理有关资料，回访侨乡文化遗迹、华侨故里，邀请专家学者点评等方式，系统地展示几十位五邑华侨对辛亥革命的贡献。

江门日报 侨乡记忆 2011年1月5日 星期三 社会新闻部主编 责编/李夕菲 美编/方雨平

五邑华侨与辛亥革命（1911—2011）之一

A14

一百多年前，为推翻清王朝的封建统治，他们四处筹款、倾囊助饷，甚至洒热血、抛头颅，他们不抛弃、不放弃，扶助孙中山及其革命队伍屡败屡战，终于迎来了最后的胜利——

辛亥革命，五邑华侨功勋卓著

开栏语

学界述评

暨南大学华侨华人研究院副院长张应龙、中山大学历史学系教授林家有：

五邑华侨历史地位突出

孙中山为什么寻求海外华侨的支持？五邑华侨为什么如此支持辛亥革命？近日，本报记者到广州采访了暨南大学华侨华人研究院副院长张应龙和中山大学历史学系教授林家有。他们一致认为，江门五邑华侨在辛亥革命中占有非常突出的历史地位。

辛亥革命先驱者中五邑华侨众多

没有华侨革命寸步难行

激情岁月

1 踊跃参加革命组织 兴中会的首任会长为台山人

2 四处筹款竭尽全力 为了革命倾家荡产

3 宣传革命道理 参与创办大量革命报刊

4 参与革命武装起义 成为谋士和骨干力量

五邑华侨与辛亥革命——《江门日报》(2011 年度广东新闻奖专栏一等奖)

改革开放纪念物品搜寻

开栏的话

第一张股票、第一张新股认购证、拍卖第一槌……物品，本身没有生命，可一旦系于波澜壮阔的改革开放，它们无疑就被赋予了生命和意义。

睹物，思人、忆事、悟道。正谓"器以载道"，30年岁月，30年风云，现实生活中不乏凝结改革开放情思、见证改革开放辉煌、反映改革开放历程、值得收藏的纪念物品。

本报国庆当天刊登征集改革开放纪念物品的启事后，在读者中引起热烈反响，线索接踵涌来。本报记者采撷取精，追踪采访报道，并专门开辟《时代留痕——改革开放纪念物品搜寻》专栏，择优刊载。

这个栏目一物一稿，图文并茂，通过采访纪念物品背后的故事，邀请原主人或收藏者讲述当年难忘之事，见证改革开放历史，续燃改革开放激情，激励改革开放斗志。

开栏首日，我们聚焦一张30年前话剧《于无声处》特殊的"戏票"。《于无声处》将当代文学从"文革"的文艺禁锢中解放出来，使濒临绝迹的话剧振兴复活，成为"新时期话剧发韧之作"，在某种意义上起到推动整个社会重大变革的作用。一张戏票，见微知著，耐人寻味，发人深思。

今后本报将陆续推出其他富有意义的纪念物品，欢迎广大读者垂注，并继续提供纪念物品搜寻的线索。

一张特殊的"戏票"

话剧《于无声处》导演 苏乐慈

这是一张极普通的油印通知书，随着岁月的流逝，纸张也渐渐发黄，我却一直保存着，它记载着一段难以忘却的往事。

1978年，我担任上海市工人文化宫表演训练班的导演。一天，小戏创作班的学员宗福先到我家送上手抄剧本，说"苏老师请你看一看"。我一看是四幕大戏《于无声处》，心想恐怕很难排练。因为那时群众业余文艺强调搞小品、独幕剧，从来没有排过大戏。过了两天，宗福先打电话问我看过没有。在他催促下我赶紧看，没想到一看就放不下来，一口气把剧本看完，看完后很激动。

剧本说出了大家的心里话。1976年的"天安门事件"表达了中国人民心底深处对周总理的怀念，对"四人帮"的愤恨。《于无声处》把人们压抑了那么久的一种心底里的呼唤在剧本中迸发了出来。在里面，我还看到了人与人之间那种久违的亲情、友情和恋情。剧本结构严谨，矛盾冲突尖锐，悬念一个接着一个，人物形象鲜明、有个性，语言很见功底，很多对白十分精彩。这些都深深吸引了我。

我决定要把这个戏排出来！虽然那时"天安门事件"还没有平反。我找话剧班的演员，他们看了后也很激动，觉得"这个戏不排还排什么？"7月下旬我们开始了排练。当时演员都是厂里的工人，单位和家都非常远，坐公共汽车，要转好几条线路才能赶到工人文化宫。那时排练、演出是没有报酬的，可是大家没有怨言，只有共同的愿望和激情。

演出是在文化宫底层小剧场，台很小，没有纵深感。台上，搭了全剧唯一的一个场景——何是非家的客厅。服装、鞋子都是我和演员各自从家里拿来的。连下雨的效果，也是从家里拿了竹扁，放进黄豆滚动后合成的。

一切就绪，要印演出通知了。当时我考虑剧名《于无声处》不够响亮。我很喜欢剧中的一首诗《扬眉剑出鞘》，就与宗福先商量想改剧名。所以打印的第一份演出通知，写的不是《于无声处》，而是"本宫话剧班创作演出四幕话剧《扬眉剑出鞘》……"通知发到各个局的工会，请工会干部来看。这就是《于无声处》的第一张戏票。很快，我又感觉到剧名还是《于无声处》更为贴切，它体现了人民不会永远沉默的内涵，体现了鲁迅先生所作"于无声处听惊雷"的力度。剧名即日就改回《于无声处》了。

9月22日《于无声处》第一场彩排演出开始了。我开始还有些忐忑不安，不知演出效果如何。当演出结束大幕闭上，观众席瞬间爆发出了一阵阵热烈的掌声。我一下子明白观众对《于无声处》的肯定，赶紧跑到后台抓住正在卸妆、换服装的演员，大喊"谢幕谢幕！"当时群众业余演出是没有谢幕的，我们话剧班也从来没有谢过幕。我把大幕重新拉开，演员们上台谢幕，一时间台上台下融成一片。这次演出，我感受到的那种成功的激动，演出后的兴奋和观众共鸣的喜悦，刻骨铭心。

从那天起，四幕话剧《于无声处》走向社会、走向北京。11月13日《于无声处》剧组受文化部、全国总工会邀请赴京，为北京市民演出，为参与"天安门事件"的青年、英雄演出，为参加党的十一届三中全会的领导们演出……

在北京演出的同时，这部戏也获得了许多奖励与荣誉。但我和宗福先、我们剧组全体人员都明白是1978年的思想解放运动造就了《于无声处》！否则，这个戏根本就出不来，出来了也会被扼杀，更谈不上走到北京走向全国。所以，我们一方面为自己在祖国的命运转折关键时刻亲身经历并见证了这一切而感到自豪；另一方面，也认为那个从戏剧舞台走上政治舞台的《于无声处》，应当属于光荣的1978年，属于那个时代与人民！

《于无声处》编剧宗福先介绍当年手稿。

多个版本的《于无声处》剧本。 均 金定根 摄

铭记30年春秋——《解放日报》

(3)重要决策

重要决策专栏，是指报纸为报道贯彻落实国家或地方政府制定的重要决定和策略而临时开设的专栏。

2008年下半年，经济形势不佳对国内企业的影响日益显现。《解放日报》根据上海市委精神，为进一步聚焦支持企业发展，于2008年8月14日在头版强势推出《攻坚克难36策》专栏，连续刊发36个企业"逆风飞扬"的典型案例，以"解剖麻雀"为立足点，介绍中小企业破解发展难题的实战之策，以期为其他企业提供借鉴和启示。

2009年，文化体制改革在中华大地风起云涌，根据中央部署，各省、自治区、直辖市纷纷下达"任务书"，制定"路线图"，明确"时间表"。2009年底，为检查"任务"的进展情况，《人民日报》推出了《"对表"文化体制改革》专栏，既反映了各地开展文化体制改革的火热场面，又通过对比，起到了表扬先进、鞭策落后的效果。

为更好地宣传、贯彻中央提出的关于加快经济发展方式转变的重大决策，《解放日报》2009年末适时推出了《打好转方式调结构这场硬仗》专栏。

『钦差大臣』下车间抓一等品率

界龙集团挖潜降耗消化成本上涨，今年损耗有望同比降五成

本报记者 孟群舒

在“轻资产”渐成潮流的年代，印刷业恐怕称得上是“重”行业之一。印刷设备等固定资产的购买与维护成本很高，企业还要承受纸张、油墨等原料的刚性上涨。无怪乎，近5年来英美发达国家的印刷企业数量每年减少4%—5%。然而，传统行业不乏“过冬”高手，上海界龙集团凭借开源节流等多项举措，增长势头不减。不久前，中国印刷百强榜揭晓，界龙集团跻身前十。

去年以来，纸张价格上涨30%，如何消化成本压力？界龙把挖潜降耗的重点放在了车间。因为企业损耗多少，大部分源自车间；一等品率的高低，也由车间决定；可以说车间管理水平直接影响企业的利润率。过去，各子公司都有品质管理部门，但标准高低不一，执行力度不一。去年底，界龙成立了全面质量管理领导小组，董事长任组长，一批业务骨干成为组员。从此，车间里来了“钦差大臣”。

PS版厂某产品的刮痕较多，一等品率上不去，无法以最优价格成交，质量小组成员注意到这一问题。今年1月，“钦差”来到车间，连续4次现场办公，听取工人介绍，逐一排摸原因，终于找到了生产工艺上的问题并进行改进。3个月后，一等品率已整体高于去年平均水平，仅此一项月增加20万元销售额。

在董事长支持下，年轻“钦差”可以与几十年工龄的老印刷平等论道。他们瞄准一个个成品率低、耗损量大的车间，拉开了全面质量管理的序幕。今年的硬性指标是，损耗量比去年降低50%。

界龙的另一项挖潜举措是集中采购原材料，集中出售废料。旗下十几家印刷企业在非主流原料上并无采购优势，为此，集团果断收回采购权，统一采购，统一库存，统一调配划拨。新政实施后，一举降低800多万元成本。面对纸张价格猛涨，界龙在上半年整合供应商，把采购量集中到几家大型供应商，签订长期锁定价。一个品种的原料纸就节省200万元，整体采购价格比同行节省一成。相应的，界龙还调高废纸出售价，增加收入300多万元。挖潜降耗，省的是边边角角，但拿到的是真金白银。

与此同时，界龙狠抓“开源”工作，多年来坚持科技投入，工艺升级，瞄准行业趋势提前技改，形成了一批难以复制的专利产品。不久前，界龙在第59届美国印制大奖赛中摘得金奖，捧回了上海唯一的小金人。依靠这些同行难以模仿的技艺，界龙占领了高端印刷领域，产品附加值不断提高。其中，立邦漆包装项目的合同价比同行高出10%。

攻坚克难36策——《解放日报》

开栏语

江苏“时间表”

江苏提速“一揽子”文化改革

■20亿元的文化产业投资基金筹备基本完成
■全国首家整体转制的演艺集团又有新动作
■跨地区跨行业跨所有制联合重组势头强劲

“对表”文化体制改革

“对表”文化体制改革——《人民日报》

新一轮中外客商投资热在涌动

从“犹豫不决”到“毫不犹豫”

青浦工业园区今天13个产业项目签约，18个重大项目集中开工

抓住这个强烈信号

打好转方式调结构这场硬仗

打好转方式调结构这场硬仗——《解放日报》

(4)重大行动

重大行动专栏，是指报纸为配合政府部门出于特殊需要组织的统一行动而临时设立的专栏。

为配合打击手机涉黄的统一行动，《人民日报》推出《打击手机涉黄 净化网络环境》专栏。

为净化市场，营造市场经济公平公正的良好环境，2010年2月，广东省政府在全省范围内开展“三打两建”专项整治活动，具体内容是打击欺行霸市、打击制假售假、打击商业贿赂，建设社会信用体系、建设市场监管体系。《东江时报》为配合这项全省性的重大行动，推出了《三打两建在行动》的临时性专栏。

北京召开公众评议会呼吁

清除手机色情　疾呼有效监管

青海

专项行动掀起

手机扫黄风暴

打击手机涉黄　净化网络环境

家互联网接入服务商被曝光

文化部

网吧监管平台

日“管”7万家

打击手机涉黄　净化网络环境

——《人民日报》

豆腐加工点　散发恶臭味

三打两建在行动

“三打”举报方式

食品港货店　竟卖起药品

铺面摆真品　送的是假货

三打两建在行动——《东江时报》

收入只有合法与不合法，哪有灰色？

“灰色收入”说法引发争议

代表委员建议从政府报告中删除

本报新浪微博

http://t.sina.com.cn/dskb

注：交通918每天12:00、18:00时段推出“王雷跑两会”特别节目，敬请关注

刘锦荣：灰色收入应申报

齐奇：灰色收入应规范

张剑星：“灰色收入”提法要改

别让空调成为高空危险物

张近东委员建议：规范家电售后服务

王雷跑两会——《都市快报》

（5）重要会议

重要会议专栏，是指报纸为配合重要会议召开而临时开设的专栏。这些重要会议一般指全国、省、市一级的党代会和“两会”（人大、政协全会）。

为更好地报道好全国“两会”，各报都会在每年会议期间开设众多专栏，如《华西都市报》的《小莉看“两会”》、《“两会”大视野》专栏，《都市快报》的《王雷跑两会》专栏等。

（6）重大事件

重大事件专栏，指的是报纸为报道国内国际发生的重特大新闻事件而临时设置的专栏。这些重大事件一般是没有预兆的突发性事件，报纸是否设专栏关键还要看其“持续发酵”的时间会有多久，影响力会有多大。

两会即将于3月初在北京召开。一如既往，这是中国每年的新闻热点，政治和经济发展的焦点。在今年的两会中，全球金融海啸给中国带来的冲击及中国该如何面对，以及农民工和大学生就业、医保和教育等经济、民生话题，是人们关注的焦点。

昨日，香港凤凰卫视两会报道的明星女主播、凤凰卫视资讯台副台长吴小莉飞抵北京，两会期间，她将在北京担纲凤凰卫视“时事直通车”主播，关注两会，关注民生。与以往不同的是，这次的小莉将离咱们四川百姓更近：作为本报今年两会报道的特别“成员”，小莉将以独特的视角，独到的思维，新锐的观点，以手记的形式向本报独家撰写专栏文章，讲述自己每天的所见所闻所想所感。本报读者将可在每天第一时间，从吴小莉的视角，感知最真实、最贴近的两会。

吴小莉：最想多采访四川代表

作为本报今年两会报道的特别“成员”，凤凰名嘴吴小莉畅谈两会和四川

小莉看“两会”

最关注今年经济发展状况

四川重建是最大焦点之一

吴小莉（图片由其本人提供）

■2009年全国两会，吴小莉最关心什么，她又将留下什么声音？今年本报与凤凰卫视密切合作，推出本报2009年全国两会特别策划——“小莉看两会”，该栏目将在两会期间与读者每天见面。

■本报“吴小莉两会邮箱”（652041027@qq.com）已经为你开通，你有什么建议和意见，可以直接发到该邮箱。说出你想说出的话，华西记者和凤凰名嘴吴小莉将会帮你把你关注的话题带到两会上，带给代表委员们，让2009年的两会，听到来自你——一个中国公民的声音。

对话吴小莉

其实我跟四川感觉很亲近

——关于四川——

对曾行走过的四川情有独钟

华西都市报（下简称“华西”）：你博客中有一篇关于地震的文字，特别长。

——关于直播——

火红、粉紫？穿衣的N种猜想

华西：从1998年一身火红诚朱总理钦点，到2008年一袭粉紫套装首发提问温总理，每年两会，你参加总理记者招待会，穿什么衣服，已经成了人们津津乐道的热点话题。

吴：（笑）是啊，已经弄得有很多衣服颜色不能穿了……其实呢，今年我还是会保持原来的特色，让自己干干净净，舒舒服服，这一点是很重要的。

华西：能透露今年会穿什么吗？

吴：哈哈，春天到了嘛，如果天气好，我想会选比较明亮、清爽、轻快一点的颜色。

——关于女儿——

她不太希望看到我在电视上

本报特派记者 陈诚 简文敏 杨东

小莉看“两会”——《华西都市报》

核心提示

“不是说农村缺教师吗？我有心想为国家做些贡献，但现在连个机会都没有！”近日，广东华南师范大学“高校毕业生到农村从教供需见面会”上，一名大专女生因遭遇门槛歧视，愤而向在场的教育厅官员抱屈，现场逼问言辞犀利。女生是广东外语艺术职业学院的大专应届毕业生，读了5年英语师范专业，英语过了六级，教师资格证也即将拿到，但上午走了三四个小时、若干个摊位，没有一家愿接收简历。女生越说越激动，一度眼泛泪花，“逼问”长达15分钟。“各地都暗设门槛，专科生到哪儿都投不出一份简历，难道大专生连去农村当教师都这么难吗？为何当初要培养那么多大专生？”

全国人大代表、广东省教育厅厅长罗伟其回应——

大专女生“含泪逼问”其实是好事

今日话题：大学生就业

支持 符合资格的都到农村任教

定位 专科就是培养小学老师

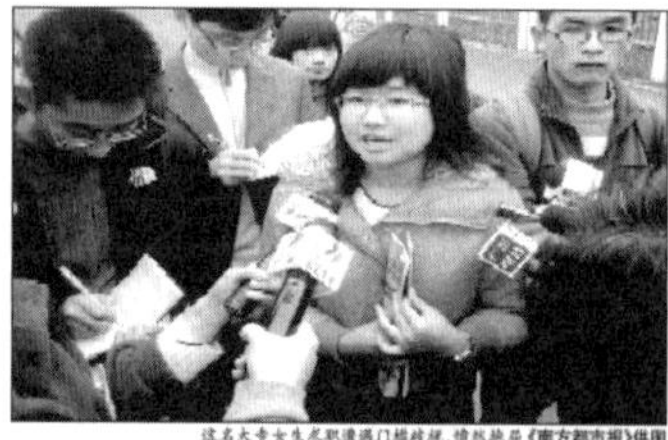

这名大专女生求职遭遇门槛歧视，愤然抱屈《南方都市报》供图

对策 研究农村就业落户问题

据《南方日报》

两会·本地呼声

鼓励大学生去农村创业

本报特派记者 杨东 简文敏 陈诚

“两会”大视野——《华西都市报》

遇到突发的重大事件，是第一时间开设专栏，还是看别家报纸后再作决定，考验的是这家报社对重大事件后期发展的预判力。经验丰富、预判力强的报社肯定是拔得先筹，而其他报社只能望其项背。

2009 年，甲型 H1N1 流感肆虐全球，《宁波日报》及时推出《全球抗击甲型 H1N1 流感》专栏，除报道疫情外，还刊发大量的科普知识，加以正确引导。

2010 年 4 月 14 日，青海省玉树县发生强烈地震，造成 2220 人遇难，70 人失踪。《羊城晚报》第一时间推出《玉树大救援》专栏，密切关注震区灾情、救援情况。

玉树强震已有617人死亡

发生余震600多次，其中4.0级以上4次

据新华社电 记者从青海玉树州抗震救灾指挥部获悉，截至15日9时，青海省玉树州"4·14"地震造成的死亡人数已上升至617人，失踪313人，受伤9110人，其中重伤970人。1.5万户民房倒塌，有10万受灾群众需紧急转移安置。

又讯 据青海新闻网报道，截至4月14日18时00分，灾区共记录到余震总数为606次，其中4.0级以上4次。在余震中，中国地震局地震现场应急工作队与青海省地震局局长已于18时抵达玉树会合，商讨下一步行动方案。

胡锦涛温家宝重要指示 千方百计救援受灾群众

回良玉赶赴灾区指导救灾

综合新华社电 昨天7时49分，青海省玉树藏族自治州玉树县发生7.1级地震。地震发生后，党中央、国务院高度重视。正在国外访问的中共中央总书记、国家主席、中央军委主席胡锦涛，中共中央政治局常委、国务院总理温家宝，分别作出重要指示，要求全力做好抗震救灾工作，千方百计救援受灾群众，同时要加强地震监测预报，落实防范余震措施，切实安排好受灾群众生活，维护灾区社会稳定。

国务院已成立抗震救灾总指挥部，中共中央政治局委员、国务院副总理回良玉任总指挥。

回良玉昨天深入受灾最严重的玉树州府、县城所在地结古镇，组织指挥抗震救灾工作，看望慰问受灾群众，并连夜主持召开抗震救灾总指挥部会议，部署安排抢险救灾工作。

联大主席和潘基文发表声明表示慰问

据新华社电 第64届联合国大会主席图里基和联合国秘书长潘基文14日分别发表声明，就青海地震向中国政府和人民表示慰问。

图里基在声明中说，他为中国西部发生的地震造成重大人员伤亡和财产损失感到非常难过，他代表联合国全体会员国向中国政府和人民表示慰问。

潘基文也向中国政府和人民表示慰问。他说，地震发生后，中国政府已经采取措施评估灾情和救助灾民，联合国随时准备应中国政府的请求提供援助。

中央财政紧急下拨青海地震救灾资金2亿元

据新华社电 根据党中央、国务院统一部署，为帮助青海地震灾区开展紧急救灾工作，中央财政14日紧急下拨救灾资金2亿元，用于抢险救灾、受灾群众转移安置和生活救助、伤员救治、卫生防疫等方面。

震区一水电站垮塌 大水冲出淹没道路

本报综合消息 青海玉树7.1级地震中，位于玉树州州府结古镇的西杭水电站水渠在地震中垮塌，大水冲出淹没道路，最宽处达七八米，给救援工作带来了极大不便。目前道路正在紧急抢修中。

玉树震区现场 灾情令人震撼 中新网供图

灾区多条道路已打通

运送救灾物资车辆一路绿灯

本报青海玉树今早消息 羊城晚报特派记者张小磊、尹安学报道：羊城晚报记者今早从玉树抗震救灾指挥部获悉，在玉树发生地震后，青海省公安厅交警总队紧急部署抗震救灾道路交通安全应急保障工作。目前包括玉树机场到地震重灾区30多公里道路等多条道路已经打通。

据了解，地震发生后，通往玉树灾区的多条道路被毁。其中从玉树机场到玉树县30多公里的道路受阻，致使大批救灾物资不能及时送到。为保障从全国各地运来的物资能及时送达灾区，昨天上午，青海公安厅交警总队立即启动道路交通安全管理应急预案，抽调一名副总队长带领有关人员赴灾区现场指挥道路交通安全保障工作，并对受损路段进行抢修。

在通往灾区的路上，记者看到，所有收费站对运送往灾区物资的车辆一律免费放行。青海省公安厅已要求全省所有道路，特别是高速公路以及国省道开辟抗震救灾运输全程"绿色通道"。另外，公安厅还要求各地公安交通管理部门要协调交通部门，对促使所有收费站、服务区无条件地为救援人员和物资运输提供一切的便利条件，保证救灾物资运输车辆不误一分一秒。

西宁通往玉树灾区公路畅通

据新华社电 记者在青海玉树地震灾区了解到，西宁通往玉树灾区的公路畅通，救援人员和物资陆续抵达。

青海玉树藏族自治州玉树县发生7.1级地震后，记者即刻从西宁出发赶往灾区，经过12小时的长途跋涉，于当晚10时左右抵达地震重灾区结古镇。记者在沿途看到，从西宁至结古镇近800公里的214国道畅通，沿途赶赴灾区的车辆和救灾物资从灾区出来的车辆络绎不绝。

玉树大救援——《羊城晚报》

全球抗击甲型H1N1流感

全球甲感病例突破万例
追问最新疫情

甲型H1N1流感病例仍在全球肆虐，不足一个月，全球确诊的甲型H1N1流感病例已突破万例，尤其是日本甲型H1N1流感病例的激增，更是引起了我国民众的高度关注，使人们提高了对非输入性甲型流感的警惕。

我国目前尚无非输入性甲型H1N1流感病例，但未来会否出现？如何严防此种疫情的发生？一旦出现类似病例，我国应采取哪些措施？针对这些问题，新华社记者日前采访了中国疾控中心的相关专家。

追问一

我国有无可能出现非输入性病例

非输入性流感是指本土性流感或国内感染的流感病例。中国疾控中心病毒病所副所长舒跃龙指出，非输入性流感从理论上说是有明确感染来源的，有清楚的流行病学传播链，但也可能出现社区性传播的情形，就是感染来源不明、追踪不到传播源，这种情形在人群中的传播率更高，更为危险。

他指出，从流行病学的角度，非输入性流感病例难以避免，但可以严防。在我国目前还没有发现非输入性病例的情况下，仍应将发现第一代输入病例作为工作重点，对密切接触者进行医学观察。一旦出现社区性传播，要加强监测，主要是监测病毒是否发生变异，评估其对我国卫生体系的影响有多大，以充分合理配置公共卫生医疗资源。

中国疾控中心流行病学首席专家曾光说，非输入性传播对于流感来说是非常常见的流感传播模式。日本近期发现的所谓非输入性流感病例，实际也是从国外输入进来的，只不过最早的传播源没有发现，等到发现时病毒已在日本本土传播了。曾光说，我国必须把好国境卫生检疫的关口，及时发现第一代输入病例，控制传播源。

追问二

我国应做好哪些准备

日本自5月16日发现首例非输入性甲型H1N1流感病例后，在短短3天时间里，大阪府和兵库县两地的确诊病例即接近190人，疫情扩散势头令人生畏。但曾光指出，出现非输入性流感病例并不可怕，关键是要在可控范围内，即通过清晰的传播链，把发现的病例基本控制住，同时尽力寻找密切接触者。

“防控[illegible]早[illegible]好，现在控制一个，比以后控制100个、1000个效率[illegible]高。”他说。

曾光指出，目前我国对甲型H1N1流感的传播链监测十分有力、有效。以民航为例，不仅[illegible]做好了应急准备，也对所有过路点进行监测。但是，仅有政府的防控措施还远远不够，必须强调公众，特别是从有疫情国家回来的人，有告知个人身体状况的义务，这不仅是对自己负责，也是对他人负责。

舒跃龙介绍，为提高监测能力，及早发现可能出现的输入性病例，我国已决定在各地增加病毒检测实验室和哨点医院，扩大监测网络的覆盖范围。他说，目前我国已建立了覆盖全国31个省区市的流感监测网络，包括63家地市级网络实验室，每一个实验室均具备病毒检测能力。

5月21日，旅客在江西九江火车站进站口观看有关防控甲型H1N1流感的健康提示牌。（新华社发）

追问三

一旦出现非输入性病例怎么办

截至5月20日傍晚，我国内地共报告4例甲型H1N1流感输入性确诊病例，尚未发生社区性传播。曾光指出，我国目前采取的防控措施十分有力、有效，其中一个重要因素是我们对病毒的传播链掌握得比较清楚。我国从入境检疫入手，及时发现第一代输入病例，一旦一个病例被确诊，我们便调动所有可以调动的力量，尽可能找到密切接触者，对其进行医学观察，让任何人都不能继续把病毒传播下去。

曾光强调，鉴于甲型H1N1流感病毒在潜伏期就具有传播效力，我国必须坚持现在的防控措施，同时加强监测力度，尽最大可能控制病毒传播。一旦发现病毒入侵，我们就要尽量做到迅速发现，减少损失。

他透露中国疾控中心正在与有关部门制订进一步防控工作的预案，一旦在我国出现病例增多情况，将根据病例出现的数量、范围等采取相应果断措施，如关闭学校、娱乐场所、对公众进行交通告知等。

（新华社北京5月21日电）

我外交部提醒拟赴日公民

严防甲型H1N1流感

据新华社北京5月21日电 外交部网站21日发布消息，提醒在日本及拟赴日本的中国公民严格防范感染甲型H1N1流感。

据报道，截至北京时间5月21日9时，世界卫生组织发布的有关国家和地区甲型H1N1流感疫情最新累计数字显示，在日本已确诊的甲型H1N1流感病例为210例，无死亡病例。

台湾确诊病例增至3例

新华社台北5月21日电（记者张 勇）根据台湾防疫机构21日深夜发布的消息，台湾又新增1例甲型H1N1流感确诊病例。至此，台湾甲型H1N1流感确诊病例已增至3例，且3名病患都是由美国入境台湾的。

据介绍，第三例患者是新近从美国旧金山回台的23岁女留学生。她21日清晨搭乘长荣BR171班机抵达桃园机场，因为发烧被拦截送医，随后被确诊。

台防疫机构当日傍晚稍早宣布发现第二例确诊病例，该患者是一名22岁在美国纽约读书的女性。

谨防走入洗手五误区

全球抗击甲型H1N1流感——《宁波日报》

2. 热门话题

热门话题专栏，是指报社为报道一个阶段与百姓利益密切相关的热门话题而临时设置的专栏。因为此类专栏对于百姓来说具有“热”“急”的特性，报纸若能及时开设此类专栏，定能大受读者欢迎，这也是报纸赢得读者信赖的良好平台。

从近几年的热门话题来看，无非是“关注就业”“关注升学”“关注物价”三大类。

（1）关注就业

就业难，已成为当今最大的社会问题。报纸若能就这一难题开设专栏，分析原因，寻求对策，并能通过报纸这一信息平台，给用人单位和求职人群提供便利，或牵线搭桥，肯定能赢得读者的一片掌声。

《浙江日报》开设的《新春帮你找工作》专栏，就是想利用报纸这一信息平台，尽力帮助求职者解决这一难题。

针对当今大学生就业难的热点问题，《解放日报》于 2009 年适时推出了《大家来关心大学生就业》和《我的就业故事》两个专栏，通过"大家帮""自己闯"，来引导大学生正确面对就业问题，引导社会更多地关注大学生就业难题。

传统产业唱主角　企业招工门槛高

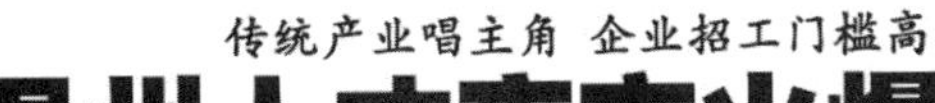

温州人才夜市火爆开场

本报温州2月4日电（记者 李扬）今晚，温州市人才市场推出首场人才夜市招聘会，190多家单位进场招聘，提供岗位3000多个，3000多人次进场应聘。

记者在招聘会现场看到，各个招聘摊位前人头涌动。来自湖北的安祥月在应聘市场逛了一圈下来，找不到适合自己的工种。他告诉记者，招聘单位都要求高中以上学历，技术要求较高。记者走访了几家有招聘需求的企业，发现他们今年对新招的员工要求普遍都比以前高，而且招的人数也比以前少。

招聘会现场出现了一个新特点：许多民企开始"人才抄底"。温州光上高新技术发展公司负责招聘的朱女士说，今年企业要招高层次的管理人才。记者看到，该公司的招聘表上，明确要求熟悉ISO9000质量管理体系的，要求有3年以上工作经验。

在今晚的招聘会现场，许多招工企业将工种、薪酬、用工方式、招聘条件等招聘信息详细写在招聘宣传牌上。部分企业还设计了精美的宣传页分发给现场求职人员，供其比较、参考，这种"明码标价"的做法受到了广大求职人员的欢迎。

温州市人才服务中心相关人员分析，从今天进场招聘的190多家企业来看，这些企业多为工业制造、保险、商业零售企业等，当地传统产业仍唱主角。据温州市人才市场有关人员介绍，本次人才夜市主要针对有一定专业技能的人士，由于这些企业开工较早，急需招聘人才，对接成功率应该比较高。

新春帮你找工作

宁波得力集团新招200名大学生

本报宁海2月4日电（宁海县新闻办 周武军 陈勇 记者 蒋勇）这几天，位于宁海黄坛镇的宁波得力集团公司正面向全国各地招聘200名设计、营销、外贸等专业的大学毕业生。这个数字占到目前公司人才总量的四分之一。

"现在是选聘人才的最佳时机。"得力集团总经理娄甫安对记者说，2009年，公司要全面启动县级市场营销网络的构建，新招聘的人才将有广阔的"用武之地"。尽管目前外贸形势不景气，但公司要未雨绸缪，提前做好外贸人才的储备工作，让他们提前介入海外市场的拓展工作。

据悉，对新来的大学生，得力集团将为其提供职业生涯设计，并安排有经验的人才做好"传帮带"工作。目前，部分招聘的大学生已经到岗实习。

新招工人两万名

2月4日，记者在温岭市横峰街道鞋业集聚区看到，当天该园区有20多家企业在厂门口设摊招工。据介绍，横峰街道1000多家制鞋企业新春将新招2万多名新工人。

本报记者 叶晖　通讯员 江文辉 摄

用人单位招聘时设置的一些"门槛"，把很多应届毕业生拦在了门外——

大学生应聘要注意三道"门槛"

本报记者 毛传来 实习生 汪曼

"不招应届毕业生"、"要求两年以上工作经验"……今天在省人才市场举行的综合性人才招聘会上，一些用人单位设置的"经验门槛"，把很多应届毕业生挡在了门外。

单位招聘时希望招到的人能够快"上手"，这已经不是新鲜事，也无可厚非。那么，这些单位为什么不喜欢应届生？应届生如何应对？

"门槛"之一：经验　应聘时多讲讲实践经历

还没有工作，哪里来的工作经验？很多大学生对此愤愤不平。

省人才市场有关负责人表示，用人单位关心的重点是：大学生是否在读书之余进行过社会实践；是否具备工作所需要的人际沟通能力和社会认知能力等。所以，在做简历的时候就要把社会实践和实习这些内容放在比较显眼的位置，应聘时还要对症下药，重点介绍一下自己的社会实践经历，最好说得具体一点。

《纪事》半月刊负责招聘的王先生建议，现在的大一、大二学生在校期间，要提早做准备，多走出"象牙塔"，多积累社会经验。

"门槛"之二：薪酬　别让"钱途"阻碍"前途"

"你期待今后的薪酬是多少？"

"3000元左右吧。"

应届毕业生小陶今天在应聘广东发展银行杭州信用卡营销中心的岗位时，不假思索地这样说道。对方马上说："我们刚进来的员工工资只有1500元。"

就业形势严峻，不少大学生对薪酬、待遇等要求明显降低。然而，记者今天在现场发现，还是有部分学生预期并没有降低。

目前没有工作经验，却过于看重薪酬，这也是一些企业不愿招应届生的原因之一。

省人才市场负责人说，大学生要调整心态，珍惜和把握好每次就业机会，合理定位，把薪酬要求放低，因为有岗位才是就业的第一位。所以，一时的收入并不是应聘时要考虑的因素。在工作中脚踏实地走好每一步，到时候薪酬的增加就是水到渠成的事情。

"门槛"之三：心态　频繁跳槽也是一种浪费

几个月前，浙工大国际贸易专业毕业的小青进了某家外贸公司做文秘。但进入公司后，行政部却一直安排她做一些打杂的事情，例如倒茶、报销、行程安排等。今天，她又出现在招聘会上。

频繁跳槽，也是很多企业不愿招应届毕业生的原因。

杭州联合纺织有限公司的宋先生认为，应届毕业生特别是名校毕业的大学生大都定位太高，无法从基层做起，不愿意做"小事"，眼高手低，难以融入团队，一旦发现工作中有"不如意"的地方，马上选择跳槽；中国平安人寿保险股份有限公司的孙小姐也认为，一些应届大学生心态不稳定，前阵子他们刚刚招了几名应届大学生，但没干多久就齐刷刷走人了，觉得"工作太苦太累"。

一家企业人力资源部负责人表示，频繁跳槽会引起一定程度的知识或经验的断裂，特别是刚刚毕业的大学生，频繁跳槽对自己来说意味着不断"从零开始"，这也是一种浪费；而且现在很多企业都希望员工具有更高的"忠诚度"，有过多次跳槽经历的求职者，在职场中往往不受欢迎。

平安保险浙江分公司招聘负责人说："只要应届毕业生能吃苦耐劳，愿意从最基本的业务做起，我们是很欢迎的。"

（本报杭州2月4日讯）

新春帮你找工作——《浙江日报》

在西部留下青春足迹

上海政法学院国际法商系 王欣

当西部志愿者，也是进入社会进行锻炼的一种方式。说起我的"西部故事"，听着MP3里播放的那首《到西部去》，当时的情形一幕幕闪现。

去年4月，记得那年正面临着大三毕业，就业还是升学?是一个很现实的问题，我做了两手准备：一是考专升本；二是报名参加"大学生志愿服务西部计划"，心里挺热血地想着去西部贡献一份自己的力量。后来的事情也很有戏剧性，第一次去面试过后，负责这个项目的团委老师在5月底的时候打电话给我，内容是感谢我报名参加，但没有录取我。这就意味着，接下来我只有升学考试这条路了。

但到了6月底，一切又都倒过来了，专升本考上了。这时，学校团委又打电话来，因为原定的一个同学退出了，问我要不要去。我想也没想就说"要去的"，觉得课本知识回来还能再学，到西部这个大课堂学习，机会错过可惜。就这样，我成为了一名光荣的西部志愿者。

培训后来到重庆，现实并没有我想象中那么"热血"，我在綦江县人民检察院控告申诉检察科当上了一枚"螺丝钉"。我的主要工作是到县委、信访办去送各种材料、报表，每个月填报差旅费，装订案卷，平凡、琐碎、辛苦，一年下来光装订的案卷就足有几十本。给我印象最深的一件事，是全国助残日时，我们单位派出部分年轻人去綦江县特殊教育学校慰问，这些病儿基本上是穷人家的孩子，又是智障，长年累月住在学校，父母大都外出打工，很长时间才能来看他们一次。和他们相比，我们还有什么不满足，还有什么资格怨天尤人呢?

做"西部计划"志愿者是我的一段特殊经历。现在我又回到了学校，当回了学生。可对待学习，我的感觉与以前完全不同，没有疲劳感，曾有过的厌学情绪也烟消云散。在重庆的一年，我深深认识到自己无论在业务上还是人际关系处理上，懂的远远不够，让我更加珍惜如今的学习机会。更重要的是，人生有了这样的一段经历，好象整个人突然成熟起来，思考未来的道路，更多了一分理性，并准备好承担相应的风险。

求职者感悟

人的生命只有一次，值得庆幸的是，我曾经在西部这片热土上留下青春的足迹。来到这里，是奉献，更是学习。不同于大城市的艰苦生活条件、平淡琐碎的工作、看到的西部人民生活，这些对我而言都是磨砺，让我重新认识学习和生活的意义。

我的就业故事——《解放日报》

专业人士建议女研究生尤需做好人生规划

不让"人生大事"影响就业

大家来关心大学生就业

喜：男女生就业率持平

忧：文科女研究生求职难

松江区设立总额1亿元政府担保基金

解决大学生创业财力问题

400个岗位等候270名大学生

复旦视觉艺术学院对口培养模式显现优势

大家来关心大学生就业——《解放日报》

(2)关注升学

由于优质教育资源有限，加之人口众多，造成目前我国孩子从幼儿开始就面临升学难这一问题。信息的不对称，也使老百姓十分无奈。报纸若能及时发布相关信息，力所能及地向读者提供政策上的咨询，对正面临或即将面临子女升学的老百姓来说无疑是个福音。

每年6月，正是高考最为忙碌的时间，《湖北日报》及时推出《又是一年高考时》专栏，为考生和家长提供信息和咨询。

4月是升学季，无论是上幼儿园、小学、初中、高中，还是大学，家长都十分揪心。《武汉晨报》《华西都市报》分别推出了《升学前哨》《升学进行时》专栏，提供权威信息，发表专家评述，化解家长困惑。

高考阅卷过半 满分作文好几篇

本报记者第一时间探访我省高考阅卷场，各学科组长点评评卷进展

记者 王迪 摄影 刘陈平

昨日，我省2009年普通高考及各类单独考试的评卷工作进入第8天，阅卷工作已过半。昨天下午，记者来到我省高考阅卷场——四川师范大学成龙校区进行打探，现场整个阅卷流程十分严密。“武警站岗、严禁烟茶……”据省考试院相关负责人透露，今年的评卷工作在严把质量与确保安全等方面都加大了力度。评卷及统分工作将于本月24日结束。25日以后，考生可通过我省招生考试系统查询高考成绩。

阅卷场内，老师们正认真评卷

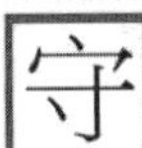

守 场外拉铁网 武警来站岗

昨天下午3时，四川师范大学成龙校区一幢教学楼外，远远就能看到“高考阅卷场”几个醒目的大字。这幢教学楼被一张铁丝网笼罩着，铁丝网上面还有一块写着“有电危险”的警示牌，提醒路人不要靠近和翻越。

领取了专门的证件，寄存随身所带的包，再经过入口处武警战士的检查，记者这才顺利进入阅卷现场。据了解，每一名进入阅卷场的人都有相关证件，事先还要将包寄存在场外，进出都要经过武警战士的严密检查，严禁夹带。

在每一层楼的阅卷教室外，同样也有武警战士守卫。存放试卷、发放试卷、批改试卷、检查试卷，每个环节都有专人负责。为确保答卷的绝对安全，评卷场还采取了“人不离卷，卷不离人”以及评卷过程的重点环节、重点场所全程监控等一系列措施。

武警战士警戒高考阅卷场

阅卷时，不能吸烟、没有水喝

禁 “呵护”试卷 禁烟禁茶水

在语文科第5组的阅卷教室里，现场井然有序，阅卷老师们正在认真核对语文试卷的各题分数。

记者发现虽然外面天气炎热，但阅卷老师的桌子上除了试卷什么也没有，也没有谁把茶杯以及矿泉水带进阅卷场。据介绍，为了确保考生试卷万无一失，现场严禁抽烟，茶水也不能带进阅卷场。

记者还在每个阅卷教室的门上看到这样一张醒目的提示：本房间已按甲型H1N1流感的防预要求，进行了全面消毒。在进入阅卷场的通道门口，也有相关的提示牌，要求所有阅卷老师如果体温在37.5℃以上请立即与办公室联系。

阅 五千余老师 设质量总监

据了解，评卷工作基本分为三个流程：先将试卷分发到各学科保管室，再由专门的工作人员分发给评卷教师打分，最后将打过分的试卷交由统分站统计分数。另外，各学科评卷组还设立了试卷质检室。

语文专设两名质量总监

据了解，今年我省高考阅卷同样是在教育第一线长期从事教育教学研究和省内各高校同行专家中选拔评卷教师。今年共计有5000余名教师参加高考阅卷，他们中既有四川高校近几年一直参加高考评卷的专家学者，又有地方各级教科所的科研工作者以及一大批具有丰富教学经验的中学教师。据透露，今年语文学科组，还专门邀请了两位有着20年以上高考评卷经验的骨干教师作“质量总监”。

严格执行统一评分标准

省考试院相关负责人透露，评卷工作开始前，各学科指导委员会在数千份考生答卷反复试评的基础上，制定了《评分执行细则》。为确保准确的评卷尺度，各学科指导小组对全体评卷教师进行了严格培训。要求所有评卷教师准确把握评分标准，全面掌握和熟记每个给分点。还对部分答卷进行了交叉试评。

每份试卷评分多次复查

为杜绝“前紧后松、前松后紧”等宽严不一的现象，真正做到“一把尺子量到底”。各学科组坚持了过去行之有效的题组内有专人复查、各大组有专人复查、各学科有指导委员专人复查、全场有省质检组复查以及统分复查等质量监测程序，通过“过六关”来保证每一份试卷分数的客观公正。

各学科组长点评评卷进展

语文：满分作文有几篇

语文由于其主观性分数较多，历年来阅卷工作最受考生们关注。据高考评卷指导委员会语文组组长、四川师范大学文学院院长李诚介绍，以“熟悉”为话题的作文，并不是外界所猜测的写作没有难度。考生答题的梯度仍然明显，目前已出现几篇满分作文。从考生们写的作文类型来看，目前阅卷场内还未发现有考生用诗歌的形式写作今年的高考作文。

据李诚介绍，今年仅语文科阅卷老师……

……川师范大学数学与软件科学学院院长蒲志林表示，今年数学试题的特点是，“注重教材、重视基础、高分不易”。数学试卷有69分来自教材的例题或试题，试题重视学生的数学思维能力和计算能力，难度与2007年高考数学试题相当。文科试卷与理科试卷有36分的不同，但考虑到文科中也有数学尖子，因此压轴大题与理科相同。在评卷过程中要求严格执行评分细则，加大复查力度。

外语：主观题数量较大

文综：打分需书写规范

高考评卷指导委员会文综组组长、四川师范大学政治教育学院院长李小平指出，由政治、历史、地理三科组成，仅评36—37题，就需要在各学科间循环一次，因此必须分工合作进行。对评卷人进行了专门培训，要求打分书写规范，尤其是1和7、4和9、9和7等易混淆的数字，一定要求阅卷老师书写清楚。

理综：化学生物有满分

高考评卷指导委员会理综组组长、四川师范大学物理学院院长周晓林介绍说，……

升学进行时——《华西都市报》

(3)关注物价

近几年来，我国CPI(居民消费价格指数)持续攀高，马大嫂越来越觉得菜篮子拎不动！物价上涨成了中国百姓较为关注的话题。为此，政府部门采取多项措施遏制物价上扬；报纸也深入一线探究原因，反映民声，为政府决策提供参考。

提前批志愿填报截至今日17时

记者 王晶 通讯员 巩平

今日下午5时，我省高考提前批志愿填报系统将关闭。省招办提醒考生，未修改志愿填报初始密码的考生，即使不填报提前批志愿，也必须在下午5时前修改密码。

逾期不能再填提前批志愿

提前批录取的院校（专业）分为文理类、艺术类、体育类，其中文理类包括军事、公安、司法、安全院校（专业），国防生，部分师范类、外国语言文学（非英语）专业、航海类和空中乘务专业，以及南方科技大学、香港中文大学、香港城市大学；艺术类分艺术本科（一）、艺术本科（二）、艺术本科（三）和艺术高职高专；体育类分体育本科和体育高职高专。

省招办提醒，所有考生必须登录省招办指定的http://tbzy-dx.hubzs.com.cn和http://tbzy-jy.hubzs.com.cn填报志愿，否则无效。下午5时，网报系统中的填报功能将自动关闭，不能填报或修改提前批志愿。

注意填写正确的联系方式

录取期间，有部分院校需再次确定考生的就读意愿，通过考生在填报志愿时填写的联系电话与考生联系。建议考生认真填好本人通讯方式，并确保在录取期间电话畅通。

提前单独招生录取的考生、报考港澳高校的考生，这些考生也一定要登录填报志愿系统，完整准确地填报好录取期间的通讯方式。

须及时修改网报系统密码

省招办要求所有考生在6月15日之前，登录省招办网上填报志愿系统修改初始密码。填报志愿用户名是考生准考证上的14位报名号，初始密码是考生本人的身份证号，输入用户名和初始密码后，就可以进入网报系统修改密码，重新设置新密码。考生填报志愿时，要用自己重新设置的密码登录网报系统，使用初始密码是不能填报志愿的。即使不填报提前批志愿的考生，也要在6月15日之前修改初始密码，以防他人盗用自己的用户名和初始密码。考生若忘记或遗失了重新设置的密码，可以凭准考证和身份证向高考报名所在的县市区招办申请恢复初始密码。

“技能高考”7月考操作

本报讯（记者王晶、通讯员沈考）昨日从省教育考试院获悉，2013年高等学校招收中等职业学校毕业生专业技能操作考试将在7月进行，报名截止时间7月10日。本次考试仍将实行以技能操作考试为主、文化考试为辅的考试试点，试点范围将扩大到机械类、电子类、计算机类、会计专业、护理专业和建筑技术类等六类专业。考试详情可在湖北省教育考试院网站（http://www.hbea.edu.cn）查询。

武汉枫叶国际学校

近半毕业生被世界名校录取

本报讯（记者张真真、通讯员赵武英）就在很多高考学子焦急等待分数的时候，武汉枫叶国际学校今年224名高三毕业生中，有107人已被世界前100位的名校录取，占了将近一半。

这些名校包括美国斯坦福大学、加州大学洛杉矶分校，加拿大多伦多大学等。高三（1）班学生冯昊已收到斯坦福大学等9所名校通知书。

又是一年高考时——《湖北日报》

4月进入升学季，家有升学伢的家长对升学的方方面面越来越关注。晨报今起开辟“升学前哨”专栏，无论是上幼儿园、小学、初中、高中还是大学，我们都将想家长所想、写家长想看、指家长之误，提供权威、理性兼备建设性的全方位升学报道。家长如有升学困惑等也可致电晨报，我们将一一打探。

为考外校 撒谎请假去培优

老师称，家长这样做是在本末倒置

晨报讯（记者严珏 实习生马艳波）看到班上有同学请假去参加校外培优，女儿也吵着去，家住[illegible]口的徐女士最近为女儿的这个要求感到很为难。

徐女士介绍，女儿在崇仁路小学读六年级，最近两周，女儿说班上经常有同学下午请病假，刚开始只有几个，后来渐渐多了起来，最多的时候一下午有十多个空位。后来才发现，这些同学并不是生病，而是去校外参加培优，“据说这种培优是专门冲刺外校招生考试”。

随后记者又走访了红领巾学校、井冈山小学及育才二小等校，发现徐女士反映的现象并不是个例，这些学校均有学生请假去参加校外培优。学生一般都是下午请假，一周大概一次到两次。少的一个班上两三个，最多一个班上十几个。

一位班主任告诉记者，班上一位同学参加了此类培优，其他家长就跟风，生怕孩子落后。

这位老师认为，家长本末倒置放弃学校的学习而参加校外的培训有些欠妥，且不说短短一个月的培训就能考上外校不现实，家长帮孩子说谎请假的情节，对孩子来说也是个不好的表率。她也曾拒绝过孩子请假，但还是有固执的家长中午直接来学校把孩子接走，“拦都拦不住”。有家长甚至坦言，孩子考上外校也许没有希望，但是凭着考外校的成绩，还可以去当其他优质初中的敲门砖。

武汉外校高中资格生 下周六起报名

晨报讯（通讯员吴小平）武汉外国语学校高中资格生测试方案昨确定。今年该校继续拟通过英语综合能力测试，择优选拔200名非武汉实验外校初中生，取得报考该校高中的资格。

据了解，有意报考的学生须持户口、初中学号（中考体育测试号）、2张一寸照片，于4月10~19日（每天8:30~17:00）到武汉外校（万松园路48号）报名。4月24日9:00~11:00进行英语综合能力笔试，前200名将获报考该校资格。

该校提醒，考生报名时，需填写考生本人委托该校办理提前录取的委托书。不交委托书的考生不能参加资格测试。获得资格的学生在中考报名时，单独填报武汉外校（不影响第一志愿选报其他重点高中）。中考成绩如达到武汉外校指令计划录取线，经市招考办批准可以提前录取。

升学前哨①

严珏：13018016616
杨梅：13429807989
王晶：13507150305
彭欣：13986184825
向洁：13986104236

升学前哨——《武汉晨报》

2010年10月，我国CPI再创新高，涨幅达到4.4%！老百姓大呼“菜篮子”越拎越重，国务院相继出台有关政策，抵制物价过快上涨。《福建日报》也于2010年11月18日推出了《稳菜价　暖民心——本报驻地记者逛菜市听民声》专栏，配合有关部门，全力以赴打赢“菜价保卫战”。

《浙江日报》则在经济新闻版上推出了《关注物价》专栏，介绍全省各地抑制物价的好经验，曝光不好的做法。

关注物价

疏通产销渠道

宁波马大嫂买菜宽心点了

本报宁波 12 月 2 日电
记者 周松华 陈醉

“阿拉买菜宽心点了！”今天上午，在宁波三江超市镇安店，市民秦惠芬正满心欢喜地选购着蔬菜：小青菜每斤 0.83 元，萝卜每斤 0.59 元，促销装的大青菜每斤 0.49 元……秦阿姨回忆说，“两个星期前，青菜还要 1.6 元一斤，萝卜卖 2 元一斤呢。”

蔬菜价格“翻绿”

记者在超市蔬果柜台逛了一圈，发现以往外地蔬菜“唱主角”的货架，如今，已被宁波本地蔬菜“占领”，青菜、鸡毛菜、台湾白菜、丝瓜等 10 多个品种的地产蔬菜摆满了整整 3 个货架。好吃又便宜的本地蔬菜，吸引了众多市民，驻足挑选。三江超市镇安店负责人向记者证实，最近，超市加大了与镇海、鄞州等本地蔬菜基地的对接力度，大量地产蔬菜纷纷上架，压低了蔬菜价格。其中，青菜、萝卜、茄子等价格降幅均在 20%以上。

菜市场里的蔬菜价格也开始“翻绿”。在江东区桑田路的东海菜场，不少蔬菜的价格也回落到每斤 1 元钱以下，例如生菜 0.75 元一斤、包心菜 0.8 元一斤……菜贩们均表示，“相比 10 月份，如今的菜价下降明显。”为了吸引顾客，一些摊贩还推出了特价蔬菜。“小杨配菜”摊位上的广告很是显眼：“今日青菜特价 0.6 元/斤”。老板杨师傅一边招呼顾客，一边告诉记者，他的蔬菜都是从鄞州、慈溪等周边地区的农民手中直接批来的，少了中间商，所以价格比较低。

菜地直通超市

宁波市贸易局负责人介绍说，为应对高涨的菜价，上月中旬，宁波陆续出台一系列调控政策。一方面，宁波市贸易局向 30 家市级蔬菜基地下了“订单”，落实蔬菜种植 4000 亩，下拨 2000 吨有机肥，对种子、大棚薄膜等进行补贴，以增加地产蔬菜的供应量；另一方面，组织人力与全国主要蔬菜产区建立了产销联系，并提供运费补助，这大大增加了经营户外调蔬菜的积极性。

上午，镇海区飞洪生态农庄门口停满了一辆辆大货车，农民们正将一筐筐刚收割来的蔬菜，往车上抬。农庄经理李霞告诉记者，为响应政府平抑物价的号召，最近飞洪农庄推掉了所有外地经销商的订单，专供宁波市场。这几天，农庄每天都有 8 吨左右蔬菜供应宁波市场。为减少销售环节，农庄与甬城不少大超市都签订了直接供货协议，仅三江超市一家，每天就有 2 吨多的“飞洪菜”上架。不仅是“飞洪”，近段时间，宁波 30 个市级蔬菜基地与周边农户都加大了本地市场的蔬菜供应。宁波市贸易局负责人表示，“目前，宁波市场上蔬菜供应量充足，今后一段时间内，菜价将基本保持平稳。”

除了蔬菜，宁波还采取了一系列保障市场供应，稳定肉价、水产价格等措施。包括：加大猪源产销对接和调运，与 28 家市级生猪基地签订日均出栏 1000 头生猪的“军令状”；组织市级水产品养殖基地与城区连锁超市开展产销对接等。

物价补贴到位

尽管物价得到了有效地控制，可对于一些困难家庭来说，压力仍然不小。为此，按照宁波建立的困难群众基本生活价格补贴机制，最近，宁波市民政局向全市 8 万多户困难家庭发放了临时物价补贴。这已是今年以来，宁波第三次发放物价补贴了。

前两天，象山大徐镇低保户徐家贤夫妇从当地民政部门领到了 168 元的物价补贴。徐家贤夫妻俩没有固定工作，一直领着低保，每月收入才 1000 多元。老徐说，以前家里每月仅伙食开销就要三四百元，加上其他支出，钱刚刚好。物价一涨，日子过得更紧巴了。多亏了政府的物价补贴，解了他的燃眉之急。宁波市物价局计算显示，今年 1 到 10 月份全市居民消费价格比上年同期上涨 3.3%，平均每户困难家庭每季度将多消费 1000 多元，采取物价补贴之后，相当于政府替困难居民买了物价上涨的“单”。

12 月 2 日，杭州家乐福超市推出两款每斤低于 1 元的特价菜，吸引不少市民前去购买。　龙巍 摄

调控措施初见成效

蔬菜价格 周环比 下降5.9%

上周（11月22日-28日）

平均3.50元/公斤

18种主要蔬菜中15种价格回落（9种回落幅度超过13%）

关注物价——《浙江日报》

稳菜价 暖民心

本报驻地记者逛菜市听民声

编者按：

各地菜价开始降了，百姓心中不再慌了。

昨日，本报多路记者深入我省各地的菜市超市，与买菜的大妈、阿姨一起逛菜市场，一方面实地调查菜价走势，一方面了解百姓的心声。

“菜篮子”关乎百姓冷暖，影响幸福指数。连日来，我省各地各部门都把“菜篮子”工程建设作为头号民生工程来抓，采取市场和行政两种调控手段结合的办法，稳定“菜篮子”产品价格，老百姓打心眼里欢迎，并充满期待。

今天，我们推出一组现场报道，带您一起感受在“菜价保卫战”中我省各地的全力以赴，一起感受菜市场的气息和脉动。

福州将出台长效机制稳定蔬菜市场

□明年新建万亩蔬菜基地
□建设采后处理基础设施
□财政补贴部分蔬菜货源
□增加市区便民早市网点

本报讯（记者 林侃）记者从福州市政府昨日召开的“菜篮子”工程专题会议上了解到，福州市将采取一些长效措施继续稳定蔬菜市场。在蔬菜基地建设方面，要在2011年新建万亩蔬菜基地，其中包括千亩时令蔬菜基地，经过3-5年建设使结构性蔬菜基地增加至15万亩，年产蔬菜72万吨，满足市区全年基本供应。此外还要建立蔬菜储备制度，对闽侯县大湖、南通，福清市阳下、沙埔等地扶持建设“采后处理基础设施”，海峡农副产品批发市场年底前要落实5000吨的蔬菜储备库，明年建成1万吨动态蔬菜储备库。

在落实市场调控措施方面，在明年春节前，福州市将实施菜价每日一报，并继续实施财政补贴，由海峡农副产品批发市场负责，向主要超市提供低价的居民“当家菜”货源，对超市实施协商价格等。

此外，福州市正积极落实增加市区便民早市网点，为周边城郊菜农自产蔬菜进城销售提供便利，也方便市民购买便宜、放心菜。目前已确定由鼓楼区在本月20日前率先进行试点工作，其他各区则要在年底前完成设立便民早市和便民服务点的工作。

□本报记者林侃发自福州

空心菜首降一元以下

17日中午，家住二环路的老刘一到永辉超市西门店就直奔蔬菜区，他买了一把特价空心菜和一袋上海青，单价分别为每0.5公斤0.98元和1.18元；比起前几天又降价了不少，尤其空心菜近期首次降到1元以下。

在永辉西门店、杨桥店以及新华都、蓝天超市等本土超市，记者发现随着本地蔬菜的大量上市，福州市场上的菜价稳中有降（上图 林侃 摄）。以空心菜这一福州市民喜爱的蔬菜为例，当天在上述4家门店的价格最高为每0.5公斤1.28元，最低为0.98元，比起12日记者调查时每0.5公斤1.38

★记者来信★

物价上涨时莫忘“夹心层”

编辑部：

近日，厦门市决定向低收入群体发放一定的物价补贴，全市3.3万最低生活保障对象和农村五保对象将在春节前领到2010年度物价补贴，每人每月10元到30元不等。市民政局与财政、物价等部门还研究拟定提高2011年城镇低保对象生活补贴标准。这些对于厦门低收入家庭来说是个好消息，值得肯定。

17日，在营平市场前的公交站，记者遇到了家住将军祠的林阿婆，她已满头白发，还和一位年纪相仿的邻居，一人背着一大兜“战利品”，因为“这里的菜比家附近的农贸市场便宜不少”。

营平市场是厦门市最大的农贸市场之一，农副产品流通快，价格也低些，0.5公斤蔬菜的零售差价在0.5—1.5元之间。菜价下降后，林阿婆家附近农贸市场的菜价还是没有达到她的预期，她只好舍近求远。她和同伴们常交换信息，哪有特价菜就到哪买，她坦言家里经济不宽裕，但够不着低保，需要处处小心算计着花钱。

林阿婆的烦恼，也是众多“夹心层”的烦恼，能否给予“夹心层”群体一定的补助，让更多的有实际困难的群众同样享受到政府的关怀？

本报记者 郑璜

□本报记者郑璜发自厦门

水叶菜降了两三成

17日，总在营平农贸市场买菜的刘阿姨心情好了起来，“是便宜了些，报纸上说政府也在调控了，能再降点就好了。”比起前几天，油菜、上海青几个水叶菜品种价格降了两三成。

逛菜市场是刘阿姨每天必做的功课，看着菜价一下子上去那么多，一颗大白菜十几块钱，自然心疼。好在一周以来，菜价一天天降下来了。“这里的油菜上星期1公斤还卖6元，周一就降到4元了，昨天又降到3元。菜胆上个星期1公斤卖5元到6元，昨天降到2.4元。”对菜价的变化，刘阿姨记得一清二楚。

厦门市物价局有关人士分析说，接下来几天菜价还会慢慢回落。从上周开始，物价部门加强了对主要商品和服务价格的监测力度，启动每日监控制度，每天掌握主要民生食品的价格变化动向——市场有无囤积居奇、哄抬价格，都能“了然于心”。

为达到“标本兼治”，厦门市还安排2000万元设立“菜篮子”专项资金，用于“菜篮子”产品的供应保障和应急调控，进一步加大对龙头流通企业的培育和扶持，建设改造批发和零售市场，完善“菜篮子”工程机制。按照《厦门市新一轮“菜篮子”工程建设实施意见》，厦门将在今后5年建成7.5万亩的市级直控蔬菜基地，力争全市蔬菜基地供给率达50%，减少对“客菜”的依赖。

稳菜价 暖民心——本报驻地记者逛菜市听民心——《福建日报》

【专栏内存】

编辑专栏需注意的几个问题

1. 异中有同，同中显异。即专栏稿件必定要具有某种联系，有某种共同性，或形似，即同一内容、同一体裁、同一特征；或神似，即能共同回答某个问题、表达某一思想观点、指出某种倾向，等等。但每一篇稿件在内容、角度、体裁等方面又有各自的特色。因而，同中选异，异中取同，相互响应，从而产生一种多姿多彩的和谐美。

2. 着眼神似，主题鲜明。选编专栏稿件时，一定要坚持以最有价值的新闻事实为其依据的原则，但时刻也不要忘记新闻传播是要以直观形象的生动事实，传播一种思想、观念、观点为目的的。一切编辑得比较好的专栏都应当既是篇篇稿件都有特色，言之有物；又能体现新闻的主旨，揭示出事物的本质，言之有理。

3. 求实合拍，求活创新。所谓求实合拍，就是说专栏的设置和编排，要不断分析新情况，研究新问题，从编辑宣传思想的要求和社会生活的实际出发，要同整张报纸的宣传思想合拍，同读者的实际需要合拍，不搞空对空。所谓求活创新，即是要稳中有变，要始终保持新鲜感。一句话就是要刻意求新，富于创新，要有自己潜心耕耘的“乡土特色”。

4. 短小精悍，排列有序。专栏稿件应是一事一报、短小精悍。专栏文章都好似一部机器上的部件，单独看来，似乎解决不了多大问题。但把它纵向的、横向的组合起来，各以一点之长便组合成一部有特殊效能的“机器”，变分散为集中，作用就大了。

5. 标题形象，版面美观。专栏，尤其是集纳性报道专栏的文章，都是以小巧玲珑，直述其人其物其景其事为特征的。在标题的制作上就要在具体实在、有视觉形象上做文章。这就要用视觉感强的语言和生动形象的表现形式，去概事达意，使之有动感，有色调，让读者的眼帘一接触标题，既能领略到形体的美感，又能一目了然便知所云何事。

专栏的四周一般都加线条或花框，并要讲究精心编排，使之真正成为版面既小巧又玲珑别致的手工艺品，让人见后爱不释手。

——彭朝丞：《新闻编辑的艺术》，中国新闻出版社 1988 年版

下篇　报纸专栏的美化

一个美的专栏，能令版面引人入胜，报纸品质提升。

报纸的版面是各种内容在一个有限平面内编排布局的整体表现形式，是由文字和图案组成的平面视觉产品，也是作为印刷品的一种印刷幅面。报纸的可读性强不强，是否能让读者乐意去读、容易去读、持续地读下去，在很大程度上取决于版面，取决于这种与内容休戚相关的外在。因此，版面不仅仅是内容上的一种简单的表现形式，更是编排人员把内容活化的能动反映、理念传达和思路展现。

作为文、图组合的整体视觉形象，报纸版面的报道内容安排适当、形式结构美观，一方面能够对读者产生吸引力，即所谓的吸引眼球；另一方面能够从版面逻辑上帮助或方便读者按生理视觉习惯合理阅读，以及自由选择阅读。通过对各种版面构成要素的集纳、梳理、组织、编排与表现，编辑可利用版面及其编排间接地向读者表达自己的立场与态度，对读者产生一定的影响，形成一定的舆论引导力，这也是报纸的版面所具有的重要价值与功能。比如在版面的色彩运用上，报道灾难新闻时，大面积的黑色最能传递悲恸；报道喜庆事件时，大面积的红色则最能渲染氛围。这些非语言的表达正是版面编排美化的关键所在。

再来看专栏。从内容来讲，专栏作为报纸的一种重要报道体裁，是报纸版面的重要组成部分，是报纸打造的相对固定的新闻报道或评论的展示“舞台”。同样，从形式来讲，专栏是报纸版面的重要“构件”，是组成版面的不可或缺的版块。因此，好的专栏无论是内容还是形式，都能支撑起版面的一片天。

本篇主要围绕专栏的美化来讲一讲专栏在形式上对于报纸版面的重要意义和作用。专栏美化所发挥的功能和版式设计相同，主要有两大方面：一是对专栏在报纸版面中的“地位”进行编辑语言的评价，专栏在版面中位置、篇幅都要根据专栏的内容价值以及版面中其他报道的内容价值来决定；二是吸引读者方便阅读，通过对专栏栏花（也叫栏头）、标题正文、图片图表、框线底纹等组合处理，引导读者在阅读版面时对专栏产生兴趣，进而仔细并轻松地阅读专栏内容，提升专栏的传播效果。

从另一个角度来看，一个专栏的产生要经过编辑的前期策划、取舍稿件、修改稿件和制作标题等工作，这当中包含着编辑对专栏的整体思路构想。编辑在安排专栏的文字稿和图片时，绝对不是胡思乱想、随心所欲地进行，而是从整张报纸、整个版面的背景出发，对整个专栏有一个基本的定位，对想要表达的意图进行评价判断，最后赋予专栏以合适的视觉表现形式。这个视觉表现形式，还需要遵循视觉规律，尽量使读者一眼就能够被专栏所吸引，产生阅读欲望。对于长期的忠实读者，要尽量能让他们在最短的时间内找到专栏，进而进行深入阅读。如果专栏编排美化得当，专栏中文字、图片的特点和编辑的意图能清晰地表现出来，做到主次分明、眉目清晰，还能使读者在阅读时产生愉悦、轻松的心理感受，达到“悦读”的状态。

那么，如何达到这种状态？根据版面编排和版式设计的一般规律和原则，我们认为，专栏的编排美化必须处理好两个关系，即外部关系和内部关系。外部关系，是指专栏与整个版面的关系，以及与其他版块之间的关系。现代报纸编排的最大特点是版块式、模块化。专栏作为一个版面中的一个版块、模块，其编排位置的上下左右，其编排篇幅的大小，都与版面产生一种局部与整体的关系，也与版面上其他版块之间产生局部与局部的关系。内部关系，是指专栏版块内部各元素之间的关系，即专栏的名称（表现在版面编排的形式上就是我们通常所说的栏花）、稿件标题、稿件正文以及图片之间的一些编排处理。

在专栏的编排美化中，处理好外部关系对于专栏在版面乃至报纸中的地位、定位，树立专栏独特的形象及其内容特色具有重要的指示作用和推动作用。而处理好内部关系，按照视觉规律对专栏进行美化，对其提升传播效果，打造品牌形象，提升可识别度、影响力都将起到不可忽视的作用，甚至其外化的特征还有可能内化为专栏内涵的不可分割的一部分。

从品牌传播角度来讲，CI（企业形象系统）包含了 MI（理念识别系统）、BI（行为识别系统）和 VI（视觉识别系统）。如果说，专栏是一份报纸的“拳头产品”“名牌产品”，那么一个专栏的目的、定位就是它的理念识别系统；一个专栏的体裁、文风就是它的行为识别系统；一个专栏的外在表现即编排美化，就是它的视觉识别系统。

因此，我们在此专门开辟章节，对专栏的美化进行阐述。根据外部关系和内部关系，我们把专栏的编排美化分为两大主要途径：一是以版式布局来美化专栏；二是以设计元素来美化专栏。

为了让“两个关系”区分得更清楚，我们暂且对版式布局和设计元素在版面编排中的功能进行分割，对其内涵进行界定。现代报纸的版式设计，起源于西方，编排在英文中有“arrange”“put in order”的意思，也有“make up”“layout”的意思。总的来说，就是有安排、布局、设计、使其有秩序等多种意思。

在“铅与火”的时代，新闻从业者经常讲“排版”这个词。那时，版式设计的概念还没有盛行，能把文字和图片在有限的报纸版面空间里呈现出来，就是最大的成功。而进入电脑排版时代后，版式设计成为可能，这大大提升了报纸的视觉传播力。“排版”这个词的内涵越来越丰富，完整地讲就是“版面编排”。

再回过头来看那些表达“编排”含义的英文单词，不难看出，版面的内容更有秩序、更加符合视觉规律和阅读习惯，版式布局正好对应着专栏美化的“外部关系”。同时，在专栏“内部”来说，设计元素的表现力更为重要。但是，无论是版式布局，还是对设计元素的处理，既是对规律的应用，也要更多地体现创新与创意。这里讲的版式规律，是各类报纸要共同遵守的基本规律，比如一些版面设计的基本原则，一些视觉元素的基本处理方式和规则等等。设计创新，就是创造专栏、版面乃至报纸的个性和特点的一个过程，既要求版式设计者对专栏的整体定位、每次编排的内容有一个深入的了解，也要求版式设计者熟悉版面语言，能灵活应用版面处理手法，整合各种视觉要素，将专栏最动人、最悦人、最传神的一面表现出来。可以说，“布局”是一项美化专栏的基础性工作，是为专栏的视觉形式奠定扎实基础的工作；“设计”是一项美化专栏的创造性工作，是为专栏的视觉形式奠定独特性、可识别性、方便阅读的工作。

当然，在专栏的美化过程中，无论是“布局”还是“设计”，都应服务于专栏，服务于版面，服务于报纸，绝不能自说自话，用视觉形式将专栏孤立出版面和报纸，这样美化的效果就会适得其反。

第四章　以版式布局美化专栏

版式布局是一个版面的架构。遵循视觉规律的版式布局，能为美化专栏打好基础。其中，要重点处理好外部关系，包括专栏与版面的关系、专栏与其他版块的关系。这里分为“专栏所在的版面”“版面中的专栏”和“专栏的形式类型”三节来阐述。

第一节　专栏所在的版面

专栏是报纸版面的有机组成部分。所谓专栏所在的版面，其实主要是对报纸的版面进行解构和分析，对其基本术语作一个简单的说明，帮助编辑或版式设计初涉者尽快进入角色，对专栏的美化做到“心中有数”。这好比是写新闻稿时，我们需要对一些新闻背景作必要的交代。

1. 报纸的开张

开张即报纸面积的大小，通常以整张印刷纸裁开的若干等份的数目作为标准来表明。从目前我国报纸的现状来看，主要包括两类：一是以党报为主的对开大报；二是以都市报为主的四开小报。

对开大报，就是将一张标准整型纸居中裁开，一分为二，印成报纸，相当于大报打开来的两个版面的面积。四开小报，就是在对开的基础上，继续对裁开，再一分为二，即为一张标准整型纸的四分之一，印成报纸，同样也相当于小报打开后的两个版的面积。一份报纸就是由多张甚至几十张这样大小的纸张印刷而成，并叠在一起的。

对开大报版面大气势大，国内党报多选择这种开张，给人感觉庄严、重要。四开小报方便阅读，成为大多数都市报的选择，主攻普通市民读者。近些年来，国内外报业都出现过一股“瘦报潮”。“瘦”是使用了长宽比例更大的印刷新闻纸，给读者一种秀气、可亲的感觉。特别是对开瘦报，折叠后的尺寸变得更加适合报摊售卖和读者携带阅读。此外，国内也有部分报纸使用过橙色新闻纸，从色彩上树立起鲜明特色。

2. 版面的版芯

报纸的一个版面，四周都留有空白，中间则编排了文字和图片。这个容纳了文字和图片的区域，我们称之为版芯。文字和图片只允许在版芯中编排，不能超出边界。也有不少对开大报，至今还留有中缝，那也是可以编排文字和图片的地方。但由于位置狭长，常常用来编排信息类内容，比如分类广告等，不会安排新闻内容。

以对开大报为例，版芯的尺寸一般为高约50厘米，宽约35厘米。

3. 版面的分栏

相比文字的字号的大小，报纸的版面既长又宽，报纸文字在横排或竖排时，行文跨度太长，从视觉接受的舒适角度来看，会给读者的阅读带来不方便。为了方便读者阅读，版式设计将版面纵向划分为若干栏。

栏，实际上是版面纵向划分的基本编排单元，每一个单元就是一栏。栏是报纸编排的一个重要手段，防止了文字从版面最左边大跨度一直排到最右边，通过有序地呈现文字，使得读者不会因为阅读大段长文字而感觉疲劳。

那么，版面分栏最好分成几栏呢？这就牵涉到报纸的“基本栏”问题。

每一种报纸都有适合其内容编排的基本栏，即一张报纸的各个版面最多适合分作几栏必须统一、固定。这种统一的、固定的、宽度基本相等的栏，称为基本栏。

目前，国内对开大报最主流的是采用六栏制，也有部分采用八栏制、七栏制、五栏制等。四开小报版面分栏则主要采取四栏制、五栏制、六栏制等。

分栏不仅方便读者阅读，不用大幅度扭转脖子，也给版式设计者带来好处，如方便计算稿件字数所占篇幅，并进行模块化设计。

从视觉秩序来看，分栏后，版面的阅读顺序首先是栏序，按照从左至右的阅读习惯，先看左边的栏，再看右边的栏。在看一个栏的过程中，依然遵照从上至下的文字阅读习惯。

报纸的分栏体系，很容易让设计者想起普通版面编排中对网格系统的使用。其实，我们认为，“栏”就是报纸版面的“网格”，或者说是报纸版面在常规情况下的固定化的“网格”。当版面编排破栏时，特别是对整个版面进行整体设计，彻底打破分栏、续栏等“规矩”，同样可以使用网格系统来合理安排版面布局。

一般而言，版面排文是以基本栏为准的，但有时需要变栏，即破栏或并栏。这主要是出于几点考虑：一是排文与排标题时的新闻价值判断；二是版面的适度变化，从而提升视觉效果。

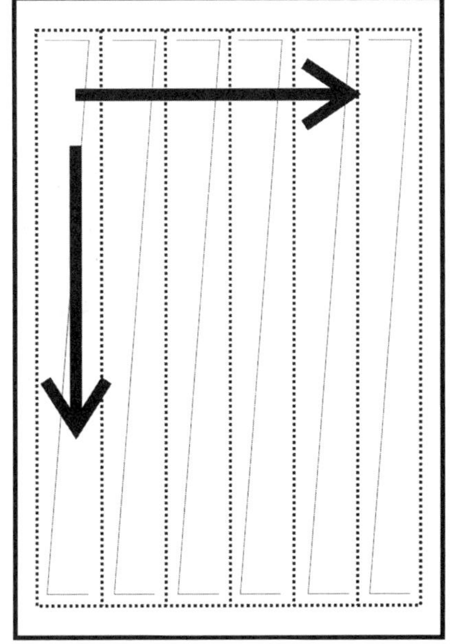

分栏秩序（六栏）

所谓破栏，就是把几个基本栏打破，不按基本栏的栏数来重新等分版面的变栏形式，如把六栏合并后重新分成四个新栏。

所谓并栏，就是把几个基本栏成倍合并成一个新栏，如六栏合并成三栏。

无论是破栏还是并栏，都要以基本的视觉阅读习惯为准则，不能使新栏跨度过大而造成阅读障碍。

此外，在很多版面编排中，出于更适合内容的表现形式的考虑，也会采用不规则破栏，宽度、走向均根据稿件而定，是一种变化自由的栏。

【专栏内存】

变栏的好处

第一，在一篇按基本栏安排的稿件之中，变栏显得醒目，可达到使之突出的效果。

第二，内容严肃、篇幅较长的稿件采用大于基本栏宽度的变栏（俗称“长栏”），可显得比较庄重，且减少视线的跳动次数，节省目力。

第三，可以“量体裁衣”，更有效地利用版面。

第四，采用变栏，可以使不同的稿件在外观上区别开来，即使挨得很近，不用线条隔开，读者也不会混淆。

第五，适当采用变栏，可以使版面更富于变化，从而增加形式美。

——陈红梅：《新闻编辑》，武汉大学出版社 2011 年版

CULTURE 文化 C01

刘绪贻：教育不是灌输，而是点燃火焰

人民日报 RENMIN RIBAO

向人民交上一份合格答卷

——一论学习贯彻党的十八大精神

认真学习党章 严格遵守党章

（2012年11月16日）

习近平

温家宝出席第十五次中国—东盟领导人会议

学习和贯彻中共十八大精神

政协十一届常委会第十九次会议开幕

贾庆林主持 刘云山作报告

王岐山在中央纪委监察部机关全体党员干部大会上强调

认真学习全面贯彻党的十八大精神 深入推进党风廉政建设和反腐败斗争

中共中央纪律检查委员会向党的第十八次全国代表大会的工作报告

（2012年11月14日中国共产党第十八次全国代表大会通过）

基本栏　　并栏

B4 体育新闻

看高家军今晚如何战巴林

一流、二流、不入流，国足在亚洲到底几流

中巴热身赛 国足"放鸽子"

巴林重点专查新帅

国足继续考查新人

假如国足今晚输了

射击世锦赛昨日结束

陕西神枪手这次"走了神"

李永波不满世锦赛抽签

奥尼尔将在波士顿退役

NBA常规赛首登欧洲

前深圳外援生日猝死

西安曲江开始集训

破栏

4. 版面的区块

除了分栏，在版面编排中，我们也习惯性地把报纸的每一个版面分为若干区块。将版面水平二等分，可分为上半区、下半区，垂直分可分为左半区、右半区。如果同时水平、垂直等分，则可产生左上、右上、左下、右下 4 个区块。

实际上，四分法是版面编排中最常用的。研究区块分割，同样依托于视觉阅读习惯。不同的区位，吸引读者的程度和能力是不一样的。如果按照大多数人的阅读习惯来说，首先会从左上部分开始阅读，然后才注意到右上部分或者左下部分，最后才读到右下部分。这样，我们就可以看出，左边吸引读者的能力强于右边，上半部分吸引读者的能力强于下半部分。正因为吸引力强，放在最左上角的稿子往往是最重要的，也被称为“头条”。同时也产生了“二条”“倒头条”等概念。

当然了，在实际版面编排中，编辑或版式设计者不可能生硬地将版面“四分”，然后再布局稿件的位置。这种区块的阅读秩序，存在于编辑和版式设计者的心中，他们会根据规律来编排稿件。还有，如果编辑、版式设计者应用一些版面语言，有意图地对处于次要位置的稿件、图片进行突出处理，也可以打破原有的阅读秩序，让读者首先关心版面的其中某一部分。

因此，专栏作为版面的重要构件，通过版面语言的应用和专栏本身在版面中的位置，同样可以达到视觉吸引的目的。

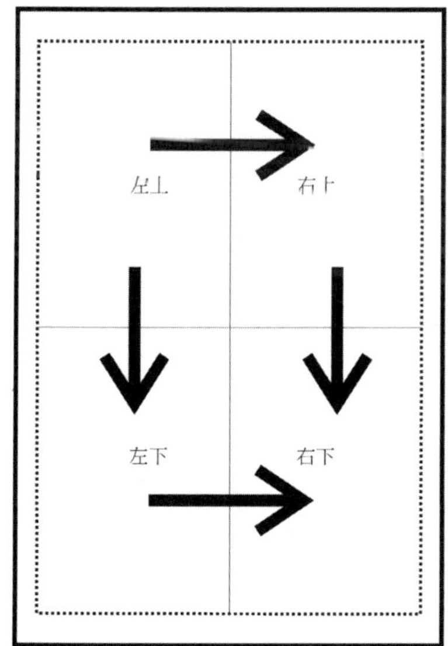

区块阅读秩序(1)

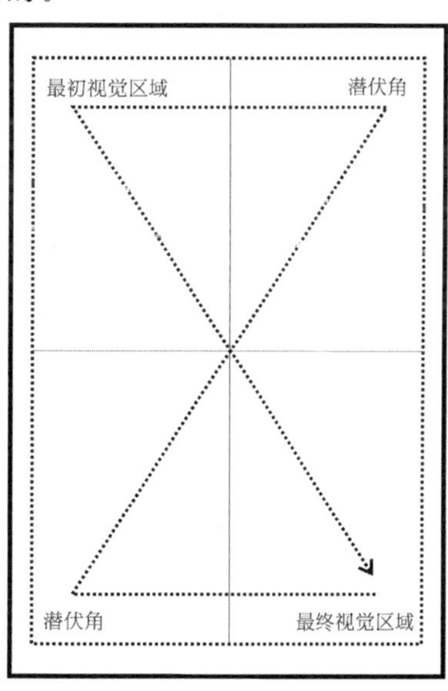

区块阅读秩序(2)

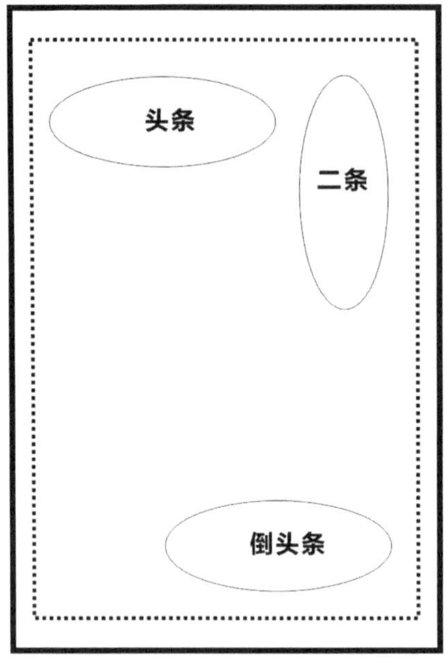

稿件位置的“内涵”(1)

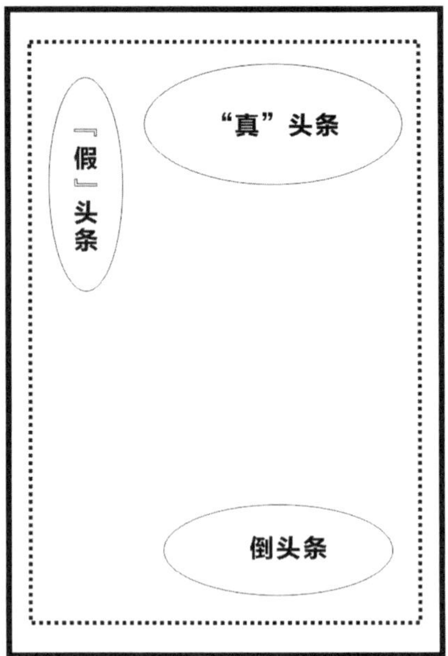

稿件位置的“内涵”(2)

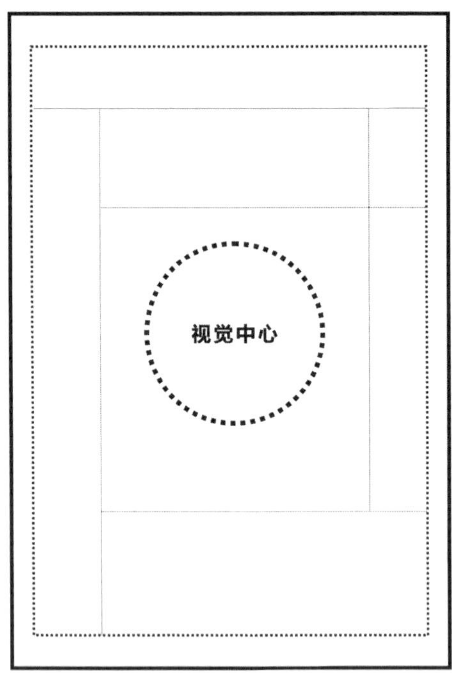

通常情况下版面的视觉中心位于中部,主要是图片

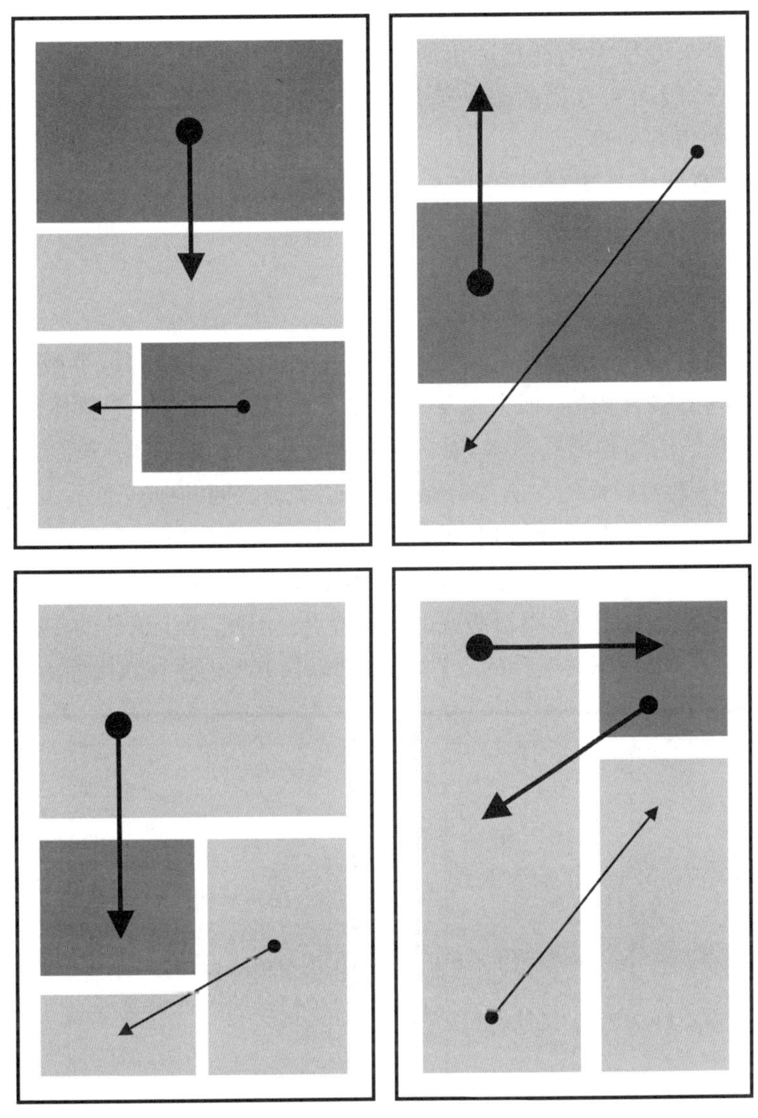

一些特殊编排情况下，图片（深色块）与文字（浅色块）对视线顺序的影响和改变

第二节　版面中的专栏

专栏的编排美化，一般只涉及单个版面。单版的编排与设计，包括对稿件的强化或弱化处理及处理方法的确定、版面的基本感情色彩、版面整体的视觉

效果、版面布局的总体构想、稿件加工的要求、个别稿件特殊编排等等。

这些对于专栏美化都是适用的。但是,因为每天的新闻不一样,每天的稿件不一样,版面和专栏的编排美化都存在极大的变数,要根据当天版面的总体情况来协调处理。

其中,有些因素决定了专栏在版面中的地位,包括专栏的位置固定与否、专栏的篇幅是不是基本相同等。

1. 专栏的位置

除了前面讲到的版面的分栏、区块这些基本结构划分,每个版面都会根据所要编排的稿件内容,根据视觉规律和设计规则,形成一个整体的结构。

版面整体的结构形式很多,通常我们用一些通俗易懂的字来形容。比如,"朋"字形,代表着版面的左右等分结构;"国"字形、"回"字形,表示版面周边和中心的结构关系;"罪"字形则表示版面上部有通栏稿件;还有"H"形、"S"形、"Z"形等字母表示的版式结构,也形象具体地表征了版面结构的特点。

模块化的编排是现代报纸版式的最大特点。因此,单个稿件的专栏、多个稿子组合的专栏,以及图文组合的专栏,基本都以长方形的模块在版面上呈现。

"朋"字形

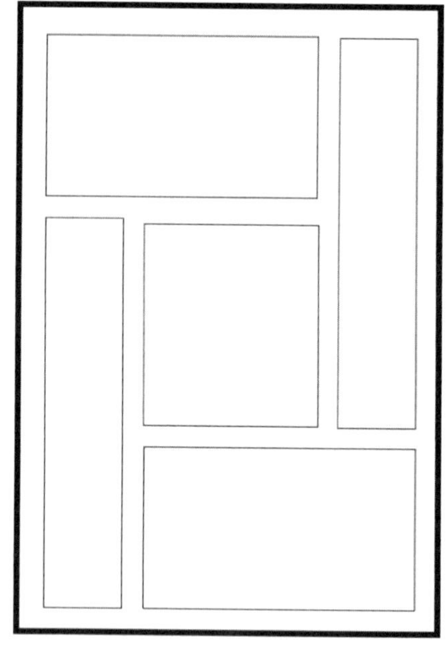

"回"字形

“罪”字形

H形

在一般新闻版面中，“回”字形结构较为常用。我们就以它为例，安排一个规模不超过四分之一版面的专栏，有哪些位置可以提供给专栏？相信根据专栏的价值定位以及当天其他新闻稿件的价值，编辑会作出自己的判断。

这里要区分的是专栏位置的固定与不固定。不少报纸的名牌专栏，因为其知名度和影响力，形成了一定的固定读者群。因此，它的位置往往在版面上是相对固定的。

这类专栏的特点是特性比较单一或突出，对稿件的容纳包容度较低，一般只刊发某一类稿件，如评论类的专栏。因为必须固定，不能受到每天不同的其他稿件的影响，这种专栏通常也会安排在容易固定的位置，比如右上部分边栏或是倒头条等位置。

另外一种是位置不固定的专栏，相对来说编排的灵活性更大，可以根据自身稿件和其他稿件的情况决定位置。这类专栏可能稿件内容和体裁等的变化比较大，只能在形式上作出让步，以便更好地传播信息、提供服务。

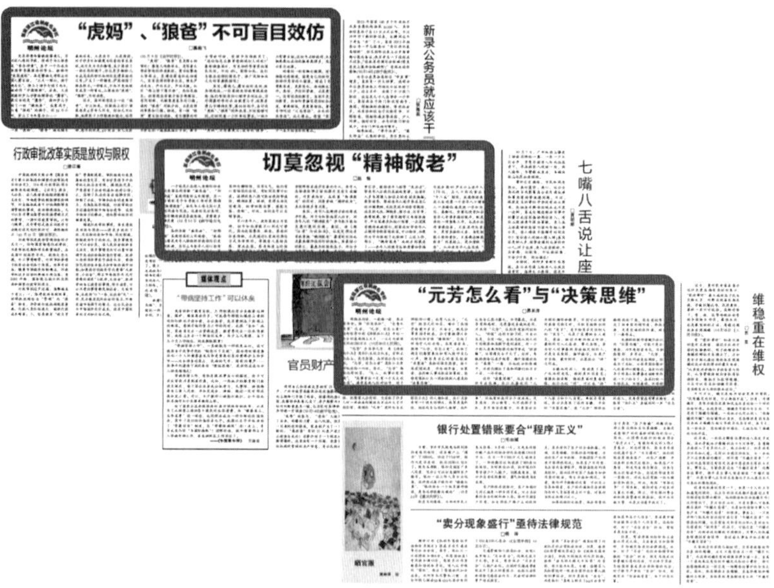

明州论坛

"虎妈"、"狼爸"不可盲目效仿

新录公务员就应该干

行政审批改革实质是放权与限权

明州论坛

切莫忽视"精神敬老"

七嘴八舌说让座

媒体观点

"带病坚持工作"可以休矣

官员财产

明州论坛

"元芳怎么看"与"决策思维"

维稳重在维权

银行处置错账要合"程序正义"

"卖分现象盛行"亟待法律规范

《宁波日报》的"明州论坛"专栏，刊发位置几乎一模一样，连篇幅也非常接近

人民日报 视点

无线城市建设热 用户反映不知道

公共 WiFi，好看还要好用

孩子失助拷问社会底线

"环境一号"C星成功入轨

新一轮冷空气来袭

人民日报 视点

8名责任人被停职免职

保护孩子，需要多方合力

好事要办好

制度供给应跟上时代脚步

富迪健康科技有限公司：

《人民日报》的"人民时评"专栏是《视点》版的重要专栏，基本上编排在版面右上角的位置

解放日报

“十二五”推进十大能效工程确保实现规划目标
2015年：申城工业节能“一升三降”

“上海实践”谱写率先篇章
——盛会前夕“回顾与展望”系列访谈之一

“桑迪”直扑美东岸
“完美风暴”或重演

马路菜场该怎么管

上海人民美术出版社60华诞

苏州“一核四城”迈入大城时

解放日报

像设计飞机一样设计住宅
——设计师眼中的上海住宅十年变迁

西哈努克将永载中柬友好史册

上海纽约大学在陆家嘴成立

艺博会：以上海速度走向世界

培育“最难简单复制”的特质

《解放日报》的“解放调查”专栏，虽然都放在头版，但位置并不固定

【专栏内存】

版面设计规则

1. 先头条、图片、专栏、刊头，后其他稿件

刊头是一版的标志，头条是一版中最重要的稿件，图片往往能形成版面的视觉中心，而以专栏形式呈现的稿件往往具有重要性和冲击力。在设计版面的时候，一定要先将这些重要元素确定下来，在此基础上再去安排其他相关稿件。

2. 先确定版面的四角，再安排版面的中间

先确定版面的四角，可以达到版面稳固的效果，给人的视觉感觉比较好。当版面重心稳固后，再用其他稿件去填补版面上的空白部分就比较容易了。这能使整个版面显得重心稳固，层次清晰而有条理。

3. 以排列为主、穿插为辅

现代报纸的版面以易读性为第一要旨，美观与否倒放在其次。实际上，易读与美观并不矛盾，很多版面既简洁又美观，只不过现在讲究

的是简单之美而非过去的复杂之美。所以稿件的布局应以排列为主，即稿件形状以四边方形模块为主，其他多边形或异形只能作为偶尔的点缀。

4. 以基本栏为主、变栏为辅

基本栏是报纸版面编排的基础，报纸稿件的布局应以基本栏为前提。变栏的使用或是稿件自身特性的要求，或是出于强调的目的，总之，它只是一种常态基础上的非常态，是编辑基于确实需要而为之，切不可把它作为惯常手段来使用。否则要么会丧失版面的风格，要么使版面杂乱无序，造成读者阅读的不便。

5. 以横题为主

中国传统版面的标题多用竖式题，为顺应时代发展，目前很多报纸都已将标题改为横式排列，有的甚至声明不再使用竖题。当代人有当代人的阅读习惯，横题看起来自然而舒服，所以报纸排列应以横题为主。当然，偶尔采用竖题也未尝不可，一来可以根据版面及稿件的需要灵活安排，二来也可以美化和活泼版面。

——陈红梅：《新闻编辑》，武汉大学出版社 2011 年版

模块式编排在现代版式中的广泛应用，对专栏也产生了很大的影响。专栏的呈现形式几乎都是规则的矩形，细分的话，有的趋于正方形，有的属于横向的长条形，有的是竖向的长条，更多的是高宽比例处于 3∶5 或 3∶4 的矩形，与版面的高宽比接近，给人以更多美感。

无论是哪种比例构成，或是放在版面的哪个位置，专栏都必须按照平面设计的原则和要求来编排。这其中尤其需要把握以下几个原则。

一是平衡。与一般版面编排不同，有专栏的版面，需要掌握两个平衡，即专栏本身的平衡和版面整体的平衡。我们认为，一般能同时达到两个平衡的状态是最佳的，当做不到两个平衡兼顾的时候，专栏区域的内部编排平衡必须服从于版面的整体平衡。例如，当我们在版面中编排一个图片专栏，且是一组照片，而版面其他内容缺乏图片元素时，就必须考虑专栏位置安排的谨慎性。因为图片的视觉吸引力远大于文字，要把图片专栏放在恰当的位置，以均衡整个版面的构图和分量。这种时候，通常的处理是将图片专栏放在版面居中或靠上的位置，且避免偏左或偏右，以期达到平衡的效果。

二是比例。这个比例包括专栏与版面的比例、专栏高与宽的比例等。一般来说，专栏与版面的比例由内容来决定，但高与宽可以通过编排来实现美化的目的。

三是统一。也就是说，专栏可以保留自己的编排风格，但总体上要与版面乃至整份报纸的视觉风格统一。

2. 专栏的大小

专栏的大小即专栏所占的版面空间的面积。一般而言，专栏所占版面空间的大小不同，所显示的强势、重要性也不同。占据的空间越大，给读者的视觉刺激越强烈。因此，专栏空间大小的不同，就在一定程度上反映了报纸编辑对专栏的不同定位和评价。

当然，体现一个专栏的重要性并不意味着专栏一定要是大稿子，或者是多篇稿件和图片组合刊发。因为，一个专栏在版面上的重要性，不能只靠面积大小来衡量。比如有的专栏是报纸的拳头产品，位置以及刊发周期都相对固定，无论天下发生什么大事情，雷打不动，这样的专栏，谁能说它不重要？有的专栏，稿子并不长，但通过标题字体字号、边框粗细、底纹深淡等版面语言，加以突出处理，同样能显示其重要性。

我们在这里讲专栏的大小，其实还是由专栏本身的内容所决定的。特别是一些多篇稿件、图文组合的专栏，每次刊发的主题事件不同，会因为事件本身的重要性对专栏大小进行划定。例如，一个关注国际时事的专栏，如果是某个国家发生了一起普通的交通事故，专栏里可能只需要一篇稿子一张图片就能解决。而如果是发生了像“9・11”那样的恐怖袭击事件，专栏极有可能“扩张”到通栏甚至整个版面、几个版面。

11 国际新闻

以军击落一架进入领空的无人机

目前不清楚这架无人机的来路

法国发动反恐突袭

A10 国际新闻

西哈莫尼国王赴京迎灵 柬埔寨民众痛悼国父

西哈努克在“第二故乡”辞世

1922年—2012年

超音速“坠落”地球

A12 国际新闻

得票率54.42%：查韦斯赢了

中国外交部：祝贺他再次当选委内瑞拉总统

查韦斯惠民政策赢得民心

生理学或医学奖揭晓

获奖者简介

《宁波日报》“热点追踪”专栏的大小变化

冰点周刊

说真话，就现在！

一份《中国城市竞争力报告》的十年

比城市排名不如比人的尊严

今日关注

为2亿儿童寻找童谣的春天

和孩子一起唱经典儿歌

政府采购信息公告

A12 倾听·人生

C02

莫待无泉空数坑

焦点1 好饭不怕晚

焦点2 早干什么去了

焦点3 民间力量不可忽视

让普查来得更快更准吧

起底"房氏家族"，揭开"身份腐败"黑洞

对美女干部的非议有偏见成分

医疗服务面前我们都应是"VIP"

各类篇幅规模为整版的专栏

第三节 专栏的形式类型

本书在前两章分别以内容和特性的区别对专栏进行了分类。在这里则根据专栏的稿件组合内容及编排形式进行分类。

根据稿件组合情况，专栏在形式上可以分为单稿件专栏和组合稿件专栏两大类。单稿件可以是单篇文字稿或单张图片，组合稿可以是纯文字稿组合、组图或图文组合。

此外，有些信息服务类的小专栏，因为篇幅较小，并没有独立编排成一个模块，常常和其他同类专栏编排在一起。这里就不再单独分类。

1. 单稿件专栏

单稿件专栏是指专栏内除了起到标识作用的栏花外，就只有一篇文字稿或一幅图片。这种专栏是传统上报纸中最常见的形式类型。它们往往定位非常清晰，稿件内容、体裁等特征相对比较统一。

单稿件专栏因为形式统一，在长期定期刊登后，容易形成一定的认知度，从而在读者心中留下印象，对塑造专栏的品牌形象具有非常集中的推动力和传播效果。

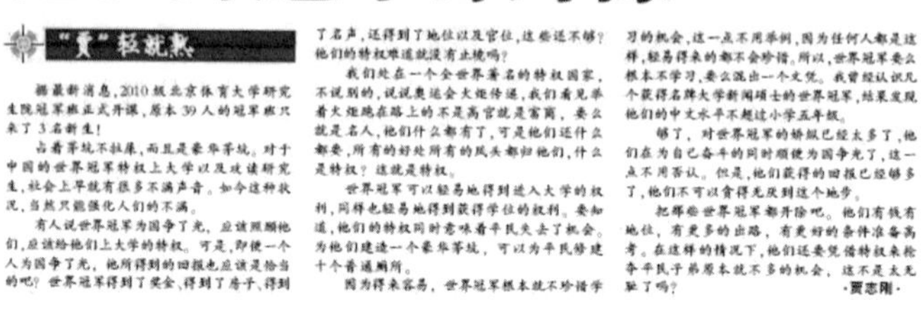

把世界冠军都开除

“贾”轻就熟

据最新消息，2010级北京体育大学研究生院冠军班正式开课，原本39人的冠军班只来了3名新生！

占着茅坑不拉屎，而且是豪华茅坑。对于中国的世界冠军特权上大学以及攻读研究生，社会上早就有很多不满声音。如今这种状况，当然只能强化人们的不满。

有人说世界冠军为国争了光，应该照顾他们，应该给他们上大学的特权。可是，即使一个人为国争了光，他所得到的回报也应该是恰当的吧？世界冠军得到了奖金、得到了房子、得到了名声，还得到了地位以及官位，这些还不够？他们的特权难道就没有止境吗？

我们处在一个全世界著名的特权国家，不说别的，说说奥运会火炬传递，我们看见举着火炬跑在路上的不是高官就是富商，要么就是名人，他们什么都有了，可是他们还什么都要，所有的好处所有的风头都归他们，什么是特权？这就是特权。

世界冠军可以轻易地得到进入大学的权利，同样也轻易地得到获得学位的权利。要知道，他们的特权同时意味着平民失去了机会。为他们建造一个豪华茅坑，可以为平民修建十个普通厕所。

因为得来容易，世界冠军根本就不珍惜学习的机会，这一点不用举例，因为任何人都是这样，轻易得来的都不会珍惜。所以，世界冠军要么根本不学习，要么混出一个文凭。我曾经认识几个获得名牌大学新闻硕士的世界冠军，结果发现他们的中文水平不超过小学五年级。

够了，对世界冠军的娇纵已经太多了，他们在为自己奋斗的同时顺便为国争光了，这一点不用否认。但是，他们获得的回报已经够多了，他们不可以贪得无厌到这个地步。

把那些世界冠军都开除吧。他们有钱有地位，有更多的出路，有更好的条件准备高考。在这样的情况下，他们还要凭借特权来抢夺平民子弟原本就不多的机会，这不是太无耻了吗？

·贾志刚·

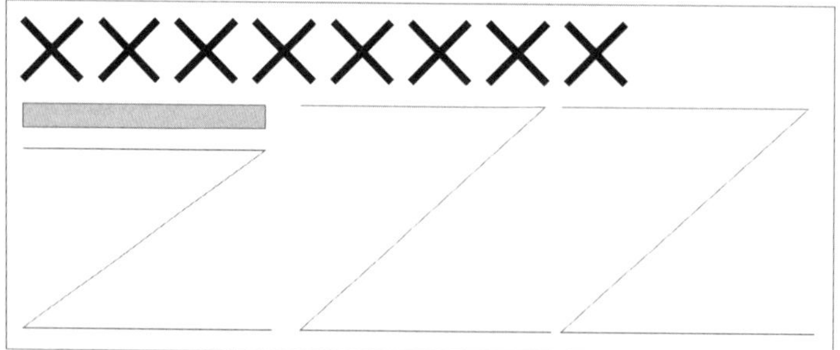

在这类专栏的编排美化过程中，一方面需要更多地注重专栏视觉元素的统一延续，使其在不同时间刊发的稿件或图片具有统一的形式呈现；另一方面需要更多地处理好专栏本身与版面内其他版块的关系，尽量让专栏在视觉层面也有相对统一的地位和效果，避免专栏在版面中视觉地位的起伏太大。

上页这个评论类专栏，单行标题左首顶格、右边留白，给本来单调的专栏增加了一些变化和通透性。细条型的栏花中规中矩地列于标题左下，占据三栏之一栏。三分栏，给予整个专栏一种稳定感。

被拐儿童险被合法收养

人贩子持假证明送福利院企图将拐卖合法化

文/本报记者　江泽丰

拿着伪造的警方证明，将非法拐卖来的孩子带到福利院，让福利院先接收然后自己立即抱走收养，企图将孩子变成合法收养的子女。昨日，记者从我市反对拐卖妇女儿童行动工作联席会议了解到，一些犯罪分子不但拐卖妇女儿童，甚至为买主提供“一条龙服务”，帮助他们用非法途径实现对被拐儿童的“合法”收养。市民政局相关负责人会上表示，目前监管中的“漏洞”造成了这种情况的发生。副市长谭绍安明确表态：“务必在春节前堵住‘漏洞’。”据了解，去年，全市公安机关共破获拐卖妇女儿童案件 205 起，成功解救妇女儿童 288 名。

“流浪儿”送到福利院　要求接收并要立即抱走

记者昨天了解到，一些拐卖妇女儿童的人贩子已经开始为买家提供“非法”转“合法”的所谓“一条龙服务”。

市民政局相关负责人在会上透露，有些市民将孩子送到福利院，要求福利院马上接收，并称自己要立即抱走孩子进行收养。

该负责人表示，这种“怪现象”时有发生，“近来就连续发生多起，我们怀疑这是别有用心的人，利用这样的程序将自己非法获得的孩子变成合法收养的子女。”

据记者了解，遭到遗弃的孩子或者流浪儿必须由福利院接收之后，市民才有权利进行合法收养。该负责人称，通过调查，他们怀疑是人贩子利用这样的方法，将孩子送到福利院转一手后，试图让“非法”变成合法。

“警方证明”经查系伪造　被拐儿童险被“合法化”

“按照规定，发现被遗弃的孩子或者流浪儿，只有公安机关民警才有权利将他们送到民政的救助站或者福利院，可是这些送来孩子的市民都表示，他们向公安机关报过案，但处理事件的民警因为工作太忙没时间，就开具了证明让他们自己来送交孩子！”市民政局该负责人称。

该负责人介绍说，在这些市民提供的警方证明上，明确写有处理问题的派出所名称和地址，同时附有办案民警的姓名和警号。“看上去非常正规。”可是在福利院工作人员进一步调查之后，却发现了问题。“福利院工作人员打电话到开具证明的派出所了解情况，发现资料都是编造的，民警和警号也是查无此人！”

“如果福利院没有进一步的核实情况，很可能就将孩子收下并交给抱来的人领养了，一旦孩子是被拐卖或者被买来的，拐卖者和买家就都变成了孩子的合法收养者，后果不堪设想！”该负责人坦言。

管理方法存在“漏洞”　春节前补漏

“犯罪分子要直接送孩子到福利院，就是为了避开公安机关的调查！”市民政局该负责人表示，犯罪分子的这种行为是利用了管理上的“漏洞”，“市民发现被遗弃或者流浪儿报告警方之后，警方会对孩子进行 DNA 的比对和备案，必要的话还会对发现的市民进行备案，而犯罪分子伪造证明就是为了避开这些程序！”

面对出具证明的问题，市公安局副局长黄锐平表示：“可能有民警这样操作。”他认为，如果民警的工作量确实太大，在核实和备案孩子的信息后，可能会出具证明让市民将孩子送到福利院，之后福利院在接收的时候只要详细地向公安机关核实情况就可以了。“同时，派出所民警也会对孩子进行跟踪，保证他们的安全。”

“虽然通过核实可以加以防范，但是这样的‘漏洞’确实给了犯罪分子可乘之机。”副市长谭绍安表示，福利院和公安局应该在送养和收养的衔接上解决问题，制定出完善的管理办法，“在年前就要堵住刚才说的漏洞！”

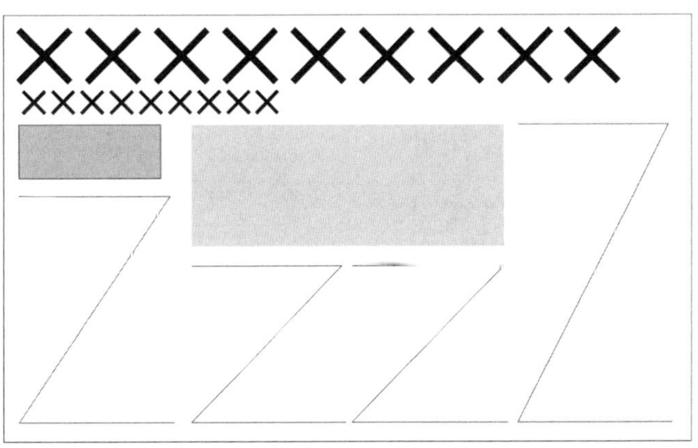

一条纯文字的稿件，如何在专栏里幻化出视觉新鲜？这个专栏在编排时利用了两行标题、提要题、小标题等三种特别处理，不至于让大片文字显得苍白枯燥。

在孩子的床头、书桌上放些课外书本，孩子有兴趣了自然会拿来阅读，比教导式的引导更有效。做父母的再适当做些引导，会起到事半功倍的效果。家长们不妨试试——

有个小囡识字量远超同龄人

■记者 赵莉馨

翻开小学二年级语文下册课本，附在书本后面的语文生字还没经过课堂学习，才上二年级的僧玉玺基本都认得了。这可不是他事先准备好应付别人考验的。平时的阅读积累让他在语文学习中游刃有余。不仅如此，他还能阅读初中阶段的课外读物，识字量远远超过了同龄人。那么，他是如何做到这一点的呢？

父亲有意无意的指导

僧玉玺今年9岁，就读于实验小学，从幼儿园到小学二年级上半学期，课堂上所教的生字不多，但他已跨越了年龄的界限，提前过起了阅读生活。这与他的家庭教育密不可分。"孩子不到一周岁，我们就为他订阅《东方娃娃》杂志，从识图开始培养孩子的阅读兴趣。"同为教师的父母重视孩子的学前教育，这份杂志他们连订了6年。故事情节慢慢进入孩子的大脑，作为辅助的文字，也慢慢进入了孩子的眼睛。接触多了，一些陌生的字也就储存在了他的脑海里。

在采访间隙，玉玺的父亲打开一个壁橱，里面存放着他为儿子收藏的杂志。在玉玺的房间里，一张长桌上整齐地摆放着他喜爱的课外读物，有郑渊洁编写的《童话大王》，有小学阶段指定的课外读物，也有订了多年的科技杂志。这些都是父亲有意无意订阅、购买的读本。父亲说，是好书，就应该珍惜和收藏。

写日记，阅读效果得到巩固

阅读量大了，不认识的字请教大人，几个来回后，小玉玺就与生字有种似曾相识的感觉。小学一年级老师是先教拼音再教写字的，玉玺的学习过程则相反。父亲笑侃道，儿子碰到生字一般不会标注拼音，因此上小学一年级学拼音时，总觉得有些别扭。大量的阅读之后，尝试写作是巩固阅读效果和提高思维能力的有效途径。

从一年级开始，学校里要求学生写日记，小玉玺至今没有落下过一篇。因为阅读范围广，他经常超出老师规定的要求。"有次生病，一个星期没写日记，后来他就把落下的日记统统补上。"有量的积累，才有质的提高。有身为语文老师的父亲的指导，他的作文逐渐得到肯定。"学校要求不是很高，他自己则要求写长一点的日记，只要作文通顺有条理，有自己的个性，我不会作过多干涉。"

营造"乐"读环境很重要

平时，父亲还给儿子购买一些小学、初中阶段指定的课外读物，让儿子自己挑选来读，并不强迫。这种宽松的阅读环境，也造就了小玉玺"乐"读的心境。"不要太多干涉孩子的阅读，适当做些引导，会收到事半功倍的效果。"这是父亲的指导心得。

当问及如何营造读书的氛围时，玉玺的父亲说，同为教育工作者的朋友告诉他一个让孩子喜欢读书的好办法，他采用后发现颇有成效。那就是，在孩子的床头、书桌上放些课外书，孩子有兴趣了自然会拿来阅读，比教导式的引导更有效。

通过这样的学习，儿子的语文成绩自然很好。不过，也有让父亲感到遗憾的地方，小小年纪的玉玺就戴上了100多度的近视眼镜。他父亲说："看书固然重要，还得注意看书的姿势和时间，注意劳逸结合。"

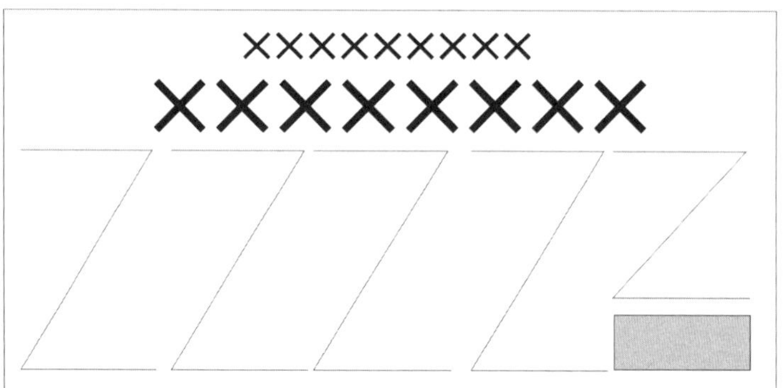

分栏数多，会给专栏的视觉效果带来一种紧密的感觉。这个专栏在编排时着力在长引题和主标题上，用故事性来吸引读者阅读，正应和了"百姓故事"的专栏名。

"黄冈现象"贵在何处

□郭慧

《湖北日报》从本月7日起，连续刊发报道，介绍县域经济发展的"黄冈现象"。黄冈10个县市区近年在全省县域经济综合考评中有8家进位，且所有县市区均进入了□类行列。

发展县域经济是各地经济工作最重要的课题。因此这一"黄冈现象"引起许多地方的关注。那么，他们的经验何在？又能给人以什么启示？热议之中，人们谈了"突出特色"等许多有益观点。而笔者觉得，"黄冈现象"最可宝贵和最能给人以启示的，是其善于"从第一抓起，且一抓到底"。

从第一个方略抓起并把这个方略一抓到底。2002年，我省召开了第一次县域经济工作会议。当年，黄冈从本地实际出发提出了"重点抓工业"的县域经济发展方略。美国竞争学家迈克·波特认为，培育一个地方的竞争力，首要任务是稳定发展战略。这点黄冈做到了。2006年，黄冈市新一届市委、市政府接任后，没有更改发展方略，而是继续坚持这一方略。正因为发展方略保持了稳定性、连续性，今天黄冈才有了1003家规模以上工业企业、70家过亿元产值的企业。

从第一个项目抓起并把诸多项目一抓到底。省委前任书记俞正声曾在一次县域经济工作会上指出，"饭是一口一口吃的，发展要靠一个一个具体问题的解决才能实现。"黄冈过去穷，穷在工业缺少有力的支柱产业。为此，黄冈大力优化环境，大抓招商引资项目。从2003年抓引进汇源开始，一个项目一个项目地抓到位、抓到底，直至相继引进了汇源、太子奶、伊利和贝因美等不少大企业到本地落户。

从第一要务抓起并把这个要务一抓到底。黄冈城区曾经是个县级市架子，与中等城市不相称；市委、市政府机关办公房年久失修，条件也是全省市州最差的。若新建行政大楼也在情理之中。但他们一直坚定而坚守发展这个第一要务，把筹出的资金主要投到促进各个工业园区的建设以发展集群产业上。正是这种坚守，使得武穴医化、蕲春药材、麻城汽配、团风钢构、黄州铁器等县市产业集群在各工业园区崛起。目前，各工业园区已聚集了年产值达350亿元的31个产业集群。

从第一回观念碰撞抓起并把思想解放一抓到底。如何看待招商引资中的利弊得失，是县域经济发展中一个普遍的现实课题。黄冈从引进第一个大项目汇源开始，针对一些人怕"肥水流入外人田"的患得患失观念，组织开展如何对待"得"与"失"、"有"与"在"的思想解放大讨论。继而针对满足于昔日的"将军县"、"教授县"，开展了争创今日"企业家县"的思想大解放活动。思想大解放使黄冈用"商本位"代替了"官本位"，"创业创新"代替了"等靠要"，"合作双赢"代替了"肥水不流外人田"。也正因如此，在国际金融危机背景下，才有了仍然生机勃勃的"黄冈现象"。

县域不同，特色有异；模式有别，理念相通。"黄冈现象"可供借鉴的经验还有很多。而如果各地都能多来些各具特色的"从第一抓起，且一抓到底"，那么，荆楚县域经济就会呈现"满天繁星"的局面。

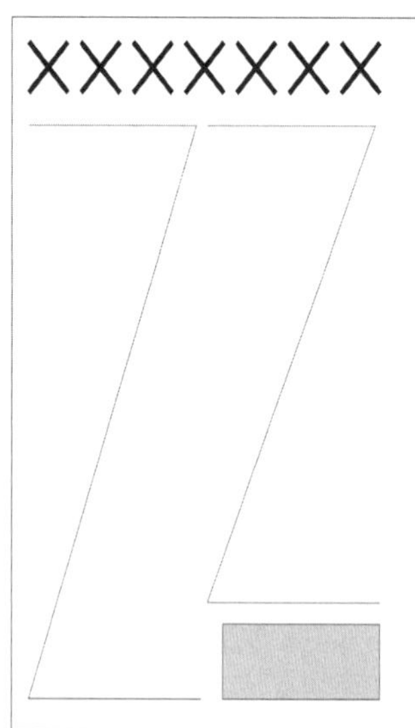

好摄之友

屁股包着“尿不湿”
看见美眉走不动

4月12日下午，在湖滨音乐喷泉广场，一个还戴着口水兜、穿着尿不湿的小男孩在独自玩耍，看见一个小美眉走过，立马屁颠屁颠地走上前去盯着不放，引得在场大人哈哈大笑。

行摄天下　摄

纯文字竖排专栏，“规模”效果不如横排专栏，但视觉风格清新。作为单图片专栏，这两个专栏一个图片顶上、题文居下，一个图片顶左、题文在右，且均适度留白以突出“主角”图片本身。

2. 组合稿专栏

组合稿专栏可以是纯文字的两个或两个以上稿件组合，也可以是文字稿和图片的一对一组合或多对多组合，还可以是组图。

组合稿专栏的编排美化相对复杂一些。因为元素较多，编排美化的变数更大一些。或者换句话说，编辑和版式设计者的创作空间更为宽广。比如一个图文组合的专栏，文字稿内容的可读性、配图的视觉效果等都将左右美化的手法。文字稿更为突出时，可以精心制作标题、编排文字；图片效果更为震撼时，可以放大图片的占有面积，提升专栏乃至版面的视觉吸引力。

城市阳台
百姓说话的地方

老汉推下“跳桥秀”男子的是与非

今日征答

为什么花甲老人执意要娶90后，相差42岁的“爱情”难获喝彩？

请读者向15102358181发送短信回答

上期征答

宁波数十名储户银行卡被盗取，为什么银行表态配合警方积极破案却让网民不满？

(023……4687) 不法分子利用高科技手段盗取持卡人银行卡的信息，通过复制银行卡在异地取款。这样的风险不是储户可以防范的，不能让储户受损失，银行光表态配合还不行，得全款赔偿。

(151……5462) 银行方面将自己的责任推卸得干干净净，这是最不能容忍的。希望受害者尽快拿回属于他们自己的钱，也希望不要有“银行得病，储户吃药”的事发生。

(139……7773) 银行作为一个强势的经营实体，有义务保护客户的交易安全。这个交易安全不仅包括资金在银行里的安全，还包括在交易中使用你的设备，也要保证是安全的。

(136……4338) 卡内资金被盗取，这样的事情屡见不鲜。“持卡人应向罪犯追索，与银行无关”成了银行免责的理由，储户往往只能自认倒霉，银行则无责一身轻——这样一来，储户还怎么能相信银行呢？

新闻事件

21日早上，一中年男子陈寓超携带横幅标语爬上广州海珠桥顶，声称为讨要某房地产公司欠他的450万元工程款而采取“跳桥”行为。在僵持5个小时之后，一位60多岁的赖姓老伯突然爬了上去，随后将跳桥者推下。赖老伯声称早已不忿此地常常发生的“跳桥”，实在看不下去了才推他下桥。因下面的气垫床没充满气，坠落的陈寓超受伤严重，医疗费将达20多万元。目前，有关部门透露，跳桥者陈寓超涉嫌聚众扰乱公共场所秩序罪，推人者赖健生涉嫌故意伤害罪，两人均被采取刑事措施。

■跳桥秀频现
是利益诉求机制缺失

华商报评论　尽管广州市民已经烦透了海珠桥的跳桥秀，但是我们应该明白，像赖阿伯那样的“英雄壮举”，是无法解决问题的。原因在于，这些“跳桥秀”其实都指向同一个方向：正常的利益表达机制缺失。

弱势者“投诉无门”无奈地走上跳桥秀的路上，不仅有可能被治安拘留，还要承受“千夫指”，这是一重悲哀；有关部门漠视民众利益表达，甚至要赖阿伯这样的百姓代人受过，这又是一重悲哀。

金羊网刘洪波　该地3个月来发生14起跳桥秀。从“跳楼”、“跳桥”亦成频繁，到有跳桥讨债者被推下，前者显示“正常途径”的无力和“一个人的示威”作为非常解决之道的模式化，后者显示“个人示威”因为“效果最大化”而与市民情绪产生的冲突。但有人被推下后，市民反应的两极化，显示了人们在利益与道义之间的各种选择。

■老伯推人
是好心办坏事吗

广州日报评论　有意思的是，针对这一极富争议性的事件，在新浪网和广州本地的大洋网上，网友投票倾向性有明显差别。新浪网友中仅22%认为“老汉此举可以理解”，而超过53%的大洋网友则认为老伯是“正义之举”。态度的迥异，正表明广州网友确实切身饱受海珠桥频繁“跳桥秀”的堵车之苦，而外地网友则多少有些置身事外，因而更加关注老伯的“过激之举”和被推桥伤者的不幸。

新京报评论　赖老伯说：“跳桥让交通受阻这么长时间，他们不能这样损害广大人民的利益。”老阿伯的话里包含着如下逻辑：第一，陈先生这样的申冤者，不是“广大人民”中的一员；第二，只要认定他损害“广大人民”的利益，就可以径直予以解决，哪怕这会对他造成伤害甚至死亡；第三，“广大人民”中的任何一员，都可以实施自己的解决方案。好在警察并不完全认同，否则类似的问题也太好解决了。

扬子晚报评论　跳桥固然有“秀”的成分，但谁不到万不得已、走投无路会去作这种“秀”？而眼前的这个年仅32岁的包工头之所以跳桥，是因为工程款被长期拖欠，区政府承诺帮助解决却无下文，而他投入的资金都是借来的，债主甚至追到他母亲家。为此，他已经很久没有见过老婆和三个孩子了。请问老伯，你了解跳桥者背后的这些情况吗？你这是“为市民除害”吗？

■跳桥秀
要靠什么来阻止

京华时报评论　应对跳桥秀，管理部门想到了治安处罚，设置巡逻岗位，这无异于缘木求鱼。归根结底，一些人之所以要选择这种含弃尊严的维权方式，关键在于权利诉求得不到回应和纾解，制度化维权的通道没有让他们产生信任感。这是权利恶化的一种表现。因此，与其问拿什么来阻止跳桥秀的上演，不如问拿什么来拯救他们的维权困境？

广州日报评论　遏制日益频繁的“跳桥秀”，从海珠桥本身而言，应尽快为桥身穿上“防跳服”、配上“防跳队”；而从源头而言，则应让信访、司法援助等权利诉求渠道更畅通，让更多的困难群众投诉有门、办事无障。如是，“跳桥秀”自然有望销声匿迹。

强国论坛“兰铜小小生”　据悉，早在2006年，赖健生就在洛溪大桥上以类似的手法“救下”一名跳桥者。事后，他被当地政府部门授予“见义勇为奖”，得到1万元奖金。显然，在这种巨大的危险性面前，出于最起码的对生命的尊重，政府显然不应该鼓励对跳桥者采取暴力手段，更不应该鼓励社会非专业人士采取无组织、无防护的、不可预见的个人行为。可以想象，如果不是上一次政府的褒奖，赖某这次恐怕不会如此积极主动，对自己行为的性质和可能承担的法律后果毫不考虑。进一步说，如果当初在给某颁发奖励的时候向其说明这其中的危险性，甚至不是物质和精神的双重奖励而是今天的刑事措施，无心害人的赖某是决不会有如此举动的。

调查　老汉将“跳桥秀”男子推下桥你怎么看　调查人数：37068人

任洁制图　数据来源：凤凰网

“黑茶”传销？别“黑”了良心！

2月28日凌晨，无锡北塘城管执法大队数人一顿烧烤吃掉570元，之后城管拒绝买单并威胁店主：“你们以后想不想在这里做生意了！”女店主不满，追讨餐费却被打成脑震荡入院。(据3月2日《扬子晚报》)

吃霸王餐早已不是新闻，为什么吃霸王餐的人还这么横？关键在于，权力作祟。孟德斯鸠说，一切有权力的人都容易滥用权力。在公权力得不到有效监督和制约的情况下，滥用权力可能就是小菜一碟，吃霸王餐也就太正常了。这些手中握有一定权力的人，把权力凌驾于道德之上、法律之外，到处耀武扬威、鱼肉百姓，只要有人稍有不平，乱棍暴打自然不在话下。看病讲究对症下药，整治霸王餐就得从规范和制约权力做起。实际上，这已迫在眉睫。　李万友

在组合稿专栏中，文字稿与图片以“1＋1”的形式组稿较为常见，这也充分体现了报纸专栏的经营特色。当新闻报道没有新闻照片时，编辑也会利用图表或漫画等图片来使得专栏的视觉画面更加丰富。

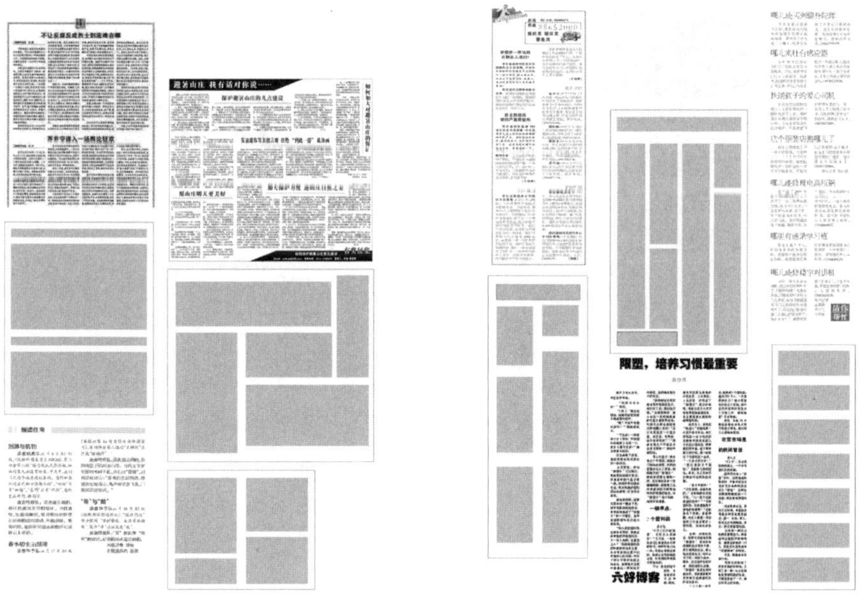

而对于纯文字稿组合起来的专栏，通过标题、正文编排的多种变化，也能取得较好的视觉效果，有一份沉静与内敛，反而能使读者安静地读完内容，相比一些只有文字信息的集纳型专栏几乎等分的布局，还能产生自己的特色。

对于多图文组合稿件的专栏来说，编排布局的变化，有时候甚至可以和一个版面媲美。在这里，文字与图片的关系更加紧密，内容互相交融，呈现着和谐的视觉氛围。

潮MOOK

他 不正常 365天每小时都打卡 很超常 "狂人"艺术震撼纽约

中国行为艺术家谢德庆代表作《一年的行动艺术》系列美国巡展，观者如潮

作品几乎成为全球行为艺术家的封面之作 被黔然尊为行为艺术"圣人" 坚持了整整13年的"非正常生活"

另类展览惊动纽约

艺术"圣人"不再出山

谢德庆的"酷刑"之作

笼子

打卡

绳子

在户外

谢德庆曾和"蜀中八怪"交流

怎样欣赏行为艺术？

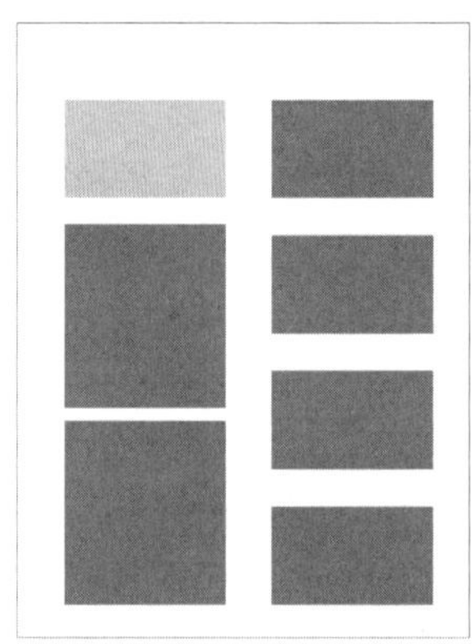

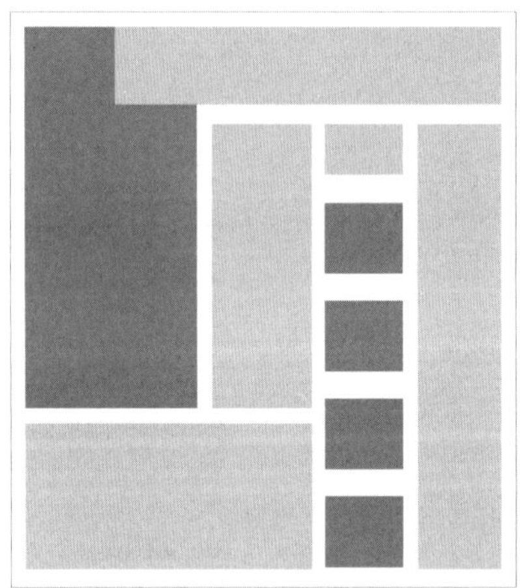

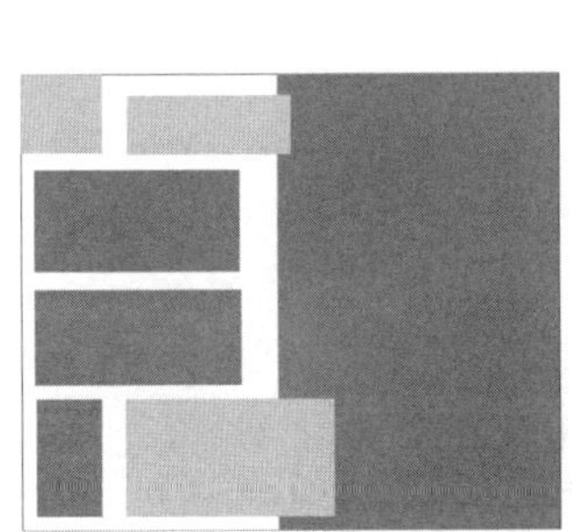

实际上，组合稿件专栏并不是简单的图与文的组合。我们应把眼光放大到具有相关性的所有文字稿件，包括消息、通讯、特写、评论、背景资料等，和所有图片，包括照片、图表等，以更多样的属性来进行组合。这样既能丰富专栏的内容属性，也能丰富版面的内容。

与编辑过程中的稿件组合相对应，专栏的编排也有组合样式。我们将在下一章中细细阐述。

在这里，我们想说的是，对于多图文稿件组合起来的专栏，布局上首要注意的是稳定感。稳定感最常见的是规规矩矩的方形切割布局，但实际在平常的版面编排中，为了让专栏的模块达到一种平衡，“三角法”是最为常见的手法。这里简单举几个例子。

流落缅甸60余载 远征军老兵踏上回乡路

本报记者到缅甸探访川籍远征军老兵，并将见证16名老兵回乡寻亲

本报特派记者 周禹波 杨涛 缅甸摄影报道

67年前的3月，在抗日战争最为关键的时刻，十万中国远征军从云南畹町走出国门抗日。如今，当年的毛头小伙已是耄耋之年。他们当中的不少人依然在异国的土地上生活，有的已经整整六十多年未与家人联系；有的只记得房前的那个碉楼梁子；有的甚至衣食无着……他们的亲人也在日夜思念，期盼团聚的日子。

2009年5月，无疑是一个具有历史意义的时刻，生活在缅甸的16名中国远征军老兵将在社会爱心人士的帮助下，首次组成回国寻亲团，从他们走出国门的畹町口岸开始，重新踏上离别了60余载的祖国土地。

对于他们来说，或许这也将是最后一次……

昨日，本报特派记者抵达缅甸密支那，探访在异国生活的川籍远征军老兵，并将见证16名老兵回乡寻亲历程。

故乡 碉楼梁子下的家没了 弟媳姐夫还在等他回来

他乡 记不得成都的家在哪 只盼能与两个哥哥团聚

回乡 本报记者飞赴缅甸 探访在异国的四川老兵

中国远征军

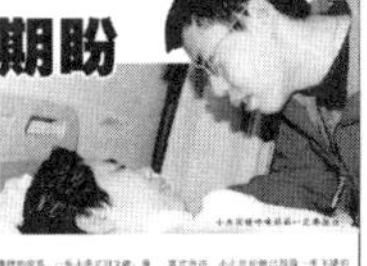

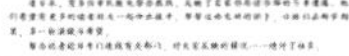

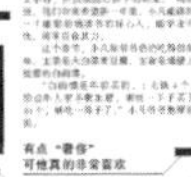

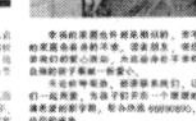

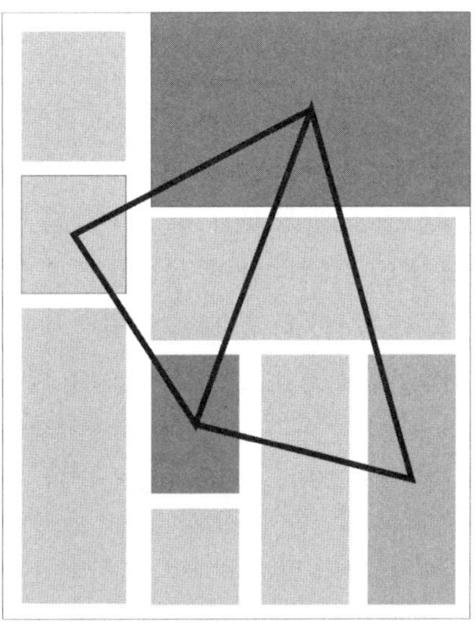

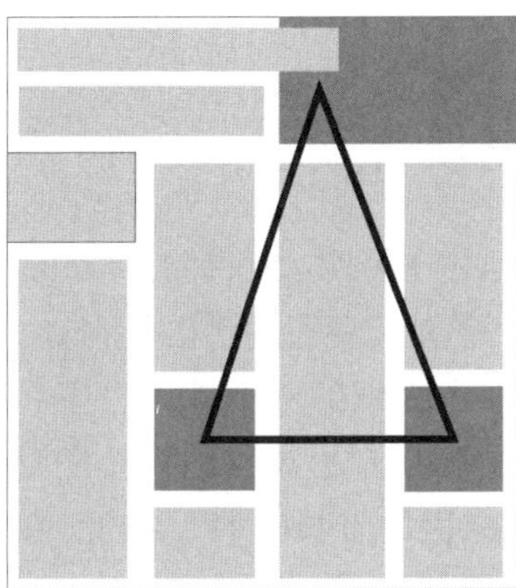

第二天：南宁—重庆
里程：830公里
耗时：24小时

日夜兼程，人困马乏，运马车队走过了第二天最艰难的行程，贵州崎岖的道路，给车队带来了极大麻烦，经过贵州都匀100多公里奔波后，一辆运马车不堪8个多小时颠簸，后轮出现错位，而且，由于不适应昼夜温差变化，一些马匹也生病了……

车坏了 马病了
艰难冲出“魔鬼路段”
运马车队走出贵州山区，5日上午抵达成都

险 运马车辆后轮错位

寒 晚穿单衣早上烤火

急 “英雄”“皇帝”病了

□采访手记
手机写稿 短信发稿

第五章　以设计元素美化专栏

专栏在报纸版面上的呈现，离不开各类设计元素的组合与展现，同时，也会具体应用到字体字号、色彩线条等版面语言。对于报纸版式设计者来说，在栏花设计、标题制作编排、专栏内部布局、图文组合等编排过程中，运用设计元素来美化专栏的空间还是蛮大的。

第一节　栏花设计

专栏，之所以称为“专”，因为它不同于其他普通稿件，不仅拥有自己的定位、位置，还拥有自己专属的名称。这个名称的表示，就需要通过栏花来呈现。

栏花是一种传统的叫法。一般它的宽度占报纸的一个基本栏至两个基本栏，在专栏中醒目的位置加以标示，一般是放在专栏模块的四个角落。可以说，栏花是一个专栏的标志符号，是识别专栏的首要途径。因此，在专栏的编排美化中，栏花的设计也因此变得更重要些。

从近年来我国报纸的栏花设计来看，相当一部分仍然保留了传统的设置方式，通过专栏名称文字的美化处理，加上图片等素材的综合运用，呈现出一个个具有个性的、能传达栏目精神的栏花。也有部分报纸，因整体设计风格引导，专栏的名称只用简单的文字和线框、底纹加以修饰，简洁而有力，但识别度并不高，需要读者看清专栏的名称文字，才能获知。

1. 栏花设计的注意事项

栏花设计作为视觉平面的小型作品，首先要遵循美学原则，这与专栏本身的美化、版面的编排以及整张报纸的风格都是相通的，这里不再赘述。需要指出的是，在栏花设计中，有几个应该注意的事项。

(1)栏花设计风格要与专栏、报纸的整体视觉风格相一致

栏花虽然只是专栏、版面的一个小元素，但其细节足以影响专栏和整个

版面，因此在风格上必须与整体保持协调。这也是有些报纸不再专门制作图文组合的栏花的原因，因为简洁的文字式栏目名称是其报纸设计定位时的总体要求。而在继续应用图文组合栏花的报纸中，栏花也不能"为所欲为""无限畅想"，不能把栏花作为一张海报来设计，必须要有界限。

(2)栏花要具有足够的易识度

栏花是一个专栏的标识，大多数读者都是通过栏花来寻找专栏、阅读专栏的。栏花如果太花里胡哨、元素过于复杂，就会影响阅读效率，导致读者找不到专栏，不认识专栏。

(3)栏花要能表达体现专栏的主旨

每个专栏都有自身的定位。栏花要在视觉上找到与内容相适配的表现形式，最理想的状态就是在风格上与内容的风格相得益彰，互相烘托氛围。这里还需要注意栏花与专栏其他元素间的视觉协调。如栏花与主稿的标题，与专栏的边框、线条、底纹，与图片的基调色彩等，尽量形成一个视觉总体，不要因为各元素间的不协调，致使专栏在视觉呈现上变得"四分五裂"。

(4)栏花不能频繁改动

作为专栏的标志物，栏花必须保持一定的稳定性，一个栏花的应用要有一定的时间跨度，足以让读者认识、接受、记忆，不能频繁作出改动，让读者无所适从。一般情况下，建议与报纸整体改版步调保持基本一致。

2. 栏花的类型与鉴赏

从视觉元素的构成来分类，专栏的栏花也可以分为纯文字、图文结合两类。其中纯文字类会加入简单的线框、色块与文字配合，以示区别于其他的稿件文字。图文结合类，有对文字作出图像化处理的，有将几何图形与文字组合的，也有把照片、漫画和文字组合的。比如许多名家专栏，栏花设计时就会把名家的头像作为重要的视觉组成部分。

在这里，我们选取了一批专栏和栏花，供读者和编辑、版式设计者鉴赏，希望能给大家一些启发。

(1)按栏花的表现形式分类

根据栏花在表现形式上的主要元素的差异，分为"汉字""数字(符号)""示意""辅图""人物"等几种类型。

①汉字型

毋庸置疑，专栏的栏花必然有汉字或数字。这类栏花以汉字为基础，主要的表现元素也是汉字。

其中一类把汉字作为象形来看待，在通过特殊的设计处理后，赋予汉字一种风格或特色。

如“重庆珍档”这个专栏，为了突出它的历史感，整个栏花的主体就是一个方方正正的印章，既把读者带入了时空隧道，又能散发出值得信任的信息，与其“追读历史、探寻真相”的定位相适应。“独家责任”同样是通过印章来宣示庄重感和信任感。“周日大观”像阴刻印章，又像个牌匾，“大观”的感觉似乎就集聚在这种表现方式上。

再看“百城赋”的栏花，除了用一个云雕墙面的图片来衬底，字体更选择了隶书。隶书盛行于汉、三国、晋等时期，正是“赋”这一文学体裁盛行之时，说是巧合，不如说是设计者有意为之。“城纪”中“纪”字的绞丝旁，独辟蹊径地用了篆隶的书法体，立即感受到一股泛起的历史气息。

如何表现“阅读”二字？“阅读”专栏的栏花把“阅读”两字与线装书一起设计，还采用卷起来的造型，我们似乎看到了儿童诵读国学的摇头晃脑状。“巴蜀发现”通过对部分笔画的变形处理，带出了神秘感。“直通车”索性把文字“变异”为列车的形状，用形表意，以字表形。

另一类就是单纯地依靠汉字来表现,汉字在象形的意义上的视觉发掘较少。这其中的关键是字体的选择,因为每种字体都有自己的个性,直接影响到栏花的风格,甚至影响到栏花是否能与栏目定位相匹配。另一个关键是各部分汉字之间色彩、比例等的变化和协调,以期达到“好看”的目的。

草根创富记

②数字(符号)型

同一个道理,当专栏名称中含有数字或符号时,它们也是栏花设计者的灵感来源之一。突出处理数字、符号,能收到令人意想不到、耳目一新的效果。

③示意型

在文字的基础上，栏花的设计如果加上图形元素，能更好地表达栏目名称的意思甚至内涵。这种图形通过形态相关、含义相关的元素，对栏目增加一层“示意”，让读者更加明了、清楚。

如专栏“升学行动”中，课桌椅和书本成了“示意”的主角，让人一目了然。“网络视点”用电脑、眼球两个元素，分别表意“网络”“视点”，虽然有些机械，但示意清晰。“追踪报道”用了一个长焦镜头，而“北青暗访”直接用了一个微型摄像头。“大城小事”的城市建筑、“表扬台”的喇叭、“在路上”的汽车，都与专栏有紧密的相关性，都是非常直接的示意。“大声对家暴说不”使用的是一个禁止标志盖住了拳头，表达的意思同样明明白白。

④辅图型

在文字的基础上，栏花的设计加上图形元素，但这些图只是起到一种辅助作用，有的甚至相关性也不紧密，却从视觉上给予了一定的帮助。

看“西安1周”几个方块，一下子给文字带来生气。“现场直击”用了小小的一个辅助图片照相机，“中国红”的国旗背景渲染气氛，“热点追踪”的简单几何图形也有形有范。

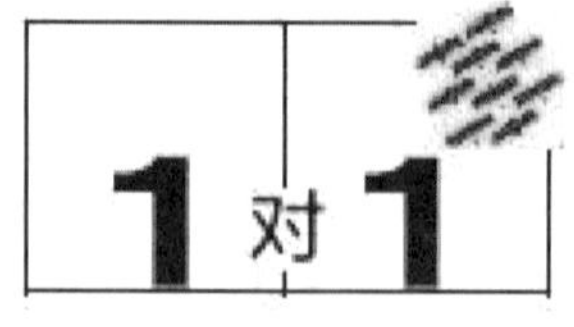

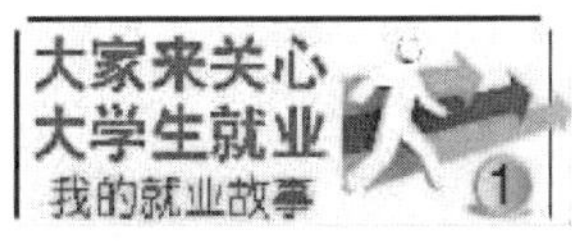

⑤人物型

卡通形象、主持者头像、作者漫画像，这些都被栏花设计者用作元素之一。从专栏名称来看，这些或是真正的人物，即记者、编辑，或是卡通人物，有着简洁、生动、丰富、易记忆的形象，让专栏“拟人”、“活”起来。

(2)按栏花的目的性分类

栏花的设计过程往往体现了一个目的性，即栏花想要起到什么样的作用。根据其目的，我们尝试着将栏花分为以下几类：开门见山型、开宗明义型、信息服务型、扬名立说型、版面统帅型。

①开门见山型

这一类栏花没有过多的修饰，直接而单纯地展示栏目名称，不作说明，不加辅助信息，让读者最先记住栏目名称。

破“坎”要讲辩证法

从“机会导向”转型“战略导向”

——中欧国际工商学院三教授谈跨越“2亿元之坎”

做大做强民营企业

“亲友团”模式难做大

不成长就注定被淘汰

政府应将民企“视同己出”

最幸运的女孩>>

遭30万伏高压闪电击中 耳机线引走电流救一命

据英国《每日邮报》6月19日报道，英国一名14岁小女孩及其男友日前在树下躲雨时遭雷击，击中他们的电流电压约有30万伏特。幸运的是，小女孩的iPod随声听耳机线将闪电引向了衣服，从而使致命的闪电错过了她全身的重要器官。

树下躲雨遭雷击

6月15日晚间，14岁的苏菲·福斯特和男友梅森·比利顿，在伦敦东部埃塞克斯的一个公园游玩时突遇暴风雨，于是两人到一棵树下躲避。突然，一道闪电击中了福斯特，烧焦了她的头发和衣服，她和仍然与她手牵手的男友被击昏在地。男友首先醒来，并将福斯特送到医院，他的眼睛被击伤。

耳机线引走闪电

幸运的是，福斯特遭雷击时，身上携带着一个音乐随声听，耳机线垂挂校服上，闪电的电流通过耳机线传导到她的衣服，这样保护了福斯特的关键器官不受伤害。不过，福斯特的耳朵鼓膜穿孔，眼睛受轻伤，胸前和腿部等部位被烧伤。

专家称，除了耳机线外，还有很多因素使福斯特侥幸存活了下来，譬如她当时穿着鞋子，并且和男友手牵手，可能男友也帮她分担了一部分“雷击”。

金属线可转移电流

曼彻斯特大学的伊恩·科顿博士说，闪电击中一个人时，电流传导的方式有两种，一种是电流从皮肤传导然后接地，当人身体被雨淋湿时有可能发生这种情况；另一种是电流穿过皮肤进入身体内部。某些时候，传导性能好的金属线可以将电流转移，避免伤及心脏等重要器官。

据中国日报

福斯特被闪电击中时穿的衣服

餐厨废弃物处置将全程监管

“地沟油”整治 市县长负责

采访人：本报记者 寓子梅 解读人：食品安全相关监管部门负责人

朱国芳绘（人民图片）

国务院办公厅日前发出《关于加强地沟油整治和餐厨废弃物管理的意见》（以下简称《意见》），明确提出严厉打击非法生产销售“地沟油”行为，同时探索适宜的餐厨垃圾资源化利用和无害化处理技术工艺路线及管理模式。本报记者就此采访了食品安全相关监管部门负责人。

使用“地沟油”企业停业整顿

《意见》指出，要以城乡结合部和城市近郊区为重点，摸清“地沟油”原料来源和销售渠道，对黑窝点一律取缔。要以集贸市场、批发市场等场所为重点，严肃查处经营假冒伪劣和来源不明食用油的行为。以城市（镇）、矿区、旅游景区等餐饮业集中地为重点地区，以食品生产小作坊、小餐馆、餐饮摊点、火锅店和学校食堂、企事业单位食堂、工地食堂等集体食堂为主要对象，加强对食用油购货记录和票证检查，严防“地沟油”流入食品生产经营单位，依法查处从非法渠道购进食用油和使用“地沟油”加工食品的行为。对使用“地沟油”的食品生产经营单位依法责令停产停业整顿，直至吊销许可证；涉嫌犯罪的依法移送司法机关，追究刑事责任。

餐厨垃圾日产日清禁乱扔

目前，由于垃圾分类不到位，餐厨废弃物未得到有效处置。《意见》要求餐厨废弃物产生单位建立餐厨废弃物处置管理制度，将餐厨废弃物分类放置，做到日产日清；以集体食堂和大中型餐饮单位为重点，推行安装油水隔离池、油水分离器等设施；严禁乱倒乱堆餐厨废弃物，禁止将餐厨废弃物直接排入公共水域或倒入公共厕所和生活垃圾收集设施；禁止将餐厨废弃物交给未经相关部门许可或备案的餐厨废弃物收运、处置单位或个人处理。不得用未经无害化处理的餐厨废弃物喂养畜禽。

《意见》首次提出，餐厨废弃物收运单位应当具备相应资格并获得相关许可或备案。餐厨废弃物应当实行密闭化运输，运输设备和容器应当具有餐厨废弃物标识，整洁完好，运输中不得泄漏、撒落。餐厨废弃物产生、收运、处置单位要建立台账，详细记录餐厨废弃物的种类、数量、去向、用途等情况，定期向监管部门报告。要求各地创造条件建立餐厨废弃物产生、收运、处置通用的信息平台，对餐厨废弃物管理各环节进行有效监控。

《意见》要求，有关部门尽快确定餐厨废弃物资源化利用和无害化处理试点城市，制定试点管理办法。

成为卫生城市评选重要指标

《意见》强调，各城市要建立“地沟油”整治和餐厨废弃物管理工作市（县）长负责制。同时，落实部门监管责任，建立健全全程监管和执法联动机制：商务部门要加强餐饮业行业管理；质检部门要加强对食品生产加工环节的监管，严厉打击食品生产单位使用“地沟油”加工食品的违法行为；工商部门要加强对流通环节经营食用油的监督，严厉打击经营“地沟油”和非正规来源食用油的行为；食品药品监管部门要加强对餐饮服务单位的监管，监督餐饮服务单位建立并执行食品原料采购查验和索证索票制度，严厉打击购买、使用“地沟油”和非正规来源食用油的行为；卫生部门要会同有关部门加强对食用油的风险监测，完善相关检测方法。

《意见》说，要将“地沟油”整治和餐厨废弃物管理内容，作为创建卫生城市、文明城市等评选活动的重要指标。各地要建立有奖举报制度，支持鼓励群众积极参与“地沟油”整治和餐厨废弃物管理。定期向社会公布在“地沟油”和餐厨废弃物管理方面出现问题的企业和单位，并纳入企业诚信记录。

R 政策解读

②开宗明义型

这一类栏花除了栏目名称外，常常要加上另外的文字元素，它们是一两个词，或是一两句短语，表达的是这个栏目的创办宗旨，让读者深入了解栏目的定位和功能。

《重庆六旬翁广东制止抢劫遭歹徒开车反复碾轧身亡》后续

老人家属昨指认嫌犯 作案车系套牌

本报讯(记者 杨圣泉 黄平)九龙坡区华岩镇63岁老汉蔡长禄，在广东顺德区阻止一起抢劫时，被歹徒驾车碾轧身亡。此事经本报连续报道后，在社会上引起强烈反响。据了解，昨日顺德警方已请亲属李伟等人前去指认嫌犯照片。

警方通知指认嫌犯照片

已查找到？顺德警方称，他们找到目击者提供的那个作案车牌号后，迅速进行查处，发现是一个套牌号。

华岩镇拟派人赴顺德协助

昨日，九龙坡区华岩镇相关负责人表示，希望顺德方面查清事实，按有关规定给予蔡长禄老汉申报"见义勇为奖"，同时镇政府将大力宣传蔡长禄的英雄事迹，号召全镇人民学习他。

该负责人同时介绍，前几天他们从本报上获知此事后，为蔡长禄的精神所感动，目前区政府和镇政府对此高度重视，将密切关注顺德方面的最新动态，必要时将派有关人员前往顺德，协助善后。

旅馆为老人家属减免费用

据了解，被抢货车司机刘永林也是重庆人，自从蔡长禄出事后，他与妻子吴女士十分难过，昨天下午，刘永林拿着有关资料到顺德区综治办为蔡长禄申请"见义勇为奖"。"老人家为保护我的财产而献出了生命，我要当老人的干儿子，他家今后有什么困难，我都会尽力帮助。"刘永林表示。

蔡长禄见义勇为的事迹在顺德当地也引起了强烈反响。老人的子女蔡葵、蔡春群、蔡红等吃饭的餐馆、暂住的旅店主动免除了他们的饭钱、减免了一些住宿费。

本报也将继续关注这一事件的进展，并于昨日派记者黄平赴广东采访。

四根手指敲出30万字小说

调查 **"人肉搜索"神医李培刚**

中国男篮内部人士昨日向本报记者证实，李培刚不是国家队队医

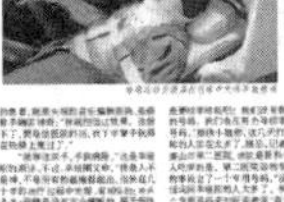

③信息服务型

这一类栏花最大的特点就是将栏目的联系方式作为栏花设计元素。栏花中会有电话、传真、电子信箱、QQ号等各种联系方式，方便读者与记者、编辑进行沟通，提供新闻线索等。这类栏目往往互动性、实时性比较强，及时反映社会问题，及时帮助读者解决难题。

深夜突击 联手挡获15辆"野的"

记者 张法静 刘陈平 实习生 王文翰 昨晚10时摄影报道

异地揽客的出租车被执法人员挡获

昨晚7时，由成都市反扒窃支队牵头，60名警察携手成都市交委执法队员及出租行业代表300余人，在成都五块石、青龙场和荷花池等重点区域进行集中整治，截至昨晚10时，挡获了15辆"野的"。

昨晚8时，交委执法队员巡逻至昭觉寺汽车站时，突然发现前方一辆车牌号为川FB2948的德阳出租车在站外揽客。执法队员遂周密布控，待有乘客上车时，逮了出租车司机的现行。半小时后，接群众报案，执法人员马不停蹄地赶往青龙警署背后的居民小区，查获一辆套牌川ATM856的克隆出租车。据住户称，该克隆车已在此停放了好多天，执法人员遂将该克隆车拖走。在五块石和荷花池，执法人员通过设卡拦截等方式，挡获了10余辆非法营运出租车。

校园记者俱乐部 0731—2205183

帮你办

廖先生： 桔园路砂子塘派出所附近有一个工地，可能是施工时把地下自来水管挖了个口子，水白白流了一个月。

帮办回复： 记者将此情况转告长沙供水公司服务热线85133333，公司已派城南分公司工作人员到现场勘查，及时进行了修复。

帮你找

冯先生(13975162364)：59岁退伍军人，求一份门卫和保洁的工作。

谭先生(13037311824)：带面包车求职，A2证，12年驾龄。

刘先生(13507440001)：5年驾龄，C1照，求一份小车的司机工作。

喻先生(13469074343)：擅长炒菜、蒸菜，求厨师工作。

高同学(13787171613)：长沙理工大学研究生，求初中理科、英语家教工作。

张同学(15874146970)：长沙理工大学大三学生，求一份小学到高二数理化的家教工作。

高同学(18774832004)：中南大学大一学生，求一份小学到高中全科的家教工作。

刘同学(13875924509)：中南大学研一学生，求一份初中数理化和英语的家教工作。

阮同学(13507491192)：长沙理工大学大二学生，求小学全科、中学英语家教工作。

帮你问

胡先生(15116405530)：住王府井附近，请一名幼教带一岁小孩，住家不住家都可以。

梁女士(15574820847)：在德政园附近请一名钟点工，每天下午搞卫生、做晚餐。

刘女士(15526468850)：请电子琴、古筝和小提琴的家教老师。

黎先生(13787090836)：求购一套二手进口的音响功放机。**值班记者 彭放**

穿上名牌芭比装
不到半月漏棉絮
■店方：衣服破损不是质量问题维修要掏钱
■消保委：服装类消费不能轻信名牌

④扬名立说型

这一类栏花往往将主持栏目的记者或编辑的姓名设计进去，有的索性取其中一字组成有个性的栏目名称，有的还会加上他们的头像、漫画形象等。此类栏花设计感突出，给读者的感觉非常亲切，一下拉近了栏目主持者或主要撰稿人与大家的距离。

杯具呵，杯具！

古人的“开门七件事”，十三娱没有考证，只是觉得应该来源于咱们经常顺口而出的“书画琴棋诗酒花，开门七件任人夸”。去掉“诗酒花”三件，剩下的“弹琴弈棋写字绘画”四样，似乎成了一个人的文化素养和综合素质的具体表现形式，一如流行语所说的那么样——就算生活只是个杯具，也要做个上品青花瓷杯具……

因此，老谋子电影作品的片头书法，被网友们用“品位”来说事儿。他是中国的首席导演，也是玩艺术之人，怎么说也是个上品青花瓷（琴棋书画样样精通，自然是人们对他的心理预期）。当然啦，透过现象看本质，片头书法虽然不是老谋子本人书写的，但观这些书法，网友们自然能读得懂老谋子的“品位”，特别是书法家不苟同他的品位呵，定义为“江湖俗书”。研习书法的人自然谆谆告诫“书法不是写字，是高尚的艺术”，你老谋子再怎么牛气，也不至于能赶上人家书法家的，不用“江湖俗书”来黑老谋子一下，怎能彰显人家书法之人穷尽一生时间和精力所达到的高妙之处呵。

其实，品位不品位并不是能写一手好字就能说得清楚的。一手好字抑或“书画琴棋”，只能是种锦上添花的怡情之事，自己开心就好，再怎么“高尚的艺术”还不是写字呵（更何况，现在连领工资都不用签名写字了）?!呵呵，十三娱每每爆出自己的歪理邪说，都会被闺密们狂风暴雨痛心疾首地狂批“牵强附会”教坏了下一代。十三娱当然不怒也不恼，因为她们几乎个个都是花了大价钱，拼着老命来打造一下代的“琴棋书画”（管他是不是这块料），周末节假日（包括晚上），孩子没有一刻是自由的，更别谈快乐了！杯具呵，杯具！琴棋书画，英日法语，能歌善舞……看来只有超人才能做到！

说到底，“琴棋书画”只是生活的一杯助兴酒，谁见过喝酒充饥的人?！老谋子已经算是超人之超人了，他都做不到琴棋书画样样精通，更何况我们凡人凡子呢！

杜绝『伪爱国』

本报首席评论　徐迅雷

3月8日，即三八国际妇女节一百周年纪念日这天，**我见到一条男人“欺负”女人的消息，很是生气了一把。**

这天《南方都市报》报道说，在参加全国政协体育界别的讨论时，国家体育总局副局长于再清谈起有运动员夺冠后感谢父母，说“感谢你爹你妈没问题，首先还是要感谢国家，要把国家放在前面，别光说父母就完了”云云。

于再清一个大男人，他是拿女孩周洋说事——该不是轻视“弄瓦”重“弄璋”的“重男轻女”吧?

不久前结束的冬奥会上，周洋突破性地夺得女子短道速滑1500米以及3000米接力的金牌。在1500米速滑比赛结束后，周洋面对央视记者的镜头回答说：“拿了金牌以后会改变很多，也可以让我爸我妈生活得更好一点。”

爸爸得了绝症，继母动手打他

女儿上门讨说法

对继母一阵拳打脚踢

博客新闻　欢迎点击http:

久雨初晴周末景区游客爆发性增长

西湖景区周六大堵车

延安路变成一个停车场

⑤版面统帅型

这一类栏花从严格意义上说，有的还称得上是栏花，有的已经演化为报眉。它们只能在一个专栏的规模大到整版通栏乃至跨版的情况下才适用，栏花作为专栏或版面中的核心要素加以呈现。

中国新闻奖 新闻名专栏　民意直通车　服务直通车　监督直通车

直通车

主办单位：中共深圳市纪委　深圳市监察局　深圳市信访办　深圳特区报社

网络直通车

《直通车》工作室

一家电池企业违规排放废气

市环保局要求该企业立即停止排污行为

网络直通车

市民对大沙河公园公共体育设施收费做法感到不解

免费开放篮球场凭什么收费

市政府12345公开电话　转变作风　服务基层

【市民反映】免费开放的篮球场竟收费

【现场调查】这种收费做法让人不解

【管理处回应】含糊其辞称收费已经城管局同意

【市城管局】收费标准须经过物价部门审核

望而"怯"步（漫画）

华西都市报　要闻

中国红 1949 我的解放时刻

前美联社记者托平回忆1949年在南京的采访经历

南京解放 我第一个向世界发出消息

西摩·托平已经88岁了，在纽约郊外斯卡斯黛尔的家里，和他结婚已60年的妻子奥黛丽·朗宁·托平陪伴着他，儿孙满堂让这位纽约老人格外快乐，他们甚至集体穿着唐装拍了全家福。这样的合影很容易让人联想起老人家的中国情缘。60年前，托平在南京紫金山上向中央大学学生微笑，他在中国的记者生涯由此步入佳境。在电话中，托平将思绪拉回到了1949年——

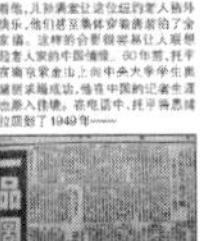

（中报）刊载托平报道南京解放的版面

1949年4月23日白天

国民党将军撤钢琴上飞机

托平夫人奥黛丽和丈夫托平与周恩来总理在一起

1949年4月24日凌晨

美联社首个发布解放消息

人民解放军占领总统府

1949年4月24日白天

解放军包围美联社小楼

■重返中国回忆录

周恩来称托平是"见证人"

"新中国成立60周年全国都市报联动报道"文图（格子整理）记者 （本报独家特稿）

责 / 任 / 媒 / 体 / 服 / 务 / 民 / 生

月度责任报告

YUEDU ZEREN BAOGAO

2010.3.3 星期三 第0034期(2010年2月)

严守恪守新闻真实
勇于承载政治责任
乐于承载社会责任
勤于承载民生责任

1 2 3 4 5 6 7 8 9 10 11 12

您是读者 您也是"记者"

本刊社,本报每期推出的新闻图片上刊登了"华商中国红"的读者拍摄照片。

和你在一起

之一:陪你回家

之二:陪你过年

2月大事记

【遗憾】我们一直在努力 让更多读者 有荣誉感和归属感

B13

第二节　标题设置

在专栏美化中，标题与文字、图片的关系是需要考虑的重点。如果说栏花是专栏的标识，那么标题则是专栏内容传播的核心。

专栏是版面的局部，标题和文字、图片又是专栏的局部。局部关系处理好，整体视觉效果就好；局部关系处理不当，将严重影响整体视觉。

1. 专栏标题设置的注意事项

实际上，专栏标题并没有很大的特殊性，与版面其他标题设置基本的传播学要求和美学要求是一样的。我们需要注意以下问题。

首先是必须正确体现标题与文字、图片的关系，确立标题在专栏中的核心地位。不仅是文字为主的专栏，即使是图片专栏，也需要一个标题来画龙点睛。

其次是以标题为首领，安排阅读秩序。包括标题的排列走向要与文字一致，标题横排或是竖排，左起竖排或是右起竖排，都要使得文字与其对应，符合现代阅读习惯。

再者是应用字体字号等版面语言，进一步确立阅读秩序。包括标题字号大于正文，且要有一定的比例关系，既要美观，也不能太突出夸张。正文则坚持版式设计规范的基本要求，一般不做字号字体的特殊处理。

莲花村：文化带来新光景

本报记者　刘先琴　本报通讯员　赖小青　赵哲

亲历农村

题与文等宽，盖文标题统领

2. 专栏标题的题文关系

我们在这里列举一些标题与文字的编排关系。

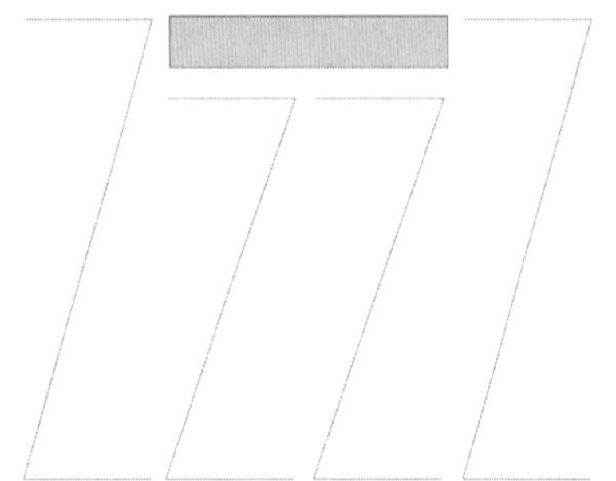

扬州赋

眉心题

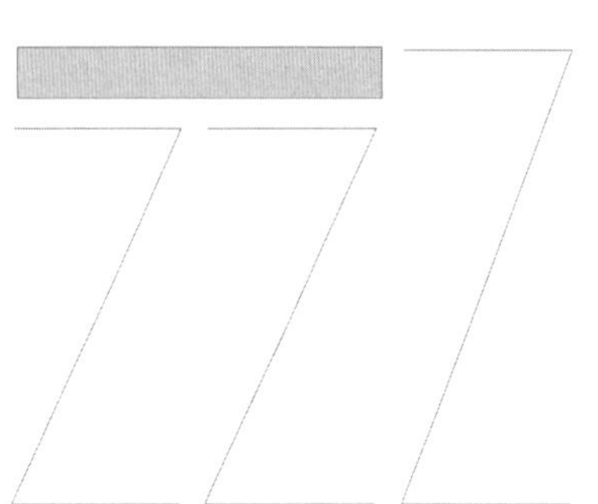

从新棠村到清华园

上左题

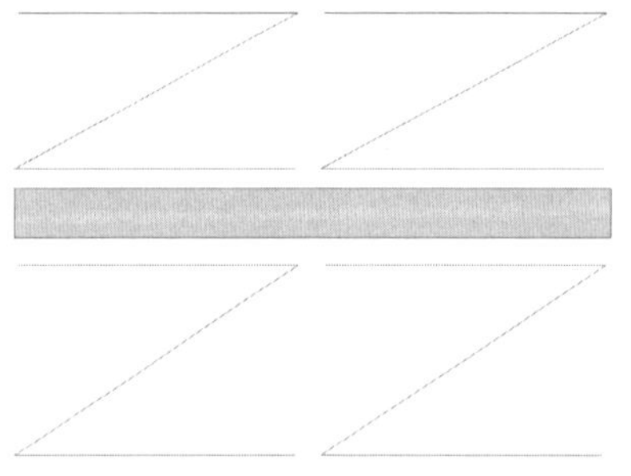

记述川足地理 / 追溯球场流变 / 旁证球队浮沉

川足:我的主场20年

腰带题

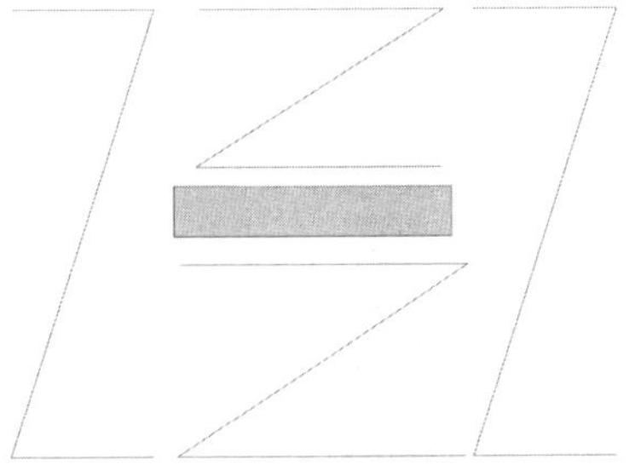

本报接待室

本报实习生 潘红美

老伴中风成植物人
多亏各方雪中送炭

文包题

对角题

花钱买来
"缩水房"

多交两万元房款迟迟不给退

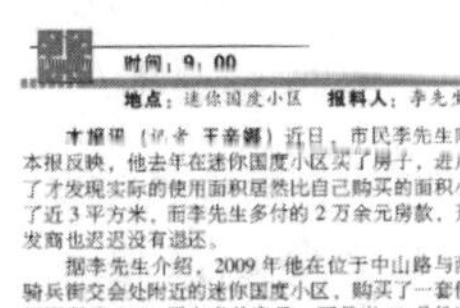

时间：9：00

地点：迷你国度小区 报料人：李先生

本报讯（记者 王亲娜）近日，市民李先生向本报反映，他去年在迷你国度小区买了房子，进户了才发现实际的使用面积居然比自己购买的面积小了近3平方米，而李先生多付的2万余元房款，开发商也迟迟没有退还。

据李先生介绍，2009年他在位于中山路与西骑兵街交会处附近的迷你国度小区，购买了一套使用面积为36.31平方米的房子。可是当10月份进户的时候他发现房子好像比自己购买的面积小。随后，李先生联系了开发商，经过开发商的测量，实际使用面积确实比李先生购买的使用面积少了2.9平方米，李先生为此多付了2万余元房款。

从去年10月至今，李先生多次找到迷你国度开发商索要房款差额，"2万元不是个小数，可他们就是不把钱返给我"。据购房合同显示，购房款多退少补。记者随后和李先生一起来到小区售楼处，迷你国度的工作人员称，负责人全休假了。

随后，李先生又与迷你国度的财会人员张经理取得联系，对方答复，要解决此事还需等待。

碑式题

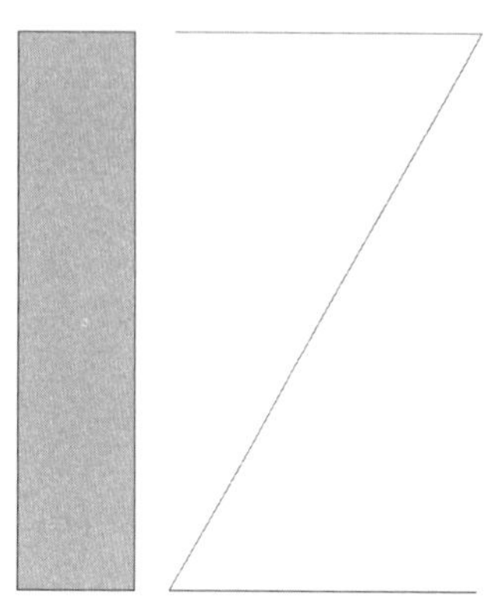

告别身边的不文明行为

黄岩万名市民评议“十大陋习”

本报记者 袁艳 黄岩区报道组 王华军 通讯员 王瑾

公民道德 从我做起

开栏的话：9月20日是全国第六个“公民道德宣传日”。从今天起，本报推出《公民道德从我做起》栏目，介绍我省党员伟大的抗震救灾精神和奥运精神，广泛动员社会各界关心、支持、参与道德建设，公民道德素质和社会文明程度不断提高的生动实践和专家访谈等。

您身边哪些行为有损城市形象？今年8月以来，台州市黄岩区开展的万名市民“告别不文明行为、评议十大陋习”行动吹来了清新的文明之风。

小小选票承载百姓心声

8月1日，黄岩区启动了历时两个月的“十大陋习”评议活动，从评议身边的不文明行为开始，引导市民改变生活陋习，养成文明的生活习惯。活动分为讨论、评定陋习，评议陋习、征集治理陋习“金点子”、集中整治陋习等阶段。

黄岩区文明办向上万名群众发出选票，选票上，列有乱扔乱倒垃圾、乱泼污水；广告乱张贴、乱涂写；沿街乱晒衣服等37种陋习。

家住东城街道寺后巷的82岁居民章涤清不仅认真地填写选票，而且还向黄岩区文明办寄来了满满两页纸的“金点子”。38条建议凝聚着章老太太的热切期盼。热心市民余友国针对自己选出的“十大陋习”，一一提出了改进的建议。

东城街道塔苑小区居民李亚文建议“十大陋习”评选出来后，有关部门要动真格整治，处罚到位，这样陋习会慢慢消除。 （下转第二版）

左侧题

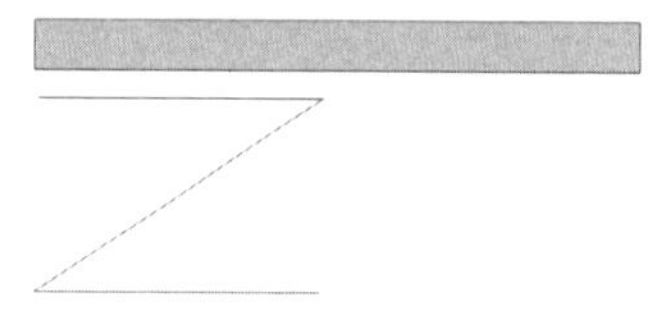

■ 党报热线调查

寒假作业多 “枪手”趁势生

横旗式题

在一些组合专栏中，因为有多篇稿件或图片，其中一条主稿可能要统领到整个专栏，所以除了盖文统领式的标题，也经常会出现旗式标题等样式。

专栏标题编排美化最基础的要求，就是要与其专栏在版面中的地位相匹配。这个道理很简单，就是如果专栏在版面中不是头条，那么其标题字号显然不能比头条稿件的标题字号还大。如果专栏在版面中占据主导地位，就必须对专栏主标题进行更加慎重的编排，让它能产生主体地位，并与专栏内其他文图内容一起形成较为突出的视觉中心。

还要注意，专栏内编排要避免连题，即碰题。在与专栏外稿件出现类似情况时，要通过版面语言和技巧处理好标题相撞的问题。还要避免出现无题栏，也就是标题没有覆盖到正文所占据的某栏，这样标题就起不到统领的作用。

光明日报　2009年11月30日　星期一

广西香蕉滞销事件带来什么思考

本报记者　刘昆　通讯员　于敏

11月中旬以来，作为我国香蕉主产地之一的广西，历史上罕见地遭遇到香蕉销售的"寒流"：90多万吨香蕉滞销，价格也从10月下旬的每公斤1.4元，急跌至每公斤0.2元。面临血本无归境地的蕉农们，一时间心急如焚。

广西各级党委、政府在国家多个部委的支持下，打响了一场"不让蕉农心焦"的保卫战。多措并举，广西香蕉价格稳步回升，一筹莫展的蕉农们露出了久违的笑脸。冰火两重天的香蕉销售经历，带给人们的不仅是高低起伏的心理考验，更是对今后工作的理性思考。

窘境：广西蕉农增产难增收

"生香蕉一斤不到两毛钱都卖不出去，照这样下去，连肥料钱都挣不回来。"11月17日，武鸣县坛洛镇，邓灿平站在自家香蕉地前忧心忡忡。今年初，他投资16万元种植了40亩香蕉，预计产量10多万公斤，可现在只低价销售了很小部分，剩下的一直无人问津。

坛洛镇是广西香蕉的重要产地。记者当日看到镇上公路旁堆满了刚采摘下来的香蕉，蕉农们着急地站在路边，不停地向过往货车挥手，希望车主能够停下车来购买。据了解，坛洛镇今年的香蕉总产量预计有52万吨。10月底时每天还可以销售200多车香蕉，可是到了11月中旬，每天就只能销售几十车。

广西自治区农业厅的统计数据显示，今年广西香蕉种植面积大幅增加，种植总面积约为106万亩，比上年增加15万亩，增长16.5%，预计总产量达到210万吨，比上年增加116.4%，位居全国第二。

但是，香蕉增产的背后是广西蕉农们不得不面对的不增收的窘境：广西香蕉从10月份大量上市以来，开市价格略低于上年，10月25日收购价为每公斤1.4元，进入11月份以来价格开始急剧下跌，11月17日收购价平均每公斤仅为0.4元，最低跌至每公斤0.2元！

行动：一切为了蕉农的利益

广西蕉农的困境引起了社会各界的广泛关注。从中央到地方，全国人民，都在关注蕉农，情牵蕉农。一项项务实的行动……

……一个"爱心香蕉"大卖场看到，一位中年妇女连价格都没问，开口就要10箱香蕉。"您家里吃得了这么多？"听到记者的疑问，她笑呵呵地说："送人就送呗！"当记者问其姓名时，她却连连摆手，只打趣说道："我姓'南'，南宁的南。"

目前，广西的香蕉价格已逐步回暖。据广西香蕉应急销售办公室统计显示，11月25日，广西香蕉的收购均价为每公斤1.03元。从11月22日自治区启动应急措施以来，到25日16时，广西已累计销售香蕉41969吨。

反思：广西香蕉如何"御寒"

"香蕉产业是一个重要的富民产业，我们不能因受这次滞销事件的影响而放弃这个产业，但也应该从中认真反思，总结经验，避免类似事件重演。"广西农业厅厅长张明沛说。

的确，今冬广西香蕉出现销售困境，从中暴露出的不少问题值得反思：遭遇如此"寒冬"事先竟无征兆？这关系广大蕉农切身利益的产业今后将拿什么来"御寒"？广西香蕉的出路究竟在何方？

北方暴雪和南方寒潮的提前到来，是造成广西香蕉严重滞销的直接原因。广西香蕉约有70%左右销往北京、天津、山东等地，对北方地区市场有很强的依赖性。今年北方提前1个月遭降暴雪，南方部分省市也出现了降雪和寒潮天气，致使交通不畅，采购商减少，市场需求萎缩，销区大量库存积压。

今年国内各主产区的香蕉集中上市，更加剧了销售的紧张局面。一方面，云南扩种香蕉，新植香蕉与广西同时段上市，且起步价偏低，对广西香蕉形成冲击；另一方面，广东、海南去年部分受灾蕉园补种后与广西熟期相同，在一定程度上拉低了广西乃至全国香蕉的价格。

由于缺乏有效引导，一些地区盲目扩大种植面积，也是香蕉滞销的重要原因。2002年以来，广西香蕉售价基本在每公斤2元以上，并且保持了7年之久，好价格导致了蕉农盲目跟风，使市场需求迅速饱和。

但是，业内专家认为，此次广西香蕉滞销的"病根"，还在于自身的抗风险能力不足，产业链条过短。目前广西香蕉主……

痛击

武卫

仅仅是尴尬吗？不，除了场面上的尴尬，还有直达内心的痛击：9日，英国前首相布莱尔参加在圣保罗大教堂举行的纪念伊拉克阵亡英军士兵的活动，当他自我感觉良好地去与一名阵亡士兵的父亲握手时，那位隐忍已久的父亲痛斥其"双手沾满我儿子的鲜血"，拒绝同布莱尔握手，直言"你还敢和我握手"，布莱尔顿时呆若木鸡，傻在原地，后在三名保镖的护送下才离开现场。

布莱尔可能从来没有遭遇过这种场面，他习惯了掌声和鲜花，一向自我感觉良好，在卸任后也不甘于寂寞，一直活跃在政治舞台上，充当"特使"之类的角色，最近又一直在谋求成为欧盟总统，以实现自己人生的"大跨越"。他可能怎么也想不到自己会遭遇这英国媒体所称的"尴尬"一幕，此前太把自己当回事了，在此活动上兴高采烈地和众人合影、握手，闪光灯的频繁闪烁使他俨然又成了"中心"和"主宰者"，忘了他还是把英国179名士兵推向死亡的主要责任者。

数字有时让人麻木，看不到真相：按一般的逻辑，英军在伊拉克战场上长达6年的军事行动，动用了大约12万军人以及文职人员，共阵亡179人，代价并不大。可对于这179名阵亡士兵的家庭来说，他们失去的是一切，正像这位痛斥布莱尔的父亲一样："尽管已经过去六年了，但是悲痛依然还在心头。每次我看到飞机上又抬下一具英军阵亡士兵的棺柩，我脑海中就又浮现出肖恩死亡的画面"——此生再也无法探视老年丧子的悲痛了，而这种结果完全是可以避免的，正像这位父亲说的那样：他儿子的死是"草率工作"的结果。

"草率工作"导致的死亡不就是草菅人命吗？虽然是以国家的名义，以正义的名义，以一切堂而皇之的名义，而且不用担负什么责任，像布莱尔一样。

我想，布莱尔应该反思，一切像他一样自我感觉良好的"肉食者"们都应该反思，包括小布什总统，也包括"係讶"而"谦卑"地接受诺贝尔和平奖的奥巴马总统。当"我是代表全世界所有为正义和尊严而奋斗的人接受这个奖项"之后，奥巴马总统是不是应该代表所有在伊拉克和阿富汗英军士兵的父母们想一想：我的儿子什么时候能回来？

这也就不枉了诺贝尔奖评审委员会的一片苦心了。当然，这也可能是无意的苦心。

融入发展大战略

竖旗式题

有一点需要指出的是，有时候为了编排更加美观，视觉传播效果更加突出，版式设计编排者应该主动和文字编辑沟通协商，在不影响内容表达的情况下，从字数等方面对标题进行处理，使得标题更加吸引人。

标题的具体编排美化方法，因为我们在《报纸新闻标题制作与编排艺术》(忻志伟、周骥，复旦大学出版社 2014 年版)一书中已有详细阐述，在这里就不再展开。

第三节 线纹应用

线，是指线框、线条或其他图形演化的线形图案；纹，是指色彩、色块或其他纹理底图。

线是除字符以外运用较多的一种版面符号，一般有水线、花线、花边等多个种类。不同式样的线具有不同的符号意义，或纤细清新，或沉重严肃，或生动活泼，或朴素平实。一般认为线在专栏美化中可以起到以下几种作用，即强势作用、区分作用、结合作用、表情作用、美化作用。因为现代版式设计以版块、模块为主，线在专栏的应用中更为广泛。

纹是版面设计中对底纹等色块和图案的简称。纹可以使版面或专栏增加特定的气氛，表达某种情感，如节庆日里，红色、黄色等暖色调被用得最多。纹还能增加专栏这一版块的气势，使其更加醒目，吸引读者阅读。

1. 线的应用

线主要分为两类。传统版式设计中有正线(细线)、反线(粗线)、双线(两行线)、文武线(一细一粗两行)、虚线(点线)等。但近年来，实物式或图形化的边框线条应用越来越多，这些“线”更能烘托气氛、体现范围，给读者一种身临其境的感觉。

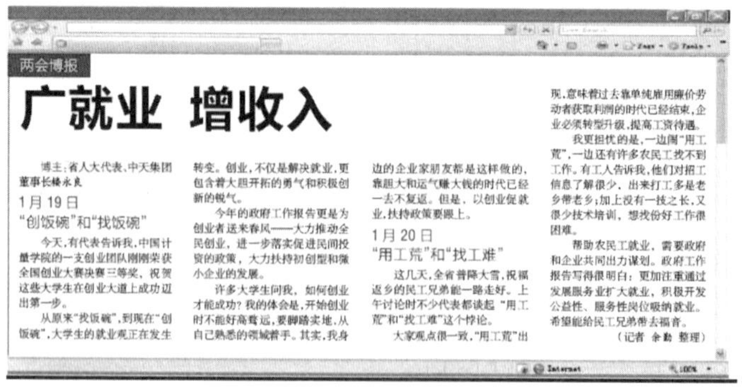

两会博报

广就业 增收入

博主：省人大代表、中天集团董事长楼永良

1月19日

“创饭碗”和“找饭碗”

今天，有代表告诉我，中国计量学院的一支创业团队刚刚荣获全国创业大赛决赛三等奖，祝贺这些大学生在创业大道上成功迈出第一步。

从原来“找饭碗”，到现在“创饭碗”，大学生的就业观正在发生转变。创业，不仅是解决就业，更包含着大胆开拓的勇气和积极创新的锐气。

今年的政府工作报告更是为创业者送来春风——大力推动全民创业，进一步落实促进民间投资的政策，大力扶持初创型和微小企业的发展。

许多大学生问我，如何创业才能成功？我的体会是，开始创业时不能好高骛远，要脚踏实地，从自己熟悉的领域着手。其实，我身边的企业家朋友都是这样做的，靠胆大和运气赚大钱的时代已经一去不复返。但是，以创业促就业，扶持政策要跟上。

1月20日

“用工荒”和“找工难”

这几天，全省普降大雪，祝福返乡的民工兄弟能一路走好。上午讨论时不少代表都谈起“用工荒”和“找工难”这个悖论。

大家观点很一致，“用工荒”出现，意味着过去靠单纯雇用廉价劳动者获取利润的时代已经结束，企业必须转型升级，提高工资待遇。

我更担忧的是，一边闹“用工荒”，一边还有许多农民工找不到工作。有工人告诉我，他们对招工信息了解很少，出来打工多是老乡带老乡；加上没有一技之长，又很少技术培训，想找份好工作很困难。

帮助农民工就业，需要政府和企业共同出力谋划。政府工作报告写得很明白：更加注重通过发展服务业扩大就业，积极开发公益性、服务性岗位吸纳就业。希望能给民工兄弟带去福音。

(记者 余勤 整理)

一户家庭记录社会进步

打开我的家庭相册

百年剪纸看变化

黑土地上的无悔青春

A02 | 要闻

网址 www.nbwb.com.cn 新闻热线 87777777 宁波晚报

近20万件文物今年乔迁新居

天一阁古籍走出深闺为人识

走基层

客家新闻

发现四百余载古村落

围龙大屋：坚如磐石

木刻图纸：诠释布局

家乡事 早知道

的连排破房子。朋友跟我打趣说："其实这样也公平，起码大家看到的是同一片海，享受的是同样的海景房待遇。"▲

●大家拍世界

树屋小卖部

在加纳首都阿克拉的街头，一棵粗壮大树的树干竟然被当地居民掏空，建成了小卖铺。卖的商品主要为旅游纪念品，有皮质的拖鞋、地图、小装饰等。近年来加纳旅游业发展，有更多的游客来到这个西非小国。▲

（马秉霖 文并摄）

七嘴八舌唠"天冷"

手机短评

这天儿为啥就这么冷

冷天儿琢磨个"暖主意"

天儿再冷也不能冷人心

寻找宁波慈孝故事 ⑥

中华慈孝节

马婷的故事

2. 纹的应用

底纹在传统设计中的应用主要是色块。一种是淡色，映衬文字；另一种是深色，反衬文字。但近年来，色块应用的面积越来越小，且有与线框、线条同样的趋势，即以实物式或图像式的纹理来作为专栏的底色。

师生和同辈分名家
合作画较容易出精品

合作画中部分是应酬作价格不如单人

岭南名家作品中合作精品画不少

师生和同辈分名家合作画精品较多

年轻男女看过来！
本报影迷会再召集！提前免费看《矮仔多情》

◆焦点布衣

放弃家业 富二代孤学院做义工

放弃享受优越生活，放弃继承家族餐饮生意，放弃广告公司高薪职位，只为了去孤学院免费为流浪儿们当老师。"富二代"朱砾半年前大学毕业时的另类选择，让自己彻底变成了一名"负翁"。

重庆大渡口艺术学校内的森森孤学院负责人告诉记者，今年5月，朱砾大学还未毕业就自愿加入孤学院做义工，大学毕业后，他听说孤学院缺人手，就来此做了全职义工，负责孩子们的教学以及孤学院的后勤工作，尽管开始没有薪水，但他仍坚持每天早到晚走，很投入。朱砾放弃的不仅是父母在重庆的连锁餐饮事业。毕业前，他自己开的画室每月就能净赚四五千元。毕业时，一位广告公司老总给他开出5000元底薪，聘请他担任经理助理。但朱砾让人跌破眼镜地选择了没有薪水的孤学院。"我知道我喜欢做什么、适合做什么，在孤学院我能天天和孩子们呆在一起，他们太需要帮助了，能给他们上课，我觉得内心很充实。"朱砾说，他的梦想是能辅导流浪儿参加高考考上大学。

据《重庆晨报》

跑马拉松 5岁小娃特殊庆生

吃蛋糕、送玩具、买新衣服、吃肯德基……怎样过生日既高兴又有意义呢？近日，5岁的火娃，在父亲郑伟带领下通过跑马拉松的方式度过生日。

"今日是你5岁的生日，也是你出生的第1826天，爸爸希望无论以后干什么工作，都能健健康康地活着！今天的跑步，对自己有没有信心？"在西安市南门外广场上，38岁的郑伟正在指导儿子郑浩然（小名火娃）进行长跑前的热身练习。随着郑伟的一声令下，5岁的火娃开始了自己一个人的马拉松比赛，路线定为从南门广场开始，绕道环城公园，一直到西门环城西苑，然后再返回南门。"给儿子起的小名叫火娃，就是希望儿子通过从小锻炼，有个好身体。儿子两岁半开始，我就经常带着他拉练。"郑伟这样说。

对于有人质疑是否有虐待孩子之嫌，郑伟笑着回答，与那些溺爱孩子的家长相比，他这样做是真正给了孩子幸福。

据《华商报》

妻子瘫痪 丈夫刺绣表爱意

"友秋，我的湘绣作品《长相守》就要封针，我们俩从此生活在画里不分离了……"日前，吴耀存把夫妻俩的合影绣成湘绣，瘫痪6年、意识清醒但不能言语的妻子袁友秋听到这个消息之后不禁流下了眼泪。

曾经，吴耀存是湖南省交通职业技术学院培训部主任，妻子袁友秋是省湘绣研究所的一名工艺师，16岁起从事湘绣的她，后来自己开办了一个湘绣小作坊。然而，6年前，妻子突发脑干梗塞，全身瘫痪在床。为了不让妻子打拼出来的湘绣作坊荒废，50出头的吴耀存辞去了稳定的工作，请了一名保姆专门照料妻子。对湘绣一窍不通的他接管了妻子的湘绣作坊。"当时儿女极力反对我搞湘绣，但为了完成妻子的心愿，我从'一针一线'起学习湘绣。"正在绣制中的《长相守》以吴耀存在病床前照料妻子的图片为原形，诠释的是他对妻子矢志不渝的爱。"吴老板现在成了女员工心中的偶像，要是能找个像老板这样重情重义的男人那就幸福一辈子了。"在吴耀存的精心打理下，如今这个湘绣小作坊不仅没有荒废，反而更加红火。

据《长沙晚报》

本科的哥 自己的路自己选

近日，在南京中北公司新招聘进来的55辆车的"的哥"、"的姐"中，还有1名本科生。作为大学生"的哥"，32岁的杨永林吸引了人们的视线。

"为什么大学毕业后会做出租车司机？"对于这样的疑问，杨永林不止听过一遍。杨永林刚刚从高中毕业的时候，选择"继承父业"去工厂做工。但干了几年后，杨永林发现自己并不适合这份工作，便转行做了销售。再后来，在家人的安排下，他又去了政府机关做起了后勤。"我以前走的路，都是家里安排的，这次我想自己决定一回。"从2003年到2007年，杨永林一边工作，一边完成了法律专业大专和本科的全部课程。"大学刚毕业时我也想过找一个和本专业相关的工作，但是竞争太激烈了。"找了一圈工作，杨永林决定发挥自己的特长，做的哥。"头脑灵活"、"见多识广"是杨永林留给记者的印象。最让杨永林得意的是他的英语。他可以用英语与外国客人进行简单对话。"这也算是差异化竞争吧。"杨永林说。

据《扬子晚报》

■记者严静的 **法庭笔记**

【周一】

2010年1月11日上午 雨夹雪 余杭区检察院

对家说，他根本不会什么千术，那天赢钱，纯属运气。

拜师

2009年11月29日凌晨，余杭一家小店里，四个人打麻将，鏖战正欢。

田某已经输了很多钱，越打脸色越难看。

看着对家手气这般顺畅，面前的筹码堆成小山，田觉得不正常，让朋友华某在边上悄悄观察。

华观察了一会，得出结论：有猫腻。

田大怒，揪翻对家："你敢出老千（计赌的意思）！"

对家否认，被田和华打了一顿。带回出租房，他们在对家身上搜出了几颗骰子，更认定对方出老千，恶不可遏，拳打脚踢逼对方写下2万元的欠条。

对家求饶，说可以教他们千术，保证逢赌必赢。

田和华欣喜万分，当即带着对家到杭州买"千术工具"，准备拜师，对"师父"的态度也180度转变，千依百顺，还撕掉了那张欠条。

趁他们放松警惕，对家逃脱，报警。

田和华被抓。两人均是外地人，20多岁，在余杭打工。

因涉嫌非法拘禁罪，田、华二人被余杭区检察院批准逮捕。

【周二】

2010年1月12日上午 晴 滨江区检察院

3.5万元，可以买10头猪了。

好火暴的买肉少妇

"切这里！"

"不行，要切这里！"

一个少妇和卖肉大妈争得面红耳赤，卖肉大妈不耐烦，拿起苍蝇拍打少妇的手："不买拉倒，你这个人那么麻烦的。"

少妇大怒，顺手拿起肉摊上的杀猪刀，一刀捅了过去，正中卖肉大妈腹部。

大妈捂住伤口，跑出摊位，一手拔出尖刀，一手扯住少妇头发，喊："报警！报警！"少妇的宝宝在一边大哭。

少妇被抓，经鉴定，大妈肾部破裂，构成重伤。

少妇姓胡，27岁，贵州人，小学文化，在杭打工。

胡交代，2009年9月18日下午，她去滨江长河街道菜场打算买点猪肉，可是卖肉大妈一刀下去，割下来的肉肥的多，精的少，她不满意，让大妈换个部位割，大妈一定不肯。

"同样价格，她凭什么把那么肥的肉卖给我？"胡说。

因涉嫌故意伤害罪，胡被滨江区检察院提起公诉，胡一次性赔偿了大妈各种费用3.5万元。滨江区法院一审判决，胡罪名成立，判刑三年缓刑三年。

【周三】

2010年1月13日上午 晴 西湖区检察院

移动客服说，被注销的手机号都会被重新销售，"冷冻"时间90天。

高价买了个手机号

宋某，1978年生，杭州人，初中文化。

2009年8月，宋搬进公司的员工宿舍，打扫卫生时，捡到一张信用卡。

卡是已经离职的前同事王先生办的，未开通，宋顺手把卡收了起来。

过了不久，宋得知王注销了原手机号，换了新的号码，暗自高兴。

几个月后，宋花200元，高价买回王原来的手机号码，用这个手机号打电话，开通了王的信用卡，疯狂刷卡。

王对此一无所知。

一个月后，王想起遗失了一张未开通的信用卡，去银行挂失，得知卡已被消费近2万元。

王报警，宋被抓。

宋交代，他特意等到注销的手机号被重新卖出，然后从新的用户那里买回号码。

因涉嫌信用卡诈骗罪，宋被西湖区检察院批准逮捕。

【周四】

2010年1月14日上午 晴 富阳检察院

检察官说，张氏兄弟确实非常相像，不仅容貌相同，连声音都一模一样。

孪生兄弟一夜情

"大兵，大兵……"一个少妇边追边叫。

张小兵没有搭理，继续走。

"大兵，大兵……"妇女急了，拦住小兵问，为什么不理她。

张小兵很奇怪，自己并不认识这个女人。试探了几句，小兵得知，两年前自己的孪生哥哥大兵帮妇女家里装修，两人因此认识，有了一夜私情。

妇女这次是认错人了。

妇女拉着小兵热情寒暄，说好久不见了，要不晚上来吃饭，家里门锁坏了，也顺便修一下。

小兵顺水推舟，冒充大兵，去了妇女家，并和妇女发生了性关系。

过了几天，小兵称自己在不少地方做工程，要借钱，妇女爽快掏钱，再过几天，小兵又说要给员工发工资……先后共向妇女借了1万余元。

之后，妇女再找不到"大兵"了，急了，打大兵手机质问，大兵莫名其妙："这都多少年没联系了。"

妇女报警，张氏兄弟俩被叫去接受调查，见到一模一样的两人，妇女恍然大悟。

张小兵，富阳人，46岁，骗来的钱全部赌光了。

因涉嫌诈骗罪，小兵被富阳检察院提起公诉。富阳法院判决，小兵罪名成立，判刑10个月，退赔所有赃款，并罚款2000元。

【周五】

2010年1月15日下午 晴 拱墅区检察院

女摊主后来说，她就是被"自己人"这三个字迷惑了。

自己人

2009年9月7日傍晚6点，拱墅区香积寺路大关夜市一摊位，两名女摊主在吵架。

"这个位置是我占的！"

"是我先来的！"

这时，一个年轻男子走过，拉开其中一个女摊主问情况。

女摊主和男子以前摆摊时打过交道，对男子诉苦，称摊位被占。

男子"义愤填膺"，说你我自己人，他会帮忙到底。

女摊主见来了帮手，大喜，吵架的劲头更大了。

男子帮着吵了几句，对女摊主说："对方声音大，你先吵着，我打电话叫几个人过来。"

男子径直过来，从女摊主口袋里拿出手机，自言自语："我忘记带手机了，用你的手机叫人。"

女摊主忙着吵架，任男子把手机拿走。男子拿着手机，一去不回。

等女摊主吵完架，早就不见男子身影。

女摊主报警。

3个月后，女摊主和男友逛街，路遇该男子，将他抓住。

男子姓周，1989年生，浙江平湖人，初中文化。

因涉嫌盗窃罪，周被拱墅区检察院提起公诉。

制图 韩笑 特别感谢通讯员 余检 滨检 西检 富检 拱检

◆一周网友妙语

"论资格排辈的时代将会被打破，网络让这种'垄断'失去了基础。"

——某家中文网启动的"作协主席小说竞赛"让来自全国30个省、直辖市、自治区的作协主席、副主席们在网络上写文章打擂台，此活动却遭到青年作家韩寒的冷嘲热讽，于是有"作协主席要打死韩寒"、"韩寒解散中国作协"的新闻。这引起了网友们的积极讨论，"葡萄你丫是酸的"感慨是一种能相对独立写作的环境造就了"坏小子"韩寒。

"我虽不抽，但是理解——他们都在痛苦中快乐着。"

——2009年1月9日起，中国的烟盒上将印制足以显示吸烟危害的警示标识。但是，烟盒上该印什么样的警示标识现在成了大问题。"腐烂的肺部、骷髅的头像、漆黑的牙齿"，这些是西方国家在卷烟上常用的图案，网友"千帆舞"认为国外的烟民们抽烟时心情要复杂得多。

"温州人喜欢跟潮流，营养早餐在温州流行，说明温州人在忙于挣钱的同时越来越在意自己的健康。"

——在温州一些社区里出现了不少营养早餐店，新颖的"3杯水早餐"——纤维素饮品、植物奶昔、运动茶的新概念早餐越来越被市民所推崇。网友"本人无一物"表示温州人对生活品质的注重直接催生了新型产业的发展。

"现在看头奶牛就好像去相亲一样，还要登记、注册，否则排不上号啊。"

——杭州本地奶企业美丽健乳业集团组织30名网友免费前往美丽健生态牧场和生产基地参观游览，广大网友踊跃报名，反响出乎意料地好。网友"kingniu"为此很是惊讶。

"这种现象的出现，学校、学生和家长三方都有责任，学生缺乏平等和民主意识，学校忽略了管理制度，家长则娇惯不当。"

——四川某高校有学生包下四张床位的标准学生寝室，把它装修改造成"豪华单间"，一人独享。住单间的学生理由各异，有的是睡上铺摔下来伤过腿，有的是夜间习惯开灯睡怕影响其他同学，有的是因学艺术想拥有更自由的空间。这则新闻在论坛上炒得沸沸扬扬，网友"YZ"呼吁这种做法不可取。

（实习生王信敏整理）

本报报道催生水质报告透明化
不合格供水单位本月起将公示

一追到底

教室连扇数十学生耳光 班主任向家长学生道歉

人流后胎儿还在腹中长 当事医生停职学习一周

女童家属获赔8.9万元 诊所遭勒令停业整顿

重庆珍档

致敬！向西南服务团的战士们

离婚协议签三份 究竟哪份作得准？

3. 线纹的变异

线条、线框、底纹等也常常不守规矩，被版式设计者美化成“异形”。这种“变异”，往往能将专栏打造得与众不同，进而突出其视觉吸引力，让读者不由自主地阅读专栏内的稿件或图片。

同时，专栏的“变异”也给版面增添了生气和活力。只不过这类变异手法一般只适合于视觉类、服务类、趣味类、少儿类、文体类的专栏，对于较为严肃的政治类专栏并不适合应用。

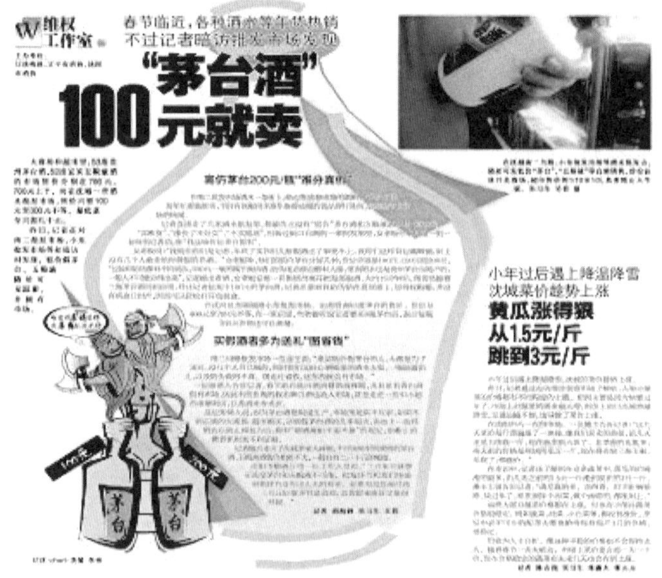

维权工作室

“茅台酒”100元就卖

小年过后遇上降温降雪

沈城菜价趋势上涨

黄瓜涨得狠

从1.5元/斤

跳到3元/斤

“小白菇”毒倒清洁工

集结号

第四节　图文组合

组合式专栏内，图和文的关系如何处理，也是关系到美化专栏是否成功的关键之一。需要根据专栏的定位，明确图文的主次关系，即以文字稿为主的专栏，则图片为配角；视觉类专栏，则以图片为主。

1. 专栏图文组合的基本样式

简单地从稿件数量、图片数量出发，专栏图文组合有一些基本样式。

希望工程改变我　我要改变更多孩子

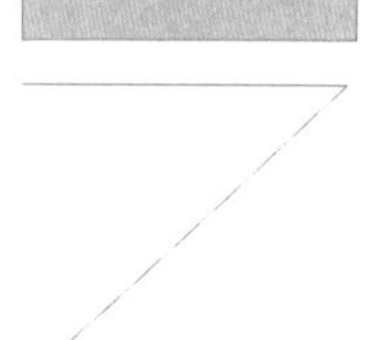

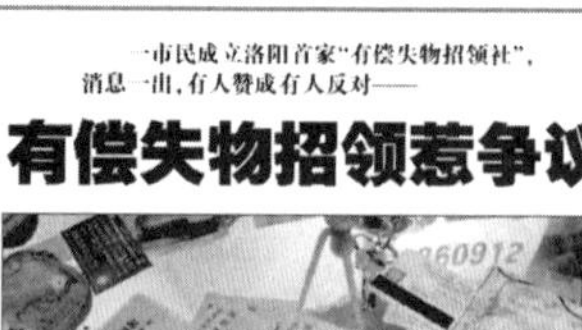

一市民成立洛阳首家"有偿失物招领社"，
消息一出，有人赞成有人反对——

有偿失物招领惹争议

突发奇想：
搞有偿失物招领

市民反应：
有人赞成有人反对

律师观点：
法律上并不禁止

信任危机：
失主质问"想弄啥"

工商态度：
不在登记范围内

重庆考生民族造假后的加分之殇

单文单图

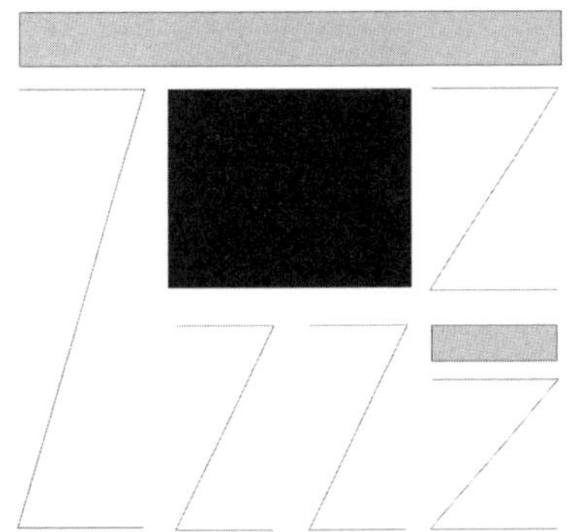

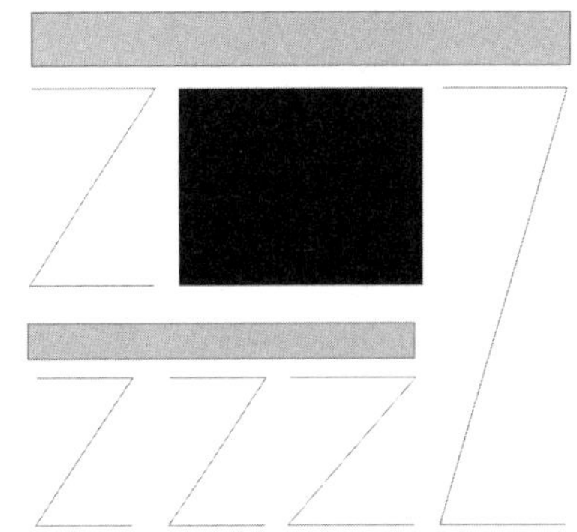

华西视点

报料热线：028-86969110

浮尘入侵14市 成都污染最严重

激战4昼夜 成都空气清新了

除尘 成都启动最高预案

人工降雨 先申请时间

成都农民 是职业而不再是身份

——《成都市统筹城乡综合配套改革试验总体方案》解读

牙齿白≠口腔健康

口腔卫生≠口腔健康

十人八九口腔有疾?

卖点多由厂家设计

早晨起来先喝水还是先刷牙?

多文一图

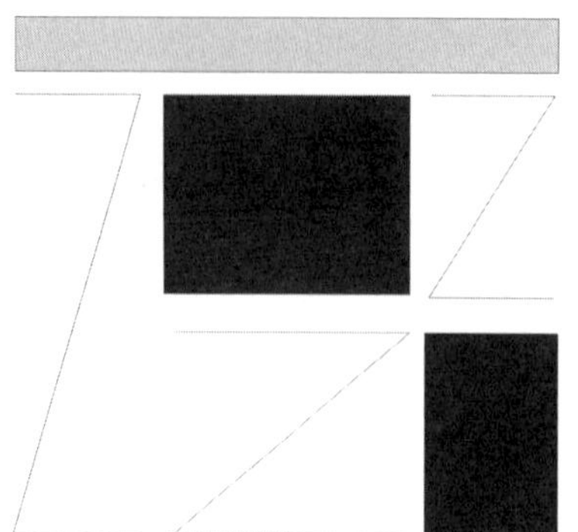

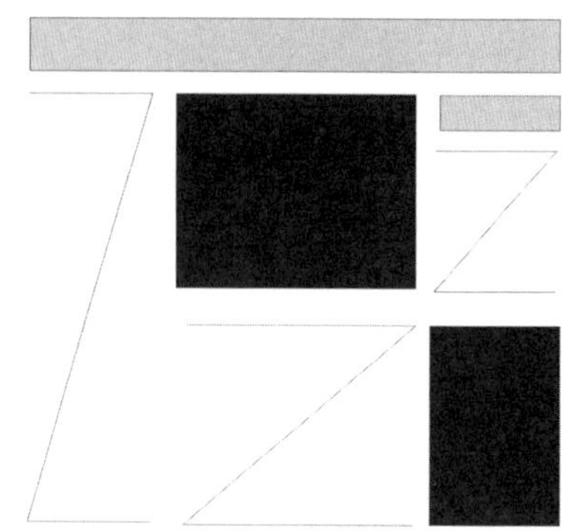

华西视点

角膜告急！拟招劝捐员来"解围"

目前，省红十字眼库的新鲜角膜库存量为零，省红会将在红会志愿者中招募成立劝捐员队伍

暴力又暴利"口子费"伤了谁？

成都装修"潜规则"调查(下)

物管无权卖"口子"

重操剪刀 九旬大爷网上开店

一青年举报同学公务员考试作弊被刑拘

律师质疑：吴忠警方办案是依据领导指示，还是公安部的规定？

多文多图

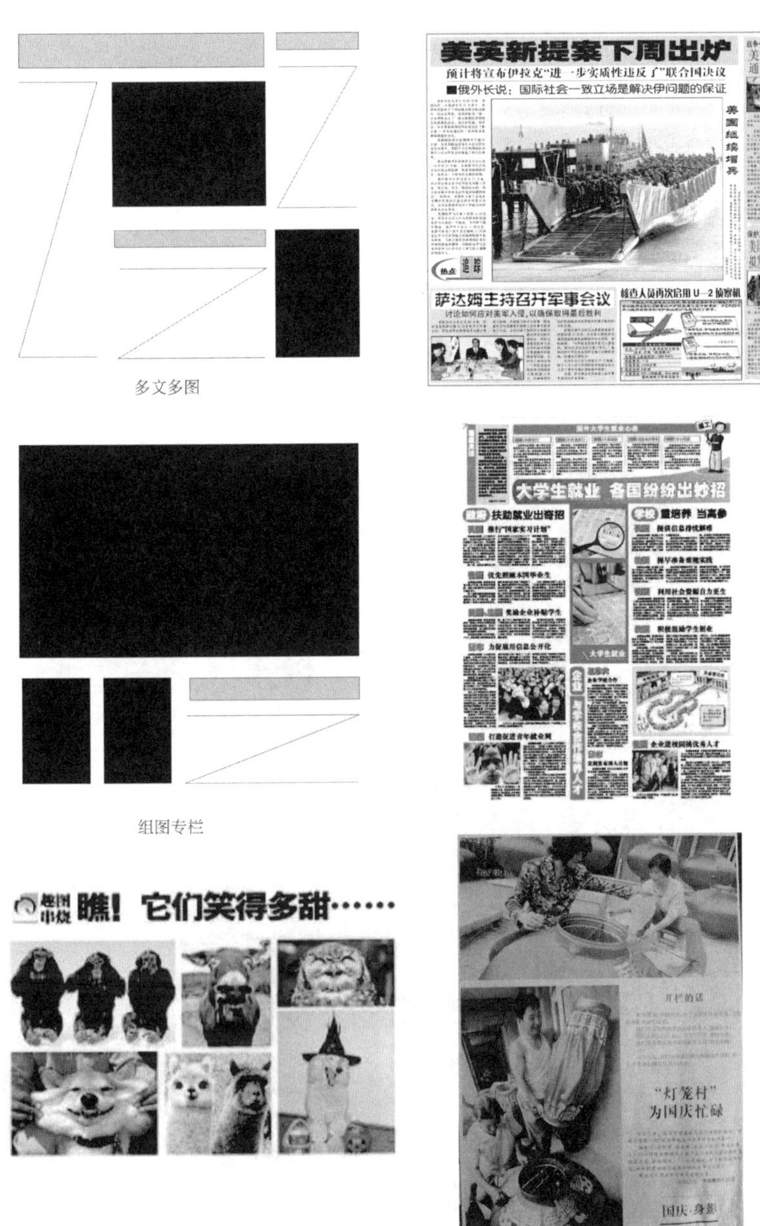

多文多图

组图专栏

多文多图　组图专栏

2. 图片的创新应用

在美化专栏中，图片与文字的组合样式并不是固定的，完全可以在遵循传播规律和美学原则的情况下，进行大胆的创新突破。如以下几个版面，有的通过抠图将潜水艇作为整个专栏的视觉中心，打破了基本栏的编排，配以几张配图，达到了与众不同的效果；有的利用稿件并列关系，以单纯的视觉重复手法，将图片与文字规整地并列排列，也起到了强调后的视觉吸引效果；还有一个则根据内容将两张简单的人头像通过手画线条连接，使得专栏在表现手法上达到协调一致。

深海潜伏：
近百潜艇游弋亚洲水域

各国近年争购常规动力潜艇，日韩掀起"准核潜艇"竞赛

常规潜艇，对小国海军有多重要？

潜艇数量激增
酝酿事故风险

太平洋海域到底有多少潜艇明争暗斗？

拿亲友信息换积分奖励，是否侵权

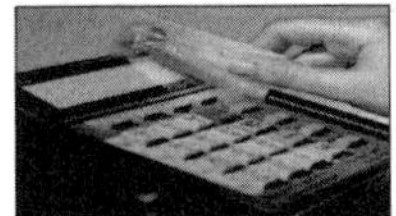

▶▶ 背景

▶▶ 说法

酒店大堂，有没有权利播天气预报

▶▶ 背景

▶▶ 说法

荐房隐瞒重要信息，中介能否收费

▶▶ 背景

▶▶ 说法

公交违法变道，乘客摔伤如何维权

▶▶ 背景

▶▶ 说法

责任编辑/牟原敏 | 版式设计/李韵芳

绝对头条

英美首脑通电话谈漏油

奥巴马：我的言论不是针对英国

奥巴马澄清，他的言论“没有国籍属性”

一切费用将由英国石油埋单

英国媒体要求卡梅伦强硬点

卡梅伦
地点：英国唐宁街10号首相府

奥巴马
地点：白宫

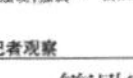

记者观察　牟原敏

算账

3. 图表插画应用

在图片缺乏的情况下，一个专栏要进一步美化，可以引入图表、插画等元素充实专栏的内容，让专栏的视觉元素更加精彩。

维权工作室 消费陷阱大揭底①

一折购买名人字画陷阱！

【核心提示】

记者体验："百分之一"的中奖机会？

读者质疑：所谓百分之一的中奖机会实际是百分之百

业内人士：这画我10分钟就能画完

律师说法：这种促销行为可能涉嫌欺诈

中奖背后是商家的变相销售？

消费陷阱流程图

【市民调查】8成市民有过"中奖"经历

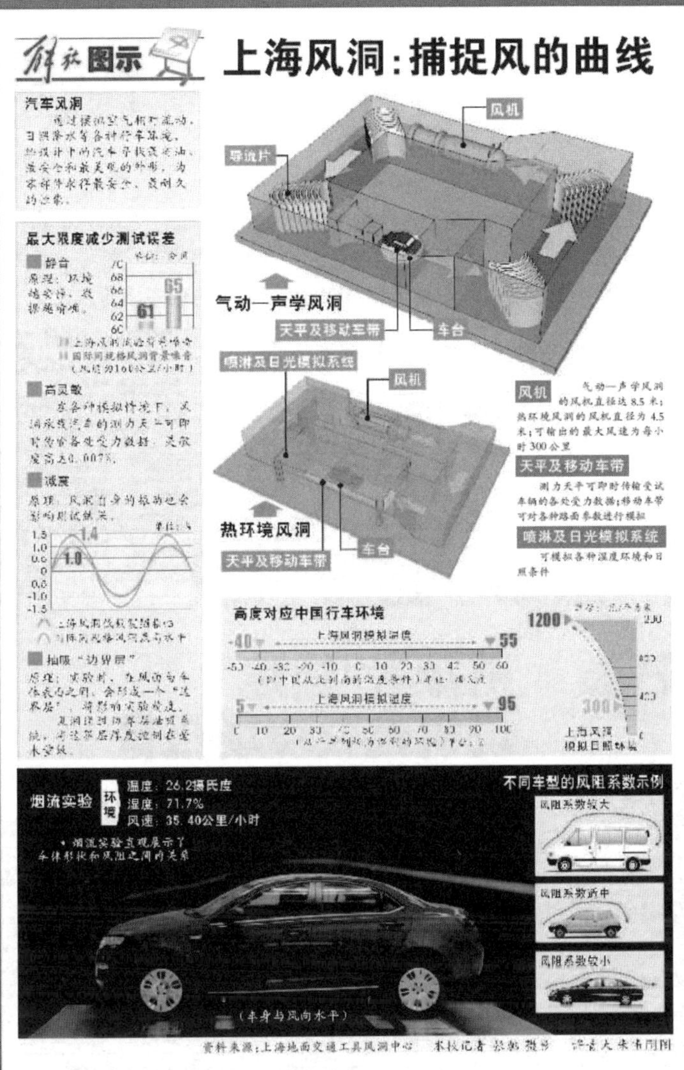

应用范围广泛 将大幅降低交通工具研发成本

上海风洞可望模拟飞机起降环境

本报记者 彭德倩

国内第一个"汽车风洞"——上海地面交通工具风洞中心昨日正式落成。风洞将给我们的生活带来怎样的变化?汽车与风洞专家对此答疑解惑。

随着工业空气动力学的发展，风洞在交通运输、房屋建筑、风能利用和环境保护等方面也将得到越来越广泛的应用，未来还有可能延伸到赛艇、自行车等需要提高运动速度的体育领域，甚至田径运动员也可在此科学检测、比对、训练。

昨天落成的地面交通工具风洞中心中，空气动力学—声学风洞还能精确模拟飞机起降环境，为飞机设计提供部分关键数据。其技术水平迈入国际一流行列，4.9亿元的造价仅是美国通用汽车公司风洞的一半。

当问及上海地面交通工具风洞中心如何收费、4.9亿元投资预计何时收回时，风洞项目组总指挥、同济大学副校长陈小龙说："不考虑收回投资。"

陈小龙坦言，从风洞中心立项之初，就确定了其作为公共服务平台的属性，算得更多的是"社会效益账"，而非"经济效益账"。因此，试验收费将主要用于设备维护、运营周转等。

专家指出，中国汽车"风洞"不仅事关经济发展战略，更与我们的生活息息相关。有了它，中国的汽车企业可以在"家"里研发新款汽车，将大幅降低研发成本，意味着老百姓将来可以买到更便宜、更省油的汽车。有了它，以后街上说不定会有许多"奇形怪状"的车。同济大学汽车学院院长余卓平解释，如果有了性能强劲的风洞做技术后盾，研发人员更能施展才华，甚至有可能在新能源汽车外形设计上完全颠覆传统汽车车型。

和牌哈哈哈 笑吞两排牙

假牙卡在食管中段差点刺穿喉咙主动脉 开胸手术方取出

被撞者“逃逸” 司机也要现场报警

被撞者走了怎么办?

户口在农村，工作在广州

死亡赔偿金该按何标准?

乱停车被撞哪方该赔偿?

【专栏内存】

图文编排的意趣

图文在版面编排设计中可以打破常规，不用拘泥于某种特定的类型，结合版面的主题思想与定位以一种更生动有趣的形式呈现，以独特的编排手法吸引观者。（这些编排手法和方式，适合专栏基本占据整个版面的情况，可以有所创新和突破。编者注）

（一）动感倾斜的冲击

图文基本保持常规的编排形式，但如果将图文的方向设计成倾斜状，则能获得强烈的动感。

（二）扭曲变形的情趣

在版面中图文以扭曲编排如“S”形等，可以增添一种优雅柔美的版面情调，但注意此手法只适于特定主题和内容的编排。

（三）反常夸张的惊奇

有时候在某些版面的图文编排中，会存在大面积的空白或将图缩得很小或放得很大，把文字间距拉开或靠紧，使版面元素之间形成强烈的节奏感和虚实对比，能给人耳目一新的感觉，增添了图文编排的意趣。

——刘京莎：《版面编排设计》，湖南美术出版社 2010 年版

参考文献

[1] ArtTone视觉研究中心.版式设计:从入门到精通.北京:中国青年出版社,2012.

[2] [美]布雷斯·S·布鲁克斯,詹姆斯·L·平森,杰克·Z·西索斯.编辑的艺术(第8版).李静滢、刘英凯译.北京:中国人民大学出版社,2009.

[3] 蔡顺兴,等.编排.南京:东南大学出版社,2006.

[4] 蔡雯.新闻编辑学.北京:中国人民大学出版社,2006.

[5] 陈红梅.新闻编辑.武汉:武汉大学出版社,2011.

[6] 陈仁风.现代杂志编辑学.北京:中国人民大学出版社,1995.

[7] [日]Designing.版式设计:日本平面设计师参考手册.周燕华、郝微译,北京:人民邮电出版社,2011.

[8] 邓利平.新闻编辑学新编.北京:北京大学出版社,2010.

[9] 杜迈驰.你能成为新闻多面手.北京:人民交通出版社,2010.

[10] [美]多萝西·A·鲍尔斯,黛安娜·L·博登.创造性的编辑.田野、宋珉译.北京:中国人民大学出版社,2008.

[11] 范敬宜.总编辑手记.北京:人民日报出版社,2010.

[12] 甘险峰.当代报纸编辑学.广州:中山大学出版社,2008.

[13] 韩松,黄燕.当代报刊编辑艺术.上海:复旦大学出版社,2006.

[14] 和家胜.报纸编辑艺术.昆明:云南大学出版社,2008.

[15] 黄奇杰.报刊编辑案例评析.杭州:浙江大学出版社,2008.

[16] [美]卡罗尔·里奇.新闻写作与报道训练教程(第3版).钟新译.北京:中国人民大学出版社,2009.

[17] 李中扬,夏兵.编排设计基础.北京:高等教育出版社,2008.

[18] 林克勤.当代报纸专栏的类别及其特点分析.新闻界,2005(3).

[19] 林永年.新闻报道形式大全.杭州:杭州大学出版社,1995.

[20] 刘海贵,尹德刚.新闻采访写作新编.上海:复旦大学出版社,1991.

[21] 刘京莎.版面编排设计.长沙:湖南美术出版社,2010.
[22] 刘行芳,刘修兵.新闻编辑原理与实务.武汉:武汉大学出版社,2010.
[23] 吕道宁,朱晓玲.打造品牌专栏 提升宣传品位.城市党报研究,2010(4).
[24] 满都拉.美术编辑工作指南.北京:清华大学出版社,2012.
[25] 彭朝丞.新闻编辑的艺术.北京:中国新闻出版社,1988.
[26] 舒湘鄂.编排设计.上海:东华大学出版社,2006.
[27] [英]托尼·哈尔卡普.新闻工作:从原则到应用.周黎明译.北京:中国人民大学出版社,2010.
[28] 王绍强.编排设计法则.南宁:广西美术出版社,2011.
[29] 王咏赋.报纸版面学.北京:人民日报出版社,2006.
[30] 吴飞,顾杨丽,王淑华.新闻编辑.长沙:中南大学出版社,2006.
[31] 吴飞,周勇,邓利平,谭云明.新闻编辑学.杭州:浙江大学出版社,2008.
[32] 谢燕淞.标志设计.上海:上海人民美术出版社,2007.
[33] 徐丽.版面设计艺术.北京:化学工业出版社,2012.
[34] 许正林.新闻编辑.上海:上海大学出版社,2009.
[35] 阎勇舟.编排设计.南京:江苏美术出版社,2008.
[36] 余青青.编排设计.南京:东南大学出版社,2011.
[37] 张立,仉坤,冯越峰.标志设计教程.北京:中国纺织出版社,2006.
[38] 赵鼎生.比较报纸编辑学.北京:人民日报出版社,2009.
[39] 郑兴东,沈史明,陈仁风,包慧.报纸编辑学.北京:中国人民大学出版社,1982.
[40] 朱国勤,罗盛.编排设计.上海:上海人民美术出版社,2008.
[41] 朱金平.新闻编辑论.北京:长征出版社,2008.
[42] 朱金平.新闻发现论.北京:人民日报出版社,2009.

图书在版编目(CIP)数据

报纸专栏设置与美化 / 忻志伟,周骥,陈飞著.
—杭州:浙江大学出版社,2015.7
ISBN 978-7-308-14805-4

Ⅰ.①报… Ⅱ.①忻… ②周… ③陈… Ⅲ.①报纸—栏目—编辑工作 Ⅳ.①G213

中国版本图书馆 CIP 数据核字(2015)第 137294 号

报纸专栏设置与美化

忻志伟 周 骥 陈 飞 著

责任编辑 田 华
责任校对 陈晓璐
封面设计 春天书装
出版发行 浙江大学出版社
(杭州市天目山路 148 号 邮政编码 310007)
(网址:http://www.zjupress.com)
排 版 浙江时代出版服务有限公司
印 刷 杭州日报报业集团盛元印务有限公司
开 本 710mm×1000mm 1/16
印 张 21.75
字 数 380 千
版 印 次 2015 年 7 月第 1 版 2015 年 7 月第 1 次印刷
书 号 ISBN 978-7-308-14805-4
定 价 60.00 元

浙江大学出版社发行部联系方式 (0571)88925591;http://zjdxcbs.tmall.com